EMÍLIO

ou

Da Educação

EMÍLIO
ou
Da Educação

J.-J. Rousseau

Tradução
ROBERTO LEAL FERREIRA

martins Fontes
selo martins

Título original: *ÉMILE ou DE L'ÉDUCATION.*

Publisher	*Evandro Mendonça Martins Fontes*
Coordenação editorial	*Vanessa Faleck*
Produção gráfica	*Sidnei Simonelli*
Revisão da tradução	*Monica Stahel*
Revisões gráficas	*Flávio Schiavo*
	Ivete Batista dos Santos
	Dinarte Zorzanelli da Silva
Diagramação	*Studio 3 Desenvolvimento Editorial*

Dados Internacionais de Catalogação na Publicação (CIP)
(Câmara Brasileira do Livro, SP, Brasil)

Rousseau, Jean-Jacques, 1712-1778.
Emílio, ou, Da educação / J.-J. Rousseau ; tradução Roberto Leal Ferreira. – 4ª ed. – São Paulo : Martins Fontes - selo Martins, 2014. – (Biblioteca universal)

Título original: Émile ou De l'éducation.
ISBN 978-85-8063-132-6

1. Educação – Filosofia 2. Pedagogia 3. Rousseau, Jean-Jacques, 1712-1778 I. Título. II. Título: Da educação. III. Série.

14-02399 CDD-370.1

Índices para catálogo sistemático:
1. Educação : Filosofia 370.1
2. Educação : Teorias 370.1
3. Educação : Teorias educacionais 370.1

Martins Editora Livraria Ltda.
Av. Dr. Arnaldo, 2076
01255-000 São Paulo SP Brasil
Tel.: (11) 3116 0000
info@emartinsfontes.com.br
www.martinsfontes-selomartins.com.br

SUMÁRIO

INTRODUÇÃO

QUESTÃO PRÉVIA

Como levar a sério um livro sobre a educação escrito por um homem que abandonou "galhardamente" (ele mesmo o admite em suas *Confissões*) os cinco filhos que teve com Thérèse Levasseur? Esta questão prévia, repetida pelos jovens leitores de ontem e de hoje, deve ser colocada, não para ser ela própria levada a sério, mas para que nos desvencilhemos dela de uma vez por todas. Rousseau é daqueles que acham que não há covardia pior do que o abandono dos filhos que se teve o prazer de fazer:

"Um pai, quando gera e sustenta filhos, só realiza com isso um terço de sua tarefa. Ele deve homens à sua espécie, deve à sociedade homens sociáveis, deve cidadãos ao Estado. Todo homem que pode pagar essa dívida tríplice e não paga é culpado, e talvez ainda mais culpado quando só a paga pela metade. Quem não pode cumprir os deveres de pai não tem direito de tornar-se pai. Não há pobreza, trabalhos nem respeito humano que o dispensem de sustentar seus filhos e de educá-los ele próprio. Leitores, podeis acreditar no que digo. Para quem quer que tenha entranhas e desdenhe tão santos deveres, prevejo que por muito tempo derramará por sua culpa lágrimas amargas e jamais se consolará disso." (*Emílio*, Livro I.)

Até o fim de sua vida, o remorso fez que Rousseau procurasse simulacros de desculpas. Em 20 de abril de 1751, ele escrevia à sra. de Francueil: "Ganho a cada dia o meu pão com muita dificuldade: como sustentaria ainda uma família? [...] E, se eu fosse obrigado a recorrer ao ofício de escritor, como as preocupações domésticas e a bagunça das crianças me deixariam, em meu sótão, a tranquilidade de espírito necessária para fazer um trabalho lucrativo?" Essas desculpas não o satisfizeram, e foi justamente a obsessão por sua culpa que o determinou a escrever o *Emílio* de 1757 a 1762 e a começar as suas *Confissões* em 1765. A morte interrompeu seus *Devaneios*, onde ele ainda se defendia de ter sido um "pai desnaturado" (*Nono Devaneio*).

Para pretender que o livro não tem nada para nos ensinar porque seu autor não o colocou em prática seria portanto preciso inverter a cronologia, proibir a Rousseau – e a si mesmo – toda oportunidade de um arrependimento sincero e permanecer surdo ao apelo que, do fundo da noite, testemunha a possibilidade de se redimir e de se tirar do mal um bem: "Não escrevo para desculpar meus erros, mas para impedir meus leitores de os imitar". Na verdade, o *Emílio* é ainda hoje um excelente meio de progredir no amor aos filhos, "e do modo como se deve amar, muito inteligentemente".

A GÊNESE DO *EMÍLIO*

No entanto, a ideia de que o *Emílio* não seria, "originalmente, uma obra de expiação" ganhou nova autoridade. Num livro erudito, Peter D. Jimack empenha-se em mostrar que "a obra fora concebida primeiro como um tratado bastante impessoal" e "somente durante a redação Rousseau identificou-se aos poucos com o preceptor e inventou um aluno imaginário": "Foi por volta do final da redação [...] que Rousseau deve ter começado a sentir remorsos." (*La genèse et la rédaction de L'Émile de Jean-Jacques*

Rousseau. Étude sur l'histoire de l'ouvrage jusqu'à sa parution. Studies on Voltaire and the Eighteenth Century, vol. XIII, Genebra, 1960.)

Esta tese, que tem o mérito de se basear numa documentação bastante completa e no confronto das diversas versões do *Emílio*, tem sem dúvida razão de adotar uma fórmula prudente ao procurar datar o nascimento de um remorso, sobretudo quando se trata de Jean-Jacques. Seria preciso ignorar o sentimento de culpa difusa que pesou desde a adolescência sobre toda a sua vida para imaginar que o sofrimento e os remorsos estivessem ausentes do próprio ato de abandonar os filhos:

"A decisão que eu tomara com relação aos meus filhos, por mais racional que me tivesse parecido, nem sempre me deixava de coração tranquilo. Ao meditar sobre o meu *Tratado da educação*, senti que tinha negligenciado deveres de que ninguém me podia dispensar. Por fim, o remorso tornou-se tão vivo que quase tirou de mim a confissão pública de minha culpa no começo do *Emílio*, e a própria passagem é tão clara que é surpreendente que depois dela tenham tido a coragem de me censurar." (*Confissões*, Livro XII.)

Mais sábio é não nos aventurarmos demais à procura dos motivos inconscientes e nos limitarmos aos fatos certos que marcam o desenvolvimento da vocação pedagógica de Rousseau e preparam o seu *Tratado da educação*, ou melhor (vide seu próprio prefácio), os seus "devaneios de um visionário sobre a educação". Recordemos, pois, as grandes etapas dessa gênese, pedindo aos curiosos leitores que consultem o nosso quadro cronológico ou, melhor ainda, as próprias *Confissões* de Rousseau, completadas por sua *Correspondência* e pelo dossiê de Peter D. Jimack. A partir daí fica evidente que os remorsos de Rousseau foram ficando mais fortes com a maturação de sua reflexão pedagógica, mas que esta tem autonomia e um valor próprios: antes de conhecer Thérèse Levasseur, Jean-Jacques fora preceptor e já havia escrito algumas de suas ideias sobre a educação.

Desde novembro ou dezembro de 1740, o jovem Rousseau, preceptor dos filhos do sr. de Mably, escrevia um interessantíssimo *Projeto para a educação do sr. de Sainte-Marie*, onde confessava seu "pendor invencível para a melancolia", ao mesmo tempo que se defendia da acusação de ser um preceptor "selvagem e pedante". Cinco anos mais tarde, já como secretário dos Dupin, ricos banqueiros parisienses, ele remodela esse projeto e o entrega à sra. Dupin, que tinha um filho espantosamente mimado. Rousseau é então bastante tributário das ideias de Locke e ainda não despreza, como o fará no início do livro V do *Emílio*, "a honra de educar um fidalgo". Mas por volta de 1751-1752, para estabelecer certa conformidade entre a sua vida e seus discursos, ele deixa o serviço dos "financistas" e realiza a sua "reforma"; quer viver "livre e pobre" para ser digno de escrever "grandes e úteis verdades". Em retiro no Ermitage, depois em Montmorency, ele guarda "no estaleiro" *Nova Heloísa*, *Carta a d'Alembert*, *Sobre as instituições políticas* (que se tornará o *Contrato social*), alguns *Trechos do abade de Saint-Pierre* e "um livro cujo título era *A moral sensitiva* ou *O materialismo do sábio*": "Além disso tudo, eu concebia há algum tempo um sistema de educação de que a sra. de Chenonceaux, a quem a educação de seu marido fazia temer pela do filho, pedira para me ocupar". O menino mimado do herdeiro Dupin, marido da sra. de Chenonceaux, foi preso por dívidas pouco depois do casamento: Rousseau, que por volta de 1745 desistira ao cabo de oito ou dez dias da educação do herdeiro Dupin, propôs-se realizar a educação do neto, ao mesmo tempo que escrevia as suas ideias mais caras em todos os campos.

No final de 1759, a primeira versão do *Emílio* está acabada. Rousseau hesita muito antes de entregá-la a um impressor parisiense: pressente que o conteúdo do *Emílio* não agradará nem ao governo francês, nem à Igreja Católica, que na época dispunha de meios de entregar à fogueira os livros "perniciosos", se não seus autores. Mas dois protetores de Rousseau, a sra. de Luxemburgo, outra grande dama, esposa de um marechal de boa posição na corte, e o sr. de Malesherbes, diretor da Livraria – hoje diríamos ministro da Informação –, garantem-lhe que seu livro poderá ser publicado na França, tomando-se algumas precauções: estes Grandes esperavam muito das obras de Rousseau, que rompera com o partido dos Filósofos, para fazer triunfar uma política de sábias reformas no Reino e na Igreja da França. Mas os acontecimentos não se sucederam conforme os seus cálculos. Em primeiro lugar, Rousseau recusou-se a se submeter à censura de Malesherbes, e só lhe fez concessões de pormenor. Sobretudo, na época, o partido jansenista, cuja fortaleza estava no Parlamento, queria dar um grande golpe contra o partido jesuíta, e, para não parecer "parcial", o Parlamento batia "à direita" e "à esquerda": *Emílio* e o *Contrato social*, e sobretudo seu autor, "declarado preso", foram as vítimas dessas manobras. Não ajamos como a nobreza parlamentar, que condenou o *Emílio* sem o ter realmente lido, e tentemos primeiro decifrar, em sua própria estrutura, o sentido deste livro complexo.

A ESTRUTURA DO *EMÍLIO*

Rousseau, como conhecedor dos clássicos, pede desculpas em seu Prefácio por publicar esta "espécie de obra grande demais, sem dúvida". Segundo diz, "Esta coletânea de reflexões e de observações, sem ordem e quase sem sequência" ter-lhe-ia feito "perceber, durante o trabalho, que não basta ter escrito algumas brochuras para saber compor um livro". Não nos deixemos enganar por essa falsa modéstia; logo em seguida, ele vai sugerir que é o único em seu século que sabe *construir* um edifício original e sólido: "não me agrada encher um livro com coisas que todos sabem [...] A literatura e o saber de nosso século tendem muito mais a destruir do que a edificar. Censura-se com um tom de mestre; para propor, é preciso assumir uma outra postura, com a qual a altivez filosófica se compraz menos". É verdade que ele deu à sua obra uma aparência de desordem e de espontaneidade: não descobriram os arquitetos modernos, como suma elegância, a arte de deixar aparentes as pedras? No *Emílio*, o grão das "observações" ou das "reflexões" não foi moído e misturado numa mesma farinha, mas conservou um sabor natural. Conselhos, máximas, confidências pessoais, detalhes tirados ainda frescos de uma experiência recente (a vida cotidiana de Rousseau não hesita em se mostrar no livro e, bem no meio de um raciocínio, ele escreve: "Em frente à minha janela há um morro no qual se reúnem para brincar as crianças do lugar. [...] com frequência recolho boas observações para este escrito"), sonhos ou devaneios, diálogos, catecismos, grandes discursos, esboços de confissões (vide o início da *Profissão de fé do Vigário saboiano*), notas de leituras, esboços de romances (o "romance" de Sofia e de Emílio, no livro V, mais tarde vai desenvolver-se de maneira autônoma para se transformar em *Emílio e Sofia, ou os solitários*, verdadeiro romance sobre o qual deveremos voltar a falar), anedotas, retratos, quadros campestres e mais outras coisas, tudo concorria para dar à narrativa da infância de Emílio o mesmo caráter do menino que ela evoca: "Uma bonita criança, de olhos vivos e alegres, de ar contente e sereno, de fisionomia aberta e risonha", que realiza, "brincando, as coisas mais sérias, ou então profundamente ocupado com as mais frívolas diversões" – um pouco bochechudo demais, talvez, mas isso era sinal de que gozava de boa saúde e de que tinha fôlego.

Sob a proliferação das ideias e das digressões, a trama é sólida, o plano é simples e claro. Por que será que ninguém ainda se deu ao trabalho de o expor? Um quadro rigoroso da composição do *Emílio*, longe de devastar a floresta sensual do livro, permite traçar por ela largas avenidas, de onde em seguida todos podem se afastar para penetrar nas espessas matas. Eis o resultado, sumário, de uma primeira exploração.

*Livro I: "A idade da natureza" – o bebê (*infans*)*

– Introdução: importância e objetivo da educação.
– "A verdadeira ama é a mãe."
– "O verdadeiro preceptor é o pai."
– "Um aluno imaginário": Emílio, órfão.
– A ama de Emílio.
– "Antes de falar, antes de entender, ele já se instrui."

*Livro II: "A idade da natureza" – de 2 a 12 anos (*puer*)*

1. Educação da sensibilidade – os choros e os gritos;
   – "o bem-estar da liberdade";
   – "a dependência das coisas".
2. Educação moral – "máximas gerais";
   – "exemplos": propriedade, verdade, caridade.
3. Educação intelectual – partir do interesse sensível;
   – crítica das palavras;
   – crítica da história;
   – crítica das fábulas de La Fontaine;
   – nada de livros antes dos doze anos.
4. Educação do corpo – exercícios físicos;
   – preceitos de higiene, natação.
5. Educação sensorial – o tato;
   – a visão;
   – a audição;
   – o gosto;
   – o olfato.

Livro III: "A idade da força" – de 12 a 15 anos

1. Educação intelectual – da necessidade à utilidade;
   – experiências, não palavras;
   – construção das máquinas;
   – importância do princípio de utilidade;
   – um só livro: Robinson Crusoé.

2. Educação manual e social – contra os preconceitos;
   – a hierarquia dos ofícios;
   – educação social;
   – necessidade de um ofício manual;
   – escolha da profissão: Emílio marceneiro.

3. Conclusão: "Emílio tem poucos conhecimentos, mas os que ele tem são realmente seus".

Livro IV: "A idade da razão e das paixões" – de 15 a 20 anos

1. Educação do ser moral – educação sexual;
   – da piedade à sociabilidade;
   – estudo da história e das paixões;
   – a beneficência;
   – problema da educação religiosa.

2. Educação religiosa: *Profissão de fé do Vigário saboiano*;

a) primeiro discurso: a religião natural;
   – a prova da dúvida;
   – as evidências do coração;
   – a voz da consciência.

b) segundo discurso: as religiões reveladas;
   – crítica das religiões reveladas;
   – diante do Evangelho: "ser sempre modesto e circunspecto";
   – conclusão prática: nem filósofo, nem intolerante.

3. Retomada da educação moral;

– novos meios de educação: a religião, a razão, a amizade;
– que fazer diante do apelo dos sentidos e do coração;
– entrada de Emílio no mundo;
– educação estética;
– conclusão: "Se eu fosse rico...".

Livro V: "A idade da sabedoria e do casamento" – de 20 a 25 anos

1. "Sofia ou a mulher" – semelhanças e diferenças entre os dois sexos;
   – educação intelectual e estética de Sofia;
   – educação religiosa de Sofia;
   – educação moral de Sofia;
   – Sofia mulher comum,
   – educação sentimental de Sofia.
2. Emílio diante de Sofia – da escolha de uma esposa;
   – o encontro;
   – o desenvolvimento do amor;
   – a separação.
3. "Viagens" – das viagens em geral;
   – da educação política prévia às viagens;
   – Emílio estuda os povos enquanto viaja.
4. Epílogo – a decisão de Emílio;
   – a resposta do preceptor;
   – o casamento.

Seria preciso entrar em mais detalhes: até no arranjo dos parágrafos, a arte de compor um livro faz muitas vezes lembrar, em Jean-Jacques, a arte do músico. Mas não se trata de uma diversão gratuita, e se pode tirar uma tripla lição da composição do *Emílio*.

Se tomarmos como hipótese que a obra forma um todo significativo, não mais corremos o risco de considerar a *Profissão de fé do Vigário saboiano*, inserida no meio do livro IV, como um trecho supérfluo, sem relação real com a educação de Emílio, ou, pelo contrário, como o livro essencial de que o resto do *Emílio* não seria mais do que a capa ou a camuflagem. Longe de se compor de trechos justapostos, o livro IV talvez seja o mais bem composto dos cinco: a sua estrutura não está baseada, como os precedentes, na clássica distinção das "faculdades" (sensibilidade, consciência moral, inteligência, corpo, órgão dos sentidos), mas sim na mutação brusca da puberdade, à qual corresponde a mutação brusca das motivações da educação. Enquanto os livros precedentes privilegiam o princípio de utilidade, e só ele, numa espécie de "materialismo do sábio", os livros IV e V baseiam-se no despertar da consciência moral e religiosa para guiar Emílio e Sofia: "Nós trabalhamos de concerto com a natureza, e, enquanto ela forma o homem físico, nós tratamos de formar o homem moral... Quando chegamos aí, que novo alcance sobre nosso aluno nós obtemos! Que novos meios nós temos para falar ao seu coração!" Quem não sabe que toda educação deve ser ritmada e não seguir um esquema lógico concebido numa cabeça de adulto para seres mecânicos não pode sentir a beleza dessa aparente ruptura de construção do livro IV, no qual a exposição da educação do ser moral (que é indissoluvelmente uma educação sexual, social, política, filosófica, estética) divide-se em duas.

Se atentarmos para o fato de que a obra não é um tratado dogmático, mas sim um livro simbólico e "exemplar", uma coletânea de sugestões e de exemplos que visam essencialmente a "fazer que outros tenham boas ideias" (mesmo que as do autor sejam más, falsas ou quiméricas), não cairemos no contrassenso de querer pôr em prática, estrita e mecanicamente, tudo o que Rousseau preconiza; nesta "rapsódia", não hesitaremos em fazer distinções e em julgar francamente retrógradas algumas de suas convicções, ou maravilhosamente atuais algumas outras; daremos maior atenção ao final do seu Prefácio: "A maior ou menor facilidade de execução depende de mil circunstâncias, impossíveis de serem determinadas a não ser numa aplicação particular do método a este ou àquele país, a esta ou àquela condição." Nada é mais ridículo e mais sinistro do que o capricho da rainha da Suécia, que, quando Rousseau ainda estava vivo, mandou trazer à Corte de Estocolmo um negrinho para educá-lo segundo os preceitos de Rousseau: o infeliz tornou-se um joguete das intrigas dos cortesãos, corrompido entre os corrompidos.

Inversamente, desde que se percebeu a vontade de Rousseau de seguir "a marcha da natureza", não se demorou em lhe censurar pretensas contradições: a unidade de seu projeto e a clareza do plano são evidentes; as próprias "astúcias" que este "amigo da verdade" preconiza para melhor dirigir as crianças já não são objeto de escândalo; a lógica do seu método não é menor do que a sua flexibilidade. A ordem da natureza não é a das dissertações em três partes, mas nem por isso é pior, pois possui um ritmo: assim como o desenvolvimento da criança e do adolescente é marcado por uma série de mutações bruscas, o *Emílio* escande-se através de rupturas e de pausas depois das quais o fluxo do discurso renasce mais vivo, arrastando em seu curso novas massas de reflexões e de observações. A única coisa realmente importante é ter captado o espírito, o movimento que anima este conjunto. Podemos esquecer todos os pormenores do livro, mas os reencontraremos por nós mesmos desde que tenhamos compreendido estas palavras: respeitar a natureza e a liberdade da criança. Mas antes de desvencilhar essa fórmula dos contrassensos que a literatura e a prática de dois séculos acumularam sobre ela, vem-nos à fantasia – pois é preciso ter fantasia para seguir Rousseau em seus "devaneios de visionário" – reler o livro de outra maneira: lê-lo como que em sua superfície, como puros estetas, sensíveis apenas ao desenho, à cor, ao tom ou ao ritmo das frases e de sua sucessão.

"PEÇO ENCARECIDAMENTE AOS LEITORES QUE PONHAM DE LADO MEU BELO ESTILO"

Nas *Cartas escritas da montanha*, que são uma defesa do *Emílio* e do *Contrato social*, Rousseau respondia ironicamente a seus inimigos, que distinguiam em seus livros um estilo "encantador", diabolicamente persuasivo, e ideias falsas e perigosas, paradoxos extremados e contraditórios:

"De qualquer modo, peço encarecidamente aos leitores que ponham de lado meu belo estilo e examinem apenas se eu raciocino bem ou mal; porque, afinal, do simples fato de um autor exprimir-se em bons termos não vejo como possa seguir-se que esse não sabe o que diz."

Seria preciso ser muito ingênuo para tomar Rousseau ao pé da letra e não saber que o seu estilo natural é somente o resultado de uma arte aperfeiçoada, que volta contra a literatura as armas da literatura, a fim de salvar o que ainda pode ser salvo da natureza. Examinando os rascunhos do *Emílio*, convencemo-nos facilmente de que Rousseau é um escritor tão calculista, tão astucioso quanto o preceptor de Emílio. Mesmo sem falar das astúcias e do cálculo, o simples prazer de escrever transparece de muitas maneiras neste grosso livro; para redigir seiscentas páginas quando se está no parque de Montmorency é preciso gostar das deliciosas angústias do trabalho do estilo:

"Foi nessa profunda e deliciosa solidão que em meio aos bosques e às águas, ao canto de pássaros de toda espécie, ao perfume da flor da laranjeira, compus num êxtase contínuo o livro V do *Emílio*, cujo colorido bastante fresco devo em grande parte à viva impressão do local onde eu escrevia." (*Confissões*, Livro X.)

Desde as primeiras páginas do livro, no entanto, outros aspectos da prosa de Rousseau são mais evidentes.

Pôde-se tirar do *Emílio* uma coletânea de fórmulas e de máximas que chamavam, no vocabulário da época, "*o espírito de Rousseau*". A arte da fórmula incisiva, da concisão que se transforma em laconismo, a arte suprema de sugerir, através das palavras, a energia do silêncio e da ação, é muito conhecida por Jean-Jacques, e ele faz a teoria disso, exatamente no *Emílio*, ao criticar os educadores que acreditam agir sobre as crianças com filas de palavras:

"Sempre admoestadores, sempre moralistas, sempre pedantes, para cada ideia que lhes dais acreditando ser boa, dais-lhes ao mesmo tempo vinte outras que não valem nada; repletos do que se passa em vossa cabeça, não vedes o efeito que produzis na cabeça deles. Em meio ao longo fluxo de palavras com que as cumulais incessantemente, achais que não há nenhuma que elas compreendam mal? [...] Mestres zelosos, sede simples, discretos, contidos. [...] Nada de belos discursos, nada mesmo, nem uma palavra. Deixai que venha a criança: espantada com o espetáculo, ela não deixará de vos fazer perguntas." (Livro II.)

Essa economia voluntária das palavras numa obra aparentemente tão abundante tem por resultado produzir fórmulas chocantes, antíteses que julgamos forçadas, mas que retemos: Rousseau sabe bater, e bater com precisão; em cada um de seus paradoxos há uma verdade escondida:

"Homens, sede humanos..."

"A própria dominação é servil."

"Deixai amadurecer a infância nas crianças."

"Mestres, deixai de fingimentos, sede virtuosos e bons."

"Os ricos consolam-se do mal que fazem aos pobres, supondo-os estúpidos o bastante para nada sentirem."

"Aos quinze anos ele não sabia se tinha uma alma... se ele vier a aprendê-lo mais cedo do que deve, corre o risco de não o saber jamais."

"Podemos ser homens sem sermos eruditos."

"Ela é pobre, Emílio é rico, ela sabe disso. Como ele precisa fazer-se estimar por ela! Que mérito ele precisa ter para apagar essa desigualdade!"

"É sempre nas capitais que o sangue humano se vende mais barato."

Fala-se demais da sentimentalidade de Rousseau: ele tinha um coração sensível demais para se tornar um sentimental. Como dizia Stendhal, ele sabia colocar vinagre no seu creme. É pelas variações do tom da sua voz (e o ritmo das suas frases esforça-se por seguir as mudanças de tom) que ele evita a insipidez dos bons sentimentos: alternadamente sério, alegre, profético, irônico, eloquente, lacônico, lírico, procura despertar as ideias e animar o coração, e não instruir ou "edificar" no sentido piedoso da palavra.

EDUCAÇÃO E POLÍTICA

Rousseau esforçara-se por não fazer de seu livro um "tratado de educação" ou um manual de pedagogia. Depois de tê-lo queimado por conter "coisas muito ousadas contra a Religião e o Governo", apressaram-se, sob forma de seleções bem expurgadas, em colocá-lo na categoria tranquilizadora dos livros a serem dados para todos. O *Emílio* entrou no programa das escolas normais depois de uma dupla operação de castração: já falamos daquela que consistia em separar a *Profissão de fé do Vigário saboiano* do resto do *Emílio*, sob pretexto de que a *Profissão* falava de religião e o *Emílio*, de educação; a operação simétrica consiste em separar o *Emílio* do *Contrato social*, quando os dois livros foram propositadamente escritos e publicados ao mesmo tempo e o *Emílio* contém no livro V um resumo do *Contrato social*. Além disso, a primeira versão do *Emílio* começava com um desenvolvimento sobre a "educação pública". O *Emílio* é sem dúvida o livro que mais fez para promover uma escola e um Estado laicos, liberados da tutela das Igrejas, mas essa escola e esse Estado foram bastante ingratos: transformaram a exigência de Rousseau, que era uma exigência de *respeito* à liberdade das crianças e dos homens, numa palavra devastadora, que é *neutralidade*. Se há um adjetivo que Jean-Jacques teria vomitado é a palavra "neutro": neutro quer dizer "nem um nem outro", nem carne nem peixe, em suma, sem interesse.

Ora, a educação de Emílio tem só um objetivo: formar um homem livre, capaz de se defender contra todos os constrangimentos. E, para formar um homem livre, há apenas um meio: tratá-lo como um ser livre, respeitar a liberdade da criança. É aqui que se insinua o contrassenso mais grave que se cometeu contra o *Emílio*: Rousseau, no entanto, tinha tomado bastante cuidado para distinguir o respeito às necessidades naturais da criança (e a liberdade é a primeira dessas necessidades) da satisfação dos seus desejos ou de seus caprichos. Os pais fracos, que cedem a todos os pedidos do filho, longe de respeitar a sua liberdade, corrompem-na; longe de fazer dele um ser livre, submetem-no às suas fantasias e mais tarde às suas paixões. O mais grave não é que eles próprios se tornem escravos do filho, o pior é que fazem dele um escravo. "O impulso do mero apetite é escravidão e a obediência à lei que nós mesmos nos prescrevemos é liberdade." (*Contrato social.*) O *Emílio* desenvolve esse "princípio do direito político" no plano da educação:

"Sabeis qual é o meio mais seguro de tornar miserável vosso filho? É acostumá-lo a obter tudo, pois, crescendo seus desejos sem cessar pela facilidade de satisfazê-los, mais cedo ou mais tarde a impotência vos forçará, ainda que contra a vontade, a usar da recusa. E essa recusa inabitual dar-lhe-á um tormento maior do que a própria privação do que deseja. [...] Feliz, ele! É um déspota; ao mesmo tempo, é o mais vil dos escravos e a mais miserável das criaturas. [...] vosso filho nada deve obter porque pede, mas porque precisa, nem fazer nada por obediência, mas somente por necessidade. Assim as palavras *obedecer* e *mandar* serão proscritas de seu dicionário, e mais ainda os termos *dever* e *obrigação*; mas as palavras *força*, *necessidade*, *impo-*

tência e *constrangimento* devem nele ocupar um grande espaço." (Livro II)

A "dependência das coisas", isto é, a sujeição apenas às necessidades naturais não perturba a liberdade, já que a verdadeira liberdade é precisamente só estar submetido às leis da natureza. Longe de ser fácil, a educação de Emílio será rude: "que corra, se divirta, caia cem vezes por dia, tanto melhor, aprenderá mais cedo a se levantar. O bem-estar da liberdade compensa muitos machucados. [...] A liberdade que concedo a meu aluno compensa-o amplamente dos leves incômodos a que o deixo exposto. Vejo meninos brincando na neve, roxos, trêmulos, mal podendo mexer os dedos. Só depende deles irem aquecer-se, mas nada fazem; se fossem forçados a isso, sentiriam cem vezes mais os rigores da obrigação do que estão sentindo os do frio. [...] A natureza fez as crianças para serem amadas e socorridas; mas será que as fez para serem obedecidas e temidas?" (Livro II.)

Essas observações, dirão, são de bom senso, mas não têm nenhuma relação com a política. Rousseau não é da mesma opinião: "Aqueles que quiserem tratar separadamente a política e a moral jamais entenderão nada de nenhuma das duas". (Livro IV.) Rousseau sabe que é ilusório querer educar livremente um homem livre numa sociedade onde a desigualdade domina e que é ilusório esperar transformar a sociedade se não se dispõe de homens livres, prontos para se sacrificarem por essa liberdade, pela igualdade de todos perante a lei; é preciso, portanto, fazer as duas coisas ao mesmo tempo: "É preciso estudar a sociedade pelos homens e os homens pela sociedade". (Livro IV.) É precisamente por isso que Rousseau escreveu ao mesmo tempo o *Emílio* e o *Contrato social*. Não é por acaso ou por capricho que Rousseau pede aos educadores, relativamente às crianças: "Fazei delas vossos iguais, para que elas se tornem vossos iguais." Emílio terá de tal modo experimentado a liberdade e a igualdade que não poderá suportar a tirania ou a injustiça: "Tendo crescido em meio à mais absoluta liberdade, o maior dos males que pode conceber é a servidão. Ele tem pena dos miseráveis reis, [...] dos falsos sábios, [...] desses ricos tolos". Emílio aprenderá o ofício de marceneiro, não porque seja obrigado (Rousseau o apresenta no início do livro como um órfão nobre e rico), mas para melhor aprender o ofício e os deveres do homem: "Emílio não será por muito tempo trabalhador sem ressentir por si mesmo a desigualdade das condições". Nada é mais revelador do que a continuação que Rousseau deu ao *Emílio*, sob forma de romance epistolar: em *Emílio e Sofia, ou os solitários*, nosso herói, prisioneiro dos corsários barbarescos, organiza uma greve de escravos e seu senhor acaba por aceitar as reivindicações de Emílio e de seus companheiros.

A HONRA DE SER QUEIMADO

Os sarcasmos que Rousseau lançava contra os reis, os grandes e os ricos, porque sabia antecipadamente que eles eram hostis à liberdade dos homens e portanto à das crianças, tiveram sua justa paga. Em 9 de julho de 1762, uma sentença do Parlamento de Paris condenava o *Emílio* a ser rasgado e queimado, e ordenava: "O chamado J.-J. Rousseau... será detido e levado às prisões da Portaria do Palácio". Rousseau tem então esperanças de se refugiar em sua cidade natal, mas em 19 de julho o Pequeno Concelho de Genebra também condena o *Contrato social* e o *Emílio* "a serem rasgados e queimados pelo Executor da alta justiça, diante da porta da Municipalidade, como temerários, escandalosos, ímpios, propensos a destruir a religião cristã e todos os governos"; quanto ao autor, "caso venha à cidade ou às terras da Senhoria, deverá ser detido e preso, para em seguida ser julgado". Começava Rousseau a sua vida de proscrito.

Como de hábito, as condenações apenas garantiram ao livro toda a publicidade que ele merecia; foi um dos grandes sucessos do século. Mas o amor real às crianças e à liberdade que nele respiramos fazem dele um livro de todos os tempos. Cada geração de educadores descobre nele, com surpresa, o que confusamente procura: depois da Escola emancipada e dos métodos de educação ativa, depois de Makarenko e de seu admirável *Poema pedagógico*, eis que os pioneiros do "não diretivismo", Rogers nos Estados Unidos, Georges Lapassade na França se inspiram na educação negativa de Rousseau: a tese de Georges Lapassade, ainda inédita, centra-se no *Emílio* e tem por título *A educação negativa. Ensaio sobre as origens e os fundamentos do não diretivismo* (doutorado de Estado, Paris, 1963). Nas aplicações até mesmo extremadas que dele são feitas (um professor que se instala em sua escrivaninha e se recusa a falar, para não influenciar os alunos), uma verdade desponta: nunca é cedo demais para dar ao homem, ao adolescente, à criança o sentido das suas responsabilidades e, portanto, para lhe confiar a responsabilidade de sua própria educação.

Rousseau só abandonaria Emílio por volta dos vinte e cinco anos; mas é a respeito dos adolescentes de quinze anos que ele dizia: "Fazei deles vossos iguais para que eles se tornem vossos iguais"; e é no livro I, diante do bebê, que ele escrevia: "Preparai de longe o reinado da sua liberdade." Ser editor ou leitor do *Emílio* é ainda hoje preparar de longe o reinado de sua própria liberdade.

MICHEL LAUNAY

CRONOLOGIA

1712. "Nasci em Genebra [...] filho de Isaac Rousseau, Cidadão, e de Suzanne Bernard, Cidadã [...] custei a vida de minha mãe."

1717. Isaac Rousseau, relojoeiro, tem de vender a sua casa da cidade alta para ir morar num bairro pobre.

1718-1719. Primeiras leituras: "Os romances acabaram junto com o verão de 1719 [...] Plutarco sobretudo tornou-se a minha leitura favorita."

1722. "Meu pai teve um desentendimento com um certo sr. Gautier, capitão na França, e com parentes no Concelho... ele preferiu sair de Genebra e se expatriar [...] a ceder [...] Nós fomos (eu e meu primo) mandados juntos para Bossey, como pensionistas na casa do ministro Lambercier, para ali aprender com o latim todo aquele amontoado de coisas que se juntam a ele sob o nome de educação."

1724. "De volta a Genebra [...] fui empregado como aprendiz [...] junto a um gravador [...] homem grosseiro e violento."

1728-1729. "Jurei nunca mais voltar para junto de meu patrão." Rousseau foge de Genebra, recebe abrigo do pároco de Confignon e depois da sra. de Warens, em Annecy. No Albergue dos Catecúmenos de Turim, abjura o protestantismo e se converte ao catolicismo. Torna-se criado da sra. de Vercellis. "Algumas vezes eu ia visitar, entre outros, um padre saboiano chamado sr. Gaime." Lacaio na casa do conde de Gouvon, volta em seguida para a casa da sra. de Warens. Algumas semanas no seminário de Annecy, com "um jovem padre de Faucigny, cidade da Saboia, chamado sr. Gâtier [...] Juntando o sr. Gâtier com o sr. Gaime, fiz destes dois dignos padres o original do Vigário saboiano".

1730-1731. Cantor no coro da catedral de Annecy, professor de música em Lausanne e Neuchâtel, companheiro de um monge grego através da Suíça, criado de um oficial aposentado em Paris, reencontra em Chambéry a sra. de Warens, que consegue para ele um emprego no cadastro. Esboço de *Narcisse*, comédia.

1732-1737. Deixa o cadastro para voltar a ser professor de música. Amante e homem de confiança da sra. de Warens, faz frequentes viagens: a Besançon, Lyon, Grenoble, Genebra e Montpellier.

1740. Preceptor dos filhos do sr. de Mably, em Lyon, escreve um *Projeto para a educação do sr. de Sainte-Marie*.

1741-1742. Volta a Charmettes e depois vai a Paris e apresenta à Academia um *Projeto a respeito de novos sinais para a música*.

1743-1744. Publica a *Dissertação sobre a música moderna*, trava amizade com Diderot, torna-se secretário dos Dupin e depois secretário de embaixada em Veneza.

1745. De volta a Paris, passa a viver com Thérèse Levasseur, termina a ópera *Muses galantes* e retoca as *Fêtes de Ramire*, ópera de Voltaire e Rameau.

1746-1747. Ajuda os Dupin a prepararem uma refutação do *Espírito das leis* e um livro sobre as mulheres. "Fomos passar o outono [...] no castelo de Chenonceaux [...] Enquanto eu engordava em Chenonceaux, minha pobre Thérèse engordava em Paris de uma outra maneira [...] a criança [...] foi deixada pela parteira no balcão dos Enfants-Trouvés [...] No ano seguinte, mesmo inconveniente e mesmo expediente."

1748. Conhece a sra. d'Epinay e janta todas as semanas com o grupo da *Enciclopédia*, para a qual redige os artigos sobre música.

1749-1750. Tendo ido visitar Diderot que estava preso no Castelo de Vincennes, concebe a ideia do *Discurso sobre as ciências e as artes*, que recebe o prêmio da Academia de Dijon.

1751-1752. "Thérèse engravida pela terceira vez [...] Meu terceiro filho foi portanto mandado para os Enfants-Trouvés, assim como os primeiros, e o mesmo aconteceu com os dois seguintes." Polêmicas acerca do seu *Discurso*. Torna-se tesoureiro dos Dupin, mas, "decidido a passar na independência e na pobreza o pouco de tempo que me restava para viver [...] de tesoureiro de um financista passei a copista de música". Representação do *Devin de village*, ópera.

1753-1754. *Carta sobre a música francesa* e redação do *Discurso sobre a desigualdade*. Rousseau vai a Genebra, reconverte-se ao protestantismo e volta a ser Cidadão de Genebra.

1755. Publicação do *Discurso sobre a desigualdade* e, na *Enciclopédia*, do artigo *Economia política*, onde Rousseau preconiza "a educação pública sob regras prescritas pelo governo".

1756. Rousseau instala-se na casa da sra. d'Epinay, no Ermitage. Redige os *Excertos* e *Juízos* do abade de Saint-Pierre, assim como a *Carta sobre a Providência*, endereçada a Voltaire. Esboça a *Nova Heloísa*.

1757. Apaixona-se pela sra. D'Houdetot e redige a *Nova Heloísa*, na qual uma carta de Saint-Preux sobre a educação dos filhos de Julie é um esboço do *Emílio*.

1758. Termina a *Carta a d'Alembert sobre os espetáculos* e a *Nova Heloísa*. Discute através de cartas com o dr. Tronchin sobre os problemas da educação pública e privada, e começa a redigir o *Emílio*.
1759. Instala-se na casa do marechal de Luxemburgo, no Pequeno Castelo de Montmorency, onde termina a primeira versão do *Emílio*.
1760. Trabalha no *Contrato social*, redige duas outras versões do *Emílio* e confia seu manuscrito definitivo à sra. de Luxemburgo. Publicação da *Nova Heloísa*.
1761. *Prefácio da Nova Heloísa, ou Conversa sobre os romances*. Término do *Contrato social*. Rousseau manda fazer buscas vãs para reencontrar seu filho mais velho. O *Emílio* é impresso.
1762. Publicação do *Contrato social* e do *Emílio*. O *Contrato social*, impresso na Holanda, é proibido na França. O *Emílio*, impresso em Paris, é denunciado na Sorbonne; o Parlamento condena o livro a ser queimado e o autor a ser preso. Rousseau foge para a Suíça. O *Contrato social* e o *Emílio* são condenados em Genebra. Rousseau é expulso do território de Berna e se refugia nas terras do rei da Prússia, em Neuchâtel. Termina a *Carta a Christophe de Beaumont, arcebispo de Paris*, que é uma defesa do *Emílio*.
1763. Publicação da *Carta a Beaumont*. Representações dos cidadãos e burgueses de Genebra em defesa de Rousseau. *Cartas escritas do campo*, do Procurador geral Tronchin, contra Rousseau. *Projeto de Constituição para a Córsega*.
1764. Em resposta a Tronchin, Rousseau publica as *Cartas escritas da montanha*, nova defesa do *Emílio* e do *Contrato social*. Voltaire, em seu *Sentimento dos cidadãos*, revela que Rousseau abandonou seus filhos. Rousseau começa as *Confissões*.
1765. As *Cartas da montanha* são condenadas em Haia e depois em Paris. Jogam pedras contra a casa de

Rousseau em Môtiers. Ele é expulso da ilha de Saint-Pierre, território de Berna. Recebe um passaporte provisório para a França e mora em Paris na casa do príncipe de Conti.

1766. Vai à Inglaterra em companhia de Hume, com o qual acaba por se desentender. Trabalha nas *Confissões*.

1767. Volta à França e instala-se na casa do economista Mirabeau e depois, sob o nome de Renou, no castelo de Trye, junto ao príncipe Conti. Publicação do *Dicionário de música*.

1768. Rousseau acredita ser vítima de um "complô universal". Deixa Trye, reside em Lyon e Grenoble e se casa civilmente com Thérèse em Bourgoin, no Delfinado (30 de agosto). Há algum tempo começou uma continuação do *Emílio*, sob forma de romance epistolar: *Emílio e Sofia, ou os solitários*.

1769. Instala-se em Monquin, perto de Bourgoin, e prossegue as *Confissoes*.

1770-1771. Volta a Paris e termina as *Confissões*, de que lê alguns excertos nos salões. *Considerações sobre o governo da Polônia*, cujo capítulo IV se intitula "Educação". As leituras públicas das *Confissões* são proibidas pela polícia.

1772-1775. Ganha a vida copiando música e redige *Rousseau juiz de Jean-Jacques, Diálogos*. O 3º Diálogo contém um importante comentário aos "escritos de Jean-Jacques" e em particular do *Emílio*: "Esses escritos seguiam certa ordem que era preciso descobrir para seguir o encadeamento do conteúdo [...] essa ordem era inversa à da publicação e [...] o autor, remontando de princípios em princípios, só atingira os primeiros nos seus últimos escritos. Era preciso, portanto, para avançar por síntese, começar por estes últimos, e foi o que eu fiz, abordando em primeiro lugar o *Emílio*, pelo qual ele acabou, sendo que os dois outros escritos que ele publicou depois já não fazem parte do seu sistema, e foram destinados apenas à defesa pessoal da pátria e de sua honra [...] o *Emílio* [...] não é mais do que um tratado sobre a bondade original do homem, destinado a mostrar como o vício e o erro, alheios à sua constituição, introduzem-se nele vindos de fora e o alteram imperceptivelmente."

1776. Rousseau termina os *Diálogos*. Morte do príncipe de Conti: Rousseau começa os *Devaneios do caminhante solitário*.

1777. Continua os *Devaneios* e cessa as cópias da música.

1778. Redação do *9º Passeio dos Devaneios*, em que ele volta a tratar do abandono dos filhos e dos problemas de educação. Confia a Pierre Prévost o fim de *Emílio e Sofia, ou os solitários*. Instala-se em Ermenonville, na casa do marquês de Girardin, onde morre antes de ter terminado o *10º Passeio dos Devaneios*.

EMÍLIO
ou
Da Educação

Sanabilibus agrotamus malis; ipsaque nos in rectum genitos natura, si emendari velimus, juvat.

Sen: *de irâ*. L. II. c. 13.

PREFÁCIO

Esta coletânea de reflexões e de observações, sem ordem e quase sem sequência, foi iniciada para agradar a uma boa mãe que sabe pensar. Inicialmente, eu projetara apenas uma memória de algumas páginas, mas, como o assunto me cativasse contra a minha vontade, esta memória aos poucos se tornou uma espécie de obra grande demais, sem dúvida, para o que contém, mas pequena demais para a matéria de que trata. Hesitei muito tempo antes de publicá-la e não raro ela me fez perceber, durante o trabalho, que não basta ter escrito algumas brochuras para saber compor um livro. Depois de vãos esforços para melhorá-la, creio que devo entregá-la tal como está, julgando que é importante chamar a atenção do público para este ponto e que, mesmo que minhas ideias fossem más, se fizesse com que outras boas ideias nascessem em outras pessoas, não teria perdido de todo o meu tempo. Um homem que, de seu retiro, lança suas páginas ao público, sem bajuladores, sem partido que as defenda, sem saber nem mesmo o que pensam ou o que dizem delas, não deve temer que, se estiver enganado, admitam seus erros sem nenhum exame.

Pouco falarei da importância de uma boa educação; tampouco me deterei provando que a educação hoje corrente é má; mil outros o fizeram antes de mim, e não me agrada encher um livro com coisas que todos sabem. Observarei apenas que, há infinitos tempos, todos protestam contra a prática estabelecida, sem que ninguém se preocupe em propor outra melhor. A literatura e o saber de nosso século tendem muito mais a destruir do que a edificar. Censura-se com um tom de mestre; para propor, é preciso assumir uma outra postura, com a qual a altivez filosófica se compraz menos. Apesar de tantos escritos que, segundo dizem, só têm por fim a utilidade pública, a primeira de todas as utilidades, que é a de formar os homens, ainda está esquecida. Meu assunto era totalmente novo após o livro de Locke, e temo muito que continue sendo depois do meu.

Não se conhece a infância; no caminho das falsas ideias que se têm, quanto mais se anda, mais se fica perdido. Os mais sábios prendem-se ao que aos homens importa saber, sem considerar o que as crianças estão em condições de aprender. Procuram sempre o homem na criança, sem pensar no que ela é antes de ser homem. Eis o estudo a que mais me apliquei, para que, mesmo que meu método fosse quimérico e falso, sempre se pudessem aproveitar minhas observações. Posso ter visto muito mal o que se deve fazer, mas acredito ter visto bem o sujeito sobre o qual se deve agir. Começai, pois, por melhor estudar vossos alunos, pois com toda a certeza não os conheceis; ora, se lerdes este livro dentro desta perspectiva, creio que ele não carecerá de utilidade para vós.

No que diz respeito ao que chamaremos a parte sistemática, que aqui não é senão a marcha da natureza, é ela que mais desconcertará o leitor; será também por aí, sem dúvida, que me atacarão, e talvez com alguma razão. Acreditarão estar lendo menos um tratado de educação do que os devaneios de um visionário sobre a educação. Que fazer? Não é sobre as ideias de outrem que escrevo, mas sobre as minhas. Não vejo as coisas como os outros homens; faz muito tempo que me chamaram a atenção para isto. Mas dependerá de mim dar-me outros olhos e exibir outras ideias? Não. Depende de mim não confiar excessivamente em mim mesmo, não acreditar ser sozinho mais sábio do que todo o mundo; depende de mim não mudar de sentimento, mas desconfiar do meu; isto é tudo o que posso fazer, e é o que faço. Se às vezes assumo o tom afirmativo, não é para impô-lo ao leitor, mas para fazer tal como penso. Por que proporia em forma de dúvida aquilo sobre que, no que me diz respeito, não tenho dúvidas? Digo exatamente o que se passa em meu espírito.

Ao expor com liberdade meu sentimento, pretendo tão pouco que ele faça autoridade, que sempre acrescento minhas razões, para que as ponderem e me julguem. No entanto, embora não queira teimar em defender minhas ideias, nem por isso acredito que não esteja obrigado a propô-las, já que as máximas sobre as quais tenho uma opinião contrária à dos outros não são indiferentes. Contam entre aquelas cuja verdade ou falsidade é importante conhecer, e fazem a felicidade ou a infelicidade do gênero humano.

Proponde o que seja realizável, é o que não param de me repetir. É como se me dissessem: proponde que se faça o que se faz, ou pelo menos proponde algum bem que se alie ao mal existente. Sobre algumas matérias, tal projeto é muito mais quimérico do que os meus, pois nessa aliança o bem se desgasta e o mal não é curado. Preferiria um bom procedimento; haveria menos contradição no homem; ele não pode tender ao mesmo tempo a dois alvos opostos. Pais e mães, o que é realizável é o que desejais fazer. Deverei eu responder pela vossa vontade?

Em todo tipo de projeto, há duas coisas a considerar: primeiramente, a bondade absoluta do projeto; em segundo lugar, a facilidade de execução.

Com respeito ao primeiro ponto, para que o projeto seja admissível e praticável em si mesmo, basta que aquilo que ele tem de bom esteja na natureza da coisa; neste caso, por exemplo, que a educação proposta seja conveniente ao homem e bem adaptada ao coração humano.

A segunda consideração depende das relações dadas em certas situações; relações acidentais à coisa, que, por conseguinte, não são necessárias e podem variar ao infinito. Assim, tal educação pode ser realizável na Suíça, mas não na França; tal outra pode sê-lo entre os burgueses, e tal outra entre os grandes. A maior ou menor facilidade de execução depende de mil circunstâncias, impossíveis de serem determinadas a não ser numa aplicação particular do método a este ou àquele país, a esta ou àquela condição. Ora, todas essas aplicações particulares, não sendo essenciais para meu assunto, não entram em meu plano. Outros poderão, se quiserem, ocupar-se delas, cada qual para o país ou Estado que tiver em vista. Para mim, basta que em toda parte onde nasceram homens se possa fazer deles o que proponho; e que, tendo feito deles o que proponho, se tenha feito o que há de melhor, tanto para eles próprios quanto para os outros. Se não cumprir este compromisso, sem dúvida terei errado; se porém cumpri-lo, será errado também exigir mais de mim, pois é só isso que prometo.

LIVRO I

Tudo está bem quando sai das mãos do autor das coisas, tudo degenera entre as mãos do homem. Ele força uma terra a alimentar as produções de outra, uma árvore a carregar os frutos de outra. Mistura e confunde os climas, os elementos, as estações. Mutila seu cão, seu cavalo, seu escravo. Perturba tudo, desfigura tudo, ama a deformidade e os monstros. Não quer nada da maneira como a natureza o fez, nem mesmo o homem; é preciso que seja domado por ele, como um cavalo adestrado; é preciso apará-lo à sua maneira, como uma árvore de seu jardim.

Sem isso, tudo iria ainda pior, e nossa espécie não quer ser moldada pela metade. No estado em que agora as coisas estão, um homem abandonado a si mesmo desde o nascimento entre os outros seria o mais desfigurado de todos. Os preconceitos, a autoridade, a necessidade, o exemplo, todas as instituições sociais em que estamos submersos abafariam nele a natureza, e nada poriam em seu lugar. Seria como um arbusto que o acaso faz nascer no meio de um caminho, e que os passantes logo fazem morrer, atingindo-o em todas as partes e dobrando-o em todas as direções.

É a ti que me dirijo, terna e previdente mãe*, que soubeste afastar-te da estrada principal e proteger o ar-

---

* A primeira educação é mais importante e cabe incontestavelmente às mulheres. Se o autor da natureza houvesse desejado que ela coubesse aos ho-

busto nascente do choque das opiniões humanas! Cultiva, rega a jovem planta antes que ela morra; um dia, seus frutos serão tuas delícias. Forma desde cedo um cercado ao redor da alma de teu filho; outra pessoa pode marcar o seu traçado, mas apenas tu podes colocar a cerca*.

Moldam-se as plantas pela cultura, e os homens pela educação. Se o homem nascesse grande e forte, a estatura e a força ser-lhe-iam inúteis até que tivesse aprendido a servir-se delas; ser-lhe-iam prejudiciais, pois impediriam que os outros pensassem em socorrê-lo** e, entregue a si mes-

---

mens, ter-lhes-ia dado leite para alimentar as crianças. Assim, falai sempre de preferência às mulheres em vossos tratados sobre a educação, pois, além de estarem em condições de tratá-la mais de perto do que os homens e de influírem sempre mais, o êxito também lhes interessa muito mais, já que a maior parte das viúvas se acha como que à mercê dos filhos e eles então lhe fazem sentir vivamente, no bem e no mal, o efeito da maneira como foram criados. Sempre muito ocupadas com os bens e pouco com as pessoas, por terem como objeto a paz e não a virtude, as leis não dão bastante autoridade às mães. Todavia, sua condição é mais segura do que a dos pais, e seus deveres são mais duros; seus cuidados são mais importantes para a boa ordem da família e, geralmente, elas têm maior apego às crianças. Ocasiões há em que um filho que desrespeita o pai pode de algum modo ser desculpado; se, porém, em qualquer ocasião que seja, um filho fosse tão desnaturado a ponto de desrespeitar sua mãe, aquela que o carregou em seu seio, que o alimentou com seu leite e, durante anos, esqueceu-se de si mesma para só se ocupar dele, dever-se-ia ter pressa em estrangular esse miserável como um monstro indigno de ver a luz. Dizem que as mães mimam os filhos. Neste ponto, sem dúvida, elas erram, mas erram menos do que vós, talvez, que os depravais. A mãe quer que seu filho seja feliz, e isto desde agora. Ela tem razão; se se engana quanto aos meios, devemos esclarecê-la. A ambição, a avareza, a tirania, a falsa previdência dos pais, sua negligência, sua dura insensibilidade são cem vezes mais funestas para as crianças do que a cega ternura das mães. De resto, é preciso explicar o sentido que dou à palavra *mãe*, e é o que farei em seguida.

* Garantem-me que o sr. Formey achou que eu queria aqui falar de minha mãe, e que disse isso em algum livro. Isso equivale a zombar cruelmente do sr. Formey ou de mim.

** Semelhante a eles pelo exterior e sem a palavra e as ideias que ela exprime, estaria sem condições de lhes comunicar a necessidade que teria de seu auxílio, e nada nele lhes manifestaria esta necessidade.

mo, morreria de miséria antes de ter conhecido suas necessidades. Queixamo-nos da condição infantil e não vemos que a raça humana teria perecido se o homem não tivesse começado por ser criança.

Nascemos fracos, precisamos de força; nascemos carentes de tudo, precisamos de assistência; nascemos estúpidos, precisamos de juízo. Tudo o que não temos ao nascer e de que precisamos quando grandes nos é dado pela educação.

Essa educação vem-nos da natureza ou dos homens ou das coisas. O desenvolvimento interno de nossas faculdades e de nossos órgãos é a educação da natureza; o uso que nos ensinam a fazer desse desenvolvimento é a educação dos homens; e a aquisição de nossa própria experiência sobre os objetos que nos afetam é a educação das coisas.

Assim, cada um de nós é formado por três tipos de mestres. O discípulo em quem suas diversas lições se opõem é mal-educado e jamais estará de acordo consigo mesmo; aquele em quem todas elas recaem sobre os mesmos pontos e tendem aos mesmos fins vai sozinho para seu objetivo e vive consequentemente. Só esse é bem-educado.

Ora, dessas três educações diferentes, a da natureza não depende de nós; a das coisas, só em alguns aspectos. A dos homens é a única de que somos realmente senhores; mesmo assim, só o somos por suposição, pois quem pode esperar dirigir inteiramente as palavras e as ações de todos os que rodeiam uma criança?

Portanto, uma vez que a educação é uma arte, é quase impossível que ela tenha êxito, já que o concurso necessário a seu sucesso não depende de ninguém. Tudo o que podemos fazer à custa de esforços é nos aproximar mais ou menos do alvo, mas é preciso sorte para atingi-lo.

Qual é esse alvo? É o mesmo da natureza, isso acaba de ser provado. Como o concurso das três educações é necessário para a perfeição delas, é para aquela quanto à qual nada podemos que é preciso dirigir as duas outras.

Mas talvez o termo natureza tenha um sentido vago demais. Cumpre determiná-lo aqui.

Dizem que a natureza é apenas o hábito*. Que significa isso? Não existem hábitos que só se contraem pela força e jamais abafam a natureza? Assim é, por exemplo, o hábito das plantas cuja orientação vertical é contrariada. Posta em liberdade, a planta conserva a inclinação que a forçaram a tomar, mas nem por isso a seiva muda sua direção primitiva e, se a planta continuar a vegetar, seu prolongamento voltará a ser vertical. O mesmo ocorre com as inclinações dos homens. Enquanto permanecemos na mesma condição, podemos conservar as que resultam do hábito e nos são menos naturais; mas, assim que a situação muda, o hábito cessa e a natureza retorna. A educação certamente não é senão um hábito. Ora, não há pessoas que esquecem ou perdem a educação, e outras que a conservam? De onde vem essa diferença? Se é para restringir o nome de natureza aos hábitos conformes à natureza, podemos poupar este galimatias.

Nascemos sensíveis e, desde o nascimento, somos afetados de diversas maneiras pelos objetos que nos cercam. Assim que adquirimos, por assim dizer, a consciência de nossas sensações, estamos dispostos a procurar ou a evitar os objetos que as produzem, em primeiro lugar conforme elas sejam agradáveis ou desagradáveis, depois, conforme a conveniência ou inconveniência que encontramos entre nós e esses objetos, e, enfim, conforme os juízos que fazemos sobre a ideia de felicidade ou de perfeição que a razão nos dá. Essas disposições estendem-se e firmam-se

* O sr. Formey garante-nos que não se diz exatamente isso. Todavia, isso me parece exatamente o que está dito neste verso a que me propunha responder:

A natureza, acredite, não é nada além do hábito.

O sr. Formey, que não pretende orgulhar seus semelhantes, modestamente nos apresenta a medida de seu cérebro como a do entendimento humano.

à medida que nos tornamos mais sensíveis e mais esclarecidos; forçadas, porém, por nossos hábitos, elas se alteram mais ou menos segundo nossas opiniões. Antes de tal alteração, elas são o que chamo em nós a natureza.

Portanto, é com essas disposições primitivas que deveríamos relacionar tudo, e isso seria possível se nossas três educações fossem apenas diferentes; que fazer, porém, se são opostas, se, em vez de educar um homem para si mesmo, queremos educá-lo para os outros? Este acordo torna-se, então, impossível. Forçado a combater a natureza ou as instituições sociais, é preciso optar entre fazer um homem ou um cidadão, pois não se podem fazer os dois ao mesmo tempo.

Toda sociedade parcial, quando é pequena e muito unida, aliena-se da grande. Todo patriota é duro para com os estrangeiros: são apenas homens, nada são a seus olhos*. Esse inconveniente é inevitável, mas é fraco. O essencial é ser bom com as pessoas com quem se vive. Fora, o espartano era ambicioso, avaro, iníquo, mas o desinteresse, a equidade e a concórdia reinavam em sua cidade. Desconfiai desses cosmopolitas que vão procurar longe nos livros os deveres que desdenham cumprir ao seu redor. Tal filósofo ama os tártaros para não ser obrigado a amar seus vizinhos.

O homem natural é tudo para si mesmo; é a unidade numérica, o inteiro absoluto, que só se relaciona consigo mesmo ou com seu semelhante. O homem civil é apenas uma unidade fracionária que se liga ao denominador, e cujo valor está em sua relação com o todo, que é o corpo social. As boas instituições sociais são as que melhor sabem desnaturar o homem, retirar-lhe sua existência absoluta para dar-lhe uma relativa, e transferir o *eu* para a

---

* Assim, as guerras das repúblicas são mais cruéis do que as das monarquias. Mas, se a guerra dos reis é moderada, terrível é a sua paz – mais vale ser seu inimigo do que seu súdito.

unidade comum, de sorte que cada particular já não se julgue como tal, e sim como uma parte da unidade, e só seja perceptível no todo. Um cidadão de Roma não era nem Caius, nem Lucius; era um romano e até mesmo amava exclusivamente a sua própria pátria. Regulus pretendia-se cartaginês quando se tornou propriedade de seus senhores. Na qualidade de estrangeiro, recusava-se a participar do senado de Roma; foi preciso que um cartaginês lho ordenasse. Indignava-se por quererem salvar-lhe a vida. Venceu e, triunfante, retornou para morrer no suplício. Isso, ao que me parece, não tem muito a ver com os homens que conhecemos.

O lacedemônio Pedareta apresenta-se para ser admitido no Conselho dos Trezentos, é rejeitado e volta muito feliz por haver em Esparta trezentos homens que valem mais do que ele. Suponho que era uma demonstração sincera, e cabe acreditar que o fosse: eis o cidadão.

Uma mulher de Esparta tinha cinco filhos no exército e esperava notícias da batalha. Chega um hilota; ela lhe pede as notícias, tremendo. "Vossos cinco filhos foram mortos. – Vil escravo, terei perguntado isso? – Nós ganhamos a batalha!" A mãe corre até o templo e dá graças aos deuses. Eis a cidadã.

Aquele que, na ordem civil, quer conservar o primado dos sentimentos da natureza não sabe o que quer. Sempre em contradição consigo mesmo, sempre passando das inclinações para os deveres, jamais será nem homem, nem cidadão; não será bom nem para si mesmo, nem para os outros. Será um desses homens de hoje, um francês, um inglês, um burguês; não será nada.

Para ser alguma coisa, para ser si mesmo e sempre uno, é preciso agir como se fala; é preciso estar sempre decidido a respeito do partido a tomar, tomá-lo abertamente e continuar sempre com ele. Estou esperando que me mostrem este prodígio para saber se ele é homem ou cidadão, ou como faz para ser ao mesmo tempo um e outro.

Dessas coisas necessariamente opostas decorrem duas formas contrárias de educação: uma pública e comum, outra particular e doméstica.

Se quiserdes ter uma ideia da educação pública, lede a *República* de Platão. Não é uma obra de política, como pensam os que só julgam os livros pelo título: é o mais belo tratado de educação jamais escrito.

Quando se quer fazer referência ao país das quimeras, apela-se para a instituição de Platão: se Licurgo só tivesse escrito a sua, eu a acharia muito mais quimérica. Platão apenas depurou o coração do homem, mas Licurgo o desnaturou.

A instituição pública já não existe, e já não pode existir, pois onde não há mais pátria já não pode haver cidadãos. Estas duas palavras, pátria e cidadão, devem ser canceladas das línguas modernas. Sei muito bem a razão disso, mas não quero dizê-la; ela nada traz ao meu assunto.

Não posso encarar como instituição pública esses ridículos estabelecimentos chamados colégios*. Tampouco considero a educação da sociedade, pois, tendendo essa educação a dois fins contrários, não atinge nenhum dos dois; só serve para criar homens de duas faces, que sempre parecem atribuir tudo aos outros, e nunca atribuem nada senão a si mesmos. Ora, sendo comuns a todos, estas demonstrações não enganam ninguém. São preocupações vãs.

Dessas contradições nasce aquela que sem cessar sentimos em nós mesmos. Arrastados pela natureza e pelos homens a caminhos contrários, forçados a nos dividir entre esses diversos impulsos, seguimos uma composição que

---

* Na Academia de Genebra e na Universidade de Paris há professores de que gosto, que estimo muito, e que creio bastante capazes de bem instruir a juventude, se não fossem obrigados a seguir o uso estabelecido. Exorto um dentre eles a publicar o projeto de reforma que concebeu. Talvez finalmente sejamos tentados a curar o mal ao vermos que ele não é irremediável.

não nos leva nem a um, nem a outro objetivo. Assim combatidos e errantes durante toda a nossa vida, terminamo-la sem termos podido entrar em acordo com nós mesmos, e sem termos sido bons nem para nós, nem para os outros.

Resta enfim a educação doméstica ou a da natureza, mas o que se tornará para os outros um homem que tenha sido educado unicamente para si mesmo? Se porventura o duplo fim que nos propomos pudesse reunir-se em um só, suprimindo as contradições do homem, suprimiríamos um grande obstáculo à sua felicidade. Para julgar sobre isso, seria preciso vê-lo todo formado; seria preciso ter observado suas inclinações, ter visto seus progressos, seguido sua marcha; numa palavra, seria preciso conhecer o homem natural. Acredito que alguns passos terão sido dados nessas buscas após a leitura deste escrito.

Para formar esse homem raro, o que temos de fazer? Muito, sem dúvida: impedir que algo seja feito. Quando se trata apenas de ir contra o vento, bolinamos; se, porém, o mar estiver agitado e quisermos permanecer parados, deveremos lançar âncora. Toma cuidado, jovem piloto, para que teu cabo não se desamarre ou a âncora não se solte, e o barco se ponha à deriva antes que o percebas.

Na ordem social, onde todos os postos são marcados, cada um deve ser educado para o seu. Se um particular formado para seu posto vem a deixá-lo, já não serve para nada. A educação só é útil na medida em que a fortuna se harmonize com a vocação dos pais; em qualquer outro caso, ela é nociva ao aluno, ao menos pelos preconceitos que lhe inculcou. No Egito, onde o filho era obrigado a abraçar a profissão do pai, pelo menos a educação tinha um objetivo garantido; mas entre nós, onde apenas as posições sociais permanecem e os homens mudam sem parar, ninguém sabe se, ao educar o filho para a sua profissão, não está trabalhando contra ele.

Na ordem natural, sendo os homens todos iguais, sua vocação comum é a condição de homem, e quem quer que seja bem educado para tal condição não pode preencher mal as outras relacionadas com ela. Pouco me importa que destinem meu aluno à espada, à Igreja ou à barra. Antes da vocação dos pais, a natureza o chama para a vida humana. Viver é o ofício que quero ensinar-lhe. Ao sair de minhas mãos, concordo que não será nem magistrado, nem soldado, nem padre; será homem, em primeiro lugar; tudo o que um homem deve ser, ele será capaz de ser, se preciso, tão bem quanto qualquer outro; e, ainda que a fortuna o faça mudar de lugar, ele sempre estará no seu. *Occupavi te, Fortuna, atque cepi; omnesque aditus tuos interclusi, ut ad me aspirare non posses.*[1]

Nosso verdadeiro estudo é o da condição humana. Aquele de nós que melhor souber suportar os bens e os males desta vida é, para mim, o mais bem-educado; donde se segue que a verdadeira educação consiste menos em preceitos do que em exercícios. Começamos a nos instruir quando começamos a viver; nossa educação começa junto conosco; nosso primeiro preceptor é a nossa ama de leite. Assim, a palavra *educação* tinha entre os antigos um sentido diferente, que já não lhe damos: significava alimentação. *Educit obstetrix*, diz Varrão; *educat nutrix, instituit paedagogus, docet magister*.[2] A educação, a formação e a instrução, portanto, são três coisas tão diferentes no que se refere ao seu objeto quanto à governanta, ao preceptor e ao professor. Estas distinções, porém, não são bem compreendidas e, para ser bem dirigida, a criança deve seguir um só guia.

Devemos, pois, generalizar nossas ideias e considerar em nosso aluno o homem abstrato, o homem exposto a todos os acidentes da vida humana. Se os homens nasces-

---

1. "Eu te preveni, Fortuna, eu te prendi: fechei todas as passagens por onde podias vir até mim." (Metrodoro, cit. por Cícero, *Tusculanas*, V, 9,27.) (N. do T.)

2. "A parteira põe no mundo, a ama cria, o pedagogo forma, o mestre ensina." (N. do T.)

sem presos ao solo de um país, se a mesma estação durasse o ano todo, se cada homem estivesse unido à sua fortuna de modo que nunca pudesse mudá-la, a prática estabelecida seria boa sob certos aspectos; a criança educada para a sua condição, sem jamais sair dela, não poderia estar exposta aos inconvenientes de uma outra. Dada, porém, a mobilidade das coisas humanas, dado o espírito agitado e inquieto deste século que perturba tudo a cada geração, pode-se conceber um método mais insensato do que educar uma criança como se nunca tivesse de sair do seu quarto, como se tivesse de estar sempre rodeada pelos seus? Se a infeliz der um só passo pela terra, se descer um só degrau, estará perdida. Não se trata de ensiná-la a suportar as dificuldades, mas de exercitá-la para senti-las.

Só se pensa em conservar o filho; isto não é suficiente; é preciso ensiná-lo a se conservar enquanto homem, a suportar os golpes da sorte, a desafiar a opulência e a miséria, a viver, se preciso, nos gelos da Islândia ou sobre o ardente rochedo de Malta. Por mais que tomeis precauções para que ele não morra, morrerá, no entanto, necessariamente; e, mesmo sua morte não sendo obra de vossos cuidados, eles seriam mal compreendidos. Trata-se menos de impedi-lo de morrer do que de fazê-lo viver. Viver não é respirar, mas agir; é fazer uso de nossos órgãos, de nossos sentidos, de nossas faculdades, de todas as partes de nós mesmos que nos dão o sentimento de nossa existência. O homem que mais viveu não é o que contou maior número de anos, mas aquele que mais sentiu a vida. Tal homem foi enterrado aos cem anos e estava morto desde o nascimento. Melhor seria ir para a tumba na juventude, se pelo menos tivesse vivido até essa idade.

Toda a nossa sabedoria consiste em preconceitos servis, todos os nossos costumes não passam de sujeição, embaraço e constrangimento. O homem civil nasce, vive e morre na escravidão; enquanto conservar a figura humana, estará acorrentado por nossas instituições.

Dizem que muitas parteiras pretendem, ao moldar a cabeça das crianças recém-nascidas, dar-lhes uma forma mais conveniente, e isso é tolerado! Nossas cabeças não estariam bem à maneira do autor de nosso ser; precisamos tê-las modeladas por fora pelas parteiras e por dentro pelos filósofos. Os caraíbas são pela metade mais felizes do que nós:

"Mal a criança saiu do ventre da mãe e mal gozou da liberdade de movimentar e esticar seus membros e já lhe dão novos laços. Põem-lhe fraldas, deitam-na com a cabeça presa e com as pernas esticadas, com os braços pendentes ao lado do corpo; é envolta em panos e bandagens de toda espécie, que não lhe permitem mudar de posição. Feliz da criança se não a apertaram a ponto de impedi-la de respirar, e se tiveram a precaução de deitá-la de lado, para que as águas que deve devolver pela boca possam cair por si mesmas! Pois ela não teria a liberdade de voltar a cabeça para o lado a fim de facilitar seu escoamento."[3]

A criança recém-nascida precisa esticar e mover os membros para tirá-los do entorpecimento em que, unidos como num novelo, permaneceram por longo tempo. É verdade que os esticamos, mas os impedimos de se moverem; chegamos até a prender-lhe a cabeça a testeiras: até parece que temos medo de que ela pareça estar viva.

Assim, o impulso das partes internas de um corpo que tende ao crescimento encontra um obstáculo insuperável para os movimentos que tal impulso requer dele. Continuamente a criança faz esforços inúteis que esgotam suas forças ou atrasam seu progresso. Ela estava menos apertada, menos embaraçada, menos comprimida no âmnio do que entre os cueiros; não percebo o que ela ganhou ao nascer.

A inação, o constrangimento em que se mantêm os membros de uma criança só podem dificultar a circulação

---

3. Buffon, *Hist. nat.*, t. IV, p. 190, in-12. (N. do T.)

do sangue, dos humores, impedir que a criança se torne mais forte, cresça, e alterar sua constituição. Nos lugares em que não se têm essas precauções extravagantes, todos os homens são grandes, fortes, bem proporcionados. Os lugares em que se enfaixam as crianças estão cheios de corcundas, de mancos, de cambaios, de raquíticos, de pessoas deformadas de todo tipo. Temendo que os corpos se deformem com os movimentos livres, apressam-se em deformá-los pondo-os entre prensas. De bom grado os tornariam paralíticos para impedi-los de se estropiarem.

Poderia um constrangimento tão cruel deixar de influir no humor e no temperamento? O primeiro sentimento das crianças é um sentimento de dor e de sofrimento; só encontram obstáculos em todos os movimentos de que precisam; mais infelizes do que um criminoso agrilhoado, fazem vãos esforços, irritam-se, gritam. Dizeis que seus primeiros sons são choros? Acredito, vós as contrariais desde o nascimento. Os primeiros presentes que recebem de vós são correntes; os primeiros cuidados que recebem são torturas. Não tendo nada de livre a não ser a voz, como não se serviriam dela para se queixarem? Gritam pela dor que lhes provocais: garroteados do mesmo modo, gritaríeis mais forte ainda.

De onde vem esse costume insensato? De um costume desnaturado. Desde que as mães, desprezando seu primeiro dever, não mais quiseram alimentar seus filhos, foi preciso confiá-los a mulheres mercenárias que, vendo-se assim mães de filhos alheios, por quem a natureza nada lhes dizia, só procuraram furtar-se ao incômodo. Teria sido preciso zelar continuamente por uma criança em liberdade; mas, quando ela está bem amarrada, jogam-na a um canto sem se preocuparem com seus gritos. Contanto que não haja provas sobre a negligência da ama de leite, contanto que o bebê não quebre nem o braço, nem a perna, que importa que ele morra ou permaneça doente o resto da vida? Conservam-se seus membros à custa de seu corpo e, aconteça o que acontecer, a ama de leite é desculpada.

Essas mães meigas que, livres dos filhos, alegremente se entregam às diversões da cidade, será que sabem que tratamento a criança enfaixada recebe na aldeia? À primeira confusão que acontece, suspendem-na a um prego como um saco de roupas e, enquanto, sem pressa, a ama cuida de seu trabalho, a infeliz permanece assim crucificada. Todas as que foram encontradas nessa situação estavam com o rosto roxo; como o peito fortemente comprimido não deixava passar o sangue, ele subia à cabeça; enquanto isso, acreditava-se que o condenado estivesse muito tranquilo por não ter forças para gritar. Não sei quantas horas uma criança pode permanecer nessa situação sem perder a vida, mas não creio que isso possa durar muito. Eis aí, penso eu, uma das maiores comodidades de se enfaixarem as crianças.

Pretende-se que as crianças em liberdade poderiam adotar más posições e fazer movimentos capazes de atrapalhar a boa conformação dos membros. Este é um dos vãos raciocínios de nossa falsa sabedoria, jamais confirmados por nenhuma experiência. Da multidão de crianças que, entre povos mais sensatos do que nós, são criadas com toda a liberdade de seus membros, não se vê uma só que se fira ou se mutile; não dariam a seus movimentos a força que pudesse torná-los perigosos e, quando assumem uma posição violenta, a dor logo as adverte de que devem mudá-la.

Ainda não resolvemos enfaixar os cachorrinhos ou os gatinhos; resulta desta negligência algum inconveniente para eles? As crianças são mais pesadas; muito bem, mas são também proporcionalmente mais fracas. Mal conseguem mover-se; como se mutilariam? Se fossem deitadas de costas, morreriam nessa posição, como a tartaruga, sem poder voltar-se.

Não contentes de ter deixado de amamentar os filhos, as mulheres deixam de querer gerá-los; a consequência disso é natural. Já que a condição de mãe é onerosa, logo são encontrados meios de livrar-se inteiramente dela; querendo-se fazer uma obra inútil para repeti-la sempre, coloca-se contra a espécie a atração dada para que ela se multiplique. Esse costume, somado às outras causas de despovoamento, anuncia-nos o destino próximo da Europa. As ciências, as artes, a filosofia e os hábitos que ela gera não tardarão em torná-la um deserto. Será povoada de animais ferozes e pouco terá mudado de habitantes.

Vi algumas vezes as pequenas manobras de mulheres jovens que fingem querer amamentar os filhos. Sabem como fazer para serem instadas a desistir dessa fantasia: habilmente, chamam a intervenção dos maridos, dos médicos*, principalmente das mães. Um marido que ousasse consentir que sua mulher amamentasse o filho seria um homem perdido. Fariam dele um assassino que quer livrar-se da esposa. Maridos prudentes, é preciso sacrificar pela paz o amor paterno. Felizes por se acharem no campo mulheres mais continentes do que as vossas! Mais felizes ainda se o tempo que estas ganham não for destinado a outros que não vós.

Não é duvidoso o dever das mulheres, mas o que se discute é se, com o desprezo que elas têm por ele, é indiferente para os filhos que sejam amamentados com seu leite ou com outro. Considero esta questão, cujos juízes são os médicos, decidida em favor das mulheres. De minha parte, também acho que mais vale que a criança mame o leite de uma ama saudável do que o de uma mãe estragada, se houver algum novo mal a temer do mesmo sangue de que é formada.

---

* A liga das mulheres e dos médicos sempre me pareceu uma das mais engraçadas singularidades de Paris. É pelas mulheres que os médicos adquirem sua reputação, e é pelos médicos que as mulheres fazem suas vontades. Com isso, adivinhamos que tipo de habilidade é necessária a um médico de Paris para se tornar célebre.

Mas deve a questão ser encarada apenas do lado físico? Terá a criança menos necessidade de uma mãe do que de suas tetas? Outras mulheres, e até animais, poderão dar-lhe o leite que a mãe recusar, mas a solicitude materna não se pode substituir. A mulher que dá leite ao filho de outra em lugar do seu é uma má mãe; como poderá ser uma boa ama de leite? Poderá vir a sê-lo, mas pouco a pouco; será preciso que o hábito mude a natureza, e a criança malcuidada terá cem vezes o tempo de morrer antes que sua ama de leite tenha adquirido por ela uma ternura de mãe.

Dessa vantagem resulta até mesmo um inconveniente que, por si só, deveria fazer que toda mulher sensível perdesse a coragem de mandar o filho ser amamentado por outra: é o de dividir o direito de mãe, ou melhor, de aliená-lo; de ver o filho amar outra mulher tanto e mais do que a ela; de sentir que a ternura que ele conserva por sua própria mãe é um favor, enquanto a que tem por sua mãe adotiva é um dever; pois não devo o apego de filho àquela que me deu os cuidados de mãe?

A maneira como este inconveniente é remediado consiste em inspirar às crianças o desprezo pelas amas de leite, tratando-as como verdadeiras servas. Quando seu trabalho termina, retiram dela a criança ou a despedem; de tanto recebê-la mal, desencorajam-na de vir ver suas crianças de peito. Ao cabo de alguns anos, a criança já não a vê, já não a conhece. A mãe, que acredita tomar o seu lugar e reparar a negligência pela crueldade, engana-se. Em vez de transformar um bebê desnaturado num filho carinhoso, ela excita-o para a ingratidão; ensina-o a um dia desprezar aquela que lhe deu a vida, assim como aquela que o alimentou com seu leite.

Quanto eu insistiria sobre este ponto, se fosse menos desencorajador obstinar-se em vão em assuntos úteis! Isso está ligado a mais coisas do que se pensa. Quereis que cada um volte a seus primeiros deveres? Começai pelas mães; ficareis admirados com as mudanças que produzireis. Tudo vem sucessivamente dessa primeira depravação; toda a ordem moral fica alterada; a naturalidade apaga-se em todos os corações; o interior das casas assume um ar menos vivo; o espetáculo tocante de uma família nascente já não atrai os maridos, já não impõe respeito aos estranhos; respeita-se menos a mãe cujos filhos não se veem; não há permanência nas famílias; o hábito já não reforça os laços de sangue; já não há pais, nem mães, nem filhos, nem irmãos, nem irmãs; todos mal se conhecem; como se amariam? Cada um já não pensa senão em si mesmo. Quando o lar não passa de uma triste solidão, é preciso divertir-se em outro lugar.

Mas, se as mães se dignarem a amamentar seus filhos, os costumes reformar-se-ão por si mesmos, e os sentimentos da natureza despertarão em todos os corações. O Estado irá repovoar-se. Este primeiro ponto, apenas este ponto irá reunir tudo. Os atrativos da vida doméstica são o melhor contraveneno para os maus costumes. A agitação das crianças, que acreditamos importuna, tornar-se-á agradável; ela torna o pai e a mãe mais necessários, mais queridos um pelo outro, e reata entre eles os laços conjugais. Quando a família é viva e animada, os trabalhos domésticos constituem a mais cara ocupação da mulher e o mais doce divertimento do marido. Assim, apenas da correção desse abuso logo decorreria uma reforma geral, logo a natureza teria reassumido todos os seus direitos. Se as mulheres voltarem a ser mães, logo os homens voltarão a ser pais e maridos.

Palavras supérfluas! O próprio tédio dos prazeres do mundo jamais faz com que se volte a isso. As mulheres deixaram de ser mães; não o serão mais, já não querem sê-lo. Mesmo que quisessem, mal o poderiam. Hoje que o costume contrário está estabelecido, cada uma teria de lutar contra a oposição de todas as que estão ao seu redor, unidas contra um exemplo que umas não deram e outras não querem seguir.

Todavia, ainda se podem encontrar jovens de boa natureza que, ousando desafiar neste ponto o império da moda e dos clamores das outras mulheres, cumprem com virtuosa intrepidez esse dever tão doce que a natureza lhes impõe. Oxalá possa aumentar o seu número, pela atração dos bens destinados às que se entregam a esse dever! Baseado nas consequências fornecidas pelo mais simples raciocínio, e nas observações que nunca vi desmentidas, ouso prometer a essas dignas mães um apego sólido e constante da parte de seus maridos, uma ternura realmente filial da parte de seus filhos, a estima e o respeito do público, partos felizes sem acidentes nem sequelas, saúde firme e vigorosa e, finalmente, o prazer de se ver um dia imitada por suas filhas, e citada como exemplo às filhas de outras.

Sem mãe não há filho. Entre eles os deveres são recíprocos e, se forem mal cumpridos por um lado, serão desdenhados por outro. O filho deve amar a mãe antes de saber que este é o seu dever. Se a voz do sangue não for fortalecida pelo hábito e pelos zelos, ela desaparece nos primeiros anos, e o coração morre, por assim dizer, antes de nascer. Eis-nos desde os primeiros passos fora da natureza.

Também saímos dela por um caminho oposto, quando, em vez de desdenhar os cuidados de mãe, uma mulher os exagera; quando faz de seu filho seu ídolo, aumenta e alimenta sua fraqueza para impedi-lo de senti-la e, esperando furtá-lo às leis da natureza, afasta dele alguns golpes dolorosos, sem pensar quantos perigos e acidentes, em troca de alguns incômodos de que o preserva momentaneamente, acumula mais adiante, e quanto é bárbara a precaução de prolongar a fraqueza da infância sob as fadigas dos homens adultos. Tétis, para tornar invulnerável seu filho, mergulhou-o nas águas do Estige. É bela e clara esta alegoria. As mães cruéis de que estou falando agem de modo diferente; de tanto mergulhar os filhos na indolência, preparam-nos para o sofrimento; abrem-lhes os poros para males de toda espécie, de que não deixarão de ser presa quando adultos.

Observai a natureza e segui a rota que ela vos traça. Ela exercita continuamente as crianças, enrijece seu temperamento com provas de toda espécie e cedo lhes ensina o que é sofrimento e dor. Os dentes cariados dão-lhes febre, cólicas agudas dão-lhes convulsões, longas tosses as sufocam, os vermes atormentam-nas, a pletora corrompe seu sangue e leveduras diversas nela fermentam, causando erupções perigosas. Quase toda a primeira infância é doença e perigo; metade das crianças que nascem morre antes dos oito anos. Passadas as provas, a criança ganha forças, e, assim que pode servir-se da vida, seu princípio torna-se mais garantido.

Eis a regra da natureza. Por que a contrariais? Não vedes que, acreditando corrigi-la, destruís sua obra, impedis o resultado de seus trabalhos? Fazer por fora o que ela faz por dentro é, segundo vós, duplicar o perigo; mas, pelo contrário, é atraí-lo para longe, é cansá-lo. A experiência ensina que morrem ainda mais crianças educadas delicadamente do que as outras. Contanto que não se ultrapassem as medidas de suas forças, arrisca-se menos ao fazê-las agir do que ao poupá-las. Exercitai-as, pois, para os golpes que um dia terão de suportar. Enrijecei seus corpos para as intempéries das estações, dos climas, dos elementos, para a fome, para a sede, a fadiga; mergulhai-as na água do Estige. Antes que o hábito do corpo se adquira, dá-se a ele o que se quer, sem perigo; mas, uma vez que tiver adquirido sua consistência, qualquer alteração será perigosa para ele. Uma criança suportará mudanças que um homem não suportaria; as fibras da primeira, moles e flexíveis, tomam facilmente a forma que lhes damos; as do homem, mais duras, só com violência mudam a forma que receberam. Podemos, portanto, tornar robusta uma criança sem expor sua vida e sua saúde; e, mesmo que houvesse algum risco, não deveríamos hesitar. Já que se trata de riscos inseparáveis da vida humana, podemos fazer algo melhor do que recuá-los até o tempo em que são menos desvantajosos?

Uma criança torna-se mais preciosa com o avançar da idade. Ao valor de sua pessoa soma-se o dos cuidados que custou; à perda de sua vida soma-se o sentimento da morte. Portanto, deve-se pensar sobretudo no futuro ao zelar pela sua conservação; é contra os males da juventude que devemos armá-la antes que tenha chegado a ela, pois, se o valor da vida aumenta até a idade de torná-la útil, que loucura é não poupar alguns males na infância e multiplicá-los na idade da razão! São essas as lições do mestre?

O destino do homem é sofrer em todos os tempos. A própria preocupação com sua conservação está ligada ao sofrimento. Feliz de quem conhece na infância só os males físicos, males bem menos cruéis, bem menos dolorosos do que os outros, e que bem mais raramente do que eles nos fazem renunciar à vida! Ninguém se mata por causa das dores da gota; quase que só as dores da alma produzem o desespero. Lamentamos a sorte da infância, mas é a nossa que deveríamos lamentar. Nossos maiores males vêm-nos de nós mesmos.

Ao nascer, uma criança grita; sua primeira infância passa chorando. Ora a sacodem e a mimam para acalmá-la, ora a ameaçam e lhe batem para que fique quieta. Ou lhe fazemos o que lhe agrada, ou exigimos dela o que nos agrada; ou nos submetemos às suas fantasias, ou a submetemos às nossas: não há meio-termo, ela deve dar ordens ou recebê-las. Assim, suas primeiras ideias são as de domínio e de servidão. Antes de saber falar ela dá ordens, antes de poder agir ela obedece e, às vezes, castigam-na antes que possa conhecer seus erros, ou melhor, cometê-los. É assim que cedo vertemos em seu jovem coração as paixões que depois imputamos à natureza, e após nos termos esforçado para torná-la má, queixamo-nos de vê-la assim.

Uma criança passa assim seis ou sete anos entre as mãos das mulheres, vítima dos caprichos delas e dos seus, e, depois de lhe terem ensinado isto e aquilo, vale dizer, depois de terem enchido sua memória ou de palavras que não pode entender, ou de coisas que não lhe servem para nada, depois de terem sufocado a natureza pelas paixões que fizeram nascer, colocam este ser factício nas mãos de um preceptor que acaba de desenvolver as sementes artificiais que já encontra completamente formadas, e lhe ensina tudo, exceto a se conhecer, exceto a tirar partido de si mesmo, exceto a saber viver e se tornar feliz. Enfim, quando essa criança, escrava e tirana, cheia de ciência e carente de juízo, igualmente débil de corpo e de alma, é jogada no mundo, mostrando sua incapacidade, seu orgulho e todos os seus vícios, isso faz com que se deplorem a miséria e a perversidade humanas. É engano; aquele é o homem de nossas fantasias; o da natureza é feito de outra maneira.

Quereis que a criança conserve sua forma original? Preservai-a desde o instante em que vem ao mundo. Assim que nasce, tomai conta dela e não a deixeis até que seja adulta; jamais tereis êxito de outra maneira. Assim como a verdadeira ama de leite é a mãe, o verdadeiro preceptor é o pai. Que entrem em acordo quanto às suas funções e a seus sistemas; que das mãos de uma a criança passe para as mãos do outro. Ela seria mais bem-educada por um pai judicioso e limitado do que pelo mais hábil professor do mundo, pois o zelo suprirá melhor o talento do que o talento ao zelo.

Mas os negócios, os serviços, os deveres... Ah! os deveres, sem dúvida o último deles é o de pai!* Não nos es-

---

* Quando lemos em Plutarco que Catão, o censor, que tão gloriosamente governou Roma, educou seu próprio filho desde o berço, e com tal zelo que largava tudo para estar presente quando a ama de leite, isto é, a mãe, o trocava e o lavava; quando lemos em Suetônio que o próprio Augusto, senhor do mundo, que havia conquistado e regia, ensinava seus netos a escrever, a nadar, ensinava-lhes os elementos das ciências e os mantinha continuamente ao seu lado, não podemos conter o riso diante da pobre gente boa daqueles tempos, que se divertia com tais ninharias, limitadas demais que eram, sem dúvida, para ocupar-se dos grandes negócios dos grandes homens de hoje.

pantemos que um homem cuja mulher não quis amamentar o fruto de sua união não queira educá-lo. Não há quadro mais encantador do que o da família, mas um só traço malfeito desfigura todos os outros. Se a mãe tiver pouca saúde para dar leite, o pai terá ocupações demais para ser preceptor. Os filhos, afastados, dispersos nas pensões, nos conventos, nos colégios, levarão para os outros lugares o amor da casa paterna, ou, melhor dizendo, o hábito de não estarem ligados a nada. Irmãos e irmãs mal se conhecerão. Quando todos estiverem reunidos solenemente, poderão ser muito polidos entre si, mas se tratarão como estranhos. Como já não há intimidade entre os pais, como a sociedade da família já não é a doçura da vida, é preciso recorrer aos maus costumes para se satisfazer neste ponto. Onde está o homem tão estúpido para não ver o encadeamento de tudo isso?

Um pai, quando gera e sustenta filhos, só realiza com isso um terço de sua tarefa. Ele deve homens à sua espécie, deve à sociedade homens sociáveis, deve cidadãos ao Estado. Todo homem que pode pagar essa dívida tríplice e não a paga é culpado, e talvez ainda mais culpado quando só a paga pela metade. Quem não pode cumprir os deveres de pai não tem direito de tornar-se pai. Não há pobreza, trabalhos nem respeito humano que o dispensem de sustentar seus filhos e de educá-los ele próprio. Leitores, podeis acreditar no que digo. Para quem quer que tenha entranhas e desdenhe tão santos deveres, prevejo que por muito tempo derramará por sua culpa lágrimas amargas, e jamais se consolará disso.

Mas o que faz esse homem rico, esse pai de família tão ocupado e forçado, segundo ele mesmo, a deixar seus filhos abandonados? Paga outro homem para realizar esses trabalhos que são de sua obrigação. Alma venal! Crês dar com o dinheiro outro pai a teu filho? Não te enganes; não é nem mesmo um professor que lhe dás, mas um criado, que logo fará dele um outro criado.

Muito se tem raciocinado sobre as qualidades de um bom preceptor. A primeira qualidade que eu exigiria dele, e só esta supõe muitas outras, é a de não ser um homem venal. Há ofícios tão nobres que ninguém pode fazê-los por dinheiro sem se mostrar digno de fazê-los; é o caso do soldado, e também o do preceptor. Quem, então, educará meu filho? Eu já disse: tu mesmo. Não posso. Não podes?... Arruma um amigo. Não vejo outra saída.

Um preceptor! Que alma sublime... Na verdade, para criar um homem é preciso ser ou pai, ou mais do que um homem. Eis a função que confiais a mercenários.

Quanto mais pensamos nisso, mais dificuldades novas percebemos. Seria preciso que o preceptor tivesse sido educado para seu aluno, que seus empregados tivessem sido educados para seu patrão, que todos os que se aproximam dele tivessem recebido as impressões que devem comunicar-lhe; seria preciso, de educação em educação, remontar até não se sabe onde. Como é possível que uma criança seja bem educada por quem não tenha sido bem educado?

Esse raro mortal não pode ser encontrado? Não sei. Nestes tempos de aviltamento, quem sabe a que ponto de virtude ainda pode chegar uma alma humana? Mas suponhamos que tal prodígio tenha sido encontrado. Veremos o que ele deve ser, considerando o que deve fazer. O que creio ver antecipadamente é que um pai que percebesse todo o valor de um bom preceptor optaria por não o ter, pois teria maiores dificuldades para consegui-lo do que se ele próprio se tornasse preceptor. Quer, então, arrumar um amigo? Que eduque seu filho para sê-lo; estará dispensado de procurá-lo alhures, e a natureza já fez metade do trabalho.

Alguém de quem só conheço a posição social propôs-me que educasse seu filho. Sem dúvida, foi uma grande honra para mim, mas, longe de se queixar de minha recusa, ele deve louvar minha discrição. Se tivesse aceitado a oferta e errasse no método, seria uma educação falha; se tivesse sido bem-sucedido, seria muito pior, pois seu filho teria renegado seu título e já não quereria ser príncipe.

Sou muito consciente da grandeza dos deveres de um preceptor e sinto demais a minha incapacidade para aceitar semelhante emprego, de qualquer parte que me seja oferecido, e o próprio interesse da amizade seria para mim apenas mais um motivo de recusa. Acredito que, depois de terem lido este livro, poucas pessoas serão tentadas a me fazer essa oferta, e peço a quem poderia sê-lo que não faça a inútil proposta. Fiz outrora um ensaio suficiente desse ofício para ter certeza de que não sou capaz, e minha condição me dispensaria dele se meus talentos me tornassem apto. Acreditei dever esta declaração pública aos que parecem não ter por mim estima bastante para crer que sou sincero e firme em minhas resoluções.

Sem condições de cumprir a tarefa mais útil, ousarei pelo menos tentar a mais fácil. A exemplo de muitos outros, não porei mãos à obra, mas à pluma e, em lugar de fazer o que se deve, empenhar-me-ei em dizê-lo.

Sei que, em empreendimentos semelhantes a este, o autor, sempre confortável nos sistemas que está dispensado de pôr em prática, dita sem esforço muitos belos preceitos impossíveis de serem seguidos e, na falta de pormenores e de exemplos, até o que diz de realizável permanecerá sem uso se não mostrar sua aplicação.

Assim, tomei o partido de tomar um aluno imaginário, de supor em mim a idade, a saúde, os conhecimentos e todos os talentos convenientes para trabalhar em sua educação e conduzi-la desde o momento do seu nascimento até que, já homem, não precise de outro guia que não ele mesmo. Este método me parece útil para impedir que um autor que desconfia de si se perca em visões; pois, a partir do momento em que se afasta da prática ordinária, ele só tem de dar provas do valor de sua prática em seu aluno, e logo sentirá, ou o leitor sentirá por ele, se está seguindo o progresso da infância e a marcha natural do coração humano.

Eis o que procurei fazer em todas as dificuldades que se apresentaram. Para não engrossar inutilmente o livro, contentei-me em colocar os princípios, cuja verdade cada qual deve perceber. Mas, quanto às regras que podiam precisar de provas, apliquei-as todas ao meu Emílio ou a outros exemplos, e mostrei em pormenores bastante extensos como podia ser realizado o que eu estabelecia; este, pelo menos, é o plano que me propus a seguir. Cabe ao leitor julgar se me saí bem.

Disso resultou que inicialmente pouco falei de Emílio, pois minhas primeiras máximas de educação, embora contrárias às que estão estabelecidas, são de uma evidência a que é difícil para todo homem razoável recusar o consentimento. Mas, à medida que avanço, meu aluno, orientado de maneira diferente daquela dos vossos, já não é uma criança comum; torna-se necessário um regime especial para ele. Então ele aparece com mais frequência em cena, e perto do final não o perco de vista em nenhum momento, até que, diga ele o que disser, já não tenha nenhuma necessidade de mim.

Não falo aqui das qualidades de um bom preceptor; eu as suponho, e me suponho dotado de todas essas qualidades. Ao ler esta obra, verão de que liberalidade usei a meu respeito.

Apenas observarei, contra a opinião comum, que o preceptor de uma criança deve ser jovem, e até mesmo tão jovem quanto pode sê-lo um homem sábio. Gostaria que ele próprio fosse criança, se fosse possível, para que pudesse ser um companheiro de seu aluno, e conquistar sua confiança ao compartilhar suas diversões. Não há muitas coisas em comum entre a infância e a maturidade para que se possa formar um apego muito sólido a tal distância. Às vezes as crianças fazem agrados aos velhos, mas jamais os amam.

Deseja-se que o preceptor já tenha conduzido uma educação. É demasiado. Um mesmo homem não pode conduzir mais do que uma; se fossem necessárias duas para ter êxito, com que direito se empreenderia a primeira?

Com mais experiência saber-se-ia agir melhor, mas não se conseguiria mais. Aquele que realizou este ofício bastante bem para perceber todas as suas dificuldades não tenta novamente, e, se o tiver realizado mal na primeira vez, trata-se de um mau prognóstico para a segunda.

Concordo que é muito diferente acompanhar um rapaz durante quatro anos ou conduzi-lo durante vinte e cinco. Dais um preceptor para vosso filho quando já está formado; eu quero que ele tenha um antes de nascer. Vosso homem pode trocar de aluno a cada cinco anos; o meu não terá mais do que um. Distinguis o *precepteur do gouverneur*[4]: outra loucura! Distinguis o discípulo do aluno? Só há uma ciência a ensinar às crianças, que é a dos deveres do homem. Essa ciência é una e, diga Xenofonte o que disser da educação dos persas, ela não se divide. De resto, prefiro chamar de *gouverneur* e não de *precepteur* o professor dessa ciência, pois trata-se menos, para ele, de instruir do que de dirigir. Não deve dar preceitos, e sim fazer com que eles sejam encontrados.

Se é preciso escolher com tanta atenção o preceptor, é permitido a este também escolher o seu aluno, sobretudo quando se trata de um modelo a propor. A escolha não pode recair nem sobre o gênio, nem sobre o caráter da criança, que só se conhece ao final da obra, pois ela é adotada antes de nascer. Se eu pudesse escolher, escolheria um espírito comum, tal como suponho meu aluno. Só é preciso educar os homens vulgares; só a sua educação deve servir de exemplo à de seus semelhantes. Os outros se educam apesar de tudo.

---

4. Exceto nesta passagem, traduziu-se *gouverneur* por preceptor, e este é o único trecho do livro em que aparece a palavra *precepteur*. A pequena diferença de sentido entre os dois termos será explicada em seguida. (N. do T.)

A região não é indiferente à cultura dos homens; eles só são tudo o que podem ser nos climas temperados. Nos climas extremos a desvantagem é visível. Um homem não é plantado num lugar, como uma árvore, para nele permanecer para sempre, e quem parte de um dos extremos para chegar ao outro é obrigado a percorrer o dobro do caminho percorrido por alguém que, para chegar ao mesmo lugar, parta do termo médio.

Se o habitante de um país temperado percorrer sucessivamente os dois extremos, sua vantagem ainda será evidente, pois, embora sofra tantas mudanças quanto quem vai de um extremo ao outro, ele se afasta metade menos de sua constituição natural. Um francês vive na Guiné e na Lapônia, mas um negro não viverá igualmente em Tornea, nem um samoiedo em Benin. Parece também que a organização do cérebro é menos perfeita nos dois extremos. Nem os negros nem os lapões têm a inteligência dos europeus. Assim, se pretendo que meu aluno seja um habitante da Terra, eu o escolherei numa zona temperada; na França, por exemplo, mais do que em outro lugar.

No norte, os homens consomem muito sobre um solo ingrato; no sul, consomem pouco sobre um solo fértil; daí uma nova diferença que torna uns laboriosos e outros contemplativos. A sociedade oferece-nos num mesmo lugar a imagem destas diferenças entre os pobres e os ricos: os primeiros habitam uma terra ingrata e os outros, a região fértil.

O pobre não precisa de educação; a de sua condição é obrigatória, não poderia ter outra. Pelo contrário, a educação que o rico recebe por sua condição é a que menos lhe convém, tanto para ele mesmo quanto para a sociedade. De resto, a educação natural deve tornar um homem próprio para todas as condições humanas; ora, é menos razoável educar um pobre para ser rico do que um rico para ser pobre, pois, proporcionalmente ao número de pessoas nas duas condições, há mais arruinados do que novos-ricos. Escolhamos, pois, um rico; pelo menos estaremos certos de ter feito um homem a mais, ao passo que um pobre pode tornar-se homem por si mesmo.

Pela mesma razão, não ficarei aborrecido por ter Emílio um bom nascimento. Será pelo menos uma vítima arrancada do preconceito.

Emílio é órfão. Não importa que tenha pai e mãe. Encarregado dos deveres deles, herdo todos os seus direitos. Deve honrar seus pais, mas só a mim deve obedecer. É a minha primeira, ou melhor, minha única condição.

Devo acrescentar a ela esta outra, que não passa de uma consequência: que jamais nos tirem um do outro a não ser por nosso consentimento. Essa cláusula é essencial, e eu até gostaria que o aluno e o preceptor se considerassem de tal modo inseparáveis que o destino de seus dias sempre fosse entre eles um objeto comum. Assim que vislumbrarem a separação no afastamento, assim que previrem o momento que deverá torná-los estranhos um ao outro, já o serão; cada qual faz seus planos à parte, e ambos, ocupados com os tempos em que já não estarão juntos, só o permanecem a contragosto. O discípulo só encara o mestre como o emblema e o flagelo da infância; o mestre encara o discípulo apenas como um pesado fardo de que está louco para se livrar; aspiram juntos ao momento de se verem livres um do outro, e, como nunca há entre eles um apego verdadeiro, um tem pouca vigilância e o outro, pouca docilidade.

Quando, porém, consideram-se um ao outro como pessoas que devem passar os dias juntos, é importante para eles que se façam amar um pelo outro, e por isso mesmo se tornam queridos. O aluno não cora por seguir na infância o amigo que deverá ter quando adulto; o preceptor interessa-se por trabalhos cujo fruto deverá colher, e todo o mérito que dá a seu aluno é um capital que aplica em prol da sua velhice.

Esse acordo feito antecipadamente supõe um parto feliz, uma criança de boa conformação, vigorosa e sadia.

Um pai não tem escolha e não deve ter preferências na família que Deus lhe dá: todos os seus filhos são igualmente filhos, deve a todos os mesmos cuidados e a mesma ternura. Sejam aleijados ou não, fracos ou robustos, cada um deles é um depósito de que deve prestar contas a quem lho confia, e o casamento é um contrato feito com a natureza, bem como entre os cônjuges.

Mas quem quer que se imponha um dever que a natureza não lhe impôs deve antes garantir-se os meios com que cumpri-lo; caso contrário, torna-se responsável até mesmo por aquilo que não tiver podido fazer. Quem se encarrega de um aluno doente e malsão troca sua profissão de preceptor pela de enfermeiro; cuidando de uma vida inútil, perde o tempo que destinava a valorizá-la; expõe-se a ver uma mãe, aos prantos, censurá-lo pela morte de um filho que ele terá conservado durante muito tempo.

Não me encarregarei de uma criança doente e caco-quima, mesmo que ela viva oitenta anos. Não quero um aluno sempre inútil para si mesmo e para os outros, preocupado unicamente com sua própria conservação e cujo corpo atrapalhe a educação da alma. Que faria eu se lhe prodigasse em vão meus cuidados, a não ser duplicar a perda da sociedade e lhe tirar dois homens em vez de um? Consinto e aprovo a caridade de outro que se encarregue em meu lugar do doente, mas meu talento não é este; não sei ensinar a viver quem só pensa em evitar morrer.

É preciso que o corpo tenha vigor para obedecer à alma; um bom servidor deve ser robusto. Sei que a intemperança excita as paixões; no longo prazo, ela também esgota o corpo. As macerações, os jejuns não raro produzem o mesmo efeito por uma causa oposta. Quanto mais fraco é o corpo, mais ele comanda; quanto mais forte ele é, mais obedece. Todas as paixões sensuais habitam os corpos efeminados; quanto menos podem satisfazê-las, mais se excitam com elas.

Um corpo fraco debilita a alma. Vem daí o poder da medicina, arte mais perniciosa para os homens do que todos os males que pretende curar. De minha parte, não sei de que doença nos curam os médicos, mas sei que nos dão algumas bastante funestas: a covardia, a pusilanimidade, a credulidade, o terror da morte; se curam o corpo, matam a coragem. Que nos importa que façam andar os cadáveres? É de homens que precisamos, e não os vemos saírem de suas mãos.

Entre nós, a medicina está na moda, e assim deve ser. É a diversão das pessoas ociosas e desocupadas, que, não sabendo o que fazer com seu tempo, passam-no a se tratar. Se tivessem tido a infelicidade de nascerem imortais, seriam os mais miseráveis dos seres: uma vida que jamais tivessem medo de perder não teria para elas nenhum valor. Para essas pessoas, é preciso que haja médicos que as ameacem para lisonjeá-las, e que a cada dia lhes deem o único prazer de que são capazes: o de não estarem mortas.

Não pretendo de modo algum estender-me aqui sobre a vanidade da medicina. Meu objetivo é apenas considerá-la do lado moral. Não posso, porém, impedir-me de observar que os homens cometem sobre o seu uso os mesmos sofismas que sobre a busca da verdade. Sempre supõem que ao se tratar de um doente ele é curado, e que ao se procurar uma verdade ela é encontrada. Não veem que se deve comparar a vantagem de uma cura realizada pelo médico com a morte de cem doentes que ele matou, e a utilidade de uma verdade descoberta com o dano que fazem os erros que passam ao mesmo tempo. A ciência que instrui e a medicina que cura são, sem dúvida, muito boas, mas a ciência que ilude e a medicina que mata são más. Se soubéssemos ignorar a verdade, jamais seríamos enganados pela mentira; se soubéssemos não querer sarar apesar da natureza, nunca morreríamos pela mão do médico. Estas duas abstinências seriam sábias; evidentemente seria vantajoso submetermo-nos a elas. Assim, não discuto que a medicina seja útil para alguns homens, mas afirmo que ela é funesta para o gênero humano.

Dir-me-ão, como não param de fazê-lo, que os erros são do médico, mas a medicina em si é infalível. Muito bem, mas então que ela venha sem médico, pois enquanto vierem juntos há cem vezes mais que temer os erros do artista do que esperar os socorros da arte.

Essa arte mentirosa, mais própria para os males do espírito do que para os do corpo, não é mais útil a uns do que a outros: menos cura nossas doenças do que nos imprime terror por elas, menos recua a morte do que faz com que ela seja percebida antecipadamente, desgasta a vida em vez de prolongá-la e, mesmo que a prolongasse, seria ainda em prejuízo da espécie, já que nos tira da sociedade pelos cuidados que nos impõe e de nossos deveres pelos pavores que nos dá. É o conhecimento dos perigos que faz com que os temamos; aquele que acreditasse ser invulnerável não teria medo de nada. De tanto armar Aquiles contra o perigo, o poeta lhe retira o mérito do valor; qualquer outro em seu lugar teria sido um Aquiles do mesmo jeito.

Quereis encontrar homens de real coragem? Procurai-os nos lugares onde não há médicos, onde se ignoram as consequências das doenças e onde pouco se pensa na morte. Naturalmente o homem sabe sofrer com firmeza e morre em paz. São os médicos com suas receitas, os filósofos com seus preceitos, os padres com suas exortações que aviltam seu coração e o fazem desaprender a morrer.

Deem-me um aluno que não precise de toda essa gente, ou o recusarei. Não quero que outros estraguem minha obra. Quero educá-lo sozinho, ou então não me meter. O sábio Locke, que passara uma parte da vida estudando medicina, recomenda enfaticamente que jamais se deem remédios às crianças, nem por precaução, nem por causa de leves incômodos. Vou mais longe e declaro que, nunca chamando um médico para mim, não o chamarei jamais para o meu Emílio, a menos que sua vida esteja em perigo evidente, pois neste caso ele não lhe pode fazer mal pior do que matá-lo.

Sei muito bem que o médico não deixará de tirar partido deste prazo. Se a criança morrer, tê-lo-ão chamado tarde demais; se ficar curada, o médico terá sido o salvador. Muito bem, triunfe o médico, mas que só seja chamado em caso extremo.

Se não sabe curar-se, saiba a criança estar doente; esta arte supre a outra e não raro dá resultados muito melhores; é a arte da natureza. Quando o animal está doente, sofre em silêncio e fica quieto. Ora, não se veem mais animais moribundos do que homens no mesmo estado. Como a impaciência, o temor, a inquietação e sobretudo os remédios mataram pessoas que a doença teria poupado e apenas o tempo teria curado! Dir-me-ão que os animais, vivendo de uma maneira mais conforme à natureza, devem estar sujeitos a menos males do que nós. Pois bem, essa maneira de viver é exatamente a que pretendo dar a meu aluno, que dela deve tirar o mesmo proveito.

A única parte útil da medicina é a higiene, e mesmo assim a higiene é menos uma ciência do que uma virtude. A temperança e o trabalho são os dois verdadeiros médicos do homem: o trabalho aguça seu apetite e a temperança impede que abuse dele.

Para saber qual é o regime mais útil à vida e à saúde, basta saber que regime observam os povos de melhor saúde, que são mais robustos e vivem por mais tempo. Se pelas observações gerais não se vê que o uso da medicina dê aos homens uma saúde mais firme ou uma vida mais longa, justamente por não ser uma arte útil, ele é nocivo, já que faz uso do tempo, dos homens e das coisas sem nenhum proveito. Não só se perde o tempo que se passa tratando as doenças, é preciso deduzi-lo; mas, quando esse tempo é usado para nos torturar, ele é menos do que nulo, é negativo; e, para calcular com equidade, devemos subtrair o mesmo tanto do tempo que nos resta. Um homem que vive dez anos sem médicos vive mais para si mesmo e para os outros do que aquele que vive trinta anos como vítima deles. Tendo feito ambas as experiências, acredito ter mais direito do que ninguém de chegar a essa conclusão.

Eis minhas razões para apenas querer um aluno robusto e sadio, e meus princípios para conservá-lo assim. Não me deterei para provar longamente a utilidade dos trabalhos manuais e dos exercícios do corpo para fortalecer o temperamento e a saúde. Ninguém o discute: os exemplos das mais longas vidas são quase todos tirados de homens que mais fizeram exercícios e mais suportaram a fadiga e o trabalho*. Não entrarei tampouco em longos pormenores sobre os cuidados que tomarei sobre este único objeto. Ficará claro que eles entram tão necessariamente em minha prática, que basta apreender o seu espírito para não precisar de outra explicação.

Com a vida começam as necessidades. É preciso uma ama de leite para o recém-nascido. Se a mãe consentir em cumprir seu dever, muito bem; suas orientações serão dadas por escrito, pois essa vantagem tem suas contrapartidas e mantém o preceptor um tanto afastado de seu aluno. Mas é de crer que o interesse da criança e a estima por aquele a quem ela consente confiar um tesouro tão querido farão que a mãe esteja atenta aos conselhos do mestre, e tudo o que ela quiser fazer fará certamente melhor do que

---

* Eis um exemplo tirado de documentos ingleses, que não posso deixar de relatar, tantas são as reflexões que oferece sobre o meu tema:

"Um particular chamado Patrice Oneil, nascido em 1647, acaba de se casar em 1760 pela sétima vez. Ele serviu nos dragões no décimo sétimo ano do reinado de Carlos II, e em diferentes regimentos até 1740, quando conseguiu aposentar-se. Fez todas as campanhas do rei Guilherme e do duque de Marlborough. Esse homem nunca bebeu a não ser cerveja comum; sempre se alimentou de vegetais e só comeu carne em alguns jantares que oferecia em família. Seu costume sempre foi levantar-se e deitar-se com o sol, a menos que os deveres o impedissem. Atualmente está em seu centésimo décimo terceiro ano, ouvindo bem, de boa saúde e caminhando sem bengala. Apesar da idade, não permanece ocioso um só momento, e todos os domingos vai à sua paróquia, acompanhado dos filhos, netos e bisnetos."

outra. Se precisarmos de uma ama de leite estranha, comecemos por bem escolhê-la.

Uma das misérias dos ricos é serem enganados em tudo. Se pensam mal dos homens, não é de admirar. São as riquezas que os corrompem, e, por uma justa compensação, eles são os primeiros a sentir a falta do único instrumento que conhecem. Entre eles, tudo é malfeito, exceto o que eles próprios fazem, e eles quase nunca fazem alguma coisa. Quando se trata de procurar uma ama de leite, fazem com que o parteiro a escolha. Que acontece, então? Que a melhor é sempre a mais cara. Portanto, não irei consultar um parteiro quanto à ama de Emílio, mas procurarei eu mesmo escolhê-la. Talvez eu não tenha a respeito ideias tão claras quanto um cirurgião, mas certamente serei mais honesto e meu zelo me enganará menos do que a avareza dele.

Essa escolha não é um mistério tão grande. Suas regras são conhecidas, mas não sei se não caberia dar um pouco mais de atenção à idade do leite, assim como à sua qualidade. O leite novo é inteiramente seroso, deve ser como que um aperitivo para purgar o resto do *meconium* que engrossou nos intestinos da criança recém-nascida. Pouco a pouco o leite toma consistência e fornece um alimento mais sólido à criança que se tornou mais forte para digeri-lo. Certamente não é sem razão que nas fêmeas de todas as espécies a natureza regula a consistência do leite de acordo com a idade do filhote.

Seria preciso, pois, uma ama que acabou de dar à luz para uma criança que acabou de nascer. Isso tem as suas dificuldades, bem sei, mas assim que saímos da ordem natural tudo apresenta dificuldades para bem agir. O único expediente cômodo é agir mal, e é também o que se escolhe.

Seria preciso uma ama tão sadia de coração quanto de corpo: a intempérie das paixões pode, assim como a dos humores, alterar seu leite. Além disso, limitar-se ao físico é ver apenas a metade do objeto. O leite pode ser bom, e a ama, má; um bom caráter é tão essencial quanto um bom temperamento. Se tomarmos uma mulher viciosa, não digo que a criança contrairá seus vícios, mas afirmo que ela os sofrerá. Juntamente com o leite, não lhe deve ela cuidados que exigem zelo, paciência, doçura e limpeza? Se for gulosa, intemperante, logo terá gasto seu leite; se for negligente ou irritável, o que se tornará à sua mercê um pobre infeliz que não pode nem se defender, nem se queixar? Nunca, em qualquer coisa, os malvados são bons para algo de bom.

A escolha da ama de leite é tanto mais importante quanto sua criança não deve ter outra ama além dela, assim como não deve ter outro preceptor. Esse era o costume dos antigos, menos raciocinadores e mais sábios do que nós. Depois de ter amamentado as crianças de seu sexo, as amas de leite não as deixavam mais. Eis por que, em suas peças de teatro, a maior parte dos confidentes são amas. É impossível uma criança que passe sucessivamente por tantas mãos diferentes ser bem-educada. A cada mudança ela faz secretas comparações que sempre tendem a diminuir sua estima para com aqueles que a educam e, consequentemente, a autoridade deles sobre ela. Se alguma vez a criança chegar a pensar que há adultos que não têm mais razão do que as crianças, toda a autoridade que vem da idade estará perdida, e a educação, estragada. Uma criança não deve conhecer outros superiores além dos pais, ou, na falta deles, do preceptor e da ama de leite, e, mesmo assim, um deles já é demais. Esta divisão, porém, é inevitável, e tudo o que se pode fazer para remediá-la é as pessoas dos dois sexos que a educam estarem tão de acordo sobre a criança que, para ela, os dois sejam um só.

É preciso que a ama de leite viva com um pouco mais de comodidade, que se alimente de um modo mais substancial, mas não deve mudar completamente sua maneira de viver, pois uma mudança brusca e total, mesmo para melhor, é sempre perigosa para a saúde; e, já que seu regime comum a manteve ou a tornou sadia e forte, para que fazê-la mudar?

As camponesas comem menos carne e mais legumes do que as mulheres da cidade, e esse regime vegetal parece mais favorável do que contrário a elas e a suas crianças. Quando elas cuidam de crianças burguesas, recebem cozidos, acreditando-se que a sopa e a carne lhes proporcionam um melhor quilo digestivo e fornecem mais leite. Não compartilho de modo algum essa distinção e tenho, de minha parte, a experiência que nos ensina que as crianças assim alimentadas são mais sujeitas do que as outras à cólica e aos vermes.

Não é de admirar, pois na substância animal em putrefação pululam os vermes, e o mesmo não acontece na substância vegetal. Embora elaborado no corpo do animal, o leite é uma substância vegetal;* sua análise o demonstra, pois facilmente ele se torna ácido e, longe de mostrar qualquer vestígio de álcali volátil, como as substâncias animais, dá, como as plantas, um sal neutro essencial.

O leite das fêmeas herbívoras é mais doce e mais salutar do que o das carnívoras. Formado de uma substância homogênea à sua, conserva melhor a sua natureza e torna-se menos sujeito à putrefação. Se considerarmos a quantidade, todos sabem que os farináceos dão mais sangue do que a carne; portanto, devem também dar mais leite. Não posso acreditar que uma criança que não seja desmamada muito cedo, ou que só seja desmamada com alimentos vegetais e cuja ama de leite também só viva de vegetais, algum dia contraia vermes.

É possível que os alimentos vegetais deem um leite que se azede mais rapidamente, mas estou muito longe de

* As mulheres comem pão, legumes e laticínios; as fêmeas dos cães e dos gatos também; as lobas até pastam. Vêm daí os sucos vegetais para seu leite. Resta examinar o das espécies que não podem absolutamente se alimentar a não ser de carne, se é que tais espécies existem, sobre o que tenho minhas dúvidas.

considerar o leite azedo como um alimento ruim para a saúde; povos inteiros que não têm outro alimento vivem muito bem com ele, e todo esse amontoado de absorventes me parece pura charlatanice. Existem temperamentos aos quais o leite não convém, e neste caso nenhum absorvente o tornará suportável; os outros o suportam sem absorventes. Teme-se o leite talhado ou coalhado; é uma loucura, já que se sabe que o leite sempre talha no estômago. É desse modo que ele se torna um alimento suficientemente sólido para alimentar as crianças e os filhotes dos animais; se não se talhasse, apenas passaria e não os alimentaria.* Ainda que se corte o leite de mil maneiras e se usem mil absorventes, quem toma leite digere queijo, sem exceção. O estômago é tão bem preparado para talhar o leite, que é com o estômago do bezerro que se faz a coalheira.

Acho, portanto, que em vez de mudar a alimentação comum das amas de leite basta dar-lhes alimentação mais abundante e mais bem escolhida em sua espécie. Não é pela natureza dos alimentos que os regimes magros provocam alterações, mas são os temperos que os tornam insalubres. Reformai as regras de vossa cozinha e não useis nem fritura, nem farinha dourada na manteiga; e nem a manteiga, nem o sal, nem os laticínios passem pelo fogo, e os legumes cozidos na água só sejam temperados quando chegarem ainda quentes à mesa; assim, o alimento magro, longe de causar alterações à ama, fornecer-lhe-á leite em abundância e da melhor qualidade**. Será possível que, sendo o regime vegetal reconhecidamente o melhor para a criança, o regime animal seja o melhor para a ama de leite? Há uma contradição nisso.

---

* Embora os sucos que nos alimentam sejam líquidos, devem ser extraídos de alimentos sólidos. Um trabalhador que só vivesse de sopa logo desfaleceria. Ele se sustentaria muito melhor com leite, porque ele se talha.

** Quem quiser discutir mais longamente as vantagens e os inconvenientes do regime pitagórico poderá consultar os tratados que os doutores Cocchi e Bianchi, seu adversário, compuseram sobre este importante assunto.

É sobretudo nos primeiros anos que o ar age sobre a constituição das crianças. Em uma pele delicada e macia, ele penetra por todos os poros, afeta poderosamente esses corpos nascentes e deixa neles marcas indeléveis. Assim, eu não concordaria em que se tirasse uma camponesa de sua aldeia para fechá-la num quarto na cidade e fazer com que amamentasse a criança em casa; prefiro que a criança vá respirar o bom ar do campo a que respire o mau ar da cidade. Assumirá a condição de sua nova mãe, morará em sua casa rústica e seu preceptor a acompanhará. O leitor há de lembrar que esse preceptor não é um empregado, mas o amigo do pai. Mas se não se achar esse amigo, se essa mudança não for fácil, se nada do que aconselhais for realizável, que fazer então, perguntam-me... Como eu já disse, aquilo que fazeis; não há necessidade de conselho para isso.

Os homens não são feitos para serem amontoados em formigueiros, mas para se espalharem pela terra que devem cultivar. Quanto mais se reúnem, mais se corrompem. As doenças do corpo, assim como os vícios da alma, são o efeito infalível dessa associação muito numerosa. De todos os animais, o homem é aquele que menos pode viver em rebanho. Homens reunidos como carneiros morreriam todos em pouquíssimo tempo. O hábito do homem é mortal para seus semelhantes; isto não é menos verdadeiro no sentido próprio do que no figurado.

As cidades são o abismo da espécie humana. Ao cabo de algumas gerações, as raças morrem ou degeneram. É preciso renová-las, e é sempre o campo que traz essa renovação. Enviai pois vossos filhos para que se renovem, por assim dizer, a si mesmos e retomem nos campos o vigor que se perde no ar insalubre dos lugares povoados demais. As mulheres grávidas que estão nos campos apressam-se em vir dar à luz na cidade; deveriam fazer exatamente o contrário, sobretudo as que pretendem amamentar seus filhos. Teriam menos a lamentar do que pensam, e, num ambiente mais natural para a espécie, os prazeres unidos aos deveres da natureza logo lhes tirariam o gosto pelos que não se relacionam com ela.

Em primeiro lugar, depois do parto, lava-se a criança com água morna, à qual de ordinário mistura-se vinho. O acréscimo de vinho parece-me pouco necessário. Como a natureza nada produz de fermentado, não é de acreditar que um licor artificial seja importante para a vida das criaturas.

Pela mesma razão, a precaução de esquentar um pouco a água tampouco é indispensável, e, de fato, muitos povos lavam as crianças recém-nascidas nos rios ou no mar, sem mais. Mas as nossas crianças, amolecidas antes de nascer pela moleza dos pais e das mães, ao vir ao mundo trazem um temperamento já mimado que não se deve expor logo a todas as provas que devem revigorá-lo. Só pouco a pouco se pode trazê-las de volta ao vigor primitivo. Assim, começai por seguir o costume, e só aos poucos afastai-vos dele. Lavai com frequência as crianças: sua sujeira mostra a necessidade disso. Quando são apenas enxugadas, elas se ferem. À medida, porém, que forem ficando mais fortes, diminuí gradualmente a tepidez da água, até que as laveis, no verão ou no inverno, na água fria e até mesmo gelada. Como é importante, para não expô-las, que essa diminuição seja lenta, sucessiva e imperceptível, podemos servir-nos do termômetro para medi-la exatamente.

Uma vez estabelecido o costume do banho, ele não deve mais ser interrompido e é importante conservá-lo por toda a vida. Considero-o não apenas do ponto de vista da limpeza e da saúde atual, mas também como uma precaução salutar para tornar mais flexível a textura das fibras e fazer com que elas cedam sem esforço e sem risco aos diversos graus de calor e de frio. Para tanto, gostaria que ao crescer nos acostumássemos pouco a pouco a nos banharmos às vezes em águas quentes, de todos os graus suportáveis, e outras vezes em águas frias, de todos os graus possíveis. Assim, depois de nos termos habituado a suportar as diversas temperaturas da água, que, sendo um fluido mais denso, toca-nos em mais pontos e nos afeta mais, tornaríamo-nos quase insensíveis às do ar.

No momento em que a criança respira ao sair de seus invólucros, não deveis deixar que sejam metidas em outros que a apertem ainda mais. Nada de testeiras e nada de faixas; fraldas soltas e largas que deixem todos os seus membros em liberdade e não sejam nem muito pesadas para atrapalhar seus movimentos, nem quentes demais para impedir que sinta as impressões do ar*. Colocai-a num grande berço** bem acolchoado, onde ela possa movimentar-se à vontade e sem perigo. Quando começar a ficar mais forte, deixai-a engatinhar pelo quarto; deixai que a criança se desenvolva e estique as perninhas e os bracinhos e vereis que ela se fortalecerá a cada dia. Comparai-a com outra criança bem enfaixada, da mesma idade, e ficareis admirados com a diferença de seus progressos***.

---

* Nas cidades, sufocam as crianças de tanto mantê-las fechadas e vestidas. Quem as educa ainda ignora que o ar frio, longe de lhes fazer mal, as fortalece, e o ar quente as enfraquece, lhes causa febre e as mata.

** Digo um *berço* (*berceau*) para empregar uma palavra corrente, na falta de outra, pois estou convencido, aliás, de que jamais é necessário embalar (*bercer*) as crianças e de que esse costume não raro lhes é pernicioso.

*** "Os antigos peruanos deixavam os braços das crianças livres, envoltos em faixas bastante largas; quando as tiravam das faixas, colocavam-nas em liberdade num buraco feito na terra e forrado de panos, no qual as desciam até a metade do corpo; desta maneira, conservavam os braços livres e podiam mexer a cabeça e dobrar o corpo à vontade, sem caírem e sem se ferirem. Quando podiam dar um passo, mostravam-lhes as tetas de um pouco longe, como uma isca para obrigá-las a andar. Os negrinhos às vezes ficam numa situação bem mais cansativa para mamar: abraçam as ancas da mãe com os joelhos e com os pés, e as apertam tão bem que conseguem equilibrar-se sem o auxílio dos braços da mãe. Agarram a teta com as mãos e a sugam sem se perturbarem e sem caírem, apesar dos diversos movimentos da mãe, que, enquanto isso, trabalha normalmente. Essas crianças começam a andar a partir do segundo mês, ou melhor, a se arrastar sobre os joelhos e sobre as mãos. Esse exercício dá-lhes mais tarde facilidade para correr nessa posição quase tão rapidamente quanto se estivessem em pé." (*História natural*, t. IV, in-12, p. 192.)

Devemos esperar grandes oposições por parte das amas de leite, para quem a criança bem enfaixada dá menos trabalho do que aquela que é preciso vigiar incessantemente. Aliás, sua sujeira torna-se mais perceptível numa roupa aberta, e é preciso limpá-la com maior frequência. Enfim, o costume é um argumento que jamais se refutará em alguns países, com a concordância do povo de todos os Estados.

Não discutais com as amas de leite. Ordenai, vede fazer e nada poupai para tornar fáceis na prática os cuidados que houverdes estabelecido. Por que não os compartilharíeis? Na criação ordinária, onde só se presta atenção ao físico, contanto que a criança viva e não morra, o resto pouco importa; mas aqui, onde a educação começa junto com a vida, ao nascer a criança já é discípula, não do preceptor, mas da natureza. O preceptor só estuda com esse primeiro mestre e impede que seus esforços sejam contrariados. Vigia o bebê, observa-o, segue-o, espreita com vigilância o primeiro brilho de seu débil entendimento, como os muçulmanos espreitam o momento do nascer da lua quando o primeiro quarto se aproxima.

Nascemos capazes de aprender, mas sem nada saber e nada conhecendo. Acorrentada a órgãos imperfeitos e semiformados, a alma não tem nem mesmo o sentimento de sua própria existência. Os movimentos, os gritos da criança que acaba de nascer são efeitos puramente mecânicos, carentes de conhecimento e de vontade.

Suponhamos que uma criança tivesse ao nascer a estatura e a força de um homem adulto, e saísse, por assim dizer, completamente armada do ventre de sua mãe, como

---

(*cont.*) A estes exemplos, o sr. de Buffon poderia acrescentar o da Inglaterra, onde a prática extravagante e bárbara das faixas vem sendo abolida dia a dia. Vede também La Loubère, *Voyage de Siam*; o sr. Le Beau, *Voyage du Canada* etc. Eu encheria vinte páginas com citações se precisasse confirmar isso com fatos.

Palas saiu do cérebro de Júpiter. Esse homem-criança seria um perfeito imbecil, um autômato, uma estátua imóvel e quase insensível; nada veria, nada ouviria, não conheceria ninguém, não seria capaz de voltar os olhos para o que precisasse ver; não somente não perceberia objeto algum fora dele, como não relacionaria nenhum objeto com o órgão sensorial que o fizesse ser percebido; as cores não estariam em seus olhos, os sons não estariam em seus ouvidos, os corpos que tocasse não estariam junto ao seu, nem mesmo saberia que tem um corpo; o contato de suas mãos estaria em seu cérebro; todas as suas sensações se reuniriam num só ponto; ele só existiria no comum *sensorium* e só teria uma ideia, a de *eu*, à qual ligaria todas as suas sensações, e essa ideia, ou antes, esse sentimento, seria a única coisa que ele teria a mais que uma criança comum.

Formado de repente, esse homem tampouco seria capaz de se erguer sobre seus pés. Precisaria de muito tempo para aprender a se manter em equilíbrio, e talvez nem mesmo fizesse a tentativa; veríeis então esse corpo grande, forte e robusto permanecer parado como uma pedra, ou então rastejar e se arrastar como um cãozinho.

Ele sentiria o mal-estar das necessidades sem conhecê-las e sem imaginar meio algum de satisfazê-las. Não existe comunicação imediata entre os músculos do estômago e os dos braços e das pernas para que, mesmo cercado de alimentos, pudesse dar um passo para se aproximar deles ou estender a mão para pegá-los. E, como seu corpo acompanharia seu crescimento e seus membros estariam todos desenvolvidos, ele não teria, por conseguinte, nem as inquietações, nem os movimentos contínuos das crianças, e poderia morrer de fome antes de ter se mexido para procurar sustento. Por pouco que tenhamos refletido sobre a ordem e o progresso de nossos conhecimentos, não podemos negar que tal tenha sido aproximadamente o estado primitivo de ignorância e de estupidez natural ao homem antes que tivesse aprendido alguma coisa da experiência e de seus semelhantes.

Conhecemos, pois, ou podemos conhecer o primeiro ponto de onde cada um de nós parte para chegar ao grau comum de entendimento; mas quem conhece a outra extremidade? Cada qual avança mais ou menos segundo seu gênio, seu gosto, suas necessidades, seus talentos, seu zelo e as oportunidades que tem para se entregar a ele. Que eu saiba, nenhum filósofo até agora foi suficientemente ousado para dizer: eis o termo aonde o homem pode chegar e que não seria capaz de ultrapassar. Ignoramos o que nossa natureza nos permite ser; nenhum de nós mediu a distância que pode haver entre um homem e outro homem. Qual é a alma baixa que esta ideia nunca excitou e que alguma vez não disse para si mesma em seu orgulho: quantos já passei! Quantos ainda posso atingir! Por que meu igual iria mais longe do que eu?

Repito, a educação do homem começa com o nascimento; antes de falar, antes de ouvir, ele já se instrui. A experiência antecipa as lições; no momento em que conhece sua ama de leite, ele já descobriu muitas coisas. Ficaríamos surpresos com os conhecimentos do mais grosseiro dos homens se seguíssemos seu progresso desde o momento em que nasceu até onde está. Se dividíssemos toda a ciência humana em duas partes, uma comum a todos os homens, outra particular aos doutos, esta seria muito pequena em comparação com a outra. Mas pouco nos preocupamos com os conhecimentos gerais, pois são adquiridos sem pensar e antes mesmo da idade da razão, e, de resto, o saber só se faz notar por suas diferenças e, como nas equações de álgebra, as quantidades comuns não contam.

Os próprios animais adquirem muitos conhecimentos. Têm sentidos, é preciso que aprendam a fazer uso deles; têm necessidades, é preciso que aprendam a satisfazê-las; é preciso que aprendam a comer, a andar, a voar. Os quadrúpedes que se firmam sobre os pés desde o nascimento nem por isso sabem andar; vemos pelos seus primeiros passos que são tentativas pouco seguras. Os canários que escapam das gaiolas não sabem voar, porque nunca voaram. Tudo é instrução para os seres animados e sensíveis. Se as plantas tivessem um movimento progressivo, seria preciso que tivessem sentidos e adquirissem conhecimentos; caso contrário, as espécies logo morreriam.

As primeiras sensações das crianças são puramente afetivas, elas só percebem o prazer e a dor. Não podendo nem andar, nem pegar, elas precisam de tempo para formar aos poucos as sensações representativas que lhes mostram os objetos exteriores a elas. Mas, enquanto esperam que esses objetos se estendam, se afastem, por assim dizer, de seus olhos, e tomem para elas dimensões e figuras, o retorno das sensações afetivas começa a submetê-las ao império do hábito. Vemos seus olhos voltarem-se continuamente para a luz e, se ela lhes vier de lado, tomar imperceptivelmente essa direção, de sorte que devemos ter o cuidado de pô-las com o rosto de frente para a luz, para que não se acostumem a olhar de lado ou fiquem vesgas. Também é preciso que cedo se acostumem com o escuro, senão choram e gritam assim que ficam na escuridão. A alimentação e o sono, medidos muito exatamente, tornam-se-lhes necessários a intervalos iguais, e logo o desejo já não vem da necessidade, mas sim do hábito, ou melhor, o hábito acrescenta uma nova necessidade à da natureza: eis o que é preciso prevenir.

O único hábito que devemos deixar que a criança adquira é o de não contrair nenhum. Que não a carreguem mais sobre um braço do que sobre o outro, que não a acostumem a mostrar mais uma mão do que a outra, a se servir dela com maior frequência, a querer comer, dormir e agir às mesmas horas, a não poder ficar sozinha nem de dia nem de noite. Preparai a distância o reinado de sua liberdade e o uso de suas forças, deixando em seu corpo o hábito natural, colocando-a em condições de sempre ser senhora de si mesma e de fazer em todas as coisas a sua vontade, assim que a tiver.

Desde que a criança começa a distinguir os objetos, é importante que haja uma escolha daqueles que lhes são mostrados. Naturalmente todos os novos objetos interessam ao homem. Sente-se tão fraco que tem medo de tudo o que não conhece; o hábito de ver objetos novos sem ser afetado por eles destrói esse medo. As crianças educadas em casas limpas, onde não há aranhas, têm medo de aranhas, e esse medo não raro as acompanha até quando adultas. Nunca vi camponês, homem, mulher ou criança, que tivesse medo de aranhas.

Por que, então, não começar a educação de uma criança antes que ela fale ou entenda, uma vez que só a escolha dos objetos que lhe são apresentados já pode torná-la tímida ou corajosa? Quero que a habituem a ver objetos novos, animais feios, repelentes, esquisitos, mas aos poucos, de longe, até que se acostume e, de tanto vê-los serem pegos pelos outros, também ela, enfim, os pegue. Se durante a infância viu sem terror sapos, serpentes, camarões, quando adulto verá sem horror qualquer animal. Já não há objetos horrendos para quem os vê todos os dias.

Todas as crianças têm medo de máscaras. Começo por mostrar a Emílio uma máscara de figura agradável; depois, alguém aplica diante dele a máscara sobre o rosto; começo a rir, todos riem e a criança ri como os outros. Pouco a pouco acostumo-o a máscaras menos agradáveis e, finalmente, a figuras horrendas. Se dosei bem minha gradação, longe de se apavorar com a última máscara, ele rirá dela como da primeira. Depois disso, já não temo que o assustem com máscaras.

Quando, nas despedidas de Andrômaca e de Heitor, o pequeno Astianax, assustado com o penacho que tremula sobre o elmo de seu pai, não o reconhece, joga-se aos prantos sobre o seio de sua ama de leite e arranca de sua mãe um sorriso misturado com lágrimas, o que é preciso fazer para curar esse medo? Justamente o que faz Heitor:

colocar o elmo no chão e acariciar a criança. Numa hora mais tranquila, não se ficaria nisso: aproximar-se-iam do elmo, brincariam com as plumas e fariam com que a criança as pegasse; finalmente, a ama de leite pegaria o elmo e, rindo, colocá-lo-ia em sua própria cabeça, se é que a mão de uma mulher ousaria tocar nas armas de Heitor.

Trata-se de acostumar Emílio com o barulho de uma arma de fogo? Começo por queimar uma carga numa pistola. A chama brusca e passageira, uma espécie de raio, diverte-o; repito a mesma coisa com uma carga maior de pólvora; aos poucos, vou acrescentando na pistola uma pequena carga sem bucha, e depois uma maior; enfim, eu o acostumo aos tiros de fuzil, de canhão e às detonações mais terríveis.

Observei que as crianças raramente têm medo de trovão, a menos que os estouros sejam horrendos e firam realmente o órgão do ouvido. Senão, esse medo só lhes vem quando aprendem que o trovão às vezes fere ou mata. Quando a razão começa a assustá-las, fazei que o hábito as tranquilize. Com uma gradação lenta e ponderada, tornamos os homens e as crianças intrépidos em tudo.

No início da vida, quando a memória e a imaginação ainda estão inativas, a criança só presta atenção ao que realmente atinge seus sentidos; sendo as sensações os primeiros materiais de seus conhecimentos, oferecê-las numa ordem conveniente é preparar sua memória para um dia apresentá-las na mesma ordem ao entendimento. Como, porém, a criança só presta atenção às suas sensações, basta inicialmente que lhe mostremos de maneira bem distinta a ligação dessas mesmas sensações com os objetos que as causam. A criança quer tocar em tudo, pegar em tudo: não vos oponhais a esta inquietação; ela lhe sugere um aprendizado muito necessário. É assim que ela aprende a sentir o calor, o frio, a dureza, a moleza, o peso, a leveza dos corpos, a julgar sua grandeza, sua figura e todas as qualidades sensíveis, olhando, apalpando*, escutando e principalmente comparando a visão com o tato, estimando com os olhos a sensação que produziriam em seus dedos.

É apenas pelos movimentos que aprendemos que existem coisas que não são nós, e é apenas por nosso próprio movimento que adquirimos a ideia da extensão. É por isso que a criança estende indiferentemente a mão para pegar o objeto próximo e o que está a cem passos dela. O esforço que ela faz vos parece um sinal de mando, uma ordem que ela dá ao objeto para que se aproxime, ou a vós para que o tragais até ela, mas não é nada disso: apenas, os mesmos objetos que inicialmente via em seu cérebro e depois nos olhos ela vê agora na ponta do braço, e só imagina a extensão que pode alcançar. Levai-a, pois, para passear bastante, carregai-a de um lugar para outro e fazei com que perceba a mudança de lugar, a fim de lhe ensinar a julgar as distâncias. Quando ela começar a conhecê-las, será preciso mudar de método e só levá-la para onde vos agradar, e não para onde ela quiser, pois, assim que não for mais enganada pelos sentidos, seu esforço mudará de causa. Essa mudança é notável e exige explicação.

O incômodo das necessidades exprime-se por sinais quando o auxílio de outrem é necessário para satisfazê-las. Daí os gritos das crianças. Choram muito e assim deve ser. Como todas as suas sensações são afetivas, quando são agradáveis desfrutam-nas em silêncio; quando são penosas, as crianças o dizem na sua linguagem e pedem algum alívio. Ora, enquanto estão despertas, é quase impossível permanecerem num estado de indiferença; ou dormem, ou são afetadas.

---

* De todos os sentidos, o olfato é o que se desenvolve mais tarde nas crianças. Até a idade de dois ou três anos, não parece que elas sejam sensíveis nem aos bons, nem aos maus cheiros; a este respeito, são indiferentes, ou antes insensíveis, como vários animais que podemos observar.

Todas as nossas línguas são frutos da arte. Durante muito tempo se procurou saber se havia uma língua natural e comum a todos os homens. Sem dúvida, existe uma: é a que as crianças falam antes de saber falar. Não é uma língua articulada, mas é acentuada, sonora e inteligível. O uso das nossas línguas fez com que a deixássemos de lado, a ponto de esquecê-la completamente. Estudemos as crianças e logo a reaprenderemos com elas. As amas de leite são nossas mestras nessa língua, pois entendem tudo o que os bebês lhes dizem. Elas lhes respondem e mantêm com eles diálogos muito coerentes. Embora digam algumas palavras, tais palavras são perfeitamente inúteis, pois não é o sentido da palavra que os bebês entendem, mas o tom que as acompanha.

À linguagem da voz junta-se a do gesto, não menos enérgica. Esse gesto não está nas débeis mãos das crianças, está em seus rostos. É espantoso como essas fisionomias que mal se formaram já têm expressão. Seus traços mudam de uma hora para outra com rapidez inconcebível; neles vedes o sorriso, o desejo, o terror nascerem e passarem como relâmpagos, e a cada vez credes ver um novo rosto. Certamente elas têm os músculos da face mais móveis do que nós. Em compensação, seus olhos opacos não dizem quase nada. Tal deve ser o gênero de seus sinais numa idade em que só têm necessidades corporais. A expressão das sensações está nas caretas e a expressão dos sentimentos está nos olhares.

Como a primeira condição do homem é a miséria e a fraqueza, seus primeiros sons são a queixa e o choro. A criança sente as suas necessidades e, não podendo satisfazê-las, implora o socorro de alguém através dos gritos: se tem fome ou sede, chora; se sente muito frio ou muito calor, chora; se precisa de movimento, mas a mantêm em repouso, chora; se quer dormir, mas a agitam, chora. Quanto menos dispõe de sua maneira de ser, mais ela exige que a mudem. Só tem uma linguagem, porque só tem, por assim dizer, um tipo de mal-estar; na imperfeição de seus órgãos, não distingue suas diferentes impressões. Todos os males formam para ela uma sensação de dor.

Desse choro, que acreditaríamos ser tão pouco digno de atenção, nasce a primeira relação do homem com tudo o que o cerca. Aqui se forja o primeiro elo da longa cadeia de que é formada a ordem social.

Quando a criança chora, não está se sentindo bem, tem alguma necessidade que não é capaz de satisfazer: examinamos, procuramos essa necessidade e procuramos satisfazê-la. Quando não a encontramos e não podemos ajudar a criança a satisfazê-la, o choro prossegue e somos importunados; mimamos a criança para fazê-la ficar quieta, embalamo-la, cantamos para que ela durma; se ela teima, perdemos a paciência e a ameaçamos, algumas amas brutais batem nas crianças. Eis aí estranhas lições para sua entrada na vida.

Jamais esquecerei ter visto um desses incômodos chorões apanhar da ama de leite. Calou-se de imediato; achei que ficara com medo. Dizia para mim mesmo: será uma alma servil de quem só se conseguirão as coisas através do rigor? Estava enganado: o infeliz sufocava de cólera, tinha perdido a respiração, vi-o tornar-se roxo. Logo em seguida vieram os gritos agudos. Todos os sinais do ressentimento, do furor, do desespero dessa idade estavam no tom em que chorava. Temi que morresse naquela agitação. Se eu tivesse dúvida de que o sentimento do justo e do injusto é inato no coração do homem, só esse exemplo já me teria convencido. Tenho certeza de que, se um tição ardente tivesse caído por acaso na mão daquela criança, teria sido para ela menos doloroso do que aquele golpe leve, mas desferido com a intenção manifesta de atingi-la.

Essa disposição das crianças para os arroubos, para a irritação, para a cólera exige cuidados excessivos. Boerhaave acredita que as doenças das crianças são em sua maioria da categoria das convulsivas, já que, tendo a cabeça proporcionalmente maior e o sistema nervoso mais extenso do que os adultos, o gênero nervoso é mais suscetível de irritação. Afastai delas com o maior cuidado os criados que as provocam, irritam e impacientam, pois são cem vezes mais perigosos para elas do que os danos do ar e das estações. Enquanto as crianças só encontrarem resistência nas coisas e não nas vontades, não se tornarão nem irritadas, nem coléricas, e permanecerão mais facilmente saudáveis.

Essa é uma das razões por que as crianças do povo, mais livres e mais independentes, geralmente são menos doentes, menos delicadas e mais robustas do que aquelas que se pretende criar melhor pela contrariedade contínua. Devemos lembrar, porém, que há uma grande diferença entre obedecer a elas e não contrariá-las.

Os primeiros choros das crianças são pedidos; se não tomarmos cuidado, logo se tornarão ordens. Começam por se fazer ajudar e acabam por se fazer servir. Assim, de sua fraqueza, de onde provém inicialmente o sentimento de dependência, nasce a seguir a ideia de império e dominação. Sendo essa ideia, porém, excitada menos pelas suas necessidades do que por nossos serviços, começamos aqui a perceber os efeitos morais cuja causa imediata não está na natureza, e já vemos por que, desde esta primeira idade, é importante distinguir a intenção secreta que dita o gesto ou o grito.

Quando a criança estende a mão com esforço sem dizer nada, ela acredita alcançar o objeto porque não calcula a sua distância; está errada, mas, quando se queixa e grita estendendo a mão, então não está enganada quanto à distância, mas está ordenando ao objeto que se aproxime, ou a vós que os tragais. No primeiro caso, levai-a até o objeto lentamente e aos poucos; no segundo, fingi até que não a ouvis; quanto mais gritar, menos deveis escutá-la. É importante acostumá-la cedo a não mandar nem nos homens, pois não é senhora deles, nem nas coisas, pois elas não a entendem. Assim, quando uma criança deseja algo que está vendo e que queremos lhe dar, é preferível levá-la ao objeto a trazer o objeto até ela; dessa prática ela tira uma conclusão própria à sua idade, que não há outro meio de lhe sugerir.

O abade de Saint-Pierre chamava os homens de crianças grandes; poderíamos, reciprocamente, chamar as crianças de homens pequenos. Essas proposições têm a sua verdade como sentenças; como princípios, precisam de explicações. Mas, quando Hobbes chamava o mal de criança robusta, dizia algo absolutamente contraditório. Toda maldade vem da fraqueza; a criança só é má porque é fraca. Tornai-a forte e ela se tornará boa. Aquele que tudo pudesse jamais faria o mal. De todos os atributos da divindade todo-poderosa, a bondade é aquele sem o qual menos podemos concebê-la. Todos os povos que reconheceram dois princípios sempre consideraram o mau como inferior ao bom, sem o que teriam feito uma suposição absurda. Vede mais adiante a profissão de fé do vigário saboiano.

Só a razão nos ensina a conhecer o bem e o mal. A consciência que nos faz amar a um e odiar ao outro, embora independente da razão, não pode, pois, desenvolver-se sem ela. Antes da idade da razão, fazemos o bem e o mal sem sabê-lo, e não há moralidade em nossas ações, embora às vezes ela exista no sentimento das ações de outrem que se relacionam conosco. Uma criança quer desarrumar tudo o que vê; parte e quebra tudo o que pode alcançar, segura um passarinho como pegaria numa pedra e o sufoca sem saber o que está fazendo.

Por que isso? Em primeiro lugar, a filosofia irá explicá-lo pelos vícios naturais: o orgulho, o espírito de dominação, o amor-próprio, a maldade do homem; o sentimento de sua fraqueza, poderá acrescentar ela, torna a criança ávida de fazer atos de força e de provar para si mesma seu próprio poder. Mas vede aquele velho fraco e alquebrado, trazido pelo ciclo da vida humana à fraqueza da infância:

não apenas ele permanece imóvel e tranquilo, como também quer que o mesmo aconteça com tudo ao seu redor; a menor mudança perturba-o e o inquieta, e gostaria de ver reinar uma calma universal. Como a mesma impotência somada às mesmas paixões produziria efeitos tão diferentes nas duas idades, se a causa primitiva não tivesse mudado? E onde encontraremos essa diversidade de causas a não ser na condição física dos dois indivíduos? O princípio ativo, comum a ambos, desenvolve-se num e extingue-se no outro; um se forma e o outro se destrói; um tende para a vida, o outro para a morte. A atividade enfraquecida concentra-se no coração do velho; no da criança, ela é superabundante e se lança para fora; a criança sente-se, por assim dizer, com vida suficiente para animar tudo o que a cerca. Pouco importa que faça ou desfaça; basta que mude o estado das coisas, e toda mudança é ação. Pois, se parece ter uma tendência maior para destruir, não é por maldade, mas porque a ação que forma é sempre lenta, e a que destrói, sendo mais rápida, convém mais à sua vivacidade.

Ao mesmo tempo que o autor da natureza dá às crianças esse princípio ativo, cuida de que ele seja pouco nocivo, deixando-lhes pouca força para se entregarem a ele. Mas tão logo podem considerar as pessoas que as cercam como instrumentos que depende delas fazer agir, servem-se delas para seguir sua inclinação e remediar sua fraqueza. É assim que se tornam importunas, tiranas, imperiosas, más e indomáveis, progresso este que não vem de um espírito natural de dominação, mas dá tal espírito a elas, pois não é necessária uma longa experiência para perceber como é agradável agir pelas mãos de outrem e só precisar mexer a língua para fazer com que o universo se mova.

Ao crescer, adquirimos forças, tornamo-nos menos inquietos, menos agitados e fechamo-nos mais em nós mesmos. A alma e o corpo colocam-se, por assim dizer, em equilíbrio, e a natureza não nos exige mais do que o movimento necessário para nossa conservação. O desejo de mandar, porém, não se extingue com a necessidade que o fez nascer; o domínio desperta e adula o amor-próprio, e o hábito o fortalece; assim a fantasia sucede à necessidade, e assim ganham suas primeiras raízes os preconceitos da opinião.

Uma vez conhecido o princípio, vemos claramente onde nos afastamos do caminho da natureza. Vejamos o que devemos fazer para manter-nos nele.

Longe de terem forças supérfluas, as crianças nem mesmo têm forças suficientes para tudo o que a natureza lhes exige. É preciso, portanto, facultar-lhes o emprego de todas as forças que ela lhes dá e de que não poderiam abusar. Primeira máxima.

É preciso ajudá-las e suprir o que lhes falta, quer em inteligência, quer em força, em tudo o que diz respeito à necessidade física. Segunda máxima.

No auxílio que lhes prestamos, devemos limitar-nos unicamente ao realmente útil, sem nada conceber à fantasia ou ao desejo irrazoável, pois a fantasia não as atormentará enquanto não se a fizer nascer, dado que ela não pertence à natureza. Terceira máxima.

É preciso estudar com atenção sua linguagem e seus sinais, para que, numa idade em que elas não sabem fingir, distingamos em seus desejos o que vem imediatamente da natureza e o que vem da opinião. Quarta máxima.

O espírito destas regras é dar às crianças mais verdadeira liberdade e menos domínio, deixar que façam mais por si mesmas e exijam menos dos outros. Assim, acostumando-se cedo a limitar os seus desejos às suas forças, pouco sentirão a privação do que não estiver em seu poder.

Eis, portanto, uma nova razão, muito importante, para deixar os corpos e os membros das crianças absolutamente livres, com a única precaução de afastá-las dos perigos de queda e de tirar de suas mãos tudo o que possa feri-las.

Uma criança cujo corpo e cujos braços estão livres infalivelmente chorará menos do que uma criança enfaixada. Quem conhece apenas necessidades físicas só chora quando sofre, e isso é uma grande vantagem, pois então sabemos exatamente quando precisa de ajuda e não devemos demorar um minuto para socorrê-la, se possível. Mas, se não podeis aliviá-la, tranquilizai-vos, sem mimá-la para acalmá-la; vossas carícias não curarão sua dor de barriga. No entanto, ela se lembrará do que deve fazer para ser mimada, e se souber como fazer para que vos ocupeis dela quando quiser, ei-la que se tornou vossa senhora: tudo está perdido.

Menos contrariadas em seus movimentos, as crianças chorarão menos; menos importunados por seus choros, nos atormentaremos menos para fazê-las se calarem; ameaçadas ou mimadas com menos frequência, serão menos medrosas ou menos teimosas e ficarão melhor em seu estado natural. É menos deixando as crianças chorarem do que nos apressando em acalmá-las que fazemos com que contraiam hérnias, e provo isso pelo fato de que as crianças mais largadas são muito menos sujeitas a elas do que as outras. Longe de mim querer por isso que sejam deixadas de lado; pelo contrário, é importante que nos previnamos e não deixemos que seus gritos nos advirtam sobre suas necessidades. Mas também não quero que os cuidados que lhes são dispensados sejam mal entendidos. Por que deixariam de chorar quando veem que o choro serve para tantas coisas? Informadas do valor que damos ao seu silêncio, elas evitarão esbanjá-lo. Por fim, elas o valorizam tanto que não o podemos mais pagar, e é então que, de tanto chorar sem sucesso, elas se esforçam, se esgotam e se abatem.

Os longos choros de uma criança que não está nem enfaixada, nem doente e que não deixamos sentir falta de nada, são apenas choros de hábito e de teimosia. Não são obra da natureza, mas da ama de leite que, por não saber suportar a sua inconveniência, a multiplica, sem pensar que, ao fazer a criança calar-se hoje, incita-a a chorar mais amanhã.

O único meio de curar ou prevenir esse hábito é não lhe dar nenhuma atenção. Ninguém gosta de fazer algo inutilmente, nem mesmo as crianças. São teimosas em suas tentativas, mas, se tiverdes mais constância do que elas teimosia, elas desistirão e não insistirão mais. É assim que lhes poupamos o choro e as acostumamos a só chorar quando a dor forçá-las a tanto.

De resto, quando choram por fantasia ou por teimosia, um meio seguro de impedi-las de continuar é distraí-las com algum objeto agradável e marcante que as faça esquecer que queriam chorar. A maior parte das amas são excelentes nessa arte e, bem usada, ela é muito útil. É, porém, de suma importância que a criança não perceba a intenção de distraí-la, e se distraia sem pensar que estão atentos a ela; eis o ponto em que as amas são desajeitadas.

Todas as crianças são desmamadas cedo demais. O tempo em que devem ser desmamadas é indicado pela erupção dos dentes, e essa erupção é geralmente sofrida e dolorosa. Por um instinto maquinal, a criança leva frequentemente à boca tudo o que esteja segurando, para morder. Pensa-se em facilitar a operação dando-se a ela como brinquedo algum corpo duro, como o marfim ou o dente de lobo. Acho que é engano. Estes corpos duros, quando aplicados sobre as gengivas, longe de amolecê-las, tornam-nas calosas, endurecem-nas e preparam um rompimento mais sofrido e doloroso. Tomemos sempre o instinto como exemplo. Não vemos os cachorrinhos exercitarem seus dentes nascentes sobre pedras, ferro, ossos, mas sim sobre madeira, couro, pedaços de pano, materiais moles que cedem e onde o dente se imprime.

Já não se sabe ser simples em nada, nem mesmo em torno das crianças. Guizos de prata, de ouro, coral, cristais multifacetados, chocalhos de todos os preços e de todo tipo. Quantos apetrechos inúteis e perniciosos! Nada disso. Nada de guizos, nada de chocalhos; raminhos de árvores com seus frutos e suas folhas, uma cabeça de papoula dentro da qual se ouve o barulho dos grãos, um bastão de alcaçuz que a criança pode chupar e morder diverti-la-ão tanto quanto essas magníficas quinquilharias, e não terão o inconveniente de acostumá-la ao luxo desde o nascimento.

Reconhecidamente o mingau não é um alimento muito sadio. O leite cozido e a farinha crua dão muita saburra e não convêm muito ao estômago. No mingau, a farinha é menos cozida do que no pão, e além disso não fermentou. A açorda e o creme de arroz parecem-me preferíveis. Se se fizer questão de preparar o mingau, convém antes assar um pouco a farinha. Em meu país, faz-se da farinha assim torrada uma sopa muito gostosa e muito saudável. O cozido de carne e a sopa também são alimentos medíocres, de que se deve fazer o menor uso possível. É importante que as crianças logo se acostumem a mastigar; este é o verdadeiro meio de facilitar a erupção dos dentes. E, quando começam a engolir, os sucos salivares misturados com os alimentos facilitam a sua digestão.

Portanto, eu faria com que mastigassem frutas secas, cascas. Dar-lhes-ia para brincarem bastõezinhos de pão duro ou de biscoito semelhantes ao pão do Piemonte, que na região são chamados de *grisses*. De tanto amolecerem esse pão na boca, acabariam engolindo um pouco, seus dentes nasceriam e elas se veriam desmamadas antes que se percebesse. Geralmente os camponeses têm um estômago muito bom, e não são desmamados de outra maneira.

Desde o nascimento as crianças ouvem falar. Falam-lhes não somente antes que compreendam o que lhes dizem, mas antes que possam reproduzir os sons que escutam. Seu ouvido ainda entorpecido só pouco a pouco se posta às imitações dos sons que lhes são ditados, e não é nem mesmo certo que tais sons sejam tão distintos em seus ouvidos quanto nos nossos. Não desaprovo que a ama de leite divirta a criança com cantos e tons muito alegres e muito variados, mas desaprovo que ela a atordoe continuamente com uma multidão de palavras inúteis, das quais a criança não compreende nada a não ser o tom. Gostaria que as primeiras articulações que se as fizessem ouvir fossem raras, fáceis, distintas, repetidas muitas vezes, e que as palavras que elas exprimissem só se relacionassem com objetos sensíveis que pudessem ser mostrados à criança. A infeliz facilidade que temos de usar palavras que não entendemos começa mais cedo do que se pensa. O estudante escuta na aula o palavrório do professor da mesma forma como escutava quando bebê a tagarelice da ama de leite. Acho que seria instruí-lo com muita utilidade ensinar-lhe a não compreender nada daquilo.

As reflexões nascem em profusão quando queremos ocupar-nos com a formação da linguagem e com as primeiras palavras das crianças. Façamos o que for, elas continuarão a aprender a falar da mesma maneira, e todas as especulações filosóficas são, neste caso, da maior inutilidade.

Em primeiro lugar, as crianças têm, por assim dizer, uma gramática para a sua idade, cuja sintaxe tem regras mais gerais que a nossa. Se prestássemos bastante atenção, ficaríamos admirados com a exatidão com que seguem certas analogias, muito defeituosas talvez, mas regularíssimas, que só são chocantes pela sua dureza ou porque o uso corrente não as admite. Acabo de ouvir uma pobre criança que foi muito admoestada pelo pai por lhe ter dito: *mon père, irai-je-t-y?*[5] Ora, percebe-se que a criança seguiu melhor a analogia do que nossos gramáticos, pois já que lhes diziam *vas-y*, por que não dizer *irai-je-t-y*? Observai além disso com que habilidade ela evitou o hiato de *irai-je-y* ou de *y irai-je*. É culpa da pobre criança se descabidamente tiramos da frase o advérbio determinante porque não sabíamos o que fazer com ele? É de um pedantismo insuportável e uma preocupação das mais supérfluas empenhar-

---

5. Forma interrogativa inexistente em francês. Soa mais ou menos como esta tradução: "Papai, eu vou ir lá?" (N. do T.)

mo-nos em corrigir nas crianças todos esses errinhos contra o bom uso, que com o tempo nunca deixam de ser corrigidos por elas mesmas. Falai sempre com correção diante delas, fazei com que não se sintam melhor com outros do que convosco e tereis certeza de que imperceptivelmente sua linguagem se purificará com a vossa sem que jamais a tenhais corrigido.

Mas um erro de maior importância, e que não é menos fácil de prevenir, consiste em nos apressarmos para fazer as crianças falarem, como se temêssemos que não aprendessem a falar por si mesmas. Essa pressa indiscreta produz um efeito diretamente contrário ao que buscamos. As crianças falam mais tarde e mais confusamente: a extrema atenção que prestamos a tudo o que dizem as dispensa de bem articular e, como mal se dignam a abrir a boca, muitas delas conservam a vida inteira um vício de pronúncia e uma fala confusa que as torna quase ininteligíveis.

Vivi muito em meio aos camponeses e nunca ouvi nenhum deles, homem, mulher, menina ou menino, pronunciar o "R" guturalmente. Por que isso? Serão os órgãos dos camponeses formados de maneira diferente dos nossos? Não, mas eles se exercitam de maneira diferente. Em frente à minha janela há um morro no qual se reúnem para as crianças do lugar brincarem. Apesar de ficarem bastante longe de mim, distingo perfeitamente tudo o que dizem e com frequência recolho boas observações para este escrito. Todos os dias meu ouvido me engana sobre a idade delas. Ouço vozes de crianças de dez anos e, quando olho, vejo a estatura e os traços de crianças de três ou quatro anos. Não limito essa experiência a mim mesmo; as pessoas da cidade que me visitam e que consulto a respeito caem todas no mesmo erro.

A causa disso é que, até os cinco ou seis anos, as crianças da cidade, educadas no quarto, junto às saias de uma governanta, só precisam resmungar para se fazerem ouvir. Tão logo movem os lábios, alguém já se empenha em escutá-las; palavras lhes são ditadas que elas repetem mal, mas, de tanto se prestar atenção nelas, e como estão sempre as mesmas pessoas ao redor delas, adivinha-se o que queriam dizer, mais do que o que disseram.

No campo, tudo é diferente. A camponesa não fica todo o tempo junto ao filho; ele é obrigado a aprender a dizer bem claramente e bem alto o que tem necessidade que ela ouça. Nos campos, as crianças soltas, longe do pai, da mãe e das outras crianças, exercitam-se em se fazer ouvir a distância e a medir a força da voz pelo intervalo que as separa daqueles por quem querem ser ouvidas. Eis como realmente se aprende a pronunciar, e não gaguejando algumas vogais no ouvido de uma governanta atenta. Assim, quando fazemos perguntas ao filho de um camponês, a vergonha pode impedi-lo de responder, mas o que ele diz, diz claramente, ao passo que para a criança da cidade é preciso que a criada sirva de intérprete, sem o que não entendemos nada do que ela resmunga entre os dentes*.

Ao crescerem, os meninos deveriam corrigir-se desse defeito nos colégios, e as meninas nos conventos. De fato, uns e outros geralmente falam de modo mais distinto do que os que foram sempre educados na casa paterna. No entanto, o que os impede de adquirir uma pronúncia tão nítida quanto a dos camponeses é a necessidade de aprender de cor muitas coisas e de recitar em voz alta o que decoraram, pois, ao estudar, acostumam-se a resmungar e a pronunciar mal e negligentemente. Ao recitarem, é pior ainda; procuram penosamente as palavras, arrastam e

* Há exceções a isso, e não raro as crianças que de início menos se fazem ouvir tornam-se a seguir as mais ensurdecedoras quando começam a elevar a voz. Mas, se fosse preciso entrar em todas estas minúcias, eu nunca acabaria. Todo leitor sensato há de ver que o excesso e a falta, derivados do mesmo erro, são igualmente corrigidos pelo meu método. Considero inseparáveis estas duas máximas *sempre bastante*, e *nunca demais*. Bem estabelecida a primeira, a outra segue-se necessariamente.

alongam as sílabas. Quando a memória vacila, não é possível que também a língua não balbucie. Assim se contraem ou se conservam os vícios de pronúncia. Veremos mais tarde que Emílio não os terá, ou pelo menos não os terá contraído pelas mesmas causas.

Concordo que o povo e os aldeães caem no extremo oposto, quase sempre falam mais alto do que deviam e, pronunciando com demasiada exatidão, suas articulações são fortes e rudes, têm um acento carregado demais, escolhem mal as palavras etc.

Mas, em primeiro lugar, esse extremo parece-me muito menos vicioso do que o outro, visto que, sendo a primeira lei do discurso a de se fazer ouvir, o maior erro que se possa cometer é falar sem ser ouvido. Vangloriar-se de não ter nenhuma inflexão é vangloriar-se de tirar a graça e a energia da frase. A inflexão é a alma do discurso, dá-lhe o sentimento e a verdade. A inflexão mente menos que a palavra; talvez por isso seja tão temida pelas pessoas bem-educadas. É do costume de falar tudo no mesmo tom que veio o hábito de ironizar as pessoas sem que elas o percebam. Sucedem à proscrita inflexão maneiras ridículas de pronunciar, afetadas e sujeitas à moda, tais como as que se observam principalmente nos jovens da corte. Essa afetação da fala e das atitudes é o que geralmente torna o contato com o francês repugnante e desagradável para as outras nações. Em vez de pôr acento no que fala, põe afetação. Não é essa a maneira de despertar a simpatia das pessoas.

Todos esses pequenos defeitos de linguagem que tanto tememos que as crianças contraiam nada são. São prevenidos ou corrigidos com grande facilidade. Aqueles, porém, que as fazemos contrair tornando sua fala surda, confusa, tímida, criticando continuamente seu tom, censurando todas as suas palavras, não se corrigem jamais. Um homem que só aprendeu a falar nos aposentos não será ouvido à frente de um batalhão e não se imporá ao povo numa revolta. Primeiro ensinai às crianças falar aos homens, pois saberão bem falar às mulheres quando for preciso.

Criados no campo com toda a rusticidade campestre, vossos filhos adquirirão uma voz mais sonora e não terão o confuso gaguejar das crianças da cidade. Tampouco contrairão as expressões e o tom da aldeia, ou pelo menos os perderão facilmente quando o preceptor, vivendo com eles desde o nascimento, e cada vez mais exclusivamente, prevenir ou cancelar, pela correção de sua linguagem, a impressão da linguagem dos camponeses. Emílio falará um francês tão puro quanto o posso conhecer, mas pronunciá-lo-á mais distintamente e o articulará muito melhor do que eu.

A criança que quer falar só deve escutar as palavras que pode entender, e só dizer as que pode articular. Os esforços que faz para isso levam-na a repetir a mesma sílaba, como se treinasse para pronunciá-la mais claramente. Quando ela começar a balbuciar, não vos preocupeis em adivinhar o que diz. Pretender ser sempre escutado é também uma forma de dominação, e a criança não deve exercer nenhum domínio. Basta que cuideis atentamente do necessário; cabe à criança fazer com que entendais o que não o é. Deve-se ainda muito menos ter pressa para exigir que ela fale; a criança saberá falar por si mesma à medida que perceber a utilidade disso.

É verdade que observamos que as crianças que começam a falar muito tarde jamais falam tão distintamente quanto as outras. Não é, porém, por terem falado tarde que o órgão fica prejudicado, mas, pelo contrário, é por terem nascido com um órgão defeituoso que começam a falar tarde, pois, se não fosse por isso, por que falariam mais tarde do que as outras? Terão menos oportunidades de falar e serão menos estimuladas a isso? Pelo contrário, a inquietação que esse atraso dá assim que é percebido faz com que haja muito mais preocupação em fazê-las balbuciar do que com aquelas que falam mais cedo. Essa pressa mal compreendida pode contribuir muito para que sua fala se torne confusa, quando, com menos precipitação, teriam tempo para aperfeiçoar mais a fala.

As crianças que são muito apressadas a falar não têm tempo para aprender a pronunciar bem, nem para pensar bem no que lhes fazem dizer, ao passo que, quando se deixa que aprendam por si mesmas, elas se detêm mais, inicialmente, nas sílabas mais fáceis de pronunciar e, dando-lhes pouco a pouco uma significação que entendemos pelos seus gestos, elas nos dão suas palavras antes de receber as nossas. Isso faz com que só as recebam depois de tê-las entendido. Não tendo pressa para se servirem delas, as crianças começam por bem observar que sentido damos às palavras e, quando estão seguras quanto a isso, adotam-nas.

O maior mal da precipitação com que se faz as crianças falarem antes da hora não é o fato de as primeiras palavras que lhes dirigimos e as primeiras que falam não terem nenhum sentido para elas, mas sim o fato de terem um sentido diferente do nosso, sem que o percebamos. Assim, parecendo responder-nos muito precisamente, elas nos falam sem nos entender e sem que as entendamos. Geralmente, deve-se a semelhantes equívocos a surpresa que às vezes suas palavras nos causam, já que lhes atribuímos ideias que as crianças não associam às mesmas palavras. Essa desatenção de nossa parte para com o verdadeiro sentido que as palavras têm para as crianças parece-me ser a causa de seus primeiros erros; e esses erros, mesmo depois de corrigidos, influem pelo resto da vida na sua maneira de pensar. Adiante terei mais de uma oportunidade de esclarecer este ponto com exemplos.

Restringi, pois, o mais que puderdes o vocabulário da criança. É um imenso inconveniente ela ter mais palavras do que ideias e saber dizer mais coisas do que pode pensar. Creio que uma das razões por que os camponeses geralmente têm ideias mais justas do que os citadinos é que seu dicionário é menos amplo. Têm poucas ideias, mas comparam-nas muito bem.

Os primeiros desenvolvimentos da infância dão-se quase todos ao mesmo tempo. A criança aprende a falar, a comer e a andar aproximadamente ao mesmo tempo. Esta é propriamente a primeira fase de sua vida. Antes, não é nada mais do que aquilo que era no ventre da mãe; não tem nenhum sentimento, nenhuma ideia; mal tem sensações e nem mesmo percebe a sua própria existência:

Vivit, et est vitae nescius ipse suae[6].

6. "Vive e não tem consciência de sua própria vida." (Ovídio, *Tristes*, I, 3, 12) (N. do T.)

LIVRO II

Eis a segunda fase da vida, aquela onde acaba propriamente a infância, pois as palavras *infans* e *puer* não são sinônimas. A primeira está contida na segunda e significa *quem não pode falar*; daí em Valério Máximo encontrarmos *puerum infantem*. Mas continuo a me servir dessa palavra[1] segundo o costume de nossa língua, até a idade para a qual ela possui outros nomes.

Quando as crianças começam a falar, passam a chorar menos. Esse progresso é natural, uma linguagem é substituída pela outra. Quando podem dizer com palavras que estão sofrendo, por que o diriam com gritos, a não ser quando a dor for forte demais para que a palavra possa exprimi-la? Se então continuarem a chorar, a culpa será das pessoas que estão ao seu redor. A partir do momento em que Emílio tiver dito: "Está doendo", serão necessárias dores muito fortes para forçá-lo a chorar.

Se a criança for delicada, sensível, e naturalmente se puser a gritar por nada, dando gritos inúteis e sem consequência, logo secarei essa fonte. Enquanto chorar, não irei até ela; assim que ficar quieta, correrei para ela. Logo a sua maneira de me chamar será calar-se, ou no máximo dar um só grito. É pelo efeito sensível dos sinais que as crianças ava-

1. *Enfant*, derivado do latim *infans*, é criança em francês. (N. do T.)

liam seu sentido, não há outra convenção para elas; quando uma criança se machuca, é muito raro chorar se estiver sozinha, a menos que tenha a esperança de ser ouvida.

Se cair, se ficar com um galo na cabeça, se sangrar pelo nariz, se cortar os dedos, em vez de me agitar ao seu redor com um jeito alarmado, ficarei tranquilo, pelo menos por um pouco de tempo. O mal está feito, é uma necessidade que ela o suporte; toda a minha diligência só serviria para assustá-la ainda mais e aumentar sua sensibilidade. No fundo, é menos o machucado do que o medo que atormenta quando nos ferimos. Eu lhe pouparei pelo menos essa última angústia, pois com toda a certeza avaliará seu mal como verá que eu o avalio: se me vir acorrer com inquietação, consolá-la, ter pena dela, considerar-se-á perdida; se me vir conservar o sangue-frio, logo voltará a se tranquilizar, e acreditará que o mal estará curado quando já não o sentir. É nessa idade que se tomam as primeiras lições de coragem e, suportando sem pavor as dores leves, aprende-se aos poucos a suportar as grandes.

Longe de estar atento a evitar que Emílio se machuque, eu ficaria muito aborrecido se ele nunca se ferisse e crescesse sem conhecer a dor. Sofrer é a primeira coisa que ele deverá aprender, e a que ele terá maior necessidade de saber. Parece que as crianças só são pequenas e fracas para tomarem essas importantes lições sem perigo. Se a criança cair no chão, não quebrará a perna; se levar uma paulada, não quebrará o braço; se pegar um ferro afiado, não o apertará com muita força e não se cortará muito profundamente. Que eu saiba, nunca se viu uma criança em liberdade que se tenha matado, mutilado ou ferido seriamente, a menos que a tenham colocado impensadamente em lugares altos, ou a tenham deixado sozinha perto do fogo, ou perto de instrumentos perigosos. O que dizer desses montes de aparelhos que juntamos ao redor da criança para armá-la contra a dor, até que, tornando-se adulta, ela fique à sua mercê, sem coragem e sem experiência, e acredite morrer à primeira picada e desmaie ao ver a primeira gota de sangue?

Nossa mania professoral e pedantesca é de sempre ensinar às crianças o que aprenderiam muito melhor por si mesmas, e esquecer o que só nós lhes poderíamos ensinar. Haverá algo mais tolo do que o trabalho que temos para ensiná-las a andar, como se tivéssemos visto alguém que, por descuido da ama de leite, não soubesse andar quando adulto? Pelo contrário, quantas pessoas vemos que andam mal por toda a vida porque lhes ensinaram mal a andar!

Emílio não terá gorros acolchoados, nem cestos rolantes, nem carrinhos, nem cordões protetores; ou, pelo menos, a partir do momento que começar a saber pôr um pé diante do outro, só o seguraremos nos lugares pavimentados, pelos quais passaremos depressa*. Em vez de deixá-lo estragar-se no ar corrompido de um quarto, que seja levado diariamente até um prado. Ali, que corra, se divirta, caia cem vezes por dia, tanto melhor, aprenderá mais cedo a se levantar. O bem-estar da liberdade compensa muitos machucados. Meu aluno muitas vezes terá contusões; em compensação, estará alegre. Se vossos filhos se machucam menos, estão sempre contrariados, sempre presos, sempre tristes. Duvido que a vantagem esteja de seu lado.

Outro progresso torna a queixa menos necessária às crianças: é o de suas forças. Podendo mais por si mesmas, precisam com menos frequência recorrer aos outros. Junto com a força, desenvolve-se o conhecimento, que as põe em condições de dirigi-la. É nesse segundo grau que propriamente começa a vida do indivíduo; é então que ele toma consciência de si mesmo. A memória amplia o sentimento da identidade para todos os momentos de sua existência; ele se torna verdadeiramente uno, o mesmo e, por conse-

* Não há nada mais ridículo e mais incerto do que o andar das pessoas que usaram muitos cordões quando crianças: é mais uma dessas observações triviais de tanto serem justas, e que são justas em mais de um sentido.

guinte, já capaz de felicidade e de miséria. Portanto, é importante começar a considerá-lo agora como um ser moral.

Embora se determine aproximadamente a mais longa duração da vida humana e a probabilidade que se tem de chegar perto dessa duração em cada época, nada é mais incerto do que a duração da vida de cada homem em particular; pouquíssimos chegam a essa maior duração. Os maiores riscos da vida estão em seu começo; quanto menos tivermos vivido, menos deveremos esperar viver. Das crianças que nascem, no máximo a metade chega à adolescência, e é provável que vosso aluno não alcance a maturidade.

Que devemos pensar, então, dessa educação bárbara que sacrifica o presente por um futuro incerto, que prende uma criança a correntes de todo tipo e começa por torná-la miserável, para lhe proporcionar mais tarde não sei que pretensa felicidade de que provavelmente não gozará jamais? Mesmo que eu considerasse razoável essa educação por seu fim, como encarar sem indignação essas pobres infelizes submetidas a um jugo insuportável e condenadas a trabalhos contínuos como os galeotes, sem ter certeza de que tantos trabalhos algum dia lhes serão úteis! A idade da alegria passa-se em meio a prantos, a castigos, a ameaças, à escravidão. Atormenta-se a infeliz para seu próprio bem, e não se vê a morte que a chama e vai apanhá-la no meio dessa triste condição. Quem sabe quantas crianças morrem vítimas da extravagante sabedoria de um pai ou de um professor? Felizes por escaparem à sua crueldade, a única vantagem que tiram dos males que lhes fizeram sofrer é morrer sem ter saudades da vida, de que só conheceram os tormentos.

Homens, sede humanos, este é vosso primeiro dever; sede humanos para todas as condições, para todas as idades, para tudo o que não é alheio ao homem. Para vós, que sabedoria há fora da humanidade? Amai a infância; favorecei suas brincadeiras, seus prazeres, seu amável instinto. Quem de vós não teve alguma vez saudade dessa época em que o riso está sempre nos lábios, e a alma está sempre em paz? Por que quereis retirar desses pequenos inocentes o gozo de um tempo tão curto que se lhes foge, e de um bem tão precioso, de que não poderiam abusar? Por que quereis encher de amargura e de dores esses primeiros anos tão velozes, que não mais voltarão para eles, assim como não voltarão para vós? Não fabriqueis remorsos para vós mesmos retirando os poucos instantes que a natureza lhes dá. Assim que eles puderem sentir o prazer de existir, fazei com que o gozem; fazei com que, a qualquer hora que Deus os chamar, não morram sem ter saboreado a vida.

Quantas vozes hão de se erguer contra mim! Ouço os clamores distantes dessa falsa sabedoria que sem cessar nos tira para fora de nós mesmos, que sempre considera o presente como nada e, perseguindo sem tréguas um futuro que foge à medida que avançamos, de tanto nos levar para onde não estamos, leva-nos para onde não estaremos nunca.

É tempo, respondeis-me, de corrigir as más inclinações do homem; é na infância, quando as dores são menos sensíveis, que devemos multiplicá-las, para poupá-las na idade da razão. Mas quem vos diz que todo esse arranjo está à vossa disposição, e todas essas belas instruções com que torturais o débil espírito de uma criança não lhe serão um dia mais nocivas do que úteis? Quem vos garante que poupais alguma coisa com os sofrimentos que lhe prodigais? Por que lhe dais mais males do que sua condição comporta, sem terdes certeza de que esses males presentes diminuirão os futuros? E como me provareis que essas más inclinações de que pretendeis curá-la não provêm de vossos cuidados mal compreendidos, muito mais do que da natureza? Infeliz previdência, que torna um ser atualmente miserável, na esperança bem ou mal fundada de torná-lo feliz um dia! Pois se esses vulgares raciocinadores confundem a licença com a liberdade, e a criança que tornamos feliz com a criança mimada, ensinemo-los a distingui-las.

Para não corrermos atrás de quimeras, não nos esqueçamos do que convém à nossa condição. A humanidade tem seu lugar na ordem das coisas, e a infância tem o seu na ordem da vida humana: é preciso considerar o homem no homem e a criança na criança. Determinar para cada qual o seu lugar e ali fixá-lo, ordenar as paixões humanas conforme a constituição do homem, é tudo o que podemos fazer pelo seu bem-estar. O resto depende de causas alheias que não estão em nosso poder.

Não sabemos o que é a felicidade ou a infelicidade absolutas. Nesta vida, tudo está misturado. Não experimentamos nenhum sentimento puro, não permanecemos dois momentos na mesma condição. As afecções de nossas almas, assim como as modificações de nossos corpos, estão num fluxo contínuo. O bem e o mal são-nos comuns a todos, mas em medidas diferentes. O mais feliz é o que sente menos sofrimentos; o mais miserável é o que sente menos prazeres. Sempre mais sofrimentos do que prazeres: eis a diferença comum a todos. A felicidade do homem aqui na Terra é apenas, portanto, uma condição negativa; devemos medi-la pela menor quantidade de males que se sofrem.

Todo sentimento de sofrimento é inseparável do desejo de se livrar dele; toda ideia de prazer é inseparável do desejo de desfrutá-lo; todo desejo supõe privação, e todas as privações que sentimos são penosas; portanto, é na desproporção entre os nossos desejos e as nossas faculdades que consiste a nossa miséria. Um ser sensível cujas faculdades igualassem os desejos seria um ser absolutamente feliz.

Em que, então, consiste a sabedoria humana ou o caminho da verdadeira felicidade? Não exatamente em diminuir nossos desejos, pois, se eles estivessem abaixo de nossa potência, uma parte de nossas faculdades permaneceria ociosa, e não gozaríamos de todo o nosso ser. Também não consiste em ampliar nossas faculdades, pois, se nossos desejos ao mesmo tempo se ampliassem em maior proporção, tornar-nos-íamos mais miseráveis. Trata-se, pois, de diminuir o excesso de desejos relativamente às faculdades, e de igualar perfeitamente a potência e a vontade.

Somente então, estando todas as forças em ação, a alma permanecerá tranquila e o homem se encontrará bem ordenado.

Foi assim que a natureza, que tudo faz do melhor modo, inicialmente o instituiu. Ela lhe dá de imediato apenas os desejos necessários à sua conservação e as faculdades suficientes para satisfazê-los. Ela colocou todas as outras como que de reserva no fundo de sua alma, para que se desenvolvessem quando necessário. Só nesse estado primitivo o equilíbrio entre o poder e o desejo é reencontrado e o homem não é infeliz. Assim que suas faculdades virtuais se põem em ação, a imaginação, a mais ativa de todas, desperta e as ultrapassa. É a imaginação que amplia para nós a medida dos possíveis, tanto para o bem quanto para o mal e, por conseguinte, provoca e nutre os desejos com a esperança de satisfazê-los. No entanto, o objeto que antes parecia estar à mão foge tão depressa que não podemos alcançá-lo; quando acreditamos que vamos pegá-lo, ele se transforma e aparece longe à nossa frente. Não vendo mais o espaço já percorrido, consideramo-lo como nada, ao passo que o que resta a percorrer cresce e se amplia sem cessar. Assim, esgotamo-nos sem chegar ao final e, quanto mais vencemos o prazer, mais a felicidade se afasta de nós.

Pelo contrário, quanto mais o homem tiver permanecido próximo à sua condição natural, mais a diferença entre as suas faculdades e os seus desejos será pequena e, consequentemente, menos distante estará de ser feliz. Nunca ele é menos miserável do que quando parece carente de tudo, pois a miséria não consiste na privação das coisas, mas na necessidade que sentimos delas.

O mundo real tem seus limites, o mundo imaginário é infinito. Já que não podemos ampliar o primeiro, reduzamos o segundo, pois é unicamente da diferença entre eles que nascem todos os sofrimentos que nos tornam realmente infelizes. Com exceção da força, da saúde, do bom testemunho de si, todos os bens desta vida consistem na opinião; com exceção das dores do corpo e dos remorsos da consciência, todos os nossos males são imaginários. Esse princípio é comum, dirão; concordo, mas a sua aplicação prática não é comum, e aqui se trata unicamente da prática.

O que se quer dizer quando se diz que o homem é fraco? A palavra fraqueza indica uma relação, uma relação do ser ao qual a aplicamos. Aquele cuja força excede as necessidades, ainda que seja um inseto ou um verme, é um ser forte; aquele cujas necessidades excedem a força, ainda que seja um elefante ou um leão, ou um conquistador, um herói, ou mesmo um deus, é um ser fraco. O anjo rebelde que superestimou sua natureza era mais fraco do que o feliz mortal que vive em paz com a sua. O homem é muito forte quando se contenta com ser o que é, e é muito fraco quando deseja erguer-se acima da humanidade. Não imagineis, portanto, que ampliando vossas faculdades ampliais vossas forças; vós as diminuís, pelo contrário, se vosso orgulho se amplia mais do que elas. Meçamos o raio de nossa esfera e permaneçamos no centro, como o inseto no meio de sua teia; sempre bastaremos a nós mesmos e não teremos de nos queixar de nossa fraqueza, pois nunca a sentiremos.

Todos os animais têm exatamente as faculdades necessárias para se conservarem. Só o homem tem faculdades supérfluas. Não é estranho que esse supérfluo seja o instrumento de sua miséria? Em toda parte os braços de um homem valem mais do que o seu sustento. Se ele fosse suficientemente sábio para considerar esse supérfluo como nada, sempre teria o necessário, porque jamais teria nada em demasia. As grandes necessidades, dizia Favorin, nascem dos grandes bens, e não raro o melhor meio de obter as coisas que nos faltam é perder as que temos. É de tanto nos esforçarmos para aumentar nossa felicidade que a transformamos em miséria. Todo homem que apenas quisesse viver viveria feliz; por conseguinte, seria bom, pois, para ele, onde estaria a vantagem de ser mau?

Se fôssemos imortais, seríamos seres muito miseráveis. É duro morrer, sem dúvida, mas é doce esperar que não vivamos para sempre, e que uma vida melhor termine os sofrimentos desta. Se nos oferecessem a imortalidade na terra, quem* gostaria de aceitar esse triste dom? Que recurso, que esperança, que consolo nos restaria contra os rigores da sorte e contra as injustiças dos homens? O ignorante, que nada prevê, mal sente o valor da vida e tem pouco medo de perdê-la; o homem esclarecido enxerga bens de maior valor, que prefere àqueles. Somente o meio-saber e a falsa sabedoria, prolongando nossa visão até a morte, e não para além dela, fazem dela o pior dos males para nós. A necessidade de morrer é para o homem sábio apenas uma razão para suportar os sofrimentos da vida. Se não estivéssemos certos de perdê-la um dia, seria muito difícil conservá-la.

Nossos males morais estão todos na opinião, exceto um, que é o crime, e este depende de nós; nossos males físicos destroem-se ou nos destroem. O tempo ou a morte são os nossos remédios. No entanto, quanto menos sabemos sofrer, mais sofremos, e atormentamo-nos mais para curar nossas doenças do que sofreríamos suportando-as. Vive de acordo com a natureza, sê paciente e expulsa os médicos; assim, não evitarás a morte, mas só a sentirás uma vez, ao passo que eles a trazem todos os dias para tua imaginação perturbada, e sua arte mentirosa, em vez de prolongar teus dias, retira deles o prazer. Sempre me perguntarei que verdadeiro bem essa arte fez aos homens. Alguns dos que ela cura morreriam, é verdade, mas milhões que ela mata permaneceriam com vida. Homem sensato, não te arrisques nessa loteria, onde há probabilidades demais contra ti. Sofre, morre ou sara, mas sobretudo vive até tua última hora.

---

* Compreende-se que me refiro aqui a homens que refletem e não a todos os homens.

Tudo é apenas loucura e contradição nas instituições humanas. Inquietamo-nos mais com nossa vida à medida que ela perde valor. Os velhos lamentam-na mais do que os jovens; não querem perder os preparativos que fizeram para gozá-la; aos sessenta anos, é muito cruel morrer sem ter começado a viver. Dizem que o homem tem um vivo amor por sua conservação, e isso é verdade, mas não veem que esse amor, tal como o sentimos, é em grande parte obra dos homens. Naturalmente, o homem só se inquieta com sua conservação na medida em que os meios para tanto estão em seu poder; assim que esses meios lhe escapam, ele se tranquiliza e morre sem se atormentar inutilmente. A primeira lei da resignação vem-nos da natureza. Os selvagens, assim como os animais, debatem-se muito pouco contra a morte, e enfrentam-na quase sem se queixar. Destruída essa lei, forma-se uma outra que vem da razão, mas poucos sabem deduzi-la e essa resignação artificial nunca é tão completa e integral quanto a primeira.

A previdência! A previdência que sem cessar nos leva para além de nós mesmos, e muitas vezes nos coloca onde não chegaremos, eis a verdadeira fonte de todas as nossas misérias. Que mania a de um ser tão passageiro como o homem sempre olhar para longe, num futuro que vem tão raramente, e desdenhar o presente de que tem certeza! Mania tanto mais funesta quanto aumenta sem cessar com a idade; os velhos, sempre desconfiados, previdentes, avaros, preferem dispensar hoje o necessário a não ter o supérfluo daqui a cem anos. Assim apegamo-nos a tudo, agarramo-nos a tudo; os tempos, os lugares, os homens, as coisas, tudo o que existe, tudo o que existirá importa a cada um de nós; nosso indivíduo é apenas a menor parte de nós mesmos. Cada qual se estende, por assim dizer, sobre a terra inteira e se torna sensível sobre toda essa grande superfície. Será de admirar que nossos males se multipliquem em todos os pontos por onde podem nos ferir? Quantos príncipes se desolam com a perda de um país que nunca viram! Quantos comerciantes há que basta tocar nas Índias para fazê-los gritar em Paris!

Será que é a natureza que leva os homens para tão longe de si mesmos? Será que ela quer que cada homem conheça seu destino pelos outros, e algumas vezes seja o último a conhecê-lo, de modo que tal homem morra feliz ou miserável, sem jamais ter sabido nada a seu respeito? Vejo um homem jovem, alegre, vigoroso, saudável; sua presença inspira alegria; seus olhos anunciam o contentamento, o bem-estar; traz consigo a imagem da felicidade. Chega uma carta do correio; o homem feliz considera-a, ela traz seu endereço, abre-a e a lê. Imediatamente seu aspecto muda; ele empalidece e cai desmaiado. De volta a si, chora, agita-se, geme, arranca os cabelos, faz com que seus gritos ressoem pelo ar, parece atacado por horrendas convulsões. Insensato! Que mal te fez esse papel? Que membro te amputou? Que crime fez com que cometesses? Enfim, que mudou ele em ti mesmo para colocar-te no estado em que te vejo?

Se a carta se tivesse extraviado, se uma mão caridosa a tivesse lançado ao fogo, a sorte desse mortal, feliz e infeliz ao mesmo tempo, teria sido, creio, um estranho problema. Direis que sua infelicidade era real. Muito bem, mas ele não a sentia. Onde estava ela, então? Sua felicidade era imaginária. Compreendo: a saúde, a alegria, o bem-estar, o contentamento de espírito não são mais do que visões. Não mais existimos onde estamos, só existimos onde não estamos. Vale a pena ter um tão grande medo da morte, se isso em que vivemos permanece?

Ó homem! Fecha tua existência dentro de ti e não mais serás miserável. Permanece no lugar que a natureza te atribui na cadeia dos seres, nada poderá fazer com que saias dali; não te revoltes contra a dura lei da necessidade, e não esgotes, querendo resistir a ela, forças que o céu não te deu para estenderes ou prolongares tua existência, mas apenas para conservá-la como lhe aprouver e enquanto lhe aprouver. Tua liberdade, teu poder só vão até onde vão tuas forças naturais, e não além; todo o resto não passa de escravidão, de ilusão e de prestígio. A própria dominação é servil quando depende da opinião, pois dependes dos preconceitos dos que governas pelo preconceito. Para conduzi-los como queres, deves conduzir-te como eles querem. Basta que eles mudem de maneira de pensar e terás forçosamente de mudar de maneira de agir. Os que estão perto de ti só têm de saber governar as opiniões do povo que acreditas governar, ou então as dos cortesãos que te governam, ou as da tua família, ou as tuas próprias: esses vizires, esses cortesãos, esses sacerdotes, esses lacaios, esses tagarelas e até crianças, se tivesses o gênio de um Temístocles*, conduzir-te-ão, como uma criança, em meio às tuas legiões. Faças o que for, nunca tua autoridade real superará tuas faculdades reais. Assim que for preciso enxergar pelos olhos dos outros, será preciso querer pelas suas vontades. Meu povo é meu súdito, dirás altivamente. Seja. Mas tu, quem és tu? O súdito de teus ministros. E os ministros, quem são eles? Os súditos de seus empregados, de suas amantes, dos criados de seus criados. Tomai tudo, usurpai tudo e depois gastai o dinheiro a mancheias; erguei baterias de canhões; montai cadafalsos e rodas; promulgai leis e éditos; multiplicai os espiões, os soldados, os carrascos, as prisões, as cadeias; pobres homenzinhos, de que vos serve tudo isso? Não sereis mais bem servidos, nem menos roubados, nem menos enganados, nem mais absolutos. Continuareis a dizer: nós queremos, e continuareis a fazer o que os outros quiserem.

O único que faz a sua vontade é aquele que não precisa para tanto colocar o braço de outrem na ponta dos

---

* Esse menino que vedes aí, dizia Temístocles a seus amigos, é o árbitro da Grécia, pois governa sua mãe, sua mãe me governa, eu governo os atenienses e os atenienses governam os gregos. Oh! Que pequenos chefes encontraríamos muitas vezes nos maiores impérios, se do príncipe descêssemos gradualmente até a primeira mão que dá o impulso em segredo.

seus. Segue-se daí que o primeiro de todos os bens não é a autoridade, mas a liberdade. O homem verdadeiramente livre só quer o que pode e faz o que lhe agrada. Eis a minha máxima fundamental. Trata-se apenas de aplicá-la à infância, e todas as regras da educação decorrerão dela.

A sociedade enfraqueceu o homem não apenas lhe tolhendo o direito que tinha sobre suas próprias forças, mas sobretudo tornando-as insuficientes. Eis por que seus desejos se multiplicam com sua fraqueza, e eis o que faz a fraqueza da infância relativamente à idade madura. Se o homem é um ser forte e a criança é um ser fraco, não é porque o primeiro tem mais força absoluta do que o segundo, mas porque o primeiro pode naturalmente bastar a si mesmo e o outro não. Portanto, o homem deve ter mais vontades e a criança mais fantasias, termo pelo qual entendo todos os desejos que não sejam verdadeiras necessidades e que só podemos satisfazer com o auxílio de outrem.

Eu disse a razão desse estado de fraqueza. A natureza a supre pelo apego dos pais e das mães. No entanto, esse apego pode ter seu excesso, sua falta e seus abusos. Pais que vivem no estado civil levam para ele a criança antes da idade. Dando-lhe mais necessidades do que ela tem, não remediam sua fraqueza, mas a aumentam. Também a aumentam exigindo da criança o que a natureza não lhe exigia, submetendo às suas próprias vontades as poucas forças que a criança tem para servir às suas, transformando completamente em escravidão a dependência recíproca em que a mantém sua fraqueza e em que os mantém seu apego.

O homem sábio sabe permanecer em seu lugar, mas a criança que não sabe o seu não será capaz de permanecer nele. Junto de nós, existem mil lugares por onde a criança pode sair de seu lugar; cabe aos que a educam mantê-la nele, e esta não é uma tarefa fácil. Ela não deve ser nem um animal, nem um homem, e sim criança. É preciso que ela sinta a sua fraqueza e não que a sofra; é preciso que ela dependa, e não que obedeça; é preciso que ela peça, e não que mande. A criança só está submetida aos outros em razão de suas necessidades, e porque esses veem melhor do que ela o que lhe é útil, o que pode contribuir ou prejudicar a sua conservação. Ninguém tem o direito, nem mesmo o pai, de ordenar à criança o que não lhe serve para nada.

Antes que os preconceitos e as instituições humanas tenham alterado nossas inclinações naturais, a felicidade das crianças e dos homens consiste no uso de sua liberdade. Mas, nos primeiros, esta liberdade é limitada pela fraqueza. Quem faz o que quer é feliz quando basta a si mesmo: é o caso do homem que vive no estado de natureza. Quem faz o que quer não é feliz quando suas necessidades ultrapassarem suas forças: é o caso da criança no mesmo estado. As crianças, até mesmo no estado de natureza, só gozam de uma liberdade imperfeita, semelhante àquela de que gozam os homens no estado civil. Cada um de nós, não podendo dispensar os outros, volta a ser, a esse respeito, fraco e miserável. Éramos feitos para sermos homens; as leis e a sociedade voltaram a mergulhar-nos na infância. Os ricos, os grandes, os reis, todos são crianças que, vendo que se empenham em remediar sua miséria, tiram desse mesmo fato uma vaidade pueril, e se envaidecem com os cuidados que não teriam para com elas se fossem homens feitos.

Essas considerações são importantes e servem para resolver todas as contradições do sistema social. Existem dois tipos de dependência: a das coisas, que é da natureza, e a dos homens, que é da sociedade. Não tendo nenhuma moralidade, a dependência das coisas não prejudica a liberdade e não gera vícios; a dependência dos homens, sendo desordenada*, gera todos os vícios, e é por ela que o senhor e o escravo depravam-se mutuamente. Se há um meio

---

* Nos meus *Princípios do Direito Político* fica demonstrado que nenhuma vontade particular pode ser ordenada no sistema social.

de remediar esse mal na sociedade, esse meio é substituir o homem pela lei e armar as vontades gerais de uma força real, superior à ação de qualquer vontade particular. Se as leis das nações pudessem ter, como as da natureza, uma inflexibilidade que nunca alguma força humana pudesse vencer, a dependência dos homens voltaria então a ser a das coisas; reunir-se-iam na República todas as vantagens do estado natural e do estado civil; juntar-se-ia à liberdade que mantém o homem sem vícios a moralidade que o educa para a virtude.

Conservai a criança unicamente na dependência das coisas e tereis seguido a ordem da natureza no progresso de sua educação. Nunca ofereçais a suas vontades indiscretas senão obstáculos físicos ou punições que nasçam das próprias ações, de que se lembrem quando oportuno; sem lhe proibir de agir mal, basta que seja impedida. Só a experiência e a impotência devem ser lei para a criança. Nada concedei a seus desejos porque ela o pede, mas porque precisa. Que ela não saiba o que é obediência quando age, nem o que é dominação quando agem por ela. Que sinta de igual modo a sua liberdade em suas próprias ações e nas vossas. Supri a força que lhe falta exatamente na medida em que tem necessidade dela para ser livre, e não imperiosa; que, recebendo vossos serviços com uma espécie de humilhação, ela aspire ao momento em que poderá dispensá-los e terá a honra de servir a si mesma.

Para fortalecer o corpo e fazê-lo crescer, a natureza dispõe de meios que nunca devemos contrariar. Não devemos obrigar uma criança a ficar quando quer sair, ou a sair quando quer ficar. Quando a vontade das crianças não está mimada por nossa culpa, elas nada querem inutilmente. Elas devem pular, correr, gritar quando têm vontade. Todos os seus movimentos são necessidades de sua constituição, que procura fortalecer-se. Devemos, porém, desconfiar do que desejam sem que possam fazê-lo elas mesmas, sendo outros obrigados a fazê-lo por elas. É preciso, então, distinguir com cuidado a verdadeira necessidade, a necessidade natural, da necessidade de fantasia que começa a nascer, ou então daquela que provém da superabundância de vida de que falei.

Já disse o que se deve fazer quando uma criança chora para conseguir isto ou aquilo. Apenas acrescentarei que, a partir do momento em que ela pode, falando, pedir o que deseja e, para obtê-lo mais rapidamente ou para evitar uma recusa, faz com que o choro acompanhe o pedido, deve ter o seu pedido irrevogavelmente recusado. Se a necessidade a fez falar, deveis sabê-lo e fazer imediatamente o que ela pede, mas ceder algo pelas lágrimas é provocá-la para que as derrame, é ensinar-lhe a duvidar de vossa boa vontade e a acreditar que a importunidade pode mais sobre vós do que a benevolência. Se ela não acreditar que sois bom, logo se tornará má; se acreditar que sois fraco, logo se tornará teimosa. É importante que sempre concedais ao primeiro sinal o que não quereis recusar. Não sejais pródigo na recusa, mas não a revogueis jamais.

Evitai principalmente dar à criança vãs fórmulas de polidez, que se necessário lhe servem de palavra mágica para submeter à sua vontade tudo o que a rodeia e para obter imediatamente o que lhe agrada. Na hipócrita educação dos ricos, nunca se deixa de torná-los polidamente imperiosos, prescrevendo-lhes os termos de que devem servir-se para que ninguém ouse resistir-lhes; seus filhos não têm nem tons, nem maneiras suplicantes; todos eles são tão arrogantes, e até mais, tanto ao pedir quanto ao mandar, por estarem muito certos de serem obedecidos. Vemos em primeiro lugar que *s'il vous plaît* significa em sua boca *il me plaît*, e que *je vous prie* significa *je vous ordonne*[2]. Admirável

---

2. *S'il vous plaît* (lit. se vos agrada): por favor; *il me plaît*: agrada-me; *je vous prie*: peço-vos; *je vous ordonne*: ordeno-vos. *S'il vous plaît* e *je vous prie* são fórmulas de polidez que não podem ser traduzidas literalmente. (N. do T.)

polidez, que para eles só acaba mudando o sentido das palavras e não permitindo que se fale de uma maneira que não seja imperiosa! De minha parte, eu, que temo menos que Emílio seja grosseiro do que arrogante, prefiro que ele diga pedindo *faça isso* a que fale mandando *por favor*. Não é o termo que ele emprega que me importa, mas sim a acepção que acrescenta a ele.

Há um excesso de rigor e um excesso de indulgência, e ambos devem ser evitados. Se deixardes as crianças sofrerem, exporeis sua saúde, sua vida; torná-las-eis efetivamente miseráveis; se lhes poupardes com demasiada solicitude toda espécie de mal-estar, preparar-lhes-eis grandes misérias; vós as tornais delicadas, sensíveis; vós as retirais de sua condição de homens, à qual retornarão apesar de vós. Para não as expordes a alguns males da natureza, forjais os males que ela não lhes deu. Dir-me-eis que caio no caso daqueles maus pais aos quais censurava por sacrificarem a felicidade dos filhos em consideração a um tempo distante que pode não chegar jamais.

Não, pois a liberdade que concedo a meu aluno compensa-o amplamente dos leves incômodos a que o deixo exposto. Vejo meninos brincando na neve, roxos, trêmulos, mal podendo mexer os dedos. Só depende deles irem aquecer-se, mas nada fazem; se fossem forçados a isso, sentiriam cem vezes mais os rigores da obrigação do que estão sentindo os do frio. De que vos queixais, então? Tornarei miserável vosso filho expondo-o apenas aos incômodos que ele quiser suportar? Ajo para o seu bem no momento presente, deixando-o livre; ajo para o seu bem no futuro, armando-o contra os males que deverá suportar. Se ele pudesse escolher entre ser meu aluno ou vosso, achais que ele hesitaria um instante?

Concebeis alguma verdadeira felicidade possível para algum ser fora de sua constituição? E não equivale a sair o homem de sua constituição querer afastá-lo igualmente de todos os males de sua espécie? Sim, eu afirmo: para sentir os grandes bens, ele deve conhecer os pequenos males. Assim é a natureza. Se o físico vai bem demais, o moral corrompe-se. O homem que não conhecesse a dor não conheceria nem a ternura da humanidade, nem a doçura da comiseração. Seu coração não se emocionaria com nada, ele não seria sociável, seria um monstro entre seus semelhantes.

Sabeis qual é o meio mais seguro de tornar miserável vosso filho? É acostumá-lo a obter tudo, pois, crescendo seus desejos sem cessar pela facilidade de satisfazê-los, mais cedo ou mais tarde a impotência vos forçará, ainda que contra a vontade, a usar da recusa. E essa recusa inabitual dar-lhe-á um tormento maior do que a própria privação do que deseja. Primeiro ele irá querer a bengala que segurais; logo irá querer vosso relógio; em seguida, irá querer o passarinho que voa; irá querer a estrela que vê brilhando; quererá tudo o que vir. A menos que sejais Deus, como o contentareis?

É uma disposição natural ao homem encarar como seu tudo o que está em seu poder. Nesse sentido, o princípio de Hobbes é verdadeiro até certo ponto: multiplicai com nossos desejos os meios de satisfazê-los, e cada um se tornará senhor de tudo. Assim, a criança que só precisa querer para conseguir acredita ser a proprietária do universo; considera todos os homens seus escravos e, quando finalmente somos forçados a lhe recusar alguma coisa, ela, acreditando que tudo é possível quando manda, toma essa recusa como um ato de rebeldia. Todas as razões que lhe damos numa idade incapaz de raciocinar só lhe parecem pretextos; vê por toda parte má vontade. Irritando a sua natureza o sentimento de uma pretensa injustiça, a criança passa a ter ódio de todos e, sem nunca ter gratidão pela complacência, indigna-se com qualquer oposição.

Como posso conceber que uma criança de tal modo dominada pela cólera e devorada pelas paixões mais irascíveis possa algum dia ser feliz? Feliz, ela! É um déspota; ao mesmo tempo, é o mais vil dos escravos e a mais miserável das criaturas. Vi crianças educadas dessa maneira quererem que se revirasse a casa com os ombros, que lhes fosse dado o galo que viam em cima de um campanário, que se detivesse um regimento em marcha para ouvirem os tambores por mais tempo, e que trespassavam o ar com seus gritos, sem querer escutar ninguém, assim que se tardasse em obedecê-las. Todos se empenhavam em vão para satisfazê-las; seus desejos excitados pela facilidade de obter, elas teimavam nas coisas impossíveis e por toda parte só encontravam contradições, obstáculos, sofrimentos e dores. Sempre resmungando, sempre revoltadas, sempre furiosas, passavam os dias a gritar e a se queixar. Seriam bem afortunados aqueles seres? A fraqueza e a dominação reunidas só geram loucura e miséria. De duas crianças mimadas, uma bate na mesa e outra fustiga a mãe; terão muito o que bater e fustigar antes de viverem contentes.

Se tais ideias de dominação e de tirania as tornam miseráveis desde a infância, que será delas quando crescerem e suas relações com os outros homens começarem a se ampliar e a se multiplicar? Habituadas a ver todos se curvarem diante delas, que surpresa terão, ao entrarem na sociedade e sentirem que tudo lhes resiste, por se verem esmagadas pelo peso desse universo que julgavam poderem mover à vontade!

Seu jeito insolente, sua vaidade pueril só lhes atraem mortificações, desdéns, zombarias; bebem afrontas como água; logo, provações cruéis ensinam-lhes que não conhecem nem sua condição, nem suas forças. Não podendo tudo, acreditam que nada podem. Muitos obstáculos inabituais as repelem, muitos desprezos as aviltam; tornam-se covardes, medrosas, servis e caem tanto abaixo de si mesmas quanto tinham se elevado acima do que eram.

Voltemos à regra primitiva. A natureza fez as crianças para serem amadas e socorridas, mas será que as fez para serem obedecidas e temidas? Deu-lhes um aspecto imponente, um olhar severo, uma voz rude e ameaçadora para se fazerem temer? Compreendo que o rugido de um leão espante os animais e que eles tremam à vista de sua cara terrível. Mas, se alguma vez se viu um espetáculo indecente, odioso, ridículo, este é o de um corpo de magistrados, com o chefe à frente, em trajes de cerimônia, prosternados diante de uma criança de cueiros que arengam em termos pomposos, e que grita e baba como resposta.

Se considerarmos a infância em si mesma, existe no mundo ser mais fraco, mais miserável, mais à mercê de tudo o que o rodeia, que necessite tanto de piedade, de cuidados, de proteção, do que uma criança? Não parece que ela só apresenta uma figura tão doce e um aspecto tão tocante para que tudo que a cerca se interesse pela sua fraqueza e se apresse em ajudá-la? Assim, o que há de mais chocante, de mais contrário à ordem do que ver uma criança imperiosa e rebelde mandar em todos que a cercam e tomar impunemente um tom de senhor para com aqueles a quem basta que a abandonem para fazê-la morrer?

Por outro lado, quem não vê que a fraqueza da primeira infância aprisiona as crianças de tantas maneiras que seria bárbaro somar a tal sujeição a de nossos caprichos, retirando-lhes uma liberdade tão limitada, da qual podem abusar tão pouco e da qual é de pouca utilidade tanto para elas quanto para nós que as privemos? Se não há objeto tão digno de riso quanto uma criança altiva, não há objeto mais digno de piedade do que uma criança medrosa. Se com a idade da razão começa a servidão civil, por que antecipá-la com a servidão privada? Deixemos que um momento da vida não carregue esse jugo que a natureza não nos impôs, e entreguemos à infância o exercício da liberdade natural, que pelo menos por algum tempo a afasta dos vícios que se contraem na escravidão. Venham, pois, com suas frívolas objeções esses professores severos, esses pais submissos a seus filhos e, antes de fazerem o elogio de seus métodos, aprendam uma vez o método da natureza.

Retorno à prática. Já disse que vosso filho nada deve obter porque pede, mas porque precisa*, nem fazer nada por obediência, mas somente por necessidade. Assim as palavras *obedecer* e *mandar* serão proscritas de seu dicionário, e mais ainda os termos *dever* e *obrigação*; mas as palavras *força*, *necessidade*, *impotência* e *constrangimento* devem nele ocupar um grande espaço. Antes da idade da razão, não se poderia ter nenhuma ideia sobre os seres morais ou sobre as relações sociais. Assim, devemos evitar na medida do possível empregar palavras que as exprimam, por medo de que a criança relacione a essas palavras de início falsas ideias que não conheceremos ou que não poderemos mais destruir. A primeira falsa ideia que entra em sua cabeça é para ela o germe do erro e do vício; deve-se prestar atenção sobretudo a esse primeiro passo. Fazei com que, enquanto ela só for impressionada por coisas sensíveis, todas as suas ideias se detenham nas sensações; fazei com que de toda parte ela só perceba ao seu redor o mundo físico, sem o que podeis ter certeza de que ela não vos ouvirá de maneira nenhuma, ou então fará do mundo moral de que lhe falais noções fantásticas que não apagarás em toda a sua vida.

Raciocinar com as crianças era a grande máxima de Locke. É a mais em moda hoje. Seu sucesso, todavia, não me parece muito capaz de dar-lhe algum crédito. De minha parte, não vejo nada de mais tolo do que essas crianças com quem tanto se raciocinou. De todas as faculdades do homem, a razão, que não é, por assim dizer, senão um composto de todas as outras, é a que se desenvolve com

---

* Deve-se perceber que, assim como a dor é frequentemente uma necessidade, o prazer às vezes é uma necessidade. Assim, há um único desejo das crianças que nunca devemos satisfazer: o de se fazer obedecer. Daí se segue que, em tudo o que elas pedem, é sobretudo no motivo que as leva a pedir que devemos prestar atenção. Concedei-lhes quando possível tudo o que lhes pode proporcionar um prazer real; recusai-lhes sempre o que só pedem por fantasia ou para mostrar autoridade.

mais dificuldade e mais tardiamente, e é ela que se pretende utilizar para desenvolver as primeiras! A obra-prima de uma boa educação é formar um homem razoável, e pretende-se educar uma criança pela razão! Isto é começar pelo fim, é da obra querer fazer o instrumento. Se as crianças ouvissem a razão, não precisariam ser educadas; mas, falando-se a elas desde a primeira idade numa língua que elas não entendem, estar-se-á acostumando-as a se contentarem com palavras, a controlar tudo o que lhes é dito, a se acreditarem tão sábias quanto seus mestres, a se tornarem altercadoras e rebeldes. E tudo o que se pensa obter delas através de motivos razoáveis só se obtém através de cobiça, ou de medo, ou de vaidade, que sempre se é forçado a acrescentar.

Eis a fórmula a que podem reduzir-se aproximadamente todas as lições de moral que se dão ou se podem dar às crianças.

O mestre

Não se deve fazer isso.

A criança

E por que não se deve fazer isso?

O mestre

Porque é ruim.

A criança

Ruim! O que é ruim?

O mestre

O que lhe proíbem.

A criança

Que mal existe em fazer o que me proíbem?

O mestre

Punem você por ter desobedecido.

A criança

Eu faço as coisas de um jeito que ninguém fica sabendo.

O mestre

Vão espioná-lo.

A criança

Eu me esconderei.

O mestre

Vão fazer-lhe perguntas.

A criança

Eu mentirei.

O mestre

Não se deve mentir.

A criança

Por que não se deve mentir?

O mestre

Porque é ruim etc.

Eis o inevitável círculo. Saí dele e a criança não vos entenderá mais. Não são muito úteis essas informações? Tenho muita curiosidade de saber o que se poderia colocar no lugar deste diálogo. O próprio Locke ficaria bastante embaraçado. Conhecer o bem e o mal, perceber a razão dos deveres do homem não são coisas para uma criança.

A natureza quer que as crianças sejam crianças antes de serem homens. Se quisermos perverter essa ordem, produziremos frutos temporões, que não estarão maduros e nem terão sabor, e não tardarão em se corromper; teremos jovens doutores e crianças velhas. A infância tem maneiras de ver, de pensar e de sentir que lhe são próprias; nada é menos sensato do que querer substituir essas maneiras pelas nossas, e para mim seria a mesma coisa exigir que uma criança tivesse cinco pés de altura e que tivesse juízo aos dez anos. Com efeito, de que lhe serviria a razão nessa idade? Ela é o freio da força, e a criança não precisa desse freio.

Ao tentar convencer vossos alunos sobre o dever de obediência, juntais a essa pretensa persuasão a força e as ameaças, ou, o que é pior, a adulação e as promessas. Assim, atraídos pelo interesse ou obrigados pela força, eles fingem ser convencidos pela razão. Veem muito bem que a obediência lhes é vantajosa e a revolta nociva, assim que vos dais conta de uma ou de outra. Mas, como não exigis nada deles que não seja desagradável e como é sempre duro fazer a vontade de outrem, eles se escondem para fazer o que querem, convencidos de que agem bem quando não se sabe de sua desobediência, mas prontos para concordar que agem mal quando são descobertos, temendo um mal maior. Não pertencendo a razão do dever à sua idade, não há no mundo homem que possa torná-los realmente sensíveis a ela. No entanto, o temor ao castigo, a esperança do perdão, a importunidade, o embaraço ao responder arrancam-lhes todas as confissões que se exigirem, e acreditamos vê-los convencidos quando só os aborrecemos ou intimidamos.

Que decorre disso? Em primeiro lugar, impondo-lhes um dever que não sentem, vós os indispondes contra vossa tirania e impedis que vos amem; ensinais-lhes a se tornarem dissimulados, falsos, mentirosos, para extorquirem recompensas ou fugir ao castigo; finalmente, habituando-os a sempre encobrirem com um motivo aparente um motivo secreto, vós mesmos lhes dais um meio de vos enganar continuamente, de vos impedir o conhecimento de seus verdadeiros caracteres, e de fazer que vós e os outros vos contenteis com palavras quando preciso. Direis que as leis, embora obrigatórias para a consciência, igualmente usam da força com os homens adultos. Concordo. Mas que são esses homens senão crianças mimadas pela educação? Eis, precisamente, o que é preciso prevenir. Usai a força com as crianças e a razão com os homens: essa é a ordem natural. O prudente não precisa de leis.

Tratai vosso aluno de acordo com a idade. Começai por colocá-lo em seu lugar, e conservai-o ali de tal modo que já não tente sair. Então, antes de saber o que é a sabedoria, ele praticará a sua mais importante lição. Nunca lhe ordeneis nada, qualquer coisa que seja, absolutamente nada. Não o deixeis nem mesmo imaginar que pretendeis ter alguma autoridade sobre ele. Saiba vosso aluno apenas que ele é fraco e vós sois forte e, por seu estado e pelo vosso, está necessariamente à vossa mercê; saiba-o, aprenda-o e sinta-o; sinta ele cedo sobre a sua cabeça altiva o jugo duro que a natureza impõe ao homem, o pesado jugo da necessidade, sob o qual todo ser finito deve dobrar-se; veja ele essa necessidade nas coisas, nunca no capricho* dos homens; seja a força e o freio que o detêm, e não a autoridade. Não lhe proibais aquilo de que se deve abster; impedi-o de fazê-lo, sem explicações nem raciocínios; o que lhe dais, dai-o à primeira palavra dele, sem pedidos, sem rogos e sobretudo sem condições. Dai com prazer, recusai somente com repugnância, mas todas as vossas recusas sejam irrevogáveis; que nenhuma importunidade vos abale; que o *não* pronunciado seja um muro de bronze, contra o qual a criança não terá investido cinco ou seis vezes e já não tentará derrubá-lo.

Dessa maneira, torná-lo-eis paciente, calmo, resignado, tranquilo, mesmo quando não tiver obtido o que queria, pois faz parte da natureza do homem suportar pacientemente a necessidade das coisas, mas não a má vontade do outro. A frase *não tem mais* é uma resposta contra a qual nunca criança alguma se revoltou, a menos que acreditasse que fosse mentira. De resto, neste ponto não há

* Devemos estar certos de que a criança tratará como capricho toda vontade contrária à sua, cuja razão ela não perceber. Ora, uma criança não percebe a razão de nada em tudo aquilo que choca as suas fantasias.

meio-termo: é preciso não exigir absolutamente nada dele, ou então dobrá-lo de início à mais perfeita obediência. A pior educação é deixá-lo flutuando entre as suas vontades e as vossas, e haver uma disputa contínua entre vós e ele para decidir quem mandará; a isso eu preferiria cem vezes mais que ele mandasse sempre.

É muito estranho que, desde que se começaram a educar crianças, não se tenha imaginado outro instrumento para governá-las que não a rivalidade, o ciúme, a inveja, a vaidade, a avidez, o temor vil, todas as paixões mais perigosas, mais próprias para fermentar e corromper a alma ainda antes que o corpo esteja formado. A cada ensinamento precoce que queremos inculcar em suas cabeças, plantamos um vício no fundo de seus corações; professores insensatos acreditam fazer maravilhas tornando-as más para lhes ensinar o que é a bondade; e depois nos dizem com gravidade: assim é o homem. Sim, assim é o homem que fizestes.

Tentaram-se todos os instrumentos, menos um, exatamente o único que pode dar certo: a liberdade bem regrada. Não se deve tentar educar uma criança quando não se sabe conduzi-la para onde se quer unicamente através das leis do possível e do impossível. Sendo-lhe a esfera de um e de outro desconhecida, nós a ampliamos ou a estreitamos à sua volta à vontade. Prendemo-la, empurramo-la, detemo-la unicamente com o laço da necessidade, sem que a criança reclame. Tornamo-la flexível e dócil somente pela força das coisas, sem que nenhum vício nela possa germinar, pois nunca as paixões se animam enquanto têm um efeito nulo.

Não deis a vosso aluno nenhum tipo de lição verbal. Ele deve receber lições somente da experiência; não lhe ordeneis nenhum tipo de castigo, pois ele não sabe o que é ser culpado; não façais nunca com que peça desculpas, pois não saberia ofender-vos. Carente de qualquer moralidade em suas ações, ele nada pode fazer que seja moralmente mau e mereça castigo ou reprimenda.

Já vejo o leitor assustado avaliar essa criança pelas nossas: enganam-se. O constrangimento perpétuo em que conservais vossos alunos irrita sua vivacidade; quanto mais constrangidos ficarem à vossa frente, mais turbulentos ficarão às vossas costas; é preciso que tenham alguma compensação pelo duro constrangimento em que os conservais. Dois colegiais da cidade farão mais estragos num lugar do que a juventude de toda uma aldeia. Encerrai um pequeno senhor e um pequeno camponês num quarto; o primeiro terá quebrado tudo, posto tudo de pernas para o ar antes que o segundo tenha saído do lugar. Por que isso, a não ser porque um se apressa em abusar de um momento de recreio, enquanto o outro, sempre seguro de sua liberdade, nunca se apressa em usá-la? No entanto, os filhos dos aldeãos, não raro adulados ou contrariados, ainda estão muito longe do estado em que pretendo que sejam mantidos.

Estabeleçamos como máxima incontestável que os primeiros movimentos da natureza sejam sempre direitos: não há perversidade original no coração humano. Não se encontra nele um só vício de que não possamos dizer como e por onde entrou. A única paixão natural ao homem é o amor de si mesmo, ou o amor-próprio tomado em sentido amplo. Este amor-próprio, em si ou relativamente a nós, é bom e útil, e, como não tem relação necessária com outrem, é a esse respeito naturalmente indiferente. Só se torna bom ou mau pela aplicação que se faz dele e pelas relações que se dão a ele. Até que o guia do amor-próprio, que é a razão, possa nascer, é portanto importante que uma criança não faça nada porque é vista ou ouvida, nada, numa palavra, por causa dos outros, mas apenas o que a natureza lhe pede. Nesse caso, nada fará que não seja bom.

Não quero dizer que nunca fará estragos, que não se ferirá, que porventura não quebrará um móvel caro que se encontre ao seu alcance. Ela poderia fazer muito mal sem agir mal, pois a má ação depende da intenção de prejudicar, e ela jamais terá essa intenção. Se a tivesse uma única vez, tudo já estaria perdido; ela seria má quase inevitavelmente.

Uma coisa é má aos olhos da avareza e não o é aos olhos da razão. Deixando-se as crianças em plena liberdade de praticar suas travessuras, convém tirar de seu alcance tudo o que poderia torná-las custosas, e não deixar nada de frágil ou de precioso. Que seu quarto tenha móveis grosseiros e sólidos; nada de espelhos, nada de porcelanas, nada de objetos de luxo. Quanto ao Emílio, que educo no campo, seu quarto não terá nada que o distinga daquele de um camponês. Para que enfeitá-lo com tanto esmero, se deve permanecer ali por tão pouco tempo? Mas estou enganado: ele próprio o enfeitará, e logo veremos com quê.

Se, apesar de vossas precauções, a criança vem a fazer alguma desordem, a quebrar algo de útil, não a castigueis por vossa negligência, não a repreendais; não ouça ela uma só palavra de reprimenda; não a deixeis nem mesmo entrever que vos causou aborrecimentos; agi exatamente como se o móvel tivesse se quebrado por si mesmo; enfim, julgai ter feito muito se podeis não dizer nada.

Ousarei expor aqui a maior, a mais importante, a mais útil regra de toda a educação? Não se trata de ganhar tempo, mas de perdê-lo. Leitores vulgares, perdoai meus paradoxos, é preciso cometê-los quando refletimos; e, digam o que disserem, prefiro ser homem de paradoxos a ser homem de preconceitos. O mais perigoso intervalo da vida humana é o que vai do nascimento até a idade de doze anos. É o tempo em que germinam os erros e os vícios, sem que tenhamos ainda algum instrumento para destruí-los. E, quando chega o instrumento, as raízes são tão profundas, que já não é tempo de arrancá-las. Se as crianças saltassem de uma vez das tetas para a idade da razão, a educação que lhes damos poderia ser-lhes convenientes. Mas, segundo o progresso natural, precisam de uma educação totalmente contrária. Seria preciso que nada fizessem de sua alma até que ela estivesse de posse de todas as suas faculdades, pois é impossível ela perceber a chama que lhe mostrais enquanto é cega, e seguir, em meio à imensa planície das ideias, uma estrada que a razão traça ainda tão levemente para os melhores olhos.

Portanto, a primeira educação deve ser puramente negativa. Consiste não em ensinar a virtude ou a verdade, mas em proteger o coração contra o vício e o espírito contra o erro. Se pudésseis nada fazer e nada deixar que fizessem, se pudésseis levar vosso aluno são e robusto até a idade de doze anos sem que ele soubesse distinguir a mão esquerda da direita, desde vossas primeiras lições os olhos de seu entendimento se abririam para a razão; sem preconceitos, sem hábitos, ele nada teria em si que pudesse obstar o efeito de vossos trabalhos. Logo se tornaria em vossas mãos o mais sábio dos homens e, começando por nada fazer, teríeis feito um prodígio de educação.

Fazei o contrário do que é o costume e quase sempre agireis bem. Como não se quer fazer de uma criança uma criança, mas sim um doutor, nunca é cedo demais para os pais e os mestres repreenderem, corrigirem, admoestarem, adularem, ameaçarem, prometerem, instruírem, argumentarem. Fazei melhor do que isso: sede razoável e não raciocineis com vosso aluno, sobretudo para fazê-lo aprovar o que não quer, pois levar assim sempre a razão para as coisas desagradáveis só faz torná-la aborrecida e desacreditá-la bem cedo num espírito que ainda não está em condições de ouvi-la. Exercitai seu corpo, seus órgãos, seus sentidos e suas forças, mas conservai sua alma no ócio tanto tempo quanto possível. Temei todos os sentimentos anteriores ao juízo que os aprecia. Freai, retende as impressões alheias e, para impedir que o mal nasça, não vos apresseis em fazer o bem, pois ele só é tal quando a razão o ilumina. Considerai como vantagens todas as demoras: ganha-se muito quando se avança para o final sem nada perder. Deixai que se amadureça a infância nas crianças. Enfim, faz-se necessária para elas alguma lição? Evitai dá-la hoje, se podeis adiá-la para amanhã sem perigo.

Outra consideração que confirma a utilidade deste método é a do gênio particular da criança, que se deve conhecer para saber que regime moral lhe convém. Cada espírito tem a sua forma própria, segundo a qual precisa ser governado, e é importante para o êxito de nossos trabalhos que se determine que ele seja governado dessa forma e não de outra. Homem prudente, considerai por longo tempo a natureza, observai bem vosso aluno antes de lhe dizer a primeira palavra; deixai primeiro o germe de seu caráter em plena liberdade para se mostrar, não o constranjais a seja o que for, para melhor vê-lo por inteiro. Julgais que esse tempo de liberdade seja perdido para ele? Pelo contrário, será o mais bem empregado, pois é assim que ensinareis a não perder um só momento de um tempo precioso; mas, se começardes a agir antes de saber o que é preciso fazer, agireis ao acaso. Sujeito a vos enganardes, será preciso voltardes atrás. Estareis mais afastado do fim do que se tivésseis sido menos apressado para atingi-lo. Assim, não façais como o avaro que perde muito por não querer perder nada. Sacrificai na infância um tempo que ganhareis com juros numa idade mais avançada. O médico sábio não dá estouvadamente receitas à primeira vista, mas primeiro estuda o temperamento do doente antes de lhe prescrever qualquer coisa; começa a tratá-lo tarde, mas cura-o, ao passo que o médico apressado demais o mata.

Mas onde colocaremos essa criança para assim educá-la como um ser insensível, como um autômato? Guardá-la-emos no globo lunar, numa ilha deserta? Afastá-la-emos de todos os humanos? Não terá ela no mundo continuamente o espetáculo e o exemplo das paixões dos outros? Não verá nunca outras crianças de sua idade? Não verá seus pais, seus vizinhos, sua ama, sua governanta, seu lacaio, o próprio preceptor, que afinal não será um anjo?

Esta objeção é forte e sólida. Mas terei dito que era coisa fácil uma educação natural? Ó homens! Será minha culpa se tornastes difícil tudo o que é bom? Percebo essas dificuldades, concordo; talvez sejam insuperáveis, mas também é verdade que nos esforçando para preveni-las, prevenimo-las até certo ponto. Mostro o alvo que devemos propor-nos; não digo que possamos alcançá-lo, mas sim que aquele que mais se aproximar dele será o mais bem-sucedido.

Lembrai-vos de que, antes de ousar empreender a formação de um homem, é preciso ter-se feito homem; é preciso ter em si o exemplo que se deve propor. Enquanto a criança ainda não tem conhecimento, temos o tempo de preparar tudo o que a rodeia para só impressionar seus primeiros olhares com objetos que lhe convém ver. Tornai-vos respeitável diante de todos, começai por vos fazer amar, para que cada qual procure agradar-vos. Não sereis senhor da criança se não o fordes de tudo o que a cerca, e essa autoridade nunca será suficiente se não estiver baseada na estima pela virtude. Não se trata de esvaziar a bolsa e dar dinheiro a mancheias; nunca vi que o dinheiro fizesse alguém ser amado. Não se deve ser avaro e duro, nem lamentar a miséria que se pode remediar; mas ainda que abrais vossos cofres, se não abrirdes também vosso coração, o dos outros permanecerá sempre fechado. É vosso tempo, são vossos cuidados, vossas afeições, sois a vós mesmo que é preciso dar, pois, de qualquer maneira, sempre se sente que vosso dinheiro não sois vós. Há mostras de interesse e de benevolência que causam mais efeito e são realmente mais úteis do que todos os presentes: quantos infelizes e doentes precisam mais de consolo do que de esmola! Quantos oprimidos para quem a proteção vale mais do que o dinheiro! Trazei a paz entre aqueles que brigam, evitai os processos, conduzi as crianças ao dever, os pais à indulgência, favorecei os casamentos felizes, impedi as vexações, empregai, prodigai o crédito dos pais de vosso aluno em prol do fraco a quem se recusa justiça e que é esmagado pelo poderoso. Declarai em voz alta que sois o protetor dos infelizes. Sede justo, humano e generoso. Não deis apenas a esmola, mas fazei caridade. As obras de misericórdia remedeiam mais males do que o dinheiro. Amai os outros e eles vos amarão. Servi a eles e eles vos servirão. Sede seu irmão e eles serão vossos filhos.

Essa é também uma das razões por que quero educar Emílio no campo, longe da canalha dos criados, os últimos dos homens depois de seus patrões; longe dos negros costumes das cidades, que o verniz de que se cobrem torna sedutores e contagiosos para as crianças, ao passo que os vícios dos camponeses, sem atrativos e em toda a sua rusticidade, servem mais para desanimar do que para seduzir, quando não se tem nenhum interesse em imitá-los.

Na aldeia, um preceptor será muito mais senhor dos objetos que quiser apresentar à criança. Sua reputação, seus discursos, seu exemplo terão uma autoridade que não poderiam ter na cidade. Sendo útil a todos, todos se esforçarão por obsequiá-lo, por serem estimados por ele, por se apresentarem ao discípulo tal como o mestre gostaria que fossem de fato, e, se não se corrigirem do vício, abster-se-ão do escândalo. Isso é tudo de que precisamos para nosso objeto.

Deixai de criticar nos outros vossas próprias culpas; o mal que as crianças veem corrompe-as menos do que o que lhes ensinais. Sempre admoestadores, sempre moralistas, sempre pedantes, para cada ideia que lhes dais acreditando ser boa, dai-lhes ao mesmo tempo vinte outras que não valem nada; repletos do que se passa em vossa cabeça, não vedes o efeito que produzis na cabeça deles. Em meio ao longo fluxo de palavras com que as cumulais incessantemente, achais que não há nenhuma que elas compreendam mal? Achais que elas não comentam à sua maneira vossas explicações difusas, e que não encontram ali o material com que construir um sistema ao seu alcance, que poderão opor a vós quando calhar?

Escutai um homenzinho que acaba de ser doutrinado; deixai-o tagarelar, questionar, extravagar à vontade, e ficareis surpresos com o jeito estranho que assumiram vossos raciocínios em seu espírito: ele confunde tudo, inverte tudo, impacienta-vos, às vezes vos desola com objeções imprevistas. Ele vos reduz a calar-vos, ou a fazê-lo calar-se. E o que pode ele pensar desse silêncio da parte de um homem que gosta tanto de falar? Se alguma vez ele conseguir essa vantagem, e não se der conta disso, adeus educação. Tudo estará acabado a partir desse momento; ele já não procurará se instruir, e sim refutar-vos.

Mestres zelosos, sede simples, discretos, contidos. Jamais vos apresseis em agir, a não ser para impedir que os outros ajam. Repeti-lo-ei sem cessar: adiai, se possível, uma boa instrução, por medo de apresentar uma que seja má. Nesta terra, de que a natureza teria feito o primeiro paraíso do homem, temei exercer o papel do tentador, querendo dar à inocência o conhecimento do bem e do mal. Não podendo impedir que a criança se instrua por fora através de exemplos, limitai toda a vossa vigilância a imprimir esses exemplos em seu espírito sob a imagem que lhe convém.

As paixões impetuosas produzem um grande efeito na criança que as presencia, pois elas têm sinais muito sensíveis que a impressionam e a forçam a prestar atenção. A cólera, principalmente, é tão ruidosa em seus arroubos que é impossível não percebê-la estando por perto. Não nos devemos perguntar se esta é uma oportunidade para um pedagogo pronunciar um belo discurso. Ah! Nada de belos discursos, nada mesmo, nem uma palavra. Deixai que venha a criança: espantada com o espetáculo, ela não deixará de vos fazer perguntas. A resposta é simples, vem dos próprios objetos que atingem seus sentidos. A criança vê um rosto excitado, olhos brilhantes, um gesto ameaçador, ouve gritos; são todos sinais de que o corpo não vai bem. Dizei-lhe isso, tranquilamente, sem mistério: este pobre homem está doente, sofre um acesso de febre. Podeis aproveitar a ocasião para lhe dar, mas em poucas palavras, uma ideia sobre as doenças e seus efeitos, pois isso também é da natureza, e é um dos laços da necessidade aos quais ela deve sentir-se submetida.

Não pode ser que com esta ideia, que não é falsa, ela não contraia logo certa repugnância por se entregar aos excessos das paixões, que considerará como doenças? E acreditais que tal noção, dada convenientemente, não produzirá um efeito tão salutar quanto o mais tedioso sermão de moral? Mas vede no futuro as consequências dessa noção! Eis que estareis autorizado, se alguma vez fordes obrigado a isso, a tratar uma criança rebelde como uma criança doente, a trancá-la no quarto, na cama se preciso for, a mantê-la em regime, a apavorar a ela mesma com seus vícios nascentes, a torná-los odiosos e temíveis para ela, sem que nunca ela possa encarar como um castigo a severidade de que talvez sejais forçado a usar para curá-la. E, se vos acontecer, em algum momento de entusiasmo, perder o sangue-frio e a moderação com que deveríeis formar vosso estudo, não procureis disfarçar vosso erro, mas dizei-lhe francamente, com uma reprimenda carinhosa: meu amigo, tu me fizeste mal.

De resto, é importante que todas as ingenuidades que pode produzir numa criança a simplicidade das ideias que lhe dão nunca sejam comentadas em sua presença, nem citadas de maneira que ela possa vir a reconhecê-las. Uma gargalhada indiscreta pode estragar o trabalho de seis meses e causar um dano irreparável para toda a vida. Nunca é demais repetir que, para ser o mestre da criança, é preciso ser mestre de si mesmo. Imagino o pequeno Emílio, no auge de uma briga entre duas vizinhas, dirigindo-se para a mais furiosa e lhe dizendo num tom de comiseração: *Minha cara, a senhora está doente, eu lamento.* Com certeza, esta tirada não ficará sem efeito entre os espectadores, nem talvez entre as vizinhas. Sem rir, sem repreendê-lo, sem aplaudi-lo, eu o levo dali antes que possa dar-se conta desse efeito, ou pelo menos antes que se ponha a pensar sobre ele, e apresso-me em distraí-lo com outros assuntos que o façam esquecer-se rapidamente daquilo.

Meu objetivo não é entrar em todos os pormenores, mas apenas expor as máximas gerais e dar exemplos para as ocasiões difíceis. Considero impossível que em meio à sociedade se possa levar uma criança até a idade de doze anos sem lhe dar alguma ideia das relações de homem para homem e da moralidade das ações humanas. Basta que lhe forneçamos essas noções necessárias o mais tarde possível e que, quando elas se tornarem inevitáveis, nós as limitemos à utilidade presente, apenas para que ela não se julgue senhora de tudo e não faça mal aos outros, sem escrúpulos e sem o saber. Existem temperamentos mansos e tranquilos que podemos sem perigo conservar por muito tempo em sua primeira inocência, mas também existem naturezas violentas cuja ferocidade cedo se desenvolve, e devemos apressar-nos em torná-las homens, para não sermos obrigados a acorrentá-las.

Nossos primeiros deveres são para com nós mesmos; nossos sentimentos primitivos concentram-se em nós mesmos; todos os nossos movimentos naturais relacionam-se primeiramente com nossa conservação e nosso bem-estar. Assim, o primeiro sentimento da justiça não vos vem daquela que nós devemos, mas sim da que nos é devida, e esse é mais um dos contra-sensos das educações comuns, que, falando primeiramente às crianças de seus deveres e nunca de seus direitos, começam por lhes dizer o contrário do que é preciso, o que elas não são capazes de entender e não lhes pode interessar.

Portanto, se eu tivesse que educar uma dessas crianças que acabo de mencionar, diria para mim mesmo: uma criança não ataca as pessoas*, mas sim as coisas, e cedo

---

* Não devemos jamais tolerar que uma criança se comporte com os adultos como com seus inferiores, nem mesmo como com seus iguais. Se ela ousar bater seriamente em algum adulto, mesmo que seja seu lacaio, mesmo que seja o carrasco, fazei que sempre lhe devolvam os golpes com juros, de maneira que lhe tire a vontade de repetir o que fez. Vi imprudentes preceptores encorajarem a rebeldia de uma criança, incitarem-na a bater, deixarem-se eles mesmos bater e rirem dos golpes fracos, sem pensar que cada um deles era um assassínio na intenção do pequeno furioso, e que aquele que quer bater quando jovem vai querer matar quando grande.

aprende pela experiência a respeitar quem quer que a supere em idade e em força, mas as coisas não se defendem por si mesmas. A primeira ideia, portanto, que lhe devemos dar é menos a de liberdade do que a de propriedade, e, para que possa ter essa ideia, é preciso que ela tenha algo de seu. Falar de suas roupas, seus móveis e seus brinquedos não significa nada, pois, embora disponha dessas coisas, não sabe nem por que nem como as tem. Dizer-lhe que as tem porque lhe foram dadas pouco adianta, pois para dar é preciso ter: eis, pois, uma propriedade anterior à sua, e é o princípio de propriedade que lhe queremos explicar. Isso sem falar que o dom é uma convenção, e a criança ainda não pode saber o que é uma convenção*. Leitores, peço-vos que observeis neste exemplo e em cem mil outros como, pondo na cabeça das crianças palavras que não têm nenhum sentido acessível para elas, acreditamos tê-las instruído muitíssimo bem.

Trata-se, pois, de voltar à origem da propriedade, pois é de lá que a primeira ideia deve nascer. Vivendo no campo, a criança terá tido alguma noção dos trabalhos campestres; para isso, só é preciso lazer e olhos, e ela terá essas coisas. Em todas as idades, e sobretudo na sua, a criança quer criar, imitar, produzir, dar mostras de potência e de atividade. Não terá visto duas vezes lavrarem um jardim, semearem, germinarem e crescerem os legumes, e quererá também cultivar um jardim.

Pelos princípios acima estabelecidos, não me oponho ao seu desejo; pelo contrário, favoreço-o, compartilho seu gosto, trabalho com ela, não por seu prazer, mas pelo meu, é isso pelo menos o que ela acha; torno-me seu jardineiro

---

* Eis por que a maioria das crianças quer reaver o que deu e chora quando não lhes querem devolver. Isso já não acontecerá quando compreenderem bem o que é um dom; só que então elas serão mais circunspectas ao dar.

ajudante; enquanto ela não tem braços para isto, lavro a terra para ela; ela toma posse dessa terra plantando uma fava, e com certeza essa tomada de posse é mais sagrada e mais respeitável do que a de Nuñes Balboa sobre a América meridional em nome do rei da Espanha, plantando seu estandarte nas costas do mar do Sul.

Vimos todos os dias regar as favas, vemo-las germinar entre arroubos de alegria. Aumento ainda mais essa alegria dizendo-lhe: isto lhe pertence. E, explicando-lhe então a palavra *pertencer*, faço-a perceber que colocou ali seu tempo, seu trabalho, seu sofrimento, sua pessoa, enfim; que naquela terra existe algo que é dela mesma, que ela pode exigir contra quem quer que seja, da mesma forma como poderia retirar seu braço da mão de um outro homem que quisesse retê-lo contra a sua vontade.

Um belo dia ela chega apressada, de regador na mão. Ó espetáculo! Ó dor! Todas as favas foram arrancadas, todo o terreno está revirado, nem se reconhece o lugar. Ah! Que aconteceu com meu trabalho, com minha obra, o doce fruto de meus zelos e de meus suores? Quem me tirou o que era meu? Quem me tomou minhas favas? O jovem coração se revolta; o primeiro sentimento da injustiça vem verter nele seu triste amargor; as lágrimas correm como riachos; a criança consternada enche o ar de gemidos e de gritos. Compartilhamos sua dor, sua indignação; procuramos, informamo-nos, fazemos perquisições. Finalmente, descobrimos que foi o jardineiro quem fez aquilo: mandamos chamá-lo.

Mas eis que estávamos muito enganados. Ao ficar sabendo do que nos queixávamos, o jardineiro começa a se queixar mais alto do que nós. Como! Senhores, foste vós que estragastes minha obra. Eu havia semeado ali alguns melões de Malta cuja semente me fora dada como um tesouro e com os quais queria presentear-vos quando estivessem maduros; mas eis que, para plantar ali vossas miseráveis favas, destruístes meus melões já todos germinados, que não substituirei nunca. Causastes-me um dano irreparável, e vos privastes do prazer de comer melões finíssimos.

Jean-Jacques

Desculpa-nos, meu pobre Robert. Puseste ali teu trabalho, teu esforço. Percebo que erramos ao estragar tua obra, mas te encomendaremos outras sementes de Malta e não trabalharemos na terra antes de saber se alguém não a lavrou antes de nós.

Robert

Oh, meus senhores, podeis ficar descansados, pois há muito poucas terras baldias. Eu trabalho a que meu pai beneficiou. Cada qual, por sua vez, faz a mesma coisa e todas as terras que vedes estão ocupadas há muito tempo.

Emílio

Senhor Robert, então é frequente se perder a semente do melão?

Robert

Desculpa, meu menino, pois não é sempre que encontramos senhorezinhos tão avoados como tu. Ninguém toca no jardim do vizinho; cada qual respeita o trabalho do outro, para que o seu fique em segurança.

Emílio

Mas eu não tenho jardim.

Robert

Que me importa? Se estragares o meu, não te deixarei mais passear por ele, pois não quero perder o meu trabalho.

Jean-Jacques

Não poderíamos propor um acordo para o bom Robert? Que ele nos ceda, a meu amiguinho e a mim, um canto do seu jardim para cultivá-lo, com a condição de receber metade do produto.

Robert

Eu o cedo sem condição. Mas lembrai-vos de que irei lavrar vossas favas, se tocardes em meus melões.

Neste ensaio da maneira de inculcar nas crianças as noções primitivas, vemos como a ideia da propriedade remonta naturalmente ao direito do primeiro ocupante pelo trabalho. Isso é claro, límpido, simples e está sempre ao alcance da criança. Daí até o direito de propriedade e as trocas não é mais que um passo, depois do qual devemos simplesmente nos deter.

Vemos também que uma explicação que aqui coloco em duas páginas de escrita talvez seja, na prática, um trabalho de um ano, pois, no curso das ideias morais, nunca podemos avançar com demasiado vagar, nem nos firmar bem demais em cada passo. Jovens mestres, peço-vos que penseis nesse exemplo e vos lembreis de que em todas as coisas vossas lições devem consistir mais em atos do que em palavras, pois as crianças facilmente se esquecem do que disseram e do que lhes dissemos, mas não do que fizeram e do que lhes fizemos.

Tais instruções devem ser dadas, como disse, mais cedo ou mais tarde, conforme o caráter tranquilo ou turbulento do aluno acelere ou retarde a necessidade; sua utilidade é de uma evidência claríssima, mas, para nada omitir de importante quanto às coisas difíceis, aí vai mais um exemplo.

Vosso filho díscolo estraga tudo o que pega. Não vos aborreçais. Ponde fora de seu alcance o que ele puder estragar. Ele quebra os móveis que usa; não vos apresseis em lhe dar outros, deixai que sinta o prejuízo da privação. Ele quebra as janelas de seu quarto; deixai que o vento sopre sobre ele noite e dia sem vos preocupardes com o resfriado, pois é melhor que ele esteja resfriado do que louco. Nunca vos queixeis dos incômodos que ele vos causa, mas fazei com que seja o primeiro a senti-los. Por fim, mandai repor os vidros, sempre sem dizer nada. Quebra-os mais uma vez? Mudai, então, de método. Dizei-lhe secamente, mas sem cólera: as janelas são minhas, foram postas ali por ordem minha, e eu quero protegê-las. Depois vós o trancareis no escuro, num lugar sem janelas. Diante desse novo procedimento, ele começa por gritar, por trovejar; ninguém o escuta. Logo ele se cansa e muda de tom. Queixa-se e geme; um doméstico aparece, o rebelde pede-lhe que o solte. Sem procurar pretexto para nada fazer, o doméstico responde: *Tenho também vidros para conservar*, e vai embora. Finalmente, depois que a criança tiver ficado ali por várias horas, tempo bastante para se aborrecer e para não esquecer, alguém lhe sugerirá que vos proponha um acordo por meio do qual vós lhe restituiríeis a liberdade e ela não quebraria mais vidros. Ela aceitará. Pedirá que ides vê-la, e vós ireis; far-vos-á sua proposta e vós a aceitareis imediatamente, dizendo-lhe: muito bem pensado; nós dois lucraremos com isso; por que não tiveste essa ideia antes? E depois, sem lhe pedir nem declaração, nem confirmação de sua promessa, vós a beijareis com alegria e a conduzireis imediatamente até seu quarto, encarando esse acordo como sagrado e inviolável, tanto quanto se tivesse sido jurado. Que ideia pensais que a criança terá a partir desse caso, sobre a fé dos compromissos e sobre a sua utilidade? Estarei enganado se houver na terra uma só criança, ainda não mimada, inabalável diante deste procedimento e que resolva depois disso quebrar uma janela de propósito*.

---

* De resto, mesmo que este dever de manter seus compromissos não estivesse fortalecido no espírito da criança pelo peso de sua utilidade, logo o sentimento interior, começando a despontar, impô-lo-ia como uma lei da consciência, como um princípio inato que para se desenvolver só espera os conhecimentos aos quais se aplica. Esse primeiro traço não é feito pela mão dos homens, mas é gravado em nossos corações pelo autor de toda justiça. Retirai a lei primitiva das convenções e a obrigação que ela impõe e tudo é ilusório e vão na sociedade humana. Quem só mantém por seu próprio proveito a promessa dada pouco mais está comprometido do que se não tivesse prometido nada, ou no máximo acontecerá com o poder de violá-la o

Segui o encadeamento de tudo isso. O pequeno malvado mal imaginava, ao fazer um buraco para plantar sua fava, que escavava um calabouço onde a ciência não tardaria em mandar prendê-lo.

Eis-nos no mundo moral, eis a porta aberta para o vício. Com as convenções e os deveres nascem os enganos e a mentira. A partir do momento em que podemos fazer o que não devemos, queremos esconder o que não devíamos ter feito. A partir do momento em que um interesse faz prometer, um interesse maior pode fazer violar a promessa; não se trata apenas de violá-la impunemente, o recurso é natural: escondemo-nos e mentimos. Não podendo prevenir o vício, eis-nos já prestes a punir. São essas as misérias da vida humana, que começam com seus erros.

Eu disse o bastante para fazer compreender que nunca se deve infligir às crianças o castigo como castigo, mas ele sempre deve acontecer-lhes como uma consequência natural de sua má ação. Assim, não declamareis contra a mentira, não as punireis exatamente por haverem mentido, mas fareis com que todos os maus efeitos da mentira, como o de não se acreditar nelas quando dizem a verdade, o de serem acusadas pelo mal que não fizeram, mesmo se defendendo, juntem-se sobre suas cabeças quando tiverem mentido. Mas expliquemos o que é mentir para as crianças.

Existem dois tipos de mentiras: a de fato, que diz respeito ao passado, a de direito, que diz respeito ao futuro. A primeira acontece quando negamos ter feito o que fizemos, ou quando afirmamos ter feito o que não fizemos, e em geral quando falamos conscientemente contra a verdade das coisas. A outra ocorre quando prometemos o que não planejamos cumprir, e em geral quando mostra-

---

mesmo que com o trunfo dos jogadores, que só demoram para usá-lo para esperar o melhor momento de jogá-lo com maior vantagem. Esse princípio é de extrema importância e merece ser aprofundado, pois é aqui que o homem começa a se colocar em contradição consigo mesmo.

mos uma intenção contrária à que temos. Estas duas mentiras podem às vezes reunir-se em uma só*; mas considero-as aqui no que têm de diferente.

Aquele que sente a necessidade que tem do auxílio dos outros e experimenta continuamente sua benevolência não tem nenhum interesse em enganá-los. Pelo contrário, tem um sensível interesse em que vejam as coisas como são, temendo que eles se enganem em seu prejuízo. É claro, portanto, que a mentira de fato não é natural às crianças, mas a lei da obediência que produz a necessidade de mentir, porque, sendo penosa a obediência, secretamente dispensamo-nos dela o mais possível, e o interesse presente de evitar o castigo ou a censura sobrepuja o interesse distante de dizer a verdade. Na educação natural e livre, por que então vosso filho vos mentiria? Que tem ele para esconder de vós? Não o repreendeis, não o punis em nada, nada exigis dele. Por que não vos diria tudo o que fez com tanta inocência quanto ao seu coleguinha? Ele não pode ver nessa confissão mais perigo de um lado do que do outro.

A mentira de direito é ainda menos natural, já que as promessas de fazer ou de se abster são atos convencionais que não pertencem ao estado de natureza e derrogam a liberdade. Há mais: todos os compromissos das crianças são nulos por si mesmos, visto que sua visão limitada não pode ir além do presente e, quando prometem, não sabem o que fazem. A criança dificilmente pode mentir quando promete, pois, só pensando em se safar no momento presente, todos os meios que não tenham um efeito presente são-lhe indiferentes. Ao prometer algo para um tempo futuro, ela não promete nada, e sua imaginação ainda adormecida não é capaz de abarcar dois tempos diferentes. Se ela pudesse evitar o chicote ou obter um saco de balas prometendo jogar-se amanhã pela janela, prometê-lo-ia imediata-

* Como, quando acusado de uma má ação, o culpado defende-se dizendo ser um homem de bem. Ele mente, então, de fato e de direito.

mente. Eis por que as leis não levam em conta os compromissos das crianças, e, quando os pais e os mestres mais severos exigem que elas os cumpram, só o fazem nos casos em que a criança deveria cumpri-los mesmo que não tivesse prometido.

Não sabendo o que está fazendo quando se compromete, a criança, portanto, não pode mentir ao assumir um compromisso. O mesmo não ocorre quando falta à promessa, o que também é uma espécie de mentira retroativa, pois ela se lembra muito bem de ter feito a promessa; o que não vê, porém, é a importância de mantê-la. Sem condições de ler o futuro, ela não pode prever as consequências das coisas e, quando viola seus compromissos, nada faz contra a razão de sua idade.

Segue-se daí que as mentiras das crianças são todas obra dos professores, e que querer ensiná-las a dizer a verdade não passa de querer ensiná-las a mentir. No afã que se tem de regrá-las, de governá-las, de instruí-las, nunca se encontram instrumentos suficientes para ir até o fim. Querem-se abrir novas perspectivas em seu espírito através de máximas sem fundamento, de preceitos sem razão, e prefere-se que saibam suas lições e mintam a que permaneçam ignorantes e verdadeiras.

Quanto a nós, que só damos a nossos alunos aulas de prática e preferimos que eles sejam bons a que sejam doutos, não exigimos deles a verdade, por medo que a disfarcem, e não os fazemos prometer nada que sejam tentados a não cumprir. Se acontecer em minha ausência algum mal cujo autor eu ignoro, evitarei acusar Emílio ou dizer-lhe: *Foste tu?** Pois, com isso, o que farei eu a não ser ensiná-lo

* Nada é mais indiscreto que tal pergunta, principalmente quando a criança é culpada; então, se ela acreditar que sabeis o que ela fez, verá que lhe preparastes uma armadilha, e tal opinião não poderá deixar de indispô-la contra vós. Se ela não acreditar, pensará: Por que revelaria eu o meu erro? E eis que a primeira tentação da mentira tornou-se o efeito de vossa imprudente pergunta.

a negar? Pois, se seu caráter difícil me forçar a fazer com ele algum trato, prepararei de tal forma as coisas que a proposta sempre venha dele e não de mim; que, ao assumir algum compromisso, ele tenha sempre um interesse presente e sensível em cumpri-lo; e que, se porventura lhe faltar, a mentira atraia sobre ele males que perceba decorrerem da própria ordem das coisas, e não da vingança de seu preceptor. Mas, longe de precisar recorrer a tão cruéis expedientes, tenho quase certeza de que Emílio aprenderá muito tarde o que seja mentir, e de que, ao aprendê-lo, ficará muito surpreso, não podendo imaginar para que a mentira pode ser boa. É claro que, quanto mais torno seu bem-estar independente tanto das vontades como dos juízos dos outros, mais afasto dele todo interesse por mentir.

Quando não se tem pressa de instruir, não se tem pressa de exigir, e ocupa-se o tempo em não exigir nada que não seja pertinente. A criança, então, forma-se sem ficar mimada. Mas, quando um preceptor aturdido, não sabendo o que fazer, faz a todo instante com que ela prometa isto ou aquilo, sem distinção, sem escolha, sem medida, a criança, aborrecida, sobrecarregada de todas essas promessas, desdenha-as, esquece-as, deixa-as de lado, enfim, e, considerando-as como fórmulas vazias, transforma num jogo prometer e não cumprir. Se quereis, então, que ela seja fiel à palavra dada, sede discreto ao exigi-la.

O pormenor em que acabo de entrar a respeito da mentira pode sob muitos aspectos aplicar-se a todos os outros deveres, que só prescrevemos às crianças para torná-los, além de odiosos, irrealizáveis. Para parecer que lhes pregamos a virtude, fazemo-las amar todos os vícios. Damo-los a elas ao proibirmos que os tenham. Queremos torná-las piedosas e as levamos à igreja para se aborrecer; fazendo-as resmungar orações, forçamo-las a aspirar à alegria de não mais rezar a Deus. Para inspirar-lhes a caridade, fazemo-las dar esmola, como se desdenhássemos dá-la nós mesmos. Ah! Não é a criança que deve dar, é o mestre; tenha o apego que tiver por seu aluno, deve disputar com ele essa honra, deve fazê-lo pensar que na sua idade ainda não se é digno disso. A esmola é ação de um homem que conhece o valor do que dá, e a necessidade que seu semelhante tem daquilo. A criança, que não conhece nada disso, não pode ter nenhum mérito ao dar; dá sem caridade, sem beneficência; ficará quase envergonhada por dar se, baseada no seu exemplo e no vosso, acreditar que somente as crianças dão, e que não damos mais esmolas quando nos tornamos adultos.

Observai que só se fazem as crianças darem coisas cujo valor elas ignoram, moedas de metal que ela carrega nos bolsos e que só lhe servem para isso. Uma criança preferiria dar cem luíses a dar um doce. Mas fazei com que esse pródigo distribuidor dê as coisas de que gosta, brinquedos, balas, sua merenda, e logo saberemos se o tornastes realmente liberal.

Há outro recurso para isso, que é devolver bem depressa à criança o que ela deu, de maneira que ela se acostume a dar tudo o que sabe que lhe vai ser devolvido. Quase que só vi nas crianças essas duas espécies de generosidade: dar o que não lhes serve para nada, ou dar o que têm certeza de que lhes será devolvido. Fazei que, diz Locke, as crianças sejam convencidas pela experiência de que o mais liberal sempre é o mais dotado. Isso torna a criança liberal na aparência e avara de fato. Diz ele também que assim as crianças contrairão o hábito da liberalidade. Sim, mas de uma liberalidade usurária, que dá um ovo para ter um boi. Mas, quando se tratar de dar simplesmente, adeus hábito; quando se deixar de lhes devolver, logo elas deixarão de dar. É preciso considerar mais o hábito da alma do que o das mãos. Todas as outras virtudes que ensinamos às crianças parecem-se com essa. E é pregando-lhes essas sólidas virtudes que gastamos seus jovens anos na tristeza! Essa não é uma educação sábia!

Mestres, deixai os fingimentos, sede virtuosos e bons e que vossos exemplos se gravem na memória de vossos alunos, enquanto esperamos que possam entrar em seus corações. Em vez de me apressar a exigir do meu aluno alguns atos de caridade, prefiro fazê-los em sua presença e tirar-lhe até mesmo os meios de me imitar naquilo, como uma honra que não pertence à sua idade, pois é importante que ele não se acostume a considerar os deveres dos homens apenas como deveres de crianças. E se, vendo-me assistir os pobres, ele me fizer perguntas a respeito e já for tempo de lhe responder* eu lhe direi: "Meu amigo, acontece que, quando os pobres permitiram que houvesse ricos, os ricos prometeram sustentar todos aqueles que não tivessem do que viver, nem por seus bens, nem pelo trabalho". "Então, também vós prometestes isso?", perguntará ele. "Sem dúvida. Só sou dono dos bens que passam pelas minhas mãos com a condição que está ligada à sua propriedade."

Depois de ter ouvido isso (e já vimos como podemos colocar uma criança em condições de compreendê-lo), outra criança que não Emílio seria tentada a me imitar e a se comportar como um homem rico. Em tal caso, eu impediria pelo menos que o fizesse com ostentação; eu preferiria que ele tomasse o meu direito e se escondesse para dar esmolas. É uma fraude bem de sua idade, e a única que lhe perdoaria.

Sei que todas estas virtudes por imitação são virtudes de macaco, e nenhuma boa ação é moralmente boa a não ser quando a fazemos como tal, e não porque outros a fazem. Numa idade, porém, em que o coração ainda nada sente, devemos fazer as crianças imitarem os atos cujo hábito lhes queremos dar, enquanto elas não os possam fazer por discernimento e por amor ao bem. O homem é imitador, o próprio animal também o é. O gosto pela imitação é da natureza bem ordenada, mas, em sociedade, degenera em vício. O macaco imita o homem que ele teme, e não imita os animais que despreza. Considera bom o que

---

* Deve-se compreender que não resolvo essas questões quando ele quer, e sim quando eu quero; caso contrário, seria sujeitar-me às suas vontades e colocar-me na mais perigosa dependência em que um preceptor pode estar com relação a seu aluno.

faz um ser melhor do que ele. Entre nós, pelo contrário, nossos arlequins de todo tipo imitam o belo para degradá-lo, para torná-lo ridículo; procuram no sentimento de sua baixeza igualar-se ao que vale mais do que eles, ou, quando se esforçam por imitar o que admiram, vemos na escolha dos objetos o falso gosto dos imitadores; querem muito mais se impor aos outros ou fazer com que seu talento seja aplaudido do que se tornarem melhores ou mais sábios. O fundamento da imitação entre nós vem do desejo de sempre sair fora de si mesmo. Se eu for bem-sucedido em minha tentativa, Emílio certamente não terá esse desejo. Devemos, pois, abrir mão do bem aparente que ele pode produzir.

Aprofundai todas as regras de vossa educação e as encontrareis todas igualmente despropositadas, sobretudo no que diz respeito às virtudes e aos costumes. A única lição de moral que convém à infância, e a mais importante em todas as idades, é a de nunca fazer mal a ninguém. O próprio preceito de fazer o bem, se não estiver subordinado a este, é perigoso, falso e contraditório. Quem é que não faz o bem? Todos o fazem, tanto o mau como os outros; ele faz um feliz à custa de cem miseráveis, e daí vêm todas as nossas calamidades. As mais sublimes virtudes são negativas; são também as mais difíceis, pois são sem ostentação e superiores até ao prazer tão doce para o coração do homem que é deixar alguém contente conosco. Oh, que bem faz necessariamente a seus semelhantes aquele, se houver, que jamais lhes causa mal! De que intrepidez de alma, de que vigor de caráter ele precisa para tanto! Não é raciocinando sobre essa máxima, mas sim procurando praticá-la, que percebemos o quanto é grande e difícil ser bem-sucedido nisso*.

---

* O preceito de nunca ser nocivo a ninguém implica o de depender o mínimo possível da sociedade humana, pois, no estado social, o bem de um causa necessariamente o mal de outro. Essa relação está na essência da coisa e nada pode mudá-la. Procure-se saber, de acordo com esse princípio,

Eis algumas fracas ideias das precauções com que eu gostaria que déssemos às crianças os ensinamentos que às vezes não lhes podemos recusar sem expô-las a prejudicar a si mesmas ou aos outros, e principalmente a contrair maus hábitos, dos quais depois seria difícil corrigi-las. Mas estejamos certos de que essa necessidade se apresentará raramente para as crianças educadas como se deve, pois é impossível que se tornem indóceis, malvadas, mentirosas e ávidas se não tivermos semeado em seus corações os vícios que as tornam assim. Portanto, o que eu disse sobre esse ponto serve mais para as exceções do que para as regras. Mas essas exceções tornam-se mais frequentes à medida que as crianças têm mais oportunidades de sair de sua condição e contrair os vícios dos homens. Devem-se dar, necessariamente, instruções mais precoces aos que são educados em meio à sociedade do que aos que são educados isoladamente. Essa educação solitária seria, portanto, preferível se nos limitássemos a dar à infância o tempo de amadurecer.

Há um outro gênero de exceções contrárias para aqueles que uma feliz natureza educa acima de sua idade. Assim como existem homens que nunca saem da infância, existem outros que, por assim dizer, não passam por ela e já são homens quase ao nascer. O mal é que esta última exceção é raríssima, muito difícil de se ver, e cada mãe, ao imaginar que uma criança possa ser um prodígio, não tem dúvidas de que a sua o seja. As mães vão além, tomam como indícios extraordinários aqueles mesmos que marcam a ordem geral: a vivacidade, as tiradas,

---

qual é o melhor, o homem social ou o solitário. Um autor ilustre diz que só o mau é sozinho; eu digo que só o bom está sozinho. Se essa proposição é menos sentenciosa, ela é mais verdadeira e mais racional do que a precedente. Se o mau estivesse só, que mal faria? É na sociedade que ele arma seus engenhos para prejudicar os outros. Se quiserem reverter este argumento para o homem de bem, eu responderei pelo artigo a que pertence esta nota.

a distração, a ingenuidade divertida; todos os sinais característicos da idade, que mostram muito bem que uma criança é apenas uma criança. Será espantoso que a criança a quem se faz falar muito e a quem se permite dizer tudo, que não é atrapalhada por nenhum escrúpulo, por conveniência, faça por acaso algum achado feliz? Sê-lo-ia muito mais se não o fizesse nunca, como o seria se um astrólogo, entre mil mentiras, nunca predissesse nenhuma verdade. Eles mentirão tanto, dizia Henrique IV, que no final falarão a verdade. Para quem quer encontrar algumas boas palavras, basta dizer muitas bobagens. Deus proteja as pessoas da moda, que só têm esse mérito para serem festejadas!

Os mais brilhantes pensamentos podem cair no cérebro das crianças, ou antes, as melhores palavras podem cair em suas bocas, como os diamantes de maior valor em suas mãos, sem que por isso os pensamentos ou os diamantes lhes pertençam; para essa idade, não há verdadeira propriedade de nenhum gênero. As coisas ditas por uma criança não são para ela o que são para nós; ela não relaciona às palavras as mesmas ideias. Essas ideias, se é que as tem, não têm em sua cabeça nem sequência nem ligação; não há nada de fixo, nada de seguro em tudo o que ela pensa. Examinai vosso pretenso prodígio. Em certos momentos, encontrareis nele uma energia de extrema atividade, uma clareza de espírito capaz de atravessar as nuvens. No mais das vezes, esse mesmo espírito parece-vos frouxo, úmido e como que envolto por uma densa névoa. Ora ele vos ultrapassa, ora permanece imóvel. Num instante diríeis: é um gênio; e no instante seguinte: é um tolo. Estaríeis sempre enganados: é uma criança. É uma águia que fende o ar num instante e torna a cair no chão no instante seguinte.

Tratai-a pois conforme sua idade, apesar das aparências, e evitai esgotar suas forças exercitando-as demais. Se aquele jovem cérebro se esquenta, se virdes que está começando a ferver, deixai-o primeiro fermentar em liberdade, mas não o provoqueis jamais, para que nem tudo se exale; e, quando os primeiros espíritos se evaporarem, retende, comprimi os outros, até que com os anos tudo se transforme em calor vivificante e em verdadeira força. Caso contrário, perdereis vosso tempo e vosso trabalho, destruireis vossa própria obra e, depois de vos terdes indiscretamente embriagado com todos esses vapores inflamáveis, só vos restará um resíduo sem vigor.

Das crianças distraídas vêm os homens vulgares; não há, que eu saiba, observação mais geral e mais certa do que esta. Nada é mais difícil do que distinguir na infância a estupidez real e essa aparente e enganadora estupidez que é o prenúncio das almas fortes. Inicialmente parece estranho que os dois extremos tenham sinais tão semelhantes, mas deve ser assim, pois, numa idade em que o homem ainda não tem nenhuma verdadeira ideia, toda a diferença entre quem tem gênio e quem não o tem é que o último só admite ideias falsas, ao passo que o primeiro, só encontrando ideias falsas, não admite nenhuma; ele se parece, portanto, com o estúpido na medida em que um não é capaz de nada e ao outro nada convém. O único sinal que pode distingui-los depende do acaso, que pode oferecer ao último alguma ideia ao seu alcance, ao passo que o primeiro é sempre o mesmo em toda parte. O jovem Catão, durante a infância, parecia um imbecil dentro de casa. Era taciturno e teimoso, eis o que pensavam dele. Foi somente na antecâmara de Sila que seu tio aprendeu a conhecê-lo. Se não tivesse entrado naquela antecâmara, talvez fosse considerado um bruto até a idade da razão. Se César não tivesse vivido, talvez sempre se tivesse considerado esse mesmo Catão como um visionário, ele que compreendeu seu funesto gênio e previu todos os seus projetos de tão longe. Como os que julgam tão precipitadamente as crianças estão sujeitos ao engano! Não raro são mais crianças do que elas. Eu vi, numa idade bastante avançada, um homem que me honrava com sua amizade passar em sua família e entre os amigos por um espírito limitado; aquela excelente cabeça amadurecia em silêncio. De repente, ele se revelou filósofo, e não tenho dúvidas de que a posteridade lhe assinalará um lugar honrado e distinto entre os melhores pensadores e os mais profundos metafísicos de seu século[3].

Respeitai a infância e não vos apresseis em julgá-la, quer para bem, quer para mal. Deixai as exceções se revelarem, se provarem, se confirmarem muito tempo antes de adotar para elas métodos particulares. Deixai a natureza agir bastante tempo antes de resolver agir em seu lugar, temendo contrariar suas operações. Dizeis que conheceis o valor do tempo e não quereis perdê-lo. Não vedes que o perdeis muito mais empregando-o mal do que não fazendo nada, e que uma criança mal instruída está mais distante da sabedoria do que aquela que não foi absolutamente instruída. Ficais alarmados por vê-la consumir seus primeiros anos sem nada fazer. Como! Não é nada ser feliz? Não é nada saltar, brincar, correr o dia todo? Em toda a sua vida, nunca estará tão ocupada. Platão, em sua *República*, considerada tão austera, só educa as crianças em festas, jogos, canções, passatempos; dir-se-ia que ele terminou quando lhes ensinou a se divertirem bem, e Sêneca, falando da antiga juventude romana, disse: ela estava sempre de pé; não lhe ensinavam nada que ela devesse aprender sentada. Teria por isso valido menos, quando chegou à idade viril? Não admireis muito, portanto, essa pretensa ociosidade. Que diríeis de um homem que, para aproveitar toda a vida, não quisesse dormir nunca? Diríeis: este homem é louco; não desfruta o tempo, mas perde-o; para fugir do sono, corre para a morte. Considerai, pois, que neste caso ocorre a mesma coisa, e a infância é o sono da razão.

A aparente facilidade para aprender é causa da perda das crianças. Não vemos que essa mesma facilidade é a pro-

---

3. Trata-se, provavelmente, de Condillac. (N. do T.)

va de que elas não aprendem nada. Seu cérebro liso e polido reflete como um espelho os objetos que lhes apresentamos, mas nada fica, nada o penetra. A criança retém as palavras, as ideias são refletidas; aqueles que a escutam entendem-nas, só ela não as entende.

Embora a memória e o raciocínio sejam duas faculdades essencialmente diferentes, uma não se desenvolve realmente sem a outra. Antes da idade da razão, a criança não recebe ideias, apenas imagens, e a diferença entre umas e outras é que as imagens são apenas pinturas absolutas dos objetos sensíveis, e as ideias são noções dos objetos determinadas por relações. Uma imagem pode estar sozinha no espírito que a imagina, mas toda ideia supõe outras ideias. Quando imaginamos, não fazemos nada além de ver; quando concebemos, comparamos. Nossas sensações são meramente passivas, ao passo que todas as nossas percepções ou ideias nascem de um princípio ativo que julga. Isso será demonstrado em seguida.

Afirmo pois que, não sendo capazes de julgamento, as crianças não têm verdadeira memória. Retêm sons, figuras, sensações, raramente ideias, e ainda mais raramente as ligações entre elas. Ao me objetarem que elas aprendem alguns elementos de geometria, creem estabelecer uma prova contra mim e, pelo contrário, é para mim que estabelecem essa prova; demonstram que, longe de saberem raciocinar por si mesmas, elas não sabem nem reter os raciocínios de outra pessoa, pois, se seguirdes o método desses pequenos geômetras, logo vereis que retiveram apenas a exata impressão de figura e os termos da demonstração. À menor objeção nova, elas não compreendem mais; invertei a figura, e elas não compreendem mais. Todo o seu saber está na sensação, nada passou para o entendimento. Sua própria memória é pouca coisa mais perfeita que suas outras faculdades, já que quase sempre é preciso que reaprendam, ao crescerem, as coisas cujos nomes aprenderam durante a infância.

No entanto, estou muito distante de achar que as crianças não tenham nenhuma espécie de raciocínio*. Pelo contrário, vejo que raciocinam muito bem em tudo o que conhecem e que se relacione com seu interesse presente e sensível. É, porém, sobre seus conhecimentos que nos enganamos, ao lhes atribuirmos os que elas não têm e fazendo-as raciocinar sobre o que não são capazes de compreender. Enganamo-nos ainda ao querer torná-las atentas a considerações que não lhes dizem respeito de maneira nenhuma, como a de seu interesse futuro, de sua felicidade quando homens, da estima que se terá por elas quando forem adultas, palavras estas que, dirigidas a seres carentes de toda previdência, não significam absolutamente nada para eles. Ora, todos os estudos forçados desses pobres infelizes tendem a esses objetos inteiramente alheios a seus espíritos. Imaginai a atenção que lhes podem prestar.

Os pedagogos que nos exibem com grande pompa as lições que dão a seus discípulos são pagos para dizerem outras coisas; no entanto, vemos pela sua própria conduta que pensam exatamente como eu. Pois o que lhes ensinam, afinal? Palavras, mais palavras, sempre palavras. Dentre as diversas ciências que se vangloriam de lhes ensinar, evitam

* Ao escrever, fiz cem vezes a reflexão de que é impossível numa obra longa dar sempre os mesmos sentidos às mesmas palavras. Não existe língua bastante rica para fornecer tantos termos, expressões e frases quantas são as modificações que nossas ideias podem ter. O método de definir todos os termos e de substituir sem parar o definido pela definição é belo, mas impraticável, pois como evitar o círculo? As definições poderiam ser boas se não empregássemos palavras para fazê-las. Apesar disso, estou convencido de que podemos ser claros mesmo na pobreza de nossa língua, não dando sempre as mesmas acepções às mesmas palavras, mas sim agindo de tal sorte que, toda vez que se emprega uma palavra, a acepção que lhe damos esteja suficientemente determinada pelas ideias que se relacionam com ela, e que cada período em que essa palavra se encontre lhe sirva, por assim dizer, de definição. Ora digo que as crianças são incapazes de raciocínio, ora as faço raciocinar com bastante finura. Não creio contradizer-me nisso nas ideias, mas não posso deixar de concordar que não raro me contradiga em minhas expressões.

escolher as que seriam realmente úteis para as crianças, porque seriam ciências de coisas e as crianças não se dariam bem. No entanto, escolhem as ciências que parecemos saber quando sabemos os seus termos: a heráldica, a geografia, a cronologia, as línguas etc., todos estudos tão distantes do homem, e sobretudo da criança, que será uma maravilha se algo de tudo isso lhe puder ser útil uma só vez em sua vida.

Ficareis surpresos que eu conte o estudo das línguas entre as inutilidades da educação, mas lembrai-vos de que estou falando aqui apenas dos estudos da primeira idade e, diga-se o que for, não acredito que até a idade de doze ou quinze anos alguma criança, com exceção dos prodígios, tenha realmente aprendido duas línguas.

Concordo que, se o estudo das línguas não fosse o das palavras, isto é, das figuras ou dos sons que as exprimem, esse estudo poderia convir às crianças; mas as línguas, mudando os signos, modificam também as ideias que eles representam. As cabeças formam-se sobre as linguagens, os pensamentos tomam o aspecto dos idiomas. Só a razão é comum, o espírito em cada língua tem sua forma particular, diferença esta que bem poderia ser em parte a causa ou o efeito dos temperamentos nacionais, e o que parece confirmar esta conjectura é que em todas as nações do mundo a língua segue as vicissitudes dos costumes e se altera ou se conserva como eles.

Dessas diversas formas, o uso dá uma delas à criança, e esta é a única que ela conserva até a idade da razão. Para ter duas, seria preciso que ela soubesse comparar ideias; e como as compararia se mal está em condições de concebê-las? Cada coisa pode ter para ela mil signos diferentes, mas cada ideia só pode ter uma forma; ela não pode, portanto, aprender a falar mais de uma língua. No entanto, dizem-me, ela aprende várias; eu o nego. Vi alguns pequenos prodígios que acreditavam falar cinco ou seis línguas. Ouvi-os falarem alemão sucessivamente em termos latinos, em termos franceses e em termos italianos; na verdade, serviam-se de cinco ou seis dicionários, mas continuavam falando alemão, apenas. Numa palavra, dai às crianças tantos sinônimos quantos quiserdes: mudareis as palavras, não a língua; elas nunca saberão mais do que um idioma.

É para esconder a sua inépcia neste ponto que as treinam de preferência nas línguas mortas, de que já não há juízes irrecusáveis. Tendo-se perdido há muito o uso familiar dessas línguas, contentamo-nos em imitar o que encontramos escrito nos livros, e chamamos a isso falá-las. Se assim é o grego e o latim dos professores, imaginai o das crianças! Mal aprenderam de cor a gramática, da qual não entendem absolutamente nada, e já lhes ensinam primeiro a verter um discurso francês para o latim; depois, quando já estão mais avançadas, ensinam-nas a costurar em prosa frases de Cícero, e em versos trechos de Virgílio. Então elas acreditam falar latim; quem irá contradizê-las?

Em qualquer estudo que seja, sem a ideia das coisas representadas, os signos representantes não são nada. Todavia, sempre limitamos a criança a esses signos, sem jamais podermos fazê-la compreender nenhuma das coisas que representam. Julgando ensinar-lhe a descrição da terra, só lhe ensinamos a conhecer mapas; ensinamos-lhe nomes de cidades, de países, de rios, que ela não concebe que existam em outra parte que não sobre o papel onde lhes mostramos. Lembro-me de ter visto em algum lugar uma geografia que começava assim: *Que é o mundo? É um globo de papelão.* Esta é precisamente a geografia das crianças. Afirmo que, depois de dois anos de estudo do globo e da cosmografia, não há uma só criança de dez anos que, com as regras que lhe forneceram, saiba ir de Paris a Saint-Denis. Afirmo que não há nenhuma que, com um mapa do jardim de seu pai, seja capaz de seguir suas curvas sem se perder. Eis os doutores que sabem no momento oportuno onde ficam Pequim, Ispahan, o México e todos os países da Terra.

Ouço dizerem que convém ocupar as crianças com estudos em que só precisem de olhos. Isso seria possível se houvesse algum estudo em que só se precisasse de olhos, mas não conheço nenhum.

Por um erro ainda mais ridículo, fazem-nas estudar a história. Imagina-se que a história está a seu alcance porque não passa de uma coleção de fatos. Mas o que se entende pela palavra "fatos"? Crer-se-á que as relações que determinam os fatos históricos sejam tão fáceis de se apreenderem, que as ideias a esse respeito se formem sem dificuldade no espírito das crianças? Crer-se-á que o verdadeiro conhecimento dos acontecimentos seja separável daquele de suas causas, de seus efeitos, e que o histórico se relacione tão pouco com o moral que seja possível conhecer um sem o outro? Se vedes nas ações dos homens apenas os movimentos exteriores e puramente físicos, que aprendeis com a história? Absolutamente nada. E esse estudo, desprovido de qualquer interesse, não vos dá mais prazer do que instrução. Se quiserdes considerar essas ações através de suas relações morais, tentai fazer com que vossos alunos entendam essas relações, e vereis então se a história é para a sua idade.

Leitores, lembrai-vos sempre de que aquele que vos fala não é nem um douto, nem um filósofo, mas um homem simples, amigo da verdade, sem partido, sem sistema; um solitário que, vivendo pouco com os homens, tem menos oportunidades de impregnar-se de seus preconceitos, e mais tempo para refletir sobre o que o impressiona em seu comércio com eles. Meus raciocínios são menos baseados em princípios do que em fatos, e creio não poder colocar-vos em melhor situação para julgá-los do que vos trazendo com frequência alguns exemplos das observações que os sugerem para mim.

Eu fora passar alguns dias no campo, na casa de uma boa mãe de família que cuidava muito dos seus filhos e de sua educação. Um dia de manhã, em que eu estava presente às aulas do mais velho, seu preceptor, que o havia instruído muito bem sobre a história antiga, retomando a lição sobre Alexandre, deparou-se com o conhecido episódio do médico Filipe, que foi posto em destaque e certamente o merecia. O preceptor, homem de mérito, fez sobre a intrepidez de Alexandre várias reflexões que não me agradaram, mas que evitei combater, para não desacreditá-lo no espírito de seu aluno. À mesa, não se deixou de, segundo o método francês, fazer com que o menino tagarelasse bastante. A vivacidade natural de sua idade e a expectativa de um aplauso certo fizeram com que dissesse mil tolices, através das quais apareciam de quando em quando frases felizes que faziam esquecer o resto. Veio finalmente a história do médico Filipe: ele a contou com muita clareza e muita graça. Depois do ordinário tributo de elogios que a mãe exigia e o filho aguardava, refletimos sobre o que ele havia dito. A maioria censurou a temeridade de Alexandre; alguns, a exemplo do preceptor, admiravam sua firmeza e sua coragem, o que me fez compreender que nenhum dos que estavam presentes percebia em que consistia a verdadeira beleza daquele episódio. Quanto a mim, disse-lhes eu, acho que, se há alguma coragem, alguma firmeza na ação de Alexandre, não passa de extravagância. Então todos se uniram e concordaram que era uma extravagância. Eu ia responder e me esquentar quando uma mulher que estava ao meu lado e não abrira a boca inclinou-se para o meu ouvido e me disse baixinho: Cala-te, Jean-Jacques, eles não te entenderão. Olhei para ela, fiquei impressionado e me calei.

Depois do jantar, suspeitando com base em numerosos indícios que meu jovem doutor não compreendera absolutamente nada da história que contara tão bem, tomei-o pela mão, dei com ele uma volta pelo parque e, tendo-lhe feito à vontade as perguntas que quis, descobri que ele admirava mais do que ninguém a tão aclamada coragem de Alexandre; mas sabeis onde via essa coragem? Unicamente no fato de ele engolir de uma só vez uma bebida de gosto ruim, sem hesitar, sem demonstrar a menor repugnância. A pobre criança, a quem tinham dado remédio havia menos de quinze dias, e que só o tinha tomado com um sofrimento infinito, ainda tinha o ressaibo na boca. A morte, o envenenamento passavam em seu espírito apenas como sensações desagradáveis, e não imaginava, de sua parte, outro veneno que não o sene. No entanto, é preciso confessar que a firmeza do herói causara uma grande impressão sobre seu jovem coração e que, diante do primeiro remédio a ser engolido, ele decidira ser um Alexandre. Sem entrar nos esclarecimentos que evidentemente ultrapassavam seu alcance, incentivei-o em suas louváveis disposições e voltei de lá rindo comigo mesmo da alta sabedoria dos pais e dos professores, que julgam ensinar história às crianças.

É fácil colocar em suas bocas as palavras rei, impérios, guerras, conquistas, revoluções, leis; mas, ao se tratar de ligar a essas palavras ideias nítidas, haverá uma grande distância entre a conversa com o jardineiro Robert e todas essas explicações.

Já sei que alguns leitores, descontentes com o *cala-te, Jean-Jacques*, perguntarão o que vejo de tão belo, afinal, na ação de Alexandre. Infelizes! Se é preciso vos dizer, como o compreendereis? É que Alexandre acreditava na virtude; é que ele acreditava nela ao preço de sua cabeça, de sua própria vida; é que sua grande alma era feita para crer nela. Oh, como esse remédio engolido era uma bela profissão de fé! Não, jamais nenhum mortal fez outra tão sublime. Se houver algum moderno Alexandre, que me seja mostrado com semelhantes atos.

Se não há ciência das palavras, não há estudo próprio às crianças. Se não têm verdadeiras ideias, não têm verdadeira memória, pois não dou esse nome à que só retém sensações. De que serve escrever em suas cabeças um catálogo de signos que nada representam para elas? Ao aprender as coisas, não aprenderão os signos? Por que dar-lhes o trabalho inútil de aprendê-las duas vezes? E, no entanto, que perigosos preconceitos não começamos a lhes inspirar ao lhes fazermos tomar como ciência palavras que não têm nenhum sentido para elas! É a partir da primeira palavra com que a criança se contenta, é a partir da primeira coisa que aprende confiando na palavra de outrem, sem ter ela própria percebido a sua utilidade, que seu juízo está perdido: terá muito tempo para brilhar diante dos tolos antes de reparar tal perda*.

Não, se a natureza dá ao cérebro de uma criança essa flexibilidade que o torna próprio para receber todo tipo de impressões, não é para que gravemos nele nomes de reis, datas, termos de heráldica, de esfera, de geografia e todas essas palavras sem sentido nenhum para sua idade, e sem nenhuma utilidade para qualquer idade que seja, com que massacramos sua triste e estéril infância, mas sim para que todas as ideias que ela pode conceber e lhe são úteis, todas as que se relacionam com sua felicidade e um dia devem ajudá-la a compreender seus deveres, nele se gravem desde cedo em caracteres indeléveis e lhe sirvam para que se oriente durante a vida de uma maneira que convenha a seu ser e a suas faculdades.

Sem estudar nos livros, a espécie de memória que uma criança pode ter não permanece por isso ociosa. Tudo o que ela vê, tudo o que ouve a impressiona e ela lembra;

---

* A maior parte dos homens doutos são-no à maneira das crianças. A vasta erudição resulta menos de uma grande quantidade de ideias do que de uma grande quantidade de imagens. As datas, os nomes próprios, os lugares, todos os objetos isolados ou carentes de ideias são retidos unicamente pela memória dos signos, e raramente nos lembramos de algumas dessas coisas sem ver ao mesmo tempo o *recto* ou o *verso* da página na qual lemos, ou a figura sob a qual a vimos pela primeira vez. Assim era aproximadamente a ciência à moda dos últimos séculos. A de nosso século é diferente: já não se estuda, já não se observa; sonha-se e oferecem-nos gravemente como filosofia os sonhos de algumas noites más. Dir-me-ão que eu também sonho; concordo, mas, coisa que os outros não se preocupam em fazer, ofereço meus sonhos como sonhos, deixando que o leitor procure saber se têm algo de útil para as pessoas acordadas.

guarda em si mesma o registro das ações e das palavras dos homens, e tudo o que a rodeia é o livro no qual, sem perceber, ela enriquece continuamente sua memória, enquanto espera que seu juízo possa aproveitá-lo. É na escolha desses objetos, é no cuidado de lhe apresentar continuamente aqueles que ela pode conhecer e de lhe esconder os que ela deve ignorar que consiste a verdadeira arte de cultivar essa primeira faculdade; e é assim que se deve tentar formar para ela um depósito de conhecimentos que sirvam para a sua educação durante a juventude, assim como para sua orientação em qualquer época. É verdade que este método não forma pequenos prodígios e não faz com que os preceptores e os professores brilhem, mas forma homens judiciosos, robustos, sãos de corpo e de entendimento, que, sem se terem feito admirar quando jovens, far-se-ão honrar quando adultos.

Emílio jamais aprenderá nada de cor, nem mesmo fábulas, nem mesmo as de La Fontaine, por mais ingênuas e encantadoras que sejam; pois as palavras das fábulas são as fábulas tanto quanto as palavras da história são a história. Como podemos ser tão cegos a ponto de chamar as fábulas de a moral das crianças, sem imaginar que o apólogo, ao diverti-las, engana-as, que, seduzidas pela mentira, elas deixam escapar a verdade e que o que fazemos para tornar agradável a instrução impede-as de tirar proveito dela? As fábulas podem instruir os homens, mas devemos dizer a verdade nua para as crianças; quando a cobrimos com um véu, elas não se dão ao trabalho de retirá-lo.

Fazemos com que todas as crianças aprendam as fábulas de La Fontaine, e não há uma única criança que as entenda. Mesmo que as entendessem, seria ainda pior, pois sua moral é tão impura e tão fora de proporção com a idade, que as conduziria mais ao vício do que à virtude. Direis que, mais uma vez, são paradoxos. Seja, mas vejamos se são verdades.

Digo que uma criança não entende as fábulas que lhe ensinamos porque, por mais que nos esforcemos por torná-las simples, o ensinamento que se quer tirar delas obriga-nos a introduzirmos nelas ideias que a criança não pode compreender, e porque o próprio modo da poesia, tornando-as mais fáceis de serem retidas, torna-as mais difíceis de serem concebidas, de modo que compramos o ornamento à custa da clareza. Sem citar a multidão de fábulas completamente ininteligíveis e inúteis para as crianças, e que lhes ensinamos indiscriminadamente com as outras, porque com elas estão misturadas, limitemo-nos àquelas que o autor parece ter feito especialmente para elas.

Não conheço em toda a coletânea de La Fontaine mais do que cinco ou seis fábulas em que brilha eminentemente a ingenuidade pueril; dessas cinco ou seis, tomo como exemplo a primeira de todas*, porque é aquela cuja moral é mais acessível a qualquer idade, aquela que as crianças compreendem melhor, aquela que elas aprendem com maior prazer, enfim, aquela que por essa mesma razão o autor colocou à frente de seu livro. Supondo que realmente tenha o objetivo de ser entendida pelas crianças, de agradar a elas e de instruí-las, esta fábula é certamente a sua obra-prima. Que me seja permitido, pois, segui-la e examiná-la em poucas palavras.

O CORVO E O RAPOSO
FÁBULA

Mestre corvo, sobre uma árvore pousado,

Mestre! Que significa esta palavra em si mesma? Que significa diante de um nome próprio? Que sentido tem aqui?

Que é um corvo?

Que é *uma árvore pousado*? Não dizemos *sobre uma árvore pousado*, mas sim *pousado sobre uma árvore*. Por conseguinte, devemos falar das inversões da poesia; devemos dizer o que é prosa e o que é verso.

* É a segunda, e não a primeira, como observou muito bem o sr. Formey.

Segurava com o bico um queijo.

Que queijo? Um queijo suíço, de Brie ou da Holanda? Se a criança nunca viu um corvo, que lucro tendes em lhe falar sobre ele? Se já viu, como poderá conceber que segure um queijo com o bico? Façamos sempre imagens conformes à natureza.

Mestre raposo, pelo odor atraído,

Mais um mestre! Mas neste caso, com boa razão: o raposo é mestre consumado nos golpes de seu ofício. Devemos dizer o que é um raposo e separar sua verdadeira natureza do caráter convencional que assume nas fábulas.

Atraído. Esta palavra não é corrente. É preciso explicá-la; devemos dizer que só nos valemos dela, agora, nos versos. A criança perguntará por que falamos de modo diferente em verso e em prosa. Que lhe respondereis?

Atraído pelo odor de um queijo! Esse queijo no bico de um corvo pousado numa árvore devia ter muito cheiro para ser sentido pelo raposo na mata ou em sua toca! Será assim que treinareis vosso aluno naquele espírito de crítica judiciosa que só se deixa vencer por boas razões e sabe distinguir a verdade da mentira nas narrações dos outros?

Disse-lhe aproximadamente estas palavras:

Estas palavras! Então, será que os raposos falam? E falam a mesma linguagem que os corvos? Prudente preceptor, toma cuidado! Pondera bem tua resposta antes de dá-la. Ela é mais importante do que pensas.

Olá! Bom dia, senhor corvo!

Senhor! Título que a criança vê cair no ridículo, antes mesmo de saber que se trata de um título de honra. Aqueles que dizem *senhor do Corvo* terão muito trabalho para explicar esse *do*.

Como sois bonito! Como pareceis belo!

Redundância inútil. Ao ver repetir-se a mesma coisa com palavras diferentes, a criança aprende a falar de modo frouxo. Se disserdes que essa redundância é um artifício do autor, que faz parte do plano do raposo que quer parecer multiplicar os elogios junto com as palavras, a desculpa será boa para mim, mas não para o meu aluno.

Sem mentir, se vosso canto

Sem mentir! Então, mente-se algumas vezes? Como ficará a criança se lhe ensinardes que o raposo só diz *sem mentir* porque está mentindo?

Correspondesse à vossa plumagem,

Correspondesse! Que significa esta palavra? Ensinai a criança a comparar qualidades tão diferentes quanto a voz e a plumagem e vereis como ela vos compreenderá.

Seríeis a fênix dos hóspedes destes bosques.

A fênix! Que é uma fênix? Eis-nos às voltas com a mentirosa Antiguidade, quase na mitologia.

Os hóspedes destes bosques! Que discurso figurado! O adulador enobrece a linguagem e confere-lhe mais dignidade para torná-la mais sedutora. Entenderá uma criança tal finura? Saberá, ou poderá saber, o que seja estilo nobre e estilo baixo?

A estas palavras, o corvo fica louco de alegria

É preciso já ter passado por paixões muito fortes para entender esta expressão proverbial.

E, para mostrar sua bela voz,

Não esqueçais que, para entender este verso e toda a fábula, a criança deve saber como é a bela voz do corvo.

Ele abre um bicão e deixa cair sua presa.

Este verso é admirável, só a sua harmonia já nos faz imaginar. Vejo um grande bicão aberto; ouço cair o queijo através dos ramos; mas esse tipo de beleza não é apreendido pelas crianças.

O raposo o pega e diz: Meu bom senhor,

Eis, portanto, a bondade que se transforma em asneira. Certamente não se perde tempo para instruir as crianças.

Aprendei que todo adulador

Máxima geral; já não concordamos.

Vive à custa de quem o escuta.

Nunca uma criança de dez anos entendeu este verso.

Esta lição vale um queijo, sem dúvida.

Isto pode ser entendido, e o pensamento é muito bom. No entanto, haverá ainda poucas crianças que conseguirão comparar uma lição com um queijo e não preferirão um queijo a uma lição. Devemos, pois, explicar-lhes que estas palavras são apenas uma brincadeira. Quanta finura para as crianças!

O corvo, envergonhado e confuso,

Outro pleonasmo, mas este é indesculpável.

Jurou, mas um pouco tarde, que não o pegariam mais.

Jurou! Qual será o tolo do professor que ousará explicar à criança o que é um juramento?

São muitos detalhes, muito menos, porém, do que seria preciso para analisar todas as ideias da fábula e reduzi-las às ideias simples e elementares de que cada uma delas se compõe. Mas quem acredita que se precise desta análise para se fazer entender pela juventude? Nenhum de nós é bastante filósofo para se colocar no lugar de uma criança. Passemos agora à moral.

Pergunto se é a crianças de dez anos que devemos ensinar que há homens que bajulam e mentem em proveito próprio. No máximo, poderíamos ensinar-lhes que há zombadores que escarnecem dos meninos e caçoam secretamente de sua tola vaidade. Mas o queijo estraga tudo. Nós os ensinamos menos a não o deixarem cair de seus bicos do que a fazê-lo cair do bico do outro. Este é o meu segundo paradoxo, e não é o menos importante.

Observai as crianças enquanto aprendem suas fábulas e vereis que, quando estão em condições de aplicá-las, quase sempre fazem um uso contrário à intenção do autor e, em vez de se precaverem contra o defeito de que queremos curá-las ou preservá-las, elas tendem a amar o vício com o qual tiram partido dos defeitos dos outros. Na fábula precedente, as crianças zombam do corvo, mas todas gostam do raposo; na fábula seguinte, credes dar a elas a cigarra como exemplo. Nada disso, escolherão a formiga. Não gostamos de nos humilhar. Sempre as crianças assumirão o melhor papel; é a escolha do amor-próprio, uma escolha muito natural. Ora, que horrível lição para a infância! O mais odioso de todos os monstros seria uma criança avara e dura, capaz de saber o que lhe pedem e o que recusa. A formiga vai ainda mais longe, visto que ensina a zombar enquanto recusa.

Em todas as fábulas em que o leão é um dos personagens, como geralmente é o mais brilhante, a criança não deixa de se fazer de leão e, quando preside a alguma partilha, bem instruída por seu modelo, tem muito cuidado para se apoderar de tudo. Mas, quando o mosquito abate o leão, a coisa é diferente: a criança já não é o leão, e sim o mosquito. Aprende a um dia matar a golpes de ferrão aqueles que não ousaria atacar de pé firme.

Na fábula do lobo magro e do cão gordo, em vez da lição de moderação que se pretende dar, ela toma uma aula de licença. Nunca esquecerei ter visto chorar muito uma menina que haviam desolado com essa fábula, ao mesmo tempo que continuavam a lhe pregar a docilidade. Foi difícil saber a causa daquele choro, mas acabaram conseguindo. A pobre criança estava aborrecida por estar acorrentada, e sentia o pescoço em carne viva; chorava por não ser lobo.

Assim, pois, a moral da primeira fábula citada é uma lição da mais baixa adulação; a da segunda, uma lição de desumanidade; a da terceira, uma lição de injustiça; a da quarta, uma lição de sátira; a da quinta, uma lição de independência. Esta última lição, por ser supérflua para meu aluno, não deixa de ser inconveniente para os vossos. Quando lhes dais preceitos que se contradizem, que fruto esperais de vosso trabalho? Mas talvez, com exceção disso, toda essa moral que me serve de objeção contra as fábulas forneça outras tantas razões para conservá-las. É preciso uma moral nas palavras e uma moral em ações na sociedade, e essas duas morais não se assemelham. A primeira está no catecismo, onde a deixam; a outra está nas fábulas de La Fontaine, para as crianças, e em seus contos, para as mães. O mesmo autor basta para tudo.

Transijamos, senhor La Fontaine. Prometo, de minha parte, que vos lerei com discernimento, que vos amarei, que me instruirei com vossas fábulas, pois espero não me enganar sobre seu objeto; mas, quanto ao meu aluno, permiti que não o deixe estudar nenhuma de vossas fábulas, até que me houverdes provado que é bom para ele aprender coisas de que não compreenderá nem um quarto, e que, naquelas que puder compreender, nunca se enganará e não imitará o malandro em lugar de se corrigir com o pateta.

Suprimindo assim todos os deveres das crianças, suprimo os instrumentos de sua maior miséria, os livros. A leitura é o flagelo da infância, e é quase a única ocupação que lhes sabem dar. Assim que completar doze anos, Emílio saberá o que é um livro. Mas pelo menos, dirão, é preciso que ele saiba ler. Concordo, é preciso que saiba ler quando a leitura lhe for útil; até então, só servirá para aborrecê-lo.

Se não devemos exigir nada das crianças por obediência, segue-se que elas não podem aprender nada de que não sintam a vantagem atual e presente, tanto para a diversão quanto para a utilidade; caso contrário, que motivo as levaria a aprender? A arte de falar com os ausentes e de ouvi-los, a arte de lhes comunicar a distância, sem mediador, os nossos sentimentos, as nossas vontades, os nossos desejos, é uma arte cuja utilidade pode ser mostrada a todas as idades. Através de que prodígio essa arte tão útil e tão agradável transformou-se num tormento para a infância? Porque a forçaram a se aplicar nisso contra a vontade, e a utilizam de um modo tal que ela nada compreende. Uma criança não tem muita curiosidade de aperfeiçoar o instrumento com o qual a torturam, mas fazei com que esse instrumento sirva aos seus prazeres e logo ela se aplicará a ele apesar de vós.

Tem-se muito trabalho para buscar os melhores métodos de ensinar a ler; inventam-se escrivaninhas, mapas; faz-se do quarto da criança uma oficina gráfica. Locke pretende que a criança aprenda a ler com os dados. Não é uma invenção bem pensada? Que pena! Um meio mais seguro do que tudo isso é aquele que sempre é esquecido: o desejo de aprender. Dai esse desejo à criança, e depois deixai vossas escrivaninhas e vossos dados, pois qualquer método lhe servirá.

O interesse presente, eis o grande motivo, o único que leva com segurança e longe. Às vezes Emílio recebe de seu pai, de seus parentes, de seus amigos, alguns convites para jantar, para um passeio, para uma diversão na água, para ver alguma festa pública. Esses convites são curtos, claros, nítidos, bem escritos. É preciso encontrar alguém que os leia para ele; esse alguém ou não se encontra sempre que preciso, ou retribui à criança a pouca complacência que recebeu dela no dia anterior. Assim, a oportunidade, o momento, passa. Finalmente leem-lhe o bilhete, mas já não é tempo. Ah! Se soubesse ler por si mesmo! Outros são recebidos; são tão curtos! O assunto é tão interessante! Bom seria tentar decifrá-lo; ora se encontra ajuda, ora recusa. Com insistência, finalmente é decifrada a metade de um bilhete; trata-se de ir amanhã comer creme... não se sabe onde nem com quem... Quantos esforços para ler o resto! Não acredito que Emílio precise de escrivaninha. Falarei agora de escrita? Não, tenho vergonha de me divertir com essas ninharias num tratado de educação.

Acrescentarei somente esta frase, que dá uma máxima importante: geralmente obtemos com muita segurança e muita rapidez o que não temos pressa de obter. Tenho quase certeza de que Emílio será perfeitamente capaz de ler e escrever antes dos dez anos, justamente porque é muito pouco importante para mim que ele o saiba antes dos quinze. No entanto, eu preferiria que ele nunca soubesse ler a comprar essa ciência à custa de tudo o que pode torná-la útil: de que lhe servirá a leitura se o tiverem afastado dela para sempre? *Id imprimis cavere oportebit, ne studia, qui amare nondum potest, oderit, et amaritudinem semel perceptam etiam ultra rudes annos reformidet*[4].

Quanto mais insisto sobre o meu método inativo, mais percebo que as objeções se reforçam. Se vosso aluno nada aprende de vós, aprenderá com outros. Se não prevenirdes o erro com a verdade, ele aprenderá mentiras; os preconceitos que temeis lhe dar, ele os receberá de tudo o que o rodeia, eles entrarão por todos os seus sentidos, ou corromperão a sua razão antes mesmo que ela esteja formada, ou então seu espírito, embotado por uma longa inação, absorver-se-á na matéria. A falta de hábito de pensar na infância suprime a faculdade de fazê-lo pelo resto da vida.

Acho que poderei responder facilmente a essas objeções. Mas por que sempre respostas? Se meu método responde por si mesmo às objeções, ele é bom; se não, não vale nada. Prossigo.

Se, no plano que comecei a traçar, seguis regras diretamente contrárias às que são estabelecidas; se, em vez de levar para longe o espírito de vosso aluno; se, em vez de desorientá-lo continuamente em outros lugares, em outros climas, em outros séculos, nas extremidades da terra e até nos céus, vos aplicardes a mantê-lo sempre em si mesmo, atento ao que o toca imediatamente, então o vereis capaz de percepção, de memória e até de raciocínio: é a ordem da natureza. À medida que o ser sensitivo torna-se ativo, adquire um discernimento proporcional às suas forças; e é somente com a força que excede aquela de que precisa

---

4. "Deve-se sobretudo prestar atenção para não lhe tornar odiosos os estudos de que ele ainda não pode gostar, e impedir que essa aversão, uma vez percebida, não o afaste deles depois do tempo em que era ignorante." (Quintiliano, *Instituição oratória*, I, 1, 20.)

para conservar-se que se desenvolve nele a faculdade especulativa própria para empregar esse excesso de força em outros usos. Quereis, então, cultivar a inteligência de vosso aluno; cultivai as forças que ela deve governar. Exercitai de contínuo seu corpo; tornai-o robusto e sadio, para torná-lo sábio e razoável; que ele trabalhe, aja, corra e grite, esteja sempre em movimento; que seja homem pelo vigor, e logo o será pela razão.

Vós o embruteceríeis, é verdade, com esse método, se sempre o dirigísseis, se sempre lhe dissésseis: vai, vem, fica, faz isso, não faças aquilo. Se vossa cabeça sempre conduzir seus braços, a dele tornar-se-á inútil. Mas lembrai-vos de nosso trato: se sois apenas um pedante, não vale a pena ler-me.

É um erro muito lamentável imaginar que o exercício do corpo prejudique as operações do espírito, como se essas duas ações não devessem combinar e uma não devesse sempre dirigir a outra!

Há dois tipos de homens cujos corpos estão em contínuo exercício e certamente pensam muito pouco tanto uns como outros em cultivar sua alma: os camponeses e os selvagens. Os primeiros são rústicos, grosseiros, desajeitados; os outros, conhecidos por seu grande senso, são-no também pela sutileza de espírito; geralmente, não há nada de mais lento do que um camponês, nem nada de mais fino do que um selvagem. De onde vem essa diferença? É que o primeiro, sempre fazendo o que mandam, ou o que viu seu pai fazer, ou o que ele próprio fez desde a juventude, sempre segue a rotina e, em sua vida quase que automática, ocupado sem cessar com os mesmos trabalhos, o hábito e a obediência ocupam o lugar da razão.

Quanto ao selvagem, é outra coisa: não estando ligado a nenhum lugar, não tendo tarefa prescrita, não obedecendo a ninguém, sem outra lei que não sua vontade, ele é forçado a raciocinar a cada ação de sua vida; não faz um movimento, não dá um passo sem ter antecipadamente considerado as consequências. Assim, quanto mais seu corpo se exercita, mais seu espírito se ilumina; sua força e sua razão crescem juntas e se ampliam uma à outra.

Douto preceptor, vejamos qual de nossos alunos se assemelha ao selvagem, e qual se parece com o camponês. Submisso em tudo a uma autoridade sempre a ensinar, o vosso nada faz a não ser quando lhe dizem; não ousa comer quando tem fome, nem rir quando está alegre, nem chorar quando está triste, nem mostrar uma mão em vez da outra, nem mexer o pé a não ser como lhe é prescrito; logo ele não ousará respirar a não ser de acordo com vossas regras. Em que quereis que ele pense, se pensais tudo por ele? Certo de vossa previdência, por que precisaria ser previdente? Vendo que vos encarregais de sua conservação, de seu bem-estar, sente-se livre dessa preocupação; seu juízo repousa sobre o vosso; tudo o que não lhe proibis ele faz sem pensar, sabendo muito bem que não corre risco por isso. Por que precisaria aprender a prever a chuva? Ele sabe que olhais o céu para ele. Por que precisaria regularizar o seu passeio? Ele não teme que deixeis passar a hora do jantar. Enquanto não o proibirdes de comer, ele comerá; quando o proibirdes, não comerá mais; já não escuta os conselhos de seu estômago, mas sim os vossos. Por mais que amoleçais seu corpo na inação, não tornareis seu entendimento mais flexível. Pelo contrário, acabais de desacreditar a razão em seu espírito, ao fazê-lo usar o pouco de razão que possui nas coisas que parecem mais inúteis. Não vendo jamais para que serve ela, considera afinal que ela para nada serve. O pior que lhe poderá acontecer por raciocinar mal será ser repreendido, e ele o é com tamanha frequência que já não se importa; um perigo tão comum já não o assusta.

Todavia, achais que ele tem espírito. E tem, para tagarelar com as mulheres no tom de que falei. Mas se lhe calhar ter de agir por si mesmo, tomar uma decisão difícil qualquer, vê-lo-eis cem vezes mais estúpido e mais burro do que o filho do pior camponês.

Quanto ao meu aluno, ou antes, ao aluno da natureza, desde cedo treinado a bastar a si mesmo tanto quanto possível, ele não se habitua a recorrer continuamente aos outros, e muito menos a lhes exibir seu grande saber. Em compensação, julga, prevê, raciocina sobre tudo o que se relaciona imediatamente com ele mesmo. Não fala muito, mas age; não sabe uma palavra do que se faz na sociedade, mas sabe muito bem o que lhe convém. Como está continuamente em movimento, é forçado a observar muitas coisas, conhecer muitos efeitos; cedo adquire uma grande experiência, toma aulas de natureza e não dos homens; por não ver em nenhuma parte a intenção de instruí-lo, instrui-se melhor. Assim seu corpo e seu espírito exercitam-se ao mesmo tempo. Agindo sempre de acordo com seu pensamento, e não com o de outra pessoa, une continuamente as duas operações; quanto mais forte e robusto se torna, mais sensato e judicioso fica. Esse é o meio de um dia obter o que acreditamos ser incompatível e o que quase todos os grandes homens reuniram, a força do corpo e a força da alma, a razão de um sábio e o vigor de um atleta.

Jovem professor, prego-vos uma arte difícil, a de educar sem preceitos e de tudo fazer sem nada fazer. Concordo que essa arte não é própria para vossa idade; não serve para fazer brilhar vossos talentos, nem para vos realçar diante dos pais, mas é a única capaz de ser bem-sucedida. Jamais conseguireis criar homens sensatos se antes não criardes moleques; assim era a educação dos espartanos: em vez de colá-los aos livros, começavam por ensiná-los a roubar seu jantar. Será que por isso os espartanos eram grosseiros quando adultos? Quem não conhece a força e a finura de suas réplicas? Sempre criados para vencer, esmagavam os inimigos em toda espécie de guerra, e os atenienses tagarelas temiam tanto suas palavras quanto seus golpes.

Em uma educação mais cuidada, o mestre manda e acredita governar; na verdade, é a criança que governa. Serve-se do que exigis dela para obter de vós o que lhe agrada, e sempre sabe como fazer para que compreis uma hora de assiduidade por oito dias de complacência. A cada instante é preciso pactuar com ela. Estes tratados, que propondes a vosso modo e que ela executa à sua maneira, acabam sempre servindo às suas fantasias, sobretudo quando se comete o descuido de colocar como condição em seu proveito o que a criança tem certeza de obter, cumprindo ou não as condições que lhe são exigidas em troca. Geralmente, a criança lê muito melhor na mente do mestre do que este no coração da criança, e precisa ser assim; pois toda a sagacidade que a criança entregue a si mesma empregaria na conservação de sua pessoa, ela a emprega para tirar sua liberdade natural das cadeias de seu tirano. Ao passo que este último, não tendo nenhum interesse muito urgente em perscrutar o aluno, às vezes acha melhor que a criança continue com sua preguiça ou sua vaidade.

Tomai com vosso aluno o caminho oposto; que ele sempre acredite ser o mestre, e que sempre o sejais vós. Não há sujeição mais perfeita do que a que conserva a aparência de liberdade; assim se cativa a própria vontade. A pobre criança que nada sabe, que nada pode, que nada conhece, não está à vossa mercê? Não dispondes, com relação a ela, de tudo o que a cerca? Não podeis agir sobre ela como quereis? Seus trabalhos, suas brincadeiras, seus prazeres, seus sofrimentos, não está tudo em vossas mãos sem que ela saiba? Sem dúvida, ela só deve fazer o que quer, mas só deve querer o que quereis que ela faça. Ela não deve dar um passo sem que o tenhais previsto; não deve abrir a boca sem que saibais o que vai dizer.

É então que ela poderá entregar-se aos exercícios do corpo que a idade requer, sem embrutecer o espírito; é então que, em vez de aguçar sua astúcia fugindo a um incômodo domínio, a vereis ocupar-se unicamente em tirar de tudo o que a cerca o melhor partido para seu bem-estar atual; é então que ficareis surpreso com a sutileza de suas invenções para se apropriar de todos os objetos que pode alcançar e para desfrutar realmente as coisas sem o auxílio da opinião.

Deixando-a assim dona de suas vontades, não incentivareis seus caprichos. Fazendo sempre apenas o que lhe convém, logo ela só fará o que deve fazer, e, embora seu corpo esteja em contínuo movimento, quando se tratar de seu interesse presente e sensível vereis toda a razão de que é capaz desenvolver-se bem melhor e de uma maneira bem mais apropriada a ela do que em estudos de pura especulação.

Assim, não vos vendo preocupado em contrariá-la, não desconfiando de vós, não tendo nada para vos esconder, ela não vos enganará nem mentirá; mostrar-se-á tal como é sem temor; podereis estudá-la à vontade, e dispor ao seu redor as lições que lhe quiserdes dar, sem que ela jamais pense as estar recebendo.

Tampouco ela espreitará vossos hábitos com um ciúme curioso, e não terá um secreto prazer em vos descobrir em erro. Esse inconveniente que prevenimos é muito grande. Uma das primeiras preocupações das crianças é, como já disse, descobrir o ponto fraco dos que as educam. Essa inclinação conduz à maldade, mas não provém dela, provém da necessidade de escapar a uma autoridade que as importuna. Sobrecarregadas com o jugo que lhes é imposto, procuram livrar-se dele, e os defeitos que encontram nos mestres fornecem-lhes bons meios para tanto. Todavia, acabam adquirindo o hábito de observar as pessoas por seus defeitos e de se divertir descobrindo-os. É claro que esta é mais uma fonte de vícios estancada no coração de Emílio; não tendo nenhum interesse em encontrar defeitos em mim, ele não os irá procurar, e terá pouca vontade de procurá-los nos outros.

Todas essas práticas parecem difíceis porque não se pensa nelas, mas no fundo elas não o devem ser. Temos o direito de supor que tendes as luzes necessárias para exercer o ofício que escolhestes; devemos presumir que conheceis a marcha natural do coração humano e que sabeis estudar o homem e o indivíduo; que sabeis antecipadamente a que se dobrará a vontade de vosso aluno diante de todos os objetos interessantes para sua idade que lhe mostrareis. Ora, dispor dos instrumentos e saber como empregá-los não é ser senhor da operação?

Levantareis como objeção os caprichos da criança, mas estareis errado. O capricho das crianças nunca é obra da natureza, mas sim de uma má disciplina, que faz com que obedeçam ou mandem; já disse cem vezes que não devem fazer nem uma coisa nem outra. Portanto, vosso aluno só terá os caprichos que lhe tiverdes dado, é justo que suporteis o castigo de vossas culpas. Mas, direis, como remediá-lo? Isso ainda é possível, com uma melhor orientação e muita paciência.

Durante algumas semanas, eu me encarregara de um menino acostumado não apenas a fazer suas vontades, como também a fazer com que elas fossem feitas por todos e, por conseguinte, estava cheio de fantasias. Desde o primeiro dia, para pôr à prova minha complacência, quis levantar-se à meia-noite. No mais profundo do meu sono, ele salta da cama, pega sua camisola e me chama. Levanto-me, acendo a vela; ele não queria outra coisa; ao cabo de quinze minutos, ele é vencido pelo sono e volta a se deitar, contente com o resultado. Dois dias depois, ele o faz de novo com o mesmo êxito, e de minha parte sem o menor sinal de impaciência. Enquanto ele me beijava ao tornar a se deitar, eu lhe disse tranquilamente: Meu amiguinho, tudo muito bem, mas não volte a fazer isso. Essas palavras excitaram a sua curiosidade e, a partir do dia seguinte, querendo ver de que maneira eu ousaria desobedecer-lhe, não deixou de se levantar à mesma hora e me chamar. Perguntei-lhe o que queria. Respondeu-me que não conseguia dormir. *Tanto pior*, respondi, e fiquei quieto. Pediu-me para acender a vela. *Para quê?*, e fiquei parado. Esse tom lacônico começava a embaraçá-lo. Tateando, foi procurar o isqueiro, que ameaçou acender, e eu não pude deixar de rir ao ouvi-lo tentar acendê-lo com os dedos. Finalmente, convencido de que não teria sucesso, ele trouxe o isqueiro até minha cama; eu lhe disse que não tinha nada para fazer com aquilo e virei para o outro lado. Então, ele se pôs a correr pelo quarto, gritando, cantando, fazendo muito barulho, dando na mesa e nas cadeiras esbarrões que tinha grande cuidado de moderar, e com que não deixava de gritar bem forte, na esperança de me perturbar. Tudo isso foi em vão, e percebi que, contando com belas exortações ou com a cólera, ele não se preparara de modo algum para esse sangue-frio.

No entanto, decidido a vencer minha paciência pela teimosia, ele continuou a algazarra com tal sucesso, que finalmente eu me enraiveci e, pressentindo que iria estragar tudo com um arroubo fora de propósito, resolvi agir de outra maneira. Levantei-me sem dizer nada, fui até o isqueiro, que não achei; peço-o, ele mo dá, radiante por finalmente me ter derrotado. Acendo o isqueiro e a vela, pego a mão do meu garotinho e o levo tranquilamente para um recinto vizinho cujas venezianas estavam fechadas e onde nada havia que pudesse ser quebrado; deixo-o ali sem luz; depois, fechando a porta à chave, volto a me deitar sem lhe dizer uma só palavra. Não é preciso perguntar se no começo houve barulho, que eu esperava: não me abalei. Finalmente o barulho cessa; escuto, ouço-o ajeitar-se e me tranquilizo. No dia seguinte, entro cedo no recinto e encontro meu pequeno rebelde deitado numa cama, dormindo um sono profundo, do qual, depois de tanto cansaço, devia estar precisando muito.

O caso não terminou aí. A mãe soube que o filho passara dois terços da noite fora da cama. Logo, estava tudo perdido, era como se a criança tivesse morrido. Percebendo que a oportunidade era boa para se vingar, o menino se fingiu de doente, sem prever que não ganharia nada com isso. Chamaram o médico. Infelizmente para a mãe, o médico era um brincalhão, que, para se divertir com seus pavores, aplicava-se em aumentá-los. Todavia, ele me disse ao ouvido: deixe comigo, prometo que a criança ficará curada por algum tempo da fantasia de estar doente. Com efeito, prescreveu dieta e repouso, e recomendou o menino ao boticário. Suspirei ao ver aquela pobre mãe assim enganada por todos os que a cercavam, exceto por mim, que ela passou a odiar, justamente porque não a enganava.

Depois de reprimendas duríssimas, disse-me que seu filho era delicado, que era o único herdeiro da família e era preciso conservá-lo custasse o que custasse, e que não queria que ele fosse contrariado. Nisso eu estava de acordo com ela, mas ela entendia por contrariar não obedecê-lo em tudo. Percebi que devia assumir com a mãe o mesmo tom que com a criança. Senhora, disse-lhe eu com bastante frieza, não sei como se educa um herdeiro e, o que é mais, não quero aprendê-lo; podeis arranjar-vos a esse respeito. Precisavam de mim por mais algum tempo, o pai serenou tudo; a mãe escreveu ao preceptor para que apressasse o retorno; e a criança, vendo que não ganhava nada perturbando meu sono, nem estando doente, resolveu enfim dormir e gozar da saúde.

Não é possível imaginar a quantos caprichos semelhantes o pequeno tirano havia sujeitado seu infeliz preceptor, pois a educação se fazia diante da mãe, que não tolerava que o herdeiro fosse desobedecido em nada. A qualquer hora que ele quisesse sair, era preciso estar pronto para levá-lo, ou melhor, para segui-lo, e ele tomava todas as precauções para escolher o momento em que o preceptor estivesse mais ocupado. Ele quis exercer sobre mim o mesmo domínio, e vingar-se de dia do repouso que era obrigado a me conceder à noite. Prestei-me de boa vontade a tudo e comecei por constatar diante dele o prazer que eu sentia em lhe agradar; depois disso, quando se tratou de curá-lo de sua fantasia, agi de modo diferente.

Primeiro foi preciso fazer com que ele errasse, e isso não foi difícil. Sabendo que as crianças só pensam no presente, assumi sobre ele a fácil vantagem da previdência;

tive o cuidado de lhe proporcionar em casa uma diversão que eu sabia que ele adorava e, no momento em que o vi mais entretido, fui propor-lhe um passeio; mandou-me embora; eu insisti, ele não me ouviu; tive que me render, e ele anotou preciosamente em si mesmo esse sinal de sujeição.

No dia seguinte, foi a minha vez. Ele se aborreceu, como eu planejara; eu, pelo contrário, parecia profundamente ocupado. Não era preciso tanto para decidi-lo. Ele não deixou de vir me tirar do trabalho para levá-lo para passear o quanto antes. Eu recusei, ele teimou. Não, disse-lhe eu, fazendo a tua vontade, ensinaste-me a fazer a minha; não posso sair. Pois bem, respondeu ele vivamente, sairei sozinho. Como quiser. E retomei meu trabalho.

Ele se veste, um tanto inquieto por ver que eu o deixava agir e não o imitava. Pronto para sair, vem despedir-se; despeço-me; ele se esforça por me alarmar com o relato dos passeios que vai dar; ouvindo-o, acreditar-se-ia que fosse até o fim do mundo. Sem me perturbar, desejo lhe boa viagem. Seu embaraço duplica. Contudo, conserva a compostura e, pronto para sair, diz a seu lacaio que o siga. O lacaio, já prevenido, responde que está sem tempo e, ocupado com minhas ordens, deve obedecer mais a mim do que a ele. Por essa o menino não esperava. Como conceber que o deixem sair sozinho, ele que acredita ser a pessoa mais importante de todas, e acha que o céu e a terra estão interessados em sua conservação? Porém, ele começa a sentir a sua fraqueza; compreende que vai achar-se sozinho no meio de pessoas que não o conhecem; vê de antemão os riscos que vai correr; apenas a teimosia o sustenta ainda; desce as escadas lentamente e muito desconcertado. Finalmente, chega à rua, consolando-se um pouco do mal que lhe pode acontecer com a esperança de que me responsabilizarão por ele.

Era ali que eu o aguardava. Tudo estava preparado antecipadamente e, como se tratava de uma espécie de cena pública, eu obtivera o consentimento do pai. Mal havia dado alguns passos e ele começou a ouvir diversas conversas a seu respeito. Vizinho, olhe o senhorzinho! Onde será que ele vai sozinho? Vai se perder; vou pedir para que entre em nossa casa. Vizinha, não faça isso. Não está vendo que ele é um pequeno libertino que expulsaram da casa de seu pai porque não queria fazer nada? Não devemos recolher os libertinos; deixe que vá para onde quiser. Muito bem, então! Que Deus o guie! Não gostaria que lhe acontecesse algum mal. Um pouco mais adiante, ele encontra alguns moleques mais ou menos da sua idade, que mexem com ele e zombam dele. Quanto mais avança, mais embaraços encontra. Sozinho e sem proteção, vê-se joguete de todos e nota com muita surpresa que sua agulheta e sua roupa dourada já não lhe trazem respeito.

No entanto, um de meus amigos, que ele não conhecia e que eu havia encarregado de protegê-lo, seguia-o passo a passo sem que ele se desse conta, e aproximou-se quando chegou a hora. Esse papel, que se parecia com o de Sbrigani em *Pourceaugnac*[5], requeria um homem de espírito, e foi perfeitamente preenchido. Sem intimidar e amedrontar a criança impressionando-a com um terror muito grande, fê-la sentir tão bem a imprudência de sua temeridade que ao cabo de meia hora trouxe-a de volta a mim, dócil, confusa e sem coragem de erguer os olhos.

Para terminar o desastre de sua expedição, exatamente no momento em que o menino voltava seu pai descia para sair, e o encontrou na escada. Teve de dizer de onde vinha e por que eu não estava com ele*. O pobre menino preferiria estar a cem pés por baixo da terra. Sem se divertir fazendo-lhe uma longa reprimenda, o pai lhe disse num tom mais seco do que eu teria esperado: Quando quiseres

---

5. Peça de Molière. (N. do T.)

* Em tal caso, podemos sem perigo exigir a verdade de uma criança, pois ela sabe então que não seria capaz de disfarçá-la e que, se ousasse dizer uma mentira, seria imediatamente descoberta.

sair sozinho, és tu que decides. Mas, como não quero ter um bandido em casa, quando isso acontecer, cuida de não voltar mais.

De minha parte, recebi-o sem reprimendas e sem zombarias, mas com um pouco de gravidade; e, temendo que ele suspeitasse que tudo o que se passara não fora nada mais do que uma brincadeira, não quis levá-lo para passear no mesmo dia. No dia seguinte, vi com grande prazer que ele, triunfante, passeava comigo diante das mesmas pessoas que haviam zombado dele no dia anterior por tê-lo encontrado sozinho. É claro que ele não mais me ameaçou de sair sem mim.

É por esses e outros meios semelhantes que, durante o pouco tempo que estive com ele, consegui que fizesse tudo o que eu queria, sem lhe ordenar nada, sem lhe proibir nada, sem sermões, sem exortações, sem aborrecê-lo com aulas inúteis. Assim, enquanto eu falava, ele ficava contente; ele compreendia que algo não ia bem, e sempre a lição vinha-lhe da própria coisa. Mas retornemos.

Esses exercícios continuados, entregues assim à direção apenas da natureza, ao fortalecerem o corpo, não somente não embrutecem o espírito como, pelo contrário, formam em nós a única espécie de razão de que a primeira idade é capaz, e a mais necessária a todas as idades. Eles nos ensinam a conhecer bem o emprego de nossas forças, as relações entre os nossos corpos e os corpos circunstantes, o emprego dos instrumentos naturais que estão ao nosso alcance e que se adaptam aos nossos membros. Há estupidez maior do que a de uma criança educada sempre diante da mãe, no quarto, que, ignorando o que seja peso ou resistência, queira arrancar uma árvore ou levantar um rochedo? A primeira vez que saí de Genebra, eu queria seguir um cavalo a galope, jogava pedras contra a montanha de Salève, que ficava a duas léguas de mim; joguete de todas as crianças da aldeia, eu era um verdadeiro idiota para elas. Aos dezoito anos aprendemos na filosofia o que é uma alavanca; não há pequeno camponês de doze anos que não saiba servir-se de uma alavanca melhor do que o primeiro mecânico da Academia. As aulas que os estudantes tomam entre si no pátio do colégio são-lhes cem vezes mais úteis do que tudo o que jamais lhes dirão na sala de aula.

Vede um gato que entra pela primeira vez num quarto; ele inspeciona, olha, cheira, não fica um segundo parado, não confia em nada até que tenha examinado tudo, conhecido tudo. Assim age uma criança que começa a andar e entra, por assim dizer, no espaço do mundo. A única diferença é que à visão, comum à criança e ao gato, a primeira acrescenta, para observar, as mãos que a natureza lhe dera, e o outro, o olfato com que ela o dotou. Essa disposição, bem ou mal cultivada, é o que torna as crianças hábeis ou lerdas, pesadas ou ágeis, irrefletidas ou prudentes.

Consistindo, portanto, os primeiros movimentos naturais do homem em medir-se com tudo o que o rodeia, e em experimentar em cada objeto que percebe todas as qualidades sensíveis que podem ligar-se a ele, seu primeiro estudo é uma espécie de física experimental relativa à sua própria conservação, de que é desviado através de estudos especulativos antes que tenha reconhecido seu lugar aqui na terra. Enquanto seus membros delicados e flexíveis podem ajustar-se aos corpos sobre os quais devem agir, enquanto seus sentidos ainda puros não têm ilusão, é tempo de exercitar uns e outros nas funções que lhes são próprias; é tempo de aprender a conhecer as relações sensíveis que as coisas têm conosco. Como tudo o que entra no entendimento humano vem pelos sentidos, a primeira razão do homem é uma razão sensitiva; é ela que serve de base para a razão intelectual: nossos primeiros mestres de filosofia são nossos pés, nossas mãos, nossos olhos. Substituir tudo isso por livros não equivale a nos ensinar a raciocinar, mas sim a nos ensinar a nos servirmos da razão de outrem; equivale a nos ensinar a acreditar muito e a nunca saber nada.

Para exercer uma arte, deve-se começar por obter os instrumentos e, para poder empregar utilmente esses instrumentos, é preciso que sejam bastante sólidos para resistir ao uso. Para aprender a pensar, devemos portanto exercitar nossos membros, nossos sentidos, nossos órgãos, que são os instrumentos de nossa inteligência; e, para tirar todo o partido possível desses instrumentos, é preciso que o corpo que os abastece seja robusto e são. Assim, longe de a verdadeira razão do homem formar-se independentemente do corpo, é a boa conformação do corpo que torna fáceis e seguras as operações do espírito.

Mostrando em que devemos empregar a longa ociosidade da infância, entrarei num pormenor que parecerá ridículo. Engraçadas lições, dirão, que, caindo sob vossa própria crítica, se limitam a ensinar que ninguém precisa aprender! Por que gastar tempo com instruções que vêm sempre por si mesmas, e não custam nem sofrimentos nem cuidados? Que criança de doze anos não sabe tudo o que quereis ensinar ao vosso aluno e mais o que seus professores lhe ensinaram?

Senhores, estais enganados; ensino a meu aluno uma arte muito longa, muito difícil, que vossos alunos certamente não têm: é a arte de ser ignorante, pois a ciência daquele que só acredita saber o que sabe reduz-se a pouquíssima coisa. Dais a ciência cedo; eu me ocupo do instrumento próprio para adquiri-la. Dizem que um dia, quando os venezianos mostravam com grande pompa o tesouro de San Marco a um embaixador da Espanha, este, como cumprimento, tendo olhado embaixo das mesas, disse-lhes: *Qui non c'é la radice*[6]. Nunca vejo um preceptor exibir o saber de seu discípulo, sem sentir a tentação de lhe dizer a mesma coisa.

Todos os que refletiram sobre a maneira de viver dos antigos atribuem aos exercícios da ginástica esse vigor de

6. "Aqui não há raiz." (N. do T.)

corpo e de alma que os distingue mais claramente dos modernos. A maneira com que Montaigne apoia esse sentimento mostra que era um sentimento que o impregnava intensamente; volta a ele incessantemente, de mil maneiras. Falando da educação de uma criança, diz ele que, para lhe enrijecer a alma, é preciso endurecer seus músculos; ao costumá-la ao trabalho, acostumamo-la à dor; é preciso treiná-la na aspereza dos exercícios para educá-la para a aspereza das luxações, da cólica e de todos os males. O sábio Locke, o bom Rollin, o douto Fleury, o pedante de Crouzas, tão diferentes entre si em tudo o mais, concordam todos neste único ponto: exercitar bastante o corpo das crianças. É o mais judicioso dos seus preceitos, é e será sempre o mais desdenhado. Já falei o bastante sobre a sua importância, e, como não podemos dar a este respeito razões melhores nem regras mais sensatas do que as que encontramos no livro de Locke, contentar-me-ei com remeter a ele, depois de ter tomado a liberdade de acrescentar algumas observações às suas.

Os membros de um corpo em crescimento devem ficar todos folgados na roupa; nada deve atrapalhar seu movimento ou seu crescimento, nada de muito justo, nada que cole ao corpo; nada de ligaduras. A vestimenta francesa, incômoda e insalubre para os homens, é nociva principalmente para as crianças. Os humores, estagnados, detidos em sua circulação, corrompem-se num repouso que a vida inativa e sedentária aumenta, e causam o escorbuto, doença cada vez mais comum entre nós e quase ignorada pelos antigos, que dela estavam protegidos pela maneira de se vestir e de viver. A roupa de hussardo, longe de remediar esse inconveniente, aumenta-o, e, para poupar às crianças algumas ligaduras, aperta-a pelo corpo inteiro. O que de melhor há a fazer é deixá-la usando camisão o máximo possível, e depois lhe dar uma roupa bem larga, sem tentar mostrar seu talhe, o que só serve para deformá-la. Seus defeitos de corpo e de espírito vêm quase todos da mesma causa: queremos ver as crianças homens antes do tempo.

Há cores alegres e cores tristes; as primeiras são preferidas pelas crianças. Caem-lhes melhor também, e não vejo por que não satisfazer nesse ponto conveniências tão naturais. Mas, a partir do momento que elas preferem um tecido porque é caro, seus corações já estarão entregues ao luxo e a todas as fantasias da opinião; e esse gosto certamente não veio delas mesmas. É até impossível dizer o quanto a escolha das roupas e os motivos dessa escolha influem na educação. Não apenas mães cegas prometem a seus filhos enfeites como recompensas, mas vemos até preceptores insensatos ameaçarem seus alunos com uma roupa mais grosseira e mais simples, como castigo. Se não estudarem melhor, se não conservarem melhor suas roupas, serão vestidos como aquele camponesinho. É como se lhes dissessem: Saibam que o homem não é nada a não ser por suas roupas, que o valor de vocês está todo em suas roupas. Deveremos espantar-nos de que tão sábias lições sejam tão boas para a juventude, e esta só valorize a aparência e julgue o mérito de acordo unicamente com o exterior?

Se eu tivesse de corrigir a cabeça de uma criança assim mimada, cuidaria para que suas roupas mais caras fossem as mais incômodas, para que ela ficasse sempre incomodada, sempre constrangida, sempre presa de mil maneiras; faria com que a liberdade e a alegria fugissem diante de sua magnificência. Se ela quisesse entrar nas brincadeiras de outras crianças vestidas mais simplesmente, tudo acabaria, tudo desapareceria instantaneamente. Enfim, eu a aborreceria, eu a enfastiaria de tal modo com seu luxo, eu a tornaria tão escrava de sua roupa dourada, que faria dela o flagelo de sua vida, e ela veria com menor pavor a mais escura cela do que os enfeites de sua roupa. Enquanto não sujeitamos a criança a nossos preconceitos, estar à vontade e livre é sempre o seu primeiro desejo; a roupa mais simples, a mais cômoda, que menos a aprisione é sempre a mais preciosa para ela.

Existe um hábito do corpo conveniente aos exercícios e outro mais conveniente à inação. Este último, deixando aos humores um curso calmo e uniforme, deve proteger o corpo contra as alterações do ar; o outro, fazendo-o passar continuamente da agitação ao repouso e do calor ao frio, deve acostumá-lo a essas alterações. Segue-se daí que as pessoas caseiras e sedentárias devam vestir-se com roupas quentes em qualquer tempo, para conservar o corpo numa temperatura uniforme, aproximadamente a mesma em todas as estações e em todas as horas do dia. Pelo contrário, aquelas que vão e vêm, ao vento, ao sol, à chuva, que fazem muitas coisas e passam a maior parte do tempo *sub dio* devem sempre se vestir com roupas leves, a fim de se habituarem a todas as vicissitudes do ar e a todos os graus de temperatura, sem se incomodarem. Aconselharia a umas e outras não mudar de roupas segundo as estações, e será essa a prática constante de Emílio; não quero dizer com isso que ele vá vestir no verão suas roupas de inverno, como as pessoas sedentárias, mas que vestirá no inverno suas roupas de verão, como as pessoas laboriosas. Este último costume foi o do cavaleiro Newton durante toda a vida, e ele viveu oitenta anos.

Poucos ou nenhum chapéu em qualquer estação. Os antigos egípcios sempre deixavam a cabeça nua; os persas cobriam-na com grandes tiaras, e ainda hoje a cobrem com grandes turbantes, cujo uso, segundo Chardin, o ar do país torna necessário. Observei em outra parte a distinção feita por Heródoto num campo de batalha entre os crânios dos persas e os dos egípcios. Portanto, como é importante que os ossos da cabeça tornem-se mais duros, mais compactos, menos frágeis e menos porosos, para armar melhor o cérebro não apenas contra os ferimentos, mas também contra os resfriados, as fluxões e todas as impressões do ar; acostumai vossos filhos a permanecer tanto no inverno como no verão, noite e dia, de cabeça descoberta. E, se para a higiene e para manter os cabelos em ordem quiserdes dar-lhes uma touca durante a noite, que seja um boné fino de tecido aberto, semelhante à rede com que os bascos envolvem seus cabelos. Sei muito bem que a maioria das mães, mais impressionadas com a observação de Chardin do que com as minhas razões, acreditarão encontrar em toda parte o ar da Pérsia; mas, de minha parte, não escolhi um europeu como aluno para fazer dele um asiático.

Em geral, vestimos demais as crianças, principalmente na primeira idade. Deveríamos antes enrijecê-las ao frio do que ao calor; o frio forte não as incomoda jamais, quando as deixamos expostas a ele desde cedo; mas o tecido de sua pele, ainda tenro e frouxo demais, deixando uma passagem muito livre para a transpiração, entrega-as, pelo calor extremo, a um esgotamento inevitável. Assim, observamos que morrem mais crianças no mês de agosto do que em qualquer outro mês. De resto, parece comum, pela comparação entre povos do Norte e do Sul, que os homens se tornem mais robustos suportando o excesso de frio do que o excesso de calor. No entanto, à medida que a criança cresce e suas fibras vão-se fortificando, acostumai a aos poucos a enfrentar os raios do sol; indo aos poucos, vós a tornareis resistente sem perigo aos calores da zona tórrida.

Em meio aos preceitos viris e sensatos que nos dá, Locke cai em contradições que não eram de esperar num pensador tão exato. O mesmo homem que quer que as crianças se banhem durante o verão na água gelada, não quer, quando estão acaloradas, que bebam água fresca, nem que se deitem no chão em lugares úmidos*. Mas já que ele pretende que os sapatos das crianças se molhem em qualquer tempo, molhar-se-ão menos quando a criança estiver com calor? E não podemos fazer do corpo, com relação aos pés, as mesmas induções que ele faz dos pés com relação às mãos, e do corpo com relação ao rosto? Se

* Como se os camponesinhos escolhessem a terra bem seca para se sentarem ou para se deitarem; como se alguma vez se tivesse ouvido falar que a umidade da terra tenha feito mal a algum deles. Se déssemos ouvidos neste ponto aos médicos, acreditaríamos que os selvagens sofrem todos de reumatismo.

querereis que o homem seja só rosto, dir-lhe-ia eu, por que me acusais de querer que ele seja só pés?

Para impedir que as crianças bebam quando têm calor, ele prescreve que as acostumemos a comer previamente um pedaço de pão antes de beber. É muito estranho que, quando a criança está com sede, seja preciso dar-lhe de comer; seria o mesmo que lhe dar de beber quando está com fome. Nunca me convencerão de que nossos primeiros apetites sejam tão desregrados que não os possamos satisfazer sem nos expor ao perigo. Se fosse assim, o gênero humano ter-se-ia destruído cem vezes antes de se ter aprendido o que é preciso fazer para conservá-lo.

Todas as vezes que Emílio tiver sede, quero que lhe deem de beber; quero que lhe deem água pura e sem nenhuma preparação, nem mesmo que lhe quebrem o gelo, mesmo que ele esteja muito suado e mesmo que estejamos no meio do inverno. O único cuidado que recomendo é distinguir a qualidade das águas. Se for água do rio, que lha deem imediatamente, tal como sai do rio; se for água de fonte, é preciso deixá-la algum tempo exposta ao ar antes que ele a beba. Nas épocas quentes, os rios são quentes; o mesmo não ocorre com as fontes, que não tiveram contato com o ar; é preciso esperar que elas estejam com a temperatura da atmosfera. No inverno, pelo contrário, a água de fonte é a esse respeito menos perigosa do que a água do rio. Mas não é nem natural nem frequente que suemos no inverno, principalmente ao ar livre; pois o ar frio, batendo sem cessar na pele, repercute para dentro o suor e impede que os poros se abram suficientemente para lhe dar passagem livre. Ora, não pretendo que Emílio se exercite no inverno perto de um bom fogo, mas fora, em pleno campo, no meio dos gelos. Enquanto ele se acalora fazendo e jogando bolas de neve, deixemo-lo beber quando tiver sede; que continue exercitando-se depois de ter bebido e não temamos nenhum acidente. E, se por algum outro exercício ele suar e tiver sede, que beba água fria, mesmo com aquele tempo. Fazei apenas com que vosso aluno seja levado até longe para procurar água e beba pouco. Pelo frio que se supõe, ele estará ao chegar suficientemente refrescado para bebê-la sem nenhum perigo. Mas principalmente tomai essas precauções sem que ele se dê conta. Eu preferiria que às vezes ele ficasse doente a que estivesse continuamente atento à sua saúde.

É preciso um longo sono para as crianças, porque fazem um exercício extremo. Um serve de corretivo para o outro; assim, vemos que elas precisam dos dois. O tempo do repouso é o da noite, assinalado pela natureza. É uma observação comum que o sono é mais tranquilo e mais calmo enquanto o sol está sob o horizonte e que o ar aquecido por seus raios não mantém nossos sentidos numa tão grande calma. Assim, o hábito mais salutar é certamente levantar-se e deitar-se com o sol. Donde se segue que em nossos climas o homem e todos os animais geralmente precisam dormir mais no inverno do que no verão. Mas a vida civil não é bastante simples, natural, isenta de revoluções e de acidentes para que devamos acostumar o homem a essa uniformidade, a ponto de torná-la necessária. Sem dúvida, é preciso que nos submetamos às regras, mas a primeira delas é poder infringi-las sem risco quando a necessidade assim o quer. Portanto, não deixeis que vosso aluno se amoleça tolamente na continuidade de um sono tranquilo que nunca seja interrompido. Entregai-o a princípio sem problemas à lei da natureza, mas não esqueçais que entre nós ele deve estar acima dessa lei e deve poder dormir tarde, acordar cedo, ser acordado bruscamente, passar as noites de pé sem se incomodar com isso. Começando bem cedo, indo sempre devagar e paulatinamente, formamos o temperamento para as mesmas coisas que o destroem quando o submetemos a elas quando já está completamente formado.

É importante nos acostumarmos de início a deitar com pouca comodidade; esse é o meio certo de não encontrarmos camas ruins. Em geral, a vida dura, uma vez que se transforma em hábito, multiplica as sensações agradáveis; a vida fácil proporciona uma infinidade de sensações desagradáveis. As pessoas criadas muito delicadamente só conseguem pegar no sono sobre plumas; as pessoas habituadas a dormir sobre tábuas conseguem dormir em qualquer lugar; não há cama dura para quem adormece ao deitar.

Uma cama macia, onde nos enterramos em meio às plumas ou aos acolchoados, funde e dissolve o corpo, por assim dizer. Os rins envolvidos com muito calor esquentam-se. Daí resultam não raro a pedra ou outros incômodos e, infalivelmente, uma compleição delicada que nutre todos esses incômodos.

A melhor cama é a que proporciona um melhor sono. Eis a cama que eu e Emílio preparamos para nós durante o dia. Não precisamos que tragam escravos da Pérsia para construir nossos leitos; lavrando a terra, revolvemos os nossos colchões.

Sei por experiência que quando uma criança está com saúde conseguimos fazê-la dormir e ficar acordada quase à vontade. Quando a criança está deitada e irrita a babá com sua tagarelice, esta lhe diz *dorme*; é como se lhe dissesse *tenha saúde* quando a criança está doente. O verdadeiro meio de fazê-la dormir é entediá-la. Falai tanto que ela seja forçada a se calar, e logo ela dormirá; os sermões sempre servem para alguma coisa; tanto faz pregar-lhe um sermão ou niná-la, mas, se usais esse narcótico à noite, evitai usá-lo de dia.

Às vezes despertarei Emílio, menos por temer que tome o hábito de dormir demais do que para acostumá-lo a tudo, até a ser acordado bruscamente. Ademais, eu teria muito pouco talento para meu emprego se não fosse capaz de forçá-lo a acordar por si mesmo e a se levantar, por assim dizer, conforme a minha vontade, sem que lhe diga uma só palavra.

Se ele não dorme o suficiente, deixo que vislumbre para o dia seguinte uma manhã aborrecida, e ele próprio considerará como ganho tudo o que puder deixar para o sono; se dorme demais, mostro-lhe ao acordar uma diversão de que goste. Se quiser que ele acorde na hora marcada, digo-lhe: Amanhã às seis saímos para pescar e vamos passear em tal lugar; queres ir? Ele consente e me pede para acordá-lo; eu prometo, ou não prometo, conforme o caso; se ele acordar muito tarde, não me encontrará em casa. Terá problemas se não aprender logo a acordar por si mesmo.

De resto, se acontecer, o que é raro, que alguma criança preguiçosa tenha queda para estagnar na indolência, não deveremos deixá-la entregar-se inteiramente a essa inclinação, na qual se embotará por completo, mas administrar-lhe algum estimulante que a desperte. Percebe-se que não se trata de fazê-la agir pela força, mas de mexer com algum apetite que a leve a agir, e esse apetite, escolhido dentro da ordem da natureza, leva-nos ao mesmo tempo a dois fins.

Não consigo imaginar nada de que, com um pouco de habilidade, não possamos inspirar o gosto e até o furor nas crianças, sem vaidade, sem competição, sem ciúme. Bastam a vivacidade e o espírito de imitação, e sobretudo sua alegria natural, instrumento de êxito seguro de que nenhum preceptor jamais foi capaz de se valer. Em todas as brincadeiras em que as crianças estejam seguras de que tudo não passa de brincadeira, elas suportarão sem se queixar, e até a rir, o que não suportariam jamais sem verter torrentes de lágrimas. Os longos jejuns, as pancadas, a queimadura, os cansaços de toda espécie são as diversões dos jovens selvagens, prova de que a própria dor tem o seu tempero, que pode suprimir seu amargor; nem todos os mestres, porém, são capazes de preparar esse petisco, e talvez nem todos os discípulos possam saboreá-lo sem fazer caretas. Eis-me de novo, se não presto atenção, perdido entre as exceções.

No entanto, o que não tolera exceção é a sujeição do homem à dor e aos males de sua espécie, aos perigos da vida, enfim, à morte. Quanto mais o familiarizarmos com todas essas ideias, mais o curaremos da importuna sensibilidade que soma ao mal a impaciência de suportá-lo; quanto mais o domarmos com os sofrimentos que podem atingi-lo, mais o protegeremos, como teria dito Montaigne, contra as marcas da estranheza; e também mais tornaremos sua alma invulnerável e dura; seu corpo será a couraça que repelirá todos os golpes por que poderia ser atingido profundamente. Não sendo a própria morte as cercanias da morte, ele mal a sentirá como tal; não morrerá, por assim dizer, mas estará vivo ou morto, nada mais. É dele que o mesmo Montaigne teria podido dizer, como o disse de um rei do Marrocos, que nenhum homem viveu tão avançado na morte. A constância e a firmeza são, assim como as outras virtudes, aprendizados de infância, mas não é ensinando seus nomes às crianças que faremos com que elas as aprendam, mas sim fazendo-as prová-las, sem que saibam o que seja.

Mas, no que diz respeito a morrer, como nos comportaremos diante de nossos alunos com relação ao perigo da varíola? Faremos que seja inoculada neles nos primeiros anos ou esperaremos que a peguem naturalmente? A primeira solução, mais conforme à nossa prática, protege do perigo a idade em que a vida é mais preciosa, por conta e risco daquela em que a vida o é menos, se porventura podemos chamar de risco a inoculação bem administrada.

Mas a segunda é mais conforme aos nossos princípios gerais, de deixar que em tudo a natureza tome os cuidados que ela gosta de tomar sozinha e que ela abandona assim que o homem quer intrometer-se. O homem da natureza está sempre preparado; deixemos que esse mestre o inocule, ele escolherá melhor do que nós o momento.

Não concluais daí que censuro a inoculação, pois o raciocínio em que me baseio para isentar dela meu aluno caberia muito mal aos vossos. Vossa educação prepara-os para não escapar da varíola quando forem atacados por ela; se a deixardes vir ao acaso, é provável que eles morram dela. Observo nos diferentes países que, quanto mais a inoculação se torna necessária, mais se resiste a ela, e a razão disso se percebe facilmente. Não me preocuparei, portanto, com essa questão no caso de Emílio. Ele será ou não inoculado, conforme os tempos, os lugares e as circunstâncias; isto é quase indiferente para ele. Se lhe dermos a varíola, teremos a vantagem de prever e conhecer seu mal antecipadamente; isso é alguma coisa; mas, se ele a pegar naturalmente, tê-lo-emos resguardado do médico, o que é ainda melhor.

Uma educação exclusiva, que tende apenas a destacar do povo os que a receberam, sempre prefere as lições mais caras às mais comuns e, pela mesma razão, às mais úteis. Assim os jovens educados com esmero aprendem todos a montar a cavalo, porque isso lhes custa muito caro; mas quase nenhum aprende a nadar, porque isso não custa nada, e um artesão pode saber nadar tão bem quanto qualquer um. No entanto, sem ter passado pela academia, um viajante monta a cavalo, mantém-se nele e serve-se dele bastante bem para o uso; mas, na água, se não sabemos nadar, nos afogamos, e não saberemos nadar se não aprendermos. Enfim, não somos obrigados a montar a cavalo sob risco de morte, ao passo que ninguém está certo de evitar um perigo ao qual estamos tantas vezes expostos. Emílio estará na água como na terra. Possa ele viver em todos os elementos! Se fosse possível aprendermos a voar pelos ares, eu faria dele uma águia; faria dele uma salamandra, se fosse possível endurecermos no fogo.

Tememos que uma criança se afogue ao aprender a nadar; que se afogue ao aprender ou por não ter aprendido, será sempre culpa vossa. Só a vaidade nos torna temerários; não o somos quando ninguém nos vê; Emílio não o seria, mesmo que fosse visto por todo o universo. Como o exercício não depende do risco, num canal do parque de seu pai ele aprenderia a atravessar o Helesponto; mas é preciso acostumá-lo ao próprio risco, para ensiná-lo a não se perturbar; esta é uma parte essencial do aprendizado de que acabo de falar. De resto, atento a proporcionar o perigo às suas forças e a sempre compartilhá-lo com ele, pouco temerei a imprudência, pois combinarei o cuidado com sua conservação com o que devo à minha própria.

Uma criança é menor do que um homem; não tem nem a sua força, nem a sua razão, mas vê e ouve tão bem quanto ele, ou quase; tem o gosto igualmente sensível, embora menos delicado, e distingue da mesma maneira os odores, embora não lhes imprima a mesma sensualidade. As primeiras faculdades que se formam e se aperfeiçoam em nós são os sentidos. São, portanto, as primeiras faculdades que seria preciso cultivar; são as únicas que são esquecidas, ou as mais desdenhadas.

Exercitar os sentidos não é apenas fazer uso deles, mas aprender a bem julgar através deles é aprender, por assim dizer, a sentir; pois nós não sabemos nem tocar, nem ver, nem ouvir a não ser da maneira como aprendemos.

Existe um exercício puramente natural e mecânico que serve para tornar robusto o corpo sem dar nenhuma matéria ao julgamento: nadar, correr, saltar, chicotear o pião, jogar pedras. Tudo isso é muito bom, mas teremos só braços e pernas? Não temos olhos e ouvidos também? E serão esses órgãos supérfluos para o uso dos primeiros? Portanto, não exerciteis apenas as forças, exercitai todos os sentidos que as dirigem; tirai de cada um deles todo o partido possível, e depois verificai a impressão de um pelo outro. Medi, contai, pesai, comparai. Não useis de força senão depois de ter calculado a resistência; agi sempre de tal sorte que o cálculo do efeito preceda o emprego dos meios. Fazei com que a criança tenha interesse em nunca fazer esforços insuficientes ou supérfluos. Se a acostumais assim a prever o efeito de todos os seus movimentos e a corrigir seus erros pela experiência não é claro que, quanto mais ela agir, mais se tornará judiciosa?

Trata-se de deslocar uma massa? Se ela pegar uma alavanca longa demais, gastará movimento demais; se pegar uma curta demais, não terá força suficiente; a experiência pode ensinar-lhe a escolher com precisão o bastão de que precisa. Portanto, esse saber não está acima de sua idade. Trata-se de carregar um fardo? Se ela quiser pegá-lo com o peso que tem sem correr o risco de não conseguir levantá-lo, não será obrigada a calcular o peso com a visão? Se souber comparar massas feitas da mesma matéria e de diferentes dimensões, que escolha entre massas de diferentes dimensões e de diferentes matérias: ela deverá comparar seus pesos específicos. Vi um jovem muito bem-educado que não quis acreditar, a não ser após o experimento, que um balde cheio de grossas lascas de carvalho fosse menos pesado do que o mesmo balde cheio de água.

Não somos igualmente senhores do uso de todos os nossos sentidos. Há um deles, o tato, cuja ação nunca é suspensa durante a vigília; ele foi espalhado por toda a superfície de nosso corpo, como uma sentinela contínua para nos advertir sobre tudo o que possa ofendê-lo. É também o sentido cuja experiência, queiramos ou não, adquirimos mais cedo por esse exercício contínuo e o qual, por conseguinte, temos menos necessidade de cultivar particularmente. No entanto, observamos que os cegos têm um tato mais seguro e mais fino do que nós, porque, não sendo orientados pela visão, são forçados a aprender a tirar unicamente do primeiro sentido os juízos que a visão fornece. Por que, então, não treinamos para andar como eles no escuro, para conhecer os corpos que podemos alcançar, para avaliar objetos que nos rodeiam, para fazer, numa palavra, de noite e sem luz tudo o que eles fazem de dia e sem olhos? Enquanto o sol brilha, temos vantagem sobre eles; nas trevas, eles são, por sua vez, nossos guias. Somos cegos a metade da vida, com a diferença de que os verdadeiros cegos sabem sempre se orientar, e nós não ousamos dar um passo no meio da noite. Dir-me-ão que nós temos a luz artificial. Qual! Sempre máquinas! Quem vos garante que elas vos seguirão por toda parte, sempre que necessário? Quanto a mim, prefiro que Emílio tenha olhos na ponta dos dedos a que os tenha na loja de um vendedor de velas.

Quando estiverdes fechado numa casa no meio da noite, batei as mãos; percebereis, pela ressonância do lugar, se o espaço é grande ou pequeno, se estais no meio ou num canto. A meio pé de uma parede, o ar menos ambiente e mais refletido vos dá uma outra sensação no rosto. Ficai parado e girai o corpo sucessivamente em todas as direções; se houver uma porta aberta, uma ligeira corrente de ar vo-lo indicará. Se estiverdes num barco, sabereis pela maneira como o ar bate no rosto não só em que sentido ides, mas também se a corrente do rio vos arrasta lenta ou velozmente. Essas observações, e mil outras semelhantes, só podem ser bem-feitas à noite; qualquer que seja a atenção que lhes queiramos prestar de dia, seremos ajudados ou distraídos pela visão e elas nos escaparão. No entanto, não há ainda aqui nem mãos, nem bastão. Quantos conhecimentos oculares podemos adquirir pelo tato, mesmo sem tocar em absolutamente nada!

Muitas brincadeiras à noite. Isso é mais importante do que parece. A noite espanta naturalmente os homens, e às vezes os animais*. A razão, os conhecimentos, o espírito, a coragem libertam poucas pessoas desse tributo. Vi pensadores, espíritos fortes, filósofos, militares intrépidos mais à luz do dia que à noite, ao barulho de uma folha de árvore, tremiam como mulheres. Atribuímos esse pavor aos contos das babás; enganamo-nos, ele tem uma causa natural. Qual é essa causa? A mesma que torna os surdos desconfiados e o povo supersticioso: a ignorância das coisas que nos rodeiam e do que se passa ao nosso redor**. Habitua-

---

* Esse espanto torna-se muito manifesto nos grandes eclipses do sol.

** Eis uma outra causa disso, bem explicada por um filósofo cujo livro cito com frequência e cujas grandes ideias me instruem com frequência ainda maior:

"Quando, por circunstâncias particulares, não podemos ter uma ideia justa da distância, e só podemos avaliar os objetos pela grandeza do ângulo, ou antes, da imagem que eles formam em nossos olhos, enganamo-nos necessariamente sobre o tamanho desses objetos. Todos já observaram que ao viajar à noite tomamos um arbusto próximo por uma grande árvore distante, ou então tomamos uma grande árvore distante por um arbusto próximo; de igual modo, se não conhecermos os objetos pela forma e não pudermos ter por esse meio nenhuma ideia de distância, também nos enganaremos necessariamente. Uma mosca que passar rapidamente a algumas polegadas de distância de nossos olhos parecerá nesse caso um pássaro a uma grande distância; um cavalo parado no meio de um campo e que esteja numa postura semelhante, por exemplo, à de um carneiro não nos parecerá mais do que um grande carneiro enquanto não reconhecermos que se trata de um cavado a perceber de longe os objetos e a prever suas impressões com antecipação, como, não vendo mais nada do que me cerca, não suporia que ali estivessem mil seres, mil movimentos que poderiam machucar-me e de que é impossí-

---

lo; a partir, porém, do momento em que o tivermos reconhecido, instantaneamente ele nos parecerá grande como um cavalo e retificaremos imediatamente nosso primeiro juízo.

"Todas as vezes que nos encontrarmos à noite em lugares desconhecidos onde não pudermos julgar a distância e não pudermos reconhecer a forma das coisas por causa da escuridão, correremos o perigo de cair a todo instante em erro a respeito dos juízos que fizermos sobre os objetos que se apresentarem. É daí que vem o pavor e a espécie de medo interior que o escuro da noite faz com que quase todos os homens sintam; é nisso que se baseia o aparecimento dos espectros e das figuras gigantescas e apavorantes que tantas pessoas dizem ter visto. De ordinário respondem-lhes que tais figuras estavam em sua imaginação; no entanto, elas podiam estar realmente em seus olhos e é bem possível que elas de fato tenham visto o que dizem ter visto, pois necessariamente acontecerá, todas as vezes que só pudermos julgar um objeto pelo ângulo que ele forma no olho, que esse objeto cresça à medida que nos aproximamos dele; e se ele no começo pareceu ao espectador, que não pode saber o que está vendo nem de que distância, se no começo pareceu, dizia eu, da altura de alguns pés quando estava a vinte ou trinta passos de distância, deve parecer ter várias toesas de altura quando só estiver a alguns pés de distância. Isso deve, com efeito, espantar e apavorar o espectador, até que finalmente ele venha a tocar ou reconhecer o objeto, pois, assim que o reconhecer, aquele objeto que lhe parecia gigantesco diminuirá imediatamente e não lhe parecerá ter mais do que o seu tamanho real; porém, se fugirmos ou não ousarmos chegar perto do objeto, com certeza não teremos daquele objeto outra ideia que não a da imagem que ele formava no olho, e teremos realmente visto uma figura gigantesca ou espantosa pelo tamanho e pela forma. O preconceito dos espectros funda-se, portanto, na natureza, e tais aparências não dependem, como acreditam os filósofos, unicamente da imaginação." (*Hist. nat.*, t. VI, p. 22, in-12.)

Procurei mostrar no texto como sempre dependemos em parte da imaginação, e, quanto à causa explicada nesta passagem, vemos que o hábito de caminhar à noite deve nos ensinar a distinguir as aparências que a semelhança das formas e a diversidade das distâncias fazem os objetos assumirem aos nossos olhos no escuro; pois quando o ar está ainda bastante claro para nos deixar perceber os contornos dos objetos, como há mais ar interposto numa distância maior, devemos sempre ver esses contornos menos definidos quando o objeto está mais longe de nós; isso basta, com a ajuda do hábito, a nos proteger do erro aqui explicado pelo sr. de Buffon. Qualquer que seja a explicação preferida, meu método continua sendo, portanto, eficaz, o que a experiência confirma perfeitamente.

vel proteger-me? Ainda que eu venha a saber que estou em segurança no lugar onde me encontro, não o sei tão bem quanto se o visse realmente; tenho, pois, sempre um motivo de medo que não tinha à luz do dia. É verdade que sei que um corpo estranho dificilmente pode agir sobre o meu sem se fazer anunciar por algum barulho; assim, como está sempre alerta meu ouvido! Ao menor ruído cuja causa eu não possa discernir, o interesse de minha conservação me faz primeiro supor tudo o que mais me deve levar a ficar na defensiva e, por conseguinte, tudo o que é mais propício a me assustar.

Embora não ouça absolutamente nada, nem por isso fico tranquilo, pois, afinal, mesmo sem barulho posso ser surpreendido. É preciso que eu suponha as coisas tais como estavam antes, tais como devem ainda estar, que eu veja o que não vejo. Assim, obrigado a usar minha imaginação, logo não sou mais senhor dela, e o que fiz para me acalmar só serve para me alarmar ainda mais. Se ouço um barulho, ouço ladrões; se nada ouço, vejo fantasmas; a vigilância que me inspira o cuidado de minha conservação só me dá motivos de temor. Tudo o que deve tranquilizar-me só está na minha razão; o instinto mais forte me fala de modo muito diferente do modo dela. Para que pensar que não temos nada a temer, visto que não temos nada a fazer?

Descoberta a causa do mal, descobre-se o remédio. Em todas as coisas, o hábito mata a imaginação; só os objetos novos a despertam. Quanto àqueles que vemos todos os dias, não é a imaginação que age, mas a memória; e eis a razão do axioma *ab assuetis non fit passio*[7], pois é apenas no fogo da imaginação que as paixões se acendem. Não argumentais, pois, com quem quereis curar do horror das trevas; levai-o muitas vezes para a escuridão e ficai certo de que todos os argumentos da filosofia não valem essa prática. Não gira a cabeça dos telhadores quando estão nos te-

7. "Dos hábitos não nasce a paixão." (N. do T.)

lhados, e não vemos ter medo do escuro aquele que está acostumado a ficar na escuridão.

Eis, pois, quanto às nossas brincadeiras noturnas, uma vantagem que se acrescenta à primeira. Mas, para que esses jogos tenham bom resultado, nunca é demais recomendar a alegria. Nada é mais triste do que as trevas; não fecheis vosso filho num calabouço. Que ele ria ao entrar no escuro; que o riso lhe volte antes que dele saia, e que, enquanto ele estiver lá, a ideia das diversões que deixou e das que voltará a encontrar o defenda das imaginações fantásticas que poderiam vir procurá-lo ali.

Há um momento da vida além do qual recuamos ao avançar. Sinto que passei esse momento. Recomeço, por assim dizer, outra carreira. O vazio da maturidade que se fez sentir em mim traz-me de volta o doce tempo da infância. Ao envelhecer, volto a ser criança e lembro com mais prazer o que fiz aos dez anos do que o que fiz aos trinta. Leitores, perdoai-me pois por tirar às vezes exemplos de mim mesmo, porque para bem fazer este livro é preciso que eu o faça com prazer.

Eu estava no campo como interno na casa de um ministro chamado sr. Lambercier. Tinha como colega um primo mais rico do que eu, que era tratado como herdeiro, enquanto, afastado de meu pai, eu não passava de um pobre órfão. Meu primo Bernard era singularmente poltrão, sobretudo à noite. Eu zombava tanto de seu medo que o sr. Lambercier, cansado de minhas gabolices, quis pôr à prova minha coragem. Uma noite de outono, muito escura, ele me deu a chave do templo e me disse para ir procurar na cátedra a Bíblia que havia sido deixada lá. Acrescentou, para mexer com meus brios, algumas palavras que me tornaram impossível recuar.

Saí sem levar luz; se tivesse levado talvez fosse pior ainda. Precisava passar pelo cemitério; atravessei-o com valentia, pois sentindo-me ao ar livre não tive terrores noturnos.

Ao abrir a porta, ouvi na abóbada um certo ressoar que acreditei parecer-se com vozes, e minha firmeza romana começou a se abalar. Aberta a porta, quis entrar, mas mal havia dado alguns passos e parei. Ao perceber a escuridão profunda que reinava naquele lugar amplo, fui tomado de um terror que me fez arrepiar os cabelos; recuo, saio e fujo tremendo. Encontrei no pátio um cachorrinho chamado Sultão, cujos carinhos me acalmaram. Envergonhado de meu medo, voltei atrás, tratando porém de levar comigo Sultão, que não quis acompanhar-me. Atravesso bruscamente a porta e entro na igreja. Mal havia tornado a entrar e o terror voltou a tomar conta de mim, mas de modo tão forte que perdi a cabeça, e, embora a cátedra ficasse à direita e eu soubesse muito bem disso, tendo girado sem perceber, procurei-a bastante tempo à esquerda, e atrapalhei-me com os bancos, já não sabia onde estava e, não conseguindo encontrar nem a cátedra, nem a porta, caí numa confusão inexprimível. Finalmente, encontro a porta, consigo sair do templo e me afasto dele como da primeira vez, decidido a nunca mais entrar ali a não ser de dia.

Volto para casa. Pronto para entrar, percebo a voz do sr. Lambercier, às gargalhadas. Tomo-as como sendo já para mim e, confuso por me ver exposto a elas, hesito em abrir a porta. Neste ínterim, ouço a srta. Lambercier preocupar-se comigo, dizendo à criada que pegue a lanterna, e o sr. Lambercier também se dispondo a me procurar, escoltado por meu intrépido primo, ao qual, depois, não deixariam de atribuir toda a honra da expedição. Imediatamente, todos os meus pavores cessam, só restando o de ser surpreendido em fuga; corro, voo até o templo; sem me perder, sem tatear, chego até a cátedra; subo, pego a Bíblia e corro para baixo; com três saltos estou fora do templo, e até me esqueço de fechar a porta; entro sem fôlego no aposento e jogo a Bíblia na mesa, assustado, mas muito contente por ter evitado o socorro que me haviam enviado.

Perguntar-me-ão se conto esse episódio como modelo a ser seguido e como um exemplo da alegria que exijo nesse tipo de exercício. Não, mas sim como prova de que nada é melhor para acalmar alguém assustado com as sombras da noite do que ouvir num quarto vizinho um grupo de pessoas a rir e a conversar tranquilamente. Gostaria que, em vez de se divertirem a sós com seus alunos, os preceptores reunissem à noite várias crianças de bom humor e não as enviassem, a princípio, separadamente, mas em grupos, e que nenhuma delas se aventurasse completamente sozinha sem que antes se estivesse totalmente certo de que não se assustaria demais.

Não consigo imaginar nada tão divertido e tão útil quanto tais jogos, por pouca habilidade que se use para ordená-los. Eu faria numa grande sala uma espécie de labirinto com mesas, poltronas, cadeiras, biombos. Nas inextricáveis sinuosidades desse labirinto, eu colocaria, junto de oito ou dez caixas para enganar, uma outra caixa quase igual, repleta de balas; explicaria em termos claros, mas sucintos, o lugar preciso onde se acha a caixa certa; daria informações suficientes para que fosse reconhecida por pessoas menos distraídas e mais atentas do que as crianças*. E depois, após ter sorteado os pequenos concorrentes, eu os enviaria todos, um depois do outro, até que a caixa certa fosse encontrada, o que eu teria o cuidado de tornar difícil na medida de suas habilidades.

Imaginai um pequeno Hércules chegando com uma caixa na mão, orgulhosíssimo de sua expedição. A caixa é posta sobre a mesa e aberta solenemente. Ouço daqui as gargalhadas, a gritaria do bando alegre quando, no lugar dos doces esperados, são encontrados, bem arrumados em algodão, um besouro, um caramujo, carvão, bolotas de carvalho, um nabo ou qualquer outra coisa do gênero. Outras vezes, num recinto recém-pintado, suspenderemos perto

* Para exercitar a atenção delas, nunca lhes digais senão coisas que tenham um interesse sensível e presente em escutar bem; sobretudo nada de prolixidade ou de palavras supérfluas, mas também não deixeis em vossas palavras nem obscuridade, nem equívoco.

da parede algum brinquedo, algum pequeno móvel que deverá ser alcançado sem se tocar na parede. Quando aquele que o pegar tiver voltado, por pouco que tenha infringido a regra, a ponta de seu chapéu suja de tinta, a ponta dos sapatos, as bordas de sua roupa, suas mangas trairão sua falta de jeito. Eis o suficiente, ou talvez demasiado, para explicar o espírito desse tipo de brincadeira. Se for preciso dizer-vos tudo, não me leiais.

Quantas vantagens um homem assim educado não terá à noite sobre os outros homens? Seus pés habituados a se firmar no escuro, suas mãos treinadas para se aplicarem com facilidade a todos os corpos circunstantes guiá-lo-ão sem dificuldade na mais densa escuridão. Ocupada pelas brincadeiras noturnas de sua infância, sua imaginação dificilmente se voltará para objetos assustadores. Se acreditar ouvir gargalhadas, em vez de virem de espíritos, virão de seus antigos colegas; se imaginar uma assembleia, não será para ele o *sabat*, mas o quarto de seu preceptor. Só lhe recordando ideias alegres, a noite nunca será horrível para ele; em vez de temê-la, amá-la-á. Em caso de expedição militar, estará a postos a qualquer hora, sozinho ou com a tropa. Entrará no campo de Saul, percorrê-lo-á sem se perder, irá até a tenda do rei sem acordar ninguém e retornará sem ser percebido. Se for preciso roubar os cavalos de Resus, dirigi-vos a ele sem medo. Dentre as pessoas educadas de modo diferente, dificilmente encontrareis um Ulisses.

Vi pessoas que queriam, através de surpresas, habituar as crianças a não se assustarem com nada à noite. Esse método é péssimo, produz um efeito totalmente contrário ao que se busca e só serve para torná-las cada vez mais medrosas. Nem a razão nem o hábito podem tranquilizar-nos quanto à ideia de um perigo presente de que não podemos saber nem o grau, nem a espécie, ou quanto ao temor das surpresas que muitas vezes experimentamos. No entanto, como ter certeza de poupar sempre a vosso aluno tais acidentes? Eis o melhor conselho, ao que me parece, que lhe possamos dar a este respeito. Estarás então, diria eu a Emílio, num caso de legítima defesa; pois o agressor não te deixa saber se quer causar-te mal ou medo, e, como ele tomou suas vantagens, a própria fuga não é um refúgio para ti. Assim, agarra com ousadia quem te surpreender à noite, homem ou animal, não importa; segura-o com toda a força; se ele se debater, bate, não poupes os golpes e, o que quer que ele diga ou faça, não o soltes antes de saber bem o que é. A explicação provavelmente te informará que não havia muito a temer, e essa maneira de tratar os brincalhões deve fazer naturalmente que eles não voltem.

Embora de todos os nossos sentidos o tato seja o que exercitamos de modo mais contínuo, seus juízos permanecem, porém, como já disse, imperfeitos e grosseiros mais do que qualquer outro, porque misturamos sem cessar a seu uso o da visão e, já que o olho alcança o objeto mais depressa do que a mão, o espírito julga quase sempre sem ela. Em compensação, os juízos do tato são os mais seguros, precisamente porque são os mais limitados, pois, estendendo-se apenas até onde nossas mãos podem alcançar, eles retificam os destinos dos outros sentidos, que se atiram ao longe sobre objetos que mal percebem, ao passo que tudo o que o tato percebe, percebe-o bem. Além disso, juntando quando queremos a força dos músculos à ação dos nervos, unimos, através de uma sensação simultânea, ao juízo sobre a temperatura, as grandezas e as figuras, o juízo sobre o peso e a solidez. Assim, o tato, sendo de todos os sentidos o que melhor nos instrui sobre a impressão que os corpos estranhos podem fazer sobre o nosso, é o de emprego mais frequente e aquele que nos dá mais imediatamente o conhecimento necessário para nossa conservação.

Como o tato exercitado supre a visão, por que não poderia suprir até certo ponto também a audição, já que os sons provocam nos corpos sonoros abalos sensíveis ao tato? Pondo a mão sobre o corpo de um violoncelo, podemos distinguir, sem o auxílio dos olhos ou dos ouvidos, unicamente pela maneira como a madeira vibra e treme, se o som que ele produz é grave ou agudo, se é tirado das cordas graves ou agudas. Se exercitarmos os sentidos para essas diferenças, não tenho dúvida de que com o tempo poderemos tornar-nos tão sensíveis a ponto de conseguirmos ouvir uma ária inteira com os dedos. Ora, dito isso, é claro que poderíamos facilmente falar aos surdos através da música, pois os tons e os tempos, não sendo menos suscetíveis de combinações regulares do que as articulações e as vozes, podem substituir os elementos do discurso.

Há exercícios que debilitam o sentido do tato e o tornam mais obtuso; outros, pelo contrário, aguçam-no e tornam-no mais delicado e mais fino. Somando muito movimento e muita força à contínua impressão dos corpos duros, os primeiros tornam a pele rude, calosa e tiram-lhe a sensação natural; os segundos são os que variam essa mesma sensação através de um tato leve e frequente, de sorte que o espírito, atento às impressões incessantemente repetidas, adquire a facilidade de julgar todas as suas modificações. Essa diferença é sensível no uso dos instrumentos musicais; o toque duro e contundente do violoncelo, do contrabaixo, do próprio violino, ao tornar mais flexíveis os dedos, endurece as suas extremidades. O toque liso e polido do cravo torna-os também flexíveis e mais sensíveis ao mesmo tempo. Nisto, portanto, o cravo é preferível.

É importante que a pele fique resistente às impressões do ar e possa enfrentar as suas alterações, pois é ela que defende todo o resto. Com exceção disso, eu não gostaria que a mão, muito servilmente aplicada aos mesmos trabalhos, viesse a se enrijecer, nem que a sua pele, quase óssea, perdesse a sensibilidade fina que revela quais são os corpos sobre os quais a passamos, e que, conforme a espécie de contato, algumas vezes nos faz, na escuridão, arrepiar de diversas maneiras.

Por que meu aluno deve ser forçado a ter sempre sob os pés uma pele de boi? Que mal haveria em que a sua própria pele pudesse, quando preciso, servir de sola? É claro que nesse lugar a delicadeza da pele nunca pode ser útil para nada, e muitas vezes pode prejudicar bastante. Acordados à meia-noite, no coração do inverno, pelo inimigo em sua cidade, os genebrinos acharam antes seus fuzis do que seus sapatos. Se nenhum deles fosse capaz de andar descalço, quem sabe se Genebra não teria sido tomada?[8]

Armemos sempre o homem contra os acidentes imprevistos. Que Emílio passe as manhãs de pés descalços, em qualquer época do ano, pelo quarto, pela escada, pelo jardim; longe de repreendê-lo por isso, eu o imitarei; terei apenas o cuidado de pôr de parte os vidros. Logo falarei dos trabalhos e dos jogos manuais. De resto, que ele aprenda a dar todos os passos que favorecem as evoluções do corpo, a tomar em todas as atitudes uma posição cômoda e sólida; que saiba saltar em distância, em altura, subir em árvores e pular um muro; que encontre sempre o equilíbrio; que todos os seus movimentos e seus gestos sejam ordenados segundo as leis da ponderação, muito tempo antes que a estática venha a explicá-los a ele. Pela maneira com que seu pé toca a terra e seu corpo pesa sobre a perna ele deve sentir se está bem ou mal. Uma postura firme sempre tem graça, e as mais firmes são também as mais elegantes. Se eu fosse professor de dança, não faria todas as macaquices de Marcel*, boas para o país onde ele as

8. Referência à Escalada, episódio da história de Genebra que, em 1602, preservou sua liberdade repelindo um ataque surpresa dos saboianos. (N. do T.)

* Célebre professor de dança em Paris, que, conhecendo bem a sociedade, fazia-se de extravagante por astúcia e dava à sua arte uma importância que se fingia achar ridícula, mas pela qual se tinha, no fundo, o maior respeito. Numa arte não menos frívola, vemos ainda hoje um artista comediante fazer-se da mesma forma de importante e de louco, e não se sair menos bem. Tal método é sempre certeiro na França. Lá, o verdadeiro talento, mais simples e menos charlatão, não faz fortuna. Lá a modéstia é a virtude dos tolos.

faz, mas, em vez de ocupar eternamente meu aluno com cambalhotas, eu o levaria para o pé de um rochedo; lá eu lhe mostraria que atitude é preciso assumir, como se deve manter o corpo e a cabeça, que movimento é necessário fazer, de que modo se deve pôr ora o pé, ora a mão, para seguir com ligeireza os caminhos escarpados, ásperos e rudes, e lançar-se de pico em pico tanto subindo quanto descendo. Faria dele o rival de um cabrito, mais do que um dançarino da Ópera.

Assim como o tato concentra as suas operações em torno do homem, a visão estende as suas para além dele; é isso que as torna enganadoras; com um rápido olhar um homem abarca a metade de seu horizonte. Nessa multidão de sensações simultâneas e de juízos que elas provocam, como não nos enganarmos sobre nenhum? Assim, a visão é de todos os nossos sentidos o mais falível, exatamente porque é o mais extenso e, precedendo de muito todos os outros, suas operações são rápidas e amplas demais para poderem ser retificadas por eles. Além disso, as próprias ilusões da perspectiva são-nos necessárias para chegarmos a conhecer a extensão e a comparar as suas partes. Sem as falsas aparências, nada veríamos em profundidade; sem as gradações de tamanho e de luz, não poderíamos avaliar nenhuma distância, ou melhor, não haveria distância para nós. Se de duas árvores iguais aquela que estivesse a cem passos de nós parecesse-nos tão grande e tão nítida quanto a que estivesse a dez, nós as situaríamos uma ao lado da outra. Se percebêssemos todas as dimensões dos objetos pela sua verdadeira medida, não veríamos nenhum espaço e tudo nos pareceria estar junto aos nossos olhos.

Para julgar o tamanho dos objetos e sua distância, o sentido da visão só tem uma medida, a abertura do ângulo que eles produzem em nosso olho, e como esta abertura é um efeito simples de uma causa composta, o juízo que ela produz em nós deixa cada causa particular indeterminada, ou se torna necessariamente errôneo. Pois como distinguir unicamente com a visão se o ângulo pelo qual vejo um objeto menor do que outro é assim porque este primeiro objeto é de fato menor ou porque está mais afastado?

Portanto, deve-se seguir neste caso um método contrário ao precedente. Em vez de simplificar a sensação, duplicá-la, verificá-la sempre com auxílio de outra, subordinar o órgão visual ao órgão tátil e reprimir, por assim dizer, a impetuosidade do primeiro sentido pelo movimento lento e ordenado do segundo. Quando não nos sujeitamos a esta prática, nossas medidas por estimativa são muito imprecisas. Não dispomos de nenhuma exatidão no golpe de vista para julgar as alturas, os comprimentos, as profundidades, as distâncias, e a prova de que isso não se deve tanto aos sentidos quanto a seu emprego é que os engenheiros, os agrimensores, os arquitetos, os pedreiros e os pintores em geral têm um golpe de vista muito mais seguro do que nós, e avaliam as medidas da extensão com mais exatidão, porque, dando-lhes sua profissão neste ponto a experiência que desdenhamos adquirir, eles suprimem o equívoco do ângulo pelas aparências que o acompanham, e determinam com maior exatidão a relação das duas causas deste ângulo.

Tudo o que dá movimento ao corpo sem o forçar é sempre fácil de obter das crianças. Existem mil maneiras de interessá-las por medir, conhecer e avaliar as distâncias. Eis uma cerejeira muito alta, como faremos para colher as cerejas? A escada da granja servirá para isso? Eis um riacho bem largo, como faremos para atravessá-lo? Uma das pranchas do pátio poderá apoiar-se nas duas margens? Gostaríamos, de nossas janelas, de pescar nos fossos do castelo; quantas braças deve ter a nossa linha? Gostaria de pôr um balanço entre estas duas árvores; uma corda de duas toesas será suficiente? Disseram-me que na outra casa nosso quarto terá vinte e cinco pés quadrados; você acha que servirá para nós? Será maior do que este aqui? Estamos com muita fome; ali estão duas aldeias; em qual das duas poderemos chegar mais depressa para jantar? etc.

Era preciso treinar para a corrida um menino indolente e preguiçoso, que não se entregava por si mesmo a esse exercício nem a nenhum outro, embora o destinassem à carreira militar; não sei como, ele se convencera de que um homem de sua condição não precisava fazer nem saber nada, e que sua nobreza lhe devia servir de braço, de pernas e também de todo tipo de mérito. Para fazer de um tal fidalgo um Aquiles de pés ligeiros, a habilidade do próprio Quíron dificilmente seria bastante. A dificuldade era tanto maior quanto eu não lhe queria prescrever absolutamente nada; eu banira de meus direitos as exortações, as promessas, as ameaças, a rivalidade e o desejo de brilhar. Como lhe dar vontade de correr sem lhe dizer nada? Correr eu mesmo teria sido um modo pouco seguro e sujeito a inconvenientes. De resto, tratava-se também de tirar daquele exercício algum tema de instrução para ele, a fim de habituar as operações do corpo e as do juízo a andarem sempre em harmonia. Eis como agi, eu, isto é, aquele que fala neste exemplo.

Ao ir passear com ele de tarde, às vezes eu punha no bolso dois doces de um tipo que ele gostava muito. Cada um de nós comia um durante o passeio*, e voltávamos muito contentes. Um dia, ele se deu conta de que eu estava com três doces; ele era capaz de comer seis sem nenhum problema, e então comeu rapidamente o seu para me pedir o terceiro. Não, disse-lhe eu, vou comê-lo eu mesmo, ou então vamos dividi-lo; mas eu prefiro que aqueles dois menininhos apostem uma corrida para ver quem fica com ele. Chamei-os, mostrei-lhes o doce e lhes propus as condições. Não pediram mais nada. O doce foi colocado

* Passeio campestre, como logo se verá. Os passeios públicos das cidades são perniciosos para as crianças de ambos os sexos. É ali que elas começam a se tornar vaidosas e a querer ser vistas: é no Luxemburgo, nas Tulherias e principalmente no Palais-Royal que a bela juventude de Paris vai ganhar aquele ar impertinente e enfatuado que a torna tão ridícula, fazendo que seja vaiada e detestada em toda a Europa.

em cima de uma pedra grande que serviu de chegada; o trajeto foi marcado e nós fomos sentar; ao sinal, os menininhos partiram; o vitorioso pegou o doce e o comeu sem misericórdia, à frente dos espectadores e do vencido.

A diversão valeu mais do que o doce, mas não surtiu efeito logo, nem produziu nada. Não me desapontei nem me apressei: a instrução das crianças é uma profissão em que é preciso saber perder tempo para poder ganhá-lo. Continuamos nossos passeios; muitas vezes, pegávamos três doces, às vezes quatro, e de vez em quando havia um ou mesmo dois para os corredores. Se o prêmio não era grande, os disputantes também não eram ambiciosos; quem ganhava era elogiado e festejado, tudo era feito solenemente. Para dar lugar às voltas e aumentar o interesse, tornei a corrida mais longa e aceitei diversos concorrentes. Assim que começavam a correr, todos os passantes paravam para vê-los; as aclamações, os gritos, as palmas os animavam; algumas vezes vi o meu aluno tremer, levantar-se, gritar quando um estava próximo de alcançar ou de passar o outro; para ele, eram os jogos olímpicos.

No entanto, algumas vezes os concorrentes usavam de truques; seguravam-se uns aos outros, ou então se derrubavam ou jogavam pedras à passagem de um pelo outro. Isso me deu um pretexto para separá-los e fazê-los partir de pontos diferentes, embora igualmente distantes da chegada; logo veremos a razão dessa precaução, pois devo tratar deste caso importante muito detalhadamente.

Cansado de sempre ver comerem à sua frente doces de que gostava muito, o senhor cavalheiro começou enfim a suspeitar que correr bem poderia ser bom para alguma coisa e, vendo que tinha também duas pernas, iniciou secretamente seus treinos. Evitei ver qualquer coisa, mas compreendi que meu estratagema tivera êxito. Quando julgou estar bastante preparado, e eu li isso em seu pensamento antes dele, fingiu importunar-me para obter o doce restante. Recuso, ele teima e, com um jeito despeitado, diz-me finalmente: Pois bem! Coloque-o sobre a pedra, marque o campo e veremos. Bom!, disse-lhe eu rindo, será que um cavalheiro sabe correr? Você vai ganhar mais apetite, e não com que o satisfazer. Ferido pela minha zombaria, ele se esforça e ganha o prêmio com muita facilidade, já que eu preparara uma corrida bem curta e tivera o cuidado de afastar o melhor corredor. Percebe-se como, dado o primeiro passo, foi fácil para mim manter o seu interesse. Logo tomou um tal gosto por esse exercício que, sem ajuda, ele tinha quase certeza de vencer os meus moleques na corrida, qualquer que fosse a distância do percurso.

Obtido esse resultado, produziu-se um outro que eu não havia calculado. Enquanto ele ainda ganhava o prêmio raramente, comia-o quase sempre sozinho, como seus concorrentes; mas, ao se acostumar com a vitória, tornou-se generoso e muitas vezes dividia o prêmio com os vencidos. Isso me forneceu uma observação moral, e aprendi qual era o verdadeiro princípio da generosidade.

Continuando a marcar com ele em diferentes lugares os pontos de onde cada um deveria partir simultaneamente, tornei, sem que ele percebesse, as distâncias desiguais, de modo que um, tendo de percorrer um caminho maior para chegar ao mesmo alvo, levava uma visível desvantagem; mas, embora eu deixasse a escolha para meu discípulo, ele não sabia prevalecer-se dela. Sem se incomodar com a distância, sempre preferia o caminho mais bonito, de modo que, prevendo com facilidade a sua escolha, eu podia fazê-lo perder ou ganhar o doce de acordo com a minha vontade, e essa habilidade também servia a mais de uma finalidade. No entanto, como eu queria que ele percebesse a diferença, procurei torná-la perceptível, mas, apesar de indolente em sua calma, ele era tão esperto nos jogos e tinha tão pouca desconfiança de mim, que tive toda a dificuldade do mundo para fazer com que se desse conta de que eu o estava trapaceando. Finalmente consegui, apesar de sua distração, e ele me repreendeu por isso. Disse-lhe:

De que te queixas? Não posso escolher minhas condições para dar um presente que quero oferecer? Quem te obriga a correr? Ter-te-ei prometido que os percursos seriam iguais? Não podias escolher? Toma o caminho mais curto, nada te impede de fazê-lo. Como não vês que estou te favorecendo e que a desigualdade contra a qual reclamas estará toda a seu favor, se fores capaz de tirar partido dela? Isso era claro; ele compreendeu e, para escolher, teve de observar as coisas mais de perto. Primeiro, quis contar os passos, mas a medida dos passos de uma criança é lenta e errônea; além disso, pensei em multiplicar as corridas num mesmo dia, e então, tornando-se a diversão uma espécie de paixão, ele não queria perder, medindo os trajetos, o tempo destinado a percorrê-los. A vivacidade da infância não combina com essas coisas lentas; assim, exercitou-se em ver melhor, em avaliar melhor uma distância com os olhos. Tive, então, pouca dificuldade para aumentar e nutrir esse gosto. Finalmente, alguns meses de treinos e de erros corrigidos aperfeiçoaram de tal modo o compasso visual que, quando pelo pensamento eu colocava um doce sobre algum objeto afastado, ele tinha um golpe de vista quase tão certeiro quanto a trena de um agrimensor.

Como a visão é, de todos os sentidos, aquele de que menos podemos separar os juízos do espírito, é preciso muito tempo para aprender a ver; é preciso ter comparado durante muito tempo a vista com o tato para habituar o primeiro desses dois sentidos a nos fazer um relato fiel das figuras e das distâncias; sem o tato, sem o movimento progressivo, os mais aguçados olhos do mundo não seriam capazes de dar uma ideia da extensão. Para uma ostra, o universo inteiro não deve passar de um ponto; ele não lhe pareceria nada mais do que isso mesmo que uma alma humana a informasse. Só caminhando, apalpando, enumerando, medindo as dimensões é que aprendemos a avaliá-las; mas também, se medíssemos sempre, o sentido, repousando sobre o instrumento, não adquiriria nenhuma precisão.

Tampouco se deve fazer com que a criança passe de repente da medida para a avaliação; é preciso primeiro que, continuando a comparar por partes o que não seria capaz de comparar de uma vez, ela substitua alíquotas precisas por alíquotas aproximativas, e, em vez de sempre aplicar a medida com a mão, ela se acostume a aplicá-la apenas com os olhos. Eu gostaria, porém, que essas primeiras operações fossem verificadas através de medidas reais, a fim de que a criança corrigisse seus erros e, se restasse no sentido alguma falsa aparência, aprendesse a corrigi-la através de um melhor juízo. Dispomos de medidas naturais que são aproximadamente as mesmas em todos os lugares: os passos de um homem, a extensão de seu braço, sua estatura. Quando a criança avalia a altura de um pavimento, seu preceptor pode servir-lhe de medida; se avalia a altura de um campanário, meça-o com as casas; se quiser saber quantas léguas tem uma estrada, conte as horas de caminhada; mas, principalmente, não se faça nada disso para ela, ela própria que o faça.

Não se poderia aprender a bem julgar a extensão e a grandeza dos corpos sem também aprender a conhecer suas figuras e até mesmo a imitá-las, pois, no fundo, essa imitação só se relaciona absolutamente com as leis da perspectiva, e não se pode avaliar a extensão com base em suas aparências, sem que se tenha algum sentimento dessas leis. As crianças, grandes imitadoras, tentam todas desenhar; eu gostaria que Emílio cultivasse essa arte, não exatamente pela própria arte, mas para tornar seu olho certeiro e sua mão flexível, e, em geral, é muito pouco importante que ele saiba este ou aquele exercício, contanto que adquira a perspicácia do sentido e o bom hábito do corpo que se conquista com esse exercício. Assim, evitarei dar-lhe um professor de desenho, que só lhe daria imitações para imitar, e só o faria desenhar sobre desenhos: quero que ele tenha como único mestre a natureza, e como modelos apenas os objetos. Quero que ele tenha diante dos olhos o próprio original, e não o papel que o representa, que ele rabisque uma casa diante de uma casa, uma árvore diante de uma árvore, um homem diante de um homem, para que se acostume a bem observar os corpos e suas aparências, e não a tomar imitações falsas e convencionais por verdadeiras imitações. Farei mesmo com que ele não desenhe nada de memória, na ausência dos objetos, até que, através de observações frequentes, suas figuras exatas imprimam-se com força em sua imaginação, pois temo que, trocando a verdade das coisas por figuras bizarras e fantásticas, ele perca o conhecimento das proporções e o gosto pelas belezas da natureza.

Sei muito bem que dessa maneira ele rabiscará durante muito tempo sem nada fazer de reconhecível, que adquirirá tarde a elegância dos contornos e o traço leve dos desenhistas, talvez nunca o discernimento dos efeitos pitorescos e o bom gosto do desenho; em compensação, adquirirá com certeza um golpe de vista exato, uma mão mais firme, o conhecimento das verdadeiras relações de grandeza e de figura existentes entre os animais, as plantas e os corpos naturais, e uma experiência mais rápida do jogo da perspectiva. É precisamente o que quis fazer, e minha intenção não é tanto que ele saiba imitar os objetos quanto que os conheça; prefiro que ele me mostre uma planta de acanto e trace menos bem a folhagem de um capitel.

De resto, nesse exercício, assim como em todos os outros, não pretendo que meu aluno apenas se divirta. Quero que se torne ainda mais agradável para Emílio, participando sempre ao seu lado. Não quero que ele tenha outro rival que não eu, mas serei seu rival sem tréguas e sem risco; isso tornará interessantes as suas ocupações, sem provocar ciúme entre nós. Pegarei o lápis como ele e, no começo, serei tão desajeitado quanto ele. Mesmo que eu fosse um Apeles, limitar-me-ia a ser um rabiscador. Começarei por desenhar um homem como os lacaios o desenham nas paredes; uma barra no lugar de cada braço, uma barra no lugar de cada perna e dedos maiores do que o braço. Muito tempo depois, ambos nos daremos conta dessa desproporção; observaremos que uma perna tem certa espessura, que essa espessura não é em toda parte a mesma, que o braço tem seu comprimento determinado em relação ao corpo etc. Nesse progresso, caminharei no máximo ao seu lado, ou estarei tão pouco à sua frente que sempre lhe será fácil alcançar-me e com frequência me ultrapassar. Teremos tintas, pincéis; procuraremos imitar o colorido dos objetos e toda a aparência deles, assim como sua figura. Ilustraremos, pintaremos, rabiscaremos, mas, em todos os nossos rabiscos, não deixaremos de observar a natureza; nunca faremos nada longe dos olhos do mestre.

Faltavam enfeites para o nosso quarto, e eis que os encontramos. Mando enquadrar nossos desenhos, faço com que os cubram com belos vidros para que já não sejam tocados e, vendo-os permanecerem no estado em que os colocamos, cada qual se interesse por não descuidar dos seus. Arrumo-os por ordem ao redor do quarto, com cada desenho repetido vinte ou trinta vezes, e mostrando a cada exemplar o progresso do autor, desde o começo, em que a casa não passa de um quadrado quase informe, até aquele em que a fachada, o perfil, as proporções e as sombras são da mais exata verdade. Essas gradações não podem deixar de nos oferecer quadros interessantes para nós, curiosos para os outros, e de provocar cada vez mais nossa emulação. Nos primeiros, nos desenhos mais grosseiros, ponho molduras muito brilhantes, muito douradas, que os realcem; porém, à medida que a imitação vai se tornando mais exata e o desenho realmente bom, não lhe dou mais do que uma moldura preta, muito simples; ele não precisa de ornamento além de si mesmo e seria uma pena que a moldura partilhasse a atenção que o objeto merece. Assim, cada um de nós aspira à honra da moldura simples, e, quando um quer fazer pouco de um desenho do outro, condena-o à moldura dourada. Algum dia talvez esses quadros dourados tornem-se entre nós como provérbios, e ficaremos admirados com a quantidade de homens que fazem justiça a si mesmos ao se enquadrarem assim.

Eu disse que a geometria não estava ao alcance das crianças, mas é culpa nossa. Não percebemos que o método das crianças não é o nosso, e o que para nós é a arte de raciocinar deve ser para elas apenas a arte de ver. Em vez de lhes dar nosso método, agiríamos melhor adotando o delas, pois nossa maneira de ensinar geometria é tanto um assunto de imaginação quanto de raciocínio. Quando a proposição é enunciada, é preciso imaginar a sua demonstração, isto é, descobrir de que proposição já conhecida a outra deve ser consequência e, de todas as consequências que podem ser tiradas dessa mesma proposição, escolher exatamente aquela de que se trata.

Dessa maneira, o raciocinador mais exato, se não for inventivo, não irá muito longe. Assim, o que acontece depois? Em vez de nos fazerem descobrir as demonstrações, elas nos são ditadas; em vez de nos ensinar a raciocinar, o professor raciocina por nós e só exercita a nossa memória.

Fazei figuras exatas, combinai-as, colocai-as umas sobre as outras, examinai suas relações; encontrareis toda a geometria elementar indo de observação em observação, sem que se trate de definições, nem de problemas, nem de qualquer outra forma demonstrativa a não ser a simples superposição. De minha parte, não pretendo ensinar geometria a Emílio, será ele quem ma ensinará; procurarei relações e ele as encontrará, pois eu procurarei de tal maneira que ele as encontre. Por exemplo, em lugar de me servir de um compasso para traçar um círculo, traçá-lo-ei com uma ponta amarrada a um fio que gira sobre um eixo. Assim, quando eu quiser comparar os raios entre si, Emílio zombará de mim e me fará compreender que o mesmo fio sempre esticado não pode ter traçado distâncias diferentes.

Se pretendo medir um ângulo de sessenta graus, descrevo do vértice desse ângulo, não um arco, mas um círculo inteiro, pois com as crianças nunca devemos deixar nada subentendido. Descubro que a parte do círculo compreendida entre os dois lados do ângulo é a sexta parte do círculo. Depois disso, descrevo do mesmo vértice um outro círculo maior, e vejo que esse segundo arco também é a sexta parte de seu círculo. Descrevo um terceiro círculo concêntrico, sobre o qual faço a mesma coisa, e continuo fazendo novos círculos, até que Emílio, chocado com minha estupidez, faça-me observar que cada arco, grande ou pequeno, compreendido pelo mesmo ângulo, será sempre a sexta parte de seu círculo etc. E havia pouco estávamos usando o transferidor!

Para provar que os ângulos adjacentes são iguais a dois retos, descrevemos um círculo; eu, pelo contrário, peço que Emílio observe isso primeiro no círculo, e depois lhe digo: Se suprimíssemos o círculo e as linhas retas, será que os ângulos mudariam de grandeza? etc.

Desdenhamos a exatidão das figuras, supomo-la e nos prendemos à demonstração. Entre nós, pelo contrário, nunca se tratará de demonstração. Nosso trabalho mais importante será traçar linhas bem retas, bem exatas, bem iguais, fazer um quadrado bastante perfeito, traçar um círculo bem redondo. Para verificar a exatidão da figura, examiná-la-emos através de todas as suas propriedades sensíveis, e isto nos permitirá descobrir a cada dia novas propriedades. Dobraremos pelo diâmetro os dois semicírculos; pela diagonal, as duas metades do quadrado; compararemos as nossas duas figuras para ver qual delas tem as bordas que concordam mais exatamente e, consequentemente, é a mais bem-feita; discutiremos se tal igualdade de divisão deve continuar ocorrendo nos paralelogramos, nos trapézios etc. Tentaremos algumas vezes prever o resultado da experiência antes de fazê-la; procuraremos achar razões etc.

Para meu aluno, a geometria é apenas a arte de bem servir-se da régua e do compasso. Não deve confundi-la com o desenho, em que não empregará nenhum desses dois instrumentos. A régua e o compasso serão trancados à chave, e só raramente e por pouco tempo lhe será concedido o seu uso, a fim de que ele não se acostume a rabiscar. No entanto, poderemos às vezes levar nossas figuras ao passeio, e conversar sobre o que fizemos ou sobre o que queremos fazer.

Jamais esquecerei de ter visto em Turim um jovem a quem, na infância, tinham ensinado as razões entre os contornos e as superfícies, dando-lhe a cada dia para escolher biscoitos de mel de igual perímetro em todas as figuras geométricas. O pequeno comilão esgotara a arte de Arquimedes para encontrar a figura onde houvesse mais a comer.

Quando uma criança joga peteca, exercita a exatidão dos olhos e do braço; quando roda um pião, aumenta sua força, mas sem nada aprender. Algumas vezes perguntei por que não se ofereciam às crianças os mesmos jogos de habilidade praticados pelos homens; a péla, a malha, o bilhar, o arco, a bola, os instrumentos musicais. Responderam-me que alguns desses jogos estavam acima de suas forças, e que seus membros e seus órgãos não estavam bastante desenvolvidos para os outros. Acho ruins essas razões; uma criança não tem o porte de um homem, mas nem por isso deixa de usar uma roupa feita como a sua. Não pretendo que ela jogue com nossos tacos num bilhar de três pés de altura; não pretendo que ela vá jogar péla em nossos campos, nem que lhe entreguem nas mãozinhas uma raquete desse jogo, mas que ela jogue num salão cujas janelas estejam protegidas, que no começo só sejam usadas bolas moles, que suas primeiras raquetes sejam de madeira, depois de pergaminho, e finalmente de corda de tripa, de acordo com seu progresso. Vós preferis a peteca, por cansar menos e não apresentar perigo. Enganai-vos quanto a essas duas razões. A peteca é um jogo de mulheres, e não há mulher que uma bola em movimento não faça fugir. Suas peles brancas não devem enrijecer-se com ferimentos, e não são contusões que esperam seus rostos.

Mas nós, feitos para sermos vigorosos, acreditamos poder sê-lo sem dificuldade nenhuma? E de que defesa seremos capazes, se nunca formos atacados? Sempre se jogam covardemente os jogos em que se pode ser desajeitado sem correr riscos: uma peteca que cai não faz mal a ninguém; mas nada desentorpece os braços como ter de proteger a cabeça, nada torna a visão mais precisa do que ter de garantir os olhos. Jogar-se de um lado do salão até o outro, avaliar o pulo da bola ainda no ar, devolvê-la com uma mão forte e firme: tais jogos convêm menos aos homens do que servem para formá-lo.

As fibras de uma criança, dizem, são moles demais! Elas têm menos força, mas são mais flexíveis; seu braço é fraco, mas é um braço, afinal; guardadas as proporções, devemos fazer com ela tudo o que se faz com outra máquina semelhante. A criança não tem nenhuma habilidade nas mãos, e por isso quero que lha demos; um homem tão pouco treinado quanto ela não teria uma habilidade maior; não podemos saber o uso de nossos órgãos sem tê-los empregado. Só uma longa experiência pode ensinar-nos a tirar partido de nós próprios, e esta experiência é o verdadeiro estudo em que nunca é cedo demais para nos aplicarmos.

Tudo o que se faz é factível. Ora, nada é mais comum do que ver crianças ágeis e bem-constituídas que têm nos membros a mesma agilidade que um homem pode ter. Em quase todas as feiras vemos algumas delas fazendo equilibrismo, andando com as mãos, saltando, dançando sobre a corda. Durante quantos anos grupos de crianças atraíram com suas danças os espectadores para a Comédia Italiana! Quem não ouviu falar, na Alemanha e na Itália, no elenco de pantomima do célebre Nicolini? Terá alguém jamais observado nessas crianças movimentos menos desenvoltos, atitudes menos graciosas, um ouvido menos exato, uma dança menos leve do que nos dançarinos já formados? Ter no início os dedos grossos e curtos, pouco móveis, as mãos roliças e com pouca capacidade de segurar alguma coisa, será que isso impede que várias crianças saibam escrever ou desenhar na mesma idade em que outras ainda não sabem segurar o lápis ou a pena? Toda Paris ainda se lembra da pequena inglesa que aos dez anos fazia prodígios no cravo*. Na casa de um magistrado, vi seu filho, um menino de oito anos, que era colocado sobre a mesa após o jantar, como uma estátua em meio aos pratos, tocar um violino quase tão grande quanto ele e surpreender com sua execução os próprios artistas.

Todos esses exemplos e cem mil outros provam, ao que me parece, que a incompetência que supomos nas crianças com relação aos nossos exercícios é imaginária, e que, se não as vemos ser bem-sucedidas em alguns deles, é porque nunca foram treinadas para isso.

Dir-me-ão que caio aqui, com relação ao corpo, no erro da cultura prematura que censuro nas crianças no que diz respeito ao espírito. A diferença é enorme, pois um desses programas é só aparente, mas o outro é real. Provei que o espírito que elas pareciam ter não o tinham, ao passo que tudo o que elas parecem fazer elas o fazem. Além disso, devemos ter em conta que tudo isso é, ou deve ser, apenas brincadeira, direção fácil e voluntária dos movimentos que a natureza lhes requer, arte de variar suas diversões para torná-las mais agradáveis, sem que jamais o menor constrangimento as transforme em trabalho, pois, afinal, qual é seu divertimento do qual eu não possa fazer um objeto de instrução para elas? E, mesmo que eu não pudesse, contanto que se divirtam sem inconvenientes e que o tempo passe, seu progresso em todas as coisas não importa agora, ao passo que, quando é preciso necessariamente ensinar-lhes isto ou aquilo, como quando se começa, é sempre impossível que se tenha êxito sem constrangimento, sem descontentamento e sem aborrecimento.

---

* Um menino de sete anos, depois disso, fez outros ainda mais espantosos. [Trata-se de Mozart. (N. do T.)]

O que eu disse a respeito dos dois sentidos cujo uso é mais contínuo e mais importante pode servir de exemplo da maneira de exercitar os outros. A visão e o tato aplicam-se igualmente aos corpos em repouso e aos corpos em movimento, mas, como apenas a movimentação do ar pode provocar o sentido da audição, só um corpo em movimento faz ruído ou som e, se tudo estivesse em repouso, jamais ouviríamos nada. Assim, à noite, quando movendo-nos apenas o quanto queremos só temos a temer os corpos que se movem, é importante manter os ouvidos atentos e poder julgar pela sensação que nos atinge se o corpo que a causa é grande ou pequeno, se está distante ou próximo, se sua agitação é violenta ou fraca. O ar agitado está sujeito a repercussões que o refletem, as quais, produzindo ecos, repetem a sensação e nos fazem ouvir o corpo ruidoso ou sonoro num lugar diferente de onde ele está. Se numa planície ou num vale encostarmos a orelha no chão, ouviremos a voz dos homens e os passos dos cavalos de muito mais longe do que se permanecermos de pé.

Como comparamos a visão com o tato, convém compará-la também com a audição, e saber qual das duas impressões, partindo ao mesmo tempo do mesmo corpo, chegará antes ao seu órgão. Quando vemos o fogo de um canhão, podemos ainda nos colocar ao abrigo do tiro, mas assim que ouvimos o barulho não há mais tempo, a bala já está ali. Podemos avaliar a distância onde cai o raio pelo intervalo de tempo entre o relâmpago e o trovão. Fazei com que a criança conheça todas essas experiências, com que faça as que estão ao seu alcance e descubra as outras por indução, mas eu prefiro cem vezes que ela as ignore a ter de ouvi-las de vós.

Possuímos um órgão que corresponde à audição, o da voz; não temos, porém, um que corresponda à visão, e não fazemos cores como fazemos sons. Um meio a mais para cultivar o primeiro sentido é exercitar o órgão ativo e o órgão passivo um pelo outro.

O homem tem três tipos de voz, quais sejam, a voz falante ou articulada, a voz cantante ou melodiosa, e a voz patética ou acentuada, que serve de linguagem para as paixões e anima o canto e a fala. A criança tem esses três tipos de voz, assim como o homem, sem saber combiná-las igualmente. Ela, como nós, tem o riso, os gritos, as queixas, a exclamação, os gemidos, mas não sabe misturar suas inflexões com as duas outras vozes. Uma música perfeita é aquela que reúne da melhor forma essas três vozes. As crianças são incapazes dessa música, e seu canto nunca tem alma. Da mesma forma, na voz falante, sua linguagem não tem acento; gritam, mas não acentuam; e, como em seus discursos há pouco acento, há pouca energia em suas vozes. Nosso aluno terá a fala mais uniforme, ainda mais simples, porque suas paixões, não tendo ainda despertado, não misturarão sua linguagem à dele. Portanto, não lhe deis papéis de tragédia e de comédia para recitar, nem pretendais, como se diz, ensiná-lo a declamar. Ele terá juízo demais para ser capaz de dar um tom a coisas que não pode entender e expressão a sentimentos que nunca experimentou.

Ensinai-lhe a falar uniformemente, claramente, a articular bem, a pronunciar exatamente e sem afetação, a conhecer e respeitar o acento gramatical e a prosódia, a ter sempre uma voz bastante alta para ser ouvido, mas nunca mais do que o devido, defeito comum nas crianças educadas nos colégios; em todas as coisas, nada de supérfluo.

Da mesma forma, quanto ao canto, tornai sua voz justa, regular, flexível e sonora, seu ouvido sensível à medida e à harmonia, mas nada mais. A música imitativa e teatral não é para a sua idade; eu não gostaria nem mesmo que ele cantasse palavras; se quisesse cantar, eu procuraria fazer-lhe canções para isso, interessantes para a sua idade e tão simples quanto suas ideias.

É de pensar que, tendo tão pouca pressa para lhe ensinar a ler a escrita, eu também não a teria para lhe ensinar a ler música. Afastemos de seu cérebro toda atenção penosa demais, e não nos apressemos em fixar seu espírito em sinais convencionais. Confesso que isso parece apresentar dificuldades, pois, se o conhecimento das notas não parece de início mais necessário para saber cantar do que o das letras para saber falar, há contudo a seguinte diferença: ao falar expomos nossas próprias ideias, ao cantar quase só expomos as de outrem. Ora, para expô-las, é preciso lê-las.

Mas, primeiramente, em vez de lê-las podemos ouvi-las, e um canto se revela ao ouvido ainda mais fielmente do que aos olhos. Além disso, para bem saber a música, não basta executá-la, é preciso compor, e uma coisa se deve aprender com a outra, sem o que jamais a saberemos bem. Exercitai vosso pequeno músico primeiro a fazer frases bem regulares, bem cadenciadas; em seguida, a ligá-las através de uma modulação bem simples e, enfim, a marcar suas diferentes relações com uma pontuação correta, o que se consegue com uma boa escolha das cadências e das pausas. Sobretudo, nunca nenhum canto bizarro, nada patético ou de expressão. Uma melodia sempre cantante e simples, sempre derivada das cordas essenciais do tom e sempre a indicar de tal forma o baixo que ele o sinta e o acompanhe sem dificuldades; pois, para desenvolver a voz e o ouvido, ele só deve cantar ao cravo.

Para melhor marcar os sons, articulamo-los ao pronunciá-los; daí o costume de solfejar com certas sílabas. Para distinguir os graus, é preciso dar nomes tanto para esses graus quanto para seus diferentes termos fixos; daí os nomes dos intervalos e também as letras do alfabeto com que se indicam as teclas do teclado e as notas da gama. C e A designam sons fixos invariáveis, sempre fornecidos pelas mesmas teclas. *Dó* e *lá* são outra coisa. *Dó* é invariavelmente a tônica de um modo maior, ou a mediante de um modo menor. *Lá* é invariavelmente a tônica de um modo menor, ou a sexta nota de um modo maior. Assim, as letras marcam os termos imutáveis das relações de nosso sistema musical, e as sílabas marcam os termos homólogos das relações semelhantes em diversos tons. As letras indicam as teclas do teclado, e as sílabas os graus do modo. Os músicos franceses embaralharam estranhamente essas distinções; confundiram o sentido das sílabas com o sentido das letras e, duplicando inutilmente os sinais das teclas, não deixaram nenhum para exprimir as cordas dos tons; assim, para eles *dó* e C são sempre a mesma coisa, o que não é nem deve ser, pois então para que serviria C? Assim, a maneira de solfejarem é de uma dificuldade excessiva, sem ser de nenhuma utilidade, sem trazer nenhuma ideia clara ao espírito, já que, por esse método, as duas sílabas *dó* e *mi*, por exemplo, podem igualmente significar uma terça maior, menor, supérflua ou diminuída. Por que estranha fatalidade o país do mundo onde se escrevem os mais belos livros sobre a música é precisamente aquele em que a aprendemos com maior dificuldade?

Adotemos com nosso aluno uma prática mais simples e mais clara; que ele só tenha para si dois modos, cujas relações sejam sempre as mesmas e sempre indicadas pelas mesmas sílabas. Quer cantando, quer tocando um instrumento, que ele saiba estabelecer seu modo em cada um dos doze tons que lhe podem servir de base e que, quer se module em D, em C, em G etc., o final seja sempre *lá* ou *dó*, conforme o modo. Dessa maneira, ele sempre vos compreenderá; as relações essenciais do modo para cantar e tocar estarão sempre presentes em seu espírito, sua execução será mais clara e seu progresso mais rápido. Não há nada mais esquisito do que aquilo que os franceses chamam de solfejar ao natural; isso equivale a afastar as ideias da coisa para substituí-las por ideias alheias que só confundem. Nada é mais natural do que solfejar por transposição, quando o modo é transposto. Mas basta quanto à música; ensinai-a como quiserdes, contanto que sempre seja apenas uma diversão.

Eis-nos bem informados acerca do estado dos corpos alheios com relação ao nosso, de seu peso, de sua figura, de sua cor, de sua solidez, de sua grandeza, de sua distância, de sua temperatura, de seu repouso e de seu movimento. Estamos instruídos sobre aqueles que convêm aproximar ou afastar de nós, sobre a maneira como nos devemos portar para vencer sua resistência, ou para lhes opor uma resistência que nos preserve de sermos ofendidos, mas não é o bastante; nosso próprio corpo esgota-se sem cessar, precisa ser renovado sem cessar. Embora tenhamos a faculdade de transformar outras substâncias na nossa própria, a escolha não é indiferente; nem tudo é alimento para o homem, e, das substâncias que podem sê-lo, há aquelas que são mais ou menos convenientes, conforme a constituição de sua espécie, conforme o clima em que habite, conforme seu temperamento particular e conforme a maneira de viver que sua condição lhe prescreva.

Morreríamos de fome ou envenenados se fosse preciso esperar, para escolher os alimentos que nos convêm, que a experiência nos tivesse ensinado a conhecê-los e a escolhê-los. A suprema bondade, porém, que fez do prazer dos seres sensíveis o instrumento de sua conservação, adverte-nos, através do que agrada ao nosso paladar, sobre o que convém ao estômago. Naturalmente, não há para o homem médico mais seguro do que seu próprio apetite e, tomando-o em seu estado primitivo, não tenho dúvida de que os alimentos que achava mais agradáveis eram também os mais saudáveis para ele.

Há mais. O autor das coisas não provê apenas às necessidades que nos dá, mas também àquelas que nós próprios nos damos, e é para que nosso desejo esteja sempre ao lado de nossa necessidade que ele faz que nossos gostos mudem e se alterem com as maneiras de viver. Quanto mais nos afastamos do estado de natureza, mais perdemos de nossos gostos naturais, ou antes, o hábito forma para nós uma segunda natureza, que substituímos de tal modo à primeira, que ninguém de nós conhece mais essa primeira.

Segue-se daí que os gostos mais naturais devem ser também os mais simples, pois são aqueles que se transformam mais facilmente, ao passo que, ao se aguçarem, ao se irritarem com nossas fantasias, eles assumem uma forma que não muda mais. O homem que ainda não é de nenhum país adaptar-se-á sem dificuldades aos costumes de qualquer país, mas o homem de um país já não se torna o de um outro país.

Isso me parece verdadeiro em todos os sentidos, e mais ainda quando aplicado ao gosto propriamente dito. Nosso primeiro alimento é o leite; só nos acostumamos aos poucos aos sabores fortes, que de início nos repugnam. Alguns frutos, legumes, ervas e enfim algumas carnes grelhadas, sem tempero e sem sal, constituíram os banquetes dos primeiros homens*. A primeira vez que um selvagem bebe vinho, ele faz careta e o recusa; e, mesmo entre nós, quem quer que tenha vivido até os vinte anos sem provar licores fermentados já não conseguirá acostumar-se com eles. Seríamos todos abstêmios se não nos tivessem dado vinho em nossa juventude. Finalmente, quanto mais simples são nossos gostos, mais eles são universais; as mais comuns repugnâncias recaem sobre os pratos compostos. Viu-se alguma vez alguém que tivesse aversão pelo pão ou pela água? Eis o rastro da natureza, eis portanto também a nossa regra. Conservemos na criança o seu gosto primitivo o mais possível; que sua comida seja comum e simples, que seu paladar só se familiarize com os sabores pouco picantes e não forme para si mesmo um gosto exclusivo.

Não estou examinando aqui se essa maneira de viver é mais sadia ou não, não é assim que o encaro. Basta-me saber, para preferi-la, que é a mais conforme à natureza, e a que pode com maior facilidade dobrar-se a qualquer outra. Quem diz que é preciso habituar as crianças aos ali-

---

* Vide a *Arcádia* de Pausânias; vide também o trecho de Plutarco, transcrito adiante.

mentos de que se servirão quando adultas, não me parece raciocinar direito. Por que sua alimentação deve ser a mesma, quando suas maneiras de viver são tão diferentes? Um homem esgotado de tanto trabalhar, de preocupações, de sofrimentos, precisa de alimentos suculentos que lhe tragam novos espíritos ao cérebro; uma criança que acaba de brincar e cujo corpo está em crescimento precisa de uma alimentação abundante que lhe forneça bastante quilo na digestão. De resto, o homem adulto já tem sua condição, seu emprego, sua residência; mas quem é que pode ter certeza sobre o que a fortuna reserva para a criança? Em todas as coisas, não lhe demos uma forma tão determinada que lhe seja muito difícil mudá-la se preciso. Não façamos com que ele morra de fome em outro país, se ele não arrastar em seu séquito um cozinheiro francês, nem que um dia ele diga que só se sabe comer na França. Eis, entre parênteses, um elogio divertido! De minha parte, diria pelo contrário que só os franceses não sabem comer, já que é necessária uma arte tão particular para lhes tornar aceitáveis os pratos.

De nossas sensações diversas, o gosto fornece as que geralmente mais nos afetam. Assim, somos mais interessados em bem julgar as substâncias que devem fazer parte das nossas opções do que as que se limitam a cercá-la. Mil coisas são indiferentes ao tato, ao ouvido, à visão, mas quase nada é indiferente ao paladar.

Ademais, a atividade deste sentido é inteiramente física e material; é o único que nada diz à imaginação, ou pelo menos aquele em cujas sensações ela entra menos, ao passo que a imitação e a imaginação muitas vezes misturam algo de moral à impressão de todos os outros sentidos. Assim, geralmente, os corações ternos e voluptuosos, os temperamentos apaixonados e realmente sensíveis, fáceis de se emocionarem com os outros sentidos, são bastante frios quanto a este. Do próprio fato que parece colocar o gosto abaixo deles e tornar desprezível a inclinação que temos por ele, eu concluiria, pelo contrário, que o meio mais conveniente de conduzir as crianças é levá-las pela boca. A motivação da gulodice é sobretudo preferível à da vaidade, pois a primeira é um apetite da natureza, ligado imediatamente ao sentido, ao passo que a segunda é obra da opinião, sujeita ao capricho dos homens e a todo tipo de abuso. A gulodice é a paixão da infância; essa paixão não resiste a nenhuma outra; à menor concorrência, ela desaparece. Ah, acreditai em mim! A criança deixará até cedo demais de pensar no que come, e quando seu coração estiver muito ocupado, seu paladar pouco a ocupará. Quando ela tiver crescido, mil sentimentos impetuosos darão o troco à gulodice, e só excitarão a vaidade, pois esta última paixão é a única que se aproveita das outras e no final engole todas elas. Examinei algumas vezes pessoas que davam importância aos bons pratos, que ao acordar pensavam no que iriam comer durante o dia, e descreviam uma refeição com mais exatidão do que a usada por Políbio para descrever um combate, e descobri que todos esses pretensos homens não passavam de crianças de quarenta anos, sem vigor e sem consistência, *fruges consumere nati*[9]. A gulodice é o vício dos corações sem fibra. A alma de um guloso está inteira em seu paladar; ele só é feito para comer; em sua estúpida incapacidade, só está em seu lugar à mesa e só sabe julgar os pratos; deixemos-lhe sem remorso esse emprego; é melhor esse do que algum outro, tanto para ele quanto para nós.

Temer que a gulodice tome raízes numa criança capaz de alguma coisa é uma precaução de mentes estreitas. Na infância, só pensamos no que comemos; na adolescência, já não nos preocupamos com isso; tudo é bom para nós, e temos preocupações muito diferentes. Porém, eu não gostaria que se fizesse um emprego indiscriminado de uma

---

9. "Nascidos para consumir os frutos da terra." (Horácio, *Epístolas*, I, 2, 27.) (N. do T.)

motivação tão baixa, nem que se apoiasse num bom prato a honra de fazer uma bela ação. Mas não vejo por que, toda a infância sendo ou devendo ser apenas brincadeiras e alegres diversões, exercícios puramente corporais não devam ter um prêmio material e sensível. Se uma criança de Maiorca, vendo um cesto no alto de uma árvore, o derrubar a golpes de funda, não será muito justo que ela tire proveito disso, e que um bom almoço restaure a força empregada para ganhá-lo?* Se um jovem espartano, através dos riscos de cem golpes de chicote, se introduzir habilmente numa cozinha e roubar um filhote de raposa vivo, e ao levá-lo for arranhado na roupa, mordido, sangrar e, para não ter a vergonha de ser surpreendido, deixar sem pestanejar que suas entranhas sejam dilaceradas, sem dar um único grito, não será justo que ele aproveite a sua presa e a coma após ter sido comido por ela? Uma boa refeição não deve jamais ser uma recompensa; mas por que não seria algumas vezes o efeito dos trabalhos que se tiveram para obtê-la? Emílio não encara o doce que pus sobre a pedra como o prêmio por ter corrido bem; sabe apenas que o único meio de obter esse doce é chegar antes do que outro.

Isso não contradiz as máximas que propus há pouco sobre a simplicidade das comidas, pois, para excitar o apetite das crianças, não se trata de excitar sua sensualidade, mas somente de satisfazê-la, e isso se obterá pelas coisas mais comuns do mundo, se não se tentar refinar seu gosto. O contínuo apetite das crianças, que a necessidade de crescer estimula, é um tempero certo que lhes faz as vezes de muitos outros. Frutas, laticínios, alguma massa de forno um pouco mais delicada do que o pão comum e principalmente a arte de distribuir sobriamente tudo isso, eis com que conduzir exércitos de crianças até o fim do mundo, sem lhes dar o gosto pelos sabores vivos, nem correr o risco de lhes estragar o paladar.

---

* Faz muitos séculos que os maiorquinos perderam esse costume; ele é do tempo da celebridade de seus fundibulários.

Uma das provas de que o gosto da carne não é natural para o homem é a indiferença que as crianças mostram por esse alimento, e a preferência que dão a alimentos vegetais, assim como aos laticínios, à pastelaria, às frutas etc. É importante, sobretudo, não desnaturar esse gosto primitivo, e não tornar as crianças carnívoras; se não for pela sua saúde, que seja pelo seu caráter, pois, de qualquer modo que se explique a experiência, não há dúvida de que os grandes comedores de carne são em geral cruéis e ferozes mais do que os outros homens. Essa observação é de todos os lugares e tempos. A barbárie inglesa é conhecida*; os gauros, pelo contrário, são os mais mansos dos homens**. Todos os selvagens são cruéis, e seus costumes não os levam a isso; a crueldade vem dos alimentos. Eles vão à guerra como à caça e tratam os homens como se fossem ursos. Na própria Inglaterra os açougueiros não são aceitos como testemunhas***, assim como os cirurgiões. Os grandes criminosos acostumam-se com os assassínios bebendo sangue. Homero faz dos Ciclopes, que comiam carne, homens horrendos, e dos Lotófagos, um povo tão amável que, assim que experimentavam o seu comércio, as pessoas até esqueciam sua terra para viver com eles.

"Tu me perguntas, dizia Plutarco, por que Pitágoras se abstinha de comer a carne dos animais. Eu, porém, te pergunto, pelo contrário, que coragem de homem teve o primeiro que aproximou da boca uma carne morta, que

---

* Sei que os ingleses apregoam muito sua humanidade e a boa índole de sua nação, que eles chamam de *good natured people*; mas, por mais que o proclamem tanto quanto podem, ninguém o repete depois deles.

** Os banianos, que se abstêm de carne de modo mais severo do que os gauros, são quase tão mansos quanto eles, mas, como sua moral é menos pura e seu culto menos razoável, não são tão boas pessoas.

*** Um dos tradutores ingleses deste livro observou aqui meu engano e ambos o corrigiram. Os açougueiros e os cirurgiões são admitidos como testemunhas, mas os primeiros não são admitidos como jurados ou pares no julgamento dos crimes, ao passo que os cirurgiões o são.

quebrou com os dentes os ossos de um animal moribundo, que fez com que se servissem corpos mortos, cadáveres, e submergiu em seu estômago membros que, um instante antes, baliam, mugiam, caminhavam e viam. Como pôde sua mão enterrar um ferro no coração de um ser sensível? Como puderam seus olhos suportar um assassínio? Como pôde sangrar, esfolar, desmembrar um pobre animal indefeso? Como pôde suportar o aspecto das carnes palpitantes? Como o cheiro delas não fez com que seu coração se erguesse? Como não teve repugnância, repulsa, horror quando tocou na imundície dos ferimentos, para limpar o sangue negro que se grudara a eles?

As peles esfoladas rastejavam sobre a terra,
As carnes espetadas mugiam ao fogo;
O homem não pôde comê-las sem tremer,
E em seu seio as ouviu gemer.

"Eis o que ele deve ter imaginado e sentido a primeira vez que venceu a natureza para fazer esse horrível banquete, a primeira vez que sentiu fome de um animal vivo, que quis alimentar-se de um animal que ainda pastava e que disse como se devia degolar, desmembrar e cozer a ovelha que lhe lambia as mãos. Devemos espantar-nos, não com os que abandonam esses cruéis banquetes, mas com os que os começaram, e mesmo assim estes últimos poderiam justificar sua barbárie com desculpas que faltam à nossa, o que nos torna cem vezes mais bárbaros do que eles.

"Mortais amados dos deuses, dir-nos-iam esses primeiros homens, comparai os tempos, vede como sois felizes e como éramos miseráveis! A terra recentemente formada e o ar carregado de vapores ainda eram indóceis à ordem das estações; o curso incerto dos rios arrasava suas margens por toda parte; lagoas, lagos, pântanos profundos inundavam três quartos da superfície do mundo, e o outro quarto estava coberto de bosques e de florestas estéreis. A terra não produzia bons frutos. Não tínhamos instrumentos para lavrar, ignorávamos a arte de nos servirmos deles e o tempo da colheita nunca chegava para quem nada semeara. Assim a fome nunca nos deixava. No inverno, os musgos e a casca das árvores eram nossos alimentos comuns. Algumas raízes verdes de grama e de urzes eram para nós um banquete, e, quando os homens podiam encontrar frutos da faia, nozes ou bolotas, dançavam de alegria ao redor de um carvalho ou de uma faia, ao som de alguma canção rústica, chamando a terra de nutriz e de mãe. Essa era a sua única festa, eram suas únicas diversões; todo o resto da vida humana era apenas dor, sofrimento e miséria.

"Enfim, quando a terra despojada e nua nada mais nos oferecia, obrigados a ultrajar a natureza para nos conservarmos, preferimos comer os companheiros de nossa miséria a morrer com eles. Mas vós, homens cruéis, quem vos obriga a verter sangue? Vede que abundância de riquezas vos cerca! Quantos frutos produz para vós a terra! Quantas riquezas vos dão os campos e as vinhas! Quantos animais vos oferecem seu leite para vos alimentar e sua pele para vos vestir! Que mais quereis deles? E que raiva vos leva a cometer tantos assassínios, repletos de bens e transbordantes de víveres? Por que mentis contra nossa mãe, acusando-a de não poder alimentar-vos? Por que pecais contra Ceres, inventora das santas leis, e contra o gracioso Baco, consolador dos homens? Como se seus dons abundantes não bastassem para a conservação do gênero humano! Como tendes a coragem de misturar ossadas com seus doces frutos em vossas mesas, e comer com o leite o sangue dos animais que vo-lo dão? As panteras e os leões, que chamais de animais ferozes, seguem seu instinto forçosamente e matam os outros animais para viver. Mas vós, cem vezes mais ferozes do que eles, combateis o instinto sem necessidade, para vos entregardes a vossas cruéis delícias. Os animais que comeis não são os que os outros comem; vós não comeis esses animais carniceiros, mas os imitais.

Só tendes fome dos animais inocentes e mansos que não fazem mal a ninguém, que se apegam a vós, que vos servem e que devorais como prêmio de seus serviços.

"Ó assassino contra a natureza! Se teimares em afirmar que ela te fez para devorar teus semelhantes, seres de carne e osso, sensíveis e vivos como tu, abafa então o horror que ela te inspira por esses horrendos banquetes. Mata tu mesmo os animais, com tuas próprias mãos, sem ferramentas, sem facão; rasga-os com tuas unhas, como os leões e os ursos; morde o boi e o despedaça; finca tuas garras em sua pele; come vivo esse cordeiro, devora suas carnes ainda quentes, bebe sua alma com seu sangue. Tremes! Não ousas sentir palpitar sob teu dente uma carne viva! Homem lastimável! Começas por matar o animal e depois o comes, como se quisesses fazê-lo morrer duas vezes. Não é o bastante; a carne morta ainda te repugna, tuas entranhas não podem suportá-la. Deves transformá-la pelo fogo, cozê-la, assá-la, temperá-la com especiarias que a disfarçam; precisas de salsicheiros, de cozinheiros, de assadores, de pessoas que te subtraiam o horror das mortes e te vistam com corpos mortos, para que o sentido do paladar, enganado por esses disfarces, não rejeite o que lhe é estranho e saboreie com prazer cadáveres cujo aspecto os próprios olhos teriam dificuldade de suportar."

Embora este trecho seja alheio ao meu assunto, não pude resistir à tentação de transcrevê-lo, e acredito que poucos leitores se zangarão comigo por isso.

De resto, qualquer que seja o regime que deis às crianças, contanto que as habitueis só a pratos comuns e simples, deixai-as comer, correr e brincar o quanto quiserem, e tende certeza de que nunca comerão demais ou terão indigestões. Mas, se as deixardes com fome a metade do tempo e elas acharem meios de fugir à vossa vigilância, procurarão compensação com todas as forças e comerão até se encherem, até estourarem. Nosso apetite só é desmedido porque queremos dar-lhe regras diferentes das regras da natureza. Sempre regrando, prescrevendo, acrescentando, suprimindo, só fazemos alguma coisa com a balança na mão. Mas essa balança mede por nossa fantasia, e não pelo nosso estômago. Volto sempre aos meus exemplos. Entre os camponeses, a cesta de pães e a fruteira estão sempre abertas, e nem as crianças nem os adultos sabem o que seja indigestão.

No entanto, se acontecesse de uma criança comer demais, o que não creio que seja possível pelo meu método, é tão fácil distraí-la com diversões de que goste, que conseguiríamos matá-la de inanição sem que ela se desse conta. Como é que meios tão seguros e tão fáceis escapam a todos os preceptores? Conta Heródoto que os lídios, premidos por uma extrema penúria, resolveram inverter os jogos e outras diversões com que enganavam a fome e passavam dias inteiros sem pensar em comer*. Vossos doutos preceptores talvez tenham lido cem vezes esse trecho, sem perceber a aplicação que dele podemos fazer para o caso das crianças. Talvez algum deles me venha dizer que uma criança não larga de bom grado seu jantar para ir estudar. Mestre, tendes razão; eu não estava pensando nessa diversão.

O sentido do olfato está para o paladar assim como o da visão está para o tato. Ele o previne, adverte-o sobre a maneira como esta ou aquela substância devem afetá-lo, e dispõe a que se a procure ou evite, conforme a impressão que se receba previamente. Ouvi dizer que os selvagens tinham um olfato muito diferente do nosso, e julgavam de outra maneira os bons e maus cheiros. De minha parte, acredito nisso. Por si mesmos, os cheiros são sensações fra-

* Os antigos historiadores estão repletos de ideias de que poderíamos fazer uso, mesmo que os fatos que as apresentam fossem falsos. Mas nós não sabemos tirar nenhum partido verdadeiro da história; a crítica de erudição absorve tudo, como se importasse muito que um fato fosse verdadeiro, uma vez que pudéssemos tirar dele um ensinamento útil. Os homens sensatos devem encarar a história como uma trama de fábulas cuja moral é apropriadíssima ao coração humano.

cas, impressionam mais a imaginação do que o sentido e não afetam tanto pelo que oferecem quanto pelo que fazem esperar. Suposto isso, os gostos de uns, que pela maneira de viver tornaram-se tão diferentes dos gostos dos outros, devem fazer com que tenham juízos opostos sobre os sabores e, por conseguinte, sobre os cheiros que os anunciam. Um tártaro deve cheirar com tanto prazer um pedaço malcheiroso de cavalo morto quanto um de nossos caçadores, uma perdiz meio podre.

Nossas sensações vãs, como ser perfumados pelas flores de um canteiro, devem ser imperceptíveis a homens que caminham demais para gostarem de passear, e não trabalham o suficiente para terem no descanso uma volúpia. Pessoas sempre famintas não são capazes de sentir um grande prazer com perfumes que não lhes anunciem algo para comer.

O olfato é o sentido da imaginação. Dando aos nervos um tom mais forte, deve agitar muito o cérebro. É por isso que ele reanima por instantes o temperamento e o esgota com o tempo. Há no amor efeitos bem conhecidos; o doce perfume de um toucador não é uma armadilha tão fraca como se pensa, e não sei se devemos felicitar ou lamentar o homem sábio e pouco sensível que o odor das flores que sua amante carrega no seio jamais fez palpitar.

Portanto, o olfato não deve ser muito ativo na infância, quando a imaginação, animada ainda por poucas paixões, é pouco suscetível de emoção e quando não se tem ainda experiência suficiente para prever com um sentido o que outro nos promete. Assim, essa consequência é perfeitamente confirmada pela observação, e não há dúvida de que esse sentido ainda é obtuso e quase embotado na maioria das crianças. Não é que a sensação não seja nelas tão fina ou até mais do que nos adultos, mas, não unindo a ela nenhuma outra ideia, não são facilmente atingidas por um sentimento de prazer ou de dor e não são nem afagadas nem feridas como nós. Creio que, sem sair do mesmo sistema e sem recorrer à anatomia comparada dos dois sexos, encontrar-se-ia facilmente a razão pela qual as mulheres geralmente se perturbam mais fortemente com os odores do que os homens.

Dizem que os selvagens do Canadá desde a juventude tornam seu olfato tão sutil que, embora possuam cães, não se servem deles na caça, sendo eles mesmos seus próprios cães. Acho, de fato, que se educássemos as crianças para farejarem sua refeição, como o cão fareja a presa, talvez conseguíssemos aperfeiçoar seu olfato na mesma medida. No fundo, porém, não acho que possamos com as crianças chegar a um emprego muito útil desse sentido, a não ser para fazê-las conhecer suas relações com o paladar. A natureza teve o cuidado de nos forçar a conhecer essas relações. Ela tornou a ação deste último sentido quase que inseparável da ação do outro, tornando seus órgãos vizinhos e colocando na boca uma comunicação imediata entre os dois, de modo que nada saboreamos sem cheirar. Gostaria apenas que não se alterassem essas relações naturais para enganar uma criança, cobrindo, por exemplo, com um aroma agradável o ressaibo de um remédio, pois a discórdia entre os dois sentidos é então grande demais para poder enganá-la; absorvendo o sentido mais ativo o efeito do outro, a criança não toma a medicação com menor repugnância; essa repugnância estende-se a todas as sensações que a atingem ao mesmo tempo; na presença da mais fraca, sua imaginação fá-la lembrar também a outra. Um perfume muito suave não passa, para ela, de um cheiro repugnante, e é assim que nossas indiscretas precauções aumentam a soma das sensações desagradáveis à custa das agradáveis.

Resta-me falar nos livros seguintes da cultura de uma espécie de sexto sentido, chamado senso comum, menos por ser comum a todos os homens do que por resultar do uso bem regrado dos outros sentidos, e por nos instruir a respeito da natureza das coisas com o auxílio de todas as suas aparências. Esse sexto sentido, por conseguinte, não tem órgão particular; reside apenas no cérebro, e suas sensações, puramente internas, chamam-se percepções ou ideias. A extensão de nossos conhecimentos mede-se pelo número dessas ideias, e é sua nitidez, sua clareza que faz a justeza do espírito; é a arte de compará-las entre si que chamamos razão humana. Assim, o que eu chamava de razão sensitiva ou pueril consiste em formar ideias simples com o auxílio de várias sensações, e o que chamo de razão intelectual ou humana consiste em formar ideias complexas com o auxílio de várias ideias simples.

Supondo, pois, que meu método seja o da natureza e que não me tenha enganado em sua aplicação, levamos nosso aluno pelo país das sensações até as fronteiras da razão pueril; o primeiro passo que daremos adiante deve ser um passo de homem. Mas, antes de entrar nesta nova vertente, contemplemos um pouco o que acabamos de percorrer. Cada idade, cada estado da vida tem sua perfeição conveniente, o tipo de maturidade que lhe é própria. Ouvimos falar muitas vezes de um homem feito, mas consideremos uma criança feita; o espetáculo será mais novo para nós, e talvez não venha a ser menos agradável.

A existência dos seres finitos é tão pobre e limitada que, quando só enxergamos o que existe, nunca nos comovemos. As quimeras enfeitam os objetos reais e, se a imaginação não soma algum encanto ao que nos impressiona, o estéril prazer que então recebemos limita-se ao órgão e sempre deixa frio o coração. Ornada com os tesouros do outono, a terra ostenta uma riqueza que o olho admira; no entanto, tal admiração não é comovente, e vem mais da reflexão do que do sentimento. Na primavera, o campo quase nu ainda não se cobriu de nada, os bosques não oferecem sombra alguma, a verdura apenas desponta e o coração é tocado por seu aspecto. Vendo assim renascer a natureza, nós mesmos sentimo-nos reanimar; a imagem do prazer rodeia-nos; aquelas companheiras da volúpia, as doces lágrimas sempre prontas a se juntar a todo sentimento delicioso, já estão às bordas de nossas pálpebras, mas o aspecto das vindimas, por mais que seja animado, vivo e agradável, sempre o vemos com os olhos secos.

Por que essa diferença? É que, ao espetáculo da primavera, a imaginação soma o das estações que se lhe devem seguir; aos tenros brotos que o olho percebe, ela acrescenta as flores, os frutos, as sombras das folhagens e às vezes os mistérios que elas possam esconder. Ela reúne num só ponto tempos que se devem suceder, e vê os objetos menos como serão do que como os deseja, porque depende dela escolhê-los. No outono, pelo contrário, só temos para ver o que existe. Se quisermos chegar à primavera, o inverno nos detém, e a imaginação enregelada expira sobre a neve e a geada.

Essa é a fonte do encanto que experimentamos na contemplação de uma bela infância, de preferência à perfeição da maturidade. Quando experimentamos um real prazer ao ver um adulto? Quando a memória de suas ações faz-nos recuar em sua vida e o rejuvenesce, por assim dizer, aos nossos olhos. Se somos reduzidos a considerá-lo tal como é, ou a supô-lo tal como será na velhice, a ideia da natureza em declínio mata todo o nosso prazer, pois nao há nenhum prazer em ver um homem avançar a passos largos rumo ao túmulo, e a imagem da morte enfeia tudo.

Quando, porém, imagino uma criança de dez ou doze anos sadia, forte, bem formada para a idade, ela não provoca em mim nenhuma ideia que não seja agradável, quer para o presente, quer para o futuro; vejo-a ardente, viva, animada, sem preocupações, sem uma longa e penosa previdência, inteiramente entregue a seu ser atual, gozando de uma plenitude de vida que parece querer estender-se para fora dela. Prevejo-a em outra idade, exercitando o juízo, o espírito e as forças que nela se desenvolvem todos os dias, dos quais ela dá a cada instante novos indícios; contemplo-a ainda criança e ela me agrada; imagino-a adulta, e ela me agrada ainda mais; seu sangue ardente parece aquecer o meu; creio viver de sua vida, e sua vivacidade rejuvenesce-me.

Soa a hora, e que mudança! Instantaneamente, seus olhos perdem o brilho, apaga-se a sua alegria; adeus contentamento, adeus brincadeiras engraçadas. Um homem severo e zangado pega-a pela mão, diz-lhe gravemente: *Vamos, senhor*, e o leva. No quarto onde entram, entrevejo alguns livros. Livros! Que triste mobiliário para a sua idade! A pobre criança deixa-se arrastar, passa um olhar triste por tudo o que a cerca, cala-se e parte, os olhos cheios de lágrimas que não ousa chorar, e o coração repleto de suspiros que não ousa exalar.

Ó tu, que nada de semelhante tens a temer, tu para quem nenhum período da vida é um tempo de aborrecimento e de tédio, tu que vês o dia viver sem inquietação, a noite sem impaciência, e só contas as horas por teus prazeres, vem, felizardo, meu amável aluno, consolar-nos com tua presença da partida daquele desafortunado. Vem... Ele chega, e eu sinto à sua aproximação um movimento de alegria que vejo que ele compartilha. É seu amigo, seu camarada, é o companheiro de suas brincadeiras que ele aborda; vendo-me, tem certeza de que não ficará muito tempo sem diversões; nunca dependemos um do outro, e com ninguém estamos tão bem como quando estamos juntos.

Sua figura, seu porte, seu jeito demonstram segurança e contentamento. A saúde brilha em seu rosto; seus passos firmes dão-lhe um aspecto vigoroso; sua tez, ainda delicada sem ser apagada, nada tem de languidez efeminada; o ar e o sol já deixaram nela a marca de honra de seu sexo; seus músculos, ainda arredondados, começam a deixar alguns traços de uma fisionomia nascente; seus olhos, que o fogo do sentimento ainda não anima, têm pelo menos toda a sua serenidade nativa*, longas amarguras ainda não os obscureceram, intermináveis prantos não sulcaram seu rosto. Vede em seus movimentos rápidos mas seguros a vivacidade de sua idade, a firmeza da independência, a experiência dos exercícios multiplicados. Ele tem um jeito aberto e

* *Natia*. Emprego aqui este termo [*native*] numa acepção italiana, por não conseguir encontrar para ele um sinônimo em francês. Se estou errado, pouco importa, contanto que me entendam.

livre, mas não insolente nem vaidoso; seu rosto, que não foi colado aos livros, não cai sobre o estômago; não se tem necessidade de lhe dizer *levanta a cabeça*; nem a vergonha nem o medo jamais a fizeram abaixar-se.

Abramos um espaço para ele em meio à assembleia: senhores, examinai-o, interrogai-o com toda a confiança; não temais nem suas inoportunidades, nem seus balbucios, nem suas perguntas indiscretas. Não temais que ele se apodere de vós, ou que ele pretenda ocupar-vos sozinho e que já não possais livrar-vos dele.

Tampouco espereis dele palavras agradáveis, nem que vos diga o que eu lhe houver ditado; esperai dele apenas a verdade ingênua e simples, sem enfeites, sem adornos, sem vaidade. Dir-vos-á o mal que fez ou que pensa tão livremente quanto o bem, sem se embaraçar de modo algum com o efeito que causará em vós o que disser; usará da palavra com toda a simplicidade de sua educação.

Gostamos de prever um bom futuro para as crianças e sempre lamentamos esse fluxo de inépcias que quase sempre vem reverter as expectativas que gostaríamos de fundar em algum feliz achado que por acaso lhes saia da boca. Se o meu aluno raramente dá tais esperanças, nunca dará essa frustração, pois nunca diz uma palavra inútil, e não se entrega a um balbucio que sabe que ninguém escuta. Suas ideias são limitadas, mas claras; se nada sabe de memória, sabe muito por experiência; se lê menos bem do que outra criança em nossos livros, lê melhor no da natureza; seu espírito não está na língua, mas na cabeça; tem menos memória do que juízo; só sabe falar uma língua, mas entende o que diz, e, se não fala tão bem quanto os outros, em compensação faz melhor do que eles.

Não sabe o que seja uma rotina, um costume, um hábito; o que fez ontem não influi no que faz hoje*; nunca

* A atração do hábito provém da preguiça natural do homem, e essa preguiça aumenta ao nos entregarmos a ela; fazemos mais facilmente o que já fizemos; estando aberto o caminho, ele se torna mais fácil de trilhar. Assim

segue uma fórmula, não cede à autoridade nem ao exemplo, e só age e fala como lhe convém. Assim, não espereis dele discursos ditados, nem maneiras estudadas, mas sempre a expressão fiel de suas ideias e o comportamento que nasce de suas inclinações.

Nele encontrais umas poucas noções morais que se relacionam com sua condição atual, mas nenhuma sobre a condição relativa dos homens, e de que elas lhe valeriam, visto que uma criança ainda não é um membro ativo da sociedade? Falai-lhe de liberdade, de propriedade, até de convenção; até aí ele pode saber alguma coisa, ele sabe por que aquilo que é dele é dele e por que aquilo que não é dele não é dele; passando daí, não sabe mais nada. Falai-lhe de dever, de obediência, ele não saberá o que quereis dizer; dai-lhe alguma ordem, ele não vos escutará; mas dizei a ele: Se me fizeres esse prazer, eu te compensarei mais tarde; na mesma hora ele tratará de vos satisfazer, pois não pede mais do que estender seu domínio e adquirir sobre vós direitos que sabe serem invioláveis. Talvez até ele não se zangue por ter um lugar, participar, contar para alguma coisa; se, porém, tiver este último motivo, ei-lo já fora da natureza, e não tereis bem vedado previamente todas as portas da vaidade.

Por seu lado, se ele precisar de alguma assistência, irá pedi-la indiferentemente ao primeiro que encontrar; pedi-la-ia ao rei assim como ao seu lacaio: a seus olhos ainda todos os homens são iguais. Podeis ver pelo jeito como ele pede que sente que não lhe devem nada e sabe que o que pede é um favor. Sabe também que a humanidade leva a que lho concedam. Suas expressões são simples e la-

---

podemos observar que o império do hábito é muito grande sobre os velhos e as pessoas indolentes, muito pequeno sobre a juventude e sobre as pessoas ativas. Esse regime só é bom para as almas débeis, e debilita-as cada vez mais. O único hábito útil às crianças é sujeitar-se sem problemas à necessidade das coisas, e o único hábito útil aos homens é sujeitar-se sem problemas à razão. Qualquer outro hábito é um vício.

cônicas. Sua voz, seu olhar, seu gesto são de um ser igualmente acostumado ao assentimento e à recusa. Não é nem a rastejante e servil submissão de um escravo, nem o tom imperioso de um senhor, mas uma modesta confiança em seu semelhante, a nobre e tocante mansidão de um ser livre, mas sensível e fraco, que implora a ajuda de um ser livre, mas forte e benévolo. Se lhe concederdes o que pede, não vo-lo agradecerá, mas sentirá que contraiu uma dívida. Se lho recusardes, não se queixará, não insistirá, sabendo que é inútil. Não dirá a si mesmo: Recusaram-mo; mas sim: Aquilo não podia ser. E, como já disse, não nos revoltamos contra a necessidade reconhecida.

Deixai-o sozinho em liberdade, vede-o agir sem nada lhe dizer; considerai o que fará e como se arranjará. Não precisando provar a si mesmo que é livre, jamais faz nada por travessura e apenas para fazer um ato de domínio sobre si mesmo; não sabe ele que é senhor de si mesmo? É alerta, rápido, disposto; seus movimentos têm toda a vivacidade da idade, mas não vereis um só deles que não tenha um fim. Seja o que for que ele queira fazer, jamais tentará nada que esteja acima de suas forças, pois colocou-as à prova e as conhece; seus meios serão sempre bem apropriados a seus planos e raramente agirá sem estar certo do sucesso. Terá os olhos atentos e judiciosos; não se comportará tolamente, interrogando os outros sobre tudo o que vê, mas ele próprio o examinará, esforçando-se por descobrir o que quiser saber, antes de fazer perguntas. Se cair em dificuldades imprevistas, perturbar-se-á menos do que qualquer outro, e se correr algum risco, também se amedrontará menos. Como sua imaginação ainda permanece inativa e nada fizemos para animá-la, ele só vê o que existe, só avalia os perigos pelo que são e sempre conserva o sangue-frio. Vezes demais a necessidade joga seu peso contra ele para que ainda se revolte contra ela; carrega seu jugo desde o nascimento, e agora já está bem acostumado; está sempre pronto para tudo.

As ocupações e as diversões são a mesma coisa para ele: suas brincadeiras são suas ocupações, não sente nenhuma diferença entre elas. Em tudo o que faz, mostra um interesse que faz rir e uma liberdade que agrada, revelando ao mesmo tempo o jeito de seu espírito e a esfera de seus conhecimentos. Não é o espetáculo dessa idade, um espetáculo doce e encantador, ver uma linda criança, de olhos vivos e alegres, jeito contente e tranquilo, fisionomia aberta e risonha, fazer enquanto brinca as coisas mais sérias, ou então profundamente ocupada com as mais frívolas diversões?

Quereis agora julgá-lo por comparação? Misturai-o com outras crianças e deixai-o agir. Logo vereis qual é a criança realmente mais bem-educada, qual aquela que mais se aproxima da perfeição de sua idade. Entre as crianças da cidade, ninguém é mais hábil do que ele, mas ele é mais forte do que qualquer outra. Entre os jovens camponeses, ele os iguala em força e os supera em destreza. Em tudo o que está ao alcance da infância, ele julga, raciocina e prevê melhor do que eles todos. Trata-se de agir, de correr, de saltar, de balançar o corpo, de levantar pesos, de avaliar as distâncias, de inventar brincadeiras, de ganhar prêmios? Dir-se-ia que a natureza está às suas ordens, tal a maneira como ele consegue dobrar tudo à sua vontade. Foi feito para conduzir, para governar seus iguais; o talento e a experiência servem-lhe de direito e de autoridade. Dai-lhe o traje e o nome que quiserdes, pouco importa: ele será o primeiro em toda parte, e em toda parte será o chefe dos outros. Sempre perceberão a sua superioridade sobre eles; sem querer mandar, ele será o senhor; sem acreditar obedecer, eles obedecerão.

Ele chegou à maturidade da infância, viveu a vida de uma criança, não comprou a perfeição à custa de sua felicidade; pelo contrário, concorreram uma para a outra. Adquirindo toda a razão de sua idade, ele foi tão feliz e livre quanto lhe permitia a sua constituição. Se a foice fatal vier colher nele a flor de nossas esperanças, não teremos a chorar ao mesmo tempo a sua vida e a sua morte, não tornaremos mais amargas as nossas dores com a lembrança das que lhe tivermos causado. Diremos a nós mesmos: pelo menos ele desfrutou sua infância; não o fizemos perder nada do que a natureza lhe havia dado.

O grande inconveniente dessa primeira educação é que ela só é perceptível aos homens clarividentes e, numa criança educada com tanto cuidado, olhos vulgares enxergam apenas um moleque. Um preceptor pensa mais em seus interesses do que nos de seu aluno; tenta provar que não está perdendo tempo e ganha bem o dinheiro que lhe dão; oferece-lhe um saber de fácil exibição, que se possa mostrar quando se quiser; não importa que o que lhe ensina seja útil, contanto que seja facilmente visível. Amontoa, sem escolha, sem distinção, cem coisas em sua memória. Quando se trata de examinar a criança, fazem-no desembrulhar sua mercadoria; ele a exibe, todos ficam contentes; em seguida, ele embrulha de novo o pacote e vai embora. Meu aluno não é tão rico assim, não tem pacote para desembrulhar, nada tem para mostrar, a não ser ele mesmo. Ora, uma criança, assim como um homem, não se vê num instante. Onde estão os observadores que sabem distinguir ao primeiro olhar os traços que a caracterizam? Tais pessoas existem, mas são poucas; e, dentre cem mil pais, não se encontrará nenhuma delas.

As perguntas repetidas demais aborrecem e cansam a todos, e com maior razão as crianças. Ao cabo de alguns minutos, sua atenção se cansa, não escutam mais o que um obstinado questionador lhes pergunta, e já responde ao acaso. Essa maneira de examiná-las é vã e pedante. Muitas vezes uma frase pega no ar revela melhor seu juízo e seu espírito do que o fariam longos discursos, mas é preciso tomar cuidado para que essa frase não seja nem ditada, nem fortuita. É preciso que se tenha muito juízo para poder avaliar o de uma criança.

Ouvi o falecido milorde Hyde contar que um de seus amigos, de volta da Itália depois de três anos de ausência, quis examinar os progressos do filho, que tinha entre nove e dez anos. Uma tarde, foi passear com o preceptor e ele numa planície em que alguns colegiais se divertiam empinando pipas. De passagem, o pai diz ao filho: *Onde está a pipa cuja sombra está ali?* Sem titubear, sem erguer a cabeça, a criança diz: *Na estrada.* E, de fato, acrescentava milorde Hyde, a estrada ficava entre o sol e nós. Diante da resposta, o pai beija seu filho e, terminando ali seu exame, vai embora sem nada dizer. No dia seguinte, enviou ao preceptor os papéis para uma pensão vitalícia, além dos seus ordenados.

Que homem, esse pai! Que filho lhe estava prometido! A pergunta é precisamente da idade; a resposta é muito simples. Mas vede que clareza de julgamento infantil ela supõe! Foi assim que o aluno de Aristóteles domou o célebre ginete que nenhum escudeiro pudera montar.

LIVRO III

Embora até a adolescência todo o curso da vida seja um tempo de fraqueza, há um momento na duração desta primeira idade em que, tendo o progresso das forças ultrapassado o das necessidades, o animal que cresce, ainda absolutamente fraco, torna-se relativamente forte. Nem todas as suas necessidades estando desenvolvidas, suas forças atuais são mais do que suficientes para satisfazer às que possui. Como homem, ele seria fraquíssimo; como criança, é muito forte.

De onde provém a fraqueza do homem? Da desigualdade existente entre a sua força e os seus desejos. Nossas paixões tornam-nos fracos, pois para satisfazê-las precisaríamos de mais forças do que as que a natureza nos deu. Diminuí, pois, os desejos, e será como se aumentásseis as forças; quem pode mais do que deseja tem forças de sobra e certamente é um ser muito forte. Eis o terceiro estado da infância, aquele de que falarei hoje. Continuo a chamá-lo de infância, na falta de um termo apropriado para designá-lo, pois essa idade está próxima à adolescência, sem ser ainda a da puberdade.

Aos doze ou treze anos, as forças da criança desenvolvem-se bem mais rapidamente do que suas necessidades. O mais violento, o mais terrível ainda não se lhe revelou; o próprio órgão permanece imperfeito e, para sair desse estado, parece aguardar que sua vontade o force a isso. Pouco sensível aos castigos do ar e das estações, ela os enfrenta sem sofrer, pois seu calor nascente serve-lhe de vestimenta; seu apetite é seu tempero; tudo o que pode alimentar é bom para a sua idade; se tem sono, deita-se no chão e dorme; por toda parte vê-se cercada de tudo o que lhe é necessário; nenhuma necessidade imaginária a atormenta; nada pode sobre ela a opinião; seus desejos não vão mais longe do que seus braços; não apenas pode bastar a si mesma como também tem mais forças do que precisa; é o único tempo de sua vida em que isso acontecerá.

Prevejo a objeção. Não dirão que a criança tem mais necessidades do que as que lhe concedo, mas negarão que tenha a força que lhe atribuo; não se darão conta de que falo de meu aluno, e não dessas bonecas ambulantes que viajam de um quarto para o outro, que lavram dentro de um caixote e carregam fardos de papelão. Dir-me-ão que a força viril só se manifesta com a virilidade, que os espíritos vitais, elaborados em vasos adequados e espalhados por todo o corpo, são os únicos que podem dar aos músculos a consistência, a atividade, o tom, a mola de que resulta uma verdadeira força. Eis a filosofia de gabinete; eu, porém, recorro à experiência. Vejo em nossos campos jovens que lavram, binam, seguram o arado, enchem um tonel de vinho, guiam um carro como seus pais; considerá-los-íamos adultos, se o som de suas vozes não os traísse. Em nossas próprias cidades, jovens trabalhadores, ferreiros, cuteleiros, ferradores são quase tão robustos quanto os mestres, e seriam pouco menos hábeis se os tivessem treinado a tempo. Se há diferença, e concordo que há, ela é muito menor, repito, do que a que existe entre os desejos fogosos de um homem e os desejos limitados de uma criança. De resto, não estamos falando aqui apenas de forças físicas, mas sobretudo da força e da capacidade do espírito que as completam ou as dirigem.

Esse intervalo em que o indivíduo pode mais do que deseja, embora não seja o período de sua maior força absoluta, é, como já disse, o de sua maior força relativa. É o tempo mais precioso da vida, tempo que só aparece uma vez; tempo muito curto e, por ser tão curto, como veremos a seguir, é importante que seja bem empregado.

Assim, que fará ele desse excedente de faculdades e de forças que tem a mais agora, e que lhe fará falta em outra idade? Tentará empregá-lo em trabalhos que lhe possam ser proveitosos quando preciso. Por assim dizer, lançará para o futuro o supérfluo de seu ser atual; a criança robusta fará provisões para o adulto fraco, mas não fará seus depósitos nem em cofres que lhe podem ser roubados, nem em celeiros que não são seus; para se apropriar realmente de sua aquisição, armazená-la-á em seus braços e em sua cabeça. É, portanto, o tempo dos trabalhos, da instrução, dos estudos; observai que não sou eu quem faz arbitrariamente essa escolha, mas é a própria natureza quem a indica.

A inteligência humana tem seus limites. Não somente um homem não pode saber tudo, como nem pode saber completamente o pouco que sabem os outros homens. Já que a contraditória de cada proposição falsa é uma verdade, o número das verdades é inesgotável, assim como o dos erros. Há, portanto, uma escolha das coisas que devemos ensinar, assim como do tempo próprio para ensiná-las. Dos conhecimentos que estão ao nosso alcance, uns são falsos, outros são inúteis e outros servem para alimentar o orgulho de quem os tem. Os poucos que realmente contribuem para o nosso bem-estar são os únicos dignos das pesquisas de um homem sábio e, portanto, de uma criança que queiramos tornar sábia. Não se trata de saber o que existe, mas apenas o que é útil.

Desses poucos conhecimentos, devemos ainda suprimir as verdades que para serem compreendidas requerem um entendimento já inteiramente formado, as que supõem o conhecimento das relações do homem que uma criança não pode adquirir e as que, embora verdadeiras em si mesmas, dispõem uma alma inexperiente a pensar de modo falso sobre outros assuntos.

Eis-nos reduzidos a um círculo bem pequeno relativamente à existência das coisas; mas como esse círculo ainda forma uma esfera imensa para a medida do espírito de uma criança! Trevas do entendimento humano, que mão temerária ousou tocar em vossos véus? Quantos abismos vejo abrirem-se por nossas vãs ciências ao redor desse jovem desafortunado! Ó tu que vais guiá-lo por essas perigosas trilhas e estender diante de seus olhos a cortina sagrada da natureza, treme! Primeiro assegura-te bem de sua cabeça e da tua, teme que uma ou outra se confunda, ou talvez as duas. Teme a especiosa atração da mentira e os embriagantes vapores do orgulho. Lembra, lembra sempre que a ignorância jamais causou mal, que só o erro é funesto e que não nos perdemos por não sabermos, mas por crermos saber.

Seus progressos na geometria poderiam servir-vos de prova e de medida certa para o desenvolvimento de sua inteligência; mas, assim que ele consegue distinguir o que é útil do que não é, importa usar de muita cautela e de arte para conduzi-lo aos estudos especulativos. Por exemplo, se quereis que ele busque uma média proporcional entre duas linhas, começai por agir de tal modo que ele sinta necessidade de achar um quadrado igual a um retângulo dado; se se tratasse de duas médias proporcionais, seria preciso primeiro tornar interessante para ele o problema de duplicação do cubo etc. Vede como nos aproximamos aos poucos das noções morais que distinguem o bem e o mal. Até agora não conhecemos outra lei que não a da necessidade; agora nos deparamos com o que é útil; logo chegaremos ao que é conveniente e bom.

O mesmo instinto anima as diversas faculdades do homem. À atividade do corpo, que procura desenvolver-se, segue-se a atividade do espírito, que procura instruir-se. No começo, as crianças são apenas irrequietas, depois se tornam curiosas; e essa curiosidade, quando bem dirigida, é o motivo da idade a que chegamos. Distingamos sempre as inclinações que vêm da natureza daquelas que vêm da opinião. Existe um ardor de saber que só se baseia no desejo de ser considerado instruído; existe outro que nasce de uma curiosidade natural ao homem por tudo o que pode dizer-lhe respeito de perto ou de longe. O desejo inato do bem-estar e a impossibilidade de satisfazer plenamente tal desejo fazem com que ele procure sem cessar novos meios de contribuir para isso. Este é o primeiro princípio da curiosidade, princípio natural ao coração humano, mas cujo desenvolvimento só se faz proporcionalmente a nossas paixões e a nossas luzes. Suponde um filósofo relegado a uma ilha deserta com alguns instrumentos e alguns livros, certo de passar nela, sozinho, o resto de seus dias. Ele já não se preocupará com o sistema do mundo, com as leis da atração e do cálculo diferencial; talvez durante toda a vida não abra um único livro, mas nunca deixará de visitar sua ilha até o último recanto, por maior que ela seja. Suprimamos, pois, de nossos primeiros estudos também os conhecimentos cujo gosto não é natural ao homem, e limitemo-nos àqueles que o instinto nos leva a procurar.

A ilha do gênero humano é a terra; o objeto mais impressionante para os nossos olhos é o sol. Assim que começamos a nos afastar de nós, nossas primeiras observações devem recair sobre uma ou outro. Assim, a filosofia de quase todos os povos selvagens trata unicamente de imaginárias divisões da terra e da divindade do sol.

Que desvio, dirão talvez. Há pouco estávamos ocupados com o que nos toca, com o que nos cerca imediatamente; de repente eis-nos a percorrer o globo e a saltar até as extremidades do universo! Esse desvio é o efeito do progresso de nossas forças e da inclinação de nosso espírito. No estado de fraqueza e de insuficiência, o cuidado com a nossa conservação concentra-nos dentro de nós mesmos; no estado de potência e de força, o desejo de ampliar nosso ser leva-nos além e faz com que nos arremessemos tão longe quanto possível. Porém, como o mundo intelectual ainda nos é desconhecido, o pensamento não vai mais longe do que os olhos, e o entendimento só se amplia com o espaço que mede.

Transformemos nossas sensações em ideias, mas não saltemos de repente dos objetos sensíveis para os objetos intelectuais. É pelos primeiros que devemos chegar aos outros. Nas primeiras operações do espírito, sejam os sentidos sempre seus guias: nenhum livro além do livro do mundo, nenhuma instrução a não ser os fatos. A criança que lê não pensa, só lê; não se instrui, aprende palavras.

Tornai vosso aluno atento aos fenômenos da natureza e logo o tornareis curioso; mas, para alimentar sua curiosidade, nunca vos apresseis em satisfazê-la. Colocai questões ao seu alcance e deixai que ele as resolva. Que nada ele saiba porque lho dissestes, mas porque ele próprio compreendeu; não aprenda ele a ciência, mas a invente. Se alguma vez substituirdes em seu espírito a razão pela autoridade, ele já não raciocinará e não será mais do que o joguete da opinião dos outros.

Quereis ensinar geografia a essa criança, e lhe ofereceis globos, esferas, mapas; quantas máquinas! Por que todas essas representações? Por que não começais por lhe mostrar o próprio objeto, para que ela saiba pelo menos do que estais falando?

Uma bela tarde vamos passear num lugar favorável, onde o horizonte bem descoberto deixa ver por inteiro o sol poente, e observamos os objetos que tornam reconhecível o lugar onde se põe. No dia seguinte, para respirar ar fresco, voltamos ao mesmo lugar antes que o sol se levante. Vemo-lo anunciar-se de longe pelos raios de fogo que lança à sua frente. O incêndio aumenta, o oriente parece todo em chamas; por seu fulgor esperamos o astro bastante tempo antes que ele se mostre; a cada instante acreditamos vê-lo aparecer; vemo-lo, finalmente. Um ponto brilhante parte como um raio e imediatamente preenche todo o espaço; o véu das trevas apaga-se e cai. O homem reconhece seu lugar e o acha mais belo. A verdura durante a noite ganhou novo vigor; o dia nascente que a ilumina, os primeiros raios que a douram, revelam-na coberta de uma brilhante renda de orvalho, que reflete para os olhos a luz e as cores. Os passarinhos em coro reúnem-se e saúdam unanimemente o pai da vida; nesse momento, nenhum deles se cala; seu gorjeios, ainda fracos, são mais lentos e mais doces do que no resto do dia, ressentindo-se da languidez de um despertar tranquilo. O concurso de todos esses objetos dá ao sentido uma impressão de frescor que parece penetrar até a alma. É meia hora de encantamento a que nenhum homem resiste; um espetáculo tão grande, tão bonito, tão delicioso não deixa ninguém indiferente.

Cheio de entusiasmo, o mestre quer comunicá-lo à criança; acredita emocioná-la fazendo-a prestar atenção às sensações com que ele próprio se emociona. Pura bobagem! É no coração do homem que está a vida do espetáculo da natureza; para enxergá-lo, é preciso senti-lo. A criança percebe os objetos, mas não pode perceber as relações que os ligam, não pode ouvir a doce harmonia de seu concerto. É preciso uma experiência que ela ainda não adquiriu, sentimentos que não experimentou, para sentir a impressão composta que resulta ao mesmo tempo de todas essas sensações. Se ela não percorreu por muito tempo planícies áridas, se areias ardentes não queimaram seus pés, se a reverberação sufocante dos rochedos batidos pelo sol jamais a oprimiu, como saboreará o ar fresco de uma bela manhã? Como o perfume das flores, o encanto da verdura, o vapor úmido do orvalho, os passos macios e mansos sobre a grama encantarão seus sentidos? Como lhe causará o canto dos pássaros uma emoção de volúpia, se os acentos do amor e do prazer ainda lhe são desconhecidos? Com que transportes verá ele nascer um tão lindo dia, se a sua imaginação não sabe representar aqueles com que se pode preenchê-la? Enfim, como se enternecerá com a beleza do espetáculo da natureza se ignora que mão cuidou de enfeitá-la?

Não digais à criança palavras que ela não possa entender. Nada de descrições, nada de eloquência, nada de figuras, nada de poesia. Não se trata agora de sentimento nem de gosto. Continuai a ser claro, simples e frio; não tardará o tempo de adotar uma outra linguagem.

Educada no espírito de nossas máximas, habituada a tirar todos os seus instrumentos de si mesma e nunca recorrer a outra pessoa a não ser depois de ter reconhecido sua incapacidade, a cada novo objeto que vê, ela o examina bastante tempo sem dizer nada. É pensativa e não questionadora. Contentai-vos com apresentar-lhe de modo correto os objetos; depois, quando virdes a sua curiosidade suficientemente ocupada, dirigi-lhe alguma pergunta lacônica que a coloque no caminho da resposta.

Nessa ocasião, depois de ter bem contemplado com ela o sol nascente, depois de tê-la feito observar do mesmo lado as montanhas e os outros objetos vizinhos, depois de tê-la deixado falar à vontade sobre isso, conservai durante alguns momentos o silêncio, como um homem que medita, e depois lhe direis: Estava pensando que ontem à tarde o sol se pôs ali, e nasceu lá esta manhã. Como é que isso pode acontecer? Não acrescenteis mais nada; se ela vos fizer perguntas, não respondais e falai de outra coisa. Deixai-a entregue a si mesma e podeis estar certo de que pensará a respeito.

Para que uma criança se acostume a estar atenta e seja bem receptiva a alguma verdade sensível, é preciso que essa verdade a inquiete durante alguns dias antes que a descubra. Se ela não a compreender suficientemente dessa maneira, há um meio de torná-la ainda mais sensível, e esse meio é inverter a questão. Se ela não sabe como o sol vai de seu poente ao seu nascente, sabe pelo menos como ele vai do nascente ao poente, pois seus olhos lhe ensinam isso. Esclareci, portanto, a primeira questão pela segunda; ou vosso aluno é absolutamente estúpido, ou a analogia é clara demais para lhe poder escapar. Eis a sua primeira aula de cosmografia.

Como sempre procedemos lentamente, de ideia sensível a ideia sensível, como nos familiarizamos durante bastante tempo com ela antes de passar a uma outra e como, enfim, nunca forçamos nosso aluno a prestar atenção, há muita distância entre essa primeira aula e o conhecimento do curso do sol e da figura da terra. Como porém todos os movimentos aparentes dos corpos celestes se relacionam com o mesmo princípio, e a primeira observação leva a todas as outras, é preciso menos esforço, embora seja preciso mais tempo, para chegar de uma revolução diurna ao cálculo dos eclipses do que para compreender bem o dia e a noite.

O sol gira ao redor do mundo e descreve um círculo, e todo círculo deve ter um centro; isso já sabemos. Não se pode ver esse centro, pois ele está no coração da Terra, mas podemos marcar na superfície dois pontos que correspondem a ele. Um espeto que passe pelos três pontos e se prolongue até o céu de ambos os lados será o eixo do mundo e do movimento diário do sol. Um pião redondo girando sobre a sua ponta representa o céu que gira sobre seu eixo; as duas pontas do pião são os dois polos; a criança terá vontade de conhecer um; eu lho mostrarei na cauda da Ursa Menor. Eis uma diversão para a noite; pouco a pouco nos familiarizamos com as estrelas e daí nasce o primeiro gosto por conhecer os planetas e observar as constelações.

Vimos o nascer do sol no dia de São João. Vamos também vê-lo nascer no Natal ou em algum outro belo dia de inverno, pois é sabido que não somos preguiçosos e para nós é uma brincadeira enfrentar o frio. Tenho o cuidado de fazer esta segunda observação no mesmo lugar em que fizemos a primeira e, com alguma habilidade para ensejar a observação, um ou outro não deixará de exclamar: Oh! Que engraçado! O sol já não nasce no mesmo lugar! Aqui estão nossas antigas indicações, e agora ele nasceu ali etc... Existem, portanto, um oriente de inverno e um oriente de verão etc... Jovem mestre, estais no caminho. Esses exemplos devem bastar-vos para ensinardes com muita clareza a esfera, tomando o mundo como mundo e o sol como sol.

Em geral, nunca substituais a coisa pelo signo, a não ser quando é impossível mostrá-la, pois o signo absorve a atenção da criança e faz com que esqueça a coisa representada.

A esfera armilar parece-me uma máquina malfeita e executada em más proporções. Aquela confusão de círculos e as figuras esquisitas que nela se assinalam dão-lhe um aspecto de coisa ininteligível que intimida o espírito das crianças. A terra é pequena demais, os círculos são grandes demais, numerosos demais; alguns, como os coluros, são perfeitamente inúteis; cada círculo é maior do que a terra; a grossura do papel confere-lhes aspecto de solidez que faz que sejam tomados por massas circulares realmente existentes e, quando disserdes à criança que esses círculos são imaginários, ela não saberá o que vê e não entenderá mais nada.

Nunca sabemos nos colocar no lugar das crianças; não penetramos suas ideias, mas lhes emprestamos as nossas e, seguindo sempre os nossos raciocínios, com as cadeias de verdades acumulamos em suas cabeças apenas extravagâncias e erros.

Discute-se sobre a escolha entre a análise e a síntese para estudar as ciências; nem sempre há necessidade de escolher. Algumas vezes podemos resolver e compor nas mesmas pesquisas, e guiar a criança pelo método informativo enquanto ela acredita que está apenas analisando. Empregando, então, um e outro método ao mesmo tempo, eles serviriam de prova um para o outro. Partindo a um só tempo dos dois pontos opostos, sem pensar estar fazendo o mesmo caminho a criança ficaria surpresa ao se encontrar, e essa surpresa só poderia ser muito agradável. Eu gostaria, por exemplo, de tomar a geografia por esses dois pontos e juntar ao estudo das revoluções do globo a medida de suas partes, começando pelo lugar onde habitamos. Enquanto a criança estuda a esfera e assim se transporta até os céus, trazei-a de volta à divisão da Terra e mostrai-lhe primeiro sua própria morada.

Seus dois primeiros pontos de geografia serão a cidade onde mora e a casa de campo de seu pai; depois, os lugares intermediários, os rios dos arredores e finalmente o aspecto do sol e a maneira de se orientar. Esse é o ponto de encontro. Que ela faça por si mesma o mapa de tudo isso, mapa muito simples e formado inicialmente por dois únicos objetos, aos quais ela acrescenta pouco a pouco os outros, à medida que vai conhecendo ou avaliando suas distâncias e suas posições. Podeis agora ver a vantagem que lhe proporcionamos antecipadamente ao lhe colocar um compasso nos olhos.

Apesar disso, sem dúvida, será preciso guiá-la um pouco, mas muito pouco, sem que pareça. Se ela se enganar, deixai estar, não corrijais os seus erros, aguardai em silêncio que ela esteja em condições de enxergá-los e de corrigi-los por si mesma ou, no máximo, numa ocasião favorável, empreendei alguma operação que faça que ela os perceba. Se nunca se enganasse, não aprenderia tão bem. De resto, não se trata de saber exatamente a topografia do lugar, mas o meio de se instruir a respeito; pouco importa que ela tenha mapas na cabeça, contanto que compreenda bem o que representam e tenha uma ideia nítida sobre a arte de traçá-los. Podeis ver já a diferença que há entre o saber de vossos alunos e a ignorância do meu! Eles sabem os mapas e ele os faz. Eis alguns novos enfeites para o seu quarto.

Lembrai sempre que o espírito de minha educação não é ensinar à criança muitas coisas, mas não deixar jamais entrar em seu cérebro ideias que não sejam claras e justas. Mesmo que ela não saiba nada, pouco me importa, contanto que não se engane, e só coloco algumas verdades em sua cabeça para preservá-la dos erros que aprenderia em seu lugar. A razão e o juízo vêm lentamente, os preconceitos acorrem aos montes; é deles que é preciso protegê-la. Mas, se considerais a ciência em si mesma, entrais num mar sem fundo, sem margens, cheio de recifes; jamais escapareis dele. Quando vejo um homem apaixonado pelos conhecimentos deixar-se seduzir por seus encantos e correr de um para outro sem saber parar, é como se visse uma criança na praia colhendo conchinhas e começando por guardá-las; depois, tentada pelas outras mais que vê, deixá-las de lado, voltar a pegá-las, até que, esgotada pela multidão de conchas e já não sabendo o que escolher, acaba jogando tudo fora e voltando de mãos vazias.

Durante a primeira idade, o tempo era longo; procurávamos apenas perdê-lo, temendo empregá-lo mal. Agora acontece exatamente o contrário, e não temos tempo suficiente para fazer tudo o que seria útil. Considerai que as paixões se aproximam e que, assim que baterem à porta, vosso aluno só terá atenção para elas. A idade tranquila da inteligência é tão curta, passa tão depressa, tem tantos outros usos necessários, que é loucura querer que ela baste para tornar douta uma criança. Não se trata de ensinar-lhe as ciências, mas de dar-lhe o gosto para amá-las e métodos para aprendê-las quando esse gosto estiver mais desenvolvido. Este é com toda a certeza um princípio fundamental de toda boa educação.

Eis o tempo também de acostumá-la aos poucos a prestar uma atenção contínua ao mesmo objeto. Mas nunca é a obrigação, é sempre o prazer ou o desejo que deve produzir essa atenção; é preciso ter muito cuidado para que ela não o canse e não chegue ao fastio. Conservai os olhos abertos e, se acontecer algo, abandonai tudo antes que ela se aborreça, pois não é tão importante que ela aprenda quanto que não faça nada contra a vontade.

Se ela mesma vos fizer perguntas, respondei tanto quanto necessário para alimentar a sua curiosidade, não para satisfazê-la; principalmente, quando perceberdes que, em vez de perguntar para se informar ela se põe a percorrer os campos e a vos encher de perguntas tolas, parai imediatamente, certo de que ela não está preocupada com aquilo, mas apenas com vos dominar com suas perguntas. Devemos prestar menos atenção às palavras que ela diz do que ao motivo que a faz falar. Essa advertência, até aqui menos necessária, torna-se de primeira importância assim que a criança começa a raciocinar.

Há uma cadeia de verdades gerais pela qual todas as ciências se ligam a princípios comuns e se desenvolvem sucessivamente. Essa cadeia é o método dos filósofos; não é disso que se trata aqui. Há uma cadeia totalmente diferente pela qual cada objeto particular atrai outro e sempre mostra o que lhe segue. Essa ordem, que alimenta através de uma curiosidade contínua a atenção que todos exigem, é a que a maioria dos homens segue e, sobretudo, a que as crianças precisam. Ao nos orientarmos para estabelecer nossos mapas, foi preciso traçar alguns meridianos. Dois pontos de interseção entre as sombras iguais da manhã e da tarde dão um meridiano excelente para um astrônomo de treze anos. Mas esses meridianos apagam-se, é preciso tempo para traçá-los; eles obrigam a que se trabalhe sempre no mesmo lugar: tantos cuidados, tantos embaraços acabariam por aborrecê-lo. Nós o previmos, nós o remediaremos antecipadamente.

Eis-me de novo com meus longos e minuciosos detalhes. Leitores, ouço vossos protestos e os desafios; não quero sacrificar à vossa impaciência a parte mais útil deste livro. Decidi o que fareis com minhas lentidões, pois já me decidi sobre vossas queixas.

Há muito tempo eu e meu aluno havíamos notado que o âmbar, o vidro, a cera, diversos corpos quando esfregados atraíam as palhas e outros não as atraíam. Por acaso encontramos um desses corpos que tem uma propriedade ainda mais singular: atrair de qualquer distância, e sem ser esfregado, a limalha e outros pedaços de ferro. Quanto tempo essa qualidade nos diverte, sem que consigamos ver nela nada além disso! Finalmente descobrimos que ela se comunica ao próprio ferro, que em certo sentido se imaniza. Um dia nós vamos à feira*; um prestidigitador atrai com um pedaço de pão um pato de cera que boia numa bacia de água. Muito surpresos, no entanto não dizemos: é um feiticeiro, pois não sabemos o que seja um feiticeiro. Continuamente impressionados por efeitos cujas causas ignoramos, não nos apressamos em julgar nada e repousamos em nossa ignorância até que tenhamos oportunidade de sair dela.

De volta para casa, de tanto falarmos do pato da feira, resolvemos imitá-lo; pegamos uma boa agulha bem imantada, envolvemo-la em cera branca, que modelamos o melhor que pudemos em forma de pato, de modo que a agulha atravessasse o corpo e sua cabeça fosse o bico. Colocamos o pato na água, aproximamos do bico um anel de chave e vimos com uma alegria facilmente compreensível que nosso pato seguiu a chave, precisamente como o da feira seguia o pedaço de pão. Observar em que direção o pato se detém na água quando o deixamos em repouso é o que poderemos fazer numa outra ocasião. No momento, inteiramente ocupados com o nosso assunto, nada mais queremos.

Na mesma tarde retornamos à feira com algum pão preparado nos bolsos e, assim que o prestidigitador fez o

---

* Não pude deixar de rir ao ler uma fina crítica do sr. Formey sobre este pequeno conto: "Esse prestidigitador, diz ele, que se esforça por rivalizar com uma criança e admoesta gravemente seu professor, é um indivíduo do mundo dos Emílios". O espirituoso sr. Formey não pôde supor que aquela ceninha estava combinada e que o saltimbanco tinha aprendido o papel que tinha de desempenhar, pois isso, com efeito, foi o que eu não disse. Mas quantas vezes, em compensação, declarei que não escrevia para pessoas a quem é preciso dizer tudo!

seu número, meu pequeno doutor, que mal se continha, disse-lhe que o truque não era difícil e que ele próprio era capaz de executá-lo; o desafio é aceito. Imediatamente ele tira do bolso o pão no qual está escondido o pedaço de ferro: ao aproximar-se da mesa, seu coração dispara; mostra o pão quase a tremer; o pato vem e o segue; o menino grita e treme de alegria. Em meio às palmas, às aclamações da multidão, a sua cabeça gira, ele está fora de si. Surpreso, o saltimbanco no entanto vem cumprimentá-lo, felicitá-lo e roga-lhe que o honre mais uma vez no dia seguinte com sua presença, acrescentando que terá o cuidado de reunir ainda mais gente para aplaudir sua habilidade. Orgulhoso, meu pequeno naturalista quer falar, mas imediatamente fecho-lhe a boca e levo-o embora coberto de elogios.

Até o dia seguinte, a criança conta os minutos com uma risível inquietação. Convida a todos que encontra; gostaria de que todo o gênero humano fosse testemunha de sua glória; aguarda a hora com dificuldade, antecipa-a; voamos para o encontro, a sala já está cheia. Ao entrar, seu jovem coração desabrochou. Outros números devem vir antes; o prestidigitador se ultrapassa e faz coisas surpreendentes. O menino não vê nada daquilo; agita-se, sua, mal consegue respirar; passa o tempo com as mãos no bolso mexendo no pedaço de pão com a mão trêmula de impaciência. Chega, enfim, a sua vez; é anunciado ao público pomposamente. Aproxima-se um pouco envergonhado, tira o pão... Nova vicissitude das coisas humanas! O pato, tão domesticado no dia anterior, hoje tornou-se selvagem; em vez de mostrar o bico, ele vira de costas e foge; evita o pão e a mão que o oferece com tanto cuidado quanto o seguia antes. Depois de mil tentativas inúteis e sempre vaiadas, a criança se queixa, diz que a estão enganando, que aquele é outro pato que puseram no lugar do primeiro, e desafia o prestidigitador a atrair o novo pato.

O homem, sem responder, pega um pedaço de pão e o mostra ao pato; imediatamente, o pato segue o pão e vem à mão que o acolhe. O menino toma o mesmo pedaço de pão, mas, longe de ter maior êxito do que antes, vê o pato zombar dele e fazer piruetas ao redor da bacia; finalmente, ele se afasta confuso, sem mais ousar expor-se às vaias.

Então o prestidigitador pega o pedaço de pão que o menino trouxera e se vale dele com tanto sucesso quanto do seu: tira de dentro dele o ferro diante de todos, outra risadaria à nossa custa; em seguida, com o pão assim esvaziado, ele atrai o pato tão bem quanto antes. Faz a mesma coisa com um pedaço de pão cortado diante de todos por uma terceira mão, o mesmo com a sua luva, com a ponta do dedo; enfim, ele vai até o meio da sala e, com um tom enfático, típico dessa gente, declarando que seu pato não obedecerá menos à sua voz do que ao seu gesto, ele fala e o pato obedece; manda que vá à direita e o pato vai à direita, manda que volte e ele volta, que gire e ele gira; o movimento é tão rápido quanto a ordem. Os aplausos redobrados são outras tantas afrontas para nós. Saímos sem sermos percebidos e fechamo-nos em nosso quarto, sem contar a todos o nosso sucesso, como havíamos planejado.

No dia seguinte de manhã, batem à nossa porta. Abro e deparo-me com o prestidigitador. Queixa-se modestamente de nosso comportamento. Que nos tinha feito ele para nos empenharmos em desacreditá-lo e tirar-lhe o ganha-pão? Que há de tão maravilhoso na arte de atrair um pato de cera para se querer essa honra à custa do sustento de um homem honesto? Por Deus, senhores, se eu tivesse qualquer outro talento para viver, não me vangloriaria muito deste. Os senhores deveriam acreditar que um homem que passou a vida exercendo esta mesquinha atividade sabe sobre ela mais do que os senhores, que só se ocupam dela por alguns momentos. Se não lhes mostrei desde o começo meus golpes de mestre, é porque não devemos apressar-nos para mostrar distraidamente o que sabemos; sempre tive o cuidado de guardar os meus melhores números para quando fosse preciso, e, depois deste, tenho ainda outros para deter jovens indiscretos. Aliás, senhores, venho com muito prazer ensinar-lhe o segredo que tanto os embaraçou, pedindo-lhes que não abusem dele para me prejudicar e que sejam mais discretos da próxima vez.

Então, mostra-nos sua aparelhagem, e vemos com grande surpresa que ela consiste apenas num ímã forte e bem plantado que uma criança escondida sob a mesa fazia mover-se sem que as pessoas percebessem.

O homem voltou a guardar sua aparelhagem e, depois de agradecer e pedir desculpas, quisemos dar-lhe um presente, que ele recusou: "Não, senhores, não tenho tanto de que me gabar com os senhores para aceitar os seus presentes; deixo-os meus devedores a seu contragosto, essa é minha única vingança. Saibam que há generosidade em todas as condições sociais; eu cobro por meus truques, não por minhas aulas".

Ao sair, dirigiu expressamente a mim, em voz alta, uma reprimenda. Perdoo de coração, disse-me ele, o menino; ele só pecou por ignorância. Mas o senhor, que devia conhecer seu erro, por que o deixou agir? Já que vivem juntos, como mais velho o senhor deve-lhe suas atenções, seus conselhos; sua experiência é a autoridade que deve guiar a criança. Quando for adulto e censurar os erros da juventude, ele o censurará, sem dúvida, por aqueles de que o senhor não o advertiu*.

Ele parte e nos deixa a ambos muito confusos. Culpo-me por minha falta de energia; prometo ao menino que a sacrificarei da próxima vez em seu interesse e que o avi-

* Terei suposto que algum leitor fosse bastante estúpido para não perceber nesta reprimenda um discurso ditado palavra por palavra pelo preceptor para chegar às suas ideias? Terão suposto que eu fosse bastante estúpido para atribuir naturalmente essa linguagem a um saltimbanco? Eu acreditava ter dado mostras pelo menos de talento bastante medíocre para fazer as pessoas falarem no espírito de sua condição. Vide também o fim da alínea seguinte. Não seria isso dizer tudo para qualquer outro que não o sr. Formey?

sarei sobre seus erros antes que os cometa, pois já se aproxima o tempo em que nossas relações vão mudar e a severidade do mestre deve suceder à complacência do companheiro; tal mudança deve acontecer aos poucos; é preciso prever tudo, e prever tudo de muito longe.

No dia seguinte voltamos à feira para tornar a ver o número cujo segredo havíamos aprendido. Abordamos com um profundo respeito o nosso saltimbanco Sócrates; mal ousamos erguer os olhos para ele; ele nos cumula de gentilezas e coloca-nos num lugar tão bom que até nos humilha. Faz seus truques como de costume, mas diverte-se e compraz-se por bastante tempo no do pato, olhando-nos muitas vezes com um ar muito orgulhoso. Sabemos tudo, e nada dizemos. Se meu aluno apenas ousasse abrir a boca, seria uma criança a ser massacrada.

Todos os pormenores deste exemplo são mais importantes do que parece. Quantas lições dentro de uma só! Quantas consequências mortificantes atrai o primeiro movimento de vaidade! Jovem mestre, aguardai esse primeiro movimento com atenção. Se conseguirdes dele tirar assim a humilhação, as desgraças*, podereis ter certeza de que um segundo demorará muito para acontecer. Quantos preparativos!, dizeis. Concordo, e tudo para conseguir uma bússola que nos sirva de meridiano.

Tendo aprendido que o ímã age através dos outros corpos, não temos nada de mais urgente do que fazer uma máquina parecida com a que vimos: uma mesa oca, uma bacia muito rasa sobre essa mesa, cheia de algumas poucas polegadas de água, um pato feito com um pouco mais de esmero etc. Muitas vezes atentos ao redor da bacia, observa-

* Essa humilhação, essas desgraças são portanto de minha autoria, e não do saltimbanco. Já que o sr. Formey quis apoderar-se de meu livro enquanto ainda estou vivo, e fazê-lo imprimir sem mais nada além de tirar meu nome para colocar o seu, devia pelo menos ter o trabalho, não digo de compô-lo, mas de lê-lo.

mos afinal que o pato em repouso assume sempre aproximadamente a mesma direção, constatamos que é a que vai do sul para o norte. Não é preciso mais: nossa bússola foi encontrada, ou coisa que o valha; eis-nos na física.

Há diversos climas na terra, e diversas temperaturas nesses climas. As estações variam cada vez mais perceptivelmente à medida que nos aproximamos do polo; todos os corpos encolhem-se no frio e dilatam-se no calor; esse efeito é mais mensurável nos líquidos, e mais sensível nos licores alcoólicos; daí o termômetro. O vento bate no rosto; o ar é, portanto, um corpo, um fluido; sentimo-lo, embora não tenhamos meios de vê-lo. Virai um copo na água e a água não o encherá a menos que deixeis uma saída para o ar; portanto, o ar é capaz de resistência. Afundai mais o copo e a água vencerá o ar no espaço, sem poder preencher completamente esse espaço; portanto, o ar é capaz de compressão até certo ponto. Uma bola cheia de ar comprimido pula mais do que quando cheia de qualquer outra matéria; portanto, o ar é um corpo elástico. Deitado na banheira, levantai horizontalmente o braço para fora da água e o sentireis como que carregado de um peso terrível; portanto, o ar é um corpo pesado. Colocando o ar em equilíbrio com outros fluidos, podemos medir o seu peso: daí o barômetro, o sifão, as zarabatanas, a máquina pneumática. Todas as leis da estática e da hidrostática podem ser encontradas através de experiências igualmente grosseiras. Não quero que se entre por nada disso num gabinete de física experimental; todos aqueles instrumentos e aquelas máquinas me desagradam. O ar científico mata a ciência. Ou todas aquelas máquinas amedrontam uma criança, ou seus aspectos dividem e roubam a atenção que ela deveria dar a seus efeitos.

Quero que nós mesmos façamos todas as nossas máquinas, e não quero começar fazendo o instrumento antes da experiência. Quero porém que, depois de ter entrevisto a experiência como que por acaso, inventemos aos poucos o instrumento que deverá verificá-la. Prefiro que nossos instrumentos não sejam tão perfeitos e tão exatos e que tenhamos ideias mais nítidas sobre o que eles devem ser e sobre as operações que devem executar. Para a minha primeira aula de estática, em vez de ir procurar balanças, ponho um bastão de través sobre o encosto de uma cadeira, meço o comprimento das duas partes do bastão em equilíbrio, acrescento dos dois lados alguns pesos, ora iguais, ora desiguais, e, puxando-o ou empurrando-o quanto for necessário, descubro enfim que o equilíbrio resulta de uma proporção recíproca entre a quantidade dos pesos e o comprimento dos braços. Eis que o meu pequeno físico já é capaz de retificar balanças antes de tê-las visto.

Sem contestação, conseguimos noções bem mais claras e bem mais seguras das coisas que aprendemos por nós mesmos do que das que recebemos dos ensinamentos de outrem, e, além de não acostumarmos nossa razão a submeter-se servilmente à autoridade, tornamo-nos mais engenhosos descobrindo relações, unindo ideias, inventando instrumentos do que quando, adotando tudo isso tal como nos é dado, deixamos que nosso espírito se apague na indolência, como o corpo de um homem que, sempre vestido, calçado, servido por seus empregados e levado por seus cavalos, perde no final a força e o uso de seus membros. Boileau vangloriava-se de ter tido dificuldade para ensinar Racine a rimar. Em meio a tantos métodos admiráveis para encurtar o estudo das ciências, precisaríamos muito que alguém nos desse algum para aprendê-las com esforço.

A mais visível vantagem dessas pesquisas lentas e laboriosas é manter, em meio aos estudos especulativos, o corpo em atividade, os membros em sua agilidade, e educar continuamente as mãos para o trabalho e para os usos úteis ao homem. Tantos instrumentos inventados para nos guiar em nossas experiências e suprir a exatidão dos sentidos fazem com que desdenhemos o seu exercício. O grafômetro dispensa a avaliação da grandeza dos ângulos; o olho que media com precisão as distâncias confia na fita que as mede para ele; a romana dispensa-me de avaliar com a mão o peso que sei por seu intermédio. Quanto mais engenhosos são nossos instrumentos, mais grosseiros e desajeitados tornam-se nossos órgãos; de tanto juntar aparelhos ao nosso redor, já não os achamos em nós mesmos.

Quando, porém, utilizamos na fabricação dessas máquinas a mesma habilidade de antes, quando empregamos para fazê-las a sagacidade que precisaríamos para poder dispensá-las, ganhamos sem perder nada, juntamos a arte à natureza, e tornamo-nos mais engenhosos, sem nos tornarmos menos hábeis. Se, em vez de colar uma criança aos livros, eu a ocupar numa oficina, suas mãos trabalharão em prol de seu espírito; tornar-se-á filósofa acreditando ser apenas uma operária. Finalmente, esse exercício tem outros usos de que falarei adiante, e veremos como dos jogos da filosofia podemos elevar-nos às verdadeiras funções do homem.

Já disse que os conhecimentos puramente especulativos pouco convinham às crianças, mesmo nas proximidades da adolescência; no entanto, sem fazê-las entrar muito fundo na física sistemática, fazei que todas as suas experiências unam-se uma à outra por algum tipo de dedução, para que com o auxílio dessa cadeia elas possam colocá-las em ordem em seu espírito, e lembrar-se delas quando preciso; pois é muito difícil que fatos e até raciocínios isolados se mantenham por muito tempo na memória, quando não se têm meios de levá-los até ela.

Na busca das leis da natureza, começai sempre pelos fenômenos mais comuns e mais perceptíveis, e acostumai vosso aluno a não tomar esses fenômenos como razões, mas sim como fatos. Pego uma pedra e finjo colocá-la no ar; abro a mão, a pedra cai. Olho Emílio, que estava atento ao que eu fazia, e digo-lhe: Por que caiu esta pedra?

Que criança se embaraçará com essa pergunta? Nenhuma, nem mesmo Emílio, se eu não tiver tomado um grande cuidado para prepará-lo a não saber responder. Todos dirão que a pedra cai porque é pesada. E o que é pesado? É o que cai. Portanto, a pedra cai porque cai? Neste ponto, meu pequeno filósofo para mesmo. Eis a sua primeira aula de física sistemática, e quer ela lhe seja de algum proveito ou não no gênero, sempre será uma aula de bom senso.

À medida que a criança progride em inteligência, outras considerações importantes obrigam-nos a escolher melhor as suas ocupações. Assim que ela consegue conhecer suficientemente a si mesma para compreender em que consiste o seu bem-estar, assim que ela consegue entender relações bastante amplas para julgar o que lhe convém e o que não lhe convém, está em condições de perceber a diferença entre o trabalho e a diversão e só considerar esta última como o descanso do outro. Então, objetos de utilidade real podem entrar em seus estudos e levá-la a dar-lhes uma atenção mais constante do que dava a meras diversões. Sempre renascente, a lei da necessidade cedo ensina o homem a fazer o que não gosta para prevenir um mal que lhe desagradaria ainda mais. Este é o uso da previdência, e da previdência bem ou mal ordenada nasce toda a sabedoria ou toda a miséria humana.

Todo homem quer ser feliz. Para chegar a sê-lo, porém, seria preciso começar por saber o que é a felicidade. A felicidade do homem natural é tão simples quanto a sua vida, e consiste em não sofrer; a saúde, a liberdade e o necessário a constituem. A felicidade do homem moral é outra coisa, mas não é dele que estamos tratando aqui. Nunca será demais repetir que apenas os objetos puramente físicos podem interessar as crianças, principalmente aquelas cuja vaidade não foi despertada e que não foram corrompidas antecipadamente pelo veneno da opinião.

Quando preveem suas necessidades antes de senti-las, sua inteligência já está muito avançada e começam a compreender o valor do tempo. É importante, então, acostumá-las a dirigir seu emprego e objetos úteis, mas de uma utilidade compreensível para a sua idade e ao alcance de todas as inteligências. Tudo o que se relaciona com a ordem moral e com os costumes da sociedade não lhes deve ser apresentado tão cedo, pois não estão em condições de compreendê-lo. É um erro exigir delas que se apliquem a coisas que dizemos vagamente serem para o bem delas sem que saibam qual é esse bem, e das quais lhes garantimos que tirarão grandes proveitos quando crescerem, sem que elas tenham nenhum interesse agora por esse pretenso proveito que não são capazes de compreender.

Não faça a criança nada sob palavra; nada é bom para ela, a não ser o que ela sente que é bom. Lançando-a sempre à frente de seu entendimento, acreditais usar de previdência, mas ela vos falta. Para dotá-la de alguns vãos instrumentos de que talvez não faça uso nunca, vós lhe subtraís o mais universal instrumento do homem, que é o bom senso; vós a acostumais a sempre se deixar levar, a ser apenas uma máquina nas mãos de outra pessoa. Quereis que ela seja dócil quando pequena; é o mesmo que querer que ela seja crédula e enganada quando grande. Dizeis-lhe sempre: *Tudo o que te peço é para o teu proveito, mas não tens condições de sabê-lo. A mim, o que importa que faças ou não o que exijo? É só para ti mesmo que trabalhas.* Com todos esses belos discursos que agora lhe fazeis para torná-la sábia, preparais o sucesso das palavras que algum dia lhe dirá um visionário, um charlatão, um patife ou um louco qualquer para pegá-la em sua armadilha ou para fazer com que adote a sua loucura.

É importante que um adulto saiba muitas coisas cuja utilidade uma criança não é capaz de entender; mas será preciso e possível uma criança aprender tudo o que é importante que um adulto saiba? Procurai ensinar à criança tudo o que é útil para a sua idade e vereis que todo o seu tempo estará ocupado. Por que quereis, à custa dos estudos que lhe convêm hoje, que se ocupe com aqueles de uma idade que é tão pouco certo que ela alcance? Mas, direis, será tempo de aprender o que se deve saber quando chegar a hora de empregá-lo? Não sei; mas o que sei é que para mim é impossível ensiná-lo mais cedo, pois nossos verdadeiros mestres são a experiência e o sentimento, e o homem só sente bem o que convém ao homem nas relações em que se acha. Uma criança sabe que deve tornar-se adulta, todas as ideias que pode ter sobre a condição de adulto são oportunidades de instrução para ela; porém, sobre as ideias dessa condição que não estão ao seu alcance, ela deve permanecer numa ignorância absoluta. Todo o meu livro não passa de uma prova contínua desse princípio de educação.

Assim que chegamos a dar ao nosso aluno uma ideia da palavra *útil*, temos mais um grande meio para educá-lo, pois essa palavra o impressiona muito, dado que tem para ele apenas um sentido relativo à sua idade e que ele vê claramente a sua relação com seu bem-estar atual. Vossas crianças não se impressionam com essa palavra porque não tivestes o cuidado de lhes dar uma ideia que esteja ao seu alcance e porque, outras pessoas sempre se encarregando de arrumar o que lhes é útil, elas nunca precisam encarregar-se disso por si mesmas e não sabem o que seja utilidade.

Para que serve isto? Eis, doravante, a palavra sagrada, a palavra determinante entre ele e mim em todas as ações de nossa vida; eis a questão que de minha parte segue-se infalivelmente a todas as suas perguntas, e que serve de freio àquele amontoado de interrogações tolas e aborrecidas com que as crianças cansam sem cessar e sem resultados todos os que as cercam, mais para exercer sobre elas algum tipo de domínio do que para tirar algum proveito. A criança a quem, como sua mais importante lição, ensinamos a só querer saber coisas úteis interroga como Sócrates;

não faz nenhuma pergunta sem dar a si mesma a razão que sabe que lhe pedirão antes de respondê-la.

Vede que poderoso instrumento coloco entre vossas mãos para agir sobre vosso aluno. Não sabendo a razão de nada, ei-lo quase reduzido ao silêncio quando quiserdes; e vós, pelo contrário, que vantagem vossos conhecimentos e vossa experiência vos dão para lhe mostrar a utilidade de tudo o que lhe propondes! Pois, não vos enganeis, fazer-lhe essa pergunta é ensinar-lhe a fazê-la a vós por sua vez, e deveis estar certo de que, sobre tudo o que lhe propuserdes daí em diante, ele, seguindo vosso exemplo, não deixará de dizer: *Para que serve isto?*

Talvez seja essa a armadilha mais difícil de evitar para um preceptor. Se, diante da pergunta da criança, procurando somente vos sairdes bem, lhe derdes uma única razão que ela não esteja em condições de entender, vendo que raciocinais com vossas ideias e não com as suas, ela acreditará que o que lhe dizeis seja bom para a vossa idade, e não para a sua; já não confiará em vós, e tudo estará perdido. Mas onde está o professor que consente em ficar sem resposta e confessar os seus erros diante de seu aluno? Todos eles têm como lei não admitir nem mesmo os que têm; e eu, de minha parte, teria como lei admitir até os que não tivesse, se não pudesse colocar as minhas razões ao seu alcance; assim, a minha conduta, sempre clara em sua mente, nunca lhe será suspeita, e conservarei para mim mais crédito admitindo alguns erros do que eles, que escondem os seus.

Primeiramente, vede bem que raramente cabe a vós propor o que ele deve aprender; cabe a ele desejá-lo, procurá-lo, encontrá-lo; cabe a vós colocá-lo ao seu alcance, fazer habilmente nascer esse desejo e fornecer-lhe os meios de satisfazê-lo. Segue-se daí que vossas perguntas devem ser pouco frequentes, mas bem escolhidas; e, como ele terá mais perguntas a vos fazer do que vós a ele, estareis sempre menos a descoberto e mais vezes em condições de lhe dizer: *Em que isso que me perguntas é útil de saber?*

Além disso, como é pouco importante isto ou aquilo, contanto que ele entenda bem o que aprende e o uso do que aprende, quando não tiverdes de lhe dar sobre o que lhe dizeis nenhuma explicação que seja boa para ele, não deis explicação nenhuma. Dizei-lhe sem escrúpulos: Não tenho resposta certa para te dar; eu estava errado, deixemos isso de lado. Se vossa instrução for realmente fora de propósito, não haverá mal algum em abandoná-la totalmente; se ela não o for, com um pouco de atenção logo encontrareis uma oportunidade de tornar perceptível para ele a sua utilidade.

Não gosto das explicações em forma de discurso. Os jovens prestam pouca atenção nelas e não as retêm. As coisas! As coisas! Nunca terei repetido suficientemente que damos poder demais às palavras. Com nossa educação tagarela, só criamos tagarelas.

Suponhamos que, enquanto estudo com meu aluno o curso do sol e a maneira de se orientar, de repente ele me interrompe para me perguntar para que serve tudo aquilo. Que belo discurso irei fazer-lhe! De quantas coisas aproveitarei a oportunidade para instruí-lo em resposta à sua pergunta, sobretudo se tivermos testemunhas para a nossa conversa*. Falar-lhe-ei sobre a utilidade das viagens, sobre as vantagens do comércio, sobre os produtos particulares a cada clima, sobre os costumes dos diferentes povos, sobre o emprego do calendário, sobre o cálculo do retorno das estações para a agricultura, sobre a arte da navegação, sobre a maneira de se guiar no mar seguindo exatamente a rota, quando não se sabe onde se está. A po-

* Muitas vezes observei que, nos doutos ensinamentos que damos às crianças, pensamos menos em nos fazer ouvir por elas do que pelos adultos que estão presentes. Tenho certeza disso, pois observei-o em mim mesmo.

lítica, a história natural, a astronomia, a própria moral e o direito das gentes entrarão em minha explicação, dando ao meu aluno uma grande ideia de todas essas ciências e um intenso desejo de aprendê-las. Quando tiver dito tudo, terei feito uma exibição de verdadeiro pedante, da qual não terá compreendido uma única ideia. Ele teria como antes vontade de me perguntar para que serve orientar-se, mas não ousa, temendo aborrecer-me. Prefere fingir que entendeu o que o forçaram a escutar. Assim se fazem as belas educações.

Mas o nosso Emílio, educado de uma maneira mais rústica, e ao qual demos com tanto trabalho uma concepção dura, não escutará nada disso. Quando ouvir a primeira palavra que não entender, irá embora brincar no quarto, deixando-me a arengar sozinho. Busquemos uma solução mais grosseira; meu aparato científico não vale nada para ele.

Observávamos a posição da floresta ao norte de Montmorency quando ele me interrompeu com sua importuna pergunta: *Para que serve isso?* "Tens razão", disse-lhe eu, "precisamos pensar bastante nisso; e, se acharmos que este trabalho não serve para nada, não voltaremos a ele, pois não nos faltam diversões úteis. Ocupamo-nos com outra coisa e não se fala mais de geografia pelo resto do dia."

No dia seguinte de manhã, propus-lhe um passeio antes do almoço; ele não queria outra coisa; para correr, as crianças estão sempre prontas, e esta tem boas pernas. Subimos à floresta, percorremos os Champeaux e nos perdemos, já não sabíamos onde estávamos; quando chegou a hora de voltarmos, não conseguimos reencontrar o caminho. O tempo foi passando, veio o calor, estávamos com fome; apressamo-nos, erramos em vão de um lado para o outro, por toda parte só encontrávamos bosques, pedreiras, planícies, nenhuma informação para reconhecimento. Muito acalorados, muito cansados, com muita fome, com nossas idas e vindas só conseguíamos perder-nos mais. Finalmente, sentamo-nos para descansar e para conversar. Emílio, que suponho educado como outra criança, não conversa, mas chora; não sabe que estamos à porta de Montmorency e que um simples matagal a esconde de nós; esse matagal, porém, é uma floresta para ele, um homem da sua altura enterra-se no mato.

Após alguns instantes de silêncio, digo-lhe com um ar inquieto: Meu caro Emílio, como faremos para sair daqui?

Emílio, muito suado e aos prantos.

Não sei. Estou cansado; estou com fome; estou com sede; não aguento mais.

Jean-Jacques

Achas que estou em melhores condições do que tu? Achas que eu deixaria de chorar, se pudesse almoçar com minhas lágrimas? Não se trata de chorar, mas de saber onde estamos. Que horas são no teu relógio?

Emílio

É meio-dia, e ainda estou em jejum.

Jean-Jacques

É verdade, é meio-dia e ainda não comi nada.

Emílio

Ah, como deves estar com fome!

Jean-Jacques

O pior é que o meu almoço não virá buscar-me aqui. É meio-dia, é justamente a hora em que ontem observamos de Montmorency a posição da floresta. Se pudéssemos da mesma forma observar da floresta a posição de Montmorency!...

Emílio

É, mas ontem estávamos vendo a floresta, e daqui não vemos a cidade.

Jean-Jacques

Esse é o problema... Se pudéssemos achar a sua posição sem precisar vê-la!...

Emílio

Ó meu bom amigo!

Jean-Jacques

Não dizíamos que a floresta estava...

Emílio

Ao norte de Montmorency.

Jean-Jacques

Por conseguinte, Montmorency deve estar...

Emílio

Ao sul da floresta.

Jean-Jacques

Há um meio de achar o norte ao meio-dia.

Emílio

Sim, pela direção da sombra.

Jean-Jacques

Mas e o sul?

Emílio

O que fazer?

Jean-Jacques

O sul é o oposto do norte.

Emílio

É verdade; basta procurar o oposto da sombra. Ah! O sul é ali! O sul é ali! Com certeza Montmorency fica deste lado; vamos procurar deste lado!

Jean-Jacques

Pode ser que tenhas razão; tomemos este caminho pelo bosque.

Emílio, batendo palmas e dando um grito de alegria.

Estou vendo Montmorency! Ali bem à nossa frente, bem à vista. Vamos almoçar, vamos comer, rápido; a astronomia serve para alguma coisa.

Notai que, se ele não disser essa última frase, ele a pensará. Pouco importa, contanto que não seja eu quem a diga. Ora, podeis ter certeza de que não esquecerá por toda a vida a lição desse dia, ao passo que, se eu só lhe tivesse feito supor tudo isso em seu quarto, meu discurso teria sido esquecido no dia seguinte. Devemos falar tanto quanto possível pelas ações, e só dizer aquilo que não podemos fazer.

O leitor não espera que eu o despreze tanto que lhe dê um exemplo de cada espécie de estudo; no entanto, qualquer que seja a questão, nunca é demais exortar o preceptor a fazer com que sua prova seja proporcional à capacidade do aluno, pois, mais uma vez, o mal não está em que ele não entenda, mas no que ele acredita entender.

Lembro-me de que, querendo fazer com que uma criança gostasse de química, depois de lhe ter mostrado vários precipitados metálicos, expliquei-lhe como se fazia tinta. Disse-lhe que seu negror vinha de um ferro muito dividido, separado do vitríolo e precipitado por um líquido alcalino. No meio de minha douta explicação, o pequeno traidor deixou-me sem resposta com a pergunta que eu lhe ensinara; e eis que fiquei muito embaraçado.

Depois de ter pensado um pouco, decidi. Mandei trazerem vinho da adega do dono da casa, e outro vinho de oito soldos da taberna de um mercador de vinhos. Peguei num pequeno frasco uma solução de álcali fixo; depois, tendo à minha frente, em dois copos, um pouco dos dois vinhos diferentes*, disse-lhe:

---

* A cada explicação que queremos dar à criança, um pequeno aparato que a preceda é muito útil para torná-la atenta.

Falsificam-se muitos produtos para fazê-los parecerem melhores do que são. Essas falsificações enganam os olhos e o paladar, mas são nocivas e tornam a coisa falsificada pior, mesmo com sua bela aparência, do que era antes.

Falsificam-se principalmente as bebidas, e sobretudo os vinhos, porque a enganação é mais difícil de perceber e dá maior lucro ao enganador.

A falsificação dos vinhos verdes ou azedos faz-se com o litargo, que é um preparado de chumbo. O chumbo unido aos ácidos produz um sal muito doce, que corrige para o paladar o verdor do vinho, mas é um veneno para quem o bebe. Assim, é importante saber antes de beber um vinho suspeito se ele contém litargo ou não. Ora, eis como raciocino para descobrir isso.

O licor do vinho não contém apenas espírito inflamável, como já viste pela aguardente que se extrai dele; ele contém também um tanto de ácido, como podeis ver pelo vinagre e pelo tártaro que tiramos dele também.

O ácido tem relação com as substâncias metálicas e se une com elas por dissolução para formar um sal composto, por exemplo, a ferrugem, que não é mais do que um ferro dissolvido pelo ácido que o ar contém, ou a água, e como também o azinhavre, que é apenas um cobre dissolvido pelo vinagre.

Mas este mesmo ácido tem mais relação ainda com as substâncias alcalinas do que com as substâncias metálicas, de modo que, pela intervenção das primeiras nos sais compostos de que acabo de te falar, o ácido é forçado a soltar o metal a que está unido para se ligar com o álcali. Então, a substância metálica, separada do ácido que a mantinha dissolvida, precipita-se e torna o líquido opaco.

Portanto, se um destes dois vinhos contiver litargo, seu ácido manterá o litargo em solução. Se eu puser um pouco de licor alcalino, ele forçará o ácido a soltá-lo para se unir a ele; o chumbo, não sendo mais mantido em solução, turvará o líquido e enfim se precipitará no fundo do copo.

Se não houver chumbo* nem nenhum metal no vinho, o álcali se unirá tranquilamente** com o ácido, tudo continuará dissolvido e não haverá precipitação alguma.

Em seguida, derramei meu líquido alcalino sucessivamente nos dois copos; o do vinho da casa permaneceu claro e diáfano; o outro num instante ficou turvo, e ao cabo de uma hora vimos claramente o chumbo precipitado no fundo do copo.

Eis aí, prossegui eu, o vinho natural e puro de que podemos beber, e eis o vinho falsificado que envenena. Isto se descobre pelos mesmos conhecimentos sobre cuja utilidade me interrogaste: quem sabe bem como se faz tinta também sabe reconhecer os vinhos falsificados.

Fiquei muito satisfeito com meu exemplo e, no entanto, percebi que o menino não ficou impressionado. Precisei de um pouco de tempo para perceber que só tinha cometido uma tolice, pois, sem falar da impossibilidade de uma criança de doze anos entender minha explicação, a utilidade daquela experiência não entrava na sua cabeça, porque, tendo experimentado os dois vinhos e achado os dois bons, não relacionava nenhuma ideia à palavra falsificação, que eu pensava ter-lhe explicado tão bem. As palavras *insalubre* e *veneno* nem mesmo tinham algum sentido para ele; ele estava, então, no mesmo caso do historiador do médico Filipe; é o caso de todas as crianças.

As relações entre efeitos e causas cuja ligação não percebemos, os bens e os males de que não temos nenhu-

---

* Os vinhos vendidos no varejo pelos comerciantes de vinhos de Paris, embora nem todos contenham litargo, raramente estão isentos de chumbo, porque os balcões desses comerciantes estão repletos desse metal e o vinho que ultrapassa a medida, passando e ficando sobre esse chumbo, dissolve sempre uma porção dele. É estranho que um abuso tão evidente e tão perigoso seja tolerado pela polícia. Mas é verdade que as pessoas abastadas, bebendo raramente desse vinho, correm pouco risco de serem envenenadas por ele.

** O ácido vegetal é muito manso. Se fosse um ácido mineral e ele estivesse menos diluído, a união não se daria sem efervescência.

ma ideia, as necessidades que nunca sentimos são nulas para nós; é impossível interessarmo-nos por elas sem ter nada a ver com elas. Aos quinze anos vemos a felicidade de um homem sábio como aos trinta a glória do paraíso. Se não concebermos bem a uma e a outra, pouco faremos para conquistá-las, e, mesmo que as concebamos, também pouco faremos se não as desejarmos, se não sentirmos que nos convêm. É fácil convencer uma criança de que o que queremos ensinar-lhe é útil, mas de nada servirá convencê-la se não soubermos persuadi-la. Em vão a tranquila razão nos faz aprovar ou reprovar; somente a paixão nos faz agir. E como nos apaixonar por interesses que ainda não temos?

Nunca mostreis à criança algo que ela não possa ver. Enquanto a humanidade lhe for quase estranha, não podendo elevá-la à condição de homem, rebaixai para ela o homem à condição da criança. Pensando no que lhe pode ser útil em outra idade, não lhe faleis senão daquilo cuja utilidade ela perceba desde agora. De resto, nada de comparações com outras crianças, nada de rivais, nada de concorrentes, mesmo nas corridas, tão logo ela comece a raciocinar; prefiro cem vezes que ela nada aprenda a que aprenda por ciúme ou por vaidade. Apenas marcarei todos os anos os progressos que tiver feito; compará-los-ei com os que fará no ano seguinte; dir-lhe-ei: Cresceste tantas polegadas; eis o fosso que saltavas, o fardo que carregavas; eis a distância a que lançavas uma pedra, o percurso que percorrias de um só fôlego etc.; vejamos agora o que farás. Assim estimulo-a sem dar-lhe ciúme de ninguém. Ela quererá ultrapassar-se, ela deverá ultrapassar-se; não vejo inconveniente em que seja a rival de si mesma.

Odeio os livros; eles só ensinam a falar do que não se sabe. Dizem que Hermes gravou em colunas os elementos das ciências, para pôr suas descobertas ao abrigo de um dilúvio. Se as tivesse bem gravado na cabeça dos homens, ter-se-iam conservado por tradição. Cérebros bem preparados são os monumentos em que com mais segurança se gravam os conhecimentos humanos. Não haveria algum meio de reunir tantas lições esparsas em tantos livros num objeto comum que fosse fácil de ver, interessante de seguir e pudesse servir de estimulante, mesmo nessa idade? Se pudermos inventar uma situação em que todas as necessidades naturais do homem se mostrem de uma maneira sensível ao espírito de uma criança e em que os meios de satisfazer essas necessidades se desenvolvam sucessivamente com a mesma facilidade, é pela pintura viva e ingênua deste estado que deveremos dar o primeiro exercício à sua imaginação.

Filósofo ardente, já vejo acender-se a vossa. Não vos esforceis em demasia; tal situação já foi descoberta, já foi descrita e, sem injustiça, muito mais bem descrita do que vós a descreveríeis, ou pelo menos com mais verdade e simplicidade. Já que precisamos absolutamente de livros, existe um que oferece, a meu ver, o melhor tratado de educação natural. Será o primeiro livro que Emílio lerá; sozinho, constituirá por bastante tempo sua biblioteca inteira, e nela sempre ocupará um lugar de destaque. Será o texto a que todas as nossas conversas sobre as ciências naturais servirão apenas de comentários. Servirá de prova durante o nosso aprendizado sobre o estado de nosso juízo e, enquanto nosso gosto não se corromper, sua leitura sempre nos agradará. Qual é, então, esse livro maravilhoso? Será Aristóteles? Será Plínio? Buffon? Não, é *Robinson Crusoé*.

Robinson Crusoé em sua ilha, sozinho, sem o amparo de seus semelhantes e dos instrumentos de todas as artes, provendo porém à sua subsistência, à sua conservação e conseguindo até uma espécie de bem-estar, eis um tema interessante para qualquer idade e que temos mil maneiras de tornar agradável para as crianças. Eis como realizamos a ilha deserta que inicialmente me servia de comparação. Esse estado não é, concordo, o do homem social; provavelmente não é o de Emílio, mas é através desse mesmo estado que ele deve apreciar todos os outros. O meio mais seguro de nos elevarmos acima dos preconceitos e ordenarmos os juízos de acordo com as verdadeiras relações entre as coisas é colocarmo-nos no lugar de um homem isolado e julgarmos tudo como tal homem deve ele próprio julgar, com relação à sua própria utilidade.

Esse romance, despojado de todas as suas bagatelas, começando pelo naufrágio de Robinson perto de sua ilha e terminando com a chegada do navio que vem retirá-lo dela, será ao mesmo tempo a diversão e a instrução de Emílio durante o período de que estamos tratando aqui. Quero que fique de cabeça virada, que se ocupe sem parar com seu castelo, com suas cabras e com suas plantações; que aprenda em detalhe, não nos livros, mas com as coisas, tudo o que precisa saber no caso; que pense que ele é o próprio Robinson; que se veja vestido de peles, com um grande chapéu, um grande sabre e todo o grotesco equipamento do personagem, menos o guarda-sol, de que não precisará. Quero que se preocupe com as medidas a serem tomadas caso isto ou aquilo venha a lhe faltar, que examine o comportamento de seu herói, que procure saber se ele não omitiu nada, se não tinha nada melhor para fazer; que assinale atentamente os seus erros e aproveite para não cair neles em caso semelhante, pois não tenhais dúvida de que ele tem planos de fazer algo semelhante; trata-se do verdadeiro castelo da Espanha dessa idade feliz, em que não se conhece outra felicidade que não o necessário e a liberdade.

Que tesouro essa loucura para um homem hábil, que só foi capaz de fazê-la nascer para tirar proveito dela! Com pressa de fazer uma reserva para sua ilha, a criança terá mais vontade de aprender do que o mestre de ensinar. Quererá saber tudo o que é útil, e só isso quererá saber; já não tereis necessidade de guiá-lo, só de contê-lo. De resto, tratemos de instalá-lo na ilha o mais depressa possível, enquanto limita a ela a sua felicidade, pois está chegando o dia em que, se ainda quiser viver nela, já não quererá viver sozinho, e *Sexta-Feira*, que por enquanto não o impressiona muito, já não lhe bastará por muito tempo.

A prática das artes naturais, a que um só homem pode bastar, leva à pesquisa sobre as artes de indústria, que exigem o concurso de muitas pessoas. As primeiras podem ser praticadas por solitários, por selvagens, mas as outras só podem ter origem na sociedade, e a tornam necessária. Enquanto só conhecemos a necessidade física, cada homem basta a si mesmo; a introdução do supérfluo torna indispensável a divisão e a distribuição do trabalho, pois, embora um homem trabalhando sozinho ganhe apenas a subsistência de um homem, cem homens trabalhando em harmonia ganharão a subsistência de duzentos. Portanto, quando uma parte dos homens descansa, é preciso que o concurso dos braços dos que trabalham supra a ociosidade dos que nada estão fazendo.

Vossa maior preocupação deve ser afastar da mente de vosso aluno todas as noções das relações sociais que não estão ao seu alcance; mas, quando o encadeamento dos conhecimentos vos forçar a lhe mostrar a mútua dependência dos homens, em vez de mostrá-la pelo lado moral, voltai primeiramente toda a sua atenção para a indústria e para as artes mecânicas, que tornam úteis umas às outras. Passeando com ele de oficina em oficina, nunca deixeis que veja algum trabalho sem que ele mesmo ponha mãos à obra, nem que saia sem saber perfeitamente a razão de tudo o que se faz ali, ou pelo menos de tudo o que observou. Para tanto, trabalhai vós também, dai-lhe em toda parte o exemplo; para torná-lo mestre, sede em toda parte aprendiz, e podeis estar certo de que uma hora de trabalho ensinar-lhe-á mais coisas do que as que ele reteria de um dia de explicações.

Há uma estima pública ligada às diferentes artes na razão inversa de sua utilidade real. Essa estima mede-se diretamente pela sua própria inutilidade, e assim deve ser. As artes mais úteis são as que ganham menos, porque o número de trabalhadores é proporcional à necessidade dos homens e o trabalho necessário a todos forçosamente permanece tendo um preço que o pobre pode pagar. Pelo contrário, essas pessoas importantes que são chamadas não de artesãos, mas de artistas, trabalhando unicamente para os ociosos e os ricos, põem um preço arbitrário em suas ninharias. E, como o mérito desses trabalhos vãos reside apenas na opinião, seu próprio preço faz parte desse mérito e são estimados proporcionalmente ao que custam. O interesse que despertam no rico não provém de seu uso, mas do fato de que o pobre não pode pagá-los. *Nolo habere bona nisi quibus populus inviderit*[1].

Que se tornarão vossos alunos se deixardes que adotem esse tolo preconceito, se vós próprios o favorecerdes, se vos virem, por exemplo, entrar com mais respeito na loja de um ourives do que na de um serralheiro? Que juízo farão eles sobre o verdadeiro mérito das artes e sobre o verdadeiro valor das coisas se virem por toda parte o preço de fantasia em contradição com o preço tirado da utilidade real, e que, quanto mais uma coisa custa, menos ela vale? No momento em que deixardes essas ideias entrarem em sua cabeça, abandonai o resto de sua educação; apesar de vós, serão educados como todo o mundo; tereis perdido catorze anos de trabalhos.

Pensando em mobiliar sua ilha, Emílio verá as coisas de outra maneira. Robinson teria dado uma atenção muito maior à loja de um cuteleiro do que às quinquilharias de Said. O primeiro lhe pareceria um homem respeitabilíssimo e o outro, um charlatãozinho.

"Meu filho foi feito para viver no mundo; não viverá com sábios, mas com loucos; assim, é preciso que conheça suas loucuras, já que é por elas que quer ser conduzido. O conhecimento real das coisas pode ser bom, mas o dos homens e de suas opiniões vale ainda mais, pois na sociedade humana o maior instrumento do homem é o homem,

---

1. "Só quero ter os bens que o povo pode invejar." (Petrônio, *Satiricon*, 100.) (N. do T.)

e o mais sábio é aquele que melhor se serve desse instrumento. Para que dar às crianças a ideia de uma ordem imaginária completamente contrária à que verão estabelecida e pela qual deverão regular-se? Dai-lhes primeiro aulas para que sejam sábios e depois lhes dareis aulas para que julguem em que os outros são loucos."

Eis as especiosas máximas com base nas quais a falsa prudência dos pais se esforça para tornar seus filhos escravos dos preconceitos com que os alimentam, e eles próprios joguetes da multidão insensata de que pensam fazer o instrumento de suas paixões. Para chegar a conhecer o homem, quantas coisas é preciso conhecer antes dele! O homem é o último estudo do sábio, e pretendeis fazer dele o primeiro de uma criança! Antes de instruí-la sobre nossos sentimentos, começai por ensiná-la a apreciá-los. Será conhecer uma loucura tomá-la por uma razão? Para ser sábio, é preciso distinguir o que não o é. Como conhecerá vosso filho os homens, se não souber julgar seus juízos nem esclarecer seus erros? É um mal saber o que eles pensam, quando não se sabe se o que pensam é verdadeiro ou falso. Ensinai-lhe primeiro, portanto, o que são as coisas em si mesmas e lhe ensinareis depois o que são a nossos olhos; é assim que ele será capaz de comparar a opinião à verdade e elevar-se acima do vulgo, pois não conhecemos os preconceitos quando os adotamos e não conduzimos o povo quando nos parecemos com ele. Mas, se começardes por informá-lo a respeito da opinião pública antes de ensiná-lo a apreciá-la, tende certeza de que, apesar do que possais fazer, essa opinião se tornará a dele e não a destruireis mais. Concluo que, para tornar judicioso um jovem, é preciso bem formar os seus juízos, em vez de lhe ditar os nossos.

Vede que até agora não falei dos homens ao meu aluno, pois ele teria tido bom senso demais para me ouvir. Suas relações com sua espécie ainda não lhe são suficientemente sensíveis para que ele possa julgar os outros por si. Dos seres humanos, ele só conhece a si mesmo, e mesmo assim está bem longe de se conhecer; mas, se faz poucos juízos sobre a sua pessoa, pelo menos só faz juízos corretos. Ignora qual seja o lugar dos outros, mas sente o seu e nele se mantém. No lugar das leis sociais que ele não pode conhecer, atamo-lo às cadeias da necessidade. Ele ainda é quase que apenas um ser físico; continuemos a tratá-lo como tal.

É pela relação sensível com a utilidade, com a segurança, com a conservação e com o bem-estar que ele deve julgar todos os corpos da natureza e todos os trabalhos dos homens. Assim, a seus olhos o ferro deve ter um valor muito maior do que o ouro, e o vidro do que o diamante; da mesma forma, ele honra muito mais um sapateiro ou um pedreiro do que um Lampereur, um Le Blanc e todos os joalheiros da Europa; um pasteleiro, sobretudo, é para ele um homem importantíssimo, e ele daria toda a academia de ciências pelo menor confeiteiro da rua dos Lombardos. Os ourives, os gravadores, os douradores, os bordadores não são, na sua opinião, mais do que vagabundos que se divertem com brinquedos totalmente inúteis; não faz muito caso nem mesmo da relojoaria. A feliz criança goza o tempo sem ser sua escrava; aproveita-se dele e não sabe o seu valor. A tranquilidade das paixões que torna para ela sua sucessão sempre igual serve-lhe de instrumento para medi-lo quando preciso*. Atribuindo-lhe um relógio ou fazendo-o chorar, eu criaria um Emílio vulgar para ser útil e me fazer entender; pois, quanto ao verdadeiro, uma criança tão diferente das outras não serviria de exemplo para nada.

Há uma ordem não menos natural e ainda mais judiciosa, pela qual consideramos as artes segundo as relações

---

* Perdemos a medida do tempo quando nossas paixões querem regular seu curso à sua vontade. O relógio do sábio é a igualdade de humor e a paz da alma; ele está sempre em sua hora e sempre a conhece.

de necessidade que as ligam, colocando em primeiro lugar as mais independentes e em último as que dependem de um maior número de outras. Esta ordem, que oferece importantes considerações sobre a da sociedade geral, é semelhante à precedente, e está submetida à mesma inversão na estima dos homens, de sorte que o emprego das matérias-primas ocorre em ofícios sem honra, quase sem lucro, e, quanto mais elas mudam de mãos, mais a mão de obra aumenta de preço e se torna honrosa. Não discuto se é verdade que a indústria seja maior e mereça maiores recompensas nas artes minuciosas que dão a última forma a essas matérias do que no primeiro trabalho que as entrega ao uso dos homens; mas afirmo que para cada coisa a arte cujo uso é mais geral e mais indispensável é incontestavelmente aquela que merece maior estima, e que a arte a que o menor número de outras artes é necessário tem mais mérito do que as mais subordinadas, por ser mais livre e mais próxima à independência. Eis as verdadeiras regras para a apreciação das artes e da indústria; tudo o mais é arbitrário e depende da opinião.

A primeira e a mais respeitável de todas as artes é a agricultura; eu poria a forja em segundo lugar, a carpintaria em terceiro, e assim por diante. A criança que não tiver sido seduzida pelos preconceitos vulgares pensará exatamente assim. Quantas reflexões importantes não tirará Emílio a esse respeito do seu *Robinson*! Que pensará quando vir que as artes só se aperfeiçoam ao se subdividirem, ao multiplicarem ao infinito os instrumentos de uns e de outros? Dirá a si mesmo: todas aquelas pessoas são tolamente engenhosas. Dir-se-ia que temem que seus braços e seus dedos não lhes sirvam para nada, de tanto que inventam instrumentos para não precisarem deles. Para praticar uma só arte submetem-se a mil outras; é preciso uma cidade para cada trabalhador. Quanto a mim e ao meu amigo, pomos nosso gênio a serviço da engenhosidade; fazemos para nós instrumentos que possamos levar conosco por toda parte. Todas essas pessoas tão orgulhosas de seus talentos em Paris não seriam capazes de nada em nossa ilha, e seriam nossos aprendizes.

Leitor, não vos detenhais para ver aqui o exercício do corpo e a habilidade das mãos de nosso aluno, mas considerai a direção que damos às suas curiosidades infantis; considerai o juízo, o espírito inventivo, a previdência; considerai a cabeça que lhe vamos formar. Em tudo o que vir, em tudo o que fizer, ele desejará conhecer tudo, desejará saber a razão de tudo; de instrumento em instrumento, quererá sempre remontar ao primeiro; nada admitirá por suposição; recusar-se-ia a aprender o que exigisse um conhecimento prévio que não tivesse; se vir fazerem uma mola, quererá saber como o aço foi extraído da mina; se vir montarem um armário, quererá saber como a árvore foi cortada; se ele próprio trabalhar, para cada instrumento de que se servir não deixará de dizer para si mesmo: se eu não tivesse este instrumento, como me arranjaria para fazer um parecido ou para dispensá-lo?

De resto, um erro difícil de evitar nas ocupações pelas quais o mestre se apaixona é o de sempre supor o mesmo gosto na criança; evitai que, quando a diversão do trabalho toma conta de vós, enquanto isso ela se aborreça sem ter coragem de vo-lo dizer. A criança deve absorver-se completamente na coisa, mas deveis estar inteiramente absortos na criança, observá-la, vigiá-la sem parar e sem parecer, pressentir antecipadamente todos os seus sentimentos e prevenir os que ela não deva ter, ocupá-la, enfim, de tal maneira que ela não somente se sinta útil à coisa, mas que também se sinta bem, por ter compreendido bem para que serve o que faz.

A sociedade das artes consiste em trocas de indústria, a do comércio em trocas de coisas, a dos bancos em trocas de signos e de dinheiro; todas essas ideias se ligam, e as noções elementares já foram adquiridas; lançamos os fundamentos de tudo isso desde a primeira infância, com o auxílio do jardineiro Robert. Só nos resta agora generalizar essas mesmas ideias e estendê-las a mais exemplos, para fazer com que ele compreenda o funcionamento do comércio em si mesmo, que se torna sensível pelos detalhes da história natural que dizem respeito às produções próprias de cada país, pelos detalhes das artes e das ciências que dizem respeito à navegação, enfim, pela maior ou menor dificuldade do transporte, conforme a distância entre os lugares, segundo a posição das terras, dos mares, dos rios etc.

Nenhuma sociedade pode existir sem troca, nenhuma troca sem medida comum, e nenhuma medida comum sem igualdade. Assim, toda sociedade tem por primeira lei alguma igualdade convencional, quer entre os homens, quer entre as coisas.

A igualdade convencional entre os homens, muito diferente da igualdade natural, torna necessário o direito positivo, isto é, o governo e as leis. Os conhecimentos políticos de uma criança devem ser nítidos e limitados; ela deve conhecer do governo em geral apenas o que se relaciona com o direito de propriedade, de que já tem alguma ideia.

A igualdade convencional entre as coisas fez com que se inventasse a moeda, pois ela é apenas um termo de comparação para o valor das coisas de diferentes espécies. Neste sentido, a moeda é o verdadeiro laço da sociedade. Tudo, porém, pode ser moeda; antigamente o gado o era e ainda hoje as conchas o são entre diversos povos; o ferro foi moeda em Esparta, o couro o foi na Suécia, o ouro e a prata o são entre nós.

Por serem de transporte mais fácil, os metais geralmente foram escolhidos como termos médios de todas as trocas, e converteram-se esses metais em moeda para poupar a medição ou a pesagem a cada troca; pois a marca da moeda não é mais do que um atestado de que a peça assim marcada tem tal peso, e apenas o príncipe tem o direito de cunhar moedas, dado que só ele tem o direito de exigir que seu testemunho tenha autoridade entre o povo.

O emprego dessa invenção assim explicada torna-se claro até para o mais estúpido. É difícil comparar imediatamente coisas de naturezas diferentes, por exemplo, pano com trigo; quando, porém, achamos uma medida comum, a moeda, é fácil para o fabricante e para o lavrador relacionar com essa medida comum o valor das coisas que querem trocar. Se tal quantidade de pano vale tal soma de dinheiro e se tal quantidade de trigo também vale a mesma soma de dinheiro, segue-se que o mercador, recebendo aquele trigo pelo seu pano, está fazendo uma troca equitativa. Assim, é pela moeda que os bens de espécies diferentes tornam-se comensuráveis e se podem comparar.

Não avanceis mais do que isso e não entreis na explicação dos efeitos morais dessa instituição. Em todas as coisas, é importante expor bem os usos antes de mostrar os abusos. Se pretenderdes explicar às crianças como os signos fazem com que se deixem de lado as coisas, como nasceram da moeda todas as quimeras da opinião, como os países ricos em dinheiro devem ser pobres de tudo, tratareis essas crianças não apenas como filósofas, mas como homens sábios, e pretendeis fazer com que entendam o que até poucos filósofos compreenderam bem.

Para quantos objetos interessantes não podemos dirigir assim a curiosidade de um aluno, sem jamais abandonar as relações reais e materiais que estão ao seu alcance, nem permitir que ponha na sua mente uma única ideia que não possa conceber! A arte do mestre consiste em nunca deixar que suas observações se entorpeçam sobre minúcias que não se relacionam com nada, mas em aproximá-lo continuamente das grandes relações que um dia deverá conhecer para bem julgar sobre a boa e má ordem da sociedade civil. É preciso saber combinar as conversas com que o divertimos com o tipo de espírito que lhe demos. Uma pergunta que não poderia nem mesmo tocar a atenção de um outro irá atormentar Emílio durante seis meses.

Vamos jantar numa casa rica; encontramos os preparativos de um banquete, muitas pessoas, muitos lacaios, muitos pratos, um serviço elegante e fino. Todo esse aparato de prazer e de festa tem algo de embriagador que sobe à cabeça quando não estamos acostumados a ele. Pressinto o efeito de tudo aquilo em meu jovem aluno. Enquanto o banquete se prolonga, enquanto os pratos se sucedem, enquanto reinam ao redor das mesas mil conversas barulhentas, aproximo-me de seu ouvido e lhe digo: Por quantas mãos achas que passou tudo o que vês sobre esta mesa antes de chegar até aqui? Que quantidade de ideias desperto em seu cérebro com estas poucas palavras! Imediatamente, eis que todos os eflúvios do delírio são abatidos. Ele pensa, reflete, calcula, inquieta-se. Enquanto os filósofos, alegres por causa do vinho e talvez de suas vizinhas, falam bobagens e parecem crianças, ei-lo ali, filosofando sozinho em seu canto; faz-me perguntas; recuso-me a responder e adio para outra hora; ele se impacienta, esquece a comida e a bebida, morre de vontade de estar fora da mesa para conversar comigo à vontade. Que objeto para a sua curiosidade! Que texto para sua instrução! Com um juízo são que nada pôde corromper, que pensará ele do luxo, quando descobrir que todas as regiões do mundo contribuíram para aquilo, que vinte milhões de mãos talvez tenham trabalhado por muito tempo, que aquilo talvez tenha custado a vida de milhares de homens, e tudo isso para lhe apresentar pomposamente ao meio-dia o que ele vai devolver à noite em seu banheiro.

Observai com atenção as conclusões secretas que ele tira em seu coração de todas essas observações. Se o tiverdes vigiado pior do que suponho, ele poderá ser tentado a desviar suas reflexões para uma outra direção e considerar-se um personagem importante no mundo, vendo tantos trabalhos concorrerem para aprontar o seu jantar. Se pressentirdes esse raciocínio, podeis facilmente evitá-lo antes que ele o faça, ou pelo menos apagar imediatamente a impressão que ele deixe. Ainda só sabendo apropriar-se das coisas para um gozo material, ele não pode avaliar se são convenientes ou não para ele, a não ser por relações sensíveis. A comparação de um jantar simples e rústico, preparado pelo exercício, temperado pela fome, pela liberdade, pela alegria, com aquele banquete tão magnífico e tão ordenado bastará para fazê-lo perceber que todo o aparato do banquete não lhe tendo dado nenhum proveito real, e saindo seu estômago igualmente satisfeito da mesa do camponês e daquela do financista, não havia nada mais em uma do que na outra que ele pudesse chamar de verdadeiramente seu.

Imaginemos o que em caso semelhante um preceptor lhe poderá dizer. Lembra-te bem destas duas refeições e decide dentro de ti mesmo qual delas te deu maior prazer; em qual delas observaste maior alegria? Em qual das duas comeu-se com maior apetite, bebeu-se com maior alegria, riu-se com mais gosto? Qual delas durou mais tempo sem aborrecer, e sem precisar ser renovada por outros pratos? No entanto, repara a diferença: este pão cinzento que achas tão bom vem do trigo colhido por este camponês; seu vinho negro e rude, mas que mata a sede e é sadio, é de seu vinhedo; a toalha vem de seu cânhamo, filado durante o inverno por sua mulher, por suas filhas, por sua empregada; mão nenhuma que não fosse de sua família fez os preparativos de sua mesa; o moinho mais próximo e o mercado vizinho são para ele os limites do universo. Em que, então, tiveste realmente prazer com tudo o que forneceram a mais a terra distante e a mão dos homens na outra mesa? Se tudo isso não te fez ter uma melhor refeição, o que ganhaste com essa abundância? O que havia ali que tivesse sido feito para ti? Se fosses o dono da casa, poderá acrescentar, tudo aquilo te seria ainda mais estranho, pois a preocupação de ostentar diante dos outros o teu prazer acabaria com ele; terias tido o trabalho, e eles, o prazer.

Esse discurso pode ser muito belo, mas não vale nada para Emílio, pois não está ao seu alcance e suas reflexões não lhe são ditadas. Falai-lhe, então, com maior simplicidade. Depois destas duas experiências, dizei-lhe algum dia: Onde jantaremos hoje? Ao redor daquela montanha de prata que cobre três quartos da mesa e daqueles canteiros de flores de papel servidos na sobremesa sobre espelhos? Entre aquelas mulheres de amplas anquinhas que te tratam como uma marionete e pretendem que tenhas dito o que não sabes? Ou então na aldeia a duas léguas daqui, com aquela boa gente que nos recebe com tanta alegria e nos dá tão boa comida? Não é duvidosa a escolha de Emílio, pois ele não é nem tagarela, nem vaidoso; ele não suporta o constrangimento e nenhum de nossos pratos finos lhe agrada. No entanto, ele está sempre pronto para correr para o campo, e adora as boas frutas, os bons legumes, o bom creme e as boas pessoas*. Durante o caminho, a reflexão vem por si mesma. Vejo que essas multidões de homens que trabalham para esses grandes banquetes desperdiçam seu trabalho, ou então pouco ligam para os nossos prazeres.

Meus exemplos, bons talvez para um assunto, serão maus para mil outros. Se seu espírito for captado, saber-se-á variá-lo como for preciso; a escolha depende do estudo do gênio de cada um, e esse estudo depende das ocasiões que lhe são oferecidas para se mostrar. Não se imagine que, no espaço de três ou quatro anos que devemos ocupar, possamos dar à criança nascida nas melhores condições uma ideia de todas as artes e de todas as ciências naturais que seja suficiente para um dia ela poder aprendê-las por

---

* O gosto pelo campo que suponho em meu aluno é um fruto natural de sua educação. De resto, não tendo nada do ar fátuo e empolado de que as mulheres tanto gostam, ele é menos mimado por isso do que as outras crianças; por conseguinte, diverte-se menos com elas e é menos mimado por sua companhia, cujo encanto ainda não está em condições de sentir. Evitei ensiná-lo a lhes beijar a mão, a lhes dizer bobagens, até mesmo a dar de preferência aos homens os respeitos que lhes são devidos; tomei como lei inviolável nada exigir cuja razão não estivesse ao seu alcance, e não há nenhuma boa razão para uma criança tratar um sexo de maneira diferente do outro.

si mesma, mas, ao fazermos passar diante dela todos os objetos que lhe importa conhecer, damos-lhe a oportunidade de desenvolver seu gosto e seu talento, de dar os primeiros passos na direção do objeto a que seu gênio a leva e de indicar-nos o caminho que precisamos abrir para auxiliar a natureza.

Outra vantagem desse encadeamento de conhecimentos limitados, mas exatos, é mostrar-lhe tais conhecimentos por suas ligações, por suas relações, de colocá-los todos em seu lugar na sua estima e de evitar os preconceitos que a maioria dos homens tem a favor dos talentos que cultivam e contra os que deixaram de lado. Quem vê bem a ordem do todo vê o lugar onde deve estar cada parte; quem vê bem uma parte e a conhece a fundo pode ser um homem douto; o outro é um homem judicioso. E deveis lembrar-vos de que o que nos propomos a adquirir é menos a ciência do que o juízo.

De qualquer forma, meu método é independente de meus exemplos. Baseia-se na medida das faculdades do homem nas diferentes idades e na escolha das ocupações que convêm às suas faculdades. Creio que facilmente se encontraria um outro método com o qual se pareceria conseguir algo melhor, mas, se ele fosse menos apropriado à espécie, à idade e ao sexo, duvido que tivesse o mesmo êxito.

Ao começarmos este segundo período, aproveitamos a superabundância de nossas forças comparativamente a nossas necessidades para lançarmo-nos para fora de nós mesmos; lançamo-nos aos céus, medimos a terra, colhemos as leis da natureza; numa palavra, percorremos toda a ilha. Voltamos agora para nós mesmos; sem perceber aproximamo-nos de nossa casa. Muito felizes, ao voltar, de ainda não a encontrarmos nas mãos do inimigo que nos ameaça e que já se prepara para se apoderar dela!

Que nos resta fazer depois de ter observado tudo o que nos cerca? Aproveitarmo-nos de tudo aquilo de que possamos apropriar-nos e tirar partido de nossa curiosidade em proveito de nosso bem-estar. Até agora fizemos uma provisão de instrumentos de toda espécie, sem saber de qual deles iríamos precisar. Inúteis para nós, talvez possam servir a outros, e talvez, de nossa parte, venhamos a precisar dos deles. Assim, teríamos toda a vantagem com essas trocas; para realizá-las, no entanto, é preciso conhecer nossas necessidades mútuas, é preciso que cada qual saiba do que outros dispõem para seu uso e o que lhes pode oferecer em troca. Suponhamos dez homens, cada um tendo dez espécies de necessidades. É preciso que cada um, pelo que lhe é necessário, aplique-se a dez espécies de trabalho; dada, porém, a diferença de gênio e de talento, um será menos bem-sucedido em algum de seus trabalhos, e outro em outro. Capazes de diversos trabalhos, todos realizarão os mesmos, e serão mal servidos. Formemos uma sociedade com esses dez homens, e cada qual se aplique sozinho e para os nove outros ao gênero de ocupação que mais lhe convém; cada qual se aproveitará dos talentos dos outros como se só ele os tivesse todos; cada qual aperfeiçoará o seu através de um exercício continuado e acabará acontecendo que os dez, perfeitamente bem providos, ainda terão excedentes para outros. Eis o princípio aparente de todas as nossas instituições. Não faz parte de meu assunto examinar aqui suas consequências: é o que fiz num outro texto.

De acordo com esse princípio, um homem que quisesse considerar-se como um ser isolado, não dependendo absolutamente de nada e bastando a si próprio, só poderia ser miserável. Ser-lhe-ia até mesmo impossível substituir, pois, encontrando a terra inteira coberta pelo que é meu ou teu, não tendo nada de próprio a não ser seu corpo, de onde tiraria o necessário? Ao sairmos do estado de natureza, forçamos nossos semelhantes a saírem também; ninguém pode nele permanecer apesar dos outros, e já seria realmente sair querer permanecer, dada a impossibilidade de nele viver; pois a primeira lei da natureza é o cuidado com a própria conservação.

Assim se formam aos poucos na mente de uma criança as ideias das relações sociais, antes até que ela possa ser realmente um membro ativo da sociedade. Emílio vê que, para ter instrumentos que lhe sejam úteis, precisa ter ainda instrumentos úteis aos outros, por meio dos quais possa obter em troca as coisas que lhe são necessárias e que eles possuem. Levo-o facilmente a perceber a necessidade de tais trocas e a colocar-se em condições de aproveitá-las.

Senhor, eu preciso viver, dizia um infeliz autor satírico ao ministro que o censurava pela infâmia daquele ofício. *Não vejo a necessidade*, respondeu-lhe friamente o alto funcionário. Excelente para um ministro, essa resposta teria sido bárbara e falsa em qualquer outra boca. É preciso que todo homem viva. Esse argumento, a que cada qual dá uma força maior ou menor conforme tenha mais ou menos humanidade, parece-me não admitir resposta para quem o faz relativamente a si mesmo. Já que, de todas as aversões que a natureza nos dá, a mais forte é a de morrer, segue-se que tudo é permitido por ela a quem quer que não tenha nenhum outro meio possível para viver. Os princípios conforme os quais o homem virtuoso aprende a desprezar sua vida e a imolá-la por seu dever estão muito longe dessa simplicidade primitiva. Felizes os povos em meio aos quais se pode ser bom sem dificuldade e justo sem virtude! Se houver algum miserável Estado no mundo em que cada qual não possa viver sem fazer mal e onde os cidadãos sejam patifes por necessidade, não é o malfeitor que se deve enforcar, e sim quem o força a se tornar tal.

Assim que Emílio souber o que é a vida, minha primeira preocupação será ensiná-lo a conservá-la. Até agora, não fiz distinção entre as condições, as posições sociais e as riquezas, e tampouco os distinguirei daqui por diante, porque o homem é o mesmo em todas as condições sociais; porque o rico não tem um estômago maior do que o pobre e não digere melhor do que ele; porque o senhor não tem braços mais compridos nem mais fortes do que os de seu escravo; porque um grande não é maior do que um homem do povo; e finalmente porque, sendo as necessidades naturais as mesmas em toda parte, os meios de satisfazê-las devem ser em toda parte iguais. Tornai apropriada ao homem a educação do homem, e não ao que não é ele. Não vedes que trabalhando para formá-lo exclusivamente para uma condição o tornais inútil para qualquer outra e, de acordo com a sorte, talvez tenhais trabalhado para torná-lo infeliz? O que há de mais ridículo do que um grande senhor que se tornou mendigo e arrasta na miséria os preconceitos de berço? O que há de mais vil do que um rico empobrecido que, lembrando-se do desprezo que se deve à pobreza, sente que se tornou o último dos homens? Um tem por único recurso o cargo de patife público e o outro o de lacaio rastejante, com esta bela divisa: *Eu preciso viver*.

Confiais na atual ordem da sociedade sem pensar que essa ordem está sujeita a revoluções inevitáveis e que é impossível prever ou prevenir a que pode caber a vossos filhos. O grande torna-se pequeno, o rico torna-se pobre, o monarca torna-se súdito; os golpes da sorte serão tão raros que podeis estar certo de estar livre deles? Aproximamo-nos do estado de crise e do século das revoluções*. Quem pode dizer o que vos tornareis então? Tudo o que os homens fizeram, os homens podem destruir; os únicos caracteres indeléveis são os que a natureza imprime, e a natureza não faz nem príncipes, nem ricos, nem grandes senhores. O que então fará quando cair esse sátrapa que educastes unicamente para a grandeza? Que fará, na pobreza, esse publicano que só sabe viver de ouro? Carente de tudo, o que fará esse luxuoso imbecil que não sabe valer-se de si mesmo e só se aplica ao que lhe é alheio? Feliz

* Considero impossível que as grandes monarquias da Europa ainda durem muito tempo; todas elas brilharam, e todo estado que brilha está em seu declínio. Tenho para esta minha opinião razões mais particulares do que esta máxima; mas não vem ao caso dizê-las e cada um as vê até demais.

o que então souber abandonar a condição que o abandona e permanecer homem apesar da sorte! Louve-se tanto quanto se quiser o rei vencido que quer enterrar-se furioso sob os escombros de seu trono; de minha parte, eu o desprezo; vejo que ele só existe por sua coroa, e nada é se não é rei; mas aquele que a perde e consegue dispensá-la está, então, acima dela. Da condição de rei, que um covarde, um malvado, um louco pode preencher tanto como qualquer outro, ele ascende à condição de homem, que tão poucos homens sabem preencher. Ele então vence a sorte, enfrenta-a; não deve nada a não ser a si mesmo; e quando nada lhe resta a mostrar senão a si mesmo, ele não é nada, ele é alguma coisa. Sim, prefiro cem vezes o rei de Siracusa professor em Corinto e o rei da Macedônia escrivão em Roma a um infeliz Tarquínio que não sabe o que fazer quando não está reinando; ao herdeiro e filho de um rei dos reis*, joguete de quem quer que ouse insultar a sua miséria, errando de corte em corte, procurando auxílio e achando afrontas em toda parte, por não saber fazer nada além de um ofício que já não está em seu poder.

O homem e o cidadão, qualquer que seja ele, não tem outro bem para colocar na sociedade a não ser ele próprio; todos os outros bens estão ali, mesmo contra a sua vontade; e, se um homem é rico, ou não goza de sua riqueza, ou o público também goza dela. No primeiro caso, rouba aos outros aquilo de que se priva, e, no segundo, nada lhes dá. Assim, a dívida social permanecerá inteira enquanto ele não a pagar com seus bens. Mas meu pai, ao ganhá-los, serviu à sociedade... Muito bem, ele pagou a sua dívida, mas não a vossa. Deveis mais aos outros do que se tivésseis nascido sem riqueza, já que nascestes favorecido. Não é justo que o que um homem fez pela sociedade desobrigue outro homem do que deve fazer, pois cada qual, devendo-se a si próprio inteiramente, só pode pagar por

* Vonone, filho de Phraate, rei dos partas.

si, e nenhum pai pode transmitir ao filho o direito de ser inútil a seus semelhantes. Ora, isso é no entanto o que ele faz, segundo vós, ao lhe transmitir suas riquezas, que são a prova e o prêmio do trabalho. Quem come na ociosidade o que não ganhou por si mesmo rouba-o, e um homem que vive de rendas, que o Estado paga para nada fazer, pouco difere, a meu ver, de um ladrão que vive à custa dos passantes. Fora da sociedade, o homem isolado, não devendo nada a ninguém, tem o direito de viver como lhe agrada; na sociedade, porém, onde vive necessariamente à custa dos outros, deve-lhes em trabalho o preço de seu sustento; isso não admite exceção. Portanto, trabalhar é um dever indispensável para o homem social. Rico ou pobre, poderoso ou fraco, todo cidadão ocioso é um patife.

Ora, de todas as ocupações que podem fornecer o sustento ao homem, a que mais o aproxima do estado de natureza é o trabalho manual; de todas as condições, a mais independente da sorte e dos homens é a do artesão. O artesão só depende do seu trabalho; é livre, tão livre quanto o lavrador é escravo, pois este último depende do seu campo, cuja colheita está à mercê dos outros. O inimigo, um vizinho poderoso, um processo podem tirar-lhe esse campo; por causa desse campo, podem vexá-lo de mil maneiras; mas, por toda parte onde se quer vexar o artesão, logo suas malas estão prontas; pega seus braços e vai embora. Todavia, a agricultura é o primeiro ofício do homem; é o mais honesto, o mais útil e, portanto, o mais nobre que ele pode exercer. Não digo a Emílio: Aprende a agricultura; ele a conhece. Todos os trabalhos rústicos lhe são familiares; foi por eles que começou, é a eles que sempre retorna. Assim, digo-lhe: Cultiva a herança de teus pais. Mas, se perderes essa herança, ou se não a tiveres, o que fazer? Aprende uma profissão.

Uma profissão para o meu filho! Meu filho artesão! Senhor, pensais nisto? Penso melhor do que vós, minha senhora, que quereis reduzi-lo a jamais poder ser senão um lorde, um marquês, um príncipe, e talvez, um dia, menos do que nada; de minha parte, quero dar-lhe uma posição que não possa perder, uma posição que o honre em todos os tempos; quero elevá-lo à condição de homem e, digais o que disserdes, ele terá menos pares com esse título do que com todos os que receber de vós.

A letra mata, o espírito vivifica. Trata-se de aprender um ofício menos para saber um ofício do que para superar os preconceitos que o desprezam. Nunca sereis reduzido a trabalhar para viver. Ah, tanto pior, tanto pior para vós! Mas não importa; não trabalheis por necessidade, trabalhai por glória. Rebaixai-vos ao estado de artesão, para ficardes acima do vosso. Para submeterdes a sorte e as coisas, começai por tornar-vos independente. Para reinardes pela opinião, começai por reinar sobre ela.

Recordai-vos de que não é um talento o que vos peço, mas um ofício, uma arte puramente mecânica, em que as mãos trabalham mais do que a cabeça e que não leva à riqueza, mas com o qual podemos dispensá-la. Em algumas casas muito acima do perigo de carecer de pão, vi pais levarem a previdência até o ponto de juntarem à preocupação de instruir seus filhos a de dar-lhes conhecimentos de que, em qualquer caso, pudessem tirar partido para viver. Esses pais previdentes acreditam fazer muito: nada fazem, pois os recursos que acreditam poupar para seus filhos dependem dessa mesma fortuna acima da qual querem colocá-los. Assim, com todos esses belos talentos, se aquele que os possuir não se achar em circunstâncias favoráveis para empregá-los, morrerá de miséria como se não tivesse nenhum.

Quando se trata de maquinações e de intrigas, tanto faz usá-las para se manter na abundância quanto para tornar a ganhar, do meio da miséria, algo com que voltar à sua primeira condição. Se cultivais artes cujo êxito depende da reputação do artista, se vos tornais capazes para empregos que só se conseguem pelo favor, de que vos servirá tudo isso quando, justamente enojado do mundo, desdenhardes os meios sem os quais não se pode ter êxito? Estudastes a política e os interesses dos príncipes. Tudo muito bem; mas o que fareis com esses conhecimentos, se não conseguirdes chegar aos ministros, às damas da corte, aos chefes de gabinete, se não souberdes como agradá-los, se nem todos acharem que sois o patife que lhes convém? Sois arquiteto ou pintor; seja, mas é preciso fazer com que conheçam vosso talento. Estais pensando em ir sem mais expor uma obra no Salão? Oh, as coisas não são assim! É preciso pertencer à Academia; é preciso até ser protegido para obter no canto da parede algum lugar escuro. Deixai de lado a régua e o pincel; pegai um carro e correi de porta em porta: é assim que se conquista a celebridade. Ora, deveis saber que todas essas ilustres portas têm suíços ou porteiros que só entendem por gestos e cujos ouvidos estão nas mãos. Quereis ensinar o que aprendestes e tornar-vos professor de geografia, ou de matemática, ou de línguas, ou de música, ou de desenho? Para tanto é preciso encontrar estudantes e, consequentemente, bajuladores. Não tenhais dúvidas de que é mais importante ser charlatão do que competente, e se só sabeis o vosso ofício, nunca passareis de um ignorante.

Vede, pois, como todos esses brilhantes recursos são pouco sólidos e como vos são necessários outros para tirar partido dos primeiros. E, depois, o que vos tornaríeis com esse covarde rebaixamento? Os reveses, sem vos instruir, aviltam-vos; mais do que nunca um joguete na mão da opinião pública, como vos elevaríeis acima dos preconceitos, árbitros de vossa sorte? Como desprezaríeis a baixeza e os vícios de que necessitais para subsistir? Não dependíeis senão das riquezas e agora dependeis dos ricos; só conseguistes piorar vossa escravidão e sobrecarregá-la de vossa miséria. Eis-vos pobre sem ser livre; é a pior condição em que o homem pode cair.

Mas se, em vez de recorrer para viver a esses altos conhecimentos que são feitos mais para alimentar a alma do que o corpo, recorrerdes quando preciso a vossas mãos e ao emprego que sabeis fazer delas, todas as dificuldades desaparecerão, todas as astúcias tornar-se-ão inúteis; o recurso estará sempre pronto para quando for preciso usá-lo; a probidade e a honra já não serão um obstáculo para a vida; já não tereis necessidade de ser covarde e mentiroso diante dos grandes, dócil e rastejante diante dos patifes, vil complacente para com todos, mutuário ou ladrão, o que é aproximadamente a mesma coisa quando não se tem nada; a opinião dos outros não vos atinge; não tendes de fazer a corte a ninguém, não tendes nenhum basbaque a bajular, nenhum suíço a dobrar, nenhuma cortesã a pagar e, o que é pior, a incensar. Pouco vos importa que alguns espertalhões conduzam os grandes negócios; isso não vos impedirá, em vossa vida obscura, de ser um homem honesto e de ganhar vosso pão. Entrai na primeira oficina do ofício que aprendestes: "Mestre, preciso de trabalho". "Companheiro, instalai-vos ali, trabalhai." Antes que chegue a hora do jantar, tereis ganhado vosso jantar. Se fordes diligente e sóbrio, antes que se passem oito dias tereis com que viver outros oito dias; tereis vivido como homem livre, são, verdadeiro, laborioso e justo. Não é perder tempo ganhá-lo dessa maneira.

Quero absolutamente que Emílio aprenda uma profissão. Uma profissão honesta, pelo menos, direis? O que significa essa expressão? Não é honesta toda profissão que seja útil ao público? Não quero que ele seja bordador, nem dourador, nem envernizador, como o fidalgo de Locke; não quero que ele seja nem músico, nem comediante, nem fazedor de livros*. Com exceção dessas profissões e das outras que se lhes assemelham, escolha a que quiser; não pretendo incomodá-lo em nada. Prefiro que seja sapateiro a poe-

* Mas tu, tu o és, dir-me-ão. Confesso que sou, para minha desgraça; meus erros, que penso ter expiado suficientemente, não são razões para que outros os cometam. Não escrevo para desculpar meus erros, mas para impedir que meus leitores os imitem.

ta; prefiro que pavimente as estradas a que faça flores de porcelana. Mas, direis, os arqueiros, os espiões, os carrascos são pessoas úteis. Só depende do governo que não o sejam. Mas vamos em frente; eu errei: não basta escolher uma profissão útil, é também preciso que ela não requeira das pessoas que a exercem qualidades de alma odiosas e incompatíveis com a humanidade. Assim, voltando à primeira palavra, tomemos uma profissão honesta, mas lembremo-nos sempre de que não há honestidade sem utilidade.

Um célebre autor deste século*, cujos livros estão repletos de grandes projetos e de pequenas ideias, fizera um voto, como todos os padres de sua comunhão, de não ter mulher para si; mas, sendo mais escrupuloso do que os outros a respeito do adultério, dizem que resolveu ter belas empregadas, com as quais reparava da melhor maneira que podia o ultraje que fizera à sua espécie com aquele temerário compromisso. Considerava um dever do cidadão fornecer outros à pátria, e com o tributo que lhe pagava nesse gênero ele povoava a classe dos artesãos. Tão logo seus filhos atingiam a idade, fazia com que aprendessem uma profissão de que gostassem, excluindo apenas as profissões ociosas, fúteis ou sujeitas à moda, tal como, por exemplo, a de fazedor de perucas, que nunca é necessária e pode tornar-se inútil de um dia para o outro, enquanto a natureza não se cansar de nos fornecer cabelos.

Eis o espírito que nos deve guiar na escolha da profissão de Emílio, ou antes, não cabe a nós fazer a escolha, mas a ele, pois, com as máximas de que está imbuído, conservando nele o desprezo natural pelas coisas inúteis, ele nunca quererá gastar seu tempo com trabalhos de nenhum valor, e o único valor que reconhecerá nas coisas é sua utilidade real; ele precisa de uma profissão que pudesse servir a Robinson em sua ilha.

---

* O abade de Saint-Pierre.

Fazendo passar em revista diante de uma criança as produções da natureza e a arte, excitando a sua curiosidade, seguindo-a até onde a curiosidade a leva, teremos a vantagem de estudar seus gostos, suas inclinações e de ver brilhar a primeira fagulha de seu gênio, se tiver algum bem pronunciado. Mas um erro comum de que precisamos preservar-nos é o de atribuir ao ardor do talento o efeito da ocasião, e de tomar como uma inclinação pronunciada para tal ou tal arte o espírito de imitação comum ao homem e ao macaco, e que leva automaticamente um e outro a quererem fazer tudo o que veem fazer, sem saberem para que serve. O mundo está repleto de artesãos e principalmente de artistas que não têm o talento natural para a arte que exercem, para a qual foram empurrados desde a infância, quer por determinação de outras conveniências, quer pelo engano de um zelo aparente que os teria levado igualmente para qualquer outra arte, se fossem vistos a praticá-la cedo. Um ouve um tambor e acredita ser um general; outro vê uma construção e quer ser arquiteto. Cada qual é tentado pela profissão que vê os outros praticarem, quando acredita que ela seja estimada.

Conheci um lacaio que, vendo seu mestre pintar e desenhar, pôs na cabeça que queria ser pintor e desenhista. Desde o instante em que tomou essa decisão, pegou o lápis, que só deixou para tomar o pincel, que não o abandonará por toda a vida. Sem aulas e sem regras, pôs-se a desenhar tudo o que lhe caía nas mãos. Passou três anos inteiros debruçado sobre seus rabiscos, sem que jamais ninguém conseguisse tirá-lo dali, a não ser o seu serviço, e sem jamais se decepcionar com os minguados progressos que suas medíocres disposições permitiam-lhe realizar. Vi-o durante seis meses de um verão muito quente, numa pequena antecâmera, ao meio-dia, onde nos sufocávamos ao passar, sentado, ou melhor, pregado o dia todo na cadeira, diante de um globo, desenhando aquele globo, tornando a desenhá-lo, começando e recomeçando sem parar, com uma obstinação invencível, até que reproduziu o alto-relevo bastante bem para ficar contente com o seu trabalho. Enfim, favorecido por seu senhor e orientado por um artista, chegou ao ponto de deixar seu uniforme e de viver de seu pincel. Até certo ponto, a perseverança supre o talento; ele atingiu esse ponto e não o ultrapassará jamais. A constância e a rivalidade desse honesto rapaz são louváveis. Será sempre estimado por sua assiduidade, por sua fidelidade, por seus costumes, mas só pintará enfeites de porta. Quem não se enganaria com seu zelo e não o consideraria um verdadeiro talento? Há muita diferença entre divertir-se com um trabalho e ter talento para ele. São necessárias observações mais agudas do que se pensa para ter certeza do verdadeiro gênio e do verdadeiro gosto de uma criança, que revela bem mais os seus desejos do que suas disposições, e que julgamos sempre pelos primeiros por não sabermos estudar os outros. Gostaria que um homem judicioso nos oferecesse um tratado da arte de observar as crianças. Essa arte seria muito importante de conhecer; os pais e os mestres ainda não dispõem de seus elementos.

Mas talvez estejamos dando aqui demasiada importância à escolha de uma profissão. Como se trata apenas de um trabalho manual, tal escolha não é nada para Emílio, e seu aprendizado já passou da metade, pelos exercícios com que o ocupamos até o presente. Que quereis que ele faça? Está pronto para tudo; já sabe manejar a pá e a enxada; sabe servir-se do torno, do martelo, da plaina e da lima; as ferramentas de todos os ofícios já lhe são familiares. Trata-se agora apenas de adquirir de alguma dessas ferramentas um emprego bastante rápido, bastante fácil para igualar em diligência os bons trabalhadores que se servem delas; e sobre este ponto ele tem uma grande vantagem sobre todos, que é a de ter um corpo ágil, os membros flexíveis, para tomar sem dificuldade todos os tipos de posições e prolongar facilmente todos os tipos de movimento. Além disso, seus órgãos são sadios e bem exercitados e já conhece toda a mecânica das artes. Para saber trabalhar como mestre, só lhe falta o hábito, e o hábito só se adquire com o tempo. A qual das profissões, cuja escolha ainda nos resta fazer, ele dará então bastante tempo para tornar-se competente? Trata-se agora só disso.

Dai ao homem um ofício que convenha ao seu sexo e ao jovem um ofício que convenha à sua idade; toda profissão sedentária e caseira, que efemina e amolece o corpo, não lhe agrada nem lhe convém. Nunca um jovem rapaz aspirou a ser alfaiate; é preciso ter arte para levar a esse ofício de mulheres o sexo para o qual ele não foi feito*. A agulha e a espada não poderiam ser manejadas pelas mesmas mãos. Se eu fosse rei, só permitiria a costura e os ofícios de agulha às mulheres e aos coxos reduzidos a trabalhar como elas. Ao supor que os eunucos são necessários, acho os orientais muito loucos por fazê-los propositadamente. Por que não se contentam com os que a natureza fez, com as multidões de homens covardes cujo coração ela mutilou? Teriam o suficiente, aliás, para o necessário. Todo homem fraco, delicado, temeroso, é condenado por ela à vida sedentária; é feito para viver com as mulheres ou à maneira delas. Que exerça alguma profissão que lhes seja própria, muito bem; e, se forem absolutamente necessários verdadeiros eunucos, que se reduzam a tal estado os homens que desonram seu sexo exercendo empregos que não lhes convêm. Sua escolha anuncia o erro da natureza; corrigi tal erro de uma maneira ou de outra, e só tereis feito o bem.

Proíbo ao meu aluno os ofícios insalubres, mas não os ofícios penosos, nem mesmo os ofícios perigosos. Eles exercitam ao mesmo tempo a força e a coragem; são próprios unicamente para os homens; as mulheres não os pretendem; como é que eles não têm vergonha de se intrometer nos que elas fazem?

---

* Não havia alfaiates entre os antigos; as roupas dos homens eram feitas em casa, pelas mulheres.

Luctantur paucae, comedunt coliphia paucae.
Vos lanam trahitis, calathisque peracta refertis
Vellera...[2]

Na Itália, não vemos mulheres nas lojas, e nada se pode imaginar de mais triste que a visão das ruas deste país por quem está acostumado com as da França e da Inglaterra. Ao ver comerciantes de modas venderem às damas fitas, penachos de lã, redes, passamanes, eu achava esses ornamentos delicados muito ridículos em mãos grossas, feitas para soprar a forja e bater na bigorna. Eu pensava: neste país as mulheres deveriam, em represália, abrir lojas de limpeza de armas e de armeiros. Que cada um fabrique e venda as armas de seu sexo. Para conhecê-las, é preciso empregá-las.

Jovem, imprime em teus trabalhos a mão do homem. Aprende a manejar com braço vigoroso o machado e a serra, a talhar uma viga, a subir sobre uma armação do telhado, a colocar a cumeeira, a firmá-la com escoras; depois, manda tua irmã vir ajudar-te no trabalho, como ela te pedia para trabalhar em suas costuras.

Falo demais para meus agradáveis contemporâneos, mas às vezes deixo-me arrastar pela força das consequências. Se qualquer homem que seja tiver vergonha de trabalhar em público com uma enxó de tanoeiro e coberto com um avental de pele, já não vejo nele senão um escravo da opinião, prestes a corar por agir bem, quando rirem dos homens de bem. Contudo, concedamos ao preconceito dos pais tudo o que não puder atrapalhar o juízo dos filhos. Não é necessário exercer todas as profissões úteis para honrá-las todas; basta não considerar que alguma esteja abaixo de nós. Quando temos a escolha e por outro lado nada nos determina, por que não consultarmos o prazer, a inclinação e a conveniência entre as profissões de

---

2. "Poucas mulheres lutam, poucas comem o pão dos atletas. Fiais a lã e, quando vosso trabalho termina, vós o carregais em cestos..." (Juvenal, *Sátira II*, 53-55.) (N. do T.)

um mesmo estado? Os trabalhos metalúrgicos são úteis, e até mesmo os mais úteis de todos; no entanto, a menos que uma razão particular me leve a eles, não farei de vosso filho um ferrador, um serralheiro, um ferreiro; não gostaria de vê-lo em sua forja com a aparência de um ciclope. Da mesma forma, não farei dele um pedreiro e ainda menos um sapateiro. Todos os ofícios devem ser feitos, mas quem pode escolher deve considerar a limpeza, pois aí não se trata de opinião; sobre este ponto os sentidos é que nos fazem decidir. Enfim, não gostaria dessas estúpidas profissões cujos trabalhadores, sem indústria e quase como autômatos, só aplicam as mãos num mesmo trabalho; os alfaiates, os costureiros de meias, os que talham pedras, de que serve empregar nessas profissões homens de senso? É uma máquina que leva outra.

Tudo bem considerado, o ofício que eu preferiria que fosse do gosto de meu aluno é o de marceneiro. É limpo, é útil, pode ser feito em casa; cansa suficientemente o corpo; exige do trabalhador habilidade e inteligência, e a elegância e o gosto não estão excluídos da forma das obras que a utilidade determina.

Se por acaso o gênio de vosso aluno estivesse voltado decididamente para as ciências especulativas, eu então não censuraria que lhe fosse dado um ofício conforme as suas inclinações, que ele aprendesse, por exemplo, a fabricar instrumentos de matemática, lunetas, telescópios etc.

Quando Emílio aprender seu ofício, quero aprendê-lo junto dele, pois estou convencido de que só aprenderá bem o que aprendermos juntos. Entraremos, pois, os dois em aprendizado e não pretenderemos ser tratados como cavalheiros, mas sim como verdadeiros aprendizes que não estão ali para rir; por que não o seríamos de verdade? O czar Pedro era carpinteiro no canteiro de obras e tocava tambor em suas próprias tropas; achais que esse príncipe não tinha o mesmo valor que vós pelo nascimento ou pelo mérito? Compreendeis que não é a Emílio que digo isto, mas a vós, quem quer que sejais.

Infelizmente, não podemos passar todo o nosso tempo na mesa de trabalho. Não somos aprendizes de trabalhadores, somos aprendizes de homens, e o aprendizado deste último ofício é mais difícil e mais longo do que o outro. Como faremos, então? Tomaremos um professor de plaina uma hora por dia, como se toma um professor de dança? Não. Não seríamos aprendizes, mas discípulos, e nossa ambição não é tanto aprender a marcenaria quanto nos elevarmos à condição de marceneiros. Sou de opinião, portanto, de que devemos ir todas as semanas uma ou duas vezes passar o dia inteiro com o professor, levantando-nos à mesma hora, chegando ao trabalho antes dele, comendo à sua mesa, trabalhando sob suas ordens e, depois de termos a honra de cear com sua família, voltando, se quisermos, para dormir em nossas camas duras. Eis como se aprendem vários ofícios ao mesmo tempo, e como nos exercitamos no trabalho manual sem desdenhar o outro aprendizado.

Sejamos simples ao agir bem. Não voltemos a cair na vaidade com nossa preocupação de combatê-la. Orgulhar-se de ter vencido os preconceitos é submeter-se a eles. Dizem que, por um antigo costume da casa otomana, o Grande Senhor é obrigado a fazer trabalhos manuais, e todos sabem que os trabalhos de uma casa real só podem ser obras-primas. Assim, ele distribui magnificamente essas obras-primas aos grandes da Porta, e a obra é paga de acordo com a qualidade do trabalhador. O que vejo de mau nisso não é essa pretensa vexação, pois, pelo contrário, ela é um bem. Ao forçar os grandes a compartilharem com ele os despojos do povo, o príncipe é tanto menos obrigado a pilhar o povo diretamente. É um consolo necessário para o despotismo, sem o qual esse horrível governo não seria capaz de subsistir.

O verdadeiro mal de tal costume é a ideia que dá a esse pobre homem de seu mérito. Como o rei Midas, ele vê transformar-se em ouro tudo o que toca, mas não percebe as orelhas que isso faz crescer. Para continuar com orelhas curtas, preservemos as mãos de Emílio desse rico talento; que aquilo que ele fizer não derive seu valor do trabalhador, mas da obra. Nunca toleremos que julguem seu trabalho a não ser comparando-o com o dos bons mestres. Seja seu trabalho estimado pelo próprio trabalho, e não porque tenha sido feito por ele. Dizei do que for benfeito: *Eis algo benfeito*; mas não acrescenteis: *Quem fez isso?* Se ele disser por si mesmo com ar orgulhoso e contente de si mesmo: *Fui eu quem o fez*, acrescentai friamente: *Tu ou um outro, não importa; continua sendo um trabalho benfeito.*

Boa mãe, guarda-te principalmente das mentiras que te preparam. Se teu filho sabe muitas coisas, desconfia de tudo o que ele sabe; se ele tem a infelicidade de ser educado em Paris e ser rico, está perdido. Enquanto encontrar hábeis artistas, terá todos os seus talentos; longe deles, porém, não os terá mais. Em Paris, o rico sabe tudo; só o pobre é ignorante. Esta capital está cheia de amadores, e principalmente de amadoras, que fazem suas obras como o sr. Guillaume inventava as suas cores. Conheço três exceções honrosas entre os homens, e pode ser que haja mais; entre as mulheres, porém, não conheço nenhuma, e duvido que haja. Em geral, conquistamos um nome nas artes como no direito; tornamo-nos artistas ou juízes de artistas como nos tornamos doutores em direito e magistrados.

Assim, uma vez que fosse estabelecido que é bom saber um ofício, vossos filhos logo o saberiam sem o aprender; seriam considerados mestres como os conselheiros de Zurique. Nada desse cerimonial no caso de Emílio; nada de aparência, sempre a realidade. Não se diga que ele sabe, mas que aprenda em silêncio. Faça sempre a sua obra-prima, e nunca seja considerado um mestre; não se mostre trabalhador por seu título, mas por seu trabalho.

Se até aqui me fiz entender, deve-se compreender como, com o hábito do exercício do corpo e do trabalho manual, dou imperceptivelmente ao meu aluno o gosto pela reflexão e pela meditação, para contrabalançar a preguiça que resultaria de sua indiferença pelos juízos dos homens e da calma de suas paixões. É preciso que ele trabalhe como um camponês e pense como filósofo, para não ser tão vagabundo como um selvagem. O grande segredo da educação é fazer com que os exercícios do corpo e os do espírito sirvam sempre de descanso uns para os outros.

Mas evitemos antecipar-nos quanto às instruções que exigem um espírito mais maduro. Emílio não será trabalhador por muito tempo sem se ressentir por si mesmo da desigualdade das condições, que no começo apenas percebera. A respeito das máximas que lhe dou e que estão ao seu alcance, quererá examinar-me por sua vez. Recebendo tudo só de mim, vendo-se tão perto da condição dos pobres, quererá saber por que estou tão longe dela. Talvez ele me faça de improviso perguntas escabrosas. *És rico, tu mo disseste e eu o vejo. Um rico também deve seu trabalho à sociedade, já que é homem. Mas tu, que fazes por ela?* Que responderia a isto um bom preceptor? Não sei. Talvez fosse bastante tolo para falar à criança sobre os cuidados que lhe presta. De minha parte, a oficina resolve o problema. *Aí está, caro Emílio, uma excelente pergunta. Prometo-te que responderei por mim, quando tiveres por ti próprio uma resposta com que estejas satisfeito. Enquanto espero, terei o trabalho de dar a ti e aos pobres o que tenho de sobra e de fazer uma mesa ou um banco por semana, para não ser completamente inútil para tudo.*

Eis-nos de volta a nós mesmos. Eis nossa criança prestes a deixar de sê-lo, de volta ao seu indivíduo. Ei-la sentindo mais do que nunca a necessidade que a une às coisas. Depois de ter começado por exercitar o seu corpo e os seus sentidos, exercitamos seu espírito e seu juízo. Finalmente reunimos o emprego de seus membros ao de suas faculdades; fizemos um ser ativo e pensante; para terminar o homem, só nos resta fazer um ser amoroso e sensível, isto é, aperfeiçoar a razão pelo sentimento. Mas, antes de entrar nesta nova ordem de coisas, consideremos a ordem de que saímos e vejamos o mais exatamente possível até onde chegamos.

No começo, nosso aluno só tinha sensações, e agora tem ideias; ele apenas sentia, agora julga. Pois da comparação de várias sensações sucessivas ou simultâneas e do juízo que delas fazemos nasce uma espécie de sensação mista ou complexa que chamo de ideia.

A maneira de formar as ideias é o que dá um caráter ao espírito humano. O espírito que só forma suas ideias sobre relações reais é um espírito sólido; aquele que se contenta com relações aparentes é um espírito superficial; aquele que vê as relações tal como são é um espírito justo; aquele que as aprecia mal é um espírito falso; aquele que inventa relações imaginárias que não têm nem realidade nem aparência é um louco; aquele que não compara é um imbecil. A aptidão maior ou menor para comparar ideias e para descobrir relações é o que constitui nos homens mais ou menos espírito etc.

As ideias simples são apenas sensações comparadas. Há juízos nas simples sensações assim como nas sensações complexas, que chamo de ideias simples. Na sensação, o juízo é meramente passivo, ele afirma que se sente o que se sente. Na percepção ou ideia, o juízo é ativo; ele aproxima, compara, determina relações que o sentido não determina. Eis a única diferença, mas ela é grande. A natureza nunca nos engana; somos sempre nós que nos enganamos.

Vejo servirem a uma criança de oito anos um queijo gelado; ela leva a colher à boca sem saber do que se trata e, diante do frio, exclama: *Ah, está me queimando!* Experimenta uma sensação muito viva; não conhece nenhuma sensação mais viva do que o calor do fogo, e acredita senti-la. Engana-se, no entanto; a impressão do frio a fere, mas não a queima, e as duas sensações não são semelhantes, pois quem experimentou uma e outra não as confunde. Portanto, não é a sensação que a engana, mas o juízo que faz sobre ela.

O mesmo ocorre com quem vê pela primeira vez um espelho ou uma máquina de óptica, ou com quem entra numa caverna profunda no âmago do inverno ou do verão, ou com quem mergulha na água morna uma mão muito quente ou muito fria, ou com quem faz rolar entre os dedos cruzados uma bolinha etc. Se se contentar em dizer o que percebe, o que sente, sendo seu juízo meramente passivo, é impossível que se engane; mas, quando julga a coisa pela aparência, é ativo, compara, estabelece por indução relações que não percebe, então, engana-se ou pode enganar-se. Para corrigir ou evitar o erro, precisa da experiência.

Mostrai à noite a vosso aluno algumas nuvens passando entre a lua e ele, e acreditará que é a lua que passa em sentido contrário e que as nuvens estão paradas. Acreditá-lo-á por uma indução precipitada, porque de ordinário vê os pequenos objetos moverem-se de preferência aos grandes, e as nuvens parecem-lhe maiores do que a lua, cuja distância não pode avaliar. Quando, num barco que navega, ele olha de um pouco longe a praia, cai no erro oposto e acredita ver correr a terra, porque, não se sentindo em movimento, olha o barco, o mar ou a terra e todo o seu horizonte como um todo imóvel, do qual a praia que vê correr parece-lhe apenas uma parte.

A primeira vez que uma criança vê um bastão mergulhado pela metade na água, vê um bastão quebrado; a sensação é verdadeira, e não deixaria de sê-lo mesmo que não soubéssemos a razão dessa aparência. Se lhe perguntais, portanto, o que está vendo, ela diz: *Um bastão quebrado*, e diz a verdade, pois tem toda a certeza de que tem a sensação de um bastão quebrado. Mas, quando, enganada pelo juízo, ela vai além e, depois de ter afirmado que está vendo um bastão quebrado, afirma também que o que está vendo é de fato um bastão quebrado, então ela diz algo falso. Por que isso? Porque ela se torna ativa e já não julga por inspeção, mas por indução, afirmando o que não sente, isto é, que o juízo que recebe por um sentido seria confirmado por outro.

Já que todos os nossos erros vêm de nossos juízos, é claro que, se nunca precisássemos julgar, não teríamos nenhuma necessidade de aprender; nunca nos enganaríamos e estaríamos mais contentes com nossa ignorância do que podemos estar com o nosso saber. Quem nega que os doutos sabem mil coisas verdadeiras que os ignorantes não saberão nunca? Estarão os doutos por isso mais próximos da verdade? Pelo contrário, afastam-se dela ao avançar, porque a vaidade de julgar fazendo ainda mais progressos do que as luzes, cada verdade que eles aprendem é acompanhada de cem juízos falsos. É mais do que evidente que as sociedades científicas da Europa não passam de escolas públicas de mentiras, e com toda a certeza há mais erros na Academia de ciências do que em todo um povo de hurões.

Visto que quanto mais os homens sabem mais eles se enganam, o único meio de evitar o erro é a ignorância. Não julgueis e não vos enganareis jamais. Essa é a lição da natureza, e da razão também. Exceto as relações imediatas, muito poucas e muito sensíveis, que as coisas têm conosco, só temos naturalmente uma profunda indiferença por tudo o mais. Um selvagem não daria dois passos para ir ver o funcionamento da mais bela máquina e todos os prodígios da eletricidade. *Que me importa*? é a palavra mais familiar ao ignorante e a mais conveniente ao sábio.

Mas, infelizmente, essa frase já não nos serve. Tudo nos importa, desde que somos dependentes de tudo, e nossa curiosidade estende-se necessariamente junto com nossas necessidades. Eis por que atribuo uma curiosidade enorme ao filósofo e nenhuma ao selvagem. Este não precisa de ninguém, aquele precisa de todos, e sobretudo de admiradores.

Dir-me-ão que estou saindo da natureza, mas não creio. Ela escolhe os seus instrumentos e os afina, não pela opinião, mas pela necessidade. Ora, as necessidades mudam conforme a situação dos homens. Há muita diferença entre o homem natural que vive no estado de natureza e o homem natural que vive no estado de sociedade. Emílio não é um selvagem ao ser relegado aos desertos: é um selvagem feito para morar nas cidades. É preciso que saiba encontrar nelas o necessário, tirar partido dos habitantes e viver, senão como eles, pelo menos com eles.

Já que, em meio a tantas relações novas de que dependerá, será preciso, mesmo contra a sua vontade, que ele julgue, ensinemos-lhe então a bem julgar.

A melhor maneira de ensinar a bem julgar é a que mais tende a simplificar as nossas experiências e a poder até mesmo dispensar-nos delas sem incorrer em erro. Donde se segue que, depois de ter verificado por muito tempo as relações dos sentidos um pelo outro, é preciso ainda aprender a verificar as relações de cada sentido por si mesmo, sem necessidade de recorrer a outro sentido; assim, cada sensação tornar-se-á para nós uma ideia, e essa ideia sempre será conforme a verdade. Este é o tipo de aquisição com que procurei preencher esta terceira idade da vida humana.

Esta maneira de proceder exige uma paciência e uma circunspeção de que poucos professores são capazes, e sem a qual o discípulo nunca aprenderá a julgar. Se, por exemplo, quando ele se engana quanto à aparência do bastão quebrado, para lhe mostrar seu erro vós vos apressais a tirar o bastão da água, talvez façais que ele deixe de se enganar; porém, o que lhe ensinareis? Nada além daquilo que ele logo aprenderia por si mesmo. Oh, não é isso que se deve fazer! Trata-se menos de ensinar-lhe uma verdade do que de mostrar-lhe como se deve agir para sempre descobrir a verdade. Para melhor instruí-lo, não devemos desenganá-lo tão cedo. Tomemos a Emílio e a mim como exemplo.

Em primeiro lugar, à segunda das duas questões supostas, toda criança educada da maneira ordinária não deixará de responder afirmativamente. É, com certeza, dirá ela, um bastão quebrado. Tenho muitas dúvidas de que Emílio dê a mesma resposta. Não vendo a necessidade de ser douto nem de parecê-lo, nunca se apressa em julgar; julga somente pela evidência e está muito longe de encontrá-la nessa ocasião; ele que sabe como nossos juízos sobre as aparências estão sujeitos à ilusão, ao menos pela perspectiva.

De resto, como sabe por experiência que minhas mais frívolas questões têm sempre algum objeto que ele inicialmente não percebe, não tem o hábito de responder a elas estouvadamente. Pelo contrário, desconfia delas, presta atenção; examina-as com todo o cuidado antes de responder a elas. Nunca me dá uma resposta com que ele próprio não esteja satisfeito, e Emílio é difícil de se satisfazer. Enfim, nem ele nem eu nos vangloriamos de saber a verdade das coisas, mas apenas de não errar. Ficaríamos muito mais confusos por confiarmos numa razão que não fosse boa do que por não encontrarmos razão alguma. *Não sei* é uma frase que nos cabe tão bem a ambos e que repetimos com tanta frequência, que já nada custa a nenhum dos dois. Mas, quer essa irreflexão lhe escape, quer ele a evite por nosso cômodo *não sei*, minha réplica é a mesma: vejamos, examinemos.

O bastão mergulhado pela metade na água está colocado numa posição perpendicular. Para saber se ele está quebrado, como parece, quantas coisas não temos que fazer antes de tirá-lo da água ou antes de passar a mão por ele!

1º Inicialmente, giramos ao redor do bastão e vemos que a quebradura gira como nós. Portanto, é nosso olho que a muda e olhares não movimentam os corpos.

2º Olhemos bem perpendicularmente sobre a ponta do bastão que está fora da água; então, o bastão já não está curvo, pois a ponta próxima ao nosso olho esconde-nos exatamente a outra ponta*. Terá nosso olho endireitado o bastão?

---

* Descobri o contrário através de uma experiência mais exata. A refração age circularmente e o bastão parece mais grosso na ponta que está na água do que na outra; mas isso não altera em nada a força do raciocínio e a consequência não deixa de ser justa.

3º Agitamos a superfície da água; vemos o bastão dobrar-se em várias partes, mover-se em ziguezague e acompanhar as ondulações da água. O movimento que imprimimos a essa água bastará para quebrar, amolecer e derreter assim o bastão?

4º Fazemos a água escoar-se e vemos pouco a pouco o bastão endireitar-se à medida que a água vai baixando. Não haverá mais do que o suficiente para esclarecer o fato e descobrir a refração? Não é verdade, portanto, que a visão nos engana, pois é apenas dela que precisamos para retificar os erros que lhe atribuímos.

Suponhamos que a criança seja bastante estúpida para não perceber o resultado dessas experiências: só então devemos apelar para o auxílio do tato. Em vez de tirar o bastão da água, deixai-o nessa situação, e fazei que a criança passe a mão de uma ponta a outra; ele não sentirá o ângulo. Portanto, o bastão não está quebrado.

Dir-me-eis que aqui não há apenas juízos, mas raciocínios em regra. É verdade, mas não vedes que assim que o espírito alcança as ideias todo juízo é um raciocínio? A consciência de toda sensação é uma proposição, um juízo. Assim, tão logo se compare uma sensação com outra, raciocina-se. A arte de julgar e a arte de raciocinar são exatamente o mesmo.

Emílio nunca saberá dióptrica, ou então quero que ele a aprenda com esse bastão. Não terá dissecado insetos; não terá contado as manchas do sol; não saberá o que seja um microscópio ou um telescópio. Vossos doutos alunos zombarão de sua ignorância. Não estarão errados; pois, antes de servir-se desses instrumentos, pretendo que os invente, e podeis imaginar que isso não acontecerá tão cedo.

Eis o espírito de todo o meu método quanto a esta parte. Se a criança faz rolar uma bolinha entre dois dedos cruzados e crê sentir duas bolinhas, não lhe permitirei olhar antes que esteja convencida de que só há uma.

Bastarão essas explicações, creio, para indicar claramente o progresso feito até agora pelo espírito de meu aluno, assim como o caminho pelo qual seguiu esse progresso. Mas talvez estejais assustados com a quantidade de coisas que fiz passar diante dele. Temeis que eu esgote seu espírito com essa multidão de conhecimentos. É exatamente o contrário; ensino-o muito mais a ignorá-los do que a sabê-los. Mostro-lhe o caminho da ciência, confortável para a verdade, mas longo, imenso, lento de percorrer. Faço-o dar os primeiros passos para que ele reconheça a entrada, mas nunca lhe permito que vá longe.

Obrigado a aprender por si mesmo, usa a sua razão e não a de outrem; pois, para nada dar à opinião, é preciso nada dar à autoridade, e a maioria de nossos erros provém muito menos de nós do que dos outros. Desse exercício contínuo deve resultar um vigor de espírito semelhante ao que o corpo ganha com o trabalho e a fadiga. Outra vantagem é que avançamos proporcionalmente às nossas forças. Assim como o corpo, o espírito só carrega o que pode carregar. Quando o entendimento se apossa das coisas antes de depositá-las na memória, o que extrai delas em seguida é dele. Ao passo que, sobrecarregando a memória sem saber, corremos o risco de nunca tirar dela o que seja nosso.

Emílio tem poucos conhecimentos, mas os que tem são seus de verdade; nada sabe pela metade. Dentre as poucas coisas que sabe, e sabe bem, a mais importante é que existem muitas coisas que ele ignora, mas pode um dia saber, muitas mais que outros homens sabem e ele nunca saberá em sua vida, e uma infinidade de outras que nenhum homem jamais saberá. Ele tem um espírito universal, não pelas luzes, mas pela faculdade de adquiri-las; um espírito aberto, inteligente, pronto para tudo e, como diz Montaigne, se não instruído, pelo menos instruível. Basta-me que ele saiba encontrar o *para que serve* de tudo o que faz e o *porquê* de tudo em que acredita. Mais uma vez, meu objetivo não é dar-lhe a ciência, mas ensiná-lo a adquiri-la quando necessário, fazer que a estime exatamente o quanto ela vale e fazer amar a verdade acima de tudo.

Com esse método, avançamos pouco, mas nunca damos um passo inútil e não somos obrigados a voltar atrás.

Emílio tem só conhecimentos naturais e meramente físicos. Nem mesmo sabe o nome da história, nem o que é metafísica e moral. Conhece as relações essenciais do homem com as coisas, mas nada sobre as relações morais do homem com o homem. Pouco sabe generalizar sobre as ideias, pouco sabe fazer abstrações. Vê qualidades comuns a certos corpos, sem raciocinar sobre essas qualidades em si mesmas. Conhece a extensão abstrata com auxílio das figuras da geometria, conhece a quantidade abstrata com a ajuda dos signos da álgebra. Essas figuras e esses signos são o suporte das abstrações sobre as quais seus sentidos repousam. Não procura conhecer as coisas pela sua natureza, mas apenas pelas relações que o interessam. Só avalia o que lhe é estranho com relação a si mesmo, mas tal avaliação é exata e segura. A fantasia e a convenção não interferem em nada. Dá mais atenção ao que lhe é mais útil e, nunca se afastando dessa maneira de apreciar, nada concede à opinião.

Emílio é laborioso, temperante, paciente, firme, cheio de coragem. Nem um pouco exaltada, sua imaginação nunca aumenta os perigos; é sensível a poucos males e sabe sofrer com firmeza, pois não aprendeu a lutar contra o destino. Com relação à morte, ainda não sabe bem o que seja, mas, acostumado a suportar sem resistência a lei da necessidade, quando for preciso morrer ele morrerá sem gemer e sem se debater; isso é tudo o que a natureza permite nesse momento odiado por todos. Viver livre e depender pouco das coisas humanas é o melhor meio de aprender a morrer.

Numa palavra, Emílio tem da virtude tudo o que se relaciona com ele próprio. Para ter também as virtudes sociais, falta-lhe unicamente conhecer as relações que as exigem; faltam-lhe unicamente algumas luzes que seu espírito está inteiramente pronto para receber.

Ele se examina sem prestar atenção aos outros e acha bom que os outros não pensem nele. Nada exige de ninguém e nada crê dever a ninguém; está sozinho na sociedade humana e só conta consigo mesmo. Também tem direito, mais do qualquer outro, de contar consigo mesmo, pois ele é tudo o que se pode ser na sua idade. Não tem erros, ou só tem os que são inevitáveis; não tem vícios, ou só tem aqueles de que nenhum homem pode proteger-se. Tem o corpo sadio, os membros ágeis, o espírito justo e sem preconceitos, o coração livre e sem paixões. O amor-próprio, a primeira e a mais natural de todas as paixões, ainda mal se excitou. Sem perturbar o descanso de ninguém, viveu contente, feliz e livre tanto quanto a natureza permitiu. Achais que uma criança que chegou assim aos quinze anos tenha perdido os anos precedentes?

LIVRO IV

Como passamos rapidamente sobre esta terra! O primeiro quarto da vida passou antes que soubéssemos seu emprego; o último quarto ainda passa depois que deixamos de desfrutá-lo. Primeiro não sabemos viver; logo já não o podemos e, no intervalo que separa essas duas extremidades inúteis, três quartos do tempo que nos sobra são consumidos pelo sono, pelo trabalho, pela dor, pela obrigação e pelos sofrimentos de toda espécie. A vida é curta, menos pelo pouco tempo que dura do que porque desse pouco tempo de quase nenhum dispomos para poder saboreá-la. Por mais que o momento da morte esteja afastado daquele do nascimento, a vida é sempre curta demais quando esse espaço é mal preenchido.

Nascemos, por assim dizer, duas vezes: uma para existir, outra para viver; uma para a espécie, outra para o sexo. Os que consideram a mulher como um homem imperfeito sem dúvida estão errados, mas a analogia exterior está do seu lado. Até a idade núbil, as crianças dos dois sexos nada têm de aparente que as distinga; mesmo rosto, mesmo aspecto, mesma cor, mesma voz, tudo é igual; as meninas são crianças, os meninos são crianças; o mesmo nome basta para seres tão semelhantes. Os machos aos quais se impede o desenvolvimento ulterior do sexo conservam por toda a vida essa conformidade; são sempre crianças grandes, e as mulheres, não perdendo essa mesma conformidade, parecem, a muitos respeitos, não serem jamais outra coisa.

Mas o homem, em geral, não foi feito para permanecer sempre na infância. Dela sai no tempo indicado pela natureza, e esse momento de crise, embora muito curto, tem longas influências.

Como o mugido do mar precede de longe a tempestade, essa tempestuosa revolução é anunciada pelo murmúrio das paixões nascentes; uma fermentação muda anuncia a aproximação do perigo. Uma mudança no humor, arroubos frequentes, uma contínua agitação de espírito tornam a criança quase indisciplinável. Torna-se surda à voz que a fazia ficar dócil; é um leão em sua febre; desconhece seu guia, já não quer ser governada.

Aos sinais morais de um humor que se altera, somam-se mudanças sensíveis na figura. A fisionomia desenvolve-se e é marcada por um caráter; o algodão raro e leve que cresce nas faces do menino ganha cor e consistência. Sua voz muda, ou antes, perde-a; ele não é nem criança, nem homem, e não pode ter a voz de nenhum dos dois. Seus olhos, esses órgãos da alma que nada disseram até aqui, ganham linguagem e expressão; um fogo nascente os anima, seus olhares mais vivos ainda têm uma santa inocência, mas já não têm sua primeira imbecilidade; já sente que eles podem dizer demais; começa a saber baixá-los e corar; torna-se sensível antes de saber o que sente; inquieta-se sem razão para isso. Tudo isso pode chegar lentamente e ainda vos dar tempo, mas se sua vivacidade se torna muito impaciente, se seu ímpeto se transforma em furor, se ele se irrita e se enternece de uma hora para outra, se chora sem motivo, se, perto dos objetos que começam a tornar-se perigosos para ele, seu pulso se acelera e seus olhos se incendeiam, se a mão de uma mulher pousando sobre a sua o faz tremer, se ele se perturba ou se intimida junto a ela, Ulisses, ó sábio Ulisses, toma cuidado contigo; os odres que mantinhas fechados com tanto cuidado estão abertos;

os ventos já se libertaram; não abandones por mais nenhum instante o leme, ou tudo estará perdido.

É o segundo nascimento de que falei; é aqui que o homem nasce verdadeiramente para a vida e que nada de humano lhe é alheio. Até agora nossas preocupações foram brinquedos de criança; só agora assumem uma verdadeira importância. Esta época em que terminam as educações comuns é propriamente aquela em que a nossa deve começar; mas, para bem expor o novo plano, retomemos mais do começo o estado das coisas que a ele se ligam.

Nossas paixões são o principal instrumento de nossa conservação; portanto, é uma tentativa tão vã quanto ridícula querer destruí-las; é governar a natureza, é reformar a obra de Deus. Se Deus dissesse ao homem para destruir as paixões que lhe dá, Deus quereria e não quereria; estaria se contradizendo. Ele nunca deu essa ordem insensata, nada de semelhante está escrito no coração humano, e o que Deus quer que um homem faça ele não manda outro homem dizer, ele próprio o diz e o escreve no fundo de seu coração.

Ora, eu acharia aquele que quisesse impedir que as paixões nascessem quase tão louco quanto quem quisesse destruí-las, e aqueles que acreditam que tenha sido esse o meu plano até aqui com certeza entenderam-me muito mal.

Mas estaríamos raciocinando bem se, do fato de ser da natureza do homem ter paixões, concluíssemos que todas as paixões que sentimos em nós e vemos nos outros são naturais? A fonte é natural, é verdade, mas mil riachos estranhos somaram suas águas à dela; é um grande rio que se engrossa sem parar e no qual com dificuldade encontraríamos algumas gotas de suas primeiras águas. Nossas paixões naturais são muito limitadas, são os instrumentos de nossa liberdade, tendem a nos conservar. Todas as paixões que nos subjugam e nos destroem vêm-nos de outra parte; a natureza não no-las dá, apropriamo-nos delas à sua revelia.

A fonte de nossas paixões, a origem e o princípio de todas as outras, a única que nasce com o homem e nunca o abandona enquanto ele vive é o amor de si; paixão primitiva, inata, anterior a todas as outras e de que todas as outras não passam, em certo sentido, de modificações. Neste sentido, todas, se quisermos, são naturais. Mas a maior parte dessas modificações tem causas estranhas, sem as quais elas jamais ocorreriam; e essas mesmas modificações, longe de nos serem vantajosas, são-nos nocivas; mudam o primeiro objeto e vão contra seu princípio; é então que o homem vê-se fora da natureza e põe-se em contradição consigo mesmo.

O amor de si é sempre bom e sempre conforme a ordem. Estando cada qual encarregado de sua própria conservação, o primeiro e mais importante de seus cuidados é e deve ser zelar por ela continuamente; e como zelaríamos dessa maneira se não tivéssemos por ela o maior interesse?

É preciso, portanto, que nos amemos para nos conservarmos, é preciso que nos amemos mais do que qualquer outra coisa, e, por uma consequência imediata do mesmo sentimento, amamos o que nos conserva. Toda criança apega-se à sua ama; Rômulo deve ter-se apegado à loba que o havia amamentado. No começo, esse apego é meramente mecânico. O que favorece o bem-estar de um indivíduo atrai-o; o que lhe é nocivo repugna-o; isso não passa de um instinto cego. O que transforma esse instinto em sentimento, o apego em amor, a aversão em ódio é a intenção manifesta de prejudicar-nos ou de ser-nos útil. Não nos apaixonamos pelos seres insensíveis que só seguem o impulso que lhes damos, mas aqueles de que esperamos algum bem ou algum mal por sua disposição interior, por sua vontade, aqueles que vemos agir livremente a favor ou contra inspiram-nos sentimentos semelhantes aos que nos revelam. O que nos serve, nós procuramos; mas o que nos quer servir, nós amamos. O que nos prejudica, nós evitamos; mas o que nos quer prejudicar, nós odiamos.

O primeiro sentimento de uma criança é amar a si mesma, e o segundo, que deriva do primeiro, é amar os que lhe são próximos, pois no estado de fraqueza em que se encontra não conhece ninguém a não ser pela assistência e pela atenção que recebe. No começo, o apego que tem por sua ama e por sua governanta não passa de hábito. Procura-as porque precisa delas e sente-se bem por tê-las; trata-se mais de conhecimento do que de benevolência. É-lhe preciso muito tempo para compreender que não apenas elas lhe são úteis como também querem sê-lo, e é então que começa a amá-las.

Assim, a criança inclina-se naturalmente para a benevolência, pois vê que tudo o que a rodeia dispõe-se a ajudá-la, e dessa observação ela toma o hábito de um sentimento favorável à sua espécie; mas, à medida que amplia suas relações, suas necessidades, suas dependências ativas ou passivas, o sentimento de suas relações com o outro desperta e produz o dos deveres e das preferências. Então a criança torna-se imperiosa, ciumenta, enganadora e vingativa. Se a dobrarmos à obediência, não vendo a utilidade do que lhe ordenam, atribui-o ao capricho e à intenção de atormentá-la e se revolta. Se obedecermos a ela mesma, assim que algo lhe resiste ela vê naquilo uma rebelião, uma intenção de resistir-lhe; bate na cadeira ou na mesa por ter sido desobedecida. O amor de si, que só a nós mesmos considera, fica contente quando nossas verdadeiras necessidades são satisfeitas, mas o amor-próprio, que se compara, nunca está contente nem poderia estar, pois esse sentimento, preferindo-nos aos outros, também exige que os outros prefiram-nos a eles, o que é impossível. Eis como as paixões doces e afetuosas nascem do amor de si, e como as paixões odientas e irascíveis nascem do amor-próprio. Assim, o que torna o homem essencialmente bom é ter poucas necessidades e pouco se comparar com os outros; o que o torna essencialmente mau é ter muitas necessidades e dar muita atenção à opinião. A partir desse princípio, é fácil ver como podemos dirigir para o bem ou para o mal todas as paixões das crianças e dos homens. É verdade que, não podendo viver sempre sozinhos, dificilmente serão sempre boas; essa dificuldade até mesmo aumentará necessariamente com suas relações, e é nisso sobretudo que os perigos da sociedade nos tornam a arte e os trabalhos mais indispensáveis para prevenir no coração humano a depravação que nasce de suas novas necessidades.

O estudo que convém ao homem é o dessas relações. Enquanto ele só se conhecer pelo seu ser físico, deverá estudar-se pelas suas relações com as coisas; é o trabalho de sua infância. Quando começar a sentir seu ser moral, deverá estudar-se por suas relações com os homens; é o trabalho de sua vida inteira, a começar do ponto a que acabamos de chegar.

Assim que o homem precisa de uma companheira, ele já não é um ser isolado, seu coração já não está sozinho. Todas as suas relações com sua espécie, todas as afeições de sua alma nascem com esta. Sua primeira paixão logo faz fermentarem as outras.

A inclinação do instinto é indeterminada. Um sexo é atraído pelo outro, eis o movimento da natureza. A escolha, as preferências, o apego pessoal são obra das luzes, dos preconceitos, do hábito. É preciso tempo e conhecimentos para nos tornarmos capazes de amar; só amamos após ter julgado, só preferimos após ter comparado. Esses juízos fazem-se sem que nos demos conta, mas nem por isso são menos reais. Diga-se o que se disser, o verdadeiro amor sempre será honrado pelos homens, pois, embora seus arroubos nos desorientem, embora não exclua do coração que o sente qualidades odiosas, e até mesmo as produza, ele no entanto dispõe sempre de qualidades estimáveis, sem as quais o homem não estaria em condições de senti-lo. Essa escolha que se põe em oposição à razão vem-nos dela. Diz-se cego o amor, porque ele tem olhos melhores do que os nossos e vê relações que não conseguimos perceber. Para quem não tivesse ideia alguma de mérito ou de beleza, toda mulher seria igualmente boa, e a primeira a aparecer seria sempre a mais amável. Longe de vir da natureza, o amor é a regra e o freio de suas inclinações; é por ele que, com exceção do objeto amado, um sexo não é mais nada para o outro.

Queremos obter a preferência que concedemos; o amor deve ser recíproco. Para ser amado, é preciso tornar-se amável; para ser preferido, é preciso tornar-se mais amável do que os outros, mais amável do que qualquer outro, pelo menos aos olhos do objeto amado. Daí os primeiros olhares para os semelhantes; daí as primeiras comparações com eles, daí a emulação, as rivalidades, o ciúme. Um coração cheio de um sentimento que transborda gosta de se extravasar; da necessidade de uma amante logo nasce a de um amigo. Quem sente como é doce ser amado gostaria de sê-lo por todos, e, se todos pudessem querer suas preferências, haveria muitos descontentes. Com o amor e a amizade nascem os desentendimentos, a inimizade e o ódio. Do seio de tantas paixões diferentes vejo que a opinião constrói para si mesma um trono inabalável, e os estúpidos mortais, submetidos a seu império, baseiam sua própria existência somente nos juízos de outrem.

Ampliai essas ideias e vereis de onde vem ao nosso amor-próprio a forma que acreditamos ser-lhe natural, e como o amor de si, deixando de ser um sentimento absoluto, torna-se orgulho nas grandes almas, vaidade nas pequenas, e em todas elas alimenta-se sem parar à custa do próximo. A espécie dessas paixões, não tendo semente no coração das crianças, não pode nascer nele por si mesma; somos nós que a levamos a ele, e elas jamais criam raízes nele, a não ser por culpa nossa. Porém, o mesmo não acontece no coração do jovem; façamos o que fizermos, elas nascerão nele apesar de tudo. É tempo, portanto, de mudar de método.

Comecemos com algumas reflexões importantes sobre o estado crítico de que se trata agora. A passagem da infância para a puberdade não é tão determinada pela natureza que não varie nos indivíduos conforme os temperamentos, e nos povos conforme os climas. Todos sabem as diferenças observadas nesse ponto entre as regiões quentes e as regiões frias, e cada qual pode ver que os temperamentos ardentes formam-se mais cedo do que os outros; mas podemos enganar-nos sobre as causas e muitas vezes atribuir ao físico o que devemos imputar ao moral; este é um dos enganos mais frequentes da filosofia de nosso século. As instruções da natureza são tardias e lentas; as dos homens são quase sempre prematuras. No primeiro caso, os sentidos despertam a imaginação; no segundo, a imaginação desperta os sentidos; dá-lhes uma atividade precoce que não pode deixar de irritar e enfraquecer primeiro os indivíduos, depois a própria espécie, a longo prazo. Uma observação mais geral e mais segura do que essa sobre o efeito dos climas é que a puberdade e a potência sexual são sempre mais prematuras entre os povos instruídos e policiados do que entre os povos ignorantes e bárbaros*. As crianças têm uma sagacidade singular para reparar através de todos os disfarces da decência os maus costumes que

* "Nas cidades", diz o sr. Buffon, "e nas casas de pessoas abastadas, as crianças, habituadas a alimentos abundantes e suculentos, chegam mais cedo a este estado; no campo e entre o pobre povo, as crianças são mais tardias porque são alimentadas por muito pouco; precisam de dois ou três anos a mais". (*Hist. nat.*, t. IV, p. 238, in-12.) Admito a observação, mas não a explicação, já que, no lugar em que o aldeão se alimenta muito bem e come muito, como no Valais, e até em certas regiões montanhosas da Itália, como o Friuli, a idade da puberdade nos dois sexos é igualmente mais tardia do que nas cidades, onde, para satisfazer a vaidade, usa-se não raro de uma extrema parcimônia no comer e onde a maioria faz, como diz o provérbio, *roupas de veludo e barriga de farelo.* Naquelas montanhas, ficamos surpresos de ver meninos grandes, fortes como homens, terem ainda voz fina e queixo sem barba, e meninas grandes, aliás muito desenvolvidas, não terem nenhum sinal periódico de seu sexo. Diferença que me parece vir unicamente do fato de que, na simplicidade de seus costumes, sua imaginação, serena e calma por mais tempo, demora mais para fermentar o sangue e torna seus temperamentos menos precoces.

ela encobre. A linguagem depurada que lhes é ditada, as aulas de decência que lhes são dadas, o véu de mistério que se tenta estender diante de seus olhos são outros tantos aguilhões para a sua curiosidade. Pela maneira com que se o fazem, é claro que aquilo que se finge esconder-lhes é para lhes ser ensinado, e essa é, dentre todas as aulas que lhes são dadas, aquela de que tiram maior proveito.

Consultai a experiência e compreendereis a que ponto esse método insensato acelera a obra da natureza e arruína o temperamento. Esta é uma das principais causas da degeneração das raças nas cidades. Os jovens, logo esgotados, permanecem pequenos, fracos, malfeitos, envelhecendo em vez de crescer, como a vinha que se faz dar fruto na primavera e fenece e morre antes do outono.

É preciso ter vivido entre povos rudes e simples para saber até que idade uma feliz ignorância pode prolongar a inocência de suas crianças. Trata-se de um espetáculo ao mesmo tempo tocante e risível ver os dois sexos, entregues à segurança de seus corações, prolongarem na flor da idade e da beleza as brincadeiras ingênuas da infância, e mostrarem pela própria familiaridade a pureza de seus prazeres. Quando, enfim, essa amável juventude vem a se casar, os dois esposos, dando-se mutuamente as primícias de suas pessoas, são com isso mais caros um ao outro; multidões de crianças sadias e robustas tornam-se o prêmio de uma união que nada altera e o fruto da sabedoria de seus primeiros anos.

Se a idade em que o homem adquire consciência de seu sexo difere tanto por efeito da educação quanto pela ação da natureza, segue-se que podemos acelerar ou retardar essa idade conforme a maneira com que educamos as crianças; e se o corpo ganha ou perde consistência conforme retardamos ou aceleramos esse progresso, segue-se também que, quanto mais nos aplicamos em retardá-lo, mais um jovem adquire vigor e força. Ainda só falo dos efeitos meramente físicos; logo veremos que eles não se limitam a isso.

Tiro dessas reflexões a solução da questão tantas vezes agitada, sobre se convém esclarecer cedo as crianças sobre os objetos de sua curiosidade, ou se é preferível enganá-las com modestos erros. Acho que não devemos fazer nem uma coisa, nem outra. Em primeiro lugar, essa curiosidade não lhes ocorre sem que a tenhamos provocado. Portanto, é preciso agir de tal modo que elas não a tenham. Em segundo lugar, perguntas que não somos obrigados a responder não exigem que enganemos quem as fez; mais vale impor-lhe silêncio do que lhe responder mentindo. Ela ficará pouco surpresa com essa lei, se tivermos tido o cuidado de acostumá-la a ela quanto a coisas indiferentes. Enfim, se resolvermos responder, que seja com a maior simplicidade, sem mistério, sem embaraço e sem sorrir. Há um perigo bem menor em satisfazer a curiosidade da criança do que em excitá-la.

Sejam vossas respostas sempre graves, curtas, decididas, sem jamais parecer hesitar. Não preciso acrescentar que devem ser verdadeiras. Não podemos ensinar às crianças o perigo de mentir para os adultos sem sentir, da parte dos adultos, o perigo maior de mentir para as crianças. Uma única mentira confirmada do mestre para o aluno arruinaria para sempre todo o fruto da educação.

Talvez uma ignorância absoluta sobre certas matérias fosse o que mais conviesse às crianças; mas deverão aprender cedo o que for impossível de esconder-lhes sempre. É preciso ou que a curiosidade delas não desperte de maneira alguma, ou que seja satisfeita antes da idade em que corra algum perigo. Vossa conduta para com vosso aluno neste ponto depende muito de sua situação particular, das pessoas que o rodeiam, das circunstâncias em que previsivelmente ele poderá achar-se etc. É importante neste caso nada entregar ao acaso e, se não tendes certeza de fazê-lo ignorar até os dezesseis anos a diferença dos sexos, cuidai de que ele a aprenda antes dos dez.

Não gosto de que se ostente diante das crianças uma linguagem muito pura, nem de que se façam longos desvios, de que elas se dão conta, para evitar dar às coisas seu nome verdadeiro. Nessas matérias, os bons costumes têm sempre muita simplicidade. No entanto, imaginações poluídas pelo vício tornam os ouvidos delicados e obrigam ao contínuo refinamento das expressões. Os termos grosseiros não apresentam perigo; o que é preciso deixar de lado são as ideias lascivas.

Embora o pudor seja natural à espécie humana, as crianças não o têm naturalmente. O pudor só nasce com o conhecimento do mal; e como as crianças, que não têm nem devem ter esse conhecimento, teriam o sentimento que é o seu efeito? Dar-lhes aulas de pudor e de decência equivale a ensinar-lhes que existem coisas vergonhosas e indecentes, a dar-lhes um secreto desejo de conhecer essas coisas. Mais cedo ou mais tarde elas chegam a isso e a primeira faísca que toca a imaginação acelera com certeza o fervor dos sentidos. Todo aquele que cora já é culpado; a verdadeira inocência de nada tem vergonha.

As crianças não têm os mesmos desejos que o homem, mas, sujeitas como ele à sujeira que fere os sentidos, elas podem, unicamente dessa sujeição, receber as mesmas lições de decência. Segui o espírito da natureza, que, colocando nos mesmos lugares os órgãos dos prazeres secretos e os das necessidades repugnantes, nos inspira os mesmos cuidados em diferentes épocas, ora por uma ideia, ora por outra; ao homem pela modéstia, à criança pela limpeza.

Só vejo um bom meio de conservar a inocência das crianças: que todos os que a rodeiam respeitem e amem essa inocência. Sem isso, toda a circunspeção que se usar para com elas desmentir-se-á mais cedo ou mais tarde; um sorriso, um piscar de olhos, um gesto que escapa contam-lhes tudo o que se procura calar-lhes; para apreendê-lo basta perceberem que se quis escondê-lo delas. A delicadeza de frases e expressões de que se servem entre elas as pessoas polidas, por suporem luzes que as crianças não devem ter, fica totalmente deslocada entre elas; quando, porém, se honra de verdade a sua simplicidade, toma-se facilmente, ao falar-lhes, simplicidade dos termos que lhes convêm. Há certa ingenuidade de linguagem que cai bem e agrada à inocência; eis o verdadeiro tom que afasta a criança de uma perigosa curiosidade. Ao lhe falarmos simplesmente sobre tudo, não a deixamos suspeitar que reste algo a lhe dizer. Juntando às palavras grosseiras as ideias desagradáveis que lhes convêm, abafamos o primeiro fogo da imaginação; não lhe proibimos falar essas palavras e ter essas ideias, mas lhe causamos, sem que perceba, repugnância ao lembrá-las. E quantos embaraços essa ingênua liberdade não poupa aos que, extraindo-a de seu próprio coração, dizem sempre o que é preciso dizer, e sempre como o sentiram!

Como se fazem as crianças? Pergunta embaraçosa que ocorre muito naturalmente às crianças e cuja resposta, indiscreta ou prudente, às vezes é decisiva para seus costumes e sua saúde por toda a vida. A maneira mais curta que uma mãe imagina para se livrar dela sem enganar o filho é impor-lhe silêncio. Isso seria bom, se o houvessem acostumado a isso de longa data no que diz respeito a questões indiferentes, e se ele não suspeitasse do mistério com esse novo tom. Mas raramente a mão para por aí. *Esse é o segredo das pessoas casadas*, dir-lhe-á ela; *menininhos não devem ser tão curiosos*. Isso é muito bom para tirar a mãe do embaraço, mas que ela saiba que, tocado com este ar de desprezo, o menininho não descansará um instante até que tenha aprendido o segredo das pessoas casadas, e não tardará a aprendê-lo.

Permiti-me contar uma resposta muito diferente que ouvi darem à mesma pergunta, e que me impressionou ainda mais por partir de uma mulher tão modesta em suas palavras quanto em suas maneiras, mas que sabia quando preciso calcar com os pés, pelo bem do filho e pela virtude, o falso temor da censura e as vãs palavras dos engraçadinhos. Havia não muito tempo a criança lançara pela urina uma pedrinha que lhe rasgara a uretra, mas o mal passado já estava esquecido. *Mamãe*, diz o pequeno aturdido, *como se fazem as crianças?* – *Meu filho*, responde a mãe sem hesitar, *as mulheres as mijam com dores que às vezes lhes custam a vida*. Riam os loucos e escandalizem-se os tolos, mas que os sábios procurem saber se alguma vez encontrarão uma resposta judiciosa e que alcance melhor os seus fins.

Em primeiro lugar, a ideia de uma necessidade natural e conhecida da criança afasta a de uma operação misteriosa. As ideias acessórias da dor e da morte cobrem a outra com um véu de tristeza que amortece a imaginação e reprime a curiosidade; tudo leva o espírito para o lado do parto, e não para suas causas. As doenças da natureza humana, objetos repugnantes, imagens de sofrimento, eis os esclarecimentos a que essa resposta leva, se a repugnância que ela inspira permite à criança pedi-los. Por onde a imaginação dos desejos terá oportunidade de nascer com conversas assim dirigidas? E, no entanto, podeis ver que a verdade não foi alterada, e que não foi preciso enganar a criança em vez de instruí-la.

Vosso filhos leem. Em suas leituras, adquirem conhecimentos que não teriam se não tivessem lido. Se estudam, a imaginação se acende e se aguça no silêncio do gabinete. Se vivem no mundo, ouvem um jargão estranho, veem exemplos com que se impressionam; persuadiram-nos tão bem de que eram homens que agora em tudo o que os homens fazem em sua presença eles logo procuram saber como aquilo lhes pode convir; é bem preciso que as ações de outrem sirvam-lhes de lei. Criados que se fazem depender deles, e portanto têm interesse em agradar-lhes, adulam-nos à custa dos bons costumes; amas risonhas dizem-lhes aos quatro anos palavras que a mais saliente não lhes ousaria falar aos quinze. Logo elas esquecem o que disseram, mas eles não esquecem o que ouviram. Palavras marotas preparam os costumes libertinos; o lacaio patife faz a criança debochada, e o segredo de um garante o do outro.

A criança educada conforme sua idade está sozinha. Só conhece os apegos do hábito; ama sua irmã tanto quanto seu relógio e seu amigo tanto quanto seu cão. Não se sente de nenhum sexo, de nenhuma espécie; o homem e a mulher são-lhe igualmente estranhos; não relaciona a si mesma nada do que eles fazem ou dizem; não o vê nem o ouve, ou não presta nenhuma atenção; suas palavras não lhe interessam mais do que seus exemplos; tudo aquilo não foi feito para ela. Não é um erro artificioso que se lhe dá com este método, mas sim a ignorância da natureza. Vem um tempo em que a própria natureza encarrega-se de instruir seu aluno, e só então ela o coloca em condições de tirar proveito sem riscos das aulas que lhe ministra. Eis o princípio; o pormenor das regras não faz parte de meu assunto, e os meios que proponho a respeito de outros objetos também servem de exemplo para este.

Se quiserdes colocar ordem e regra nas paixões nascentes, ampliai o espaço durante o qual elas se desenvolvem, para que tenham tempo de se arrumarem à medida que vão nascendo. Não é, então, o homem quem as ordena, mas a própria natureza; vosso trabalho é apenas deixar que ela arranje a sua obra. Se vosso aluno estivesse sozinho, não teríeis nada a fazer; tudo o que o cerca, porém, acende sua imaginação. A torrente dos preconceitos arrasta-o; para segurá-lo, é preciso puxá-lo em sentido contrário. É preciso que o sentimento acorrente a imaginação e a razão cale a opinião dos homens. A fonte de todas as paixões é a sensibilidade, a imaginação determina sua inclinação. Todo ser que sente suas relações é necessariamente afetado quando essas relações se alteram e quando imagina ou acredita imaginar outras relações mais convenientes à sua natureza. São os erros da imaginação que transformam em vícios as paixões de todos os seres limitados, até mesmo dos anjos, se é que existem; pois seria preciso que eles conhecessem a natureza de todos os seres para saber que relações são mais convenientes à sua.

Eis, portanto, o sumário de toda a sabedoria humana quanto ao uso das paixões: 1. sentir as verdadeiras relações do homem, tanto na espécie quanto no indivíduo; 2. ordenar todas as afecções da alma conforme essas relações.

Mas terá o homem o poder de ordenar as suas afecções de acordo com tais ou tais relações? Sem dúvida, se tem o poder de orientar a imaginação para tal ou tal objeto, ou de lhe dar tal ou tal hábito. De resto, trata-se aqui menos daquilo que um homem pode fazer consigo mesmo do que daquilo que podemos fazer com nosso aluno pela escolha das circunstâncias em que o colocamos. Indicar os meios próprios a conservá-lo na ordem da natureza é dizer o bastante sobre como ele pode dela sair.

Enquanto sua sensibilidade permanece limitada a seu indivíduo, não há nada de moral em suas ações. Somente quando ela começa a se estender para além dele, é que ele adquire primeiro os sentimentos, depois as noções do bem e do mal, que o constituem verdadeiramente como homem e parte integrante de sua espécie. Portanto, é sobre este primeiro ponto que devemos concentrar nossas observações.

Elas são difíceis na medida em que, para fazê-las, é preciso rejeitar os exemplos que estão à nossa frente e procurar aqueles em que os desenvolvimentos sucessivos façam-se conforme a ordem da natureza.

Uma criança educada, polida e civilizada, que só aguarda a potência para realizar as intruções prematuras que recebeu, nunca se engana sobre o momento em que alcança esta potência. Longe de esperá-la, acelera-a, imprime em seu sangue uma fermentação precoce, sabe qual deve ser o objeto de seus desejos, muito tempo antes de senti-los. Não é a natureza que a excita, mas ela que a força; a natureza não tem mais nada a lhe ensinar ao torná-la homem; a criança já o era pelo pensamento muito antes de o ser de fato.

A verdadeira marcha da natureza é mais gradual e mais lenta. Pouco a pouco o sangue começa a arder, formam-se os espíritos, molda-se o temperamento. O sábio operário que dirige a fábrica tem o cuidado de levar à perfeição todos os seus instrumentos antes de colocá-los em operação; uma longa inquietação precede os primeiros desejos, uma longa ignorância os camufla; deseja-se sem saber o quê. O sangue fermenta e se agita; uma superabundância de vida procura estender-se para fora. O olho anima-se e percorre os outros seres, começa-se a tomar interesse pelos que estão à volta, começa-se a sentir que não se foi feito para viver sozinho; é assim que o coração se abre para as afeições humanas e torna-se capaz de apego.

O primeiro sentimento de que um jovem educado com esmero é suscetível não é o amor, mas a amizade. O primeiro ato de sua imaginação nascente é ensinar-lhe que existem semelhantes, e a espécie o afeta antes do sexo. Eis, portanto, outra vantagem da inocência prolongada: tirar proveito da sensibilidade nascente para jogar no coração do jovem adolescente as primeiras sementes da humanidade; vantagem tanto mais preciosa quanto esse é o único tempo da vida em que os mesmos cuidados podem ter um verdadeiro sucesso.

Sempre reparei que os jovens corrompidos desde cedo e dados às mulheres e à farra eram inumanos e cruéis; o ardor do temperamento tornava-os impacientes, vingativos e furiosos; a imaginação, repleta de um só objeto, furtava-se a tudo o mais; não conheciam nem piedade, nem misericórdia; teriam sacrificado pai, mãe e o universo pelo menor de seus prazeres. Ao contrário, um jovem educado numa feliz simplicidade é levado pelos primeiros movimentos da natureza na direção das paixões ternas e afetuosas; seu coração compassivo comove-se com os sofrimentos de seus semelhantes; sente arrepios de alegria quando revê seu camarada, seus braços sabem achar abraços carinhosos, seus olhos sabem derramar lágrimas de ternura; é sensível à vergonha de desagradar, ao remorso de ter ofendido. Se o ardor de um sangue que se inflama o torna vivo, violento, colérico, vemos um instante depois toda a bondade de seu coração na efusão do arrependimento; ele chora e geme pelo ferimento que causou; gostaria de resgatar com seu sangue aquele que derramou; todo o seu ímpeto se extingue, toda a sua altivez se humilha diante do sentimento de sua culpa. Quando ele próprio é ofendido, no auge do furor, uma desculpa, uma palavra o desarma, e perdoa os erros do outro com o mesmo bom coração com que conserta os seus. A adolescência não é a idade nem da vingança, nem do ódio: é a da comiseração, da clemência e da generosidade. Sim, afirmo-o e não temo ser desmentido pela experiência, uma criança que não teve um mau nascimento e que conservou até os vinte anos a inocência é nessa idade o mais generoso, o melhor, o mais amoroso e o mais amável dos homens. Nunca vos disseram algo parecido, eu creio; vós, filósofos, educados em meio a toda a corrupção dos colégios, não vos preocupais em sabê-lo.

A fraqueza do homem torna o sociável e nossas misérias comuns levam nossos corações à humanidade; nada lhe deveríamos se não fôssemos homens. Todo apego é sinal de insuficiência; se cada um de nós não tivesse nenhuma necessidade dos outros, não pensaria em unir-se a eles. Assim, de nossa mesma imperfeição nasce nossa frágil felicidade. Um ser realmente feliz é um ser solitário; só Deus goza de uma felicidade absoluta; quem de nós, porém, tem alguma ideia do que seja isso? Se algum ser imperfeito pudesse bastar a si mesmo, de que gozaria ele? Estaria só, seria miserável. Não posso conceber que quem de nada precisa possa amar algo; não consigo conceber que quem nada ama possa ser feliz.

Segue-se daí que nos apegamos a nossos semelhantes menos pelo sentimento de seus prazeres do que pelo de seus sofrimentos, pois vemos muito melhor nisso a identidade de nossas naturezas e as garantias de seu apego por nós. Se nossas necessidades comuns nos unem por interesse, nossas misérias comuns nos unem por afeição. O aspecto de um homem feliz inspira aos outros menos amor do que inveja; de bom grado acusariam-no de usurpar um direito que não tem, ao criar para si mesmo uma felicidade exclusiva, e o amor-próprio também sofre ao nos fazer sentir que tal homem não tem nenhuma necessidade de nós. Mas quem não tem pena do infeliz que vê sofrer? Quem não gostaria de libertá-lo dos males, se bastasse um desejo para tanto? A imaginação coloca-nos no lugar do miserável mais do que no lugar do homem feliz; sentimos que uma dessas condições nos diz respeito mais de perto do que a outro. A piedade é doce, porque ao nos colocarmos no lugar de quem sofre sentimos no entanto o prazer de não sofrer como ele. A inveja é amarga, na medida em que o aspecto de um homem feliz, longe de colocar o invejoso em seu lugar, dá-lhe a tristeza de não estar nele. Parece que um nos tira os males de que sofre e outro nos subtrai os bens de que goza.

Quereis, pois, animar e alimentar no coração de um jovem os primeiros movimentos da sensibilidade nascente e dirigir seu caráter para a beneficência e a bondade? Não façais que nele germinem o orgulho, a vaidade, a inveja, através da imagem enganosa da felicidade dos homens; não exponhais logo a seus olhos a pompa das cortes, o luxo dos palácios, o atrativo dos espetáculos; não o leveis a passear nos círculos, nas brilhantes assembleias. Não lhe mostreis o exterior da grande sociedade a não ser depois de o terdes colocado em condições de apreciá-la em si mesma. Mostrar-lhe o mundo antes que ele conheça os homens não é formá-lo, é corrompê-lo; não é instruí-lo, é enganá-lo.

Naturalmente os homens não são nem reis, nem nobres, nem cortesãos, nem ricos; todos nasceram nus e pobres, todos sujeitos às misérias da vida, às tristezas, aos males, às necessidades, às dores de toda espécie; enfim, todos são condenados à morte. Eis o que realmente pertence ao homem; eis aquilo de que nenhum mortal está isento. Começai, pois, por estudar na natureza humana o que lhe é mais inseparável, o que melhor caracteriza a humanidade.

Aos dezesseis anos o adolescente sabe o que é sofrer, pois ele próprio sofreu. No entanto, mal sabe que outros seres também sofrem; vê-lo sem o sentir não é sabê-lo e, como já disse cem vezes, não imaginando o que sentem os outros, a criança só conhece os seus males; quando, porém, o primeiro desenvolvimento dos sentidos acende nela o fogo da imaginação, começa a sentir-se em seus semelhantes, a comover-se com suas queixas e a sofrer com as suas dores. É então que o triste quadro da humanidade sofredora deve trazer ao seu coração a primeira compaixão que jamais tenha experimentado.

Se esse momento não é fácil de notar em vossos filhos, a quem acusareis por isso? Ensinais-lhes tão cedo a representar o sentimento, ensinais-lhes tão cedo a linguagem do sentimento que, falando sempre no mesmo tom, voltam vossas lições contra vós e não vos permitem distinguir quando, parando de mentir, começam a sentir o que dizem. Mas vede o meu Emílio; na idade a que o levei ele nem sentiu nem mentiu. Antes de saber o que fosse amar, ele não disse a ninguém: *Eu te amo.* Não lhe prescreveram a atitude que deveria tomar ao entrar no quarto de seu pai, de sua mãe ou de seu preceptor doente; não lhe mostraram a arte de fingir a tristeza que não tinha. Não fingiu chorar quando da morte de alguém, pois não sabe o que seja morrer. A mesma insensibilidade que tem no coração está também em suas maneiras. Indiferente a tudo, exceto a si mesmo, como todas as outras crianças, não se interessa por ninguém; o que o diferencia é que não pretende parecer interessar-se, nem é falso como elas.

Tendo refletido pouco sobre os seres sensíveis, Emílio saberá tarde o que é sofrer e morrer. As queixas e os gritos começarão a agitar suas entranhas; o aspecto do sangue que corre fará com que desvie o olhar; as convulsões de um animal moribundo dar-lhe-ão não sei que angústia antes que ele saiba de onde lhe vêm essas novas reações. Se tivesse permanecido estúpido e bárbaro, não as teria; se fosse mais instruído, conheceria sua origem; já comparou ideias demais para nada sentir, e não o suficiente para compreender o que sente.

Assim nasce a piedade, primeiro sentimento relativo que toca o coração humano conforme a ordem da natureza. Para tornar-se sensível e piedosa, é preciso que a criança saiba que existem seres semelhantes a ela que sofrem o que ela sofreu, que sentem as dores que ela sentiu e outras que deve ter ideia de que também poderá sofrer. De fato, como nos deixaremos comover pela piedade, a não ser saindo de nós mesmos e identificando-nos com o animal que sofre e deixando, por assim dizer, nosso ser para assumir o seu? Só sofremos na medida em que julgamos que ele sofre; não é em nós, mas nele que sofremos. Assim, ninguém se torna sensível a não ser quando sua imaginação se excita e começa a transportá-lo para fora de si.

Para excitar e nutrir essa sensibilidade nascente, para guiá-la ou segui-la em sua inclinação natural, que temos então de fazer, a não ser oferecer ao jovem objetos sobre os quais possa agir a força expansiva de seu coração, que o dilatem, que o estendam sobre os outros seres, que o façam por toda parte achar-se fora de si; afastar com cuidado aqueles que o enclausuram, o concentram e estiram a mola do eu humano? Isso significa, em outras palavras, excitar nele a bondade, a humanidade, a comiseração, a beneficência, todas as paixões atraentes e doces que agradam naturalmente aos homens e impedir que nasçam a inveja, a cobiça, o ódio, todas as paixões repugnantes e cruéis, que, por assim dizer, tornam a sensibilidade não somente nula, mas negativa, e fazem o tormento de quem as experimenta.

Creio poder resumir todas as reflexões precedentes em duas ou três máximas precisas, claras e de fácil compreensão.

PRIMEIRA MÁXIMA

Não pertence ao coração humano colocar-se no lugar de pessoas mais felizes do que nós, mas apenas no lugar das que estão em situação mais lastimável.

Se encontrarmos exceções a essa máxima, elas serão mais aparentes do que reais. Assim, não nos colocamos no lugar do rico ou do poderoso a quem nos apegamos; mesmo quando nos apegamos sinceramente, não fazemos mais do que nos apropriar de uma parte de seu bem-estar. Às vezes o amamos em suas infelicidades, mas, enquanto prospera, seu único verdadeiro amigo é o que não é enganado pelas aparências e o lamenta mais do que o inveja, apesar de sua prosperidade.

Ficamos tocados com a felicidade de certas condições, por exemplo, a da vida campestre e pastoril. O encanto de ver essas boas gentes felizes não é envenenado pela inveja; interessamo-nos de verdade por elas. Por que isso? Porque sentimos que temos o poder de descer até essa condição de paz e de inocência e de gozar da mesma felicidade; é um expediente que só dá ideias agradáveis, uma vez que basta querer usufruí-lo para poder. Há sempre algum prazer em ver seus recursos, em contemplar seu próprio bem, mesmo quando não se quer desfrutá-lo.

Segue-se daí que para levar um jovem à humanidade, longe de fazer com que admire a sorte brilhante dos outros, devemos mostrar-lha pelo lado triste; é preciso fazer que ele a tema. Então, por uma consequência evidente, ele deve abrir para si um caminho rumo à felicidade que não siga os rastros de ninguém.

SEGUNDA MÁXIMA

Só lamentamos no outro os males de que não nos acreditamos isentos.

Non ignara mali, miseris succurrere disco[1].

Nada conheço de tão bonito, de tão profundo, de tão tocante e de tão verdadeiro quanto esse verso.

Por que os reis são impiedosos para com os súditos? É porque têm certeza de que nunca serão homens. Por que os ricos são tão duros para com os pobres? É porque não têm medo de empobrecer. Por que a nobreza tem tamanho desprezo pelo povo? É porque um nobre nunca será um plebeu. Por que os turcos são geralmente mais humanos e mais hospitaleiros do que nós? É porque em seu governo completamente arbitrário, sendo sempre precárias e cambaleantes a grandeza e a riqueza dos particulares, não consideram o rebaixamento e a miséria como um estado estranho a eles*; cada qual pode ser amanhã o que é hoje aquele a quem ajuda. Essa reflexão, que reaparece incessantemente nos romances orientais, dá à sua leitura algo de enternecedor que toda a afetação de nossa seca moral não tem.

Portanto, não acostumeis vosso aluno a olhar do alto de sua glória os sofrimentos dos desafortunados e os trabalhos dos miseráveis; e não espereis ensinar-lhe a ter pena deles, se os considerar como lhe sendo estranhos. Fazei compreender que a sorte desses infelizes pode ser a sua, que todos os males deles estão sob os seus pés e mil acontecimentos imprevistos e inevitáveis podem mergulhá-lo neles de uma hora para outra. Ensinai-lhe a não contar com o nascimento, nem com a saúde, nem com as riquezas; mostrai-lhe todas as vicissitudes da fortuna; fornecei-lhe os exemplos sempre muito frequentes de pessoas que, de uma condição mais elevada do que a sua, caíram numa mais baixa do que a desses infelizes; se foi ou não por sua culpa, não é esta a questão agora; sabe ele por aca-

---

1. "Não ignorando a desgraça, sei ajudar os miseráveis." (Virgílio, *Eneida*, I, 630.) (N. do T.)

* Isso parece agora estar mudando um pouco: os Estados parecem estar se tornando mais fixos, e os homens também mais duros.

so o que é culpa? Não vos intrometais jamais na ordem de seus conhecimentos, e só o instruais pelas luzes que estão ao seu alcance; ele não precisa ser muito douto para perceber que toda a prudência humana não é capaz de lhe dizer se estará vivo ou morto dentro de uma hora, se as dores dos rins o farão ranger os dentes antes do anoitecer, se dentro de um mês ele estará rico ou pobre, se dentro de um ano, quem sabe, ele não estará remando nas galés de Argel. Principalmente não lhe digais tudo isso friamente, como seu catecismo; que ele veja e sinta as calamidades humanas; perturbai, assustai sua imaginação com os perigos de que o homem está continuamente rodeado; que ele veja ao seu redor todos esses abismos e, ao ouvir-vos descrevê-los, que vos abrace de medo de cair neles. Torná-lo-emos tímido e poltrão, direis. Veremos em seguida; por enquanto, comecemos por torná-lo humano, eis o que mais nos importa.

TERCEIRA MÁXIMA

A piedade que se tem pelo mal de outrem não se mede pela quantidade desse mal, mas pelo sentimento que atribuímos aos que o sofrem.

Só lamentamos um infeliz na medida em que cremos que deve ser lamentado. O sentimento físico de nossos males é mais limitado do que parece; mas é pela memória que nos faz perceber a sua continuidade, e pela imaginação, que os estende pelo futuro, que eles nos tornam realmente dignos de lástima. Aí está, segundo penso, uma das causas que nos tornam mais duros aos males dos animais do que aos dos homens, embora a sensibilidade comum devesse identificar-nos de igual forma com eles. Não temos pena de um cavalo de carreteiro em seu estábulo, porque não achamos que, enquanto come seu feno, ele pensa nas pancadas que recebeu e nos trabalhos que o esperam. Tampouco temos pena de um cordeiro que vemos pastar, embora saibamos que logo ele será degolado, porque achamos que ele não prevê seu destino. Por extensão, tornamo-nos duros da mesma forma com o destino dos homens, e os ricos consolam-se do mal que fazem aos pobres supondo-os bastante estúpidos para nada sentir. Em geral, avalio o valor que cada um dá à felicidade de seus semelhantes pelo caso que parece fazer deles. É natural que não se dê muito valor à felicidade das pessoas que se desprezam. Assim, não vos espanteis se os políticos falam do povo com tamanho desdém, nem se a maioria dos filósofos faz questão de pintar o homem tão mau.

O gênero humano é composto pelo povo; o que não é povo é tão pouca coisa que não vale a pena contá-lo. O homem é o mesmo em todos os estados; se for assim, os estados mais numerosos são os que merecem maior respeito. Diante daquele que pensa, todas as distinções civis desaparecem; ele vê as mesmas paixões e os mesmos sentimentos no homem rústico e no homem ilustre; só diferencia neles a linguagem, um matiz mais ou menos refinado e, se alguma diferença essencial os distingue, ela vai contra os mais dissimulados. O povo mostra-se tal como é, e não é polido, mas é preciso que as pessoas do mundo se disfarcem; se se mostrassem como são, causariam horror.

Dizem também os nossos sábios que existe uma mesma dose de felicidade e de sofrimento em todos os estados. Máxima tão funesta quanto insustentável, pois se todos forem igualmente felizes, por que precisarei incomodar-me com alguém? Que cada qual continue como está; seja o escravo maltratado, sofra o doente, morra o mendigo; eles não têm nada a ganhar mudando de estado. Eles enumeram os sofrimentos dos ricos e mostram a inanidade de seus vãos prazeres: que sofisma grosseiro! Os sofrimentos do rico não lhe vêm de seu estado, mas só dele, que abusa de sua condição. Mesmo que fosse mais infeliz do que o próprio pobre, não deveria ser lamentado, porque todos os seus males são obra sua e só depende dele ser feliz. Mas o sofrimento do pobre vem das coisas, do rigor da sorte que pesa sobre ele. Não há hábito que lhe tire o sentimento de cansaço, de esgotamento, de fome; nem o bom espírito nem a sabedoria podem ajudar a livrá-lo dos males de seu estado. O que ganha Epicteto por prever que seu senhor irá quebrar-lhe a perna? Quebrá-la-á menos por isso? Tem, além de seu mal, o mal da previdência. Se o povo fosse tão sensato quanto o supomos estúpido, que poderia ser além do que é? Que poderia fazer além do que faz? Observai as pessoas dessa condição e vereis que, com outra linguagem, elas têm tanto espírito e mais bom senso do que vós. Respeitai, pois, a vossa espécie; refleti que ela é essencialmente composta da reunião dos povos e que, mesmo que todos os reis e todos os filósofos fossem suprimidos dela, isso pouco apareceria, e as coisas não iriam pior. Numa palavra, ensinai vosso aluno a amar todos os homens, mesmo os que o menosprezam; fazei com que não se situe em nenhuma classe, mas que se reconheça em todas; diante dele, falai do gênero humano com ternura, até mesmo com piedade, mas nunca com desprezo. Homem, não desonres o homem.

É por esses caminhos e outros que tais, bem contrários aos que são praticados, que convém penetrar no coração de um jovem adolescente para nele excitar os primeiros movimentos da natureza, desenvolvê-lo e estendê-lo até seus semelhantes. A isso acrescento que é importante juntar a estes movimentos o mínimo possível de interesse pessoal; principalmente, nada de vaidade, nada de rivalidade, nada de glória, nada desses sentimentos que nos obrigam a nos compararmos aos outros, pois tais comparações nunca se realizam sem alguma impressão de ódio contra os que disputam conosco a preferência, mesmo que seja em nossa própria estima. Então é preciso tornar-se cego ou irritar-se, ser mau ou tolo; procuremos evitar essa alternativa. Essas paixões tão perigosas nascerão mais cedo ou mais tarde, dizem, mesmo contra a nossa vontade. Não o nego: cada coisa em seu tempo e em seu lugar; digo apenas que não devemos ajudá-las a nascer.

Eis o espírito do método que devemos prescrever. Aqui os exemplos e os detalhes são inúteis, porque aqui começa a divisão quase infinita dos caracteres, e cada exemplo que eu desse talvez não conviesse a um caso em cem mil. É também nesta idade que começa para o mestre hábil a verdadeira função do observador e do filósofo, que conhece a arte de sondar os corações enquanto trabalha por formá-los. Ao mesmo tempo que o jovem ainda não pensa em se dissimular e ainda não o aprendeu, a cada objeto que lhe apresentamos vemos, pelo seu jeito, em seus olhos, no seu gesto, a impressão que dele recebe; lemos no seu rosto todos os movimentos de sua alma; à força de observá-los, conseguimos prevê-los e finalmente dirigi-los.

Observa-se em geral que o sangue, os ferimentos, os gritos, os gemidos, o aparato das operações dolorosas e tudo o que traz aos sentidos objetos de sofrimento atinge mais cedo e com maior generalidade todos os homens. A ideia de destruição, sendo mais composta, não impressiona da mesma maneira; a imagem da morte toca mais tarde e de modo mais fraco, porque ninguém tem em relação a si mesmo a experiência de morrer; é preciso ter visto cadáveres para sentir as angústias dos agonizantes. Mas, uma vez formada essa imagem em nosso espírito, não há espetáculo mais terrível aos nossos olhos, tanto por causa da ideia de destruição total que ele então nos dá através dos sentidos, quanto porque, sabendo que esse momento é inevitável para todos os homens, sentimo-nos mais fortemente afetados por uma situação da qual temos certeza de que não podemos escapar.

Essas diversas impressões têm suas modificações e seus graus que dependem do caráter particular de cada indivíduo e de seus hábitos anteriores; no entanto, elas são universais, e ninguém está totalmente isento delas. Algumas há que são mais tardias e menos gerais, que são mais próprias às almas sensíveis; são aquelas que recebemos dos sofrimentos morais, das dores interiores, das aflições, dos langores, da tristeza. Há pessoas que só se comovem com gritos e choros; os longos e mudos gemidos de um coração cheio de dor nunca lhes arrancaram suspiros; nunca a visão de um porte abatido, de um rosto pálido e cinzento, de um olho apagado que já não consegue chorar fê-los chorar por sua vez; os males da alma nada são para eles: estão julgados e a sua alma nada sente: esperai deles somente rigor inflexível, dureza e crueldade. Poderão ser íntegros e justos, jamais clementes, generosos e piedosos. Digo que poderão ser justos, se é, porém, que um homem pode ser justo quando não é misericordioso.

Mas não vos apresseis em julgar os jovens por essa regra, sobretudo os que, tendo sido educados como devem sê-lo, não têm nenhuma ideia dos sofrimentos morais que nunca os fizeram sentir, pois, mais uma vez, só podem lamentar os males que conhecem, e essa aparente insensibilidade, que provém apenas da ignorância, logo se transforma em enternecimento, quando começam a sentir que há na vida humana mil dores que não conhecem. Quanto a Emílio, se teve simplicidade e bom senso na infância, tenho certeza de que terá alma e sensibilidade na juventude, pois a verdade dos sentimentos depende muito da justeza das ideias.

Mas por que o lembrar aqui? Mais de um leitor sem dúvida me censurará por ter esquecido minhas primeiras resoluções e a felicidade constante que eu prometera a meu aluno. Infelizes, moribundos, espetáculos de dor e de miséria! Que felicidade, que prazer para um jovem coração que nasce para a vida! Seu triste professor, que lhe destinava uma tão doce educação, só o faz nascer para sofrer. Isso é o que dirão; o que me importa? Prometi torná-lo feliz, não fazer com que parecesse sê-lo. Será culpa minha se, sempre enganado pela aparência, a tomais pela realidade?

Tomemos dois jovens que estão saindo da primeira educação e entrando no mundo por duas portas diretamente opostas. Um sobe imediatamente para o Olimpo e vê-se às voltas com a mais brilhante sociedade. É levado à corte, à casa dos grandes, dos ricos, das mulheres bonitas. Imagino que será festejado em todos os lugares, e não me detenho no efeito dessa acolhida sobre sua razão: suponho que ela resista. Os prazeres voam à sua frente, todos os dias novos objetos o divertem, e ele entrega-se a tudo com um interesse que vos seduz. Vós o vedes atento, diligente e curioso; sua primeira admiração impressiona-vos; vós o considerais contente, mas vede o estado de sua alma: credes que ele se diverte; de minha parte, acho que está sofrendo.

Que percebe ele primeiro ao abrir os olhos? Multidões de pretensos bens que ele conhecia e dos quais a maioria, estando só pouco tempo à sua disposição, parece mostrar-se a ele apenas para fazê-lo lamentar não possuí-los. Quando passeia por um palácio, vedes por sua inquieta curiosidade que ele se pergunta por que sua casa paterna não é assim. Todas essas questões vos indicam que ele se compara sem parar com o dono daquela casa e tudo o que ele descobre de mortificante para si mesmo nessa comparação aguça a sua vaidade, revoltando-o. Quando encontra um rapaz mais bem vestido do que ele, vejo-o protestar secretamente contra a avareza dos pais. Quando está mais bem trajado do que algum outro, sente a dor de ver este outro obscurecê-lo quer pelo nascimento, quer pelo espírito, e todo o seu dourado apagar-se diante de uma simples roupa de pano. Quando brilha sozinho numa reunião, quando se ergue na ponta dos pés para ser mais bem visto, quem é que não tem uma vontade secreta de humilhar o ar soberbo e vão de um jovem arrogante? Logo tudo se reúne como que de propósito; os olhares inquietantes de um homem grave, as palavras irônicas de um homem cáustico não demoram para chegar até ele e, ainda que fosse desdenhado por um único homem, o desprezo desse homem envenenaria de imediato os aplausos dos outros.

Demos tudo a ele, prodiguemos a ele as aprovações, o mérito; seja ele benfeito, cheio de espírito, amável; será procurado pelas mulheres; mas, procurando-o antes que ele as ame, elas o tornarão mais louco do que amoroso; ele terá casos amorosos, mas não terá nem arroubos nem paixão para desfrutá-los. Com seus desejos sempre satisfeitos, não tendo nem mesmo o tempo de nascer, em meio aos prazeres ele só sente aborrecimento e constrangimento; o sexo criado para sua alegria aborrece-o e farta-o antes mesmo que o conheça; se continua a vê-lo, é apenas por vaidade e, quando se apegar a ele por um gosto verdadeiro, já não será o único jovem, brilhante e amável e nem sempre encontrará em suas amantes prodígios de fidelidade.

Não falo dos aborrecimentos, das traições, das perfídias, dos arrependimentos de toda espécie, inseparáveis de tal vida. A experiência do mundo afasta-nos dele, como se sabe; falo apenas dos aborrecimentos ligados à primeira ilusão.

Que contraste para quem, fechado até agora no seio de sua família e de seus amigos, viu-se o único objeto de todas as atenções entrar de repente numa ordem de coisas em que conta tão pouco, encontrar-se como que mergulhado numa esfera estranha, ele que foi por tanto tempo o centro da sua! Quantas afrontas, quantas humilhações não terá de suportar antes de perder em meio aos desconhecidos os preconceitos sobre a própria importância adquiridos e alimentados em família! Criança, todos cediam a ele, todos eram solícitos para com ele ao seu redor; rapaz, é preciso que ceda a todos, ou, por pouco que esqueça e conserve suas antigas maneiras, quantas duras lições o farão voltar para o seu lugar! O costume de obter com facilidade os objetos de seus desejos leva-o a desejar muito e o faz sentir privações contínuas. Tudo o que lhe agrada tenta-o; tudo o que os outros têm ele gostaria de ter; ambiciona tudo, tem inveja de todos, gostaria de dominar em toda parte; a vaidade o rói, o ardor dos desejos desenfreados incendeia seu jovem coração, onde com eles nascem o ciúme e o ódio; todas as paixões devoradoras desabrocham ao mesmo tempo e ele leva sua agitação para o tumulto da sociedade; leva-a consigo todas as noites; volta para casa descontente de si e dos outros; dorme cheio de mil projetos vãos, perturbado com mil fantasias, e seu orgulho representa-lhe até nos sonhos os bens quiméricos cujo desejo o atormenta e que não terá jamais na vida. Aí está o vosso aluno; vejamos o meu.

Se o primeiro espetáculo que o impressiona é um objeto de tristeza, o primeiro retorno a si mesmo é um sentimento de prazer. Vendo de quantos males está livre, sente-se mais feliz do que julgava ser. Compartilha os sofrimentos de seus semelhantes, mas essa partilha é voluntária e doce. Goza a um só tempo da piedade que sente pelos males deles e da felicidade de não trazê-los em si; sente-se nesse estado de força que nos leva para além de nós e faz-nos levar alhures a atividade supérflua ao nosso bem-estar. Para lamentar o mal de outrem, sem dúvida é preciso conhecê-lo, mas não é preciso senti-lo. Quando se sofreu, ou quando se teme sofrer, lamentam-se os que sofrem; quando, porém, se sofre, só se lamenta a si mesmo. Ora, estando todos sujeitos às misérias da vida, se ninguém conceder aos outros nada além da sensibilidade de que não precisa atualmente para si mesmo, segue-se que a comiseração deve ser um sentimento muito doce, uma vez que depõe em nosso favor, e, pelo contrário, um homem duro é sempre infeliz, pois o estado de seu coração não lhe deixa nenhuma sensibilidade superabundante que ele possa conceder aos sofrimentos dos outros.

Julgamos demais a felicidade pelas aparências; supomo-la onde menos ela está; procuramo-la onde não poderia estar: a alegria não passa de um sinal muito equívoco. Um homem alegre não raro é apenas um desgraçado que procura enganar os outros e a si mesmo. Essas pessoas tão risonhas, tão abertas, tão tranquilas numa reunião são quase todas tristes e rabugentas em casa, e seus domésticos pagam a diversão que eles dão a suas amizades. O verdadeiro contentamento não é alegre nem divertido; ciumentos de um sentimento tão doce, ao experimentá-lo pensamos nele, saboreamo-lo, tememos que se evapore. Um homem realmente feliz pouco fala e pouco ri; tranca, por assim dizer, a felicidade em seu coração. As brincadeiras barulhentas, a alegria turbulenta encobrem os desgostos e o tédio. A melancolia, porém, é amiga da volúpia; o enternecimento e as lágrimas acompanham os mais doces prazeres, e a própria alegria excessiva arranca mais lágrimas do que gritos.

Se no começo a multidão e a variedade das diversões parecem contribuir para a felicidade, se a uniformidade de uma vida homogênea parece de início entediante, ao repararmos melhor, descobriremos, pelo contrário, que o mais doce hábito da alma consiste numa moderação de prazeres que deixa pouco espaço para o desejo e para a repugnância. A inquietação dos desejos produz a curiosidade e a inconstância; o vazio dos prazeres turbulentos produz o tédio. Nunca nos entediamos com nossa condição quando não conhecemos nenhuma mais agradável. De todos os homens do mundo, os selvagens são os menos curiosos e os menos entediados; tudo lhes é indiferente; não gozam das coisas, mas de si mesmos; passam a vida a não fazer nada, e não se entediam jamais.

O homem do mundo está inteiro em sua máscara. Não estando quase nunca em si mesmo, é sempre um estrangeiro e sente-se pouco à vontade quando é obrigado a voltar a si. O que ele é nada é, o que parece ser é tudo para ele.

Não posso impedir-me de imaginar no rosto do rapaz de que falei atrás um não sei quê de impertinente, de adocicado, de afetado, que desagrada, que decepciona as pessoas íntegras; e no rosto do meu aluno vejo uma fisionomia interessante e simples, que revela o contentamento, a verdadeira serenidade da alma, que inspira a estima, a confiança e parece apenas aguardar o desabrochar da amizade para oferecer a sua aos que o cercam. Acredita-se que a fisionomia não seja mais que um simples desenvolvimento dos traços já marcados pela natureza. De minha parte, acho que, além desse desenvolvimento, os traços do rosto de um homem vêm imperceptivelmente a se formar e a assumir uma fisionomia pela impressão frequente e habitual de certas afecções da alma. Tais afecções deixam sua marca no rosto, nada é mais certo, e, quando elas transformam-se em hábito, devem deixar impressões duradouras. Eis como penso que a fisionomia anuncia o caráter e que às vezes podemos avaliar um pela outra, sem buscar explicações misteriosas que suponham conhecimentos que não temos.

Uma criança só tem duas afecções bem definidas, a alegria e a dor; ela ri ou chora; os intermediários nada são para ela; passa continuamente de um desses movimentos ao outro. Essa alternância contínua impede que haja em seu rosto qualquer impressão constante e que ela ganhe uma fisionomia; mas na idade em que, já mais sensível, ela é mais energicamente ou mais constantemente afetada, as impressões mais profundas deixam marcas mais difíceis de se destruírem, e do estado habitual da alma resulta uma disposição de traços que o tempo torna indeléveis. No entanto, não é raro vermos homens mudarem de fisionomia em idades diferentes. Vi vários deles neste caso, e sempre descobri que aqueles que eu pudera observar e acompanhar bem tinham também mudado de paixões habituais. Esta única observação, bem confirmada, parecer-me-ia decisiva, e não está deslocada num tratado de educação, onde importa ensinar a julgar as reações da alma pelos sinais exteriores.

Não sei se, por não ter aprendido a imitar as maneiras convencionais e a fingir sentimentos que não tem, meu jovem rapaz será menos amável; não é disso que se trata agora; sei apenas que ele será mais amoroso, e tenho dificuldade para acreditar que quem só ama a si mesmo possa disfarçar-se o bastante para agradar tanto quanto quem tira de seu apego aos outros um novo sentimento de felicidade. Quanto a esse mesmo sentimento, porém, creio ter falado o suficiente sobre ele para orientar neste ponto um leitor razoável, e mostrar que eu não me contradisse.

Retorno, então, ao meu método e digo: quando a idade crítica se aproxima, oferecei aos jovens espetáculos que os moderem, e não espetáculos que os excitem; despistai sua imaginação nascente com objetos que, longe de pôr fogo em seus sentidos, reprimam sua atividade. Afastai-os das grandes cidades, onde os enfeites e a imodéstia das mulheres apressam e antecipam as lições da natureza, onde tudo lhes mostra prazeres que só devem conhecer quando souberem escolhê-los. Levai-os de volta às suas primeiras moradas, em que a simplicidade do campo deixa as paixões de sua idade desenvolverem-se menos rapidamente; ou, se o gosto pelas artes ainda os prende à cidade, preveni neles, através desse mesmo gosto, uma ociosidade perigosa. Escolhei com cuidado suas companhias, suas ocupações, seus prazeres; mostrai-lhes apenas quadros tocantes, mas modestos, que os comovam sem os seduzir e alimentem sua sensibilidade sem lhes perturbar os sentidos. Considerai também que há em toda parte alguns excessos que devem ser temidos e que as paixões imoderadas sempre causam mais mal do que aquele que gostaríamos de evitar. Não se trata de tornar vosso aluno um enfermeiro, um irmão de caridade, de afligir seus olhares com objetos de dor e sofrimento contínuos, de levá-lo de doente em doente, de hospital em hospital, e da Grève às prisões; devemos comovê-lo, e não endurecê-lo, pela visão das misérias humanas. Impressionados durante muito tempo pelos mesmos espetáculos, deixamos de sentir suas impressões; o hábito acostuma a tudo; o que vemos demais já não imaginamos, e é somente a imaginação que nos faz sentir os males dos outros: é assim que, de tanto verem morrer e sofrer, os padres e os médicos tornam-se impiedosos. Conheça, portanto, vosso aluno a sorte do homem e as misérias de seus semelhantes; não seja, porém, com demasiada frequência testemunha delas. Um único objeto bem escolhido e mostrado numa luz conveniente dar-lhe-á enternecimento e reflexões por um mês. Não é tanto o que vê quanto o fato de voltar ao que viu que determina o juízo que faz disso, e a impressão duradoura que recebe de um objeto provém-lhe menos do próprio objeto do que do ponto de vista segundo o qual o levamos a lembrar-se do objeto. É assim que, distribuindo os exemplos, as lições e as imagens, tornareis por muito tempo menos agudo o aguilhão dos sentidos e despistareis a natureza seguindo as suas próprias direções.

À medida que ele for adquirindo luzes, escolhei as ideias que com elas se relacionem; à medida que seus desejos se acenderem, escolhei quadros próprios a reprimi-los. Um velho militar que se distinguiu tanto por seus méritos quanto pela coragem contou-me que, em sua primeira juventude, seu pai, homem de juízo, mas muito devoto, ao ver que seu temperamento nascente o entregava às mulheres, nada poupou para contê-lo; finalmente, porém, apesar de todos os cuidados, percebendo que estava prestes a perdê-lo, ocorreu-lhe levá-lo a um hospital de sífilis e, sem preveni-lo de nada, fê-lo entrar numa sala onde um grupo daqueles infelizes expiava, por um tratamento apavorante, a desordem que os expusera àquilo. Àquele horrendo espetáculo, que revoltava ao mesmo tempo todos os sentidos, o jovem quase desmaiou. *Vai miserável farrista*, disse-lhe então o pai com um tom veemente, *segue a vil inclinação que te arrasta; logo será feliz demais por seres recebido nesta sala onde, vítima das mais infames dores, forçarás teu pai a agradecer a Deus por tua morte.*

Essas poucas palavras, unidas ao enérgico quadro que impressionava o rapaz, causaram-lhe uma impressão que não se apagou jamais. Condenado por sua condição a passar a juventude no exército, preferiu suportar todas as zombarias dos camaradas a imitar sua libertinagem. *Fui homem*, disse-me ele, *tive minhas fraquezas; mas, chegado à minha idade, nunca pude ver uma prostituta sem horror*. Mestre! Poucos discursos; mas aprendei a escolher os lugares, os tempos e as pessoas e depois dai todas as vossas aulas por exemplos, e podereis estar certo de que surtirão efeito.

O emprego da infância é pouca coisa. O mal que nela se introduz não é irremediável, e o bem que se faz nela pode vir mais tarde; mas o mesmo não ocorre com a primeira idade em que o homem começa verdadeiramente a viver. Essa idade nunca dura o bastante para o uso que dela devemos fazer, e sua importância exige uma atenção contínua; eis por que insisto sobre a arte de prolongá-la. Um dos melhores preceitos da boa cultura é retardar tudo enquanto possível. Tornai os progressos lentos e seguros; impedi que o adolescente torne-se homem no momento em que nada lhe reste a fazer para tanto. Enquanto o corpo cresce, os espíritos destinados a dar bálsamo ao sangue e força às fibras formam-se e elaboram-se. Se os fizerdes tomar um curso diferente e, se o que se destina a aperfeiçoar um indivíduo servir para a formação de um outro, ambos permanecerão num estado de fraqueza e a obra ficará imperfeita. As operações do espírito ressentem-se por sua vez dessa alteração, e a alma, tão débil quanto o corpo, só tem funções fracas e inertes. Membros grossos e robustos não fazem nem a coragem nem o gênio, e julgo que a força da alma não acompanha a do corpo, quando por outro lado os órgãos da comunicação entre as duas substâncias estão mal dispostos. Mas, por mais bem dispostos que eles possam estar, continuarão a agir de modo fraco, se tiverem como princípio apenas um sangue cansado, empobrecido e carente da substância que dá força e flexibilidade a todas as molas da máquina. De uma maneira geral observamos maior vigor de alma nos homens cujos anos de juventude foram preservados de uma corrupção prematura do que naqueles em que a desordem começou juntamente com o poder de entregar-se a ela, e esta é sem dúvida uma das razões por que os povos que têm bons costumes geralmente ultrapassam em bom senso e em coragem os povos que não os têm. Estes brilham unicamente por certas qualidadezinhas leves, que chamam de espírito, sagacidade, finura; mas as grandes e nobres funções de sabedoria e de razão, que distinguem e honram o homem com belas ações, com virtudes, com trabalhos realmente úteis, quase só se encontram nos primeiros.

Os professores queixam-se de que o ardor dessa idade torna a juventude indisciplinável, e eu o vejo; mas não será culpa deles? A partir do momento em que deixaram que esse fogo se alastrasse pelos sentidos, não sabem eles que não lhe poderemos dar outro curso? Os longos e frios sermões de um pedante apagarão no espírito de seu aluno a imagem dos prazeres que concebeu? Banirão de seu coração os desejos que o atormentam? Enfraquecerão o ardor de um temperamento cujo uso conhece? Não se irritará ele contra os obstáculos que se opõem à única felicidade de que faz ideia? E, na dura lei que lhe prescrevem sem poderem fazer com que a entenda, que verá ele senão o capricho e o ódio de um homem que procura atormentá-lo? Será estranho que se revolte e o odeie?

Sei muito bem que nos tornando fáceis podemos tornar-nos mais suportáveis e conservar uma aparente autoridade. Mas não vejo muito bem para que serve a autoridade que conservamos sobre o aluno apenas fomentando os vícios que ela deveria reprimir. É como se, para acalmar um cavalo fogoso, o escudeiro o fizesse saltar num precipício.

Esse fogo do adolescente, longe de ser um obstáculo à educação, é quem a consome e termina; é ele que vos dá alguma autoridade sobre o coração de um jovem, quando ele deixa de ser menos forte que vós. Suas primeiras afeições são as rédeas com que dirigis todos os seus movimentos; ele era livre e vejo-o subjugado. Enquanto nada amava, só dependia dele mesmo e de suas necessidades; a partir do momento em que ama, depende de seus apegos. Assim se formam os primeiros laços que o unem à sua espécie. Dirigindo para ela sua sensibilidade nascente, não acrediteis que ela abarque logo de início todos os homens, e que a expressão "gênero humano" signifique para ele alguma coisa. Não, essa sensibilidade limitar-se-á primeiro a seus semelhantes, e seus semelhantes não serão para ele desconhecidos, mas aqueles com quem se relaciona, aqueles que o hábito lhe tornou caros ou necessários, aqueles que vê que têm com ele, evidentemente, maneiras comuns de pensar e de sentir, aqueles que vê sofrerem as mesmas dores que sofreu e serem sensíveis aos mesmos prazeres que experimentou, aqueles, numa palavra, em quem a identidade de natureza mais manifesta lhe dá uma maior disposição de se amar. Somente após ter cultivado seu caráter de mil maneiras, após muitas reflexões sobre seus próprios sentimentos e sobre os que observará nos outros, ele poderá chegar a generalizar suas noções individuais com a ideia abstrata de humanidade e somar às suas afeições particulares as que podem identificá-lo com a sua espécie.

Tornando-se capaz de apego, torna-se sensível ao apego dos outros*, e por isso mesmo também se torna atento aos sinais desse apego. Vedes que novo domínio ireis adquirir sobre ele? Quantas correntes colocastes ao redor de seu coração sem que ele desse por isso! O que não sentirá ele quando, abrindo os olhos para si mesmo, vir o que fizestes por ele, quando puder comparar-se aos outros rapazes de sua idade e comparar-vos aos outros preceptores! Eu disse quando ele vir, mas evitai dizer-lho; se lho disserdes, já não o verá. Se exigirdes dele obediência em troca

* O apego pode dispensar ser compartilhado, a amizade, nunca. Ela é uma troca, um contrato como os outros, mas o mais santo de todos. A palavra *amigo* não tem outro correlativo além de si mesmo. Todo homem que não é o amigo de seu amigo é com toda a certeza um patife, pois só retribuindo ou fingindo retribuir a amizade podemos obtê-la.

dos trabalhos que lhe fizestes, acreditará que o enganastes; dirá que, fingindo cuidar dele gratuitamente, quisestes endividá-lo e prendê-lo por um contrato em que ele não consentiu. Em vão direis que aquilo que exigis dele é só para o seu próprio bem; exigireis, afinal, e exigireis em virtude daquilo que fizestes sem a sua permissão. Quando um infeliz pega o dinheiro que fingem dar-lhe e vê-se comprometido contra a vontade, dizeis que é injustiça; não sois ainda mais injusto ao pedir a vosso aluno o prêmio dos trabalhos que ele não aceitou?

A ingratidão seria mais rara se os favores por usura fossem menos conhecidos. Amamos o que nos faz algum bem, é um sentimento tão natural! A ingratidão não está no coração do homem, mas o interesse sim; existem menos devedores ingratos do que benfeitores interessados. Se me vendeis vossos presentes, regatearei sobre o preço, mas, se fingirdes dar para depois vender, usais de fraude; é por serem gratuitos que eles são inestimáveis. O coração só recebe leis de si mesmo; querendo prendê-lo, soltamo-lo; acorrentamo-lo deixando-o livre.

Quando o pescador lança a linha na água, o peixe vem e permanece ao seu redor sem nenhuma desconfiança; quando, porém, preso pelo anzol escondido sob a isca, o peixe sente que puxam a linha, ele trata de fugir. Será o pescador um benfeitor? E o peixe, será ingrato? Viu-se alguma vez um homem esquecido por seu benfeitor esquecê-lo? Pelo contrário, sempre fala dele com prazer, não pensa nele sem se enternecer; se encontra meios de mostrar-lhe, por algum serviço inesperado, que não se esquece dos que recebeu, com que contentamento interior satisfaz então a sua gratidão! Com que doce alegria faz-se reconhecer! Com que prazer diz-lhe: minha vez chegou! Eis verdadeiramente qual é a voz da natureza: nunca um verdadeiro favor produziu um ingrato.

Se, portanto, o reconhecimento é um sentimento natural e se não destruirdes seu efeito por vossa culpa, podeis ter certeza de que vosso aluno, começando a perceber o valor de vossas atenções, será sensível a elas, contanto que não lhes tenhais atribuído um preço, e de que elas vos darão em seu coração uma autoridade que nada poderá destruir. Mas antes de vos assegurardes dessa vantagem, evitai perdê-la valorizando-vos diante dele. Vangloriar-vos de vossos serviços é torná-los insuportáveis; esquecê-los é fazer com que ele os lembre. Até que chegue a hora de tratá-lo como um homem, não seja nunca questão do que ele vos deve, mas do que ele deve a si mesmo. Para torná-lo dócil, deixai-lhe toda a liberdade; esquivai-vos para que ele vos procure; elevai sua alma até o nobre sentimento do reconhecimento, falando-lhe sempre apenas do seu interesse. Pretendi que não lhe fosse dito que o que se estava fazendo era para o seu bem antes que ele estivesse em condições de compreendê-lo; nessas palavras, ele só teria visto vossa dependência e ter-vos-ia tomado por seu criado. Mas agora que ele começa a perceber o que é amar, percebe também que doce laço pode unir um homem ao que ama, e no zelo que faz com que vos ocupeis dele continuamente já não vê o apego de um escravo, mas o afeto de um amigo. Ora, nada tem tanto peso para o coração humano quanto a voz da amizade reconhecida, pois sabemos que ela só nos fala por nosso bem. Podemos acreditar que um amigo se engana, mas não que nos queira enganar. Às vezes resistimos a seus conselhos, mas nunca os desprezamos.

Entramos finalmente na ordem moral: acabamos de dar um segundo passo de homem. Se este fosse o lugar, tentaria mostrar como dos primeiros movimentos do coração erguem-se as primeiras vozes da consciência, e como nascem dos sentimentos de amor e de ódio as primeiras noções do bem e do mal; mostraria que *justiça e bondade* não são apenas palavras abstratas, meros seres morais formados pelo entendimento, mas verdadeiras afecções da alma iluminada pela razão, que não são mais que um progresso ordenado de nossas afecções primitivas; que, pela mera razão, independentemente da consciência, não podemos estabelecer nenhuma lei natural; e que todo o direito da natureza não passa de uma quimera se não é fundamentado numa necessidade natural ao coração humano*. Mas acho que não é o caso de fazer aqui tratados de metafísica e de moral, nem programas de estudo de espécie alguma; basta-me indicar a ordem e o progresso de nossos sentimentos e de nossos conhecimentos relativamente à nossa constituição. Outros talvez venham a demonstrar o que aqui apenas indico.

Tendo Emílio até o presente olhado apenas para si mesmo, o primeiro olhar que lança a seus semelhantes leva-o a comparar-se a eles, e o primeiro sentimento que excita nele esta comparação é desejar o primeiro lugar. Eis o ponto em que o amor de si transforma-se em amor-próprio e onde começam a nascer todas as paixões que dele dependem. Mas, para saber se as paixões que prevalecerão em seu caráter serão humanas e doces ou cruéis e maléficas, se serão paixões de benevolência e de comiseração ou de inveja e cobiça, é preciso saber que lugar ele julgará

* O próprio preceito de agir para com os outros como queremos que ajam para conosco só tem como verdadeiro fundamento a consciência e o sentimento, pois onde está a razão precisa de agir, sendo eu, como se eu fosse outro, sobretudo quando estou moralmente certo de nunca me encontrar no mesmo caso? E quem me garantirá que, seguindo com toda fidelidade essa máxima, conseguirei que a sigam igualmente comigo? O mau tira vantagem da probidade do justo e de sua própria injustiça; é muito cômodo que todos sejam justos, exceto ele. Digam o que disserem, esse acordo não é vantajoso para as pessoas de bem. Mas, quando a força de uma alma expansiva identifica-me com meu semelhante e sinto-me, por assim dizer, nele, é para não sofrer que não quero que ele sofra; interesso-me por ele por amor de mim e a razão do preceito está na própria natureza que me inspira o desejo de meu bem-estar em qualquer lugar em que me sinta existir. Daí concluo que não é verdade que os preceitos da lei natural estejam baseados unicamente na razão, pois eles têm uma base mais sólida e mais segura. O amor dos homens derivado do amor de si é o princípio da justiça humana. O sumário de toda a moral é dado no Evangelho pelo da lei.

ser o seu em meio aos homens, e que tipos de obstáculos acreditará ter de vencer para chegar ao lugar que pretende ocupar.

Para guiá-lo nessa busca, depois de lhe ter mostrado os homens pelos acidentes comuns à espécie, é preciso agora mostrar-lhos por suas diferenças. Aqui se dá a medida da desigualdade natural e civil, assim como o quadro de toda a ordem social.

É preciso estudar a sociedade pelos homens, e os homens pela sociedade; quem quiser tratar separadamente a política e a moral nada entenderá de nenhuma das duas. Abordando primeiramente as relações primitivas, vemos como os homens devem ser afetados por elas e que paixões devem nascer delas; vemos que é em reciprocidade ao progresso das paixões que essas relações se multiplicam e se estreitam. É menos a força dos braços do que a moderação dos corações que torna os homens independentes e livres. Quem deseja pouca coisa depende de pouca gente, mas, sempre confundindo nossos vãos desejos com nossas necessidades físicas, aqueles que fizeram destas últimas os fundamentos da sociedade humana sempre tomaram os efeitos pelas causas e apenas se desorientaram em todos os seus raciocínios.

Há no estado de natureza uma igualdade de fato real e indestrutível, porque é impossível, nesse estado, que a mera diferença de homem para homem seja suficientemente grande para tornar um dependente do outro. Há no estado civil uma igualdade de direito quimérica e vã, porque os meios destinados a mantê-la servem eles próprios para destruí-la, e a força pública somada ao mais forte para oprimir o fraco rompe a espécie de equilíbrio que a natureza colocara entre eles*. Desta primeira contradição decorrem

* O espírito universal das leis de todos os países é favorecer sempre o forte contra o fraco, e o que tem contra o que nada tem; esse inconveniente é inevitável e não tem exceção.

todas as que se observam entre a aparência e a realidade na ordem civil. Sempre a multidão será sacrificada ao menor número, e o interesse público ao interesse particular; sempre os nomes enganosos justiça e subordinação servirão de instrumento para a violência e de arma para a iniquidade. Segue-se daí que as camadas sociais elevadas, que se pretendem úteis às outras, só são de fato úteis a si mesmas, à custa das outras; por isso, devemos avaliar a consideração que lhes é devida de acordo com a justiça e a razão. Resta examinar se a posição social que deram a si mesmas é mais favorável à felicidade dos que a ocupam para saber que juízo cada um de nós deve formar sobre sua própria sorte. Eis o estudo que agora nos importa fazer; no entanto, para bem realizá-lo, é preciso começar por bem conhecer o coração humano.

Se se tratasse apenas de mostrar aos jovens o homem por sua máscara, não precisaríamos mostrá-lo, pois eles sempre o veriam. Como a máscara não é o homem e é preciso que seu verniz não os seduza, ao representar-lhes os homens representai-os tais como são, não para que os odeiem, mas para que os lamentem e não queiram parecer-se com eles. Este é, na minha opinião, o sentimento mais inteligente que o homem pode ter sobre a sua espécie.

Com esta intenção, importa tomar agora um caminho oposto ao que percorremos até agora, e instruir o jovem mais pela experiência dos outros do que pela sua própria. Se os homens o enganarem, ele os odiará; mas se, respeitado por eles, ele os vir enganarem-se uns aos outros, terá pena deles. O espetáculo do mundo, dizia Pitágoras, assemelha-se ao dos jogos olímpicos: uns fazem seu comércio e só pensam em seu lucro, outros não poupam esforços e buscam a glória, outros ainda contentam-se com ver os jogos, e estes não são os piores.

Eu desejaria que se escolhessem de tal forma as amizades de um jovem que ele pensasse bem dos que vivem com ele; e que lhe ensinassem a conhecer tão bem o mundo que ele pensasse mal de tudo o que se faz nele. Saiba ele que o homem é naturalmente bom, sinta-o, julgue seu próximo por si mesmo; mas veja ele como a sociedade deprava e perverte os homens; descubra nos preconceitos a fonte de todos os vícios dos homens; seja levado a estimar cada indivíduo, mas despreze a multidão; veja que todos os homens carregam mais ou menos a mesma máscara, mas saiba também que existem rostos mais belos do que a máscara que os cobre.

É preciso confessar que este método tem os seus inconvenientes e não é fácil na prática, pois se o jovem se tornar observador cedo demais, se lhe ensinardes a espionar as ações dos outros, torná-lo-eis maledicente e satírico, pontificante e disposto a julgar; sentirá um prazer odioso em procurar para tudo uma interpretação sinistra e em nada ver de bom nem mesmo no que é bom. Acostumar-se-á pelo menos ao espetáculo do vício e a ver os maus sem horror, como nos acostumamos a ver os infelizes sem piedade. Logo a perversidade geral servir-lhe-á menos de lição do que de desculpa; dirá a si mesmo que, se o homem é assim, ele não deve querer ser diferente.

Pois se quereis instruí-lo por princípio e fazê-lo conhecer, com a natureza do coração humano, a aplicação das causas externas que transformam nossas inclinações em vícios, levando-o assim bruscamente dos objetos sensíveis aos objetos intelectuais, empregais uma metafísica que ele não está em condições de compreender; tornais a cair no inconveniente, evitado com tanto cuidado até agora, de dar-lhe aulas que parecem aulas, de substituir em seu espírito a sua própria experiência e o progresso de sua razão pela experiência e pela autoridade do professor.

Para evitar ao mesmo tempo esses dois obstáculos e para pôr o coração humano ao seu alcance sem correr o risco de corromper o coração dele, gostaria de mostrar-lhe os homens de longe, mostrá-los em outros tempos e em outros lugares, de maneira que ele pudesse ver a cena sem jamais poder agir. Este é o momento da história; é por ela que ele lerá nos corações sem as lições da filosofia; é por ela que os verá, simples espectador, sem interesse e sem paixão, como juiz, não como cúmplice nem como acusador.

Para conhecer os homens, é preciso vê-los agir. No mundo, ouvimo-los falar; eles mostram seus discursos e escondem suas ações; na história, porém, elas são reveladas e julgamo-los pelos fatos. Suas próprias palavras ajudam-nos a apreciá-los, pois, comparando o que fazem com o que dizem, vemos ao mesmo tempo o que são e o que querem parecer; quanto mais se disfarçam, melhor os conhecemos.

Infelizmente, esse estudo tem seus perigos, seus inconvenientes de mais de uma espécie. É difícil colocar-nos num ponto de vista de onde possamos julgar nossos semelhantes com equidade. Um dos grandes defeitos da história é que ela mostra os homens muito mais pelo lado mau do que pelo bom; como a história só é interessante pelas revoluções e pelas catástrofes, enquanto um povo cresce e prospera na calma de um governo tranquilo, ela nada diz; ela só começa a falar dele quando, já não podendo bastar a si mesmo, esse povo toma parte dos negócios de seus vizinhos ou deixa-os tomar parte nos seus; ela só o representa quando ele já está em seu declínio: todas as nossas histórias só começam quando deveriam terminar. Temos com bastante exatidão a história dos povos que se destroem, o que nos falta é a dos povos que se multiplicam; estes são suficientemente felizes e sábios para que ela não tenha nada a dizer sobre eles, e de fato vemos, mesmo nos dias de hoje, que os governos que melhor se portam são aqueles de que menos se fala. Portanto, só sabemos o mal; dificilmente o bem marca época. Só os maus são célebres, os bons são esquecidos ou ridicularizados: eis como a história, assim como a filosofia, calunia sem cessar o gênero humano.

Além disso, os fatos descritos na história estão longe de ser a pintura exata dos próprios fatos tal como aconteceram; eles mudam de forma na cabeça do historiador, moldam-se aos seus interesses, tomam a cor de seus preconceitos. Quem sabe colocar exatamente o leitor no lugar da cena para ver um acontecimento tal como se passou? A ignorância ou a parcialidade distorce tudo. Sem alterar nem mesmo um traço histórico, ampliando ou limitando algumas circunstâncias que se relacionam a ele, quantas faces diferentes podemos dar-lhe! Colocai um mesmo objeto em diversos pontos de vista, e ele mal parecerá o mesmo; no entanto, nada terá mudado, a não ser o olho do espectador. Para honrar a verdade, bastará dizer-me um fato verdadeiro, mas mostrando-o de um modo totalmente diferente de como aconteceu? Quantas vezes uma árvore a mais ou a menos, um penedo à direita ou à esquerda, um redemoinho de poeira erguido pelo vento não decidiram o sucesso de um combate sem que ninguém tenha percebido! Isso impedirá que o historiador vos diga a causa da derrota ou da vitória com tanta segurança como se tivesse estado em toda parte? Ora, que me importam os fatos em si mesmos se sua razão permanece desconhecida para mim? E que lições posso tirar de um acontecimento cuja verdadeira causa ignoro? O historiador apresenta-me uma, mas ele a inventa, e a própria crítica, de que tanto falam, não passa da arte de conjecturar, a arte de escolher entre várias mentiras a que mais se parece com a verdade.

Jamais lestes *Cleópatra* ou *Cassandra*[2], ou outros livros dessa espécie? O autor escolhe um acontecimento conhecido e depois, acomodando-o às suas ideias, enfeitando-o com detalhes de sua invenção, com personagens que nunca existiram e com retratos imaginários, amontoa ficções e mais ficções para tornar a leitura agradável. Pouca diferença vejo entre esses romances e vossas histórias, a não ser pelo fato de que o romancista entrega-se mais à sua própria imaginação, e o historiador submete-se mais à de outrem;

2. Romances de La Calprenède, lidos por Rousseau na infância. (N. do T.)

ao que acrescentarei, se quiserem, que o primeiro propõe-se um objeto moral, bom ou mau, com que o outro pouco se preocupa.

Dir-me-ão que a fidelidade da história interessa menos do que a verdade dos costumes e dos caracteres; contanto que o coração humano seja bem retratado, pouco importa que os acontecimentos sejam fielmente narrados, pois, afinal, acrescentam, que nos importam fatos acontecidos há dois mil anos? Têm razão se os retratos são benfeitos ao vivo, mas, se a maior parte deles só tem modelo na imaginação do historiador, não estaremos tornando a cair no inconveniente de que queríamos escapar e dando à autoridade dos escritores o que queremos tirar da autoridade do professor? Se é para meu aluno só ver quadros de fantasia, prefiro que sejam traçados pela minha mão a que o sejam pela mão de outra pessoa; pelo menos, serão mais apropriados a ele.

Os piores historiadores para um jovem são os que julgam. Os fatos, os fatos! E que ele julgue por si mesmo, é assim que aprenderá a conhecer os homens. Se o julgamento do autor guiá-lo sem parar, ele apenas verá através dos olhos de outro, e quando esses olhos lhe faltarem, nada mais verá.

Deixo de lado a história moderna, não só por ela já não ter fisionomia e por nossos homens serem todos parecidos, mas porque nossos historiadores, preocupados apenas com brilhar, só pensam em fazer retratos muito coloridos e que não raro nada representam*. Geralmente, os antigos fazem menos retratos, e usam menos espírito e mais bom senso em seus julgamentos; mesmo assim, há uma grande escolha a fazer entre eles, e não devemos começar tomando os mais judiciosos, mas, sim, os mais simples. Não gostaria de pôr nas mãos de um rapaz nem Políbio, nem Salús-

---

* Vide Davila, Guicciardini, Strada, Solis, Maquiavel e às vezes o próprio Thou. Vertot é quase o único que sabia pintar sem fazer retratos.

tio; Tácito é o livro dos velhos, os jovens não são feitos para entendê-lo; é preciso aprender a ver nas ações humanas os primeiros traços do coração do homem antes de querer sondar as suas profundezas; é preciso saber ler bem nos fatos antes de ler nas máximas. A filosofia em máximas só convém à experiência. A juventude não deve generalizar nada; toda a sua instrução deve ser feita através de regras particulares.

A meu ver, Tucídides é o verdadeiro modelo dos historiadores. Relata os fatos sem julgá-los, mas não omite nenhuma das circunstâncias capazes de nos fazer julgá-los. Põe tudo o que relata diante dos olhos do leitor; longe de interpor-se entre os acontecimentos e os leitores, esconde-se; já não acreditamos estar lendo, acreditamos estar vendo. Infelizmente, ele fala sempre de guerra, e quase só vemos em seus relatos a coisa menos instrutiva do mundo, ou seja, os combates. A *Retirada dos dez mil* e os *Comentários de César* têm aproximadamente a mesma sabedoria e o mesmo defeito. O bom Heródoto, sem retratos, sem máximas, mas corrente, ingênuo, cheio dos detalhes mais capazes de interessar e agradar, seria talvez o melhor dos historiadores, se esses mesmos detalhes não degenerassem muitas vezes em simplicidades pueris, propícias mais a corromper o gosto da juventude do que a formá-lo; é preciso já ter discernimento para lê-lo. Nada digo sobre Tito Lívio, pois sua vez chegará; mas ele é político, é orador, é tudo o que não convém a essa idade.

A história em geral é defeituosa por só registrar fatos sensíveis e marcados, que podemos guardar pelos nomes, lugares e datas; mas as causas lentas e progressivas desses fatos, que não podem ser indicadas da mesma forma, sempre permanecem desconhecidas. Muitas vezes encontra-se numa batalha ganha ou perdida a razão de uma revolução que mesmo antes da batalha já se tornara inevitável. A guerra pouco mais faz do que manifestar acontecimentos já determinados por causas morais que os historiadores raramente sabem ver.

O espírito filosófico voltou para esse lado as reflexões de vários escritores deste século, mas duvido que a verdade ganhe alguma coisa com seu trabalho. Tendo-se apoderado deles o furor dos sistemas, ninguém procura ver as coisas como são, mas como se adaptam a seu sistema.

Somai a estas reflexões o fato de que a história mostra muito mais as ações do que os homens, porque ela só os toma em certos momentos escolhidos, com seus trajes de gala; ela só mostra o homem público que se arrumou para ser visto; não o segue em sua casa, em seu escritório, na família, com os amigos; só o retrata quando ele representa; ela pinta muito mais a sua roupa do que a sua pessoa.

Eu preferiria a leitura das vidas particulares para dar início ao estudo do coração humano, pois então, mesmo que o homem se esconda, o historiador o persegue por toda parte; não lhe dá trégua em nenhum momento, não lhe concede nenhum canto onde possa evitar o olho perscrutador do espectador, e quando um crê esconder-se melhor é que o outro melhor o dá a conhecer. *Os escritores de vidas*, diz Montaigne, *na medida em que se divertem mais com os conselhos do que com os acontecimentos, mais com o que vem de dentro do que com o que sobrevém de fora, estes me são mais próprios; eis por que, de todas as maneiras, Plutarco é o meu preferido.*

É verdade que o gênio dos homens reunidos ou dos povos é muito diferente do caráter do homem em particular, e que seria conhecer muito imperfeitamente o coração humano não examiná-lo também na multidão; no entanto, não é menos verdade que é preciso começar por estudar o homem para julgar os homens, e quem conhecesse perfeitamente as inclinações de cada indivíduo poderia prever todos os seus efeitos combinados no corpo do povo.

Também aqui é preciso recorrer aos antigos pelas razões que já mencionei, e além disso porque, tendo sido banidos do estilo moderno todos os pormenores familiares e baixos, os homens são tão enfeitados por nossos autores em suas vidas privadas quanto na cena do mundo. A decência, não menos severa nos escritos do que nas ações, já não permite dizer em público senão o que ela permite que ali se faça e, como não se podem mostrar os homens a não ser representando sempre, não os conhecemos mais em nossos livros do que nos teatros. Por mais que se faça e refaça cem vezes a vida dos reis, não teremos mais Suetônios*.

Plutarco excele por estes mesmos detalhes em que já não ousamos entrar. Tem uma graça inimitável para retratar os grandes homens nas pequenas coisas, e é tão feliz na escolha de seus traços que não raro uma palavra, um sorriso, um gesto lhe bastam para caracterizar seu herói. Com um dito engraçado Aníbal tranquiliza seu exército amedrontado e fá-lo marchar rindo para a batalha que a Itália travou com ele; Agesilau, a cavalo sobre um bastão, faz-me gostar do vencedor do grande rei; César, atravessando uma pobre aldeia e conversando com os amigos, revela, sem dar por isso, o patife que dizia só querer ser o igual de Pompeu; Alexandre engole um remédio e não diz palavra: é o mais belo momento de sua vida; Aristides escreve seu próprio nome numa concha e assim justifica seu apelido; Filofemo, de manta baixa, corta lenha na cozinha de seu anfitrião. Eis a verdadeira arte de pintar. A fisionomia não se revela nos grandes traços, nem o caráter nas grandes ações; é nas bagatelas que se descobre o temperamento. As coisas públicas ou são comuns demais, ou muito arranjadas, e é quase que unicamente nelas que a dignidade moderna permite que nossos autores se detenham.

Um dos maiores homens do século passado foi incontestavelmente o sr. de Turenne. Tiveram a coragem de tor-

---

* Um só de nossos historiadores, que imitou Tácito nos grandes traços, ousou imitar Suetônio e às vezes transcrever Comines nos pequenos; e justamente isso, que aumenta o valor de seu livro, fez com que fosse criticado entre nós. [Trata-se de Charles Duclos (1704-1772), que Rousseau dizia ser o seu único verdadeiro amigo entre os homens de letras. (N. do T.)]

nar a sua vida interessante através de pequenos detalhes que fazem com que seja conhecido e amado; mas muitos detalhes que tiveram de ser suprimidos tê-lo-iam feito mais conhecido e mais amado! Citarei apenas um, que tenho de boa fonte, e que Plutarco não omitiria, mas Ramsai não escreveria se o tivesse conhecido.

Um dia de verão em que fazia muito calor, o visconde de Turenne, de roupa branca e boné, estava à janela em sua antecâmara; chega um de seus empregados e, iludido pela roupa, toma-o por um ajudante de cozinha com o qual este doméstico era familiar. Aproxima-se devagar por trás e, com uma mão que não era nada leve, aplica-lhe um tapa nas nádegas. O homem atingido volta-se de imediato. O criado, trêmulo, vê o rosto de seu senhor. Lança-se de joelhos, como louco: *Meu senhor, pensei que fosse George.* – *E mesmo que fosse George*, exclamou Turenne esfregando o traseiro, *não precisava bater tão forte*. É isso que não ousais dizer? Miseráveis! Permanecei, então, para sempre sem caráter, sem entranhas; temperai e enrijecei vossos corações de ferro em vossa vil decência; tornai-vos desprezíveis de tanta dignidade. Mas tu, bom rapaz que lês esse episódio e sentes com ternura toda a doçura de alma que ele revela, mesmo no primeiro movimento, lê também as pequenezas desse grande homem, quando se tratava de seu nascimento e de seu nome. Vê que é esse mesmo Turenne que fazia questão de ceder em toda parte o lugar ao seu sobrinho, para que se visse que aquela criança era o chefe de uma casa soberana. Aproxima esses contrastes, ama a natureza, despreza a opinião e conhece o homem.

Há muito pouca gente em condições de compreender os efeitos que leituras assim orientadas podem ter sobre o espírito novíssimo de um jovem. Entorpecidos sobre os livros desde a infância, acostumados a ler sem pensar, o que lemos nos impressiona tanto menos que, trazendo já em nós mesmos as paixões e os preconceitos que preenchem a história e as vidas dos homens, tudo o que fazem nos parece natural, porque estamos fora da natureza e julgamos os outros por nós mesmos. Mas imagine-se um jovem educado de acordo com as minhas máximas. Imagine-se meu Emílio, para quem dezoito anos de atenções assíduas só tiveram por objetivo conservar um juízo íntegro e um coração sadio; imagine-se-o, ao erguerem-se as cortinas, lançando pela primeira vez os olhos para o palco do mundo, ou antes, situado atrás do teatro, vendo os atores pegando e largando as roupas, e contando as cordas e as roldanas cuja magia grosseira engana os olhos dos espectadores; logo depois da primeira surpresa, suceder-se-ão reações de vergonha e de desdém pela sua espécie; indignar-se-á por ver assim todo o gênero humano, enganado por si mesmo, aviltar-se com essas brincadeiras de crianças; afligir-se-á por ver seus irmãos entredevorarem-se por sonhos e transformarem-se em animais ferozes por não terem sido capazes de contentar-se com serem homens.

Certamente, com as disposições naturais do aluno, por pouco que o professor traga de prudência e de escolha em suas leituras, por pouco que o coloque no caminho das reflexões que delas deve extrair, esse exercício será para ele um curso de filosofia prática, sem dúvida melhor e mais bem compreendido do que todas as vãs especulações com que se confunde a mente dos jovens nas escolas. Depois de ter ouvido os romanescos projetos de Pirro, Cinéas lhe pergunta que bem real lhe oferecerá a conquista do mundo de que não possa gozar desde agora sem tantos tormentos; vemos nisso apenas uma boa pergunta. Mas Emílio verá uma reflexão muito sábia, que ele teria sido o primeiro a fazer, e que nunca se apagará de seu espírito, porque não encontra nele nenhum preconceito contrário que a impeça de imprimir-se. Quando, mais tarde, ao ler a vida desse louco, descobrir que todos os seus grandes planos acabaram em se fazer matar pelas mãos de uma mulher, em vez de admirar esse pretenso heroísmo, que verá ele nas façanhas de um tão grande capitão, em todas as intrigas de um tão grande político, a não ser outros tantos passos para procurar a telha infeliz que terminaria sua vida e seus projetos com uma morte desonrosa?

Nem todos os conquistadores foram mortos; nem todos os usurpadores fracassaram em suas tentativas, e muitos deles parecerão felizes aos espíritos adeptos das opiniões vulgares; mas aquele que, sem se deter nas aparências, só julgar a felicidade dos homens pelo estado de seus corações, verá suas misérias em seus próprios sucessos; verá então seus desejos e suas preocupações perturbadoras ampliarem-se e crescerem com sua riqueza; verá que perdem fôlego ao avançar, sem nunca chegar a seus destinos; ele os verá como aqueles viajantes inexperientes que, adentrando pela primeira vez os Alpes, acham que os transpõem a cada montanha e, quando estão no cume, descobrem desencorajados outras montanhas mais altas à sua frente.

Depois de ter submetido seus concidadãos e destruído seus rivais, Augusto reinou durante quarenta anos sobre o maior império que jamais existiu. Mas todo esse imenso poder o impedia de bater com a cabeça na parede e de encher seu vasto palácio com seus gritos, pedindo de volta a Varus suas legiões exterminadas? Mesmo que tivesse vencido todos os seus inimigos, de que lhe teriam servido seus vãos triunfos se sofrimentos de toda espécie nasciam sem parar ao seu redor, se seus mais caros amigos atentavam contra sua vida e se ele estava reduzido a chorar a vergonha ou a morte de todos os seus próximos? O infeliz quis governar o mundo e não soube governar sua casa! O que se seguiu dessa negligência? Ele viu morrerem na flor da idade seu sobrinho, seu filho adotivo, seu genro; seu neto foi reduzido a comer o estofo de sua cama para prolongar por algumas horas sua vida miserável; sua filha e sua neta, depois de tê-lo coberto de infâmia, morreram, uma de miséria e de fome numa ilha deserta, outra na prisão pelas mãos de um arqueiro. Ele próprio, enfim, último resto de sua infeliz família, foi reduzido pela própria mulher a deixar atrás de si um monstro para sucedê-lo. Esta foi a sorte desse senhor do mundo tão celebrado por sua glória e por sua felicidade. Poderei acreditar que um só dos que o admiram quisesse comprá-las pelo mesmo preço?

Tomei a ambição como exemplo, mas o funcionamento de todas as paixões humanas oferece lições semelhantes a quem quiser estudar a história para conhecer-se e tornar-se sábio à custa dos mortos. Aproxima-se o tempo em que a vida de Antônio terá para o jovem uma lição mais próxima do que a de Augusto. Emílio mal se reconhecerá nos estranhos objetos que impressionarão seu olhar durante esses novos estudos, mas saberá descartar de antemão a ilusão das paixões antes que elas nasçam; e, vendo que em todos os tempos elas cegaram os homens, será prevenido sobre como poderão cegar a ele por sua vez, se um dia entregar-se a elas*. Sei que essas lições não lhe são muito apropriadas; talvez sejam tardias e insuficientes, mas lembrai-vos de que não são essas as lições que eu queria tirar desses estudos. Ao começá-los, propunha-me outro objetivo, e, com certeza, se esse objetivo não for alcançado, a culpa será do professor.

Pensai que tão logo o amor-próprio se desenvolve, o *eu* relativo entra em jogo constantemente e nunca o jovem observa os outros sem se voltar para si mesmo e comparar-se com eles. Trata-se, pois, de saber em que posição junto a seus semelhantes ele se colocará depois de tê-los examinado. Vejo, pela maneira com que se faz os jovens lerem a história, que eles são transformados, por assim dizer, em todos os personagens que veem, que se faz um esforço para transformá-los ora em Cícero, ora em Trajano, ora

---

* É sempre o preconceito que fomenta em nossos corações a impetuosidade das paixões. Aquele que só vê o que existe e só gosta do que conhece pouco se apaixona. Os erros de nossos juízos produzem o ardor de todos os nossos desejos. (Nota do manuscrito autógrafo.)

em Alexandre; que se faz um esforço para desencorajá-los quando retornam a si próprios e para dar a cada um a tristeza de só ser ele mesmo. Esse método tem certas vantagens que não nego; quanto a Emílio, porém, se acontecer uma só vez nestes paralelos que ele prefira ser outra pessoa que não ele, mesmo que for Sócrates ou Catão, tudo estará perdido; quem começa por tornar-se alheio a si mesmo não demora para esquecer-se inteiramente de si mesmo.

Não são os filósofos que melhor conhecem os homens; eles só os veem através dos preconceitos da filosofia, e não conheço nenhuma profissão em que os haja tantos. Um selvagem julga-nos de modo mais sadio do que um filósofo. Este percebe seus vícios, indigna-se com os nossos e diz para si mesmo: "Somos todos maus"; o outro nos olha sem se perturbar e diz: "Sois loucos". Ele tem razão, pois ninguém faz o mal pelo mal. Meu aluno é esse selvagem, com a diferença que Emílio, tendo refletido mais, tendo comparado mais ideias e visto nossos erros mais de perto, mantém-se mais em guarda contra si mesmo e só julga o que conhece.

São as nossas paixões que nos irritam contra as paixões dos outros; é nosso interesse que nos faz odiar os maus; se eles não nos fizessem mal nenhum, teríamos por eles mais pena do que ódio. O mal que os maus nos fazem nos leva a esquecer o mal que fazem a si próprios. Perdoaríamos mais facilmente seus vícios se pudéssemos saber o quanto seu próprio coração os pune por eles. Sentimos a ofensa e não vemos o castigo; as vantagens são visíveis, o sofrimento é interior. Quem acredita gozar do fruto de seus vícios não é menos atormentado do que se não tivesse tido êxito; o objeto mudou, a inquietação é a mesma; por mais que mostrem sua fortuna e escondam seu coração, seu comportamento o mostra apesar deles; mas, para vê-lo, não é preciso ter um coração semelhante.

As paixões que partilhamos seduzem-nos; as que chocam nossos interesses revoltam-nos e, por uma inconsequência que nos vem delas, reprovamos nos outros o que gostaríamos de imitar. A aversão e a ilusão são inevitáveis quando somos forçados a suportar da parte de outrem o mal que faríamos se estivéssemos em seu lugar.

O que seria preciso, então, para bem observar os homens? Um grande interesse por conhecê-los, uma grande imparcialidade para julgá-los, um coração suficientemente sensível para compreender todas as paixões humanas e suficientemente calmo para não experimentá-las. Se há na vida um momento favorável a esse estudo, é este que escolhi para Emílio; mais cedo, ser-lhe-iam estranhos, mais tarde, ele seria semelhante a eles. A opinião cujo funcionamento ele vê ainda não adquiriu domínio sobre ele; as paixões cujo efeito percebe não abalaram seu coração. Ele é homem, interessa-se por seus irmãos; é equitativo e julga seus pares. Ora, com certeza, se os julgar bem, não quererá estar no lugar de nenhum deles, pois a meta de todos os tormentos que causam a si mesmos, estando fundamentados em preconceitos que ele não tem, parece lhe construída no ar. De sua parte, tudo o que deseja está a seu alcance. De quem dependeria ele, bastando a si mesmo e livre de preconceitos? Ele tem braços, saúde*, é moderado, tem poucas necessidades e tem com que satisfazê-las. Tendo crescido em meio à mais absoluta liberdade, o maior dos males que pode conceber é a servidão. Ele tem pena dos miseráveis reis, escravos de todos os que lhes obedecem; tem pena dos falsos sábios, acorrentados à sua vã reputação; tem pena dos ricos tolos, mártires de seu luxo; tem pena dos voluptuosos de ostentação que entregam a vida inteira ao tédio para parecer que sentem prazer. Teria pena do inimigo que fizesse mal a ele, pois veria sua miséria em suas maldades. Pensaria: Ao se dar o trabalho de me prejudicar, este homem fez com que sua sorte dependesse da minha.

---

* Creio poder ousadamente colocar a saúde e a boa constituição entre as vantagens adquiridas pela educação, ou antes entre os dons da natureza que a educação conservou.

Mais um passo e chegamos ao fim. O amor-próprio é um instrumento útil, mas perigoso; não raro fere a mão que dele se serve e raramente faz o bem sem mal. Considerando sua posição em meio à espécie humana e vendo-se tão bem situado, Emílio será tentado a honrar sua razão pela obra da vossa e a atribuir ao seu mérito o efeito de sua felicidade. Dirá a si mesmo: Sou sábio e os homens são loucos. Ao ter pena deles, desprezá-los-á, ao se felicitar, estimar-se-á ainda mais, e, sentindo-se mais feliz do que eles, acreditará ser mais digno da felicidade. Esse é o erro que mais devemos temer, porque é o mais difícil de destruir. Se ele permanecesse nesse estado, pouco teria ganho com todas as nossas atenções, e, se fosse preciso escolher, não sei se não preferiria a ilusão dos preconceitos à do orgulho.

Os grandes homens não se enganam quanto à sua superioridade; veem-na, sentem-na, e nem por isso deixam de ser modestos. Quanto mais têm, mais sabem o que lhes falta. São menos vaidosos por sua superioridade sobre nós do que humilhados pelo sentimento de sua miséria, e, quanto aos bens que possuem, são sensatos demais para se envaidecerem com um dom que não foram eles que conquistaram. O homem de bem pode orgulhar-se de sua virtude porque ela lhe pertence; mas de que o homem de espírito se orgulharia? Que fez Racine para não ser Pradon? Que fez Boileau para não ser Cotin?

Trata-se aqui, mais uma vez, de algo totalmente diferente. Permaneçamos sempre na ordem comum. Não supus em meu aluno nem um gênio transcendente, nem um entendimento limitado. Escolhi-o em meio aos espíritos vulgares para mostrar o que pode a educação sobre o homem. Todos os casos raros estão fora das regras. Quando, pois, em consequência de minhas atenções, Emílio prefere sua maneira de ser, de ver e de sentir à dos outros homens, ele tem razão; quando, porém, ele se crê por isso de uma natureza mais excelente e nascido de modo mais feliz do que eles, Emílio está errado, engana-se; é preciso tirá-lo do engano, ou antes prevenir o erro, antes que seja tarde demais para destruí-lo.

Não há loucura de que não possamos curar um homem que não é louco, fora a vaidade; quanto a esta, a única coisa que pode corrigi-la é a experiência, se é que algo a pode corrigir; quando ela nasce, pelo menos podemos impedi-la de crescer. Não vos percais, pois, em belos raciocínios para provar ao adolescente que ele é um homem como os outros, sujeito às mesmas fraquezas. Fazei com que sinta isso, ou então nunca o saberá. Este é mais um caso de exceção às minhas próprias regras; é o caso de expor voluntariamente meu aluno a todos os acidentes que lhe possam provar que ele não é mais sábio do que nós. A aventura do saltimbanco seria repetida de mil maneiras, eu deixaria que os bajuladores o assediassem de todas as maneiras; se alguns tontos o arrastassem para alguma extravagância, deixaria que ele corresse o perigo; se trapaceiros o atacassem no jogo, entregá-lo-ia a eles para que o enganassem*; deixaria que fosse incensado, depenado, roubado por eles, e quando, tendo-o limpado, acabassem por rir dele eu os agradeceria, ainda em sua presença, pelas aulas que tiveram a bondade de lhe dar. As únicas armadilhas de que o protegeria cuidadosamente seriam as das cortesãs. O único cuidado que teria para com ele seria com-

---

* De resto, nosso aluno dificilmente cairá nessa armadilha; ele que é cercado por tantas diversões, ele que nunca se aborreceu na vida e que mal sabe para que serve o dinheiro. Sendo o interesse e a vaidade os dois móbiles com os quais conduzimos as crianças, esses dois móbiles servem para que as cortesãs e os escroques apoderem-se delas em seguida. Quando virdes sua avidez ser excitada por prêmios, por recompensas, quando as virdes serem aplaudidas aos dez anos num ato público no colégio, vereis como farão com que deixem aos vinte a bolsa num carteado e a saúde num mau lugar. Sempre se deve apostar que o melhor da classe irá tornar-se o mais jogador e o mais libertino. Ora, os meios que não foram usados na infância não terão na juventude o mesmo abuso. Mas devemos lembrar-nos de que aqui a minha máxima constante é encarar sempre a coisa do pior modo. Procuro primeiro prevenir o vício e depois o suponho a fim de remediá-lo.

partilhar todos os perigos que o deixaria correr e todas as afrontas que o deixaria receber. Eu suportaria tudo em silêncio, sem me queixar, sem repreendê-lo, sem lhe dizer palavra, e podeis estar certos de que, com essa discrição constante, tudo o que ele vir que suportei por ele causará maior impressão em seu coração do que aquilo que ele próprio tiver sofrido.

Não posso impedir-me de ressaltar aqui a falsa dignidade dos preceptores que, para se fazerem totalmente de sábios, rebaixam seus alunos, fazem questão de tratá-los sempre como crianças e de sempre se distinguir deles em tudo o que os mandam fazer. Longe de diminuir assim suas jovens coragens, nada poupeis para elevar suas almas; fazei deles vossos iguais para que se tornem vossos iguais e, se não podem ainda elevar-se até vós, descei até eles sem vergonha e sem escrúpulos. Considerai que vossa honra já não está em vós, mas em vosso aluno; compartilhai seus erros para corrigi-los; assumi sua vergonha para apagá-la; imitai aquele bravo romano que, vendo seu exército fugir e não conseguindo detê-lo, pôs-se a fugir à frente de seus soldados, gritando: *Eles não estão fugindo, estão seguindo seu capitão.* Ficou ele desonrado por isso? Pouco importa: ao sacrificar desse modo a sua glória, ele a aumentou. A força do dever, a beleza da virtude atraem mesmo contra a nossa vontade os nossos sufrágios e reviram nossos insensatos preconceitos. Se eu recebesse um tapa ao cumprir minhas funções junto de Emílio, longe de me vingar desse tapa, vangloriar-me-ia dele por toda parte, e duvido que haja no mundo um homem bastante vil* para não passar a me respeitar mais.

Não é que o aluno deva supor no professor luzes tão limitadas quanto as suas e a mesma facilidade de se deixar seduzir. Essa opinião é boa para uma criança, que, nada sa-

* Eu estava enganado, pois descobri um: o sr. Formey.

bendo ver nem comparar, põe tudo ao seu alcance e só dá confiança aos que de fato se colocam ao seu nível. Mas um jovem da idade de Emílio, que seja tão sensato quanto ele, já não é tão bobo para ser assim enganado, e não seria bom que o fosse. A confiança que deve ter em seu preceptor é de outra espécie; ela deve dizer respeito à autoridade da razão, à superioridade das luzes, às vantagens que o rapaz está em condições de perceber e cuja utilidade para ele sente. Uma longa experiência convenceu-o de que é amado por seu guia; de que esse guia é um homem sábio, esclarecido, que, querendo a sua felicidade, sabe o que pode proporcioná-la. Ele deve saber que, para seu próprio interesse, convém-lhe escutar suas opiniões. Ora, se o mestre se deixasse enganar como o discípulo, perderia o direito de exigir dele deferência e de lhe dar aulas. O aluno deve ainda menos supor que o mestre o deixa cair de propósito em armadilhas e arma emboscadas à sua simplicidade. O que, então, é preciso fazer para evitar ao mesmo tempo esses dois inconvenientes? O que há de melhor e de mais natural: ser simples e verídico como ele; adverti-lo sobre os perigos que corre; mostrá-los claramente, sensivelmente, mas sem exagero, sem mau humor, sem ostentação pedantesca e, sobretudo, sem lhe oferecer os conselhos como ordens, até que se tornem ordens e que o tom imperioso seja absolutamente necessário. Depois disso ele ainda teima, como acontecerá muitas vezes? Então não lhe digais mais nada; deixai-o em liberdade, segui-o, imitai-o, e isso com alegria, francamente; entregai-vos e diverti-vos tanto quanto ele, se possível. Se as consequências tornarem-se grandes demais, estareis sempre lá para detê-las; e, no entanto, como o jovem, testemunha de vossa previdência e de vossa complacência, não deverá impressionar-se com uma e comover-se com a outra? Todos os seus erros são outros tantos laços que ele vos oferece para freá-lo quando preciso. Ora, a arte maior do professor consiste aqui em provocar as ocasiões e dirigir as exortações de maneira que ele saiba antecipadamente quando o jovem irá ceder e quando irá teimar, a fim de cercá-lo por todos os lados com as lições da experiência, sem jamais expô-lo a perigos muito grandes.

Avisai-o de seus erros antes que ele os cometa; quando os tiver cometido, não o reproveis; não faríeis mais do que excitar e revoltar o seu amor-próprio. Uma lição que revolta não é proveitosa. Não conheço nada de mais inábil do que esta frase: *Eu bem que lhe disse.* O melhor meio de fazer com que ele se lembre do que lhe dissemos é parecer tê-lo esquecido. Ao contrário, quando o virdes envergonhado por não ter acreditado em vós, afastai mansamente essa humilhação com boas palavras. Com certeza ele se afeiçoará a vós ao ver que pensais mais nele do que em vós e que, em vez de acabar de arrasá-lo, vós o consolais. Mas, se à sua tristeza somardes reprimendas, ele será tomado de ódio por vós e erigirá em lei não mais escutar-vos, como que para vos provar que não pensa como vós sobre a importância de vossos conselhos.

Vossos consolos podem ainda ser para ele uma ocasião de aprendizado tanto mais útil por ele não desconfiar dela. Dizendo-lhe, como suponho, que mil outros rapazes cometem os mesmos erros, tirais dele a culpa; vós o corrigis parecendo apenas terdes pena dele, pois para aquele que acredita valer mais do que os outros homens é uma desculpa bem desagradável consolar-se com seu exemplo: é compreender que o máximo que pode pretender é que eles não valem mais do que ele.

O tempo dos erros é o das fábulas. Censurando o culpado sob uma máscara alheia, instruímo-lo sem ofendê-lo, e então ele compreende que o apólogo não é uma mentira por causa da verdade de que é uma aplicação. A criança que nunca foi enganada por elogios não entende nada da fábula que examinei acima; mas o aturdido que acaba de ser enganado por um adulador compreende às mil maravilhas que o corvo não passava de um bobo. Assim, de um fato ele extrai uma máxima, e a experiência que logo teria esquecido grava-se em seu juízo por intermédio da fábula. Não há conhecimento moral que não possamos adquirir pela experiência de outra pessoa ou pela nossa própria. No caso em que essa experiência é perigosa, em vez de nós mesmos a realizarmos, tiramos a sua lição da história. Quando ela comporta poucos riscos, é bom que o jovem se exponha a ela; mais tarde, através do apólogo, redigimos em máximas os casos particulares que ele conhece.

Não entendo, todavia, que tais máximas devam ser desenvolvidas ou sequer enunciadas. Nada é tão vão nem tão mal entendido quanto a moral pela qual se termina a maior parte das fábulas. Como se essa moral não fosse ou não devesse ser compreendida na própria fábula, de modo que a tornasse sensível ao leitor! Por que, então, acrescentando no fim essa moral, retirar-lhe o prazer de encontrá-la por si mesmo? O talento de instruir é fazer com que o discípulo encontre prazer na instrução. Ora, para isso, seu espírito não deve permanecer tao passivo diante de tudo o que lhe disserdes que não tenha absolutamente nada a fazer para vos compreender. É preciso que o amor-próprio do professor deixe sempre algum espaço para o seu; é preciso que ele possa pensar: "Eu compreendo, eu entendo, eu ajo, eu me instruo". Uma das coisas que tornam aborrecido o Pantalon da Comédia italiana[3] é o trabalho que ele tem de interpretar na plateia certas platitudes que já ouvimos demais. Não pretendo que um preceptor seja um Pantalon, muito menos um autor. É preciso sempre se fazer entender, mas não devemos dizer tudo sempre; quem diz tudo diz pouco, pois no final ninguém mais o escuta. Que significam aqueles quatro versos que La Fontaine acrescenta à fábula da rã que se incha? Será que ele teme não ter sido compreendido? Será que um grande pintor precisa escrever o nome dos objetos que pinta embaixo deles? Longe de com

3. Pantalon é um velho libidinoso e avarento que é sempre enganado por Arlequim. (N. do T.)

isso generalizar a sua fábula, ele a particulariza, ele a restringe de algum modo aos exemplos citados e impede que sejam aplicados a outros. Eu gostaria que, antes de se colocarem as fábulas desse autor inimitável entre as mãos de um jovem, fossem retiradas todas essas conclusões pelas quais ele se esforça por explicar o que acaba de dizer de modo tão claro quanto agradável. Se vosso aluno só entende a fábula com o auxílio da explicação, podeis estar certo de que não a entende nem mesmo assim.

Também seria importante dar a essas fábulas uma ordem mais didática e mais conforme aos progressos dos sentimentos e das luzes do jovem adolescente. Pode-se conceber algo de menos razoável do que seguir exatamente a ordem numérica do livro, sem considerar a necessidade nem a ocasião? Primeiro o corvo, depois a cigarra*, depois a rã, depois os dois mulos etc. Nunca me esqueço desses dois mulos, porque me lembro de ter visto um menino educado para as finanças e a quem faziam, pela profissão que iria seguir, ler essa fábula, aprendê-la, dizê-la, tornar a dizê-la centenas de vezes sem tirar dela a menor objeção contra o ofício a que estava destinado. Não somente nunca vi crianças fazerem nenhuma aplicação sólida das fábulas que aprendiam, como nunca vi ninguém que se preocupasse com que elas fizessem essa aplicação. O pretexto desse estudo é a instrução moral, mas o verdadeiro objetivo da mãe e da criança é fazer com que todos admirem a criança recitar suas fábulas; assim, ela as esquece quando cresce, quando já não se trata de recitá-las, mas de tirar proveito delas. Mais uma vez, cabe apenas aos homens instruir-se com as fábulas, e eis que para Emílio chegou o momento de começar.

Indico de longe, pois também não quero dizer tudo, os caminhos que afastam da direção certa, para que ele

---

* Devemos também aplicar aqui a correção do sr. Formey. É a cigarra, depois o corvo etc.

aprenda a evitá-los. Acho que, se seguir o caminho que indiquei, vosso aluno adquirirá o conhecimento dos homens e de si mesmo ao melhor preço possível, e que o colocareis em condições de assistir aos jogos da fortuna sem invejar a sorte de seus favoritos e de estar contente consigo mesmo sem se acreditar mais sábio do que os outros. Também começastes por torná-lo ator para torná-lo espectador; é preciso terminar, pois da plateia vemos os objetos tais como parecem, mas do palco vemo-los tais como são. Para abarcar o todo, é preciso colocar-se no ponto de vista; para ver os detalhes, é preciso aproximar-se. Mas com que direito um jovem entrará nos negócios do mundo? Que direito tem ele de ser iniciado nesses mistérios tenebrosos? Intrigas de prazer traçam a fronteira dos interesses de sua idade; ele ainda só dispõe de si mesmo; é como se não dispusesse de nada. O homem é a mais vil das mercadorias, e, em meio a nossos importantes direitos de propriedade, o da pessoa é sempre o menor de todos.

Quando vejo que na idade de maior atividade os jovens são limitados a estudos puramente especulativos e que depois, sem a menor experiência, são bruscamente jogados no mundo e nos negócios, acho que a razão não é menos ofendida do que a natureza e não fico surpreendido por tão pouca gente saber conduzir-se. Por que estranho modo de pensar nos ensinam tantas coisas inúteis, enquanto a arte de agir é tida como nada? Pretendem formar-nos para a sociedade e instruem-nos como se cada um de nós devesse passar a vida pensando sozinho em sua célula, ou a tratar dos assuntos no ar, com indiferentes. Acreditais ensinar vossos filhos a viver ensinando-lhes certas contorções do corpo e certas fórmulas de palavras que não significam nada. Também ensinei meu Emílio a viver, pois ensinei-o a viver consigo mesmo e, além disso, a saber ganhar seu pão. Mas isso não é suficiente. Para viver no mundo, é preciso saber lidar com os homens, é preciso conhecer os instrumentos que permitem influir sobre eles; é preciso calcular a ação e a reação do interesse particular na sociedade civil e prever os acontecimentos com uma exatidão tal que raramente nos enganemos em nossos empreendimentos ou que, pelo menos, tenhamos usado dos melhores meios para sermos bem-sucedidos. As leis não permitem que os jovens façam seus próprios negócios e disponham de seus próprios bens, mas de que lhes serviriam essas precauções se até a idade prescrita não pudessem adquirir nenhuma experiência? Nada teriam ganho na espera e seriam tão novos aos vinte e cinco quanto aos quinze anos. Sem dúvida, devemos impedir que um jovem, ofuscado pela ignorância ou enganado pelas paixões, cause mal a si mesmo; mas em qualquer idade é permitido que se faça o bem, em qualquer idade podem-se proteger, sob a orientação de um homem sábio, os infelizes que necessitam de apoio.

As amas e as mães apegam-se às crianças pelas atenções que lhes prestam; o exercício das virtudes sociais leva ao fundo dos corações o amor da humanidade; é fazendo o bem que nos tornamos bons; não conheço outra prática mais segura. Ocupai vosso aluno com todas as boas ações que estiverem ao seu alcance; seja o interesse dos indigentes sempre o dele; não os auxilie apenas com a bolsa, mas com seus cuidados; sirva-os, proteja-os, consagre a eles sua pessoa e seu tempo; faça de si mesmo o intendente deles; nunca em sua vida ocupará mais nobre emprego. Quantos oprimidos que nunca seriam ouvidos obterão justiça, quando ele a pedir para eles com a intrépida firmeza que o exercício da virtude dá; quando ele forçar as portas dos grandes e dos ricos, quando for, se preciso, até o pé do trono para fazer com que se ouça a voz dos desafortunados, a quem todos os acessos estão fechados por causa da miséria e a quem o temor de serem punidos pelos males que lhes fazem impede até de se queixarem!

Mas faremos de Emílio um cavaleiro errante, um reparador de erros, um paladino? Irá ele ingerir-se nos negócios públicos, fazer-se de sábio e de defensor das leis junto aos grandes, aos magistrados, ao príncipe, fazer-se de procurador junto aos juízes e de advogado nos tribunais? Nada sei de tudo isso. Os nomes divertidos e ridículos nada mudam na natureza das coisas. Ele fará tudo o que sabe ser útil e bom. Nada fará além disso, e ele sabe que nada é útil e bom para ele se não convém à sua idade; ele sabe que seu primeiro dever é para consigo mesmo; que os jovens devem desconfiar de si mesmos, ser circunspectos em sua conduta, respeitosos para com os mais velhos, moderados e discretos ao conversar sobre amenidades, modestos nas coisas indiferentes, mas ousados no bem agir e corajosos para dizer a verdade. Assim eram os ilustres romanos que, antes de serem admitidos nos cargos públicos, passavam a juventude a perseguir o crime e a defender a inocência, sem outro interesse que não o de instruírem no serviço da justiça e na proteção dos bons costumes.

Emílio não gosta nem das brigas nem das disputas, não apenas entre os homens*, mas também entre os animais.

---

* Mas, se procurarem briga com ele, como se comportará? Respondo que nunca terá querelas, que nunca se prestará a isso o suficiente para provocá-las. Mas afinal, prosseguirão, quem é que está ao abrigo de um desafio ou de uma injúria da parte de uma pessoa brutal, de um bêbado, de um valentão que, para ter o prazer de matar um homem, começa por desonrá-lo? São coisas diferentes; nem a honra dos cidadãos nem sua vida devem estar à mercê de uma pessoa brutal, de um bêbado ou de um valentão, e não nos podemos preservar de tal acidente mais do que da queda de uma telha. Um desafio e uma injúria recebidos e suportados têm efeitos civis que nenhuma sabedoria pode prevenir e de que nenhum tribunal pode vingar o ofendido. A insuficiência das leis devolve-lhe pois, nesse ponto, a independência; ele é então o único magistrado, o único juiz entre o ofensor e ele mesmo; é o único intérprete e ministro da lei natural; deve justiça a si mesmo e é o único que pode consegui-la, e não há no mundo nenhum governo bastante louco para puni-lo por tê-la feito em semelhante caso. Não digo que ele deva ir bater-se; é uma extravagância; digo que deve justiça a si mesmo e que é seu único dispensador. Sem tantos vãos éditos contra os duelos, se eu fosse soberano, garanto que nunca haveria nem desafio nem injúria em meus Estados, e isso através de um meio muito simples, em que os tribunais não entrariam. De qualquer forma, Emílio sabe em tal caso a justiça que deve a si mesmo e o exemplo que deve à segurança das pessoas de honra. Não depende do homem mais firme impedir que o insultem, mas depende dele impedir que não se vangloriem por muito tempo de tê-lo insultado.

Nunca incitou dois cães a brigarem; nunca fez com que um cão perseguisse um gato. Esse espírito de paz é um efeito de sua educação, que, não tendo fomentado seu amor-próprio e uma alta opinião sobre si mesmo, evitou que ele buscasse seus prazeres na dominação e na infelicidade de outrem. Ele sofre quando vê sofrer: é um sentimento natural. Um jovem torna-se duro e encontra satisfação em ver o tormento de um ser sensível quando as vicissitudes da vaidade o fazem encarar-se como isento dos mesmos sofrimentos por sua sabedoria ou por sua superioridade. Aquele que foi protegido contra esse modo de pensar é incapaz de cair no vício que dele resulta. Emílio ama, portanto, a paz. A imagem da felicidade é-lhe agradável, e poder contribuir para produzi-la é mais um meio de compartilhá-la. Não supus que ao ver os infelizes ele só tivesse por eles aquela piedade estéril e cruel que se contenta com lamentar os males que pode curar. Sua beneficência ativa logo lhe dá luzes que com um coração mais duro ele não teria adquirido, ou então teria adquirido bem mais tarde. Se vê reinar a discórdia entre seus camaradas, procura reconciliá-los; se vê pessoas aflitas, informa-se a respeito de seus sofrimentos; se vê dois homens que se odeiam, quer conhecer a causa daquela inimizade; se vê um oprimido gemer pelas vexações do poderoso e do rico, procura saber de que modo se reparam essas vexações, e no interesse que tem por todos os miseráveis, os meios de pôr um fim em seus males nunca lhe são indiferentes. Que devemos fazer para tirar partido destas disposições de uma maneira conveniente à sua idade? Pôr ordem nessas atenções e nesses conhecimentos e empregar seu zelo para aumentá-los.

Não me canso de dizer: colocai todas as lições dos jovens em ação e não em discurso; nada aprendam pelos livros daquilo que a experiência possa ensinar-lhes. Que projeto extravagante exercitá-los a falarem sem assunto, acreditar fazê-los sentir, nos bancos de um colégio, a energia da linguagem das paixões e toda a força da arte de persuadir sem nenhum interesse de persuadir ninguém a nada! Todos os preceitos da retórica parecem apenas palavrório para quem não percebe o proveito de seu emprego. Que importa a um colegial saber como Aníbal se arranjou para levar seus soldados a atravessarem os Alpes? Se no lugar desses magníficos discursos lhe dissésseis como se arranjar para levar o diretor a lhe dar férias, podeis estar certo de que ele prestaria maior atenção a vossas regras.

Se eu quisesse ensinar retórica a um jovem cujas paixões já estivessem desenvolvidas, mostrar-lhe-ia continuamente objetos próprios a encorajar suas paixões e examinaria com ele que linguagem deveria ter para com os outros homens para que favorecessem seus desejos. Mas Emílio não está numa situação tão vantajosa em relação à arte oratória; limitado quase que unicamente à necessidade física, precisa menos dos outros do que os outros precisam dele e, não tendo nada a lhes pedir para si mesmo, aquilo de que quer persuadi-los não o toca tanto a ponto de comovê-lo demais. Segue-se daí que em geral ele tem uma linguagem simples e com poucas figuras. Geralmente fala em sentido próprio e somente para ser compreendido. É pouco sentencioso, pois não aprendeu a generalizar suas ideias; tem poucas imagens, pois raramente se apaixona.

Não é que seja completamente fleumático e frio: nem a idade, nem os costumes, nem os seus gostos o permitiriam; no fogo da adolescência, os espíritos vivificantes, retidos e coobados em seu sangue, levam a seu jovem coração um calor que brilha em seus olhares, que se sente em suas palavras, que se vê em suas ações. Sua linguagem adquiriu acentuação e às vezes certa veemência. O nobre sentimento que o inspira dá-lhe força e elevação; imbuído do terno amor à humanidade, ele transmite ao falar os movimentos de sua alma; sua generosa franqueza tem algo de mais encantador do que a artificiosa eloquência dos outros, ou melhor, ele é o único realmente eloquente, já que só precisa mostrar o que sente para comunicá-lo aos que o ouvem.

Quanto mais penso nisso, mais me convenço de que, ao colocar assim a beneficência em ação e ao extrair de nossos bons ou maus sucessos certas reflexões sobre as suas causas, poucos conhecimentos úteis há que não possamos cultivar no espírito de um jovem, e que, com todo o verdadeiro saber que se pode adquirir nos colégios, ele adquirirá mais uma ciência ainda mais importante, que é a aplicação desse aprendizado às coisas da vida. Não é possível que, tendo tanto interesse por seus semelhantes, ele não aprenda logo a ponderar e apreciar suas ações, seus gostos, seus prazeres e em geral a dar um valor mais justo ao que pode ajudar ou prejudicar a felicidade dos homens do que aqueles que, não se interessando por ninguém, jamais fazem nada para os outros. Quem só cuida de seus próprios negócios apaixona-se demais para julgar as coisas de modo sadio. Relacionando tudo com eles próprios, e medindo unicamente por seu interesse as ideias do bem e do mal, enchem a mente de mil preconceitos ridículos, e em tudo o que ameaça o menor de seus privilégios logo veem uma perturbação de todo o universo.

Estendamos o amor-próprio aos outros seres; transformá-lo-emos em virtude, e não existe coração de homem em que essa virtude não tenha raiz. Quanto menos o objeto de nossas atenções depender imediatamente de nós mesmos, menos a ilusão do interesse particular deverá ser temida; quanto mais generalizarmos esse interesse, mais ele se tornará equitativo, e o amor ao gênero humano em nós será o amor à justiça. Queiramos, pois, que Emílio ame a verdade, que ele a conheça; mantenhamo-lo sempre afastado dos negócios. Quanto mais suas atenções se consagrarem à felicidade dos outros, mais eles serão esclarecidos e sábios, e menos ele se enganará sobre o que é bom ou mau; porém, nunca toleremos nele nenhuma preferência cega, baseada unicamente em acepções de pessoa ou em prevenções injustas. E por que ele prejudicaria a um para ajudar a outro? Pouco lhe importa a quem cabe maior felicidade na divisão, contanto que concorra para a maior felicidade de todos: este é o primeiro interesse do sábio depois do interesse privado, pois cada qual é parte de sua espécie e não de outro indivíduo.

Para impedir que a piedade degenere em fraqueza, é preciso então generalizá-la e estendê-la a todo o gênero humano. Nesse caso só nos entregaremos a ela na medida em que ela estiver de acordo com a justiça, pois de todas as virtudes a justiça é a que mais concorre para o bem comum dos homens. É preciso, pela razão, por amor a nós, ter ainda mais piedade de nossa espécie do que de nosso próximo, e é uma imensa crueldade para com os homens a piedade pelos maus.

De resto, é preciso lembrar que todos esses meios pelos quais levo meu aluno para fora de si mesmo têm sempre, porém, uma relação direta com ele, não só porque deles resulta um prazer interior, mas também porque, tornando-o benéfico aos outros, trabalho para a sua instrução.

Primeiro indiquei os meios; agora mostro o efeito. Que grandes planos vejo formarem-se em sua cabeça! Que sentimentos sublimes abafam em seu coração a semente das pequenas paixões! Que clareza de julgamento, que exatidão de razão vejo formarem-se nele a partir de suas inclinações cultivadas, da experiência que concentra os anelos de uma alma grande no estreito limite dos possíveis e faz com que um homem superior aos outros, não podendo elevá-los à sua altura, saiba abaixar-se até a deles! Os verdadeiros princípios do justo, os verdadeiros modelos do belo, todas as relações morais entre os seres, todas as ideias da ordem gravam-se em seu entendimento; ele vê o lugar de cada coisa e a causa que a afasta dele; vê o que pode fazer o bem e o que o impede. Sem ter experimentado as paixões humanas, conhece suas ilusões e seu funcionamento.

Atraído pela força das coisas, prossigo, mas sem me impor ao julgamento dos leitores. Há muito eles me veem na região das quimeras; de minha parte, continuo vendo-os na região dos preconceitos. Afastando-me tanto das opiniões vulgares, não deixo de tê-las presentes ao espírito; examino-as, medito-as, não para segui-las ou para fugir delas, mas para pesá-las na balança do raciocínio. Todas as vezes que ele me obriga a afastar-me delas, instruído pela experiência, já tenho como certo que eles não me imitarão; sei que, teimando em imaginar que seja possível apenas o que veem, considerarão o jovem que apresento como um ser imaginário e fantástico, porque difere daqueles com quem o comparam, sem refletir que é necessário que ele seja diferente, já que, educado de modo completamente diverso, tocado por sentimentos totalmente contrários, instruído de forma inteiramente outra, seria muito mais surpreendente se se parecesse com eles do que se fosse tal como o suponho. Ele não é o homem do homem, mas o homem da natureza. Com certeza ele deve ser muito estranho aos seus olhos.

Ao começar esta obra, nada supus que não pudesse ser observado por todos tanto quanto por mim, porque existe um ponto, qual seja o nascimento do homem, de que todos nós partimos igualmente; quanto mais avançamos, porém, eu para cultivar a natureza, vós para depravá-la, mais nos afastamos uns dos outros. Aos seis anos, meu aluno pouco diferia dos vossos, que ainda não havíeis tido tempo de desfigurar; agora eles já não têm nada de parecido, e a idade do homem feito, de que ele se aproxima, deve mostrá-lo sob uma forma absolutamente diferente, se é que todo o meu trabalho não foi perdido. A quantidade de saber talvez seja igual de uma parte e de outra, mas as coisas sabidas não se assemelham. Ficais espantados por encontrardes nele um dos sentimentos sublimes de que os outros não têm a menor semente; deveis, porém, considerar também que estes já são filósofos e teólogos completos antes que Emílio saiba até mesmo o que seja filosofia e tenha ouvido falar de Deus.

Se, portanto, viessem dizer-me: nada do que supões existe; os jovens não são assim; eles têm tais e tais paixões;

fazem isso ou aquilo, é como se negássemos que a pereira pudesse ser uma árvore grande porque só vemos pereiras anãs em nossos jardins.

Rogo a esses juízes, tão dados à censura, que considerem que o que dizem eu sei tão bem quanto eles, que refleti sobre isso por mais tempo e, não tendo nenhum interesse em impor-lhes o que penso a esse respeito, tenho o direito de exigir que pelo menos dediquem algum tempo a procurar em que eu estou enganado. Examinem bem a constituição do homem, acompanhem os primeiros desenvolvimentos do coração em tal ou tal circunstância, para ver como um indivíduo pode diferir de outro por força da educação; em seguida, comparem minha educação com os efeitos que consigo e digam em que eu raciocinei mal: não terei nada a responder.

O que me torna mais positivo e, segundo creio, mais desculpável por sê-lo é que, em vez de me entregar ao espírito de sistema, concedo o mínimo possível ao raciocínio e só confio na observação. Não me baseio no que imaginei, mas no que vi. É verdade que não encerrei minhas experiências dentro dos muros de uma cidade nem em um só tipo de pessoa. Mas, depois de ter comparado o máximo possível de posições sociais e de povos numa vida que passei a observá-los, deixei de lado como artificial o que era de um povo e não de outro, de uma categoria social e não de outra, e só considerei como incontestavelmente pertencente ao homem o que era comum a todos, em qualquer idade, em qualquer situação social e em qualquer nação.

Ora, se, de acordo com este método, acompanhais desde a infância um jovem que não terá recebido forma particular e dependerá o mínimo possível da autoridade e da opinião de outrem, com quem, com meu aluno ou com os vossos, achais que ele se parecerá mais? Eis, ao que me parece, a questão que é preciso resolver para saber se me desorientei.

O homem não começa facilmente a pensar; mas, assim que começa, não para mais. Quem já pensou pensará sempre, e, uma vez exercitado na reflexão, o entendimento já não poderá permanecer em repouso. Poder-se-ia, pois, acreditar que faço com ele demais ou demasiado pouco, que o espírito humano não é por natureza tão pronto a se abrir e que, depois de lhe ter dado facilidades que ele não tem, mantenho-o por um tempo longo demais inscrito num círculo de ideias que ele deve ter ultrapassado.

Mas considerai primeiro que, querendo formar o homem da natureza, não se trata por isso de fazer dele um selvagem e de relegá-lo ao fundo dos bosques, mas, envolvido no turbilhão social, basta que ele não se deixe arrastar nem pelas paixões nem pelas opiniões dos homens; veja ele pelos seus olhos, sinta pelo seu coração; não o governe nenhuma autoridade, exceto a de sua própria razão. Nessa posição, é claro que a multidão de objetos que o impressionam, os frequentes sentimentos de que é afetado, os diversos meios de satisfazer suas necessidades reais devem dar-lhe muitas ideias que ele nunca teria, ou que teria adquirido mais lentamente. O progresso natural do espírito é acelerado, mas não invertido. O mesmo homem que deve permanecer estúpido nas florestas deve tornar-se razoável e sensato nas cidades, se permanecer como mero espectador. Nada é mais propício a nos tornar sábios do que as loucuras que vemos sem compartilhar, e aquele mesmo que as compartilha também se instrui, contanto que não seja enganado por elas e não cometa o erro dos que as praticam.

Considerai também que, limitados por nossas faculdades às coisas sensíveis, não temos quase nenhum contato com as noções abstratas da filosofia e com as ideias puramente intelectuais. Para alcançá-las é preciso ou nos separarmos do corpo a que estamos tão fortemente ligados, ou fazer de objeto em objeto um progresso gradual e lento, ou enfim transpor rapidamente e como que de um salto o intervalo, com um passo de gigante de que a infância não é capaz e para o qual mesmo para os homens são precisos muitos degraus feitos especialmente para eles.

A primeira ideia abstrata é o primeiro desses degraus, mas tenho bastante dificuldade para ver como é que se faz para construí-los.

O Ser incompreensível que abarca tudo, que dá o movimento ao mundo e forma todo o sistema dos seres não é nem visível aos nossos olhos, nem palpável às nossas mãos; ele escapa a todos os nossos sentidos; a obra mostra-se, mas o operário esconde-se. Não é pouca coisa saber enfim que ele existe, e quando chegamos a isso, quando nos perguntamos: quem é ele? onde está?, nosso espírito se confunde, perde-se e já não sabemos o que pensar.

Locke pretende que comecemos pelo estudo dos espíritos e que depois passemos ao dos corpos. Esse método é o da superstição, dos preconceitos, do erro; não é o da razão, nem mesmo o da natureza bem ordenada; é tapar os olhos para aprender a ver. É preciso ter estudado os corpos por muito tempo para formar uma verdadeira noção dos espíritos e suspeitar que eles existem. A ordem contrária só serve para estabelecer o materialismo.

Já que nossos sentidos são os primeiros instrumentos dos nossos conhecimentos, os seres corporais e sensíveis são os únicos cuja ideia temos imediatamente. A palavra *espírito* não tem nenhum sentido para quem não tenha filosofado. Um espírito não passa de um corpo para o povo e para as crianças. Não imaginam espíritos que gritam, falam, batem e fazem barulho? Ora, convenhamos que espíritos que têm braços e línguas parecem-se muito com corpos. Eis por que todos os povos do mundo, sem excetuar os judeus, criaram deuses corporais. Nós mesmos, com nossos termos espírito, trindade e pessoas, somos na maioria dos casos verdadeiros antropomorfitas. Admito que nos ensinam a dizer que Deus está em toda parte, mas também acreditamos que o ar esteja em toda parte, pelo menos na atmosfera, e a própria palavra *espírito*, em sua origem, significa *sopro* e *vento*. A partir do momento em que habituamos as pessoas a dizerem palavras que não entendem, é fácil fazermos com que digam o que quisermos.

O sentimento de nossa ação sobre os outros corpos deve ter-nos feito acreditar, de início, que quando eles agiam sobre nós era de uma maneira semelhante àquela com que agimos sobre eles. Assim o homem começou por animar todos os seres cuja ação sentia. Sentindo-se menos forte do que a maioria desses seres, por não conhecer os limites de sua potência, ele supôs que essa potência fosse ilimitada e dela fez deuses tão logo dela fez corpos. Durante as primeiras épocas, os homens, assustados com tudo, nada viram de morto na natureza. A ideia de matéria não demorou menos para formar-se neles do que a ideia de espírito, já que essa primeira ideia é ela própria uma abstração. Assim, eles encheram o universo de deuses sensíveis. Os astros, os ventos, as montanhas, os rios, as árvores, as cidades, as próprias casas, tudo tinha sua alma, seu deus, sua vida. As figurinhas grotescas de Laban, os ídolos dos selvagens, os fetiches dos negros, todas as obras da natureza e dos homens foram as primeiras divindades dos mortais; o politeísmo foi sua primeira religião, a idolatria seu primeiro culto. Os homens puderam reconhecer um só deus quando, generalizando cada vez mais suas ideias, tiveram condições de remontar a uma primeira causa, de reunir o sistema total dos seres sob uma só ideia e de dar um sentido à palavra *substância*, que é no fundo a maior das abstrações. Assim, toda criança que acredita em Deus é necessariamente idólatra, ou pelo menos antropomorfita, e, se acontece que a imaginação tenha visto Deus, é muito raro que o entendimento o conceba. Eis precisamente o erro a que leva a ordem de Locke.

Tendo chegado, não sei como, à ideia abstrata da substância, vemos que para admitir uma substância única seria preciso supor nela qualidades incompatíveis que se excluem mutuamente, como o pensamento e a extensão, das quais uma é essencialmente divisível e a outra exclui toda divisibilidade. Concebemos, de resto, que o pensamento, ou, se quiserem, o sentimento, é uma qualidade primitiva e inseparável da substância a que pertence e que o mesmo ocorre com a extensão em relação à sua substância. Daí se conclui que os seres que perdem uma dessas qualidades perdem a substância a que ela pertence e, por conseguinte, a morte não passa de uma separação de substâncias, e os seres em que essas duas qualidades estão reunidas são compostos de duas substâncias às quais essas duas qualidades pertencem.

Ora, considerai agora que distância ainda permanece entre a noção das duas substâncias e a da natureza divina! Entre a ideia incompreensível da ação de nossa alma sobre nosso corpo e a ideia da ação de Deus sobre todos os seres! As ideias de criação, de aniquilação, de ubiquidade, de eternidade, de onipotência, a ideia dos atributos divinos, todas essas ideias que tão poucos homens conseguem ver de tão confusas e tão obscuras que elas são, e que nada têm de obscuro para o povo, porque ele não compreende absolutamente nada disso, como se mostrarão elas com toda a sua força, isto é, com toda a sua obscuridade aos jovens espíritos ainda ocupados com as primeiras operações dos sentidos e que só concebem o que tocam? É em vão que os abismos do infinito abrem-se por toda parte ao nosso redor; uma criança não é capaz de assustar-se com eles; seus débeis olhos não podem sondar a sua profundeza. Tudo é infinito para as crianças; elas não sabem colocar limites em nada, não porque usem uma medida longa demais, mas porque têm o entendimento curto. Observei até que elas situam o infinito menos além do que aquém das dimensões que lhes são conhecidas. Avaliarão um espaço imenso mais pelos pés do que pelos olhos; ele não se estenderá para elas além do que podem ver, mas além de onde poderão ir. Se lhes falarem da potência de Deus, considerá-lo-ão quase tão forte quanto seu pai. Em todas as coisas, sendo seus conhecimentos para elas a medida dos possíveis, julgam o que lhes é dito sempre menor do que aquilo que conhecem. Assim são os juízos naturais à ignorância e à fraqueza de espírito. Ajax teria medo de lutar contra Aquiles, mas desafia Júpiter para o combate, porque conhece Aquiles e não conhece Júpiter. Um camponês suíço que acreditava ser o mais rico dos homens e a quem tentavam explicar o que era um rei perguntava com um ar altivo se o rei poderia ter cem vacas na montanha.

Posso prever como meus leitores ficarão surpresos ao me verem atravessar toda a primeira idade de meu aluno sem lhe falar de religião. Aos quinze anos, ele não sabia se tinha uma alma e talvez aos dezoito ainda não seja hora de aprendê-lo, pois se o aprender mais cedo do que convém correrá o risco de nunca o saber.

Se eu tivesse de retratar a estupidez deplorável, pintaria um pedante a ensinar o catecismo às crianças; se eu quisesse enlouquecer uma criança, obrigá-la-ia a explicar o que diz quando recita seu catecismo. Objetar-me-ão que, sendo mistérios a maior parte dos dogmas do cristianismo, esperar que o espírito humano seja capaz de compreendê-los não equivale a aguardar que a criança torne-se adulta, mas a aguardar que o homem já não exista. A isso respondo em primeiro lugar que há mistérios que é impossível ao homem não só os conceber como acreditar neles, e que não vejo o que se ganha ensinando-os às crianças, a não ser ensiná-las a mentir desde cedo. Digo além disso que para admitir os mistérios é preciso pelo menos compreender que são incompreensíveis, e as crianças não são capazes nem mesmo dessa concepção. Para a idade em que tudo é mistério, não há mistérios propriamente ditos.

É preciso crer em Deus para ser salvo. Esse dogma mal entendido é o princípio da sanguinária intolerância e a causa de todas as vãs educações que dão um golpe mortal na razão humana acostumando-a a contentar-se com palavras. Sem dúvida não há um minuto a perder para merecer a salvação eterna, mas, se para obtê-la bastar repetir certas palavras, não vejo o que nos impede de povoar o céu de estorninhos e de pegas, tanto quanto de crianças.

A obrigação de crer supõe a sua possibilidade. O filósofo que não crê erra, porque emprega mal a razão que cultivou e está em condições de entender as verdades que rejeita. Mas em que crê a criança que professa a religião cristã? No que ela compreende, e ela compreende tão pouco do que a fazem dizer que, se lhe disserdes o contrário, ela o adotará de bom grado. A fé das crianças e de muitos adultos é um caso de geografia. Serão recompensados por terem nascido em Roma e não em Meca? Dizem a um que Maomé é o profeta de Deus e ele diz que Maomé é o profeta de Deus; dizem ao outro que Maomé é um patife, e ele diz que Maomé é um patife. Cada um dos dois teria afirmado o que afirma o outro se tivessem trocado de lugar. Pode-se partir de duas disposições tão semelhantes para enviar um ao paraíso e outro ao inferno? Quando uma criança diz que acredita em Deus, não é em Deus que ela acredita, e sim em Pedro ou Tiago que lhe dizem que há algo a que chamamos Deus, e ela acredita nisso à maneira de Eurípides:

Ó Júpiter! Pois de ti nada
*Conheço a não ser o nome.**

Achamos que nenhuma criança morta antes da idade da razão será privada da felicidade eterna; os católicos acreditam a mesma coisa a respeito de todas as crianças que receberam o batismo, embora nunca tenham ouvido falar em Deus. Há, portanto, casos em que é possível ser salvo sem crer em Deus, e tais casos ocorrem quer na infância, quer na demência, quando o espírito humano é incapaz de realizar as operações necessárias para reconhecer a Divindade. A única diferença que vejo aqui entre vós e mim é que pretendeis que as crianças tenham aos sete anos essa capacidade, e eu não a concedo nem mesmo aos quinze. Se tenho

---

* Plutarco, *Tratado do amor*, tradução de Amyot. Era assim que começava a tragédia *Menalipo*, mas os protestos do povo de Atenas forçaram Eurípides a mudar esse começo.

ou não razão, não se trata aqui de um artigo de fé, mas de uma simples observação de história natural.

Pelo mesmo princípio, é claro que um homem que tenha chegado à velhice sem acreditar em Deus não será por isso privado de sua presença na outra vida se sua cegueira não tiver sido voluntária, e afirmo que ela nem sempre o é. Concordais com isso no caso dos loucos que uma doença priva das faculdades espirituais, mas não da qualidade de homem, nem por conseguinte do direito às bondades de seu criador. Por que, então, não concordar no caso daqueles que, separados de toda sociedade desde a infância, tiverem levado uma vida absolutamente selvagem, sem as luzes que só se adquirem no comércio dos homens*? Pois é de uma impossibilidade demonstrada que semelhante selvagem pudesse elevar suas reflexões até o conhecimento do verdadeiro Deus. A razão diz-nos que um homem só é punível pelas culpas de sua vontade e uma ignorância invencível não lhe poderia ser imputada como crime. Daí segue-se que diante da justiça eterna todo homem que acreditaria se tivesse as luzes necessárias é considerado crente e os únicos incrédulos punidos serão aqueles cujo coração se fecha à verdade.

Evitemos anunciar a verdade aos que não estão em condições de ouvi-la, pois isso equivale a querer substituí-la pelo erro. Seria preferível não ter nenhuma ideia da Divindade a só ter a respeito ideias baixas, fantásticas, injuriosas e indignas dela; é um mal menor desconhecê-la do que ultrajá-la. Eu preferiria, diz o bom Plutarco, que se acreditasse que não existe nenhum Plutarco no mundo a que se dissesse que Plutarco é injusto, ciumento e tão tirano que mais exige do que possibilita fazer.

O grande mal das imagens disformes da Divindade que traçamos no espírito das crianças é que essas imagens permanecem durante toda a vida, e elas não concebem,

* Sobre o estado natural do espírito humano e sobre a lentidão de seus progressos, vide a primeira parte do *Discurso sobre a desigualdade*.

quando adultas, outro Deus que não o das crianças. Vi na Suíça uma boa e piedosa mãe de família tão convicta dessa máxima que não quis instruir o filho sobre a religião na primeira idade, de medo que, contente com essa instrução grosseira, ele não quisesse outra melhor na idade da razão. O menino sempre ouvia falarem em Deus com recolhimento e reverência e, quando ele próprio queria falar a respeito, impunham-lhe silêncio, por ser um assunto sublime e grande demais para ser tratado por ele. Essa reserva excitava a sua curiosidade, e seu amor-próprio sonhava com o momento de conhecer aquele mistério que lhe escondiam com tanto cuidado. Quanto menos lhe falavam de Deus e menos toleravam que ele próprio falasse a respeito, mais ele pensava no assunto; aquela criança via Deus por toda parte; o que eu temeria desse ar de mistério indiscretamente ostentado é que, excitando demais a imaginação de um rapaz, afetasse sua cabeça e finalmente fizesse dele um fanático em vez de um crente.

Mas nada temamos de parecido para Emílio, que, recusando constantemente sua atenção ao que está acima de seu alcance, escuta com a mais profunda indiferença as coisas que não entende. Existem tantas coisas sobre as quais está habituado a dizer: "Isto não é de minha conta", que uma a mais não o perturba, e quando começa a inquietar-se com essas grandes questões, não é por tê-las ouvido, mas sim porque o progresso natural de suas luzes conduz as suas investigações para esse lado.

Vimos por que caminho o espírito humano cultivado se aproxima desses mistérios, e concordarei de bom grado que ele só os alcança naturalmente, no seio da própria sociedade, numa idade mais avançada. Mas, como há na própria sociedade algumas causas inevitáveis pelas quais o progresso das paixões é acelerado, se acelerássemos de igual forma o progresso das luzes que servem para ordenar essas paixões sairíamos realmente da ordem da natureza e o equilíbrio seria quebrado. Quando não se tem o poder de moderar um desenvolvimento rápido demais, é preciso conduzir com a mesma rapidez os que devem corresponder a ele, de maneira que a ordem não seja alterada, que aquilo que deve andar junto não seja separado e que o homem, presente inteiramente em todos os momentos de sua vida, não esteja em tal ponto por uma de suas faculdades e em outro pelas outras.

Que dificuldade vejo erguer-se aqui! Dificuldade tanto maior quanto menos reside nas coisas do que na pusilanimidade dos que não ousam resolvê-la. Comecemos pelo menos por ousar formulá-la. Uma criança deve ser educada na religião de seu pai; provamos-lhe sempre muito bem que essa religião, qualquer que ela seja, é a única verdadeira e todas as outras não passam de extravagância e absurdo. A força dos argumentos depende absolutamente, neste ponto, do país em que são propostos. Que um turco, que acha o cristianismo tão ridículo em Constantinopla, vá ver como é encarado o maometismo em Paris! É sobretudo em matéria de religião que a opinião triunfa. Mas nós que pretendemos sacudir o seu jugo em todas as coisas, nós que nada queremos conceder à autoridade, nós que nada queremos ensinar ao nosso Emílio que ele não possa aprender por si mesmo em qualquer país, em que religião o educaremos? A que seita filiaremos o homem da natureza? A resposta é muito simples, ao que me parece: não o filiaremos nem a esta, nem àquela religião, mas colocá-lo-emos em condições de escolher aquela a que seja conduzido pelo melhor emprego da razão.

Incedo per ignes
Suppositos cineri doloso.[4]

Não importa. O zelo e a boa-fé até aqui desempenharam para mim o papel da prudência; espero que essas ga-

4. "Caminho através de fogos recobertos por cinzas enganadoras." (Citação inexata de Horácio, *Odes*, II, 1, 7-8.) (N. do T.)

rantias não me abandonem quando precisar delas. Leitores, não temais de mim precauções indignas de um amigo da verdade; nunca esquecerei a minha divisa, mas tenho todo o direito de desconfiar de meus juízos. Em vez de dizer-vos aqui por mim mesmo o que penso, dir-vos-ei o que pensava um homem de maior valor do que eu. Garanto a verdade dos fatos que vos serão narrados, eles realmente aconteceram com o autor do texto que transcreverei. Cabe a vós julgar se é possível extrair reflexões úteis sobre o assunto em questão. Não vos proponho como regra o sentimento de um outro ou o meu; eu vo-lo ofereço para que o examineis.

"Há trinta anos, numa cidade da Itália, um jovem expatriado achava-se reduzido à pior miséria. Nascera calvinista mas, em consequência de uma irreflexão, vendo-se fugitivo em país estrangeiro, sem recursos, trocou de religião para ter o que comer. Havia nessa cidade uma hospedaria para os prosélitos, a que ele foi admitido. Instruindo-o sobre a controvérsia, causaram-lhe dúvidas que antes não tinha e ensinaram-lhe o mal que ignorava; ele ouviu novos dogmas e viu costumes ainda mais novos; viu-os e quase se tornou sua vítima. Quis fugir, mas o prenderam; queixou-se, foi punido por suas queixas; à mercê de seus tiranos, viu-se tratado como criminoso por não ter querido ceder ao crime. Aqueles que sabem o quanto a primeira experiência da violência e da injustiça irrita um jovem coração sem experiência que imaginem o estado do seu. Lágrimas de raiva jorravam de seus olhos, a indignação sufocava-o; ele implorava aos céus e aos homens, confiava-se a todos e não era ouvido por ninguém. Via apenas vis lacaios submissos ao infame que o ultrajava, ou então cúmplices do mesmo crime que zombavam de sua resistência e incitavam-no a imitá-los. Estaria perdido se não fosse um honesto eclesiástico que veio à hospedaria por algum negócio e que ele conseguiu consultar em segredo. O eclesiástico era pobre e precisava de todos, mas o oprimido precisava ainda mais dele, e o eclesiástico não hesitou em ajudar sua fuga, sob o risco de arrumar um perigoso inimigo.

"Tendo escapado ao vício para voltar à indigência, o jovem lutava sem sucesso contra o seu destino; por um momento acreditou-se acima dele. À primeira aparência de sucesso, seus males e seu protetor foram esquecidos. Logo foi punido por esta ingratidão; todas as suas esperanças se dissiparam; por mais que sua juventude contasse a seu favor, suas ideias romanescas estragavam tudo. Não tendo nem talentos suficientes, nem habilidade bastante para abrir um caminho fácil, não sabendo ser nem moderado nem mau, ele pretendeu tantas coisas que não foi capaz de alcançar nenhuma. De volta à sua primitiva miséria, sem pão, sem morada, prestes a morrer de fome, tornou a lembrar-se de seu benfeitor.

"Volta a ele, encontra-o e é bem recebido; vê-lo lembra ao eclesiástico uma boa ação que havia feito; tal recordação sempre é agradável à alma. Aquele homem era naturalmente humano, compassivo; sentia os sofrimentos dos outros pelos seus e o bem-estar não havia endurecido seu coração; enfim, as lições da sabedoria e uma virtude esclarecida haviam consolidado seu bom caráter. Acolhe o rapaz, procura um abrigo para ele, recomenda-o; compartilha com ele o necessário, que mal dá para os dois. Faz ainda mais, instrui-o, consola-o, ensina-lhe a arte difícil de suportar com paciência a adversidade. Gente preconceituosa, era de um padre, era da Itália que esperaríeis tudo isso?

"Aquele honesto eclesiástico era um pobre vigário saboiano, que uma aventura de juventude indispusera com seu bispo e que atravessara os montes para conseguir os recursos que lhe faltavam em seu país. Não carecia nem de espírito nem de letras, e, com uma figura interessante, encontrara protetores que o empregaram na casa de um ministro para educar seu filho. Preferia a pobreza à dependência e ignorava como era preciso comportar-se diante dos grandes. Não permaneceu por muito tempo na casa do ministro; ao despedir-se, não perdeu sua estima e, como vivia sabiamente e era amado por todos, pretendia poder voltar às boas graças do bispo e obter dele alguma pequena paróquia nas montanhas para nela passar o resto dos seus dias. Este era o limite extremo de sua ambição.

"Uma inclinação natural fê-lo interessar-se pelo jovem fugitivo e examiná-lo com atenção. Viu que a má fortuna já havia marcado seu coração, o opróbrio e o desprezo haviam abatido a sua coragem, e sua altivez, transformada em amargo despeito, só o fazia ver na injustiça e na dureza dos homens o vício de sua natureza e a quimera da virtude. Vira que a religião só serve de máscara para o interesse, e o culto sagrado, de salvo-conduto para a hipocrisia; vira na sutileza das vãs disputas o paraíso e o inferno colocados como prêmio para jogos de palavras; vira a sublime e primitiva ideia da divindade desfigurada pelas fantásticas imaginações dos homens, e, achando que para crer em Deus era preciso renunciar ao juízo que dele recebera, abarcou no mesmo desdém nossos ridículos devaneios e o objeto a que os aplicamos. Sem nada saber sobre o que é, sem nada imaginar sobre a geração das coisas, ele mergulhou na estúpida ignorância com um profundo desprezo por todos os que julgavam saber mais do que ele.

"O esquecimento de toda religião leva ao esquecimento dos deveres do homem. Esse avanço já fora feito mais do que pela metade no coração do jovem libertino. Ele não era, porém, uma criança de mau nascimento; mas, sufocando aos poucos seu caráter, a incredulidade e a miséria arrastavam-no rapidamente para a sua perda e preparavam-lhe apenas os costumes de um mendigo e a moral de um ateu.

"Quase inevitável, o mal não estava absolutamente consumado. O rapaz possuía alguns conhecimentos e sua educação não havia sido negligenciada. Estava naquela idade feliz em que o sangue em fermentação começa a aquecer a alma sem sujeitá-la aos furores dos sentidos. A sua ainda conservava toda a força. Uma vergonha inata, um caráter tímido aumentavam seu embaraço e prolongavam nele aquele período em que conservais vosso aluno com tanto cuidado. O exemplo odioso de depravação brutal e de um vício desencantado, longe de excitar a sua imaginação, amorteceu-a. Durante muito tempo o desgosto substitui para ele a virtude para conservar a sua inocência; ela só sucumbiria a mais doces seduções.

"O eclesiástico viu o perigo e os recursos. As dificuldades não o fizeram desanimar; ele gostava de seu trabalho; resolveu terminá-lo e devolver à virtude a vítima que tirara da infância. Empenhou-se com antecedência para executar seu projeto; a beleza do motivo animava sua coragem e inspirava-lhe meios dignos de seu zelo. Qualquer que fosse o seu sucesso, tinha certeza de que não perderia seu tempo. Sempre somos bem-sucedidos quando só queremos fazer o bem.

"Começou por ganhar a confiança do prosélito não lhe vendendo seus favores, não se tornando importuno, não lhe fazendo sermões, colocando-se sempre ao seu alcance, diminuindo-se para igualar-se a ele. Ao que me parece, era um espetáculo muito tocante ver um homem grave tornar-se companheiro de um moleque e a virtude assumir o tom da licença para vencê-la mais seguramente. Quando o avoado vinha fazer-lhe suas loucas confidências e abrir-se para ele, o padre escutava-o e colocava-o à vontade; sem aprovar o mal, interessava-se por tudo; nunca uma censura indiscreta vinha interromper sua fala e fechar seu coração; o prazer com que ele acreditava estar sendo escutado aumentava o que sentia ao dizer tudo. Assim se fez sua confissão geral sem que ele pensasse em confessar nada.

"Depois de ter estudado bem seus sentimentos e seu caráter, o padre percebeu claramente que, sem ser ignorante para a idade, ele havia esquecido tudo o que lhe importava saber, e o opróbrio a que o reduzira a sorte abafava nele qualquer verdadeiro sentimento do bem e do mal.

Há um grau de embrutecimento que tira a vida da alma, e a voz interior não se consegue fazer ouvir por quem só pensa em comer. Para proteger o jovem desafortunado dessa morte moral de que estava tão próximo, começou por despertar nele o amor-próprio e a autoestima; indicava-lhe um futuro mais feliz no bom emprego de seus talentos; reanimava em seu coração um ardor generoso através da narração das belas ações de outras pessoas, fazendo com que o rapaz admirasse quem as havia praticado; dava-lhe o desejo de fazer outras ações semelhantes. Para afastá-lo progressivamente da vida ociosa e vagabunda que levava, fazia-o copiar excertos de livros escolhidos e, fingindo precisar dos tais excertos, nutria nele o nobre sentimento do reconhecimento. Instruía-o diretamente com aqueles livros; fazia com que reconquistasse uma boa opinião sobre si mesmo suficiente para não se acreditar um ser inútil para bem algum e para já não querer tornar-se um ser desprezível a seus próprios olhos.

"Uma bagatela fará com que se avalie a arte usada pelo bom homem para elevar aos poucos o coração de seu discípulo acima da baixeza, sem parecer ocupar-se de sua instrução. O eclesiástico tinha uma probidade tão reconhecida e um discernimento tão certeiro que várias pessoas preferiam entregar-lhe suas esmolas a dá-las aos ricos vigários da cidade. Um dia em que lhe haviam dado certo dinheiro para distribuir entre os pobres, o rapaz teve, com essa alegação, a vileza de lho pedir. Não, disse ele, somos irmãos, tu me pertences e não devo tocar neste dinheiro para meu próprio uso. Em seguida, deu-lhe de seu próprio dinheiro a quantia que o rapaz pedira. Lições dessa espécie raramente se perdem no coração dos jovens que não estão totalmente corrompidos.

"Estou cansado de falar na terceira pessoa; trata-se, além disso, de um trabalho inútil, pois percebeis, caro concidadão, que esse infeliz fugitivo sou eu mesmo; creio-me bastante longe das desordens de minha juventude para ousar confessá-las, e a mão que me tirou delas bem merece que, à custa de um pouco de vergonha, eu preste pelo menos uma pequena homenagem aos seus favores.

"O que mais me impressionava era ver na vida privada de meu digno mestre a virtude sem hipocrisia, a humanidade sem fraqueza, palavras sempre retas e simples e uma conduta sempre conforme ao que dizia. Não o via preocupar-se em saber se os que ele ajudava iam ou não às orações de vésperas, se se confessavam com frequência, se faziam jejum nos dias prescritos, se não comiam carne, nem em impor-lhes outras condições semelhantes, sem as quais, mesmo que morramos de miséria, não devemos esperar nenhum auxílio dos devotos.

"Encorajado por suas observações, longe de exibir a seus olhos o zelo afetado de um povo convertido, eu não lhe escondia muito minhas maneiras de pensar e tampouco o via escandalizar-se. Às vezes eu teria podido pensar: Ele me perdoa a indiferença pelo culto que adotei por causa da indiferença que nota em mim também pelo culto em que nasci; ele sabe que o meu desdém já não é um caso de partidos. Mas o que deveria eu pensar quando às vezes o ouvia aprovar dogmas contrários aos da Igreja romana e parecer estimar mediocremente todas as suas cerimônias? Teria acreditado que ele era um protestante disfarçado se tivesse visto que fosse menos fiel àquelas mesmas práticas de que parecia fazer tão pouco-caso. Sabendo, porém, que mesmo sem testemunhas ele cumpria seus deveres de padre com a mesma pontualidade que diante do público, já não sabia o que pensar dessas contradições. Com exceção da falta que outrora causara a sua desgraça e de que não se corrigira muito bem, sua vida era exemplar, seus costumes eram inatacáveis, suas palavras honestas e judiciosas. Vivendo com ele na maior intimidade, aprendi a respeitá-lo cada dia mais, e, tantas bondades tendo conquistado inteiramente meu coração, aguardava com uma curiosa inquietação o momento de aprender sobre que princípio ele fundamentava a uniformidade de uma vida tão singular.

"Não chegou tão cedo esse momento. Antes de se abrir para seu discípulo, esforçou-se por fazer germinarem as sementes de razão e de bondade que plantava em sua alma. O que havia em mim de mais difícil de destruir era uma orgulhosa misantropia, certa agrura contra os ricos e os felizes deste mundo, como se eles o fossem à minha custa e sua pretensa felicidade tivesse sido roubada à minha. A louca vaidade da juventude, que se revolta contra a humilhação, favorecia a minha inclinação pelo humor colérico, e o amor-próprio que meu mentor procurava despertar em mim, levando-me à altivez, tornava os homens ainda mais vis aos meus olhos e só fazia com que somasse o desprezo ao ódio por eles.

"Sem lutar diretamente contra esse orgulho, ele impediu que se transformasse em dureza de alma, e, sem me retirar a autoestima, tornou-a menos desdenhosa para com o próximo. Afastando sempre a vã aparência e mostrando-me os males reais que ela encobre, ensinava-me a deplorar os erros de meus semelhantes, a enternecer-me com suas misérias e a ter pena deles mais do que invejá-los. Movido de compaixão pelas fraquezas humanas graças ao profundo sentimento das suas próprias, via por toda parte homens vítimas de seus próprios vícios e dos vícios dos outros; via os pobres gemerem sob o jugo dos ricos, e os ricos sob o jugo dos preconceitos. Dizia ele: Acreditai, nossas ilusões, longe de nos esconderem nossos males, aumentam-nos, dando valor ao que não o tem e tornando-nos sensíveis a mil falsas privações que não sentiríamos sem elas. A paz da alma consiste no desprezo de tudo o que a pode perturbar: o homem que mais faz caso da vida é o que menos sabe gozá-la e o que aspira mais avidamente à felicidade é sempre o mais miserável.

"Ah! Que tristes quadros! exclamei com amargura; se for preciso nos privarmos de tudo, de que então nos serviu ter nascido? E, se for preciso desprezar a própria felicidade, quem saberá ser feliz? Eu, respondeu um dia o padre, com um tom que me impressionou. Feliz, vós! Tão pouco afortunado, tão pobre, exilado, perseguido, sois então feliz! E o que fizestes para sê-lo? Meu filho, respondeu ele, di-lo-ei de bom grado.

"Então fez-me compreender que, depois de ter recebido as minhas confissões, queria fazer-me as suas. Derramarei em teu seio, disse-me ele enquanto me abraçava, todos os sentimentos de meu coração. Ver-me-ás, se não tal como sou, pelo menos tal como eu próprio me vejo. Quando tiveres escutado toda a minha profissão de fé, quando conheceres bem o estado de minha alma, saberás por que me considero feliz e, se pensares como eu, o que deves fazer para sê-lo. Mas essas confissões não são coisas de um momento: é preciso tempo para expor tudo o que penso sobre a sorte do homem e sobre o verdadeiro valor da vida. Tomemos uma hora e um lugar cômodos para nos entregarmos tranquilamente a esta conversa.

"Senti vontade de ouvi-lo logo. O encontro foi marcado para o dia seguinte de manhã. Estávamos no verão e levantamo-nos ao nascer do dia. Ele me levou para fora da cidade, para o alto de uma colina elevada, sob a qual passava o Pó, cujo curso se via através das férteis margens que ele banha; ao longe, a imensa cadeia dos Alpes coroava a paisagem; os raios do sol nascente já iluminavam as planícies e, projetando sobre os campos em longas sombras as árvores, os outeiros e as casas, adornavam de mil acidentes de luz o mais belo quadro que o olho humano podia contemplar. Dir-se-ia que a natureza nos exibia toda a sua magnificência para com ela oferecer o tema às nossas conversas. Foi ali que, depois de ter por algum tempo contemplado aqueles objetos em silêncio, o homem de paz falou-me assim:

PROFISSÃO DE FÉ DO VIGÁRIO SABOIANO

Meu filho, não esperes de mim nem discursos sábios nem profundos raciocínios; não sou um grande filósofo e pouco me preocupo em sê-lo. Mas às vezes tenho bom senso e amo sempre a verdade. Não quero argumentar contigo, nem mesmo tentar convencer-te; basta-me expor-te o que penso na simplicidade de meu coração. Consulta o teu durante o meu discurso, é tudo o que te peço. Se me engano, é de boa-fé; isso basta para que meu erro não me seja imputado como crime; mesmo que te enganasse da mesma forma, pouco mal haveria nisso. Se eu pensar bem, a razão é-nos comum e temos o mesmo interesse em escutá-la: por que não pensarias como eu?

Nasci pobre e camponês, destinado por condição ao cultivo da terra. Acharam, porém, que seria melhor eu aprender a ganhar meu pão com a profissão de padre, e conseguiram os meios de fazer-me estudar. Com certeza, nem meus pais nem eu nos importávamos muito com saber o que era bom, verdadeiro e útil naquilo, mas sim o que era preciso saber para ser ordenado. Aprendi o que quiseram que eu aprendesse, disse o que queriam que eu dissesse, assumi os compromissos que quiseram e fui ordenado padre. Mas não demorei para perceber que, ao me comprometer a não ser homem, prometera mais do que podia cumprir.

Dizem que a consciência é obra dos preconceitos; no entanto, sei por minha experiência que ela se obstina em seguir a ordem da natureza contra todas as leis dos homens. Por mais que nos proíbam isto ou aquilo, os remorsos sempre nos repreendem com pouca força o que a natureza bem ordenada nos permite, e com mais forte razão o que ela nos prescreve. Ó bom rapaz, ela ainda nada disse aos teus sentidos; vive por muito tempo no feliz estado em que a sua voz é a da inocência! Lembra que a ofendemos ainda mais quando a antecipamos do que quando a combatemos; devemos começar por aprender a resistir para saber quando podemos ceder sem crime.

Desde a juventude respeitei o casamento como a primeira e a mais santa instituição da natureza. Tendo-me privado do direito de submeter-me a ele, decidi não o profanar, pois, apesar de meus cursos e de meus estudos, tendo sempre levado uma vida uniforme e simples, eu havia conservado em meu espírito toda a claridade das luzes primitivas; as máximas do mundo não as haviam empanado e minha pobreza afastava-me das tentações que ditam os sofismas do vício.

Essa decisão foi justamente o que me perdeu. Meu respeito pelo leito alheio deixou a descoberto as minhas culpas. Foi preciso expiar o escândalo; preso, interdito, expulso, fui bem mais a vítima de meus escrúpulos do que de minha incontinência, e pude compreender, pelas censuras de que minha desgraça foi acompanhada, que não raro é preciso agravar o erro para escapar ao castigo.

Poucas experiências semelhantes levam muito longe um espírito que reflete. Vendo por tristes observações serem invertidas as minhas ideias sobre o justo, o honesto e todos os deveres do homem, eu perdia a cada dia alguma das opiniões que recebera; como as que me restavam já não bastavam para formar um corpo que pudesse sustentar-se por si mesmo, pouco a pouco percebi que se obscurecia em meu espírito a evidência dos princípios e, reduzido finalmente a já não saber o que pensar, cheguei ao mesmo ponto em que estás; com a diferença de que minha incredulidade, fruto tardio de uma idade mais madura, formara-se com maior dificuldade e devia ser mais difícil de destruir.

Eu estava naquelas disposições de incerteza e de dúvida que Descartes exige para a procura da verdade. Tal estado não é muito duradouro, é inquietante e penoso; apenas o interesse do vício ou a preguiça da alma entregam-nos a ele. Eu não tinha um coração tão corrompido a ponto de gostar dele, e nada conserva melhor o hábito de refletir do que estar mais contente consigo mesmo do que com a sua sorte.

Eu meditava, pois, sobre a triste sorte dos mortais, que flutuam no mar das opiniões humanas, sem leme, sem bússola, e entregues às suas tempestuosas paixões, sem mais guia do que um piloto inexperiente que ignora sua rota e não sabe nem de onde vem nem aonde vai. Pensava comigo mesmo: amo a verdade, procuro-a, mas não posso reconhecê-la; mostrem-ma e permanecerei ligado a ela; por que se furta ela à solicitude de um coração feito para adorá-la?

Apesar de ter muitas vezes passado por males maiores, nunca levei uma vida tão continuamente desagradável quanto nesses tempos de confusão e de ansiedade, em que, errando sem parar de dúvida em dúvida, eu só tirava de minhas longas meditações incertezas, obscuridade e contradições sobre a causa de meu ser e sobre a regra de meus deveres.

Como se pode ser cético por sistema e de boa-fé? Não sou capaz de compreendê-lo. Ou esses filósofos não existem, ou então são os mais infelizes dos homens. A dúvida sobre as coisas que nos importa conhecer é um estado violento demais para o espírito humano; ele não resiste muito tempo nesse estado; acaba decidindo-se de uma maneira ou de outra e prefere enganar-se a não crer em nada.

O que duplicava meu embaraço era que, tendo nascido numa Igreja que tudo decide, que não permite dúvida, se eu rejeitasse um só ponto rejeitaria todo o resto, e a impossibilidade de admitir tantas decisões absurdas separava-me também das que não o eram. Ao me dizerem creia em tudo, impediam-me de crer em algo, e eu já não sabia quando parar.

Consultei os filósofos, folheei seus livros, examinei suas diversas opiniões. Achei-os todos altivos, peremptórios, dogmáticos, mesmo em seu pretenso ceticismo, nada ignorando, nada provando, zombando uns dos outros; e esse ponto, comum a todos, pareceu-me o único sobre o qual todos tinham razão. Triunfantes quando atacam, não têm vigor ao se defenderem. Se ponderares as razões, verás que só as têm para destruir; se contares as palavras, cada um está reduzido à sua; só entram em acordo para discutir; escutá-los não era a maneira de sair de minha incerteza.

Compreendi que a insuficiência do espírito humano é a primeira causa dessa prodigiosa diversidade de sentimentos, e que o orgulho é a segunda. Não temos a medida dessa máquina imensa, não podemos calcular suas relações; não conhecemos nem suas primeiras leis nem sua causa final; ignoramos a nós mesmos; não conhecemos nem nossa natureza, nem nosso princípio ativo; mal sabemos se o homem é um ser simples ou composto; mistérios impenetráveis rodeiam-nos por toda parte; eles estão acima da região sensível; para penetrá-los, acreditamos ter inteligência e só temos imaginação. Através desse mundo imaginário, cada qual abre para si mesmo um caminho que acredita ser o certo; ninguém pode saber se o seu leva à meta. Todavia, queremos compreender tudo, conhecer tudo. A única coisa que não sabemos é ignorar o que não podemos saber. Preferimos deixar-nos levar ao acaso e acreditar no que não existe a confessar que nenhum de nós pode ver o que é. Parte pequena de um grande todo cujos limites nos escapam e que seu autor entrega a nossas loucas discussões, somos bastante vãos para querer decidir o que é esse todo em si mesmo e o que somos em relação a ele.

Mesmo que os filósofos estivessem em condições de descobrir a verdade, quem dentre eles se interessaria por ela? Cada um sabe muito bem que seu sistema não tem melhores fundamentos do que os outros, mas defende-o porque lhe pertence. Não há entre eles nenhum que, vindo a conhecer o verdadeiro e o falso, não preferisse a mentira que descobriu à verdade descoberta por outro. Onde está o filósofo que, por sua glória, não enganaria de bom grado o gênero humano? Onde está aquele que, no segredo de seu coração, se proponha um outro objeto que não seja distinguir-se? Contanto que se eleve acima do vulgo, contanto que empane o brilho dos concorrentes, que mais pede ele? O essencial é pensar de modo diferente dos outros. Entre os crentes, ele é ateu; entre os ateus, ele seria crente.

O primeiro fruto que tirei dessas reflexões foi aprender a limitar minhas pesquisas ao que me interessava imediatamente, a contentar-me com uma profunda ignorância sobre tudo o mais e a só me inquietar até a dúvida com as coisas que me importava saber.

Compreendi também que, longe de me libertar de minhas inúteis dúvidas, os filósofos só fariam multiplicar as que me atormentavam e não resolveriam nenhuma. Tomei, então, um outro guia e disse com meus botões: consultemos a luz interior, desorientar-me-á menos do que eles me desorientam, ou, pelo menos, meu erro será meu e perverter-me-ei menos seguindo minhas próprias ilusões do que me entregando às suas mentiras.

Então, repassando no espírito as diversas opiniões que me haviam alternadamente arrebatado desde o nascimento, vi que, embora nenhuma delas fosse bastante evidente para produzir imediatamente a convicção, tinham graus diversos de verossimilhança, e o assentimento interior prestava-se ou recusava-se a elas em diferentes medidas. Baseado nessa primeira observação, comparando todas aquelas diferentes ideias no silêncio dos preconceitos, descobri que a primeira e a mais comum era também a mais simples e a mais razoável, e que só lhe faltava para reunir todos os sufrágios ter sido proposta em último lugar. Imagina todos os teus filósofos antigos e modernos, tendo primeiro esgotado seus estranhos sistemas de força, de acasos, de fatalidade, de necessidade, de átomos, de mundo animado, de matéria viva, de materialismo de todo tipo, e depois deles todos, o ilustre Clarke[5] a esclarecer o mundo, a anunciar enfim o Ser dos seres e o dispensador das coisas. Com que universal admiração, com que aplauso unânime não teria sido recebido esse novo sistema, tão grande, tão consolador, tão

5. Samuel Clarke (1675-1729), pregador anglicano, famoso por ter sido o porta-voz de Newton no debate de Leibniz. Publicou em 1705 uma coletânea de sermões intitulada *Da existência e dos atributos de Deus, dos deveres da religião natural e da verdade da religião cristã*, em que provavelmente Rousseau encontrou o sistema a que se refere. (N. do T.)

sublime, tão próprio para elevar a alma, para dar uma base à virtude, e ao mesmo tempo tão impressionante, tão luminoso, tão simples, e, ao que me parece, a oferecer menos coisas incompreensíveis ao espírito humano do que se encontra de absurdo em qualquer outro sistema! Dizia comigo mesmo: As objeções insolúveis são comuns a todos porque o espírito do homem é limitado demais para resolvê-las; elas nada provam, portanto, contra nenhum especialmente; que diferença, porém, entre as provas diretas! O único que explica tudo não deve ser preferido, quando não apresenta maiores dificuldades do que os outros?

Trazendo pois em mim o amor à verdade como única filosofia, e como único método uma regra fácil e simples que me dispensa da vã sutileza dos argumentos, retomo com essa regra o exame dos conhecimentos que me interessam, decidido a admitir como evidentes todos aqueles a que, na sinceridade de meu coração, não possa recusar meu consentimento, como verdadeiros todos os que me pareçam ter uma ligação necessária com os primeiros e a deixar todos os outros conhecimentos na incerteza, sem rejeitá-los nem admiti-los, e sem me atormentar para esclarecê-los quando não me levem a nada de útil para a prática.

Mas quem sou eu? Que direito tenho de julgar as coisas? E o que determina meus juízos? Se eles são arrastados, forçados pelas impressões que recebo, canso-me em vão com essas pesquisas, elas não se realizarão, ou se realizarão por si mesmas sem que eu me intrometa para dirigi-las. Devo, pois, voltar o olhar primeiro para mim, a fim de conhecer o instrumento de que me quero servir e saber até que ponto posso confiar em seu uso.

Existo e tenho sentidos pelos quais sou afetado. Eis a primeira verdade que me atinge e com a qual sou forçado a concordar. Terei um sentimento próprio de minha existência, ou só a sinto por minhas sensações? Eis a minha primeira dúvida, que me é, no momento, impossível de resolver. Pois sendo continuamente afetado por sensações, ou imediatamente, ou pela memória, como posso saber se o sentimento do *eu* é alguma coisa fora dessas mesmas sensações e se pode ser independente delas?

Minhas sensações passam-se em mim, já que me fazem sentir minha existência; mas sua causa me é estranha, pois me afetam mesmo que eu não queira, e não dependeu de mim nem produzi-las, nem aniquilá-las. Concebo, pois, claramente que minha sensação, que é eu, e sua causa ou seu objeto, que é fora de mim, não são a mesma coisa.

Assim, não apenas eu existo, mas existem outros seres, a saber, os objetos de minhas sensações, e mesmo que esses objetos não passassem de ideias, continua sendo verdade que essas ideias não são eu.

Ora, tudo o que sinto fora de mim e que age sobre os meus sentidos eu chamo de matéria, e todas as porções de matéria que concebo reunidas em seres individuais eu chamo de corpos. Assim, todas as disputas dos idealistas e dos materialistas nada significam para mim; suas distinções sobre a aparência e a realidade dos corpos são quimeras.

Eis-me já tão certo da existência do universo quanto da minha. A seguir refleti sobre os objetos de minhas sensações e, achando em mim a faculdade de compará-las, sinto-me dotado de uma força ativa que não sabia ter antes.

Perceber é sentir; comparar é julgar; julgar e sentir não são a mesma coisa. Pela sensação, os objetos oferecem-se a mim separados, isolados, tais como existem na natureza; pela comparação, movimento-os, transporto-os, por assim dizer, coloco-os uns sobre os outros para julgar sua diferença ou sua semelhança e geralmente todas as suas relações. A meu ver, a faculdade distintiva do ser ativo ou inteligente é poder dar um sentido à palavra *é*. Busco em vão no ser puramente sensitivo a força inteligente que superpõe e depois sentencia; não seria capaz de vê-la em sua natureza. Esse ser passivo sentirá cada objeto separadamente, ou até sentirá o objeto total formado pelos dois; não tendo, porém, nenhuma força para dobrá-los um sobre o outro, nunca os comparará, não os julgará.

Ver dois objetos ao mesmo tempo não é ver as relações entre eles nem julgar as suas diferenças; perceber vários objetos uns fora dos outros não é enumerá-los. Posso ter num mesmo instante a ideia de um bastão grande e de um bastão pequeno sem os comparar, sem julgar que um é menor do que o outro, assim como posso ver ao mesmo tempo minha mão inteira sem contar meus dedos*. Essas ideias comparativas, *maior, menor*, assim como as ideias numéricas de *um*, de *dois* etc. certamente não são sensações, embora meu espírito só as produza por ocasião de minhas sensações.

Dizem-nos que o ser sensitivo distingue as sensações umas das outras pelas diferenças que têm entre si estas mesmas sensações: isso exige uma explicação. Quando as sensações são diferentes, o ser sensitivo distingue-as por suas diferenças; quando elas são semelhantes, ele as distingue porque as sente umas fora das outras. Caso contrário, como distinguiria ele dois objetos iguais numa sensação simultânea? Seria preciso necessariamente que confundisse os dois objetos e os tomasse pelo mesmo, sobretudo num sistema em que se pretende que as sensações representativas da extensão não sejam extensas.

Quando as duas sensações a comparar são percebidas, sua impressão se faz, cada objeto é sentido, as duas são sentidas, mas a relação entre elas nem por isso é sentida. Se o juízo sobre essa relação não passasse de uma sensação e viesse a mim unicamente do objeto, meus juízos nunca me enganariam, já que nunca é falso que eu sinta o que sinto.

Por que, então, engano-me sobre a relação entre esses dois bastões, sobretudo se eles não são paralelos? Por que digo, por exemplo, que o bastão pequeno é um terço do grande, enquanto ele não passa de um quarto? Por que a

---

* Os relatos do sr. de La Condamine falam-nos de um povo que só sabia contar até três. No entanto, os homens que compunham esse povo, tendo mãos, tinham muitas vezes percebido seus dedos sem saber contar até cinco.

imagem, que é a sensação, não é conforme a seu modelo, que é o objeto? É porque sou ativo quando julgo, porque a operação que compara é falível, e meu entendimento, que julga as relações, mistura seus erros à verdade das sensações, que só mostram os objetos.

Acrescenta a isso uma reflexão que te deixará impressionado, tendo certeza, quando tiveres pensado nela: se fôssemos meramente passivos no emprego de nossos sentidos, não haveria entre eles nenhuma comunicação; ser-nos-ia impossível saber que o corpo que tocamos e o objeto que vemos são o mesmo. Ou jamais sentiríamos nada fora de nós, ou haveria para nós cinco substâncias sensíveis, cuja identidade nunca poderíamos notar.

Que se dê este ou aquele nome a essa força do meu espírito que aproxima e compara minhas sensações, que seja chamada atenção, meditação, reflexão, ou como se quiser, sempre será verdade que ela está em mim e não nas coisas, que sou eu que a produzo, embora só a produza por ocasião da impressão que fazem sobre mim os objetos. Sem ter o poder de sentir ou de não sentir, tenho porém o poder de examinar mais ou menos o que sinto.

Não sou, pois, simplesmente um ser sensitivo e passivo, mas um ser ativo e inteligente, e, digam o que disserem da filosofia, ousarei aspirar à honra de pensar. Sei apenas que a verdade está nas coisas e não no meu espírito que as julga, e que, quanto menos coloco de meu nos juízos que faço sobre elas, mais estou seguro de me aproximar da verdade. Assim, minha regra de me entregar mais ao sentimento do que à razão é confirmada pela própria razão.

Tendo-me, por assim dizer, assegurado de mim mesmo, começo a olhar para fora de mim, e considero-me com uma espécie de frêmito, jogado, perdido neste vasto universo e como que afogado na imensidão dos seres, sem nada saber sobre o que eles são, nem entre eles, nem relativamente a mim. Estudo-os e observo-os, e o primeiro objeto que se apresenta a mim para compará-los sou eu mesmo.

Tudo o que percebo pelos sentidos é matéria, e deduzo todas as propriedades essenciais da matéria das qualidades sensíveis que me fazem percebê-la e que são inseparáveis dela. Vejo-a ora em movimento, ora em repouso*, donde infiro que nem o repouso, nem o movimento lhe são essenciais; sendo, no entanto, o movimento uma ação, ele é o efeito de uma causa de que o repouso é somente a ausência. Quando, portanto, nada age sobre a matéria, ela não se move e, justamente por ser indiferente ao repouso e ao movimento, seu estado natural é estar em repouso.

Percebo nos corpos dois tipos de movimentos, a saber, movimento comunicado e movimento espontâneo ou voluntário. No primeiro, a causa motriz é alheia ao corpo movido, e no segundo ela está nele mesmo. Não concluirei daí que o movimento de um relógio, por exemplo, é espontâneo, pois, se nada de alheio à mola agisse sobre ela, ela não tenderia a endireitar-se e não puxaria a corrente. Pela mesma razão, tampouco concederei espontaneidade aos fluidos, nem ao próprio fogo que faz a fluidez deles**.

Perguntar-me-ás se os movimentos dos animais são espontâneos; dir-te-ei que nada sei sobre isso, mas que a analogia pende para a afirmativa. Perguntar-me-ás também como sei então que existem movimentos espontâneos; dir-te-ei que o sei porque o sinto. Quero mexer meu braço e mexo-o, sem que esse movimento tenha outra causa imediata além de minha vontade. Em vão se pretenderia racio-

---

* Tal repouso não é, se quiserem, mais do que relativo, mas, já que observamos o mais ou o menos no movimento, concebemos muito claramente um dos dois termos extremos, que é o repouso, e concebemo-lo tão bem que até somos inclinados a tomar como absoluto o repouso que é apenas relativo. Ora, não é verdade que o movimento seja a essência da matéria, se ela pode ser concebida em repouso.

** Os químicos consideram o flogisto ou o elemento do fogo como sendo esparso, imóvel e estagnado nas misturas de que faz parte, até que causas alheias o separem, o reúnam, ponham-no em movimento e transformem-no em fogo.

cinar para destruir em mim esse sentimento, pois ele é mais forte do que qualquer evidência; seria o mesmo que pretender provar-me que não existo.

Se não houvesse nenhuma espontaneidade nas ações dos homens, nem no que se faz sobre a terra, só teríamos maiores dificuldades para imaginar a primeira causa de todo movimento. Quanto a mim, sinto-me de tal forma persuadido de que o estado natural da matéria é estar em repouso e de que ela não tem por si mesma nenhuma força para agir, que ao ver um corpo em movimento eu logo julgo, ou que é um corpo animado, ou que aquele movimento foi-lhe comunicado. Meu espírito recusa-se a admitir a ideia da matéria não organizada movendo-se por si mesma ou produzindo alguma ação.

No entanto, este universo visível é matéria, matéria esparsa e morta*, que nada tem em seu todo da união, da organização, do sentimento comum das partes de um corpo animado, já que é certo que nós que somos partes não nos sentimos de modo algum no todo. Este mesmo universo está em movimento, e nos seus movimentos ordenados, uniformes, sujeitos a leis constantes, nada há da liberdade que se mostra nos movimentos espontâneos do homem e dos animais. Portanto, o mundo não é um grande animal que se move por si mesmo; há, pois, alguma causa de seus movimentos estranha a ele, a qual não percebo; mas a persuasão interior torna-me essa causa de tal modo sensível que não posso ver o Sol caminhar sem imaginar uma força que o empurre, ou, se a Terra gira, acredito sentir uma mão que a faz girar.

Se é preciso admitir leis gerais cujas relações essenciais com a matéria não percebo, em que terei progredido? Não

---

* Fiz todos os esforços para conceber uma molécula viva, sem conseguir. A ideia da matéria que sente sem ter sentidos parece-me ininteligível e contraditória. Para adotar ou rejeitar essa ideia, seria preciso começar por compreendê-la, e confesso que não tenho essa felicidade.

sendo seres reais, substâncias, essas leis têm, portanto, algum outro fundamento que me é desconhecido. A experiência e a observação fizeram-nos conhecer as leis do movimento; tais leis determinam os efeitos sem mostrar as causas; não bastam para explicar o sistema do mundo e a marcha do Universo. Com dados, Descartes formava o céu e a terra; mas não pôde dar o primeiro impulso a esses dados, nem colocar em jogo a sua força centrífuga a não ser com o auxílio de um movimento de rotação. Newton descobriu a lei da atração, mas a atração sozinha logo reduziria o Universo a uma massa imóvel; a esta lei foi preciso acrescentar uma força projétil para fazer com que os corpos celestes descrevessem curvas. Diga-nos Descartes que lei física fez com que seus turbilhões girassem; mostre-nos Newton a mão que lançou os planetas na tangente de suas órbitas.

As primeiras causas do movimento não estão na matéria; ela recebe o movimento e comunica-o, mas não o produz. Quanto mais observo a ação e a reação das forças da natureza agindo umas sobre as outras, mais acho que, de efeitos em efeitos, devemos sempre remontar a alguma vontade como primeira causa; pois supor um progresso de causas ao infinito é não supor causa nenhuma. Numa palavra, todo movimento que não é produzido por um outro só pode provir de um ato espontâneo, voluntário; os corpos inanimados só agem pelo movimento e não há verdadeira ação sem vontade. Eis o meu primeiro princípio. Creio, portanto, que uma vontade move o Universo e ainda a natureza. Eis meu primeiro dogma, ou meu primeiro artigo de fé.

Como uma vontade produz uma ação física e corporal? Não sei, mas experimento em mim que ela a produz. Quero agir e ajo; quero mover meu corpo e meu corpo se move. Mas que um corpo inanimado e em repouso venha a se mover, isto é incompreensível e sem exemplo. A vontade é-me conhecida por seus atos, não por sua natureza. Conheço essa vontade como causa motriz, mas conceber a matéria produtora do movimento é claramente conceber um efeito sem causa, é conceber absolutamente nada.

Não me é mais possível conceber como minha vontade move meu corpo do que como minhas sensações afetam minha alma. Não sei nem mesmo por que um destes mistérios pareceu mais explicável do que o outro. De minha parte, quer quando sou passivo, quer quando sou ativo, o meio de união das duas substâncias parece-me absolutamente incompreensível. É muito estranho que se parta dessa mesma incompreensibilidade para confundir as duas substâncias, como se operações de naturezas tão diferentes se explicassem melhor num só sujeito do que em dois.

O dogma que acabo de estabelecer é obscuro, é verdade; mas afinal ele tem um sentido e nada tem que repugne à razão ou à observação; será que podemos dizer o mesmo do materialismo? Não é claro que, se o movimento fosse essencial à matéria, seria inseparável dela, estaria nela sempre num mesmo grau; sempre o mesmo em cada porção da matéria, seria incomunicável, não poderia nem aumentar nem diminuir e não poderíamos nem mesmo conceber a matéria em repouso? Quando me dizem que o movimento não lhe é essencial, mas necessário, querem iludir-me com palavras que seriam mais fáceis de se refutarem se tivessem um pouco mais de sentido. Pois ou o movimento da matéria vem dela mesma, e então lhe é essencial, ou, se vem de uma causa alheia, só é necessário à matéria na medida em que a causa motriz age sobre ela: voltamos à primeira dificuldade.

As ideias gerais e abstratas são a fonte dos maiores erros dos homens; nunca o jargão da metafísica fez com que se descobrisse uma única verdade, e ele encheu a filosofia de absurdos de que temos vergonha, tão logo os despojamos de suas grandes palavras. Dize-me, meu amigo, se quando te falam de uma força cega espalhada por toda a natureza levam alguma verdadeira ideia ao teu espírito. Acredita-se dizer alguma coisa através de palavras vagas como *força universal, movimento necessário*, e não se diz absolutamente nada. A ideia do movimento não é senão a ideia da translação de um lugar para outro; não há movimento sem alguma direção, pois um ser individual não seria capaz de mover-se ao mesmo tempo em todos os sentidos. Em que sentido, pois, a matéria se move necessariamente? Toda a matéria em bloco tem um movimento uniforme, ou cada átomo tem seu movimento próprio? De acordo com a primeira ideia, o universo inteiro deve formar uma massa sólida e indivisível; de acordo com a segunda, ele deve formar apenas um fluido esparso e incoerente, sem que jamais seja possível dois átomos se reunirem. Em que direção realizar-se-á esse movimento comum de toda a matéria? Será em linha reta, para o alto, para baixo, para a direita ou para a esquerda? Se cada molécula de matéria tem a sua direção particular, quais serão as causas de todas essas direções e de todas essas diferenças? Se cada átomo ou molécula de matéria apenas girasse ao redor de seu próprio centro, nada jamais sairia de seu lugar e não haveria movimento comunicado; mesmo assim seria preciso que esse movimento circular fosse determinado em algum sentido. Dar à matéria o movimento por abstração é dizer palavras que nada significam, e dar-lhe um movimento determinado é supor uma causa que o determine. Quanto mais multiplico as forças particulares, mais tenho causas novas a explicar, sem jamais encontrar algum agente comum que as dirija. Longe de poder imaginar alguma ordem no concurso fortuito dos elementos, não posso nem mesmo imaginar o combate, e o caos do universo é para mim mais inconcebível do que a sua harmonia. Compreendo que o mecanismo do mundo possa não ser inteligível ao espírito humano, mas, quando um homem começa a explicar, deve dizer coisas que os homens entendam.

Se a matéria movida me indica uma vontade, a matéria movida segundo certas leis me indica uma inteligência: este é o meu segundo artigo de fé. Agir, comparar, escolher são as operações de um ser ativo e pensante; logo esse ser existe. Onde o vês existir?, perguntarás. Não apenas nos céus que giram, no astro que nos ilumina; não apenas em mim mesmo, mas na ovelha que pasta, no passarinho que voa, na pedra que cai, na folha que o vento leva.

Julgo a ordem do mundo embora desconheça seu fim, porque para julgar essa ordem basta-me comparar as partes entre si, estudar seu concurso, suas relações, observar seu concerto. Ignoro por que o universo existe, mas não deixo de ver como ele é modificado, não deixo de perceber a íntima correspondência pela qual os seres que o compõem prestam-se auxílio mútuo. Sou como um homem que visse pela primeira vez um relógio aberto e não deixasse de admirar aquela obra, embora não conhecesse o uso da máquina e não tivesse visto o mostrador. Não sei, diria ele, para que serve o todo, mas vejo que cada peça é feita para as outras; admiro o trabalhador no detalhe de sua obra, e tenho certeza de que todas essas engrenagens só andam assim em harmonia para um fim que me é impossível perceber.

Comparemos os fins particulares, os meios, as relações ordenadas de toda espécie, e depois ouçamos o sentimento interior: que espírito são pode recusar seu testemunho? A que olhos sem prevenções a ordem sensível do universo não anuncia uma suprema inteligência? E quantos sofismas não seria preciso amontoar para desconhecer a harmonia dos seres e o admirável concurso de cada espécie para a conservação das outras? Falai-me o quanto quiserdes de combinações e de acasos; de que vos serve reduzir-me ao silêncio se não podeis persuadir-me, e como me subtraireis o sentimento involuntário que vos desmente sempre, a despeito de mim mesmo? Se os corpos organizados se combinaram fortuitamente de mil maneiras antes de assumirem formas constantes, se se formaram primeiro estômagos sem boca, pés sem cabeça, mãos sem braços, órgãos imperfeitos de toda espécie que morreram por não se poderem conservar, por que nenhuma dessas informes tentativas nos chega mais ao olhar? Por que a natureza finalmente prescreveu para si mesma leis a que no começo não estava subordinada? Não deve surpreender-me que uma coisa aconteça quando ela é possível, e que a dificuldade do acontecimento seja compensada pela quantidade de lances, concordo. No entanto, se me viessem dizer que alguns caracteres de imprensa lançados ao acaso formaram a *Eneida* pronta, não me dignaria a dar um passo para ir verificar a mentira. Esqueceis, dirão, a quantidade dos lances. Mas quantos desses lances é preciso que eu suponha para tornar verossímil a combinação? Quanto a mim, que só vejo um lance, posso apostar o infinito contra um que seu produto não é efeito do acaso. Acrescentai a isso que combinações e acasos jamais darão produtos que não sejam da mesma natureza que os elementos combinados, que a organização e a vida não resultarão de um lance de átomos e que um químico combinando misturas não os fará sentir e pensar em seu cadinho*.

Li Nieuwentyt[6] com surpresa e quase com escândalo. Como pôde esse homem querer fazer um livro sobre as maravilhas da natureza que mostrem a sabedoria de seu autor? Seu livro seria tão grosso quanto o mundo e mesmo assim não esgotaria o assunto; e assim que se queira entrar nos detalhes, escapa a maior maravilha, que é a harmonia e o concerto do todo. Já apenas a geração dos corpos vivos

---

* Acreditar-se-ia, se fosse possível provar, que a extravagância humana poderia ser levada a esse ponto? Amatus Lusitanus garantia ter visto um homúnculo de uma polegada de altura fechado num vidro, que Julius Camillus, qual outro Prometeu, teria feito utilizando ciência alquímica. Paracelso, *De natura rerum*, ensina a maneira de produzir tais homúnculos, e afirma que os pigmeus, os faunos, os sátiros e as ninfas foram gerados pela química. De fato, não vejo doravante outra coisa a fazer para estabelecer a possibilidade de tais fatos a não ser afirmar que a matéria orgânica resiste ao ardor do fogo e que suas moléculas podem conservar-se vivas num forno de revérbero.

6. *A existência de Deus demonstrada pelas maravilhas da natureza*, obra do médico holandês Nieuwentyt (1654-1718). (N. do T.)

organizados é o abismo do espírito humano; a barreira insuperável que a natureza colocou entre as diversas espécies a fim de que elas não se confundissem mostra as suas intenções com a maior evidência. Ela não se contentou com estabelecer a ordem; ela tomou medidas certeiras para que nada a pudesse perturbar.

Não há ser no universo que não se possa considerar, sob algum aspecto, como o centro comum de todos os outros, em torno do qual todos eles se ordenam, de modo que são todos reciprocamente fins e meios uns relativamente aos outros. O espírito confunde-se e se perde nessa infinidade de relações, das quais nenhuma se perde ou se confunde na multidão. Quantas absurdas suposições para deduzir toda essa harmonia do cego mecanismo da matéria que se move fortuitamente! Aqueles que negam a unidade de intenção que se manifesta nas relações de todas as partes deste grande todo podem bem cobrir seus galimatias de abstrações, de coordenações, de princípios gerais, de termos emblemáticos; façam o que fizerem, é impossível para mim conceber um sistema de seres tão regularmente ordenados sem que eu conceba uma inteligência que os ordene. Não depende de mim acreditar que a matéria passiva e morta tenha podido produzir seres vivos e sensíveis, que uma fatalidade cega tenha podido produzir seres inteligentes, que o que não pensa tenha podido produzir seres que pensam.

Acredito, pois, que o mundo é governado por uma vontade poderosa e sábia; vejo-o, ou melhor, sinto-o, e isso me importa saber; mas será este mesmo mundo eterno ou criado? Haverá um princípio único das coisas? Ou haverá dois ou vários, e qual é a natureza deles? Nada sei sobre isso, e o que me importa? À medida que estes conhecimentos forem se tornando interessantes para mim, esforçar-me-ei por adquiri-los; até lá renuncio a questões inúteis que podem inquietar meu amor-próprio, mas são inúteis à minha orientação e superiores à minha razão.

Lembra sempre que não estou ensinando meu sentimento, mas estou expondo-o. Que a matéria seja eterna ou criada, que haja um princípio passivo ou não, sempre é certo que o todo é uno e anuncia uma inteligência única; pois nada vejo que não esteja ordenado no mesmo sistema e que não concorra para o mesmo fim, qual seja, a conservação do todo na ordem estabelecida. O ser que quer e que pode, o ser ativo por si mesmo, o ser, enfim, qualquer que seja ele, que move o universo e ordena todas as coisas, chamo-o Deus. Junto a esse nome as ideias de inteligência, de potência, de vontade, que reuni, e mais a de bondade, que é uma consequência necessária das primeiras; mas nem por isso conheço melhor o ser a que dei esse nome; ele se furta igualmente aos meus sentidos e ao meu entendimento; quanto mais penso nele, mais me confundo; sei com toda a certeza que ele existe, e que existe por si mesmo; sei que minha existência é subordinada à sua e que todas as coisas que conheço estão absolutamente no mesmo caso. Percebo Deus por toda parte em suas obras; sinto-o em mim, vejo-o por toda parte ao meu redor; mas assim que quero contemplá-lo em si mesmo, assim que quero procurar onde ele está, o que ele é, qual a sua substância, ele me escapa e meu espírito perturbado nada mais percebe.

Conhecendo minha insuficiência, nunca raciocinarei sobre a natureza de Deus, a menos que seja forçado a isso pelo sentimento de suas relações comigo. Esses raciocínios são sempre temerários, um homem sábio só deve entregar-se a eles a tremer, e certo de que não foi feito para aprofundá-los, pois o que há de mais injurioso para com a divindade não é não pensar nela, mas pensar mal sobre ela.

Depois de ter descoberto os atributos pelos quais concebo sua existência, retorno a mim mesmo e procuro saber que lugar ocupo na ordem das coisas que ela governa e que posso examinar. Encontro-me incontestavelmente no primeiro lugar por minha espécie, pois, por minha vontade e pelos instrumentos que estão em meu poder para executá-la, tenho mais força para agir sobre todos os corpos que me rodeiam ou para, conforme eu queira, prestar-me ou furtar-me à sua ação, do que qualquer um deles tem para agir sobre mim contra a minha vontade unicamente pela impulsão física; e, por minha inteligência, sou o único que tem inspeção sobre tudo isso. Que ser neste mundo, afora o homem, sabe observar todos os demais, medir, calcular, prever movimentos, seus efeitos e somar, por assim dizer, o sentimento da existência comum ao de sua existência individual? O que há de tão ridículo em pensar que tudo é feito para mim, se sou o único que sabe tudo relacionar com ele?

É verdade, portanto, que o homem é o rei da terra que habita, pois não somente ele doma todos os animais, não somente dispõe dos elementos por sua indústria, mas também só ele na terra sabe dispor deles, e ainda se apropria, pela contemplação, dos próprios astros de que não pode aproximar-se. Mostrem-me outro animal na terra que saiba fazer uso do fogo e saiba admirar o sol. Qual! Posso observar, conhecer os seres e suas relações; posso sentir o que é ordem, beleza e virtude; posso contemplar o universo, elevar-me até a mão que o governa; posso amar o bem e fazê-lo; e comparar-me-ia aos animais? Alma abjeta, é tua triste filosofia que se torna semelhante a eles; ou antes, queres em vão aviltar-te, teu gênio depõe contra teus princípios, teu bom coração desmente tua doutrina e o próprio abuso de tuas faculdades prova a excelência delas, apesar de ti.

Quanto a mim, que não tenho sistema a defender, homem simples e verídico, que nenhum furor sectário arrasta e que não aspira à honra de ser chefe de seita, contente com o lugar onde Deus me pôs, nada vejo depois dele melhor do que a minha espécie, e, se tivesse de escolher meu lugar na ordem dos seres, que poderia escolher de melhor do que ser homem?

Essa reflexão menos me orgulha do que me comove, pois esse estado não foi escolhido por mim e não se deveu ao mérito de um ser que ainda não existia. Será que posso ver-me assim distinguido sem me facilitar por preencher este honroso cargo e sem abençoar a mão que nele me colocou? De meu primeiro retorno a mim nasce em meu coração um sentimento de reconhecimento e de bênção ao autor de minha espécie, e desse sentimento a minha primeira homenagem à divindade beneficente. Adoro a potência suprema e enterneço-me com seus favores. Não preciso que me ensinem esse culto, ele me é ditado pela própria natureza. Honrar o que nos protege e amar o que nos quer bem não é uma consequência natural do amor de si?

Mas, quando, para depois conhecer meu lugar individual em minha espécie, considero as diversas posições sociais e os homens que as ocupam, que acontece comigo? Que espetáculo! Onde está a ordem que observei? O quadro da natureza só me oferecia harmonia e proporções, o do gênero humano só me oferece confusão e desordem! O concerto reina entre os elementos e os homens estão no caos! Os animais são felizes, só seu rei é miserável! Ó sabedoria, onde estão tuas leis? Ó providência, assim regerá o mundo? Ser beneficente, em que se transformou teu poder? Vejo o mal sobre a terra.

Acreditarias, meu bom amigo, que dessas tristes reflexões e destas contradições aparentes formaram-se em meu espírito as sublimes ideias da alma, que até então não tinham resultado de minhas pesquisas? Meditando sobre a natureza do homem, acreditei descobrir nela dois princípios distintos, dos quais um o elevava ao estudo das verdades eternas, ao amor da justiça e do belo moral, às regiões do mundo intelectual cuja contemplação faz as delícias do sábio, e o outro o trazia de volta baixamente a si mesmo, sujeitava-o ao império dos sentidos, às paixões que são seus ministros e contrariava por elas tudo o que lhe inspirava o sentimento do primeiro. Sentindo-me puxado e disputado por esses dois movimentos contrários, eu pensava: Não, o homem não é outro; eu quero e não quero, sinto-me ao mesmo tempo escravo e liberto; vejo o bem, amo-o, e faço o mal; sou ativo quando escuto a razão, passivo quando minhas paixões me arrastam, e meu pior tormento quando sucumbo é sentir que pude resistir.

Jovem, escuta com confiança, terei sempre boa-fé. Se a consciência é obra dos preconceitos, estou errado, sem dúvida, e não há moral demonstrada; mas se preferir-se a tudo é uma inclinação natural ao homem e se, contudo, o primeiro sentimento da justiça é inato no coração humano, que aquele que faz do homem um ser simples resolva estas contradições e então não reconhecerei mais do que uma substância.

Hás de notar que pela palavra substância entendo em geral o ser dotado de alguma qualidade primitiva, abstração feita de todas as modificações particulares ou secundárias. Se, portanto, todas as qualidades primitivas que nos são conhecidas podem reunir-se num mesmo ser, não devemos admitir mais do que uma substância; mas, se algumas dessas qualidades primitivas se excluem mutuamente, há tantas substâncias diferentes quantas são as exclusões desse tipo que se podem fazer. Refletirás sobre isso; de minha parte, só preciso, diga Locke o que disser, conhecer a matéria como extensa e divisível para estar certo de que ela não pode pensar, e quando um filósofo vier dizer-me que as árvores sentem e que as rochas pensam*, por mais que ele me

---

* Acho que, longe de dizer que os rochedos pensam, a filosofia moderna descobriu que os homens não pensam. Ela só reconhece seres sensitivos na natureza, e a única diferença que ela vê entre um homem e uma pedra é que o homem é um ser sensitivo que tem sensações, e a pedra um ser sensitivo que não as tem. Mas, se é verdade que toda matéria sinta, onde conceberei estar a unidade sensitiva ou o eu individual? Será em cada molécula de matéria ou nos corpos agregativos? Suporei igualmente essa unidade nos fluidos e nos sólidos, nos mistos e nos elementos? Dizem que só há indivíduos na natureza! Mas quais são esses indivíduos? Esta pedra é um indivíduo ou um agregado de indivíduos? Será ela um só ser sensitivo, ou conterá tantos seres sensitivos quantos grãos de areia? Se cada átomo elementar é um ser sensitivo, como conceberei a íntima comunicação pela qual

confunda com seus argumentos sutis, não poderei ver nele mais do que um sofista de má-fé, que prefere dar sentimentos às pedras a conceder uma alma ao homem.

Suponhamos um surdo que negue a existência dos sons porque eles nunca impressionaram seu ouvido. Ponho diante de seus olhos um instrumento de cordas, cujo uníssono faço soar através de um outro instrumento escondido. O surdo vê a corda a tremer; digo-lhe: é o som que produz isso. Nada disso, responde ele; a causa do tremor da corda está nela mesma; é uma qualidade comum a todos os corpos tremerem assim. Mostre-me então, digo, esse tremor nos outros corpos, ou pelo menos a causa do tremor desta corda. Não posso, responde o surdo, mas por que devo explicar esse tremor que não compreendo pelos tais sons de que não tenho a mínima ideia? Seria explicar um fato obscuro por uma causa ainda mais obscura. Ou me tornas sensíveis os teus sons, ou digo que não existem.

Quanto mais reflito sobre o pensamento e sobre a natureza do espírito humano, mais acho que o raciocínio dos materialistas se parece com o desse surdo. Eles são surdos, de fato, à voz interior que lhes grita num tom difícil de ignorar: uma máquina não pensa, não há nem movimento, nem figura que produza a reflexão; alguma coisa em ti procura romper as correntes que o prendem. O espaço não é tua medida, o universo inteiro não é suficientemente gran-

---

um se sente no outro, de sorte que seus dois *eus* se confundem em um? A atração pode ser uma lei da natureza cujo mistério é desconhecido para nós, mas sabemos pelo menos que a atração, agindo conforme as massas, não tem nada de incompatível com a extensão e a divisibilidade. Sabeis a mesma coisa do sentimento? As partes sensíveis são extensas, mas o ser sensitivo é invisível e uno; ele não se divide, é todo ou nenhum; portanto, o ser sensitivo não é um corpo. Não sei como o entendem os nossos materialistas, mas acho que as mesmas dificuldades que fazem com que rejeitem o pensamento deveriam fazer também com que rejeitassem o sentimento, e não vejo por que, tendo dado o primeiro passo, não dariam eles também o outro. O que isso lhes custaria a mais? E, já que estão certos de que não pensam, como ousam afirmar que sentem?

de para ti; teus sentimentos, teus desejos, tua inquietação, teu próprio orgulho têm um princípio diferente do corpo estreito dentro do qual te sentes acorrentado.

Nenhum ser material é ativo por si mesmo, e eu o sou. Por mais que me contradigam quanto a isso, sinto-o, e esse sentimento que fala a mim é mais forte do que a razão que o combate. Tenho um corpo sobre o qual os outros agem e que age sobre eles; essa ação recíproca não é duvidosa, mas minha vontade é independente dos meus sentidos; consinto ou resisto, sucumbo ou sou vencedor, e sinto perfeitamente em mim mesmo quando faço o que quis fazer ou quando apenas cedo às minhas paixões. Tenho sempre o poder de querer, não a força de executar. Quando me entrego às tentações, ajo conforme o impulso dos objetos externos. Quando me censuro por tal fraqueza, só ouço a minha vontade; sou escravo por meus vícios e livre por meus remorsos; o sentimento de minha liberdade só se apaga em mim quando me depravo e enfim impeço a voz da alma de se elevar contra a lei do corpo.

Só conheço a vontade pelo sentimento que tenho da minha, e o entendimento não me é mais bem conhecido. Quando me perguntam qual é a causa que determina minha vontade, pergunto por minha vez qual é a causa que determina meu juízo, pois é claro que essas duas causas são apenas uma e, quando se compreende bem que o homem é ativo em seus juízos, que seu entendimento é apenas o poder de comparar e de julgar, vê-se que sua altivez não passa de um poder semelhante ou derivado daquele; ele escolhe o bom como julgou o verdadeiro; se julga falsamente, escolhe mal. Qual é, então, a causa que determina sua vontade? É o seu juízo. E qual é a causa que determina seu juízo? É sua faculdade inteligente, é sua potência de julgar; a sua determinante está nele mesmo. Além disso, nada mais entendo.

Sem dúvida não sou livre para não querer meu próprio bem, não sou livre para querer meu mal, mas a minha liberdade consiste justamente no fato de eu só poder querer o que é conveniente para mim, ou que considero como tal, sem que nada de alheio a mim me determine. Seguir-se-á disto que não sou senhor de mim mesmo, por não ter o poder de ser alguém diferente de mim?

O princípio de toda ação está na vontade de um ser livre; não poderíamos remontar além disso. Não é a palavra liberdade que nada significa, mas a palavra necessidade. Supor algum ato, algum efeito que não derive de um princípio ativo é realmente supor efeitos sem causa, é cair no círculo vicioso. Ou não há um primeiro impulso, ou todo primeiro impulso não tem nenhuma causa anterior, e não há verdadeira vontade sem liberdade. O homem, portanto, é livre em suas ações e, como tal, animado de sua substância imaterial: este é o meu terceiro artigo de fé. Desses três primeiros facilmente deduzirás todos os outros, sem que eu continue a enumerá-los.

Se o homem é ativo e livre, ele age por si mesmo. Tudo o que faz livremente não entra no sistema ordenado da providência e não lhe pode ser imputado. Ela não quer o mal que o homem faz abusando da liberdade que ela lhe dá, mas não o impede de fazê-lo, quer porque da parte de um ser tão fraco esse mal seja nulo a seus olhos, quer porque não o poderia impedir sem perturbar a sua liberdade e causar um mal maior degradando a sua natureza. Ela o fez livre para que ele fizesse não o mal, mas o bem por escolha. Colocou-o em condições de fazer essa escolha empregando bem as faculdades de que o dotou; mas limitou de tal modo suas forças que o abuso da liberdade que ela lhe deixa não pode perturbar a ordem geral. O mal que o homem faz retorna a ele sem nada mudar no sistema do mundo, sem impedir que a própria espécie humana conserve-se, apesar de tudo. Murmurar contra o fato de Deus não o impedir de fazer o mal é murmurar por tê-lo feito de uma natureza excelente, por ter posto em suas ações a moralidade que as enobrece, por ter-lhe dado direito à virtude. O supremo gozo está no contentamento consigo mesmo; é para merecer esse contentamento que fomos colocados na terra e dotados de liberdade, que somos tentados pelas paixões e contidos pela consciência. Que mais podia em nosso favor a própria potência divina? Podia ela colocar uma contradição em nossa natureza e atribuir o mérito de ter bem agido a quem não tivesse o poder de agir mal? Qual! Para impedir o homem de ser mau dever-se-ia limitá-lo ao instinto e torná-lo um animal? Não, Deus de minha alma, nunca te censurarei por tê-la feito à tua imagem, para que eu pudesse ser livre, bom e feliz como tu.

É o abuso de nossas faculdades que nos torna infelizes e maus. Nossas tristezas, nossas preocupações, nossos sofrimentos vêm-nos de nós mesmos. O mal moral é incontestavelmente obra nossa, e o mal físico nada seria sem os nossos vícios, que no-lo tornaram sensível. Não foi para nos conservarmos que a natureza fez com que sentíssemos nossas necessidades? Não é a dor do corpo um sinal de que a máquina não está funcionando bem e uma advertência para que seja reparada? A morte... Não envenenam os maus suas próprias vidas e a nossa? Quem gostaria de viver para sempre? A morte é o remédio para os males que fazeis uns aos outros; a natureza quis que não sofrêsseis para sempre. Como está sujeito a poucos males o homem que vive na simplicidade primitiva! Vive quase sem doenças e sem paixões e não prevê nem sente a morte; quando a sente, suas misérias a tornam desejável; ela já não é, então, um mal para ele. Se nos contentássemos com ser o que somos, não teríamos de deplorar nossa sorte, mas, para procurar um bem-estar imaginário, proporcionamos a nós mesmos mil males reais. Quem não é capaz de suportar um pouco de sofrimento deve esperar sofrer muito. Quando estragamos nossa constituição com uma vida desregrada, queremos restabelecê-la com remédios; ao mal que sentimos acrescentamos o que tememos; a previsão da morte torna-a horrível e a acelera; quanto mais queremos fugir dela, mais a sentimos, e morremos de terror durante toda a vida, murmurando contra a natureza dos males que fizemos ao ofendê-la.

Homem, não mais procures o autor do mal; esse autor és tu mesmo. Não existe outro mal além do que fazes ou do que sofres, e ambos vêm de ti. O mal geral só pode estar na desordem, e vejo no sistema do mundo uma ordem que não se desmente. O mal particular está apenas no sentimento do ser que sofre, e tal sentimento o homem não recebeu da natureza, causou-o a si mesmo. A dor pouco pode contra quem, tendo refletido pouco, não tem nem lembrança nem previdência. Suprimi nossos funestos progressos, suprimi nossos erros e nossos vícios, suprimi a obra do homem e tudo estará bem.

Onde tudo está bem, nada é injusto. A justiça é inseparável da bondade; ora, a bondade é o efeito necessário de uma potência sem limite e do amor de si, essencial a todo ser que sente. Aquele que tudo pode prolonga, por assim dizer, a sua existência com a dos seres. Produzir e conservar são o ato perpétuo da potência; ela não age sobre o que não é; Deus não é o Deus dos mortos, não poderia ser destrutor e mau sem se prejudicar. Aquele que tudo pode só pode querer o que é bom*. Portanto, o Ser soberanamente bom, por ser soberanamente poderoso, deve ser também soberanamente justo, caso contrário ele se contradiria; pois o amor da ordem que o produz chama-se *bondade* e o amor da ordem que o conserva chama-se *justiça*.

Dizem que Deus nada deve a suas criaturas. Creio que lhes deve tudo o que lhes prometeu ao dar-lhes o ser. Ora, é prometer-lhes um bem dar-lhes uma ideia dele e fazer com que sintam a necessidade dele. Quanto mais volto para

---

* Quando os antigos chamavam o Deus supremo de *optimus maximus*, falavam uma grande verdade; mas ao dizer *maximus optimus* eles teriam falado mais exatamente, já que a sua bondade vem de sua potência; ele é bom porque é grande.

dentro de mim mesmo, quanto mais me consulto, mais leio estas palavras escritas em minha alma: *Sê justo e serás feliz*. Não é assim, porém, se considerarmos o atual estado das coisas; o mau prospera e o justo permanece oprimido. Vede que indignação acende-se em nós quando essa expectativa se frustra! A consciência ergue-se e protesta contra seu autor; grita-lhe entre gemidos: Enganaste-me!

Enganei-te, temerário! E quem te disse isso? Tua alma está aniquilada? Cessaste de existir? Ó Brutus, ó meu filho! Não sujes tua nobre vida ao terminá-la; não deixes tua esperança e tua glória em teu corpo nos campos de Filipes. Por que dizes *a virtude nada é* quando vais gozar o valor da tua? Pensas que vais morrer; não, vais viver, e é então que honrarei tudo o que te prometi.

Dir-se-ia diante dos protestos dos impacientes mortais que Deus lhes deve a recompensa antes do mérito e que ele está comprometido a recompensar antecipadamente sua virtude. Oh! Sejamos bons primeiro e depois seremos felizes. Não exijamos o prêmio antes da vitória, nem o salário antes do trabalho. Não é na liça, dizia Plutarco, que os vencedores de nossos jogos sagrados são coroados, mas depois de terem passado por ela.

Se a alma é imaterial, ela pode sobreviver ao corpo, e, se sobrevive a ele, a providência está justificada. Mesmo que eu não tivesse mais nenhuma prova da imaterialidade da alma além do triunfo do mau e da opressão do justo neste mundo, só isso já me impediria de duvidar dela. Uma dissonância tão chocante na harmonia universal faria com que eu procurasse resolvê-la. Diria comigo mesmo: nem tudo acaba para nós com a vida, tudo volta à ordem na morte. É verdade que eu teria a dificuldade de responder onde fica o homem quando tudo o que tinha de sensível é destruído. Essa questão já não é uma dificuldade para mim, desde que reconheci duas substâncias. É muito simples que, durante a minha vida corporal, nada percebendo a não ser pelos meus sentidos, o que não está submetido a eles me escape. Quando se rompe a união entre o corpo e a alma, concebo que um pode dissolver-se e a outra conservar-se. Por que a destruição de um acarretaria a destruição da outra? Pelo contrário, sendo de naturezas tão diferentes, estavam por sua união num estado violento e, quando essa união cessa, voltam ambos a seu estado natural; a substância ativa e viva recupera toda a força que empregava em mover a substância passiva e morta. Infelizmente, e sinto-o até demais pelos meus vícios, o homem só vive pela metade durante a sua vida, e a vida da alma começa só com a morte do corpo.

Mas qual é essa vida? É imortal a alma por sua natureza? Meu entendimento limitado nada concebe sem limites; tudo o que chamam infinito me escapa. Que posso negar ou afirmar? Que raciocínios posso realizar sobre o que não posso conceber? Creio que a alma sobreviva ao corpo o suficiente para a manutenção da ordem; quem sabe se é o suficiente para durar para sempre? Todavia, concebo como o corpo se desgasta e se destrói pela divisão das partes, mas não posso conceber uma tal destruição do ser pensante e, não imaginando como ele possa morrer, presumo que ele não morre. Já que essa presunção me consola e não tem nada de insensato, por que temeria entregar-me a ela?

Sinto minha alma, conheço-a pelo sentimento e pelo pensamento, sei que ela existe sem saber qual é a sua essência; não posso raciocinar sobre ideias que não tenho. O que sei é que a identidade do *eu* só se prolonga pela memória e, para ser o mesmo de fato, é preciso que me lembre de ter sido. Ora, não poderia lembrar-me depois de minha morte do que fui durante a vida sem me lembrar também do que senti e, por conseguinte, do que fiz, e não tenho dúvidas de que essa lembrança será um dia a felicidade dos bons e o tormento dos maus. Nesta terra, mil paixões ardentes absorvem o sentimento interno e enganam os remorsos. As humilhações, as desgraças que o exercício das virtudes atrai impedem que se sintam todos os seus encantos. Mas quando, libertados das ilusões que nos dão o corpo e os sentidos, gozarmos da contemplação do Ser supremo e das verdades eternas de que ele é fonte, quando a beleza da ordem atingir todas as potências de nossa alma e estivermos ocupados unicamente em comparar o que fizemos com o que deveríamos ter feito, então a voz da consciência recuperará sua força e seu império; então a volúpia pura que nasce do contentamento consigo mesmo e o lamento amargo por ter-se aviltado separarão por sentimentos inesgotáveis a sorte que cada um tiver construído para si mesmo. Não me perguntes, bom amigo, se haverá outras fontes de felicidade e de sofrimentos; ignoro-o; e aquelas que imagino já são suficientes para me consolar desta vida e me fazer esperar outra. Não digo que os bons serão recompensados, pois que outro bem pode aguardar um ser excelente a não ser existir de acordo com a sua natureza? Mas digo que serão felizes, porque o seu autor, o autor de toda justiça, tendo-os criado sensíveis, não os criou para sofrerem, e, não tendo abusado de sua liberdade na terra, não frustraram sua destinação por sua culpa; no entanto sofreram nesta vida, serão portanto indenizados numa outra. Esse sentimento baseia-se menos no mérito do homem do que na noção de bondade que me parece inseparável da essência divina. Não faço mais do que supor que as leis da ordem sejam observadas e que Deus seja inflexível consigo mesmo*.

Tampouco me perguntes se os tormentos dos maus serão eternos; ignoro-o também e não tenho a vã curiosidade de esclarecer questões inúteis. Que me importa o que acontecerá com os maus? Tenho pouco interesse em sua sorte. Todavia, tenho dificuldades para acreditar que sejam condenados a tormentos sem fim. Se a suprema justiça se vinga, vinga-se já nesta vida. Vós e vossos erros, ó nações,

---

* *Não por nós, não por nós, Senhor,*
Mas por teu nome, mas por tua própria honra,
Ó Deus, faz-nos reviver!

(*Salmos*, 115)

sois os seus ministros. Ela emprega os males que fazeis uns aos outros na punição dos crimes que os acarretaram. É em vossos corações insaciáveis, roídos pela inveja, pela avareza e pela ambição que, no seio de vossas falsas prosperidades, as paixões vingadoras punem vossos crimes. Que necessidade há de procurar o inferno na outra vida? Ele está já nesta vida, no coração dos maus.

Onde terminam nossas necessidades perecíveis, onde cessam nossos desejos insensatos, devem cessar também nossas paixões e nossos crimes. De que perversidade espíritos puros seriam suscetíveis? Não precisando de nada, por que seriam maus? Se, destituídos de nossos sentidos grosseiros, toda a sua felicidade reside na contemplação dos seres, eles só podem querer o bem; e quem deixa de ser mau pode ser miserável para sempre? Eis o que me inclino a acreditar, sem me esforçar por me decidir a respeito. Ó Ser clemente e bom! Quaisquer que sejam teus decretos, adoro-os; se punes os maus, anulo minha fraca razão perante a tua justiça. Mas, se os remorsos desses desafortunados devem extinguir-se com o tempo, se seus males devem acabar e se a mesma paz nos espera a todos um dia, louvo-te. Não é o mau meu irmão? Quantas vezes não tentei parecer-me com ele! Liberto de sua miséria, perca ele também a malignidade que a acompanha; seja feliz como eu; longe de provocar ciúme, sua felicidade só aumentará a minha.

Foi assim que, contemplando Deus em suas obras e estudando-o pelos seus atributos que me importava conhecer, cheguei a ampliar e aumentar gradualmente a ideia, inicialmente imperfeita e limitada, que eu tinha desse ser imenso. Mas, se essa ideia tornou-se mais nobre e maior, ela é também menos proporcionada à razão humana. À medida que me aproximo em espírito da eterna luz, seu brilho ofusca-me, perturba-me, e sou forçado a abandonar todas as noções terrestres que me ajudam a imaginá-la. Deus já não é corporal e sensível; a suprema inteligência que rege o mundo já não é o próprio mundo. Elevo e canso em vão o meu espírito para conceber a sua essência. Quando penso que é ela que dá vida e atividade à substância viva e ativa que rege os corpos animados; quando ouço dizerem que minha alma é espiritual e que Deus é um espírito, indigno-me contra esse aviltamento da essência divina; como se Deus e a minha alma tivessem a mesma natureza; como se Deus não fosse o único ser absoluto, o único realmente ativo, que sente, pensa, quer por si mesmo, e do qual recebemos o pensamento, o sentimento, a atividade, a vontade, a liberdade, o ser! Só somos livres porque ele quer que o sejamos, e sua substância inexplicável está para nossas almas assim como nossas almas estão para nossos corpos. Se ele criou a matéria, os corpos, os espíritos, o mundo, eu não sei. A ideia de criação confunde-me e ultrapassa meu alcance; creio nela tanto quanto posso concebê-la; mas sei que ele formou o universo e tudo o que existe, que fez tudo e tudo ordenou. Deus é eterno, sem dúvida; mas pode o meu espírito abarcar a ideia da eternidade? Por que contentar-me com palavras sem ideias? O que concebo é que ele é antes das coisas, que ele será enquanto elas subsistirem e que ele seria até mesmo depois, se tudo acabasse um dia. Que um ser que não concebo dê existência a outros seres, isso é apenas obscuro e incompreensível; mas que o ser e o nada transformem-se por si mesmos um no outro, isso é uma contradição palpável, é um claro absurdo.

Deus é inteligente, mas de que modo o é? O homem é inteligente quando raciocina, e a suprema inteligência não precisa raciocinar; não usa de premissas nem de consequências, nem mesmo de proposições; é puramente intuitiva, vê de igual modo tudo o que é e tudo o que se pode ser; todas as verdades são para ela uma única ideia, como todos os lugares são um só ponto e todos os tempos um só momento. A potência humana age através de meios, a potência divina age por si mesma. Deus pode porque quer; sua vontade faz o seu poder. Deus é bom, nada é mais evidente; mas a bondade no homem é o amor de seus semelhantes, e a bondade de Deus é o amor da ordem, pois é pela ordem que ele conserva o que existe e liga cada parte com o todo. Deus é justo, estou convencido disso; trata-se de uma consequência da sua bondade; a injustiça dos homens é obra deles, e não de Deus; a desordem moral, que depõe contra a providência aos olhos dos filósofos, aos meus só consegue demonstrá-la. Mas a justiça do homem é dar a cada um o que lhe pertence, e a justiça de Deus é pedir que cada um preste contas do que lhe foi dado.

Pois, se venho a descobrir sucessivamente esses atributos de que não tenho nenhuma ideia absoluta, é por consequências forçadas, é pelo bom uso de minha razão; mas afirmo-os sem compreendê-los e, no fundo, isso é nada afirmar. Por mais que eu diga: Deus é assim; sinto-o, provo-o para mim mesmo; nem por isso concebo melhor como Deus pode ser assim.

Enfim, quanto mais me esforço por contemplar a sua essência infinita, menos a concebo; mas ela é, e isso me basta; quanto menos a concebo, mais a adoro. Humilho-me e digo-lhe: Ser dos seres, sou porque és; é elevar-me à minha origem meditar-te sem cessar. O mais digno uso de minha razão é anular-se diante de ti; é o meu arroubo de espírito, o encanto de minha fraqueza sentir-me esmagado por sua grandeza.

Depois de ter assim, da impressão dos objetos sensíveis e do sentimento interior que me leva a julgar as causas conforme as minhas luzes naturais, deduzido as principais verdades que me importava conhecer, resta-me procurar saber que máximas devo tirar delas para a minha conduta e que regras devo prescrever a mim mesmo para cumprir minha destinação na terra, conforme a intenção daquele que aqui me colocou. Continuando a seguir o meu método, não extraio essas regras dos princípios de uma alta filosofia, mas encontro-as escritas no fundo do coração, escritas pela natureza em caracteres indeléveis. Basta consultar-me sobre o que quero fazer; tudo o que sinto estar bem está bem, tudo o que sinto estar mal está mal. O melhor de todos os casuístas é a consciência, e só quando regateamos com ela recorremos às sutilezas do raciocínio. O primeiro de todos os cuidados é o de si mesmo; no entanto, quantas vezes a voz interior diz-nos que ao fazer o que é bom para nós à custa dos outros fazemos o mal! Acreditamos seguir o impulso da natureza e resistimos a ela; ao escutar o que ela diz aos nossos sentidos, desprezamos o que ela diz a nossos corações; o ser ativo obedece, o ser passivo manda. A consciência é a voz da alma, as paixões são a voz do corpo. Será espantoso que muitas vezes essas duas linguagens se contradigam? E então, qual das duas devemos escutar? Vezes demais a razão nos engana, conquistamos até demais o direito de recusá-la, mas a consciência nunca engana. Ela é o verdadeiro guia do homem; ela está para a alma assim como o instinto está para o corpo*: quem a segue obedece à natureza e não tem medo de se perder. Esse ponto é importante, prosseguiu meu benfeitor, vendo que eu ia inter-

---

* A filosofia moderna, que só admite o que explica, está longe de admitir essa obscura faculdade chamada *instinto*, que parece guiar, sem nenhum conhecimento adquirido, os animais para certo fim. Segundo um de nossos filósofos mais sábios (Condillac), o instinto não é mais do que um hábito carente de reflexão, mas adquirido ao refletir, e da maneira com que ele explica esse progresso, devemos concluir que as crianças refletem mais do que os adultos, paradoxo muito estranho para valer a pena examiná-lo. Sem entrar aqui nessa discussão, pergunto que nome devo dar ao afã com que meu cão faz guerra às toupeiras que não come, à paciência com que as espreita, às vezes por horas inteiras, e à habilidade com que as apanha, as lança para o ar no momento em que aparecem e as mata em seguida, para deixá-las ali, sem que nunca ninguém lhe tenha ensinado essa caça e que ali havia toupeiras. Pergunto também, e isto é mais importante, por que, da primeira vez que ameacei este mesmo cão, ele se jogou de costas para o chão, de patas retraídas, numa atitude suplicante, a mais capaz de me tocar, postura na qual ele evitaria ficar se, sem me deixar dobrar, eu lhe tivesse batido naquele estado. Qual! Meu cão, ainda pequenininho, mal tendo nascido, já havia adquirido ideias morais? Sabia o que era clemência e generosidade? Por que ideias adquiridas esperava ele me serenar entregando-se à minha discrição? Todos os cães do mundo fazem mais ou menos a mesma coisa no mesmo caso, e não estou dizendo nada que todo o mundo não possa verificar. Queiram os filósofos, que rejeitam com tanto desdém o instinto, explicar esse fato unicamente usando o jogo das sensações e dos conhecimentos que elas nos fazem adquirir, e o façam de maneira satisfatória para qualquer homem sensato; então, eu não terei mais nada a dizer e já não falarei de instinto.

rompê-lo; permite-me que eu me detenha um pouco mais para esclarecê-lo.

Toda a moralidade de nossas ações está no juízo que nós mesmos fazemos sobre elas. Se é verdade que o bem esteja bem, ele deve estar no fundo de nossos corações assim como nas obras, e o primeiro prêmio da justiça é sentir que a praticamos. Se a bondade moral é conforme à nossa natureza, o homem só pode ser são de espírito ou bem constituído na medida em que é bom. Se ela não o é, e o homem é naturalmente mau, ele não pode cessar de sê-lo sem se corromper, e a bondade é nele apenas um vício contra a natureza. Criado para prejudicar seus semelhantes como o lobo para massacrar sua presa, um homem humano seria um animal tão depravado quanto um lobo piedoso, e só a virtude nos deixaria remorsos.

Entremos em nós mesmos, jovem amigo, e examinemos, pondo de parte todo interesse pessoal, a que nos levam nossas inclinações. Que espetáculo nos agrada mais, o dos tormentos ou o da felicidade de outrem? O que nos é mais doce fazer e nos deixa uma impressão mais agradável após ter feito, um ato de beneficência ou um ato de maldade? Por quem te interessas no teatro? É com os crimes que te divertes, é por seus autores punidos que derramas lágrimas? Tudo é indiferente para nós, dizem eles, exceto nosso interesse; e, muito pelo contrário, as delícias da amizade e da humanidade consolam-nos em nossos sofrimentos e, mesmo em nossos prazeres, estaríamos muito sós, muito miseráveis se não tivéssemos com quem partilhá-los. Se não há nada de moral no coração do homem, de onde lhe vêm então os arroubos de admiração pelas ações heroicas, os transportes de amor pelas grandes almas? O entusiasmo da virtude, que ligação tem ele com o nosso interesse privado? Por que preferiria eu ser Catão que rasga suas entranhas a ser César triunfante? Suprimi de nossos corações esse amor do belo e suprimireis todo o encanto da vida. Aquele cujas vis paixões abafaram na alma estreita esses sentimentos deliciosos, aquele que, de tanto se concentrar dentro de si mesmo, acaba só amando a si mesmo, já não tem arroubos, seu coração gelado já não palpita de alegria, um doce enternecimento nunca umedece seus olhos; ele já não goza de nada; o infeliz já não sente, já não vive; já está morto.

Mas, seja qual for o número dos maus sobre a terra, existem poucas dessas almas cadavéricas que se tornaram insensíveis, fora de seu interesse, a tudo o que é justo e bom. A iniquidade só agrada enquanto tiramos proveito dela; em tudo o mais queremos que o inocente seja protegido. Se vemos numa rua ou numa estrada algum ato de violência e de injustiça, imediatamente um movimento de cólera e de indignação eleva-se do fundo do coração e leva-nos a tomar a defesa do oprimido; um dever poderoso nos retém, no entanto, e as leis tiram-nos o direito de proteger a inocência. Pelo contrário, se algum ato de clemência ou de generosidade alcança nossos olhos, que admiração, que amor nos inspira! Quem não pensa: gostaria de ter feito a mesma coisa? Com certeza pouco nos importa se um homem foi mau ou justo há dois mil anos, e no entanto o mesmo interesse toma conta de nós na História Antiga como se tudo aquilo se tivesse passado na atualidade. Em que me afetam os crimes de Catilina? Terei medo de ser sua vítima? Por que então tenho por ele o mesmo horror que teria se fosse meu contemporâneo? Não odiamos os maus apenas porque nos prejudicam, mas porque são maus. Não queremos somente ser felizes, mas queremos também a felicidade do outro, e quando essa felicidade não custa nada à nossa, ela a aumenta. Enfim, mesmo contra a vontade, temos pena dos desafortunados; quando somos testemunhas de seu mal, sofremos por isso. Os mais perversos não seriam capazes de perder completamente essa inclinação; muitas vezes ela os coloca em contradição consigo mesmos. O ladrão que rouba os passantes ainda cobre a nudez do pobre, e o mais feroz assassino ampara um homem que cai desmaiado.

Fala-se do grito dos remorsos, que pune em segredo os crimes escondidos e não raro os põe em evidência. Infelizmente, quem de nós nunca ouviu essa voz importuna? Falamos por experiência, e gostaríamos de abafar o sentimento tirânico que nos causa tantos tormentos. Obedeçamos à natureza e saberemos com que doçura ela reina e que encanto encontramos, depois de tê-la escutado, em dar um bom testemunho de nós mesmos. O mau teme a si mesmo e se evita; diverte-se lançando-se para fora de si mesmo; gira ao seu redor seus olhos inquietos, à procura de um objeto que o divirta; sem a sátira amarga, sem a zombaria insultante, ele estaria sempre triste; o riso irônico é seu único prazer. Pelo contrário, a serenidade do justo é interior; seu riso não é de malignidade, mas de alegria; ele carrega a fonte desse riso em si mesmo; é tão alegre quando está só quanto no meio de uma reunião; não tira seu contentamento dos que o rodeiam, mas comunica-lhes esse contentamento.

Olha para todas as nações do mundo, percorre todas as histórias. Dentre tantos cultos inumanos e estranhos, dentre a prodigiosa diversidade de costumes e de caracteres, encontrarás por toda parte as mesmas ideias de justiça e de honestidade, por toda parte as mesmas noções de bem e de mal. O antigo paganismo pariu deuses abomináveis, que teriam sido punidos nesta terra como criminosos e que ofereciam como modelo da felicidade suprema apenas crimes a cometer e paixões a satisfazer. Mas o vício, armado de uma autoridade sagrada, descia em vão da morada eterna, pois o instinto moral repelia-o do coração dos humanos. Ao celebrarem-se as orgias de Júpiter, admirava-se a continência de Xenócrates; a casta Lucrécia adorava a impudica Vênus; o intrépido romano sacrificava ao medo; invocava o deus que mutilou seu pai e morria sem protestos pela mão do seu; as mais desprezíveis divindades foram cultuadas pelos maiores homens. A santa voz da natureza, mais forte do que a dos deuses, fazia-se respeitar na terra e parecia relegar ao céu o crime e os culpados.

Existe, pois, no fundo das almas um princípio inato de justiça e de virtude a partir do qual, apesar de nossas próprias máximas, julgamos nossas ações e as de outrem como boas ou más, e é a esse princípio que dou o nome de consciência.

Mas ao dizer esta palavra ouço elevar-se de todos os lados o clamor dos pretensos sábios: erros de infância, preconceitos de educação, exclamam todos em uníssono. Não há nada no espírito humano além do que se introduz pela experiência, e só julgamos alguma coisa a partir de ideias adquiridas. Eles vão além: ousam rejeitar esse acordo evidente e universal de todas as nações e, contra a clara uniformidade do juízo dos homens, vão procurar nas trevas algum exemplo obscuro e só conhecido por eles; como se todas as inclinações da natureza fossem anuladas pela depravação de um povo e, por haver monstros, a espécie nada mais fosse. Mas de que servem ao cético Montaigne os tormentos que proporciona a si mesmo para desenterrar no fim do mundo um costume oposto às noções da justiça? De que lhe serve dar aos mais suspeitos viajantes a autoridade que recusa aos mais célebres escritores? Alguns costumes duvidosos e estranhos baseados em causas locais que nos são desconhecidas destruirão a indução geral extraída do concurso de todos os povos, opostos em tudo o mais, mas de acordo sobre este ponto? Ó Montaigne! Tu que te vanglorias de franqueza e de verdade, sê sincero e verdadeiro, se um filósofo pode sê-lo, e dize-me se existe algum lugar da terra em que seja crime honrar a palavra dada, ser clemente, bom e generoso, em que o homem de bem seja desprezível e o pérfido seja honrado.

Dizem que cada qual concorre para o bem público por seu próprio interesse. Mas por que, então, o justo concorre a isso em seu próprio prejuízo? O que é morrer em seu próprio interesse? Sem dúvida todos só agem para o seu próprio bem, mas, se existe um bem moral que devemos levar em consideração, só explicaremos pelo interesse próprio as ações dos maus. É de acreditar que nem se tentará ir mais adiante. Seria uma filosofia abominável demais aquela em que se ficasse embaraçado com as ações virtuosas, em que só se pudesse resolver o problema inventando intenções baixas e motivos sem virtude, em que fosse forçoso aviltar Sócrates e caluniar Regulus. Se alguma vez tais doutrinas pudessem germinar entre nós, a voz da natureza, assim como a da razão, elevar-se-ia sem cessar contra elas e nunca deixaria a nenhum de seus partidários a desculpa de estar de boa-fé.

Meu objetivo não é entrar agora em discussões metafísicas que ultrapassam o meu alcance e o teu e, no fundo, não levam a nada. Já te disse que não queria filosofar contigo, mas ajudar-te a consultar teu coração. Mesmo que todos os filósofos provassem que estou errado, se tu sentisses que tenho razão, nada mais eu pediria.

Para tanto só é preciso fazer com que distingas nossas ideias adquiridas e nossos sentimentos naturais, pois sentimos antes de conhecer, e, como não aprendemos a querer o nosso bem e a evitar nosso mal, mas recebemos essa vontade da natureza, também o amor do bom e o ódio ao mau são-nos tão naturais quanto o amor de nós mesmos. Os atos da consciência não são juízos, mas sentimentos. Embora todas as nossas ideias nos venham de fora, os sentimentos que as apreciam estão dentro de nós e é só por eles que conhecemos a conveniência ou inconveniência que existe entre nós e as coisas que devemos respeitar ou evitar.

Para nós, existir é sentir; nossa sensibilidade é incontestavelmente anterior à nossa inteligência, e tivemos sentimentos antes de ter ideias*. Seja qual for a causa de nos-

---

* Sob certos aspectos, as ideias são sentimentos e os sentimentos são ideias. Os dois nomes convêm a qualquer percepção que nos ocupe tanto com seu objeto quanto com nós mesmos, que somos afetados por ele; apenas a ordem dessa afecção determina o nome que lhe convém. Quando ocupados principalmente com o objeto, só pensamos em nós por reflexão, trata-se de uma ideia; inversamente, quando a impressão recebida atrai a nossa primeira atenção e só pensamos por reflexão no objeto que a causa, trata-se de um sentimento.

so ser, ela proveu à nossa conservação dando-nos sentimentos convenientes à nossa natureza, e não se poderia negar que pelo menos aqueles sejam inatos. Esses sentimentos, quanto ao indivíduo, são o amor de si, o temor da dor, o horror à morte e o desejo de bem-estar. Mas se, como não podemos duvidar, o homem é sociável por natureza, ou pelo menos é feito para tornar-se tal, só pode sê-lo através de outros sentimentos inatos, relativos à sua espécie, pois, considerando apenas a necessidade física, ele deve certamente dispersar os homens, em vez de os aproximar. Ora, é do sistema moral formado por essa dupla relação, consigo mesmo e com seus semelhantes, que nasce o impulso da consciência. Conhecer o bem não é amá-lo; o homem não tem um conhecimento inato do bem; mas, assim que a sua razão faz com que o conheça, sua consciência leva-o a amá-lo: é este sentimento que é inato.

Portanto, não creio, meu amigo, que seja impossível explicar por consequências de nossa natureza o princípio imediato da consciência, independentemente da própria razão. E, mesmo que isso fosse impossível, não seria necessário; pois, já que aqueles que negam esse princípio admitido e reconhecido por todo o gênero humano não provam que ele não existe, mas contentam-se com afirmá-lo, quando afirmamos que ele existe, estamos tão bem fundamentados quanto eles, e temos a mais o testemunho interior e a voz da consciência que depõe a favor de si mesma. Se as primeiras luzes do juízo nos ofuscam e confundem a princípio os objetos em nossa vista, esperemos que nossos débeis olhos tornem a abrir-se e se restabeleçam, e logo voltaremos a ver esses mesmos objetos à luz da razão, tais como a princípio a natureza no-los mostrava; ou melhor, sejamos mais simples e menos vaidosos; limitemo-nos aos primeiros sentimentos que encontramos em nós mesmos, já que é sempre a eles que o estudo nos leva quando não nos desorientou.

Consciência! Consciência! Instinto divino, imortal e celeste voz; guia seguro de um ser ignorante e limitado, mas inteligente e livre; juiz infalível do bem e do mal, que tornas o homem semelhante a Deus, és tu que fazes a excelência de sua natureza e a moralidade de suas ações; sem ti nada sinto em mim que me eleve acima dos animais, a não ser o triste privilégio de perder-me de erros em erros com o auxílio de um entendimento sem regra e de uma razão sem princípio.

Graças ao céu, eis-nos libertados de todo esse apavorante aparato da filosofia; podemos ser homens sem ser doutos; dispensados de consumir nossa vida no estudo da moral, dispomos por um preço menor de um guia mais seguro neste labirinto imenso das opiniões humanas. Mas não basta que esse guia exista, é preciso saber reconhecê-lo e segui-lo. Se ele fala a todos os corações, por que há tão poucos que o escutam? Ah, é que ele nos fala a língua da natureza, que tudo nos fez esquecer. A consciência é tímida, ela ama o sossego e a paz; o mundo e o barulho assustam-na, os preconceitos de que a fazem nascer são seus mais cruéis inimigos; ela foge ou cala-se diante deles; sua voz sonora abafa a dela e a impede de se fazer ouvir; o fanatismo ousa contrafazê-la e ditar o crime em seu nome. Por fim, ela se revolta de tanto ser mandada embora; já não nos fala, já não nos responde e, depois de tão longos desprezos por ela, é tão difícil chamá-la de volta quanto custou bani-la.

Quantas vezes em minhas buscas cansei-me da frieza que sentia em mim! Quantas vezes a tristeza e o tédio, vertendo seu veneno sobre minhas primeiras meditações, tornaram-nas insuportáveis para mim! Meu coração árido só concedia um zelo cansado e morno ao amor da verdade. Eu pensava: por que me atormentar procurando o que não existe? O bem moral não passa de uma quimera; as únicas coisas boas são os prazeres dos sentidos. Oh! Uma vez que perdemos o gosto dos prazeres da alma, como é difícil reavê-lo! Como é mais difícil ainda adquiri-lo quando nunca se o teve! Se existisse um homem bastante miserável para nada ter feito em toda a sua vida cuja lembrança o fizesse contente consigo mesmo e bem satisfeito por ter vivido, esse homem seria incapaz de algum dia se conhecer, e, por não sentir que bondade convém à sua natureza, permaneceria forçosamente mau e seria eternamente infeliz. Mas acreditas que haja na terra inteira um único homem bastante depravado para não ter entregue seu coração à tentação de fazer o bem? Essa tentação é tão natural e tão doce que é impossível resistir-lhe sempre, e a lembrança do prazer que produziu uma vez basta para que a lembremos continuamente. Infelizmente, ela é difícil de satisfazer no começo; temos mil razões para recusarmo-nos à inclinação do coração; a falsa prudência fecha-o nos limites do *eu* humano; são precisos mil esforços de coragem para ousar transpô-los. Comprazer-se em bem agir é o prêmio por ter agido bem, e esse prêmio só se obtém depois de merecê-lo. Nada é mais digno de amor do que a virtude, mas é preciso gozar dela para a considerar tal. Quando a queremos beijar, como o Proteu da fábula, ela primeiro assume mil formas pavorosas e só se mostra enfim aos que não desistiram.

Combatido sem cessar por meus sentimentos naturais, que falavam a favor do interesse comum, e por minha razão, que relacionava tudo com o meu proveito, eu teria balançado toda a vida nesta contínua alternativa, fazendo o mal, amando o bem, e sempre contrário a mim mesmo, se novas luzes não tivessem iluminado meu coração, se a verdade, que fixou minhas opiniões, não tivesse também garantido a minha orientação e me colocado de acordo comigo mesmo. Por mais que queiramos estabelecer a virtude unicamente através da razão, que base sólida podemos dar-lhe? A virtude, dizem eles, é o amor da ordem. Mas será que esse amor pode e deve superar em mim o amor de meu bem-estar? Deem-me eles uma razão clara e suficiente para preferi-lo. No fundo, seu pretenso princípio é um mero jogo de palavras, pois também digo, de minha parte, que o vício é o amor da ordem, tomado num sentido diferente. Há alguma ordem moral em todos os lugares onde há sentimento e inteligência. A diferença é que o bom se ordena relativamente ao todo e o mau ordena o todo relativamente a ele. Este faz-se o centro de todas as coisas; o outro mede seu raio e mantém-se na circunferência. Então ele é ordenado relativamente ao centro comum, que é Deus, e relativamente a todos os círculos concêntricos, que são as criaturas. Se a divindade não existe, apenas o mau raciocina e o bom não passa de um louco.

Ó meu filho, possas um dia sentir de que peso nos aliviamos quando, depois de termos esgotado a vaidade das opiniões humanas e experimentado o amargor das paixões, encontramos afinal tão perto de nós o caminho da sabedoria, o prêmio pelos trabalhos desta vida e a fonte da felicidade, de que desesperamos! Todos os deveres da lei natural, quase apagados de meu coração pela injustiça dos homens, voltam a escrever-se em nome da eterna justiça que os impõe a mim e que me vê cumpri-los. Já não sinto em mim senão a obra e o instrumento do grande Ser que quer o bem, que o faz, que fará o meu bem pela reunião das minhas vontades às suas e pelo bom uso de minha liberdade; digo sim à ordem que ele estabelece, certo de que um dia eu mesmo gozarei desta ordem e de que nela encontrarei a felicidade, pois qual felicidade é mais doce do que se sentir em ordem num sistema em que tudo está bem? Tomado pela dor, suporto-a com paciência, pensando que ela é passageira e vem de um corpo que não me pertence. Se faço uma boa ação sem testemunha, sei que ela é vista e registro para a outra vida a minha conduta nesta vida. Ao sofrer uma injustiça, penso: O Ser justo que tudo rege saberá indenizar-me por isto, as necessidades de meu corpo, as misérias de minha vida tornam a ideia da morte mais suportável para mim. Serão alguns laços a menos para romper quando for preciso largar tudo.

Por que está minha alma submetida aos meus sentidos e acorrentada a este corpo que a subjuga e incomoda? Não sei; terei penetrado os decretos de Deus? Mas posso, sem temeridade, formar modestas conjecturas. Penso: Se o espírito do homem tivesse permanecido livre e puro, que mérito haveria em amar e seguir a ordem que ele veria estabelecer e não teria nenhum interesse em perturbar? Seria feliz, é verdade, mas faltaria à sua felicidade o grau mais sublime, a glória da virtude e o bom testemunho de si mesmo; seria apenas como os anjos, e sem dúvida o homem virtuoso será mais do que eles. Unida a um corpo mortal por laços não menos poderosos do que incompreensíveis, o cuidado da conservação deste corpo anima a alma a relacionar tudo com ele e confere-lhe um interesse contrário à ordem geral, que no entanto ela é capaz de ver e de amar; é então que o bom uso de sua liberdade torna-se ao mesmo tempo o mérito e a recompensa, e ela prepara para si uma felicidade inalterável, combatendo suas paixões terrestres e conservando-se em sua primeira vontade.

Pois se, mesmo no estado baixo em que estamos durante esta vida, todas as nossas primeiras inclinações são legítimas, se todos os nossos vícios nos vêm de nós, por que nos queixamos de sermos subjugados por eles? Por que censuramos ao autor das coisas os males que fazemos a nós e os inimigos que armamos contra nós mesmos? Ah! Não mimemos o homem: ele sempre será bom sem dificuldades e feliz sem remorsos. Os culpados que se dizem forçados ao crime são tão mentirosos quanto maus; como não veem que a fraqueza de que se queixam é sua própria obra, que sua primeira depravação vem de sua vontade e que, por quererem ceder às tentações, cedem a elas finalmente contra a vontade e as tornam irresistíveis? Sem dúvida, já não depende deles não serem nem maus nem fracos, mas depende deles não se tornarem tal. Oh! Como permaneceríamos facilmente senhores de nós e de nossas paixões, mesmo durante esta vida, se, quando nossos hábitos ainda não foram adquiridos, quando nosso espírito começa a se abrir, soubéssemos ocupá-lo com objetos que deve conhecer para apreciar os que não conhece; se quiséssemos sinceramente esclarecer-nos, não para brilhar aos olhos dos outros, mas para sermos bons e sábios conforme a nossa natureza, para nos tornarmos felizes praticando nossos deveres! Este estudo parece-nos aborrecido e penoso porque só pensamos nele quando já corrompidos pelo vício, já entregues às nossas paixões. Estabelecemos nossos juízos e nossa estima antes de conhecer o bem e o mal, e depois, relacionando tudo com essa falsa medida, a nada damos seu justo valor.

Existe uma idade em que o coração, ainda livre, mas ardente, inquieto, ávido de felicidade que não conhece, procura-a com uma curiosa incerteza e, iludido pelos sentidos, fixa-se afinal em sua vã imagem e acredita encontrá-la onde ela não está. Essas ilusões duraram tempo demais para mim. Infelizmente, conheci-as até demais, e não pude destruí-las completamente; durarão tanto quanto este corpo mortal que as causa. Pelo menos, embora me seduzam, elas não me enganam; tomo-as pelo que são; seguindo-as, eu as desprezo; longe de ver nelas o objeto de minha felicidade, vejo-as como seu obstáculo. Aspiro ao momento em que, livre dos entraves do corpo, serei *eu* sem contradição, sem divisão, e não precisarei de nada além de mim para ser feliz; enquanto espero, sou-o já nesta vida, porque considero pouco todos os males, porque a considero como quase alheia ao meu ser e todo o verdadeiro bem que posso retirar dela depende de mim.

Para elevar-me tanto quanto possível até esse estado de felicidade, de força e de liberdade, exercito-me nas sublimes contemplações. Medito sobre a ordem do universo, não para explicá-la através de vãos sistemas, mas para admirá-la sem cessar, para adorar o sábio autor que nela se deixa perceber. Converso com ele, absorvo todas as minhas faculdades em sua divina essência; enterneço-me com seus favores e o abençoo por seus dons; mas nada lhe peço. Que lhe pediria? Que mudasse para mim o curso das coisas, que fizesse milagres em meu favor? Eu, que devo amar acima de tudo a ordem estabelecida por sua sabedoria e conservada por sua previdência, iria querer que essa ordem fosse perturbada por mim? Não, esse desejo temerário mereceria ser mais punido do que realizado. Tampouco lhe peço o poder de agir bem; por que lhe pedir o que ele me deu? Não me deu ele a consciência para amar o bem, a razão para conhecê-lo, a liberdade para escolhê-lo? Se ajo mal, não tenho desculpas; faço-o porque o quero; pedir-lhe que mude a minha vontade é pedir-lhe o que ele me pede; é querer que ele faça meu trabalho e eu receba o salário; não estar contente com a minha condição é já não querer ser homem, é querer coisa diferente do que existe, é querer a desordem e o mal. Fonte de justiça e de verdade, Deus clemente e bom, em minha confiança em ti, o supremo desejo de meu coração é que seja feita a tua vontade. Juntando a ela a minha, faço o que fazes, digo sim à tua bondade; creio compartilhar antecipadamente a suprema felicidade que é o seu prêmio.

Com justa desconfiança de mim mesmo, a única coisa que lhe peço, ou melhor, que espero de sua justiça é retificar o meu erro se me perder e se tal erro for perigoso. Não me creio infalível por ser de boa-fé; minhas opiniões que me parecem mais verdadeiras são talvez outras tantas mentiras, pois que homem não se apega às suas opiniões? E quantos homens estão de acordo sobre tudo? Ainda que a ilusão que me engana venha de mim, só ele pode curar-me. Fiz o que pude para alcançar a verdade, mas a sua fonte é elevada demais; quando me faltam forças para ir adiante, de que posso ser culpado? Cabe a ela aproximar-se.

O bom padre falara com veemência. Estava emocionado, e eu também. Eu acreditava ouvir o divino Orfeu cantar os primeiros hinos e ensinar aos homens o culto dos deuses. No entanto, eu tinha muitas objeções a lhe fazer; não fiz nenhuma, porque eram menos sólidas do que embaraçadoras, e a persuasão estava do seu lado. À medida que ele me ia falando conforme sua consciência, a minha parecia confirmar o que ele me dizia.

Os sentimentos que acabas de me expor, disse-lhe eu, parecem-me mais novos pelo que confessas ignorar do que pelo que dizes acreditar. Neles vejo, com pouca diferença, o teísmo ou a religião natural, que os cristãos fingem confundir com o ateísmo ou a irreligião, que é a doutrina diretamente oposta. Mas, no estado atual de minha fé, devo mais subir do que descer para adotar tuas opiniões, e acho difícil permanecer precisamente no ponto onde estás, a menos que me torne tão sábio quanto tu. Para ser pelo menos tão sincero, quero consultar a mim mesmo. É o sentimento interior que me deve conduzir a teu exemplo, e tu mesmo me ensinaste que depois de lhe ter imposto silêncio por muito tempo, tornar a chamá-lo não é fácil. Levo teu discurso em meu coração, é preciso que eu medite nele. Se depois de me haver consultado bastante, eu permanecer tão convencido quanto tu, serás o meu último apóstolo e serei teu prosélito até a morte. Continua, porém, a me instruir, não me disseste mais do que a metade do que devo saber. Fala-me da revelação das escrituras, desses dogmas obscuros sobre os quais erro desde a infância, sem os poder conceber nem acreditar neles, e sem ser capaz nem de admiti-los, nem de rejeitá-los.

Sim, meu filho, disse ele abraçando-me, acabarei de dizer o que penso. Não quero abrir-te o meu coração pela metade, mas o desejo que me testemunhas era necessário para autorizar-me a não ter nenhuma reserva para contigo. Nada disse até aqui que não acreditasse ser-te útil e de que eu não estivesse intimamente persuadido. O exame que me resta fazer é muito diferente; nele vejo apenas confusão, mistério, obscuridade; levo a ele apenas incerteza e desconfiança. Só me resolvo a realizá-lo tremendo e digo-te mais as minhas dúvidas do que a minha opinião. Se teus sentimentos fossem mais estáveis, eu hesitaria em expor-te os meus;

mas, no estado em que estás, ganharás pensando como eu*. De resto, dá a minhas palavras somente a autoridade da razão; ignoro se estou errado. Quando se discute, é difícil não assumir às vezes um tom afirmativo, mas lembra que aqui todas as minhas afirmações são só razões de duvidar. Procura tu mesmo a verdade; de minha parte, só te prometo boa-fé.

Vês em minha exposição apenas a religião natural; é muito estranho que seja preciso outra. Por onde conhecerei essa necessidade? De que posso ser culpado ao servir a Deus de acordo com as luzes que ele dá ao meu espírito e de acordo com os sentimentos que inspira ao meu coração? Que pureza de moral, que dogma útil ao homem e honroso ao seu autor posso tirar de uma doutrina positiva que eu não possa tirar sem ela do bom uso de minhas faculdades? Mostra-me o que podemos acrescentar, para a glória de Deus, para o bem da sociedade e para meu próprio proveito aos deveres da lei natural, e que virtude farás nascer de um novo culto que não seja uma consequência do meu. As maiores ideias da divindade vêm-nos pela razão sozinha. Vê o espetáculo da natureza, escuta a voz interior. Deus não disse tudo a nossos olhos, à nossa consciência, ao nosso juízo? Que mais nos dirão os homens? Suas revelações só degradam Deus, emprestando-lhe paixões humanas. Longe de esclarecer as noções do grande Ser, vejo que os dogmas particulares os confundem; longe de enobrecê-los, os aviltam; aos mistérios inconcebíveis que o rodeiam acrescentam contradições absurdas; tornam o homem orgulhoso, intolerante e cruel; em vez de estabelecer a paz na terra, trazem o ferro e o fogo. Pergunto a mim mesmo de que serve tudo isso, sem saber responder. Não vejo nisso mais do que os crimes dos homens e as misérias do gênero humano.

---

* Eis, segundo creio, o que o bom vigário poderia dizer agora ao público.

Dizem-me que seria preciso uma revelação para ensinar aos homens a maneira como Deus queria ser servido; apontam como prova a diversidade dos cultos bizarros que instituíram e não veem que essa mesma diversidade vem da fantasia das revelações. Desde que os povos tiveram a ideia de fazer Deus falar, cada um o fez falar à sua maneira e fê-lo dizer o que quis. Se só tivessem ouvido o que Deus diz ao coração do homem, nunca teria havido mais do que uma religião na terra.

Era preciso um culto uniforme. Também o quero, mas será este ponto tão importante para que seja necessário todo o aparato da potência divina para estabelecê-lo? Não confundamos o cerimonial da religião com a religião. O culto que Deus pede é o do coração, e este, quando sincero, é sempre uniforme. É ter uma vaidade muito louca imaginar que Deus tenha um interesse tão grande pela forma da roupa do padre, pela ordem das palavras que ele diz, pelos gestos que faz no altar e por todas as suas genuflexões. Ah! meu amigo, permanece com toda a tua altura e continuarás bem perto da terra. Deus quer ser adorado em espírito e em verdade; esse dever é de todas as religiões, de todos os países, de todos os homens. Quanto ao culto exterior, se precisa ser uniforme para que reine a boa ordem, é meramente um caso de polícia; não é preciso revelação para isso.

Não comecei por todas essas reflexões. Levado pelos preconceitos de educação e por esse perigoso amor-próprio que sempre quer levar o homem para além de sua esfera, não podendo elevar minhas fracas concepções até o grande Ser, esforcei-me por rebaixá-lo até mim. Tornei mais próximas as relações infinitamente distantes que ele colocou entre a sua natureza e a minha. Eu queria comunicações mais imediatas, instruções mais particulares, e, não contente com tornar Deus semelhante ao homem, para ser eu mesmo privilegiado entre meus semelhantes, pretendi luzes sobrenaturais, pretendi um culto exclusivo, pretendi que Deus me tivesse dito o que não tinha dito a outros, ou o que outros não tinham entendido como eu.

Encarando o ponto a que eu havia chegado como o ponto comum de onde partiam todos os crentes para chegar a um culto mais esclarecido, não via nos dogmas da religião mais do que os elementos de qualquer religião. Considerava essa diversidade de seitas que reinam na terra e se acusam mutuamente de mentira e de erro e perguntava: *Qual delas é a certa?* Cada qual me respondia: É a minha*; cada qual dizia: Só eu e meus partidários pensamos corretamente; todos os outros estão errados. *E como sabeis que vossa seita é a certa?* Porque Deus o disse. E quem vos disse que Deus o disse? Meu pastor, que o sabe. Meu pastor disse-me para crer nisso e eu creio; ele me garante que todos os que dizem coisa diferente mentem, e eu não lhes dou ouvidos.

Qual!, pensei, não é una a verdade, e o que é verdade em minha casa pode ser falso na vossa? Se o método daquele que segue o caminho certo e o do que se perde são o mesmo, que mérito ou que culpa tem um mais do que o outro? Sua escolha é efeito do acaso; imputá-la a eles é iniquidade, é recompensar ou punir por se ter nascido em tal ou tal lugar. Ousar dizer que Deus nos julga assim é ultrajar a sua justiça.

---

* "Todos", disse um bom e sábio padre, "dizem que a receberam, e nela acreditam (e todos usam esse jargão), não dos homens, nem de nenhuma criatura, mas sim de Deus.

"Mas, para dizer a verdade, sem adulação e sem disfarce nenhum, não é nada disso; digam o que disserem, elas são sustentadas por mãos e meios humanos; prova disso é, em primeiro lugar, a maneira como as religiões foram recebidas no mundo e ainda o são todos os dias pelos particulares; a nação, o país, o lugar dá a religião; pertencemos àquela que o lugar onde nascemos e crescemos tem; somos circuncidados, batizados, judeus, maometanos e cristãos antes de saber que somos homens, a religião não pertence à nossa escolha e eleição; prova disso, em segundo lugar, é a vida e os costumes em tão pouca harmonia com a religião; prova disso é que, por motivos humanos e bem pequenos, vamos contra o teor de nossa religião." (Charron, *De la sagesse*, liv. II, cap. V, p. 257, edição Bordeaux, 1601.)

É bem possível que a sincera profissão de fé do virtuoso cônego de Condom não fosse muito diferente da do vigário saboiano.

Ou todas as religiões são boas e agradáveis a Deus, ou, se há alguma que ele prescreve aos homens, punindo-os por desconhecê-la, conferiu-lhe sinais certos e manifestos para que seja distinguida e conhecida como a única verdadeira. Esses sinais são de todos os tempos e de todos os lugares, igualmente perceptíveis para todos os homens, grandes e pequenos, doutos e ignorantes, europeus, indianos, africanos e selvagens. Se houvesse na terra uma religião fora da qual só houvesse eterno sofrimento e em algum lugar do mundo um único mortal de boa-fé não fosse atingido por sua evidência, o Deus dessa religião seria o mais iníquo e o mais cruel dos tiranos.

Procuramos, então, sinceramente a verdade? Nada concedamos ao direito de nascimento e à autoridade dos padres e dos pastores, mas chamemos ao exame da consciência e da razão tudo o que eles nos ensinaram desde a infância. Não adianta me gritarem: Submete a tua razão! O mesmo pode dizer-me aquele que me engana; preciso de razões para submeter a minha razão.

Toda a teologia que pude adquirir por mim mesmo através da inspeção do universo e do bom uso de minhas faculdades limita-se ao que te expliquei há pouco. Para saber mais, é preciso recorrer a meios extraordinários. Esses meios não podem ser a autoridade dos homens, pois, não pertencendo nenhum homem a uma espécie diferente da minha, tudo o que um homem conhece naturalmente também posso conhecer, e um outro homem pode enganar-se tanto quanto eu; quando acredito no que ele diz, não é porque o diz, mas porque o prova. Portanto, o testemunho dos homens, no fundo, é apenas o da minha própria razão, e nada soma aos meios naturais que Deus me deu para conhecer a verdade.

Apóstolo da verdade, que tendes para me dizer de que eu não continue sendo o juiz? O próprio Deus falou: escutai a sua revelação. É outra coisa. Deus falou! Eis com certeza uma grande fala. E a quem ele falou? Falou aos homens. Por que, então, nada ouvi? Ele encarregou outros homens de te transmitirem sua mensagem. Entendo! São homens que me vão dizer o que Deus disse. Preferiria ter ouvido o próprio Deus; não lhe teria custado muito e eu estaria protegido contra a sedução. Ele vos protege dela manifestando a missão de seus enviados. Como isso? Através de prodígios. E onde estão esses prodígios? Nos livros. E quem fez esses livros? Homens. E quem viu esses prodígios? Homens que os atestam. Qual! Sempre testemunhos humanos! Sempre homens que me relatam o que outros homens relataram! Quantos homens entre mim e Deus! Vejamos, porém, examinemos, comparemos, verifiquemos. Oh! Se Deus se tivesse dignado dispensar-me de todo esse trabalho, tê-lo-ia servido com menor fervor?

Considera, meu amigo, em que horrível discussão vejo-me envolvido; de que imensa erudição preciso para voltar às mais altas antiguidades, para examinar, pesar, confrontar as profecias, as revelações, os fatos, todos os monumentos de fé propostos em todos os países do mundo, para lhes ensinar o tempo, o lugar, o autor, a ocasião! Que precisão de crítica é-me necessária para distinguir as peças autênticas das supostas, para comparar as objeções com as respostas, as traduções com os originais, para avaliar a imparcialidade das testemunhas, seu bom senso, suas luzes, para saber se nada foi suprimido, acrescentado, transposto, mudado, falsificado, para levantar as contradições que permanecem, para avaliar que peso deve ter o silêncio dos adversários sobre os fatos alegados contra eles, se essas alegações chegaram ao conhecimento deles, se deram importância suficiente a elas para se dignarem responder, se os livros eram bastante comuns para que os nossos chegassem até eles, se tivemos bastante boa-fé para fazer com que os deles circulassem entre nós e para neles deixar suas mais fortes objeções tais como eles as haviam formulado.

Reconhecidos todos esses monumentos como incontestáveis, é preciso passar a seguir às provas da missão de seus autores; é preciso conhecer as leis das sortes, as probabilidades eventivas, para saber que predição não se pode realizar sem milagre; o gênio das línguas originais para distinguir o que é predição nessas línguas e o que não passa de figura de retórica; quais fatos estão na ordem da natureza e quais não estão, para dizer até que ponto um homem hábil pode fascinar os olhos dos simples, pode espantar até mesmo pessoas esclarecidas; procurar saber de que espécie deve ser um prodígio e que autenticidade ele deve ter, não apenas para ser acreditado, mas para que sejamos puníveis por duvidarmos dele; comparar as provas dos verdadeiros e dos falsos prodígios e encontrar as regras seguras para distingui-los; dizer, enfim, por que Deus escolheu para atestar sua palavra meios que têm tanta necessidade de atestação, como se ele se divertisse com a credulidade dos homens e evitasse de propósito os verdadeiros meios de persuadi-los.

Suponhamos que a majestade divina digne-se rebaixar-se o bastante para tornar um homem o porta-voz de suas vontades sagradas; será razoável, será justo exigir que todo o gênero humano obedeça à voz desse ministro sem dá-lo a conhecer como tal? Será justo dar-lhe como cartas de recomendação apenas alguns sinais particulares feitos diante de poucas pessoas obscuras, dos quais todos os demais homens nada saberão a não ser por ouvir dizer? Em todos os lugares do mundo, se considerássemos verdadeiros todos os prodígios que o povo e os simples dizem ter visto, cada uma das seitas seria a certa; haveria mais prodígios do que acontecimentos naturais, e o maior de todos os milagres seria que no lugar onde houvesse fanáticos perseguidos não houvesse milagres. É a ordem inalterável da natureza que melhor mostra a sábia mão que a rege; se acontecessem muitas exceções, eu já não saberia o que pensar, e, de minha parte, creio demais em Deus para acreditar em tantos milagres tão pouco dignos dele.

Se um homem vier dizer-nos estas palavras: Mortais, anuncio-vos a vontade do Altíssimo, reconhecei em minha voz aquele que me envia. Ordeno ao sol que mude seu curso, às estrelas que formem outros arranjos, às montanhas que se aplainem, às ondas que se elevem, à terra que tome outro aspecto. A estas maravilhas, quem não reconhecerá de imediato o senhor da natureza! Ela não obedece aos impostores; seus milagres realizam-se nas encruzilhadas, nos desertos, nos quartos, e é lá que eles conseguem facilmente um pequeno número de espectadores já dispostos a acreditar em tudo. Quem ousará dizer-me quantas testemunhas oculares são necessárias para tornar um prodígio digno de fé? Se vossos milagres, feitos para provar doutrina, têm necessidade de serem provados, de que servem? Teria valido o mesmo não os ter feito.

Resta, finalmente, o exame mais importante da doutrina anunciada, pois, já que aqueles que dizem que Deus faz milagres neste mundo pretendem que o diabo às vezes os imite, com os prodígios mais bem atestados não progredimos muito mais do que antes; e já que os mágicos do faraó ousavam, na presença do próprio Moisés, fazer os mesmos sinais que ele fazia por ordem expressa de Deus, por que, em sua ausência, não pretenderiam, pelas mesmas razões, a mesma autoridade? Assim, pois, depois de ter provado a doutrina pelo milagre, é preciso provar o milagre pela doutrina*, sob pena de tomar a obra do demônio pela obra de Deus. Que pensais desse círculo vicioso?

---

* Isto é formal em mil passagens das Escrituras, entre outras no *Deuteronômio*, capítulo XIII, onde se diz que, se um profeta que anuncia deuses estrangeiros confirma suas palavras com prodígios e o que prediz acontece, longe de não nos preocuparmos, devemos mandar matar tal profeta. Assim, quando os pagãos mandavam matar os apóstolos que lhes anunciavam um deus estrangeiro e que provavam sua missão com predições e milagres, não vejo o que lhes podíamos objetar de sólido que eles imediatamente não pudessem voltar contra nós. Ora, que fazer em tal caso? Uma única coisa: voltar à argumentação e deixar de lado os milagres. Mais valeria não ter recorrido a eles. Trata-se do mais simples bom senso, que só pode ser obscurecido com distinções pelo menos muito sutis. Sutilezas do cristianismo! Mas então Jesus Cristo errou ao prometer o reino dos céus aos simples; então, errou ao começar o mais belo de seus discursos abençoando os pobres de espírito, se é preciso tanto espírito para entender a sua doutrina e para aprender a crer nele. Se me provardes que devo me submeter, muito bem; mas, para me provardes isso, colocai-vos ao meu alcance; regulai vossos raciocínios pela capacidade de um pobre de espírito, ou já não reconhecerei em vós o verdadeiro discípulo de vosso mestre, e não será a sua doutrina que me anunciareis.

Vinda de Deus, esta doutrina deve trazer o sagrado caráter da divindade; não apenas deve esclarecer as ideias confusas que o raciocínio traça em nosso espírito, como também deve propor-nos um culto, uma moral e máximas convenientes aos atributos pelos quais apenas concebemos sua essência. Assim, se ela só nos ensinasse coisas absurdas e sem razão, se ela só nos inspirasse sentimentos de aversão por nossos semelhantes e de terror por nós mesmos, se ela só nos representasse um Deus colérico, ciumento, vingador, parcial, que odeia os homens, um Deus da guerra e dos combates, sempre pronto para destruir e fulminar, sempre a falar de tormentos, de penas e orgulhando-se de punir até os inocentes, meu coração não seria atraído por esse Deus terrível e eu evitaria abandonar a religião natural para abraçar essa outra, pois podes reparar que seria preciso escolher. Vosso Deus não é o nosso, diria eu a esses sectários. Aquele que começa escolhendo para si um só povo e proscrevendo o resto do gênero humano não é o pai comum dos homens; aquele que destina ao suplício eterno a maioria de suas criaturas não é o Deus clemente e bom que minha razão me mostrou.

Quanto aos dogmas, ela me diz que devem ser claros, luminosos, impressionantes por sua evidência. Se a religião natural é insuficiente, é pela obscuridade que ela deixa nas grandes verdades que ensina; cabe à revelação ensinar-nos essas verdades de uma maneira sensível ao espírito do homem, colocá-las ao seu alcance, fazer com que ele as conceba para nelas acreditar. A fé torna-se segura e firme pelo entendimento. A melhor de todas as religiões é infalivelmente a mais clara; quem enche de mistérios e de contradições o culto que me prega ensina-me com isso a desconfiar dele. O Deus que adoro não é um Deus das trevas, ele não me deu um entendimento para proibir-me de usá-lo; dizer-me para submeter minha razão é ultrajar seu autor. O ministro da verdade não tiraniza minha razão, mas a ilumina.

Deixamos de lado toda autoridade humana e, sem ela, não sou capaz de ver como um homem pode convencer outro ao pregar-lhe uma doutrina insensata. Façamos por um momento com que esses dois homens se enfrentem um ao outro e vejamos o que poderão dizer com aquela linguagem áspera comum aos dois partidos.

O Inspirado

A razão ensina-vos que o todo é maior do que a parte; eu, porém, ensino-vos da parte de Deus que a parte é maior do que o todo.

O Raciocinador

E quem sois para ousar dizer-me que Deus se contradiz? E em quem acreditaria eu de preferência, nele que me ensina pela razão as verdades eternas, ou em vós que me anunciais de sua parte um absurdo?

O Inspirado

Em mim, pois minha instrução é mais positiva, e provar-vos-ei de modo invencível que é ele quem me envia.

O Raciocinador

Como? Provar-me-eis que é Deus que vos envia para depor contra ele? E de que gênero serão vossas provas para me convencerem de que é mais certo que Deus me fale por vossa boca do que pelo entendimento que me deu?

O Inspirado

O entendimento que vos deu? Homem pequeno e vão! Como se fôsseis o primeiro ímpio que se perde em sua razão corrompida pelo pecado!

O Raciocinador

Homem de Deus, tampouco seríeis o primeiro patife que oferece a sua arrogância como prova da sua missão.

O Inspirado

Qual! Os filósofos também insultam!

O Raciocinador

Às vezes, quando os santos dão-lhes o exemplo.

O Inspirado

Ah! Mas tenho direito de injuriar, pois falo da parte de Deus.

O Raciocinador

Seria bom que mostrásseis vossos títulos antes de usardes vossos privilégios.

O Inspirado

Meus títulos são autênticos, a terra e os céus deporão em meu favor. Acompanhai meus raciocínios, por favor.

O Raciocinador

Vossos raciocínios! Estais brincando. Ensinar-me que a minha razão me engana não é refutar o que ela me dirá em vosso favor? Aquele que pode recusar a razão deve convencer sem se servir dela. Pois suponhamos que ao raciocinar me tenhais convencido: como saberei se não é minha razão corrompida pelo pecado que me faz concordar com o que me dizeis? De resto, que prova, que demonstração podereis empregar que seja mais evidente do que o axioma que ela deve destruir? É igualmente crível que um bom silogismo é uma mentira e que a parte é maior do que o todo.

O Inspirado

Que diferença! Minhas provas não têm réplica; são de uma ordem sobrenatural.

O Raciocinador

Sobrenatural! Que significa essa palavra? Não a entendo.

O Inspirado

Mudanças na ordem da natureza, profecias, milagres, prodígios de toda espécie.

O Raciocinador

Prodígios! Milagres! Jamais vi nada disso.

O Inspirado

Outros viram-no em vosso lugar. Inúmeras testemunhas... o testemunho dos povos...

O Raciocinador

É de ordem sobrenatural o testemunho dos povos?

O Inspirado

Não. Mas, quando ele é unânime, é incontestável.

O Raciocinador

Nada há de mais incontestável do que os princípios da razão, e não se pode autorizar um absurdo com base no testemunho dos homens. Mais uma vez, vejamos as provas sobrenaturais, pois a atestação do gênero humano não é uma prova.

O Inspirado

Ó coração endurecido! A graça não vos fala!

O Raciocinador

Não é culpa minha, pois, segundo vós, é preciso já ter recebido a graça para saber pedi-la. Começai, pois, a falar-me em lugar dela.

O Inspirado

Ah! É o que estou fazendo, e não me escutais. Mas que dizeis das profecias?

O Raciocinador

Digo em primeiro lugar que não ouvi mais profecias do que vi milagres. Digo além disso que nenhuma profecia seria capaz de ter autoridade sobre mim.

O Inspirado

Servo do demônio! E por que as profecias não têm autoridade sobre vós?

O Raciocinador

Porque, para que tivessem, seriam necessárias três coisas cujo concurso é impossível, isto é, que eu tivesse sido testemunha da profecia, que fosse testemunha do acontecimento e que me fosse demonstrado que tal acontecimento não pôde ajustar-se fortuitamente com a profecia; pois, mesmo que ela seja mais precisa, mais clara, mais luminosa do que um axioma de geometria, já que a clareza de uma predição feita ao acaso não torna a sua realização impossível, essa realização, quando ocorre, nada prova rigorosamente em favor de quem a predisse.

Vede pois a que se reduzem vossas pretensas provas sobrenaturais, vossos milagres e vossas profecias. A crer em tudo isso com base na fé de outrem e a submeter à autoridade dos homens a autoridade de Deus que fala à minha razão. Se as verdades eternas que meu espírito concebe pudessem sofrer algum prejuízo, já não haveria para mim nenhuma espécie de certeza, e, longe de ter certeza de que me falais da parte de Deus, não teria nem mesmo certeza de que ele existe.

Eis aí muitas dificuldades, meu filho, e isso não é tudo. Dentre tantas religiões diversas que se proscrevem e se excluem mutuamente, uma só é a certa, se é que alguma o seja. Para reconhecê-la, não basta examinar uma delas, é preciso examinar todas, e, em qualquer matéria que seja, não devemos condenar sem ouvir*; é preciso comparar as objeções com as provas; é preciso saber o que cada uma opõe às outras e o que lhes responde. Quanto mais um sentimento nos parece demonstrado, mais devemos procurar saber em que tantos homens se baseiam para não o

---

* Conta Plutarco que os estoicos, entre outros bizarros paradoxos, afirmavam que, num juízo contraditório, era inútil ouvir as duas partes. Pois, diziam eles, ou o primeiro provou o que disse, ou não; se provou, tudo está dito, e a parte adversa deve ser condenada; se não provou, ele está errado, e deve ser condenado. Acho que o método de todos os que admitem uma revelação exclusiva se parece muito com o dos estoicos. Tão logo cada um pretenda ser o único a ter razão, para escolher entre tantos partidos, será preciso escutar a todos, ou seremos injustos.

considerar assim. Seria preciso ser bem simplório para acreditar que basta ouvir os doutores de seu partido para informar-se sobre as razões do partido contrário. Onde estão os teólogos que se julgam capazes de ter boa-fé? Onde estão os que, para refutar as razões de seus adversários, não começam por enfraquecê-las? Cada um brilha em seu partido, mas um, em meio aos seus, é orgulhoso de suas provas e faria papel de tolo com essas mesmas provas entre as pessoas de um outro partido. Queres instruir-te nos livros? Que erudição será preciso adquirir! Quantas línguas será preciso aprender! Quantas bibliotecas será preciso percorrer! Que imensa leitura será preciso fazer! Quem me guiará na escolha? Dificilmente encontrar-se-ão num lugar os melhores livros do partido contrário, e com mais forte razão os de todos os partidos; mesmo que fossem encontrados, logo seriam refutados. O ausente está sempre errado e más razões ditas com segurança abafam com facilidade as boas razões expostas com desprezo. De resto, muitas vezes nada é mais enganador do que os livros e nada exprime menos fielmente os sentimentos dos que os escreveram. Quando quiseste julgar a fé católica pelo livro de Bossuet, tu te achaste bem enganado depois de ter vivido entre nós. Viste que a doutrina com a qual se responde aos protestantes não é a que se ensina ao povo, e o livro de Bossuet pouco se parece com os ensinamentos do sermão dominical. Para bem avaliar uma religião, não devemos estudá-la nos livros de seus sectários, devemos ir aprendê-la com eles; isto é muito diferente. Cada qual tem as suas tradições, seu juízo, seus costumes, seus preconceitos, que formam o espírito de sua crença e que devemos juntar a ela para avaliá-la.

Quantos grandes povos não imprimem livros e não leem os nossos! Como avaliarão nossas opiniões? Como avaliaremos as deles? Zombamos deles, eles nos desprezam e, se nossos viajantes os ridicularizam, só lhes falta, para fazer o mesmo conosco, viajar por nossos países. Em que lugar não há pessoas sensatas, pessoas de boa-fé, pessoas honestas, amigas da verdade, que, para professá-la, só procuram conhecê-la? No entanto, cada qual a vê em seu culto e acha absurdos os cultos das outras nações; portanto, esses cultos estrangeiros não são tão extravagantes quanto nos parecem, ou a razão que encontramos nos nossos nada prova.

Temos três religiões principais na Europa. Uma admite só uma revelação, outra admite duas, outra admite três. Cada uma delas detesta e amaldiçoa as outras, acusando-as de cegueira, de dureza, de teimosia e de mentira. Que homem imparcial ousará escolher entre elas, se antes não pesou bem as suas provas e não ouviu bem as suas razões? A que só admite uma revelação é a mais antiga, e parece a mais segura; a que admite três é a mais moderna e parece a mais consequente; a que admite duas e rejeita a terceira pode ser a melhor, mas com certeza tem todos os preconceitos contra si; a inconsequência salta aos olhos.

Nas três revelações, os livros sagrados são escritos em línguas desconhecidas aos povos que os seguem. Os judeus já não entendem o hebraico, os cristãos não entendem nem o hebraico nem o grego, os turcos e os persas não entendem o árabe e os próprios árabes modernos já não falam a língua de Maomé. Não será essa uma maneira bem simples de instruir os homens, sempre lhes falar numa língua que não entendem? Esses livros são traduzidos, dirão. Bela resposta! Quem me garantirá que são traduzidos fielmente, que é até mesmo possível que o sejam, e, quando Deus chega a falar com os homens, por que deverá ter necessidade de intérprete?

Nunca conceberei que aquilo que todo homem é obrigado a saber esteja encerrado em livros e que aquele que não está ao alcance nem desses livros, nem de pessoas que os entendam, seja punido por uma ignorância involuntária. Sempre livros! Que mania! Porque a Europa está cheia de livros, os europeus os consideram indispensáveis, sem pensar que em três quartos da terra os livros nunca foram vistos. Não foram homens que escreveram todos os livros? Como então o homem precisaria deles para conhecer seus deveres? E que meios tinha ele de conhecê-los antes que esses livros fossem escritos? Ou aprenderá seus deveres por si mesmo, ou está dispensado de conhecê-los.

Nossos católicos fazem grande alarde da autoridade da Igreja. Mas o que ganham com isso se precisam de uma quantidade tão grande de provas para estabelecer essa autoridade quanto as outras seitas para estabelecerem diretamente sua doutrina? A Igreja decide que a Igreja tem o direito de decidir. Não é essa uma autoridade bem provada? Sai disso e entrarás em todas as nossas discussões.

Conheces muitos cristãos que se tenham dado ao trabalho de examinar com atenção o que o judaísmo alega contra eles? Se alguns viram alguma coisa a respeito, foi nos livros dos cristãos. Boa maneira de instruir-se sobre as razões do adversário! Mas o que fazer? Se alguém ousasse publicar entre nós alguns livros em que abertamente se favorecesse o judaísmo, puniríamos o autor, o editor e o livreiro*. Esta prática é cômoda e segura para sempre ter razão. Causa prazer refutar pessoas que não ousam falar.

Aqueles dentre nós que têm condições de conversar com judeus não estão em situação muito melhor. Os infelizes sentem-se à nossa mercê; a tirania que exercemos sobre eles torna-os temerosos; sabem quão pouco a injustiça e a crueldade custam à caridade cristã; que ousarão dizer sem correr o risco de nos fazer acusá-los de blasfêmia? A avidez excita nosso zelo, e eles são ricos demais para não estarem errados. Os mais doutos, os mais esclarecidos são

---

* Entre mil fatos conhecidos, eis aqui um que não precisa de comentários. No século XVI, tendo os teólogos católicos condenado ao fogo os livros dos judeus, sem distinção, o ilustre e douto Reuchlin, consultado sobre o caso, provocou confusões terríveis que quase lhe foram fatais, somente por ter sido da opinião de que se podiam conservar os livros que não atacassem o cristianismo e tratassem de matérias indiferentes à religião.

sempre os mais circunspectos. Converterás algum miserável, pago para caluniar sua seita; farás com que falem alguns vis patifes, que cederão para te agradar; vencerás sua ignorância ou sua covardia, enquanto seus doutores sorrirão em silêncio de tua inépcia. Mas acreditas que em lugares onde se sentissem em segurança as coisas seriam tão fáceis? Na Sorbonne, é claro como o dia que as predições do Messias têm relação com Jesus Cristo. Entre os rabinos de Amsterdam, é igualmente claro que não têm a menor relação com ele. Nunca acreditarei ter entendido bem as razões dos judeus se eles não tiverem um Estado livre, escolas, universidades onde possam falar e discutir sem correr riscos. Somente então poderemos saber o que têm a dizer.

Em Constantinopla, os turcos expõem suas razões, mas não ousamos expor as nossas; é nossa vez de rastejar. Se os turcos exigem de nós, para com Maomé, no qual não acreditamos, o mesmo respeito que exigimos para com Jesus Cristo da parte dos judeus, que tampouco creem nele, os turcos estarão errados? Teremos razão? Com base em que princípio equitativo resolveremos essa questão?

Dois terços do gênero humano não são nem judeus, nem maometanos, nem cristãos, e quantos milhões de homens nunca ouviram falar de Moisés, de Jesus Cristo nem de Maomé! Nega-se isso; afirma-se que nossos missionários vão para toda parte. Isso é fácil dizer. Mas vão eles até o coração da África ainda desconhecida e onde nenhum europeu penetrou até hoje? Vão até a Tartária mediterrânea seguir a cavalo as hordas ambulantes, de que nenhum estrangeiro se aproxima e que, longe de ter ouvido falar do papa, mal conhecem o grande lama? Vão eles aos continentes imensos da América, onde nações inteiras ainda não sabem que povos de um outro mundo puseram os pés no mundo deles? Vão ao Japão, de onde suas manobras fizeram com que fossem expulsos para sempre, e onde seus predecessores só são conhecidos pelas novas gerações como intrigantes astuciosos, vindos com um zelo hipócrita para se apoderarem lentamente do império? Vão eles aos haréns dos príncipes da Ásia anunciar o Evangelho a milhares de pobres escravos? Que fizeram as mulheres dessa parte do mundo para que nenhum missionário possa pregar-lhes a fé? Irão todas para o inferno por terem sido reclusas?

Mesmo que fosse verdade que o Evangelho é anunciado por toda a terra, o que se ganharia com isso? Na véspera do dia em que o primeiro missionário chegou a um país, com certeza morreu alguém que não pôde ouvi-lo. Ora, dize-me o que faremos com aquela pessoa. Se só houvesse em todo o universo um único homem a quem Jesus Cristo não tivesse sido pregado, a objeção seria tão forte por esse único homem quanto por um quarto do gênero humano.

Quando os ministros do Evangelho fizeram-se ouvir pelos povos distantes, o que lhes disseram que se pudesse razoavelmente admitir por sua palavra e não exigisse a mais exata verificação? Vós me anunciais um Deus nascido e morto há dois mil anos, no outro extremo do mundo, em não sei qual cidadezinha, e dizeis que todos os que não acreditarem nesse mistério serão condenados. São coisas muito estranhas para que se creia nelas tão depressa unicamente pela autoridade de um homem que não conheço. Por que vosso Deus fez com que ocorressem tão longe os acontecimentos sobre os quais queria obrigar-me a ser instruído? Será um crime ignorar o que se passa nos antípodas? Posso adivinhar que houve num outro hemisfério um povo hebreu e uma cidade de Jerusalém? Seria o mesmo que me obrigar a saber o que se faz na lua. Dizeis que vindes ensinar-mo; mas por que não viestes ensinar meu pai? Ou por que condenais este bom velho por jamais ter sabido nada a respeito? Será que ele deve ser eternamente punido por vossa preguiça, ele que era tão bom, tão prestativo e só buscava a verdade? Tende boa-fé e colocai-vos em meu lugar; vede se devo, baseado unicamente no vosso testemunho, acreditar em todas as coisas incríveis que me dizeis, e conciliar tantas injustiças com o Deus justo que me anunciais. Deixai-me, por favor, ir ver esse país longínquo onde se realizam tantas maravilhas inauditas por aqui, que eu vá saber por que os habitantes dessa Jerusalém trataram Deus como a um bandido. Dizeis que não o reconheceram como Deus. Que farei eu, então, que só ouvi falar dele através de vós? Acrescentais que foram punidos, dispersados, oprimidos, sujeitados, que já não se aproximam da mesma cidade. Com certeza mereceram tudo isso; mas e os habitantes de hoje, que dizem eles do deicídio de seus predecessores? Negam-no, e tampouco reconhecem Deus como Deus. Seria o mesmo, então, deixar de lado os filhos dos outros.

Qual! Nessa mesma cidade onde Deus morreu, nem os antigos nem os novos habitantes o reconheceram, e quereis que eu o reconheça, eu que nasci dois mil anos depois a duas mil léguas de lá! Não vedes que, antes de dar fé a esse livro que chamais de sagrado e do qual nada compreendo, devo saber por outras pessoas quando e por quem foi escrito, como se conservou, como chegou até vós, o que dizem no lugar como razões os que o rejeitam, embora saibam tão bem quanto vós tudo o que me ensinais? Percebeis que devo necessariamente ir à Europa, à Ásia e à Palestina examinar tudo por mim mesmo; seria preciso que eu fosse louco para vos dar ouvidos antes disso.

Não apenas essas palavras parecem-me razoáveis, mas afirmo também que todo homem sensato deve, em caso semelhante, falar deste modo e mandar para bem longe o missionário que, antes da verificação das provas, quer apressar-se para instruí-lo e batizá-lo. Ora, afirmo que não há revelação contra a qual as mesmas objeções não tenham uma força maior ou igual à que têm contra o cristianismo. Daí se segue que, se só houver uma religião verdadeira e se todo homem for obrigado a segui-la sob pena de danação, será preciso passar a vida estudando-as todas, aprofundando-as, comparando-as, percorrendo os lugares onde tiveram origem. Ninguém está isento do primeiro dever do homem, ninguém tem o direito de confiar no juízo de outrem. O artesão que só vive de seu trabalho, o lavrador que não sabe ler, a moça delicada e tímida, o doente que mal pode sair da cama, todos, sem exceção, devem estudar, meditar, discutir, viajar, percorrer o mundo; já não haverá povo fixo e estável; a terra inteira ficará coberta apenas de peregrinos indo com grandes despesas, e com longas fadigas, verificar, comparar, examinar por si mesmos os diversos cultos praticados. Então, adeus às profissões, às artes, às ciências humanas e a todas as ocupações civis; não pode haver outro estudo que não o da religião; a muito custo quem tiver gozado da saúde mais robusta, empregado melhor seu tempo, usado melhor a razão, vivido mais anos saberá na velhice o que pensar e será muito se souber antes da morte em que culto deveria ter vivido.

Queres tornar menos rigoroso este método e dar alguma oportunidade à autoridade dos homens? Imediatamente lhe devolves tudo, e, se o filho de um cristão faz bem em seguir, sem um exame profundo e imparcial, a religião de seu pai, por que o filho de um turco faria mal em seguir a mesma religião de seu pai? Desafio todos os intolerantes a responder a essa pergunta como algo que satisfaça um homem sensato.

Pressionados por essas razões, uns preferem tornar Deus injusto e punir os inocentes pelo pecado de seu pai a renunciar a seu bárbaro dogma. Os outros safam-se enviando gentilmente um anjo para instruir aqueles que, numa ignorância invencível, tiverem vivido moralmente bem. Que bela invenção esse anjo! Não contentes em sujeitar-nos às suas maquinações, fazem com que o próprio Deus precise fazer uso delas.

Vê, meu filho, a que absurdo levam o orgulho e a intolerância, quando cada um quer seguir totalmente a sua opinião e crê ter razão contra o resto do gênero humano. Tomo como testemunha esse Deus da paz, que adoro e que te anuncio, de que todas as minhas buscas foram sinceras, mas, vendo que não tinham nem jamais teriam êxito e que naufragava num oceano sem praias, voltei atrás e limitei minha fé às minhas noções primitivas. Nunca pude acreditar que Deus me ordenasse, sob pena de ir para o inferno, ser douto. Assim, fechei todos os livros. Deles, um só há que está aberto a todos os olhos: é o da natureza. É nesse grande e sublime livro que aprendo a servir e a adorar seu divino autor. Ninguém tem desculpas para não o ler, pois ele fala a todos os homens uma língua inteligível a todos os espíritos. Mesmo que eu tivesse nascido numa ilha deserta, que não tivesse visto outro homem além de mim mesmo e não tivesse aprendido o que aconteceu antigamente em certa parte do mundo, exercitando minha razão, cultivando-a, fazendo bom uso das faculdades imediatas que Deus me dá, aprenderia sozinho a conhecê-lo, a amá-lo, a amar suas obras, a querer o bem que ele quer e a cumprir para agradá-lo todos os meus deveres na terra. O que todo o saber dos homens me ensinará a mais?

Quanto à revelação, se eu tivesse melhor raciocínio ou melhor instrução, talvez percebesse a sua verdade, sua utilidade para quem tem a felicidade de reconhecê-la; mas, se vejo a seu favor provas que não posso combater, vejo também contra ela objeções que não consigo resolver. Há tantas razões sólidas contra e a favor que, não sabendo o que decidir, não a admito, nem a rejeito; rejeito apenas a obrigação de reconhecê-la, porque essa pretensa obrigação é incompatível com a justiça de Deus que, longe de retirar com ela os obstáculos para a salvação, tê-los-ia multiplicado, tê-los-ia tornado intransponíveis para a maior parte do gênero humano. Afora isso, permaneço quanto a esse ponto numa dúvida respeitosa. Não tenho a presunção de acreditar-me infalível; outros homens puderam decidir o que me parece indeciso; raciocino para mim e não para eles;

não os reprovo nem os imito, seu juízo pode ser melhor do que o meu, mas não é culpa minha se não é o meu.

Confesso-te também que a majestade das Escrituras me espanta, que a santidade do Evangelho fala ao meu coração. Vê os livros dos filósofos com toda a sua pompa: como não são pequenos perto dos Evangelhos! É possível que um livro ao mesmo tempo tão sublime e tão simples seja obra dos homens? É possível que aquele cuja história ele conta seja apenas um homem? É aquele o tom de um entusiasta ou de um sectário ambicioso? Que mansidão, que pureza em seus costumes! Que graça comovente em suas lições! Que elevação em suas máximas! Que profunda sabedoria em seus discursos! Que presença de espírito, que finura e que precisão nas respostas! Que domínio sobre as paixões! Onde está o homem, onde está o sábio que saiba agir, sofrer e morrer sem fraqueza e sem ostentação? Quando Platão retrata seu justo imaginário* coberto de todo o opróbrio do crime e digno de todos os prêmios da virtude, pinta Jesus Cristo traço por traço; a semelhança é tão impressionante, que todos os Padres a sentiram, e não é possível enganar-se a respeito. Que preconceitos, que cegueira é preciso ter para ousar comparar o filho de Sofronisco com o filho de Maria! Que distância entre um e outro! Sócrates, morrendo sem dor, sem ignomínia, sustentou comodamente até o fim o seu personagem, e, se essa morte fácil não houvesse honrado a sua vida, teríamos dúvidas sobre se Sócrates, com todo o seu espírito, teria sido algo que não um sofista. Dizem que ele inventou a moral; outros antes dele haviam-na posto em prática; ele apenas disse o que eles haviam feito, apenas colocou em lições os exemplos deles. Aristides fora justo antes que Sócrates tivesse dito o que era justiça; Leônidas morrera por seu país antes que Sócrates tivesse tornado um dever amar a pátria; Esparta fora sóbria antes que Sócrates tivesse louva-

* *De Rep.* Dial 2.

do a sobriedade; antes que ele tivesse definido a virtude, abundavam os homens virtuosos na Grécia. Mas de onde Jesus adquirira entre os seus a moral elevada e pura cujas lições e cujo exemplo só ele deu?* Do seio do mais furioso fanatismo a mais alta sabedoria fez-se ouvir, e a simplicidade das mais heroicas virtudes honrou o mais vil de todos os povos. A morte de Sócrates, filosofando tranquilamente com seus amigos, é a mais doce que se possa desejar; a de Jesus, expirando entre tormentos, injuriado, ridicularizado, amaldiçoado por todo um povo, é a mais horrível que se possa temer. Sócrates ao pegar a taça envenenada abençoa quem lha apresenta e chora; Jesus, no meio de um suplício horrendo, reza por seus carrascos furiosos. Sim, se a vida e a morte de Sócrates são de um sábio, a vida e a morte de Jesus são de um Deus. Diremos que a história do Evangelho foi puramente inventada? Meu amigo, não é assim que se inventa, e os fatos de Sócrates, de que ninguém duvida, são menos atestados do que os de Jesus Cristo. No fundo, isso é recuar a dificuldade sem destruí-la; seria mais inconcebível que vários homens combinados tivessem forjado esse livro do que o é que um só tenha fornecido o assunto. Nunca os autores judeus teriam encontrado esse tom e essa moral, e o Evangelho tem marcas de verdade tão grandes, tão impressionantes, tão perfeitamente inimitáveis, que o seu inventor seria mais espantoso do que o herói. Com tudo isso, o Evangelho está cheio de coisas inacreditáveis, de coisas que repugnam à razão e que nenhum homem sensato pode conceber ou admitir. O que fazer em meio a todas essas contradições? Continuar sendo modesto e circunspecto, meu filho; respeitar em silêncio o que não poderíamos nem rejeitar, nem compreender, e humilhar-nos diante do grande Ser que é o único a saber a verdade.

---

* Vide, no "Sermão da montanha", o paralelo que ele mesmo estabelece entre a moral de Moisés e a sua. (Mateus, cap. V, vers. 21 ss.)

Eis o ceticismo involuntário em que permaneci. Esse ceticismo, no entanto, não me é nem um pouco penoso, porque não se estende aos pontos essenciais da prática, e estou convencido sobre os princípios de todos os meus deveres. Sirvo a Deus na simplicidade de meu coração. Só procuro saber o que é importante para a minha conduta; quanto aos dogmas que não têm influência nem sobre as ações, nem sobre a moral, e com que tanta gente se atormenta, não me preocupo com eles. Encaro todas as religiões particulares como instituições salutares que prescrevem em cada lugar uma maneira uniforme de honrar a Deus por um culto público, e que podem todas ter suas razões no clima, no governo, no gênio do povo, ou em alguma outra causa local que torna uma preferível à outra, conforme os tempos e os lugares. Creio que todas são boas quando nelas se serve a Deus convenientemente. O culto essencial é o do coração. Deus não recusa a sua homenagem quando ela é sincera, sob qualquer forma que lhe seja oferecida. Chamado na religião que professo para o serviço da Igreja, nela cumpro com toda a exatidão possível os trabalhos que me são prescritos, e minha consciência repreender-me-ia se eu faltasse voluntariamente a algum ponto. Depois de uma longa interdição, sabes que obtive, através do sr. de Mellarède, a permissão de retomar minhas funções para ajudar-me a viver. Antigamente eu dizia a missa com a ligeireza que com o tempo colocamos nas coisas mais graves quando as fazemos com demasiada frequência; desde que adquiri meus novos princípios, celebro-a com maior veneração; absorvo-me na majestade do Ser supremo, em sua presença, na insuficiência do espírito humano, que tão pouco concebe do que se relaciona com seu autor. Ao considerar que lhe levo os votos do povo sob uma forma prescrita, sigo escrupulosamente todos os ritos; recito atentamente, esforço-me por nunca omitir a menor palavra ou a menor cerimônia; quando me aproximo do momento da consagração, recolho-me para realizá-la com todas as disposições que a Igreja e a grandeza do sacramento exigem; procuro anular a minha razão diante da suprema inteligência; penso: quem és tu para medir a potência infinita? Pronuncio com respeito as palavras sacramentais e dou a seu efeito toda a fé que depende de mim. Seja o que for esse mistério inconcebível, não tenho medo de que no dia do juízo eu seja punido por tê-lo algum dia profanado em meu coração.

Honrado com o ministério sagrado, embora no último lugar, jamais farei nada que me torne indigno de cumprir seus sublimes deveres. Sempre pregarei a virtude aos homens, sempre os exortarei a bem agir, e, enquanto puder, dar-lhes-ei o exemplo. Não dependerá de mim tornar-lhes amável a religião; não dependerá de mim fortalecer sua fé nos dogmas realmente úteis e em que todo homem é obrigado a crer, mas Deus não permita que algum dia eu lhes pregue o dogma cruel da intolerância, que os leve a detestar o próximo e a dizer a outros homens: Sereis danados*. Se eu estivesse numa posição mais notável, essa reserva poderia atrair complicações para mim, mas sou pequeno demais para ter muito que temer, e não posso cair muito mais baixo do que onde estou. Aconteça o que acontecer, não blasfemarei contra a justiça divina e não mentirei contra o Espírito Santo.

Durante muito tempo ambicionei a honra de ser pároco; ainda a ambiciono, mas já não a espero. Meu bom amigo, nada encontro que seja tão belo quanto ser pároco. Um bom pároco é um ministro de bondade, como um bom magistrado é um ministro de justiça. Um pároco nunca tem

* O dever de seguir e amar a religião de seu país não se estende aos dogmas contrários à boa moral, como o da intolerância. É esse dogma horrível que arma os homens uns contra os outros e torna-os todos inimigos do gênero humano. A distinção entre a tolerância civil e a tolerância teológica é pueril e vã. Essas duas tolerâncias são inseparáveis e não podemos admitir uma sem admitir a outra. Os próprios anjos não viveriam em paz com homens que os encarassem como inimigos de Deus.

mal a fazer; se nem sempre pode fazer o bem por si mesmo, está sempre a postos quando ele o solicita, e não raro o obtém quando sabe fazer-se respeitar. Oh! Se algum dia, em nossas montanhas, eu tivesse alguma paróquia de boa gente para servir! Eu seria feliz, pois acho que traria felicidade aos meus paroquianos. Não os tornaria ricos, mas compartilharia sua pobreza; retiraria dela a desonra e o desprezo, mais insuportável do que a indigência. Fá-los-ia amar a concórdia e a igualdade, que muitas vezes expulsam a miséria e sempre a fazem suportar. Quando vissem que em nada sou melhor do que eles, e que no entanto vivo contente, aprenderiam a se consolar com sua sorte e a viver contentes como eu. Nas minhas pregações prender-me-ia menos ao espírito da Igreja do que ao espírito do Evangelho, em que o dogma é simples e a moral é sublime, em que se veem poucas práticas religiosas e muitas obras de caridade. Antes de ensinar-lhes o que se deve fazer, sempre me esforçaria por praticá-lo, para que eles vissem que penso tudo o que lhes digo. Se eu tivesse protestantes na vizinhança ou em minha paróquia, não os distinguiria de meus verdadeiros paroquianos em tudo o que diz respeito à caridade cristã; levá-los-ia todos igualmente a se amarem uns aos outros, a se considerarem irmãos, a respeitarem todas as religiões e a viverem em paz cada um na sua religião. Acho que solicitar alguém a deixar a religião em que nasceu é solicitar-lhe que aja mal e, por conseguinte, é agir mal. Na espera de maiores luzes, conservemos a ordem pública; respeitemos as leis em todos os lugares, não perturbemos o culto que elas prescrevem; não levemos os cidadãos à desobediência, pois não sabemos com certeza se é um bem para eles trocar suas opiniões por outras, e sabemos com certeza que é um mal desobedecer às leis.

Meu jovem amigo, acabo de recitar de viva voz minha profissão de fé tal como Deus a lê em meu coração; és o primeiro a quem a tenha feito; és talvez o único a quem jamais a farei. Enquanto resta alguma boa crença entre os homens, não se devem perturbar as almas cordatas, nem alarmar a fé dos simples com dificuldades que eles não podem resolver e que os inquietam sem esclarecê-los. Mas, uma vez que tudo esteja perturbado, devemos conservar o tronco à custa dos galhos. As consciências agitadas, incertas, quase extintas e no estado em que encontrei a tua precisam ser fortalecidas e despertadas; e, para recolocá-las sobre a base das verdades eternas, é preciso acabar de arrancar os instáveis pilares em que ainda julgam sustentar-se.

Estás na idade crítica em que o espírito abre-se à certeza, em que o coração recebe sua forma e seu caráter e se fixa para toda a vida, quer para o bem, quer para o mal. Mais tarde, a substância se endurece e as novas marcas já não se fixam. Jovem, recebe em tua alma ainda flexível o selo da verdade. Se eu tivesse mais segurança a meu próprio respeito, teria assumido contigo um tom dogmático e decisivo; sou, porém, homem, ignorante e sujeito ao erro; que posso fazer? Abri para ti sem reservas o meu coração; o que considero seguro eu te ofereci como tal; apresentei-te minhas dúvidas e minhas opiniões como opiniões; disse-te as minhas razões para duvidar e para acreditar. Agora, cabe a ti julgar; reservaste um tempo para isso, e essa precaução é sábia e me faz pensar bem de ti. Começa por colocar tua consciência em condições de querer ser esclarecida. Sê sincero contigo mesmo. Pega de meus sentimentos o que te tiver persuadido e rejeita o resto. Não estás ainda tão depravado pelo vício para correr o risco de escolher mal. Propor-te-ia que conversássemos a respeito, mas assim que discutimos esquentamo-nos; a vaidade e a obstinação misturam-se à discussão e a boa-fé desaparece. Meu amigo, não discutas nunca, pois pela discussão não esclarecemos nem a nós, nem aos outros. Quanto a mim só depois de muitos anos de meditação tomei meu partido; conservo-me nele; minha consciência está tranquila, meu coração está contente. Se quisesse recomeçar um novo exame dos meus sentimentos, não traria comigo um amor à verdade mais puro, e meu espírito, já menos ativo, estaria em piores condições para conhecê-la. Ficarei como sou, para que imperceptivelmente o gosto pela contemplação, tornando-se uma paixão ociosa, não afaste minha atenção do exercício dos meus deveres e para não recair em meu primeiro pirronismo, sem ter forças para dele sair. Mais da metade da minha vida já se passou; só disponho do tempo que preciso para tirar proveito do resto e para apagar meus erros com as minhas virtudes. Se estou enganado, é sem querer. Aquele que lê no fundo do coração bem sabe que não gosto de minha cegueira. Na incapacidade de sair dela por minhas próprias luzes, o único meio que me resta é uma boa vida, e, se das próprias pedras Deus pôde dar filhos a Abraão, todo homem tem direito de esperar ser esclarecido quando se torna digno de tal.

Se minhas reflexões te levarem a pensar como eu, se meus sentimentos forem os teus e se tivermos a mesma profissão de fé, este é o conselho que te dou. não exponhas tua vida às tentações da miséria e do desespero; não mais a arrastes com ignomínia à mercê dos estranhos e para de comer o vil pão da esmola. Volta para a tua pátria, retoma a religião dos teus pais, pratica-a na sinceridade do teu coração e não mais a deixes; ela é muito simples e santa; creio que dentre todas as religiões que existem na terra ela é aquela cuja moral é mais pura e aquela com que a razão mais se contenta. Quanto às despesas de viagem, não te preocupes, alguém se encarregará delas. Tampouco temas a má vergonha de um retorno humilhante; devemos corar por cometer um erro, e não por consertá-lo. Estás ainda na idade em que tudo se perdoa, mas em que já não se peca impunemente. Quando quiseres escutar a tua consciência, mil vãos obstáculos desaparecerão à sua voz. Sentirás que, em meio à incerteza em que nos encontramos, é uma indesculpável presunção professar outra religião que não aquela em que nascemos, e uma falsidade não praticar sinceramente aquela que professamos. Se nos desorientamos, perdemos uma grande desculpa no tribunal do soberano juiz. Não perdoará ele mais o erro em que fomos educados do que aquele que ousamos nós mesmos escolher?

Meu filho, conserva tua alma em condições de sempre desejar que haja um Deus, e nunca duvidarás disso. Ademais, qualquer que seja o partido que possas tomar, considera que os verdadeiros deveres da religião são independentes das instituições dos homens, que um coração justo é o verdadeiro templo da Divindade, que em qualquer país e em qualquer seita amar a Deus sobre todas as coisas e ao próximo como a si mesmo é o sumário da lei, que não há religião que dispense dos deveres da moral, que os únicos deveres realmente essenciais são estes, que o culto interior é o primeiro desses deveres e que sem a fé não existe nenhuma verdadeira virtude.

Evita aqueles que, sob pretexto de explicar a natureza, semeiam desoladoras doutrinas no coração dos homens; seu ceticismo aparente é cem vezes mais peremptório e mais dogmático do que o tom resoluto de seus adversários. Sob o altivo pretexto de que só eles são esclarecidos, verídicos e de boa-fé, submetem-nos imperiosamente a suas decisões definitivas e pretendem oferecer-nos como verdadeiros princípios das coisas os ininteligíveis sistemas que construíram em suas imaginações. De resto, invertendo, destruindo, calcando com os pés tudo o que os homens respeitam, retiram dos aflitos o último consolo para suas misérias, dos poderosos e dos ricos o único freio para suas paixões; arrancam do fundo dos corações o remorso pelo crime, a esperança da virtude e ainda se vangloriam de ser os benfeitores do gênero humano. Nunca, dizem eles, a verdade é nociva aos homens. Acredito nisso tanto quanto eles, e acho que isso é uma grande prova de que aquilo que ensinam não é a verdade*.

---

* Os dois partidos atacam-se mutuamente através de tantos sofismas, que seria um empreendimento imenso e temerário querer tratar de todos; já

Meu bom jovem, sê sincero e verídico sem orgulho; aprende a ser ignorante, não enganarás nem a ti mesmo nem aos outros. Se algum dia teus talentos cultivados te colocarem em condições de falar aos homens, nunca lhes

---

é muito notar alguns à medida que vão aparecendo. Um dos mais familiares ao partido filosofista é opor um povo supostamente composto de bons filósofos a um povo de maus cristãos; como se um povo de verdadeiros filósofos fosse mais fácil de se formar do que um de verdadeiros cristãos! Não sei se entre os indivíduos um é mais fácil de encontrar do que o outro, mas sei que, uma vez que se trata de povo, devem-se supor alguns que abusarão da filosofia sem religião como os nossos abusam da religião sem filosofia, e isso me parece mudar muito o estado da questão.

Bayle demonstrou muito bem que o fanatismo é mais funesto que o ateísmo, e isso é incontestável, mas o que ele não disse e não é menos verdade é que o fanatismo, embora sanguinário e cruel, é uma paixão grande e forte, que eleva o coração do homem, que o faz desprezar a morte, que lhe dá uma força prodigiosa e que só devemos orientar melhor para tirar dele as mais sublimes virtudes, ao passo que a irreligião, e em geral o espírito raciocinador e filosófico, prende à vida, efemina, avilta as almas, concentra todas as paixões na baixeza do interesse particular, na abjeção do *eu* humano, e assim sabota secretamente os verdadeiros fundamentos de toda sociedade, pois o que os interesses particulares têm em comum é tão pouca coisa, que nunca contrabalançará o que têm de oposto.

Se o ateísmo não faz derramar o sangue dos homens, é menos por amor à paz do que por indiferença pelo bem; pouco importa ao pretenso sábio como vão as coisas, contanto que permaneça em repouso em seu gabinete. Seus princípios não fazem com que se matem os homens, mas impede-os de nascer, destruindo os costumes que os multiplicam, segregando-os de sua espécie, reduzindo todas as suas afeições a um secreto egoísmo, tão funesto à população quanto à virtude. A indiferença filosófica assemelha-se à tranquilidade do Estado sob o despotismo; é a tranquilidade da morte, mais destrutiva que a própria guerra.

Assim o fanatismo, embora mais funesto em seus efeitos imediatos do que aquilo que hoje chamamos espírito filosófico, é-o muito menos em suas consequências. De resto, é fácil exibir belas máximas nos livros, mas a questão é saber se elas se relacionam bem com a doutrina, se dela decorrem necessariamente, e é isso que não ficou claro até agora. Resta saber ainda se a filosofia, confortável em seu trono, dominaria bem a gloríola, o interesse, a ambição, as pequenas paixões do homem e se praticaria essa humanidade tão mansa que ela proclama com a pena à mão.

Pelos princípios, a filosofia não pode fazer nenhum bem que a religião não faça ainda melhor, e a religião faz muito bem o que a filosofia não seria capaz de fazer.

fales senão de acordo com tua consciência, sem te incomodar em ver se te aplaudem. O abuso do saber produz a incredulidade. Todo homem douto despreza o sentimento do vulgo; cada um quer ter um só para si. A orgulhosa filo-

---

Pela prática, é diferente; mas também é preciso examinar. Nenhum homem segue totalmente a sua religião quando a tem: isso é verdade. A maioria não a tem, e não a segue absolutamente quando a tem: isso também é verdade. Mas, enfim, alguns a têm e a seguem pelo menos em parte, e é indubitável que motivos religiosos muitas vezes os impedem de agir mal e obtêm deles virtudes, atos louváveis que não ocorreriam sem tais motivos.

Se um monge nega uma devolução, o que se segue daí, senão que um tolo lhe havia emprestado? Se Pascal tivesse negado devolver algo, isso provaria que Pascal era um hipócrita, e nada mais. Mas um monge! [...] As pessoas que vivem da religião serão então os donos dela? Todos os crimes cometidos no clero, como em qualquer outro lugar, não provam que a religião é inútil, mas sim que muito pouca gente tem religião.

Nossos governos modernos devem sem dúvida ao cristianismo sua mais sólida autoridade e suas revoluções menos frequentes; ele os tornou menos sanguinários; isso se prova de fato comparando-os com os governos antigos. Mais bem conhecida, afastando o fanatismo, a religião deu maior mansidão aos costumes cristãos. Essa mudança não é obra das letras, pois em toda parte onde elas brilharam a humanidade não foi mais respeitada; as crueldades dos atenienses, dos egípcios, dos imperadores de Roma e dos chineses o atestam. Quantas obras de misericórdia são obra do Evangelho! Quantas restituições, quantas reparações a confissão não provoca entre os católicos! Entre nós, quantas reconciliações e esmolas a aproximação dos tempos de comunhão não traz! Como o jubileu dos hebreus tornava os usurpadores menos ávidos, quantas misérias ele prevenia! A fraternidade legal unia toda a nação; não se via nenhum mendigo entre eles. Não os vemos tampouco entre os turcos, entre os quais as fundações piedosas são inúmeras; eles são, por princípio religioso, hospitaleiros, mesmo para com os inimigos de seu culto.

"Os maometanos dizem", segundo Chardin, "que depois do exame que se seguirá à ressurreição universal todos os corpos irão atravessar uma ponte chamada *Poul-Serrho*, que fica sobre o fogo eterno, ponte esta que podemos chamar, dizem eles, o terceiro e último exame e o verdadeiro juízo final, pois ali se dará a separação entre os bons e os maus... etc.

"Os persas", prossegue Chardin, "têm muito orgulho dessa ponte, e quando alguém sofre uma ofensa que de nenhum modo e em tempo algum poderá ser ressarcido, seu último consolo é dizer: *Muito bem! Pelo Deus vivo, pagar-me-ás em dobro no último dia; não passarás o Poul-Serrho sem antes me dares satisfação! Vou agarrar-me à barra de tua roupa e segurar*

sofia conduz ao fanatismo. Evita esses extremos; permanece sempre firme no caminho da verdade, ou do que te parecer sê-lo na simplicidade do teu coração, sem te afastares dele por vaidade ou por fraqueza. Ousa confessar Deus entre os filósofos; ousa pregar a humanidade entre os intolerantes. Serás o único do teu partido, talvez, mas trarás em ti mesmo um testemunho que te dispensará dos testemunhos dos homens. Não importa se te amam ou te odeiam, se leem ou desprezam teus escritos; diz o que é verdade, faz o que é bom; o que importa é cumprir teus deveres na terra e é esquecendo-te de ti mesmo que trabalhas por ti. Meu filho, o interesse particular nos engana; só a esperança do justo não ilude.

Transcrevi este texto não como uma regra dos sentimentos que devemos seguir em matéria de religião, mas como um exemplo da maneira como podemos raciocinar com nosso aluno, para não nos afastarmos do método que procurei estabelecer. Enquanto nada concedemos à autori-

---

tuas pernas. Vi muitas pessoas importantes e de todo tipo de profissão que, temendo que lhes gritassem *Haro* na travessia daquela ponte temível, pediam perdão aos que se queixavam delas: isso aconteceu cem vezes comigo mesmo. Pessoas de qualidade que me haviam levado a fazer, por importunidade, coisas de um modo que eu nao queria abordavam-me ao cabo de certo tempo em que pensavam que o rancor tinha passado e me diziam: *Peço-te, halal becon antchifra*, isto é, *torna-me este caso lícito ou justo*. Alguns até me deram presentes e prestaram serviços, a fim de que eu lhes perdoasse dizendo-lhes que o fazia de coração; e a causa disso é a crença de que não se atravessará a ponte do inferno sem antes ter devolvido o último centavo a quem se oprimiu." (Tomo VII, in-12, p. 50.)

Devo acreditar que a ideia dessa ponte que repara tantas iniquidades não as previna nunca? Pois, se tirassem essa ideia dos persas, persuadindo-os de que não há nenhum *Poul-Serrho* nem nada semelhante em que os oprimidos serão vingados de seus tiranos após a morte, não é claro que isso os deixaria muito à vontade e os livraria da preocupação de tranquilizar aqueles desgraçados? Portanto, é falso que essa doutrina não fosse nociva; ela não seria, então, a verdade.

Filósofo, tuas leis morais são muito bonitas, mas mostra-me, por favor, a sanção que elas têm. Para um momento de dar voltas e diz-me claramente o que colocas no lugar do *Poul-Serrho*.

dade dos homens, nem aos preconceitos do país onde nascemos, as luzes da razão sozinhas não podem, na escola da natureza, levar-nos mais longe do que à religião natural, e é a isto que me limito com meu Emílio. Se ele tiver uma outra, não tenho neste ponto direito de ser seu guia; cabe a ele escolher.

Trabalhamos de concerto com a natureza, e enquanto ela forma o homem físico nós procuramos formar o homem moral, mas nossos progressos não são os mesmos. O corpo já está robusto e forte enquanto a alma ainda está inerte e fraca e, faça a arte humana o que for, o temperamento sempre precede a razão. Concentramos até aqui todas as nossas atenções em reter um e excitar a outra, para que o homem seja sempre uno, o mais possível. Desenvolvendo o caráter, despistamos sua sensibilidade nascente; ordenamo-lo cultivando-lhe a razão. Os objetos intelectuais moderavam a impressão dos objetos sensíveis. Remontando ao princípio das coisas, subtraímo-lo ao império dos sentidos; era simples elevar-se do estudo da natureza à busca de seu autor.

Quando chegamos a isso, que nova autoridade conseguimos sobre nosso aluno! Quantos novos meios de falar ao seu coração! Só então ele encontra um real interesse em ser bom, em fazer o bem longe dos olhares dos homens e sem ser forçado pelas leis, em ser justo sozinho perante Deus, em cumprir seu dever, mesmo à custa de sua vida, e em carregar no coração a virtude, não apenas por amor à ordem, ao qual todos preferem o amor de si, mas por amor ao autor do seu ser, amor que se confunde com esse mesmo amor de si, para enfim gozar da felicidade duradoura que o repouso de uma boa consciência e a contemplação do Ser supremo prometem-lhe na outra vida, depois de ter bem empregado esta. Fora isso, não vejo mais do que injustiça, hipocrisia e mentira entre os homens. O interesse particular que, na concorrência, triunfa necessariamente sobre todas as coisas, ensina cada um deles a disfarçar o vício sob a máscara da virtude. Que todos os outros homens façam o que é bom para mim à custa do que é bom para eles; que tudo se refira só a mim; que morra todo o gênero humano, se for preciso, no sofrimento e na matéria para poupar-me um momento de dor ou de fome; esta é a linguagem interior de todo incrédulo que raciocina. Sim, afirmarei isso toda a minha vida, todo aquele que diz em seu coração que não existe Deus e fala outra coisa não passa de um mentiroso ou de um louco.

Leitor, por mais que eu faça, sinto que eu e vós nunca veremos meu Emílio sob o mesmo aspecto; vós o imaginareis sempre semelhante a vossos rapazes, sempre despreocupado, petulante, leviano, errando de festa em festa, de diversão em diversão, sem nunca poder fixar-se em nada. Rireis de me ver fazer um contemplativo, um filósofo, um verdadeiro teólogo de um jovem ardente, vivo, fogoso, na idade mais fervente da vida. Direis: Esse sonhador continua perseguindo sua quimera apresentando-nos um aluno de sua invenção; não apenas o forma, mas o cria, tira-o de seu cérebro, e, sempre acreditando seguir a natureza, afasta-se dela a todo instante. Comparando meu aluno aos vossos, tenho dificuldade em ver o que possam ter em comum. Educado de modo tão diferente, será quase um milagre se houver alguma coisa em que se pareça com eles. Como passou a infância com toda a liberdade que eles só têm na juventude, começa a assumir na juventude a ordem a que foram submetidos quando crianças; esta ordem torna-se um flagelo para eles, têm horror dela, veem nela apenas a longa tirania dos professores, acreditam que só saem da infância sacudindo toda espécie de jugo*, e compensam então a longa submissão em que foram mantidos, como um pri-

* Não há quem veja a infância com tanto desprezo quanto os que dela estão saindo, assim como não há lugar em que as posições sociais sejam respeitadas com maior afetação do que naqueles em que a desigualdade não é grande e onde cada qual sempre teme ser confundido com seu inferior.

sioneiro que, libertado dos ferros, estende, agita e flexiona seus membros.

Emílio, pelo contrário, considera uma honra tornar-se homem e sujeitar-se ao jugo da razão nascente; seu corpo formado, já não precisa dos mesmos movimentos e começa a deter-se por si mesmo, enquanto seu espírito, desenvolvido pela metade, procura por sua vez expandir-se. Assim, a idade da razão não é para uns mais do que a idade da licença; para o outro, torna-se a idade do raciocínio.

Quereis saber quem, eles ou ele, está quanto a isso mais dentro da ordem da natureza? Considerai as diferenças entre os que estão mais ou menos distantes dela; observai os jovens entre os aldeães e vede se eles são tão petulantes quanto os vossos. *Durante a infância dos selvagens*, diz o sr. Le Beau, *vemo-los sempre ativos, ocupando-se sem cessar com diferentes jogos que lhes agitam os corpos; mas, mal atingem a idade da adolescência, tornam-se tranquilos e sonhadores; a partir de então, pouco se aplicam, a não ser a jogos sérios ou de azar**. Tendo sido educado com toda a liberdade dos jovens camponeses e dos jovens selvagens, deve mudar e parar como eles ao crescer. A diferença é que, em vez de agir unicamente para o prazer ou para a alimentação, em seus trabalhos e em suas brincadeiras ele aprendeu a pensar. Tendo chegado, pois, a esse ponto por esse caminho, encontra-se com ótimas disposições para com o caminho em que o introduzo; os temas de reflexão que lhe apresento excitam a sua curiosidade, porque são belos em si mesmos, são completamente novos para ele, e está em condições de compreendê-los. Pelo contrário, entediados, cansados de vossas insípidas aulas, de vossas longas morais, de vossos eternos catecismos, como os vossos jovens não se recusariam a aplicar o espírito que tornaram triste nos pesados preceitos com que não se cansaram de massacrá-los, nas meditações sobre o autor de seu ser, de que fize-

---

* Aventuras do sr. C. le Beau, advogado no parlamento, t. II, p. 70.

ram o inimigo dos seus prazeres? Sentem por isso apenas aversão, repugnância, tédio; a obrigação fez com que se decepcionassem; de que maneira se entregariam a esses trabalhos a partir do momento em que começam a dispor de si mesmos? Precisam de coisas novas para se divertirem, não precisam de mais nada do que se diz às crianças. O mesmo ocorre com meu aluno: quando se torna adulto, falo com ele como a um adulto e só lhe digo coisas novas; é exatamente porque elas aborrecem os outros que ele gosta delas.

Eis como faço com que ganhe tempo duplamente, atrasando em proveito da razão o progresso da natureza. Mas terei de fato atrasado esse progresso? Não, não fiz mais do que impedir que a imaginação se acelerasse; contrabalancei com lições de outra espécie as lições precoces que o jovem recebe de outra parte. Enquanto o turbilhão das nossas instituições o arrasta, puxá-lo em sentido contrário através de outras instituições não é fazer com que mude de lugar, é mantê-lo no mesmo.

O verdadeiro momento da natureza chega enfim, é preciso que ele chegue. Já que o homem deve morrer, ele deve reproduzir-se, para que a espécie permaneça e a ordem do mundo seja conservada. Quando, pelos sinais de que falei, pressentirdes o momento crítico, imediatamente deixai de usar para com ele o antigo tom, para sempre. Ainda é vosso discípulo, mas já não é vosso aluno. É vosso amigo, é um homem, tratai-o doravante como tal.

Mas será preciso abdicar de minha autoridade quando ela me é mais necessária? Devo entregar o adulto a si mesmo no momento em que ele menos sabe orientar-se e comete os maiores erros? Devo renunciar a meus direitos quando é mais importante usá-los? Vossos direitos! Quem vos diz para renunciar a eles? Para ele, só agora eles começam. Até aqui não obtínheis nada a não ser pela força ou pela astúcia; a autoridade, a lei do dever eram-lhe desconhecidas; era preciso forçá-lo ou enganá-lo para fazê-lo obedecer. Mas podeis ver com quantas novas correntes cercastes seu coração. A razão, a amizade, o reconhecimento, mil afetos falam-lhe num tom que ele não pode ignorar. O vício ainda não o tornou surdo à voz deles. Ele ainda só é sensível às paixões da natureza. A primeira de todas, que é o amor de si, entrega-o a vós, e o hábito também. Se o arroubo de um momento vo-lo tira, as saudades logo o trazem de volta; o sentimento que o liga a vós é o único permanente; todos os outros passam e apagam-se mutuamente. Não o deixeis corromper-se, ele sempre será dócil e só começa a ser rebelde quando já está pervertido.

Confesso que se, fazendo frente a seus desejos nascentes, tratardes totalmente como crimes as suas novas necessidades, não sereis escutado por muito tempo; mas, assim que abandonardes meu método, por mais nada me responsabilizo. Considerai sempre que sois o ministro da natureza e nunca sereis seu inimigo.

Mas que partido tomar? Aqui só se espera a alternativa de favorecer suas inclinações ou combatê-las, de ser tirano ou condescendente, e ambos têm consequências tão perigosas que há motivos até demais para hesitar na escolha.

O primeiro meio que se oferece para resolver esta dificuldade é casá-lo bem depressa. É sem dúvida o expediente mais seguro e mais natural. Duvido, porém, que seja o melhor ou o mais útil. Direi mais adiante as minhas razões; enquanto isso, concordo que se devem casar os jovens na idade núbil. Mas essa idade chega para eles antes da hora; fomos nós que a tornamos precoce; devemos prolongá-la até a maturidade.

Se bastasse dar ouvidos às inclinações e seguir as indicações, logo estaria resolvido. Existem, porém, tantas contradições entre os direitos da natureza e nossas leis sociais que, para conciliá-los, é preciso deformar e tergiversar sem cessar, é preciso usar de muita arte para impedir o homem social de ser totalmente artificial.

Pelas razões aqui expostas, considero que, utilizando os meios que indiquei e outros semelhantes, podemos adiar pelo menos até os vinte anos a ignorância dos desejos e a pureza dos sentidos; isto é tão verdadeiro que entre os germanos um jovem que perdia a virgindade antes dessa idade adquiria má fama por isso, e seus autores atribuem, com razão, à continência desses povos durante a juventude o vigor de sua compleição e a grande quantidade de filhos.

Podemos até prolongar muito essa idade e poucos séculos atrás nada era mais comum na própria França. Entre outros exemplos conhecidos, o pai de Montaigne, homem não menos escrupuloso e verídico do que forte e bem constituído, jurava ter-se casado virgem aos 33 anos, depois de ter servido por longo tempo nas guerras da Itália, e podemos ver nos escritos do filho o vigor e a alegria que seu pai conservava com mais de sessenta anos. Com certeza, a opinião contrária deve-se mais aos nossos costumes e preconceitos do que ao conhecimento da espécie em geral.

Posso, portanto, deixar de lado o exemplo de nossa juventude, ele nada prova sobre quem não foi educado como ela. Considerando que a esse respeito a natureza não tem um prazo fixo que possamos antecipar ou retardar, creio que posso, sem sair de sua lei, supor que Emílio tenha permanecido até então, graças às minhas atenções, em sua primitiva inocência, e vejo essa época feliz prestes a acabar. Cercado de perigos cada vez maiores, por mais que eu faça, ele escapará de mim na primeira ocasião, e essa ocasião não tardará a surgir; ele seguirá o cego instinto dos sentidos; pode-se apostar mil contra um que ele se perderá. Refleti demais sobre os costumes dos homens para não ver a influência invencível desse primeiro momento no resto de sua vida. Se dissimulo e finjo não ver, ele se aproveita de minha fraqueza; acreditando enganar-me, despreza-me, e torno-me cúmplice de sua perda. Se tentar corrigi-lo, já não me escutará; tornar-me-ei incômodo, odioso, insuportável; ele não demorará para livrar-se de mim. Portanto, só tenho um partido razoável a tomar, que é torná-lo responsável perante si mesmo por suas ações, protegê-lo pelo menos das surpresas do erro e mostrar-lhe claramente os perigos de que está cercado. Até agora o contive pela sua ignorância; agora, é pelas luzes que devo contê-lo.

Essas novas lições são importantes e convém retomar as coisas desde mais cedo. Eis o momento de prestar-lhe, por assim dizer, as minhas contas, de revelar-lhe o emprego de meu tempo e do seu, de dizer-lhe o que ele é e o que eu sou, o que eu fiz e o que ele fez, o que devemos um ao outro, todas as suas relações morais, todos os compromissos que assumiu, todos os compromissos que se assumiram com ele, a que ponto chegou no progresso de suas faculdades, que caminho lhe resta percorrer, as dificuldades que encontrará, os meios de superar essas dificuldades, em que ainda posso ajudá-lo, em que só ele pode doravante se ajudar, enfim, o ponto crítico em que se encontra, os novos perigos que o rodeiam e todas as sólidas razões que devem levá-lo a vigiar-se atentamente antes de dar ouvidos a seus desejos nascentes.

Considerai que, para orientar um adulto, deveis tomar o contrapé de tudo o que fizestes para orientar uma criança. Não hesiteis em informá-lo sobre os perigosos mistérios que lhe escondestes durante tanto tempo com tanto cuidado. Como finalmente é preciso que os conheça, é importante que não os fique conhecendo nem de um outro, nem por si mesmo, mas só através de vós; já que estará doravante forçado a combater, é preciso, para evitar surpresas, que conheça o inimigo.

Nunca os jovens que achamos instruídos nessas matérias sem saber como chegaram a aprender alcançam esses conhecimentos impunemente. Essa indiscreta instrução, não podendo ter um objeto decente, polui pelo menos a imaginação dos que a recebem e dispõe-nos aos vícios dos que a dão. Não é só isso; os domésticos insinuam-se assim no espírito da criança, conquistam sua confiança e fazem com que passe a encarar o preceptor como um personagem triste e aborrecido, e um dos assuntos prediletos de suas conversas secretas é falar mal dele. Quando o aluno chega a esse ponto, o preceptor pode ir embora, pois nada mais de bom tem para fazer.

Mas por que a criança escolhe confidentes particulares? Sempre por causa da tirania dos que tomam conta dela. Por que se esconderia deles se não fosse forçada a se esconder? Por que se queixaria se não tivesse motivo para se queixar? Naturalmente, eles são seus primeiros confidentes; percebe-se, pela presteza com que vem contar-lhes o que pensa, que ela acredita só o ter pensado pela metade até o ter contado a eles. Podeis estar certos de que, se a criança não temer de vossa parte nem sermão nem reprimenda, sempre vos dirá tudo, e ninguém ousará confiar-lhe nada que ela não vos deva contar, pois todos sabem com certeza que ela nada vos esconderá.

O que mais me faz ter confiança em meu método é que, seguindo seus efeitos o mais exatamente possível, não vejo nenhuma situação na vida de meu aluno que não me deixe alguma imagem agradável dele. No próprio momento em que os furores do temperamento o arrastam e em que, revoltado contra a mão que o detém, ele se debate e começa a me escapar, em suas agitações, em seus arroubos, torno a encontrar sua primeira simplicidade; seu coração, tão puro quanto seu corpo, não conhece mais o disfarce do que o vício; nem as reprovações nem o desprezo o tornaram covarde; nunca o vil temor o ensinou a disfarçar-se. Tem toda a indiscrição da inocência, é ingênuo sem escrúpulos, ainda não sabe para que serve enganar. Não se passa um momento em sua alma sem que sua boca ou seus olhos o digam, e muitas vezes fico conhecendo antes dele os sentimentos que experimenta.

Enquanto ele continuar a abrir-me assim livremente a sua alma e a dizer-me com prazer o que sente, nada tenho a temer, o perigo ainda não está próximo. Mas, se ele se tornar mais tímido, mais reservado e eu perceber em suas conversas o primeiro embaraço da vergonha, já o instinto se desenvolve, já a noção do mal começa a juntar-se a ele, não há mais um instante a perder, e, se não me apressar em instruí-lo, logo será instruído sem mim.

Mesmo adotando minhas ideias, mais de um leitor pensará que bastará uma conversa ao acaso com o rapaz, e tudo estará resolvido. Oh! Não é assim que o coração humano se comporta! O que dizemos nada significa se não preparamos o momento de dizê-lo. Antes de semear, é preciso lavrar a terra; a semente da virtude brota dificilmente, são necessários longos preparativos para fazer com que ganhe raízes. Uma das coisas que tornam mais inúteis as pregações é serem feitas indiferentemente a todos, sem discernimento nem escolha. Como se pode pensar que o mesmo sermão convenha a tantos ouvintes tão diversamente dispostos, tão diferentes quanto ao espírito, aos humores, às idades, aos sexos, às posições sociais e às opiniões? Talvez entre os ouvintes não haja dois a quem aquilo que dizemos a todos possa convir, e todas as nossas afeições têm tão pouca constância que talvez não haja na vida de cada homem dois momentos em que o mesmo discurso cause a mesma impressão. Pensai se, quando os sentidos excitados alienam o entendimento e tiranizam a vontade, é tempo de ouvir as graves lições da sabedoria. Assim, nunca faleis de razão aos jovens, mesmo na idade da razão, sem antes os ter colocado em condições de entendê-la. A maior parte dos discursos perdidos são-no por culpa bem mais dos professores do que dos alunos. O pedante e o professor dizem aproximadamente as mesmas coisas, mas o primeiro as diz a qualquer hora, enquanto o segundo só as diz quando tem certeza de seu efeito.

Como um sonâmbulo que caminha durante o sono passeia dormindo às bordas de um precipício, no qual cairia se fosse acordado de repente, também o meu Emílio, no sono da ignorância, escapa a perigos de que não se dá conta. Se eu o acordar de repente, estará perdido. Procuremos antes afastá-lo do precipício, e depois o acordaremos para mostrar-lhe o abismo de mais longe.

A leitura, a solidão, o ócio, a vida indolente e sedentária, a companhia das mulheres e dos jovens, eis as veredas perigosas de se atravessar na sua idade, e que o mantêm continuamente à beira do perigo. É através de outros objetos sensíveis que despisto os seus sentidos; é traçando outro curso para os espíritos que os afasto daquele que estavam começando a seguir; é exercitando seu corpo em trabalhos duros que detenho a atividade da imaginação que o arrasta. Quando os braços trabalham muito, descansa a imaginação; quando o corpo está muito cansado, o coração não arde. A precaução mais rápida e mais fácil é tirá-lo do perigo local. Levo-o primeiro para fora das cidades, para longe dos objetos capazes de tentá-lo. Mas isso não basta; em que deserto, em que selvagem asilo escapará às imagens que o perseguem? De nada servirá afastar os objetos perigosos se não for afastada também a sua lembrança; se eu não encontrar a arte de desinteressá-lo de tudo, se não o distrair de si mesmo, teria sido melhor deixá-lo onde estava.

Emílio sabe um ofício, mas esse ofício não é agora o nosso socorro; ama e entende a agricultura, mas a agricultura não nos basta, as ocupações que ele conhece tornam-se rotina; entregando-se a elas, está como se nada fizesse; pensa em coisas completamente diferentes; a cabeça e os braços agem separadamente. Precisa de uma ocupação nova que lhe seja interessante pela novidade, que prenda a sua atenção, que o envolva, que o exercite, uma ocupação pela qual se apaixone e à qual se devote inteiramente. Ora, a única que me parece reunir todas essas condições é a caça. Se alguma vez a caça é um prazer inocente, se alguma vez ela convém ao homem, é nesse momento que se deve recorrer a ela. Emílio tem tudo o que é preciso para ser bem-sucedido; é robusto, ágil, paciente, incansável. Com certeza gostará desse exercício; colocará nele todo o ardor de sua idade e nele perderá, pelo menos por algum tempo, as perigosas inclinações que nascem do ócio. A caça enrijece o coração tanto quanto o corpo; ela habitua ao sangue, à crueldade. Fez-se de Diana a inimiga do amor, e a alegoria é bastante exata; os langores do amor só nascem num doce repouso; um violento exercício abafa os sentimentos ternos. Nos bosques, nos campos, o amante e o caçador são afetados de maneira tão diversa, que sobre os mesmos objetos fazem imagens completamente diferentes. As sombras frescas, os bosquetes, os doces recantos do primeiro não passam para o segundo de pastos, de abrigos, de refúgios; onde um só ouve caniços, rouxinóis, ramagens, o outro imagina as trompas e o latido dos cães; um só imagina dríades e ninfas, e outro batedores, matilhas e cavalos. Passeai na companhia destes dois tipos de homem; pela diferença de linguagem, logo sabereis que para eles a terra não tem um aspecto semelhante e que o todo de suas ideias é tão diferente quanto a escolha de seus prazeres.

Compreendo como esses gostos se reúnem e como enfim se encontra tempo para tudo. Mas as paixões da juventude não se dividem assim; dai-lhe uma única ocupação que ela ama e todo o resto logo será esquecido. A variedade dos desejos provém da variedade de conhecimentos, e os primeiros prazeres que conhecemos são por muito tempo os únicos que procuramos. Não pretendo que toda a juventude de Emílio se passe a matar animais, nem mesmo justificar totalmente essa paixão feroz; basta-me que sirva para suspender uma paixão mais perigosa, para que eu possa falar dela fazendo-me escutar com sangue-frio e ter tempo de descrevê-la sem excitá-la.

Existem épocas na vida humana que foram feitas para não serem esquecidas. É o caso, para Emílio, da época da instrução de que estou falando; ela deve influir sobre o resto de seus dias. Procuremos então gravá-la em sua memória de modo que não se apague. Um dos erros de nossa época é empregar a razão sozinha demais, como se os homens fossem apenas espírito. Desdenhando a língua dos sinais que falam à imaginação, perdemos o que há de mais enérgico nas linguagens. A impressão das palavras é sempre fraca, e falamos ao coração pelos olhos bem mais do que pelos ouvidos. Querendo dar tudo ao raciocínio, reduzimos a palavras nossos preceitos; nada pusemos nas ações. A razão sozinha não é ativa; às vezes ela refreia, raras vezes excita e nunca faz algo de grande. Raciocinar sempre é a mania dos espíritos pequenos. As almas fortes têm outra linguagem; é pela linguagem que persuadimos e fazemos agir.

Observo que nos séculos modernos os homens só têm influência uns sobre os outros pela força ou pelo interesse, ao passo que os antigos agiam muito mais pela persuasão, pelos afetos da alma, porque não desdenhavam a língua dos sinais. Todas as convenções eram feitas com solenidade para torná-las invioláveis; antes que a força se estabelecesse, os deuses eram os magistrados do gênero humano; era perante eles que os particulares faziam seus tratados, suas alianças, diziam suas promessas; a face da terra era o livro onde se conservavam os arquivos. Rochedos, árvores, montes de pedras consagrados por tais atos e tornados respeitáveis aos homens bárbaros eram as folhas desse livro, sempre aberto a todos os olhos. O poço do juramento, o poço do vivo e do vidente, o velho carvalho de Mambré, o monte da testemunha, eis os monumentos grosseiros, mas augustos, da santidade dos contratos; ninguém ousaria atentar com mão sacrílega contra tais monumentos, e a fé dos homens era mais segura pela garantia dessas testemunhas mudas do que o é hoje com todo o vão rigor das leis.

No governo, o augusto aparato do poderio real impunha-se aos povos. Marcas de dignidade, um trono, um cetro, uma roupa de púrpura, uma coroa, uma venda eram para eles coisas sagradas. Esses sinais respeitados tornavam venerável o homem que viam enfeitado com eles; sem soldados, sem ameaças, ele era obedecido assim que falava.

Agora que pretendem abolir esses sinais*, que acontecerá com esse desprezo? A majestade real apaga-se de todos os corações, os reis só se fazem obedecer pela força das tropas e o respeito dos súditos repousa apenas no temor do castigo. Os reis já não se dão ao trabalho de trazerem seu diadema, nem os grandes a marca de suas dignidades, mas é preciso ter cem mil braços sempre prontos para fazer executar suas ordens. Embora isso talvez lhes pareça mais bonito, é fácil ver que no longo prazo essa troca não lhes será proveitosa.

O que os antigos fizeram com a eloquência é prodigioso; mas essa eloquência não consistia apenas em belos discursos bem ordenados, e nunca ela teve mais efeito do que quando o orador menos falava. O que se dizia com maior energia não se exprimia por palavras, mas por sinais; não se dizia, mostrava-se. O objeto que se expõe aos olhos abala a imaginação, excita a curiosidade, mantém o espírito na expectativa do que se vai dizer, e muitas vezes só o objeto já diz tudo. Trasíbulo e Tarquínio cortando cabeças de papoulas, Alexandre aplicando seu selo na boca de seu favorito, Diógenes andando diante de Zenão não falavam melhor do que se tivessem feito longos discursos? Que rodeio de palavras teria expressado tão bem as mesmas ideias? Dario em campanha na Cítia com seu exército recebe da parte do rei dos citas um pássaro, uma rã, um camundongo e cinco flechas. O embaixador entrega seu pre-

---

* O clero romano habilmente os conservou e, a exemplo dele, algumas repúblicas, entre as quais a de Veneza. Assim, o governo veneziano, apesar da queda do Estado, ainda goza, sob o aparato de sua antiga majestade, de toda a afetação, de toda a adoração do povo, e, depois do papa com sua tiara, talvez não haja nem rei, nem potentado, nem nenhum homem no mundo tão respeitado quanto o doge de Veneza, sem poder, sem autoridade, mas sacralizado por sua pompa, e enfeitado sob o casco ducal com um penteado de mulher. Essa cerimônia do Bucentauro, que tanto faz rir os tolos, faria a população de Veneza derramar todo o seu sangue pela manutenção de seu tirânico governo.

sente e volta sem nada dizer. Nos dias de hoje esse homem teria passado por louco. O terrível discurso foi entendido e Dario apressou-se em voltar ao seu país como pôde. Substituí esses sinais por uma carta. Quanto mais ameaçadora, menos atemorizará; não será mais do que uma fanfarronice, de que Dario só teria feito rir.

Quanta atenção davam os romanos à língua dos sinais! Roupas diferentes conforme as idades e as condições sociais; togas, saios, pretextas, bulas, laticlavos, cátedras, litores, feixes, machados, coroas de ouro, de ervas, de folhas, ovações, triunfos; tudo entre eles era aparato, representação, cerimônia, e tudo causava impressão no coração dos cidadãos. Era importante para o Estado que o povo se reunisse num lugar e não em outro, que visse ou não visse o Capitólio, que estivesse ou não voltado para o senado, que deliberasse em tal dia de preferência a outro. Os acusados mudavam de roupa, os candidatos também; os guerreiros não se gabavam de suas façanhas, mas mostravam os ferimentos. Quando da morte de César, imagino que um de nossos oradores, querendo comover o povo, teria esgotado todos os lugares-comuns da arte para fazer uma patética descrição de suas chagas, de seu sangue, de seu cadáver, Antônio, embora eloquente, não disse nada disso; fez que trouxessem o corpo. Que retórica!

Mas essa digressão vai aos poucos me afastando de meu assunto, assim como muitos outros, e meus desvios são frequentes demais para poderem ser longos e toleráveis; volto, pois, a meu assunto.

Nunca argumenteis secamente com a juventude. Revesti a razão com um corpo, se quereis torná-la sensível a ela. Fazei com que passe pelo coração a língua do espírito, para que ele se faça compreender. Repito, os argumentos frios podem determinar nossas opiniões, mas não nossos atos; fazem-nos acreditar e não agir; demonstramos o que se deve pensar, e não o que se deve fazer. Se isso é verdadeiro para todos os homens, com mais forte razão o é para os jovens ainda envoltos em seus sentidos e que só pensam na medida em que imaginam.

Assim, evitarei, mesmo depois dos preparativos de que falei, ir de repente ao quarto de Emílio para fazer-lhe gravemente um longo discurso sobre o assunto acerca do qual o quero instruir. Começarei por abalar sua imaginação; escolherei o tempo, o lugar e os objetos mais favoráveis à impressão que lhe quero causar; chamarei, por assim dizer, toda a natureza como testemunha de nossas conversas; e o Ser eterno como testemunha da verdade de minhas palavras, verdade de que ele é o autor; tomá-lo-ei como juiz entre Emílio e mim; assinalarei o lugar onde estamos, os rochedos, os bosques, as montanhas que nos rodeiam como monumentos de suas promessas e das minhas; colocarei em meus olhos, em meu tom de voz, nos meus gestos o entusiasmo e o ardor que lhe quero inspirar. Então falarei com ele e ele me escutará, enternecer-me-ei e se emocionará. Compenetrando-me da santidade de meus deveres, tornarei seus deveres mais respeitáveis; reforçarei o raciocínio com imagens e figuras; não me demorarei em máximas frias, mas abundarei em sentimentos transbordantes; minha razão será grave e sentenciosa, mas meu coração nunca terá dito o bastante. Será então que, mostrando-lhe tudo o que fiz por ele, mostrar-lho-ei como tendo sido feito como que para mim mesmo e ele verá na minha terna afeição a razão de todos os meus esforços. Que surpresa, que choque lhe darei ao mudar de repente de linguagem! Em vez de lhe estreitar a alma falando-lhe sempre do seu interesse, falar-lhe-ei doravante apenas do meu, e assim o tocarei mais; acenderei em seu jovem coração todos os sentimentos de amizade, de generosidade, de reconhecimento que fiz nascer e que são tão doces de alimentar. Apertá-lo-ei contra o peito derramando sobre ele lágrimas de ternura; dir-lhe-ei: És o meu bem, o meu filho, a minha obra; é de tua felicidade que espero a minha felicidade; se frustrares as minhas esperanças, roubar-me-ás vinte anos de minha vida e tornarás infeliz a minha velhice. É assim que fazemos com que um jovem nos ouça e gravamos no fundo do seu coração a recordação do que lhe dizemos.

Até agora procurei dar exemplos da maneira como um preceptor deve instruir seu discípulo nas ocasiões difíceis. Tentei fazer o mesmo desta vez, mas depois de muitas tentativas acabo desistindo, persuadido de que a língua francesa é preciosa demais para tolerar num livro a ingenuidade das primeiras lições sobre certos assuntos.

Dizem que a língua francesa é a mais casta das línguas; quanto a mim, acredito que ela seja a mais obscena, pois acho que a castidade de uma língua não consiste em evitar com cuidado os termos indecentes, mas em não os ter. Com efeito, para evitá-los, é preciso pensar neles, e não há língua em que seja mais difícil falar de modo puro, em todos os sentidos, do que a francesa. O leitor, sempre mais hábil em encontrar sentidos obscenos do que o autor em evitá-los, escandaliza-se e choca-se com tudo. Como o que passa por ouvidos impuros não contrairia a sua sujeira? Pelo contrário, um povo de bons costumes tem sempre termos limpos para todas as coisas, e tais termos são sempre decentes, porque são sempre empregados decentemente. É impossível imaginar uma linguagem mais modesta do que a da Bíblia, exatamente porque nela tudo é dito com ingenuidade. Para tornar indecentes as mesmas coisas, basta traduzi-las para o francês. O que devo dizer a Emílio não terá nada que não seja decente e casto ao seu ouvido, mas, para considerá-lo da mesma forma à leitura, seria preciso ter um coração tão puro quanto o seu.

Eu até acharia que algumas reflexões sobre a verdadeira pureza do discurso e sobre a falsa delicadeza do vício poderiam ocupar um lugar útil nas conversas sobre moral a que esse assunto nos conduz; pois, ao aprender a linguagem da decência, ele também deve aprender a da conveniência, e é preciso que ele saiba por que essas duas linguagens são tão diferentes. De qualquer modo, afirmo que, em lugar de vãos preceitos, que não paramos de repetir para o jovem antes da hora, e de que ele zomba na idade que seria a certa, se aguardarmos, se prepararmos o momento de nos fazer ouvir; se então lhe expusermos as leis da natureza em toda a sua verdade; se lhe mostrarmos a sanção dessas mesmas leis com os males físicos e morais que o desrespeito a elas atrai sobre o culpado; se, ao lhe falarmos sobre esse inconcebível mistério da geração, juntarmos à ideia da atração que o autor da natureza dá a esse ato a ideia da ligação exclusiva que o torna delicioso, a ideia dos deveres de fidelidade, de pudor que o envolvem e duplicam seu encanto ao cumprir seu objetivo; se, ao lhe mostrarmos o casamento não só como a mais doce das sociedades, mas como o mais inviolável e o mais santo de todos os contratos, dissermos com ênfase todas as razões que tornam um laço tão sagrado respeitável para todos os homens e que cobrem de ódio e de maldições todos os que ousarem macular a sua pureza; se lhe pintarmos um quadro impressionante e verídico dos horrores da libertinagem, de seu estúpido embrutecimento, da queda imperceptível pela qual uma primeira desordem conduz a todas e arrasta enfim aquele que se entrega a ela para sua perda; se, digo eu, lhe mostramos com evidência como dependem do gosto pela castidade a saúde, a força, a coragem, as virtudes, o próprio amor e todos os verdadeiros bens do homem, afirmo que então tornaremos essa mesma castidade desejável e querida para ele e encontraremos seu espírito dócil para com os meios que lhes oferecemos para conservá-la; pois, enquanto a conservamos, a respeitamos; só a desprezamos depois de tê-la perdido.

Não é verdade que a inclinação para o mal seja indomável e que não tenhamos o poder de vencê-la antes de adquirir o hábito de sucumbir a ela. Aurelius Victor diz que vários homens loucos de amor compraram voluntariamente com a vida uma noite com Cleópatra, e tal sacrifício não é impossível à embriaguez da paixão. Mas suponhamos que o mais furioso dos homens, com o menor controle sobre seus sentidos, visse o instrumento do suplício, certo de morrer nele quinze minutos depois; não somente este homem, a partir daquele momento, tornar-se-ia superior às tentações, como até lhe custaria pouco resistir a elas; logo a imagem horrível de que elas se acompanhariam o distrairia, e, sempre repelidas, elas se cansariam de voltar. É só a tepidez de nossa vontade que faz toda a nossa fraqueza, e somos sempre fortes para fazer o que queremos muito; *volenti nihil difficile*[7]. Oh! Se detestássemos o vício tanto quanto amamos a vida, abster-nos-íamos com a mesma facilidade de um crime agradável e de um veneno mortal colocado num prato delicioso.

Como não se percebe que, se todas as lições que damos sobre esse ponto não têm êxito, é porque não têm razão de ser para a sua idade e porque é importante em todas as idades revestir a razão com formas que a tornem desejável? Falai-lhe com gravidade quando preciso, mas tenha sempre o que lhe dizeis um atrativo que o force a escutar-vos. Não luteis contra os seus desejos com aridez; não sufoqueis a sua imaginação, orientai-a para que não gere monstros. Falai com ele de amor, das mulheres, dos prazeres; fazei com que encontre em vossas conversas um encanto que agrade ao seu jovem coração; nada poupeis para vos tornar seu confidente, só com essa condição tornar-vos-eis realmente seu mestre. Então já não temais que vossas conversas o aborreçam, far-vos-á falar mais do que gostaríeis.

Não duvido nem por um momento de que, se eu souber tomar todas as precauções necessárias com base nessas máximas e dizer a Emílio as palavras convenientes à conjuntura a que o progresso dos anos o fez chegar, ele chegue por si mesmo ao ponto a que o quero levar, ponha-se com diligência sob minha proteção e me diga com todo o

7. "Nada é difícil para quem o quer." (N. do T.)

fervor de sua idade, impressionado pelos perigos de que se vê cercado: Meu amigo, meu protetor, meu mestre, retoma a autoridade de que queres abdicar no momento em que é mais importante para mim que permaneças; até agora só a tinhas por causa da minha fraqueza, mas agora a terás por minha vontade, e assim ela será mais sagrada para mim. Defende-me de todos os inimigos que me assaltam, e sobretudo dos que trago comigo e que me traem; cuida de tua obra, para que eu permaneça digno de ti. Quero obedecer às tuas leis, quero-o sempre, é a minha vontade constante; se alguma vez eu te desobedecer, será contra a vontade; torna-me livre protegendo-me contra as minhas paixões que me violentam; impede que eu seja escravo delas e força-me a ser meu próprio senhor não obedecendo aos sentidos, mas à razão.

Quando tiverdes levado vosso aluno a esse ponto (e, se ele não chegar a ele, a culpa será vossa), evitai cobrar-lhe muito rapidamente a palavra, para que, se um dia vosso domínio parecer-lhe muito pesado, ele não acredite ter o direito de subtrair-se a ele, acusando-vos de tê-lo enganado. É nesse momento que a reserva e a gravidade encontram seu lugar, e esse tom impor-se-lhe-á com tanto mais força por ser a primeira vez que vos terá visto assumi-lo.

Dir-lhe-eis, então: Jovem, assumes levianamente compromissos difíceis. Seria preciso conhecê-los para ter o direito de fazê-lo; não sabeis com que furor os sentidos arrastam teus iguais para o abismo dos vícios, pela atração do prazer. Sei muito bem que não tens uma alma abjeta; nunca violarás a tua palavra; no entanto, quantas vezes talvez venhas a arrepender-te por a teres dado! Quantas vezes amaldiçoarás aquele que te ama, quando, para salvar-te dos males que te ameaçam, vir-se forçado a rasgar-te o coração! Tal como Ulisses, perturbado pelo canto das sereias, gritava aos que o levavam que o desacorrentassem, seduzido pelo atrativo dos prazeres, quererás romper os laços que te incomodam; importunar-me-ás com tuas queixas; reprovarás minha tirania quando me estiver ocupando de ti com a maior ternura; pensando apenas em tornar-te feliz, provocarei teu ódio. Ó meu Emílio, nunca suportarei a dor de ser-te odioso; por esse preço, mesmo tua felicidade é cara demais. Bom rapaz, não vês que te obrigando a me obedecer tu me obrigas a te guiar, a esquecer-me de mim para devotar-me a ti, a não dar ouvidos nem a tuas queixas, nem a tuas reclamações, a combater sem cessar os teus desejos e os meus. Tu me impões um jugo mais duro do que o teu. Antes de carregá-lo, consultemos ambos as nossas forças; espera um pouco, dá-me um pouco de tempo para pensar e fica sabendo que o mais lento a prometer é sempre o mais fiel a cumprir.

Ficai sabendo também vós que quanto mais vos tornais difícil quanto à promessa, mais facilitais a sua execução. É importante que o jovem sinta que está prometendo muito e que vós prometeis ainda mais. Quando a hora chegar e ele tiver, por assim dizer, assinado o contrato, mudai então de tom, tornai vosso domínio tão manso quanto havíeis anunciado que seria severo. Dir-lhe-eis: Jovem amigo, falta-te experiência, mas agi de tal modo que a razão não te faltasse. Estás em condições de ver em todas as coisas os motivos de minha conduta; para isso não é preciso esperar que estejas calmo. Obedece sempre primeiro e depois me pergunta a razão de minhas ordens; estarei pronto a explicá-las tão logo estejas em condições de me entender, e nunca temerei colocar-te como juiz entre ti e mim. Prometes ser dócil e promete só usar essa docilidade para te tornar o mais feliz dos homens. Apresento como garantia de minha promessa a sorte de que gozaste até agora. Descobre alguém da tua idade que tenha passado uma vida tão doce quanto a tua e nada mais te prometerei.

Depois do estabelecimento de minha autoridade, meu primeiro cuidado será afastar a necessidade de fazer uso dela. Nada pouparei para firmar-me cada vez mais em sua confiança, para tornar-me cada vez mais o confidente de seu coração e o árbitro de seus prazeres. Longe de lutar contra as inclinações da sua idade, consultá-las-ei para ter domínio sobre elas; participarei de suas ideias para dirigi-las e não buscarei para ele uma felicidade distante à custa do presente. Não quero que ele seja feliz uma vez, mas sempre, se possível.

Aqueles que querem orientar sabiamente a juventude para preservá-la das armadilhas dos sentidos fazem-na sentir horror pelo amor, e de bom grado transformariam em crime pensar em amor naquela idade, como se ele tivesse sido feito para os velhos. Todas essas lições enganosas que o coração desmente não convencem. Guiado por um instinto mais seguro, o jovem ri em segredo das tristes máximas com as quais finge concordar, mas só espera o momento de transgredi-las. Tudo aquilo é contra a natureza. Seguindo um caminho oposto, chegarei com mais segurança ao mesmo fim. Não temerei embelezar o doce sentimento de que ele está ávido; retratá-lo-ei como a suprema felicidade da vida, porque o é, de fato; ao retratá-lo, quero que o jovem se entregue a ele; fazendo com que sinta o encanto que acrescenta à atração dos sentidos a união dos corações, farei com que sinta repulsa pela libertinagem, e torná-lo-ei sábio tornando-o amoroso.

Como é preciso ser limitado para não ver nos desejos nascentes de um jovem mais do que um obstáculo para as lições da razão! De minha parte, vejo neles o verdadeiro meio de torná-lo dócil a essas mesmas lições. Só conquistamos autoridade sobre as paixões através das paixões; é por seu poderio que devemos combater sua tirania, e é sempre da própria natureza que devemos tirar os instrumentos próprios para ordená-la.

Emílio não foi feito para permanecer sempre solitário; membro da sociedade, deve cumprir seus deveres. Feito para viver com os homens, deve conhecê-los. Conhece o homem em geral; falta-lhe conhecer os indivíduos. Sabe o que se faz na sociedade; falta-lhe ver como se vive nela.

Já é tempo de mostrar-lhe o exterior desse grande teatro cujos jogos secretos já conhece todos. Já não terá por ele a admiração estúpida de um jovem avoado, mas o discernimento de um espírito reto e justo. Suas paixões poderão iludi-lo, sem dúvida; quando é que não iludem os que se entregam a elas? Mas pelo menos não será enganado pelas paixões dos outros. Se as vir, vê-las-á com os olhos do sábio, sem ser arrastado por seus exemplos nem seduzido por seus preconceitos.

Assim como há uma idade própria para o estudo das ciências, também há uma para bem compreender os costumes do mundo. Quem aprende esses costumes muito cedo segue-os por toda a vida sem discernimento, sem reflexão e, embora com suficiência, sem nunca saber direito o que está fazendo. Quem, no entanto, os aprende e sabe suas razões segue-os com mais discernimento e, por conseguinte, com mais justeza e graça. Dai-me uma criança de doze anos que nada saiba sobre nada, aos quinze anos vo-la devolverei sabendo tanto quanto a que tiverdes instruído desde a primeira idade, com a diferença de que o saber da vossa criança estará somente na memória, ao passo que o da minha estará em seu juízo. Da mesma forma, introduzi um jovem de vinte anos no mundo; bem orientado, em um ano ele será mais amável e mais judiciosamente polido do que aquele que tiver frequentado o mundo desde a infância, pois o primeiro, sendo capaz de perceber as razões de todos os procedimentos relativos à idade, à condição social e ao sexo que constituem esses costumes, poderá reduzir esses procedimentos a princípios e estendê-los aos casos não previstos, ao passo que o outro, tendo como regra apenas a sua rotina, perde-se assim que a abandona.

As jovens senhoritas francesas são todas educadas em conventos até que casem. Perceber-se-á que têm dificuldades então para adquirir essas maneiras que são tão novas para elas, e acusar-se-ão as mulheres de Paris de serem desajeitadas, embaraçadas, de ignorarem os costumes do mundo por não terem sido colocadas nele desde a infância? Tal preconceito provém das próprias pessoas do mundo, que, nada conhecendo de mais importante do que essa cienciazinha, imaginam falsamente que nunca é cedo demais para começar a adquiri-la.

É verdade que tampouco se deve esperar demais. Quem quer que tenha passado toda a juventude longe do grande mundo, quando começar a frequentá-lo terá pelo resto da vida um jeito embaraçado, constrangido, palavras sempre fora de propósito, maneiras pesadas e desajeitadas, de que não se desfará nem mesmo pelo hábito da frequentação e que só ganharão em ridículo com o esforço feito para livrar-se delas. Cada tipo de instrução tem seu tempo próprio, que é preciso conhecer, e seus perigos, que é preciso evitar. É sobretudo por esta que eles se reúnem, mas tampouco exponho meu aluno a eles sem tomar precauções para protegê-lo contra eles.

Quando meu método dá conta de todos os aspectos de um objeto e quando, reparando um inconveniente, ele previne um outro, julgo então que ele é bom e que estou certo. É isso que acredito observar na experiência que ele me sugere agora. Se eu quiser ser austero e seco com meu discípulo, perderei sua confiança e logo ele se esconderá de mim. Se eu quiser ser complacente, fácil, ou fechar os olhos, de que servirá que ele esteja sob minha vigilância? Não farei mais do que autorizar sua desordem e consolar sua consciência à custa da minha. Se eu o introduzir no mundo com o único objetivo de instruí-lo, instruir-se-á mais do que quero. Se eu o mantiver afastado do mundo até o fim, que terá aprendido comigo? Tudo, talvez, exceto a arte mais necessária ao homem e ao cidadão, que é saber viver com seus semelhantes. Se conferir a seus cuidados uma utilidade distante demais, ela será como que nula, pois ele só se importa com o presente. Se eu me contentar com lhe fornecer diversões, que bem lhe farei? Ele se amolecerá e nada aprenderá.

Nada disso. Só meu recurso resolve tudo. Teu coração, digo eu ao rapaz, precisa de uma companheira; vamos procurar a moça que te convém. Talvez não a encontremos facilmente, pois o verdadeiro mérito sempre é raro, mas não nos apressemos nem nos decepcionemos. Sem dúvida existe alguma, e acabaremos por encontrá-la, ou pelo menos uma que mais se aproxime. Com planos tão agradáveis para ele, introduzo-o no mundo. Que mais preciso dizer? Não vedes que já fiz tudo?

Ao lhe pintar a namorada que lhe destino, imaginai se serei capaz de me fazer ouvir, se serei capaz de lhe tornar agradáveis e desejadas as qualidades que ele deve amar, se serei capaz de dispor de todos os seus sentimentos quanto ao que deve procurar ou evitar. É preciso que eu seja o mais desajeitado dos homens para não o tornar antecipadamente apaixonado sem saber por quem. Não importa se o objeto que lhe representarei seja imaginário, basta que o afaste dos que poderiam tentá-lo, basta que ele encontre por toda parte comparações que o façam preferir a sua quimera aos objetos reais que o irão impressionar; e o que é o verdadeiro amor além de uma quimera, uma mentira, uma ilusão? Amamos muito mais a imagem que criamos do que o objeto a que a aplicamos. Se víssemos o que amamos exatamente como é, já não haveria amor na terra. Quando deixamos de amar, a pessoa que amávamos permanece a mesma de antes, mas não a vemos do mesmo modo; o véu do encanto cai e o amor desaparece. Ora, oferecendo-lhe o objeto imaginário, torno-me senhor das comparações e impeço com facilidade a ilusão dos objetos reais.

Não pretendo com isso que se engane um jovem pintando um modelo de perfeição que não possa existir, mas escolherei os defeitos de sua amada de tal forma que lhe convenham, que lhe agradem e sirvam para corrigir os dele. Também não quero que mintam a ele, afirmando falsamente que o objeto que lhe pintam existe, mas, se ele se comprouver com a imagem, logo desejará que tenha um original. Do desejo à suposição o trajeto é fácil; é o trabalho de algumas descrições hábeis que, sob traços mais sensíveis, darão a esse objeto imaginário um maior ar de verdade. Gostaria de chegar a dar-lhe um nome; rindo, dir-lhe-ia: Chamemos de *Sofia* tua futura namorada; *Sofia* é um nome de bom augúrio; se a mulher que escolheres tiver outro nome, pelo menos será digna de se chamar *Sofia*; podemos antecipadamente honrá-la deste modo. Depois de todos esses pormenores, se, sem afirmar, sem negar, esquivarmo-nos com evasivas, suas suspeitas transformar-se-ão em certeza; acreditará que lhe escondem a esposa que lhe é destinada e que a verá quando chegar a hora. Se ele chegar a este ponto e tivermos escolhido bem os traços que lhe devemos mostrar, todo o resto será fácil; poderemos expô-lo ao mundo quase sem riscos; apenas o defenderei contra seus sentidos, pois seu coração está em segurança.

Mas quer ele personifique ou não o modelo que terei sido capaz de tornar desejável, tal modelo, se for bem feito, não deixará de prendê-lo a tudo o que se parecer com ele e não deixará de afastá-lo de tudo o que não se parecer, como se tivesse um objeto real. Que bom para preservar seu coração dos perigos a que sua pessoa deve expor-se, para reprimir seus sentidos através da imaginação, para afastá-lo, principalmente, dessas vendedoras de educação, que a vendem tão caro e só ensinam a polidez a um jovem tirando-lhe toda a decência! Sofia é tão modesta! De que modo irá ele julgar as investidas daquelas mulheres? Sofia tem tanta simplicidade! Como ele poderá amar o jeito delas? Há uma distância grande demais entre as suas ideias e suas observações para que estas lhe sejam perigosas.

Todos os que falam da educação das crianças seguem os mesmos preconceitos e as mesmas máximas, porque observam mal e refletem ainda pior. Não é nem pelo temperamento, nem pelos sentidos que começa a desorientação da juventude, mas sim pela opinião. Se se tratasse aqui de meninos educados nos colégios e de meninas educadas nos conventos, eu mostraria que isso é verdade mesmo a respeito deles; pois as primeiras aulas que uns e outras recebem, e as únicas que dão frutos, são as aulas de vício, e não é a natureza que os corrompe, é o exemplo. Mas deixemos os pensionistas dos colégios e dos conventos com seus maus costumes; eles nunca terão remédio. Falo apenas da educação doméstica. Tomai um rapaz educado sabiamente na casa de seu pai no interior e examinai-o no momento em que chega a Paris, ou em que entra no mundo; vê-lo-eis pensando bem sobre as coisas decentes e com a própria vontade tão sadia quanto a razão; achareis nele desprezo pelo vício e horror pela libertinagem; só com o nome de uma prostituta vereis aparecer em seus olhos o escândalo da inocência. Afirmo que não há um que pudesse resolver entrar nas tristes moradas daquelas infelizes, mesmo que soubesse para que servem e sentisse necessidade.

Seis meses depois, voltai a observar o mesmo rapaz e já não o reconhecereis; linguagem livre, máximas altivas, maneiras desembaraçadas fariam com que fosse tomado por outro homem, se suas brincadeiras sobre a sua anterior simplicidade, sua vergonha quando lhe é lembrada, não revelassem que é o mesmo e que tem vergonha disso. Como aprendeu em pouco tempo! De onde provém uma mudança tão grande e tão brusca? Do progresso do temperamento? Seu temperamento não teria feito o mesmo progresso na casa paterna? E com certeza lá ele não teria aprendido nem esse tom, nem essas máximas. Dos primeiros prazeres dos sentidos? Muito pelo contrário, quando começamos a entregar-nos a eles, somos temerosos, inquietos, fugimos da luz e do barulho. As primeiras volúpias são sempre misteriosas, o pudor as tempera e esconde; a primeira namorada não nos torna atrevidos, mas tímidos. Inteiramente compenetrado num estado tão novo para ele, o jovem recolhe-se para saboreá-lo e sempre treme à ideia de perdê-lo. Se faz muito barulho, ele não é nem voluptuoso nem terno; enquanto se vangloriar, ele não gozou.

Outras maneiras de pensar produziram sozinhas essas diferenças. Seu coração ainda é o mesmo, mas suas opiniões mudaram. Mais lentos para se alterarem, seus sentimentos acabarão por se alterar através delas, e somente então ele estará realmente corrompido. Mal entrou no mundo já adquire uma segunda educação totalmente oposta à primeira, pela qual aprende a desprezar o que estimava e a estimar o que desprezava; fazem com que encare as lições de seus pais e de seus professores como um jargão pedante, e os deveres que lhe pregaram como uma moral pueril que se deve desdenhar quando adulto. Ele se crê obrigado pela honra a mudar de comportamento; torna-se atrevido sem ter desejos e presumido por vergonha. Zomba dos bons costumes antes de ter tomado gosto pelos maus, e gaba-se de libertinagem sem saber ser libertino. Nunca esquecerei a confissão de um jovem oficial das guardas suíças que se aborrecia muito com os ruidosos prazeres de seus camaradas e não ousava esquivar-se deles com medo das zombarias: "Pratico isso", dizia ele, "como tomo tabaco, apesar de minha repugnância; o gosto virá com o hábito; não se deve ser sempre criança".

Assim, pois, é bem menos da sensualidade do que da vaidade que devemos preservar um jovem que entra no mundo; ele cede mais às inclinações dos outros do que às suas próprias, e o amor-próprio faz mais libertinos do que o amor.

Isso posto, pergunto se há em toda a terra alguém mais bem armado do que o meu aluno contra tudo o que possa atentar contra seus costumes, seus sentimentos e seus princípios, se existe alguém em melhores condições de resistir à corrente. Pois contra que sedução ele se encontra indefeso? Se os desejos o arrastarem para o sexo, ele não encontrará o que procura e seu coração preocupado retê-lo-á. Se os sentidos o perturbam e pressionam, onde encontrará com que satisfazê-los? O horror do adultério e da libertinagem afasta-o igualmente das mulheres públicas e das casadas, e é sempre por uma dessas duas condições que começam as desordens da juventude. Uma moça casadoira pode ser coquete, mas não será atrevida e não se entregará a um jovem que se possa casar com ela se acreditar que ela é bem comportada; de resto ela terá alguém que a vigie. Emílio, por seu lado, não estará totalmente entregue a si mesmo; ambos terão como vigias pelo menos o medo e a vergonha, inseparáveis dos primeiros desejos; não passarão abruptamente às maiores intimidades e não terão tempo de chegar a elas gradualmente sem obstáculos. Para agir de outra maneira, é preciso que ele já tenha aprendido com os colegas a zombar de sua modéstia, a tornar-se insolente à sua imitação. Mas quem no mundo é menos imitador do que Emílio? Quem se deixa levar menos pelo tom de caçoada do que aquele que não tem preconceitos e nada sabe oferecer aos outros? Trabalhei vinte anos para armá-lo contra os zombadores, eles precisarão de mais de um dia para engan-á-lo, pois o ridículo não é a seus olhos mais do que a razão dos tolos, e nada nos torna mais insensíveis à zombaria do que estarmos acima da opinião. No lugar das brincadeiras, ele precisa de razões, e, enquanto estiver nesse ponto, não terei medo de que jovens loucos o roubem de mim; tenho a meu favor a consciência e a verdade. Se o preconceito tiver de interferir, um apego de vinte anos também é alguma coisa; nunca o farão acreditar que o aborreci com lições vãs, e num coração direito e sensível a voz de um amigo fiel e verdadeiro será capaz de abafar os gritos de vinte sedutores. Como se trata então apenas de lhe mostrar que o enganam e, fingindo tratá-lo como homem, tratam-no realmente como criança, mostrar-me-ei sempre simples, mas grave e claro em meus argumentos, para que ele perceba que sou eu quem o trata como homem. Dir-lhe-ei: "Podes ver que apenas o teu interesse, que é o meu, dita as minhas palavras; não posso ter nenhum outro. Mas por que esses rapazes querem persuadir-te? É que eles querem seduzir-te; não gostam de ti e não têm nenhum interesse por ti; seu único motivo é um despeito secreto por verem que vales mais do que eles; querem rebaixar-te à sua pequena estatura e só te censuram por te deixares governar para eles próprios te governarem. Consegues acreditar que tens a ganhar com essa troca? A sabedoria deles será tão superior e sua ligação de um dia será mais forte do que a minha? Para dar alguma importância à sua zombaria, seria preciso dar alguma importância à sua autoridade; e que experiência têm eles para colocar suas máximas acima das nossas? Não fizeram mais do que imitar outros descabeçados, como querem ser imitados por sua vez? Para se colocarem acima dos pretensos preconceitos de seus pais, submetem-se aos de seus camaradas. Não vejo o que ganham com isso, mas vejo que com certeza perdem duas grandes vantagens, a do afeto paterno, cujos conselhos são ternos e sinceros, e a da experiência, que faz com que julguemos o que conhecemos; pois os pais foram filhos e os filhos não foram pais.

"Mas não acreditais que sejam sinceros pelo menos em seus loucos princípios? Nem mesmo isso, meu caro Emílio; enganam-se para te enganar; não estão de acordo consigo mesmos; seu coração desmente-os sem cessar e não raro suas bocas os contradizem. Um deles ridiculariza tudo o que é honesto, mas ficaria desesperado se sua mulher pensasse como ele. Outro levará essa indiferença quanto aos costumes até os das mulheres que ainda não tem, ou, cúmulo da infâmia, aos da mulher que já tem. Mas vai adiante, fala-lhe de sua mãe e observa se ele passará de bom grado por ser um filho de adultério, de uma mulher de má vida, por tomar falsamente o nome de uma família, por roubar seu patrimônio ao herdeiro natural, enfim, se ele pacientemente se deixará tratar como um bastardo. Quem dentre eles quererá que se faça à sua filha a desonra com que ele cobre a de outrem? Não há um só que não atentaria contra a tua vida se adotasses para com ele, na prática, todos os princípios que ele se esforça por te dar. É assim que revelam enfim sua inconsequência e que percebemos que nenhum deles acredita no que diz. Isto que lhe digo são razões, Emílio; reflete sobre as deles, se é que existem, e as compara. Se eu quisesse usar como eles de desprezo e de zombaria, vê-los-ias prestarem-se ao ridículo tanto ou talvez mais do que eu. Mas não tenho medo de um exame sério. O triunfo dos zombadores é de curta duração; a verdade permanece e seu riso insensato desaparece."

Não podeis imaginar como, aos vinte anos, Emílio pode ser dócil. Como pensamos de maneira diferente! De minha parte, não consigo conceber como ele pôde sê-lo aos dez anos, pois que autoridade tinha eu sobre ele naquela idade? Precisei de quinze anos de trabalhos para obter essa autoridade. Na época, eu não o educava, preparava-o para ser educado. Agora ele o é o bastante para ser dócil; reconhece a voz da amizade e sabe obedecer à razão. É verdade que lhe concedo uma aparência de independência, mas nunca esteve tão submetido a mim, porque o está porque quer. Enquanto não pude apoderar-me de sua vontade, permaneci senhor de sua pessoa; não o deixei por um instante. Agora deixo-o às vezes entregue a si mesmo, porque o governo a todo instante. Ao deixá-lo, beijo-o e digo-lhe num tom seguro: Emílio, confio-te ao meu amigo; entrego-te ao seu coração honesto; é ele que me responderá por ti.

Não é fácil corromper afetos sadios que não sofreram nenhuma alteração precedente e riscar princípios derivados imediatamente das primeiras luzes da razão. Se alguma mudança ocorre na minha ausência, nunca durará o bastante, ele nunca conseguirá esconder-se de mim sem que eu perceba o perigo antes do mal e tenha tempo de remediá-lo. Como ninguém se deprava de repente, não se aprende de repente a fingir, e, se alguma vez houve um homem desajeitado nesta arte, esse homem é Emílio, que não teve em toda a vida uma única oportunidade de usá-la.

Por esses cuidados e outros semelhantes, acredito que ele esteja tão bem protegido contra objetivos estranhos e contra as máximas vulgares, que preferiria vê-lo no meio da pior sociedade de Paris a vê-lo sozinho no seu quarto, ou num parque, entregue a toda a inquietação de sua idade. Por mais que façamos, de todos os inimigos que podem atacar um jovem, o mais perigoso e o único de quem não podemos afastá-lo é ele mesmo. Tal inimigo, porém, só é perigoso por culpa nossa, pois, como já disse mil vezes, é unicamente pela imaginação que os sentidos despertam. A necessidade dos sentidos não é propriamente uma necessidade física, não é verdade que seja uma verdadeira necessidade. Se nunca nenhum objeto lascivo tivesse alcançado nossos olhos, se nunca nenhuma ideia indecente tivesse entrado em nosso espírito, talvez nunca essa pretensa necessidade se fizesse sentir a nós, e teríamos permanecido castos, sem tentações, sem esforços e sem mérito. Não se sabe que fermentações surdas certas situações e certos espetáculos excitam no sangue da juventude, sem que ela mesma saiba distinguir a causa dessa primeira excitação, que não é fácil de apaziguar e não tarda a renascer. Quanto a mim, quanto mais penso sobre essa importante crise e em suas causas próximas e distantes, mais me convenço de que um solitário educado num deserto, sem livros, sem instrução e sem mulheres morreria virgem qualquer que fosse a idade que tivesse alcançado.

Mas aqui não se trata de um selvagem dessa espécie. Ao educar um homem junto aos seus semelhantes e para a sociedade, é impossível, não é nem mesmo conveniente, criá-lo sempre nessa ignorância salutar, e o que há de pior para a sabedoria é ser sábio pela metade. A recordação dos objetos que nos impressionaram, as ideias que adquirimos seguem-nos até o retiro, povoam-no, contra a nossa vontade, de imagens mais sedutoras do que os próprios objetos, e tornam a solidão tão funesta para quem os leva a ele quanto ela é útil para aquele que nele se mantém sempre sozinho.

Cuidai, pois, com atenção do rapaz, e ele poderá proteger-se contra tudo o mais; cabe a vós, porém, protegê-lo contra ele próprio. Não o deixeis sozinho nem de dia nem de noite, e pelo menos dormi em seu quarto; que ele só se deite quando estiver exausto de sono e que se levante assim que acordar. Desconfiai do instinto assim que já não vos limitais a ele; ele é bom enquanto age sozinho, é suspeito desde que se mistura às instituições dos homens; não devemos destruí-lo, devemos regrá-lo, e isso pode ser mais difícil do que o anular. Seria muito perigoso que ele ensinasse vosso aluno a despistar seus sentidos e a fornecer oportunidades de satisfazê-los; se ele conhecer uma vez esse perigoso suplemento, estará perdido. A partir de então, terá sempre o corpo e o coração abatidos; levará até o túmulo os tristes efeitos desse hábito, o mais funesto a que um jovem pode estar submetido. Sem dúvida, seria ainda melhor... Se os furores de um temperamento ardente tornarem-se invencíveis, meu caro Emílio, sinto muito; mas não hesitarei um instante, não tolerarei que a finalidade da natureza seja desviada. Se é preciso que um tirano te subjugue, entrego-te de preferência àquele de que posso libertar-te; aconteça o que acontecer, tirar-te-ei com maior facilidade das mulheres do que de ti.

Até os vinte anos o corpo cresce e precisa da sua substância; a continência faz então parte da ordem da natureza e só pecamos contra ela à custa de nossa constituição. Depois dos vinte anos, a continência é um dever de moral; é importante para aprender a ter domínio sobre si mesmo, e permanecer senhor dos próprios apetites. Mas os deveres morais têm suas modificações, suas exceções, suas regras. Quando a fraqueza humana torna inevitável uma alternativa, dos dois males escolhamos o menor; em qualquer ocasião, mais vale cometer um erro do que contrair um vício.

Lembrai-vos de que já não é de meu aluno que estou falando agora, e sim do vosso. Suas paixões, que deixastes fermentar, subjugam-vos; cedei então a elas abertamente e sem lhe disfarçar sua vitória. Se sois capaz de mostrar-lha como ela é, ele ficará menos orgulhoso do que envergonhado e reservar-vos-eis o direito de conduzi-lo durante seus desvios, para pelo menos fazê-lo evitar os precipícios. É importante que o discípulo nada faça que o mestre não saiba e não queira, nem mesmo o que for mau, e é cem vezes preferível que o preceptor aprove um erro e se engane a que seja enganado pelo aluno e o erro seja cometido sem que ele fique sabendo. Quem acredita dever fechar os olhos para alguma coisa, e logo se vê forçado a fechá-los para tudo; o primeiro abuso tolerado leva a outro, e essa corrente só acaba na ruína de toda ordem e no desprezo de toda lei.

Outro erro que já combati, mas que nunca sairá dos espíritos pequenos, é o de sempre ostentar a dignidade magistral e querer passar por um homem perfeito no espírito do discípulo. Tal método envolve um contrassenso. Como não veem que, ao quererem fortalecer sua autoridade, a destroem, que para fazer com que se ouça o que se diz é preciso colocar-se no lugar daqueles a quem se fala, e que é preciso ser homem para falar ao coração humano? Todas essas pessoas perfeitas não sensibilizam nem convencem; sempre é de pensar que é muito fácil para eles combater paixões que não sentem. Mostrai vossas fraquezas a vosso aluno se quereis curar as dele; veja ele em vós os mesmos combates que ele trava, aprenda a vencer a si mesmo com vosso exemplo e não diga como os outros: Esses velhos, desgostosos por já não serem jovens, querem tratar os jovens como velhos, e, porque todos os seus desejos estão extintos, recriminam os que temos.

Montaigne conta que um dia perguntou ao sr. de Langey quantas vezes, em suas negociações na Alemanha, ele se tinha embriagado a serviço do rei. Com prazer eu perguntaria ao preceptor de certo rapaz quantas vezes ele entrou num lugar de má fama a serviço de seu aluno. Quantas vezes? Estou enganado. Se a primeira vez não tirar para sempre do libertino o desejo de voltar, se ele não trouxer de lá o arrependimento e a vergonha, se não derramar sobre vosso peito torrentes de lágrimas, deixai-o imediatamente; não passa de um monstro, ou vós não passais de um imbecil; nunca lhe servireis para nada. Mas deixemos esses expedientes extremos, tão tristes quanto perigosos, que não têm nenhuma relação com a nossa educação.

Quantas precauções se devem tomar com um jovem bem-nascido antes de expô-lo ao escândalo dos costumes do século! Tais precauções são penosas, mas indispensáveis: é a negligência sobre este ponto que faz com que toda a juventude se perca; é pela desordem da primeira idade que os homens degeneram e que os vemos tornarem-se o que hoje são. Vis e covardes em seus próprios vícios, têm somente almas pequenas, porque seus corpos gastos cedo se corromperam: mal lhes resta vida suficiente para se moverem. Seus sutis pensamentos revelam espíritos sem nenhuma envergadura; nada sabem sentir de grande e de nobre; não têm nem simplicidade nem vigor; abjetos em todas as coisas e baixamente maus, são apenas vaidosos, patifes e falsos; não têm nem mesmo a coragem para serem ilustres celerados. Assim são os desprezíveis homens que a crápula da juventude forma; se dentre eles se achasse um só que fosse capaz de ser temperante e sóbrio, que fosse capaz, no meio deles, de preservar seu coração, seu sangue, seus costumes do contágio do exemplo, aos trinta anos ele esmagaria todos esses insetos e tornar-se-ia seu senhor com menos dificuldade do que teve para permanecer senhor de si mesmo.

Por pouco que o nascimento ou a riqueza tenha feito por Emílio, ele seria esse homem se quisesse, mas ele os desprezaria demais para dignar-se subjugá-los. Vejamo-lo agora no meio deles, entrando no mundo, não para se sobressair, mas para conhecê-lo e para encontrar uma companheira digna.

Em qualquer posição social que possa ter nascido, em qualquer sociedade em que comece a se introduzir, sua estreia será simples e sem brilho; Deus não permita que seja tão infeliz a ponto de brilhar! As qualidades que impressionam ao primeiro olhar não são as suas; não as possui nem as quer possuir. Dá muito pouco valor aos julgamentos dos homens para dar algum aos seus preconceitos, e não se preocupa com que o estimem antes de o conhecerem. Sua maneira de apresentar-se não é nem modesta nem vaidosa, mas natural e verdadeira; não conhece nem embaraço, nem disfarce, e é no meio de uma roda o que é quando está sozinho e sem testemunhas. Será por isso grosseiro, desdenhoso, desatencioso para com todos? Muito pelo contrário; se quando está só não considera que os outros homens sejam nada, por que os consideraria nada vivendo junto deles? Não os prefere a si mesmo quanto às maneiras, porque não os prefere a si mesmo em seu coração, mas tampouco lhes demonstra uma indiferença que está bem longe de ter; se não conhece as fórmulas da polidez, conhece as atenções da humanidade. Não gosta de ver ninguém sofrer; não cederá seu lugar a um outro por afetação, mas cedê-lo-á com gosto por bondade se, vendo-o esquecido, julgar que tal esquecimento o aborrece, pois custará menos ao meu rapaz permanecer em pé voluntariamente do que ver o outro ficar assim obrigado.

Embora em geral Emílio não estime os homens, não lhes demonstrará desprezo, porque tem pena deles e se enternece com eles. Não podendo dar-lhes o gosto pelos bens reais, deixa-lhes os bens da opinião com que eles se contentam, para que, privando-os inutilmente deles, não os torne mais infelizes do que antes. Assim, não é nem questionador nem contraditor; tampouco é complacente e adulador; diz a sua opinião sem combater a de ninguém, porque ama a liberdade acima de todas as coisas e a franqueza é um de seus mais belos direitos.

Fala pouco, porque pouco se preocupa com que se ocupem com ele, pela mesma razão por que só diz coisas úteis; caso contrário, o que o levaria a falar? Emílio é instruído demais para ser tagarela. O palavrório vem necessariamente ou da pretensão de espírito, de que falarei mais adiante, ou do valor que damos a bagatelas, às quais cremos tolamente que os outros dão tanta atenção quanto nós. Quem conhece coisas bastantes para dar a cada uma o seu real valor nunca fala demais, pois também sabe apreciar a atenção que se lhe presta e o interesse que se tem por suas palavras. Em geral as pessoas que sabem pouco falam muito e as que sabem muito falam pouco. É comum que um ignorante ache importante tudo o que sabe e o diga a todos, mas um homem instruído não abre facilmente seu repertório; teria coisas demais a dizer e vê ainda mais coisas a dizer depois; cala-se.

Longe de chocar as maneiras dos outros, Emílio conforma-se a elas com muito prazer, não para parecer conhecedor dos costumes, nem para mostrar ares de homem polido, mas, pelo contrário, para não ser distinguido, para evitar ser notado, e nunca está mais à vontade do que quando não o notam.

Embora esteja entrando no mundo, ignora de forma absoluta as suas maneiras, mas nem por isso é tímido e receoso; se ele se esquiva, não é por falta de jeito, mas porque para ver bem é preciso não ser visto, pois o que pensam dele pouco o perturba e o ridículo não lhe causa nenhum medo. Isso faz com que, mantendo-se sempre tranquilo e sereno, não se perturbe com a vergonha. Estejam ou não olhando para ele, sempre dá o melhor de si no que faz, e, sempre sozinho para poder observar bem os outros, capta suas maneiras com uma facilidade que os escravos da opinião não podem ter. Pode-se dizer que aprende tão depressa os costumes da sociedade justamente porque não lhes dá importância.

Não vos enganeis, porém, sobre a sua maneira de se portar, e não a compareis com a de vossos agradáveis jovens. Ela é firme mas não arrogante; suas maneiras são livres e não desdenhosas; o jeito insolente só pertence aos escravos, a independência nada tem de afetado. Nunca vi homem que tivesse altivez na alma e a mostrasse em sua atitude; tal afetação é bem mais própria às almas vis e vaidosas, que só assim conseguem impor-se. Leio num livro que um dia, ao se apresentar um estrangeiro na sala do famoso Marcel, este lhe perguntou de que país era: *Sou inglês*, responde o estrangeiro. *Tu, inglês!*, replica o dançarino; *daquela ilha onde os cidadãos participam da administração pública e são uma porção do poder soberano!* Não, senhor; essa cabeça baixa, esse olhar tímido, esse andar incerto anunciam-me apenas o escravo titular de um Eleitor*.

Não sei se este julgamento mostra um grande conhecimento da verdadeira relação que existe entre o caráter de um homem e seu exterior. Quanto a mim, que não tenho a honra de ser um mestre de dança, teria pensado exatamente o contrário. Teria dito: *Esse inglês não é um cortesão; jamais ouvi falar que os cortesãos andassem de cabeça baixa e com um andar incerto; um homem tímido na casa de um dançarino poderia muito bem não o ser na Câmara dos Comuns*. Com certeza, esse tal de Marcel toma seus compatriotas por verdadeiros romanos.

Quando amamos, queremos ser amados. Emílio ama os homens, e quer agradá-los. Com mais forte razão, quer agradar às mulheres; sua idade, seus costumes, seu plano, tudo concorre para nele alimentar esse desejo. Digo os seus costumes, pois eles são muito importantes; os homens que os têm são os verdadeiros adoradores das mulheres. Não têm como os outros não sei que linguajar zombeteiro de galanteria, mas têm uma solicitude mais verdadeira, mais

---

* Como se houvesse cidadãos que não fossem membros da cidade e não participassem como tais da autoridade soberana! Mas os franceses, tendo julgado conveniente usurpar o respeitável nome de cidadãos, outrora devido aos membros das cidades gaulesas, desnaturaram a sua ideia a ponto de já não se compreender nada dela. Um homem que acaba de me escrever muitas bobagens a respeito da *Nouvelle Héloise* enfeitou sua assinatura com o título de *cidadão de Paimboeuf* e acreditou fazer uma excelente brincadeira comigo.

terna, que vem do coração. Eu reconheceria junto a uma mulher um homem de bons costumes e que dominasse a natureza entre cem mil libertinos. Imaginai o que Emílio deve ser com um temperamento inteiramente novo e tantas razões para resistir! Junto delas, creio que às vezes ficará tímido e embaraçado, mas com certeza esse embaraço não lhes será desagradável, e as menos maliciosas ainda terão muitas oportunidades de desfrutá-lo e aumentá-lo. De resto, sua solicitude mudará sensivelmente de acordo com as condições. Será mais modesto e mais respeitoso para com as mulheres, mais vivo e mais carinhoso para com as moças casadoiras. Não perde de vista o objeto de suas buscas e é sempre a quem o faz lembrar isso que demonstra maior atenção.

Ninguém será mais exato em tudo o que se baseie na ordem da natureza, e até sobre a boa ordem da sociedade, mas os primeiros sempre serão preferidos aos outros, e ele respeitará mais um particular mais velho do que um magistrado da sua idade. Sendo pois, geralmente, um dos mais jovens dos círculos que frequentará, será sempre um dos mais modestos, não pela vaidade de parecer humilde, mas por um sentimento natural e fundado na razão. Não terá a impertinente arte de bem viver de um jovem petulante, que, para divertir os convivas, fala mais alto do que os sábios e corta a fala dos mais velhos; de sua parte, não subscreverá a resposta de um velho fidalgo a Luís XV, que lhe perguntava se preferia o seu século ou este: *Majestade, passei a juventude a respeitar os velhos, e devo passar a velhice a respeitar as crianças.*

Tendo uma alma carinhosa e sensível, mas nada apreciando de acordo com a opinião, embora goste de agradar aos outros, ele pouco se preocupará com ser considerado. Segue-se que será mais afetuoso do que polido, que nunca terá grandes ares nem ostentação e ficará mais tocado com um carinho do que com mil elogios. Pelas mesmas razões, não desdenhará nem as maneiras, nem o comportamento; pode até ser que haja algum esmero em seu figurino, não para parecer um homem de gosto, mas para tornar agradável a sua figura; nunca terá de recorrer à ostentação e nunca a marca da riqueza maculará seu modo de vestir.

Percebe-se que tudo isso não exige de minha parte muitos preceitos e não passa de um efeito de sua primeira educação. Fazem-nos muito mistério dos costumes da sociedade, como se, na idade em que aprendemos tais costumes, não o fizéssemos naturalmente e como se não fosse num coração honesto que se devesse procurar suas primeiras leis! A verdadeira polidez consiste em mostrar benevolência para com os homens; isto não é difícil quando a temos; é para quem não a tem que somos forçados a reduzir a arte suas aparências.

"O mais infeliz efeito da polidez de costumes é ensinar a arte de dispensar as virtudes que ela imita. Inspirem-nos na educação a humanidade e a bondade, e teremos a polidez, ou já não teremos necessidade dela.

"Se não temos a polidez que se revela pelas graças, teremos a que revela o fidalgo e o cidadão; não precisaremos recorrer à falsidade.

"Em vez de ser artificioso para agradar, bastará ser bom; em vez de ser falso para agradar às fraquezas dos outros, bastará ser indulgente.

"Aqueles com quem usarmos de tais procedimentos não ficarão nem orgulhosos nem corruptos; ficarão apenas reconhecidos e tornar-se-ão melhores."*

Acho que, se alguma educação é capaz de produzir a espécie de polidez exigida pelo sr. Duclos, é aquela cujo plano tracei até aqui.

Concordo no entanto que com máximas tão diferentes Emílio não será como todo o mundo, e Deus o livre de sê-lo algum dia! Mas, naquilo em que será diferente dos outros,

---

* *Considérations sur les moeurs de ce siècle*, por Duclos, p. 65.

não será nem importuno, nem ridículo; a diferença será sensível sem ser incômoda. Emílio será, se quiserem, um amável estrangeiro. No começo, perdoar-lhe-ão suas singularidades dizendo: *Ele aprenderá*. Em seguida, acostumar-se-ão com suas maneiras, e, vendo que ele não muda, perdoá-lo-ão mais uma vez dizendo: *Ele é assim*.

Não será festejado como um homem amável, mas amá-lo-ão sem saber por quê. Ninguém elogiará seu espírito, mas de bom grado tomá-lo-ão como juiz entre as pessoas de espírito; seu espírito será claro e limitado, terá o senso reto e o juízo sadio. Não correndo jamais atrás das ideias novas, não poderá gabar-se de ter espírito. Fiz com que percebesse que todas as ideias salutares e realmente úteis aos homens foram as primeiras a ser conhecidas, que elas formam desde sempre os únicos verdadeiros laços da sociedade e que para os espíritos transcendentes só resta sobressair-se por ideias perniciosas e funestas ao gênero humano. Essa maneira de se fazer admirar não o comove; sabe onde deve encontrar a felicidade de sua vida e em que pode contribuir para a felicidade dos outros. A esfera de seus conhecimentos não se estende para além do que pode ser aproveitado. Seu caminho é estreito e bem delimitado; não tendo a tentação de sair dele, confunde-se com aqueles que o seguem; não quer nem se perder, nem brilhar. Emílio é um homem de bom senso, e não quer ser outra coisa; por mais que se queira insultá-lo com essa qualificação, ele sempre se sentirá honrado com ela.

Embora o desejo de agradar já não o deixe absolutamente indiferente à opinião dos outros, só se interessará pela parte dessa opinião que se relaciona imediatamente com ele, sem se preocupar com apreciações arbitrárias que têm por lei apenas a moda ou os preconceitos. Terá o orgulho de querer fazer bem tudo o que faz, e até de querer fazê-lo melhor do que os outros; na corrida, quererá ser o mais veloz; na luta, o mais forte; no trabalho, o mais hábil; nos jogos de habilidade, o mais destro; mas não procurará muito as vantagens que não sejam claras por si mesmas e que precisem ser constatadas pelo julgamento de outrem, como ter mais espírito do que outro, falar melhor, ser mais erudito etc.; e menos ainda as que de modo algum dependam da pessoa, como ter um melhor nascimento, ser considerado mais rico, ter mais crédito, ser mais considerado, impor-se por um maior luxo.

Amando os homens porque são seus semelhantes, amará sobretudo os que mais se parecem com ele, porque se sentirá bom; e, avaliando essa semelhança pela conformidade de gostos nas coisas morais, em tudo o que diz respeito ao bom caráter, será muito fácil ser aprovado. Não pensará precisamente "estou contente porque me aprovam", mas "estou contente porque aprovam o que fiz de bom; estou contente porque as pessoas que me honram honram a si mesmas; enquanto julgarem de modo tão sadio, será bom obter sua estima".

Estudando os homens por seus costumes no mundo, como antes os estudava por suas paixões na história, terá muitas vezes ocasião de refletir sobre o que agrada ou choca o coração humano. Ei-lo filosofando sobre os princípios do gosto, e eis o estudo que lhe convém durante essa época.

Quanto mais longe formos procurar as definições do gosto, mais nos perderemos; o gosto é apenas a faculdade de julgar o que agrada ou desagrada ao maior número. Deixando isso de lado, já não se saberá o que é o gosto. Não se segue daí que haja mais pessoas de gosto do que sem, pois embora a maioria avalie de modo correto cada objeto, há poucos homens que avaliem todos os objetos como a maioria, e, embora o concurso dos gostos mais gerais constitua o bom gosto, há poucas pessoas de gosto, assim como há poucas pessoas bonitas, embora a reunião dos traços mais comuns constitua a beleza.

Devemos notar que aqui não se trata do que gostamos porque nos seja útil, nem do que odiamos porque nos seja nocivo. O gosto só se aplica às coisas indiferentes ou no máximo com um interesse de entretenimento, e não às que se relacionam com nossas necessidades; para avaliar estas últimas, não é necessário o gosto, basta o apetite. Eis o que torna difíceis e, ao que parece, tão arbitrárias as puras decisões do gosto, pois, exceto o instinto que as determina, não vemos a razão dessas decisões. Devemos distinguir também suas leis no que diz respeito às coisas morais e suas leis no que diz respeito às coisas físicas. Nestas últimas, os princípios do gosto parecem absolutamente inexplicáveis. Mas importa observar que as coisas morais participam de tudo o que se relaciona com a imitação*; assim se explicam as belezas que parecem físicas e na realidade não o são. Acrescentarei que o gosto tem regras locais que o tornam em mil coisas dependente dos climas, dos costumes, do governo, das coisas de instituição; que há outras que dependem da idade, do sexo, do caráter, e é neste sentido que gosto não se discute.

O gosto é natural a todos os homens, mas nem todos os homens o têm na mesma medida; ele não se desenvolve em todos no mesmo grau e, em todos, está sujeito a se alterar por diversas causas. A medida do gosto que se pode ter depende da sensibilidade que se recebe; sua cultura e sua forma dependem das sociedades em que se viveu. Primeiramente é preciso viver em sociedades numerosas para fazer muitas comparações. Em segundo lugar, é preciso que haja sociedades de diversão e de ócio, pois nas sociedades de negócios tem-se por regra não o prazer, mas o lucro. Em terceiro lugar, é preciso que haja sociedades em que a desigualdade não seja grande demais, em que a tirania da opinião seja moderada e em que reine mais a volúpia do que a vaidade, pois, caso contrário, a moda sufoca o gosto e já não se procura o que agrada, mas o que distingue.

---

* Isso é provado num *Ensaio sobre a origem das línguas*, que encontrarão na coleção de meus escritos.

Neste último caso, já não é verdade que o bom gosto seja o da maioria. Por quê? Porque muda o objeto. Então a multidão já não tem um juízo próprio e só julga de acordo com as pessoas que acredita serem mais competentes do que ela; ela aprova não o que seja bom, mas o que foi aprovado por elas. Fazei sempre com que cada homem tenha seu próprio sentimento, e o que for mais agradável em si sempre terá a maioria dos votos.

Em seus trabalhos, os homens nada fazem de belo a não ser por imitação. Todos os verdadeiros modelos do gosto estão na natureza. Quanto mais nos distanciamos do mestre, mais nossos quadros se desfiguram. Portanto, é dos objetos que amamos que tiramos nossos modelos, e o belo da fantasia, sujeito ao capricho e à autoridade, nada mais é do que o que agrada aos que nos governam.

Quem nos governa são os artistas, os grandes, os ricos, e o que os governa é seu interesse ou sua vaidade. Estes para exibir suas riquezas, aqueles para aproveitar-se delas, procuram uns mais do que os outros meios de gastar. Com isso o grande luxo estabelece seu império e faz com que se goste do que é difícil e caro; então, o pretenso belo, longe de imitar a natureza, só o é por contrariá-la. Eis como o luxo e o mau gosto são inseparáveis. Em toda parte onde o gosto é dispendioso, ele é falso.

É principalmente no comércio entre os dois sexos que o gosto, bom ou mau, se forma; sua cultura é um efeito necessário do objetivo dessa sociedade. Mas, quando a facilidade de gozar enfraquece o desejo de agradar, o gosto deve degenerar, e esta, a meu ver, é outra razão das mais visíveis por que o bom gosto se relaciona com os bons costumes.

Consultai o gosto das mulheres nas coisas físicas e dependentes do juízo dos sentidos e o dos homens nas coisas morais e mais dependentes do entendimento. Quando as mulheres forem o que devem ser, limitar-se-ão às coisas de sua competência e sempre julgarão bem, mas desde que se arvoraram em árbitros da literatura, desde que se puseram a julgar os livros e a produzi-los apesar de todas as resistências, já não entendem de nada. Os autores que consultam as especialistas sobre suas obras estão sempre certos de ser mal aconselhados; os galanteadores que as consultam sobre sua roupa estão sempre ridiculamente vestidos. Logo terei ocasião de falar dos verdadeiros talentos das mulheres, da maneira de cultivá-los e das coisas sobre as quais suas opiniões devem ser ouvidas.

Eis as considerações elementares que colocarei como princípios ao argumentar com Emílio sobre uma matéria que para ele pode ser tudo, menos indiferente, na situação em que se encontra e na busca em que se acha envolvido. E a quem ela deve ser indiferente? O conhecimento do que pode ser agradável ou desagradável aos homens não é necessário somente a quem precisa deles, mas também a quem lhes quer ser útil; é importante agradar-lhes para servi-los, e a arte de escrever é tudo, menos uma arte ociosa, quando a empregamos para que a verdade seja ouvida.

Se para cultivar o gosto de meu discípulo eu tivesse de escolher entre países em que essa cultura ainda está para nascer e outros em que ela já tivesse degenerado, seguiria a ordem retrógrada; começaria sua viagem pelos últimos e acabaria pelos primeiros. A razão dessa escolha é que o gosto corrompe-se através de uma delicadeza excessiva que nos torna sensíveis a coisas que a maioria dos homens não nota; essa delicadeza leva ao espírito de discussão, pois, quanto mais sutis tornamos os objetos, mais eles se multiplicam; essa sutileza torna o tato mais delicado e menos uniforme. Formar-se-ão, então, tantos gostos quantas cabeças houver. Nas discussões sobre a preferência, a filosofia e as luzes alongam-se, e é assim que se aprende a pensar. As observações finas só podem ser feitas por pessoas que tenham muitas relações, visto que elas vêm depois de todas as outras e as pessoas pouco acostumadas com as sociedades numerosas gastam sua atenção nos grandes traços. Talvez não haja hoje nenhum lugar civilizado na terra em que o gosto geral seja tão ruim quanto em Paris. No entanto, é nesta capital que o bom gosto é cultivado, e poucos livros são publicados na Europa cujo autor não tenha estudado em Paris. Aqueles que pensam que basta ler os livros que ali se escrevem estão enganados; aprende-se muito mais em conversas com os autores do que em seus livros, e os próprios autores não são as pessoas com quem mais se aprende. É o espírito das sociedades que desenvolve uma cabeça pensante e leva a vista para tão longe quanto ela possa alcançar. Se tiverdes uma centelha de gênio, passai um ano em Paris; logo sereis tudo o que podeis ser, ou jamais sereis nada.

Pode-se aprender a pensar nos lugares onde reina o mau gosto, mas não devemos pensar com os que têm esse mau gosto, e é muito difícil que isso não acabe acontecendo quando permanecemos com eles tempo demais. Devemos aperfeiçoar através de seus cuidados o instrumento que julga, evitando empregá-lo como eles. Evitarei polir o julgamento de Emílio a ponto de alterá-lo, e, quando ele tiver um tato bastante fino para sentir e comparar os diversos gostos dos homens, é sobre objetos mais simples que farei deter-se seu tato.

Começarei a agir ainda desde mais longe para que ele conserve um gosto puro e sadio. No tumulto da dissipação, conseguirei ter com ele conversas úteis e, sempre as dirigindo para temas que lhe agradem, terei o cuidado de torná-las tão divertidas quanto instrutivas. Essa é a hora da leitura e dos livros agradáveis; é a hora de ensiná-lo a fazer a análise do discurso, de torná-lo sensível a todas as belezas da eloquência e da dicção. Pouco vale aprender as línguas por si mesmas; seu uso não é tão importante quanto se crê, mas o estudo das línguas conduz ao da gramática geral. É preciso aprender latim para conhecer bem o francês; é preciso estudar e comparar um e outro para entender a arte de falar.

Existe, além disso, certa simplicidade de gosto que toca o coração e só se encontra nos escritos dos antigos. Na eloquência, na poesia, em toda espécie de literatura ele os reencontrará, como na história, abundantes em coisas e sóbrios de julgamento. Nossos autores, pelo contrário, dizem pouco e falam muito. Oferecer-nos sem cessar seu juízo como lei não é o melhor meio de formar o nosso. A diferença entre os dois gostos faz-se sentir em todos os monumentos e até nos túmulos. Os nossos são cobertos de elogios; no dos antigos, liam-se fatos.

Sta, viator; heroem calcas.[8]

Mesmo que tivesse encontrado este epitáfio num monumento antigo, eu logo teria adivinhado que era moderno, pois nada é mais comum entre nós do que os heróis, mas entre os antigos eles eram raros. Em vez de dizer que um homem era um herói, diriam o que tinha feito para sê-lo. Comparai com o epitáfio desse herói o do efeminado Sardanápalo:

Construí Tarso e Anquiale em um dia,
e agora estou morto.

Qual dos dois diz mais, na vossa opinião? Nosso estilo lapidar, com sua inflação, só serve para enaltecer anões. Os antigos mostravam os homens ao natural e podia-se ver o que era ser homem. Xenofonte dizia em memória de alguns guerreiros mortos à traição na retirada dos dez mil: *Eles morreram irrepreensíveis na guerra e na amizade.* Eis tudo, mas considerai neste elogio tão curto e tão simples como o autor devia estar com o coração pesado! Infeliz de quem não acha isso maravilhoso!

Liam-se estas palavras gravadas num mármore das Termópilas:

Passante, vai dizer em Esparta que morremos aqui
para obedecer às suas santas leis.

Vê-se que não foi a Academia das inscrições que compôs esse epitáfio.

8. "Caminhante, para: estás pisando num herói." (Epitáfio medieval.) (N. do T.)

Estarei enganado se meu aluno, que dá tão pouco valor às palavras, não dirigir sua primeira atenção para essas diferenças e se elas não influírem na escolha de suas leituras. Arrebatado pela máscula eloquência de Demóstenes, ele dirá: É um orador. Mas, ao ler Cícero, dirá: É um advogado.

Em geral, Emílio gostará mais dos livros antigos do que dos nossos, pela simples razão de que, sendo os primeiros, os antigos estão mais próximos da natureza e seu gênio é mais próprio. Por mais que possam ter dito La Motte e o padre Terrasson, não há verdadeiro progresso de razão na espécie humana; porque tudo o que se ganha de um lado perde-se de outro; porque todos os espíritos sempre partem do mesmo ponto, e porque o tempo que se perde para saber o que outros pensaram deixa de ser empregado para se aprender a pensar por si mesmo, têm-se mais luzes adquiridas e menos vigor de espírito. Nossos espíritos são, como nossos braços, acostumados a fazerem tudo com instrumentos e nada por si mesmos. Fontenelle dizia que toda essa discussão sobre os antigos e os modernos se reduz a saber se as árvores de antigamente eram maiores do que as de hoje. Se a agricultura tivesse mudado, essa questão teria sua pertinência.

Após tê-lo feito remontar assim às fontes da pura literatura, mostrar-lhe-ei também os esgotos nos reservatórios dos modernos compiladores: jornais, traduções, dicionários; ele dará uma espiada em tudo aquilo e em seguida o deixará para nunca mais voltar. Farei com que ouça, para sua diversão, a tagarelice das academias; farei com que observe que cada um dos que as compõem sempre vale mais sozinho do que dentro do grupo; com isso ele extrairá por si mesmo a consequência sobre a utilidade de todos esses belos estabelecimentos.

Levá-lo-ei aos espetáculos para que estude, não os costumes, mas o gosto; pois é principalmente lá que ele se revela aos que sabem refletir. Deixa de lado os preceitos e a moral, dir-lhe-ei, este não é o lugar de aprendê-los. O teatro não foi feito para a verdade, mas para agradar, para divertir os homens; não há escola onde se aprenda tão bem a arte de agradar-lhes e de interessar o coração humano. O estudo do teatro conduz ao da poesia; eles têm exatamente o mesmo objeto. Se tiver uma fagulha de gosto pela poesia, com que prazer cultivará as línguas dos poetas, o grego, o latim, o italiano! Tais estudos serão para ele diversões sem constrangimento, e com isso só darão melhores resultados; ser-lhe-ão deliciosos numa idade e em circunstâncias em que o coração se interessa com tanto encanto por todos os gêneros de beleza feitos para comovê-lo. Imaginai de um lado meu Emílio e de outro um menino de colégio lendo o quarto livro da *Eneida*, ou Tibulo, ou o *Banquete* de Platão: que diferença! Como o coração de um é tocado pelo que nem sensibiliza o outro! Ó meu bom jovem, para, suspende tua leitura, pois vejo que estás muito perturbado; quero que a linguagem do amor te agrade, mas não que te desoriente; sê um homem sensível, mas sê também prudente. Se fores só um dos dois, nada serás. De resto, pouco me importa que ele seja bem-sucedido nas línguas mortas, nas belas-letras e na poesia. Seu valor não será menor se não souber nada disso, e não é dessas brincadeiras que se trata na sua educação.

Meu principal objetivo ao ensiná-lo a sentir e a amar o belo em todos os gêneros é fixar nele seus afetos e seus gostos, impedir que se alterem seus apetites naturais e que um dia ele procure em sua riqueza os meios de ser feliz, os quais ele deverá encontrar mais perto de si. Disse em outro lugar que o gosto é apenas a arte de ser competente em pequenas coisas, e isso é muito verdadeiro; mas como é de muitas pequenas coisas que depende o prazer da vida, tais cuidados são tudo menos indiferentes; é através deles que aprendemos a preenchê-la com os bens colocados à nossa disposição, em toda a verdade que eles podem ter para nós. Não me refiro aos bens morais que dependem da boa disposição da alma, mas apenas ao que pertence à sensualidade, à volúpia real, pondo de lado os preconceitos e a opinião.

Permitam-me, para melhor desenvolver minha ideia, que por um instante deixe de lado Emílio, cujo coração puro e são não pode servir de regra para mais ninguém, e procure em mim mesmo um exemplo mais claro e mais próximo dos costumes do leitor.

Existem ocupações que parecem mudar a natureza e refazer, quer para melhor, quer para pior, os homens que as exercem. Um covarde torna-se valente ao entrar no regimento de Navarra. Não é apenas como militar que se adquire espírito de grupo, nem sempre é para o bem que seus efeitos se fazem notar. Cem vezes pensei com pavor que, se eu tivesse a infelicidade de exercer hoje um emprego que conheço em certo lugar, amanhã eu seria quase inevitavelmente tirano, concussionário, destruidor do povo, nocivo ao príncipe, inimigo profissional de toda humanidade, de toda equidade, de toda espécie de virtude.

Da mesma forma, se eu fosse rico, teria feito tudo o que é preciso para sê-lo; seria, portanto, insolente e baixo, sensível e delicado apenas para mim, impiedoso e duro para com todos, espectador desdenhoso das misérias da canalha, pois não daria outro nome aos indigentes, para esquecer que outrora fui um deles. Enfim, faria de minha riqueza o instrumento de meus prazeres, de que me ocuparia exclusivamente, e até aí seria como todos os outros.

Mas aquilo em que, acredito, eu diferiria muito deles é que eu seria mais sensual e voluptuoso do que orgulhoso e vaidoso, e entregar-me-ia muito mais ao luxo de indolência do que ao luxo de ostentação. Teria até certa vergonha de exibir demais a minha riqueza, e sempre acreditaria ouvir o invejoso esmagado pelo meu luxo dizendo ao ouvido de seus próximos: *Eis um patife que tem muito medo de ser conhecido como tal.*

Dessa imensa profusão de bens que cobrem a terra, eu procuraria o que me fosse mais agradável e de que pudesse apropriar-me melhor. Para tanto, o primeiro emprego de minha riqueza seria adquirir lazer e liberdade, ao que eu acrescentaria a saúde, se ela estivesse à venda; mas como ela só se compra com moderação e sem saúde não há verdadeiro prazer na vida, eu seria temperante por sensualidade.

Eu permaneceria sempre tão perto da natureza quanto possível, para dar prazer aos sentidos que recebi dela, certo de que, quanto mais ela contribuísse para meus prazeres, mais eu encontraria realidade neles. Na escolha dos objetos de imitação, sempre a tomaria como modelo; em meus apetites, dar-lhe-ia preferência; consultá-la-ia sempre sobre meus gostos; quanto aos alimentos, sempre iria querer aqueles que ela prepara melhor e que passam por menor número de mãos antes de chegar a nossas mesas. Tomaria precauções contra as falsificações da fraude e adiantar-me-ia aos prazeres. Minha tola e grosseira gula não enriqueceria um *maître*; ele não me venderia a peso de ouro gato por lebre; minha mesa não ficaria coberta com o aparato de magníficas porcarias e carcaças distantes; eu prodigaria meu próprio trabalho para satisfazer minha sensualidade, pois esse mesmo trabalho seria um prazer que se soma ao que dele se espera obter. Se eu quisesse experimentar uma iguaria do fim do mundo, iria até ela, como Apicius, mas não a mandaria trazer. Pois os pratos mais finos sempre se ressentem de um tempero que não vem com eles e que nenhum cozinheiro lhes dá: o ar do clima que os produziu.

Pela mesma razão, eu não imitaria os que, só estando contentes onde não estão, sempre põem as estações em contradição consigo mesmas, e os climas em contradição com as estações; que, buscando o verão no inverno e o inverno no verão, vão sentir frio na Itália e calor no norte, sem pensar que, acreditando escapar aos rigores das estações, vão encontrá-lo nos lugares onde as pessoas não aprenderam a defender-se dele. De minha parte, ficaria no mesmo lugar ou faria tudo ao contrário; eu quereria aproveitar tudo o que tem de agradável uma estação e tudo o que um clima tem de particular. Teria uma diversidade de prazeres e de hábitos que não se pareceriam e que sempre fariam parte da natureza; passaria o verão em Nápoles e o inverno em São Petersburgo, ora respirando um doce zéfiro, estendido nas frescas grutas de Taranto, ora sob as luzes de um palácio de gelo, sem fôlego, exausto com os prazeres do baile.

No serviço de minha mesa, na decoração de minha casa, gostaria de imitar com ornamentos muito simples a variedade das estações e tirar de cada uma delas todas as delícias, sem antecipar as que as seguirão. Há trabalho e não gosto em perturbar desse modo a ordem da natureza, em lhe arrancar produtos involuntários que ela dá contra a vontade em sua maldição e que, não tendo nem qualidade nem sabor, não podem nem alimentar o estômago, nem agradar ao paladar. Nada é mais insípido do que os frutos temporões; é só com grandes despesas que um rico de Paris, com seu fornos e estufas, consegue ter à mesa durante todo o ano apenas legumes e frutas ruins. Se eu tivesse cerejas quando está gelado e melões ambarinos no meio do inverno, com que prazer os apreciaria quando meu paladar não tem necessidade de ser umectado ou refrescado? Nos ardores da canícula, a pesada castanha seria agradável? Saindo do forno, seria ela preferível à groselha, ao morango e às frutas que matam a sede que me são oferecidas pela terra sem tantos trabalhos? Encher a casa em janeiro de vegetações forçadas, de flores pálidas e sem perfume, é menos enfeitar o inverno do que desenfeitar a primavera; é perder o prazer de ir ao bosque procurar a primeira violeta, aguardar o primeiro broto e exclamar num arroubo de alegria: Mortais, não estais abandonados, a natureza ainda está viva!

Para ser bem servido, eu teria poucos empregados; isto já foi dito e é bom que se repita. Um burguês consegue maior rendimento com um único lacaio do que um duque com os dez senhores que o cercam. Já me ocorreu cem vezes que, tendo na mesa o copo ao meu lado, beberei à hora que quiser, ao passo que, se eu tivesse um grande serviço de mesa, seria preciso que vinte vozes repetissem "bebida" antes que eu pudesse apaziguar minha sede. Tudo o que se faz através de outros faz-se mal, como quando se começa. Não mandaria ninguém fazer compras, iria eu mesmo; iria para que meus empregados não tratassem com os comerciantes antes de mim, para escolher com mais segurança e pagar mais barato; iria para fazer um exercício agradável, para ver um pouco do que se faz fora de minha casa; isso é divertido e às vezes instrutivo; enfim, iria para ir, e isso já é alguma coisa. O tédio começa com a vida muito sedentária; quando se anda bastante, o tédio é pequeno. Ter porteiro e lacaios é coisa de maus intérpretes; não gostaria de ter sempre essa gente entre mim e o resto do mundo, nem caminhar sempre com o barulho de uma carruagem, como se tivesse medo de ser abordado. Os cavalos de um homem que se serve das pernas estão sempre preparados; se estiverem cansados ou doentes, ele é o primeiro a saber, e ele não tem medo de ser obrigado a ficar em casa sob este pretexto, quando seu cocheiro quer tirar uma folga; no caminho, mil contrariedades não o fazem morrer de impaciência, nem ficar parado quando gostaria de voar. Enfim, se ninguém nos serve tão bem quanto nós mesmos, mesmo que sejamos mais poderosos que Alexandre e mais ricos do que Creso, só devemos receber dos outros os serviços que nós mesmos não podemos fazer.

Não gostaria de ter um palácio como morada, pois nesse palácio eu só habitaria um quarto; todo recinto comum não é de ninguém, e o quarto de cada um de meus empregados ser-me-ia tão estranho quanto o de meu vizinho. Os orientais, embora muito voluptuosos, instalam-se e mobiliam simplesmente suas casas. Encaram a vida como uma viagem e sua casa como um bar. Essa razão tem pouco efeito sobre nós, outros ricos, que nos arranjamos para viver sempre, mas eu teria uma razão diferente que produziria o mesmo efeito. Eu acharia que me estabelecer com tanto aparato num lugar seria o mesmo que me banir de todos os outros e me aprisionar, por assim dizer, em meu palácio. O mundo é um palácio muito lindo; não é tudo do rico quando ele deseja desfrutar? *Ubi bene, ibi patria*[9], esta é a sua divisa; seus lares são os lugares onde o dinheiro pode tudo, seu país são todos onde pode levar seu cofre, como Filipe conquistava toda cidadela onde pudesse entrar um burro carregado de dinheiro. Por que, então, cercar-se de muros e de portas para não sair nunca? Uma epidemia, uma guerra, uma revolta me expulsa de um lugar? Vou para outro e encontro minha mansão que chegou antes de mim. Por que me preocupar com fazer uma quando a constroem para mim por todo o universo? Por que, com tanta vontade de viver, preparar com tanta antecipação prazeres que posso encontrar hoje mesmo? Não conseguiríamos construir um destino agradável colocando-nos continuamente em contradição com nós mesmos. Foi assim que Empédocles reprovou os agrigentinos por amontoarem prazeres como se só tivessem um dia para viver, e por construírem como se nunca fossem morrer.

De resto, de que me serve uma morada tão grande se tenho tão pouco com que povoá-la e menos ainda com que enchê-la? Meus móveis seriam simples como meus gostos; não teria nem galeria, nem biblioteca, sobretudo se eu amasse a leitura e fosse conhecedor de quadros. Eu então saberia que tais coleções nunca são completas e que a falta do que elas não têm faz com que fiquemos mais tristes do que se nada tivéssemos. Nesse caso, a abundância causa a miséria; não há colecionador que não a tenha experimentado. Quando entendemos de coleções, não as devemos fazer; não temos um gabinete para mostrar aos outros quando sabemos servir-nos dele para nós mesmos.

---

9. "Onde estão os bens, ali está a pátria." (N. do T.)

O jogo não é uma diversão de homem rico, mas o recurso de um desocupado, e meus prazeres dão-me trabalho demais para me deixar tanto tempo para preencher tão mal. Nunca jogo sendo solitário e pobre, a não ser o xadrez, e já é demais. Se eu fosse rico, jogaria menos ainda, e só um jogo bem pequeno, para que nem eu nem ninguém ficasse descontente. Carecendo de motivo em meio à opulência, o interesse do jogo não pode transformar-se em furor, a não ser em espíritos malformados. Os lucros que um homem rico pode ter no jogo sempre são menos sensíveis do que as perdas; e como a forma dos jogos moderados, que desgasta os ganhos aos poucos, faz com que em geral haja maiores perdas do que ganhos, não é possível, raciocinando bem, apegar-nos a uma diversão em que os riscos de toda espécie estão contra nós. Quem alimenta sua vaidade com as preferências da fortuna pode procurá-las em coisas muito mais picantes, e tais preferências não se manifestam menos no menor jogo do que no maior. O gosto pelo jogo, fruto da avareza e do tédio, só medra num espírito e num coração vazios, e acho que eu teria sentimento e conhecimentos bastantes para dispensar tal suplemento. Raramente veem-se os pensadores divertirem-se muito no jogo, que suspende esse hábito ou o desvia para áridas combinações; assim, um dos bens, e talvez o único, que produziu o gosto pelas ciências é o de refrear um pouco essa paixão sórdida; preferir-se-á procurar provar a utilidade do jogo a entregar-se a ele. Quanto a mim, combatê-lo-ia entre os jogadores, e teria mais prazer em zombar deles vendo-os perderem do que em ganhar seu dinheiro.

Eu seria o mesmo em minha vida privada e no comércio do mundo. Gostaria que minha riqueza espalhasse abastança por toda parte e nunca fizesse que se causasse desigualdade. O brilho do traje é incômodo sob mil aspectos. Para conservar a maior liberdade possível entre os homens, eu gostaria de me vestir de maneira que em todas as classes parecesse estar em casa e que não me distinguisse em nenhuma; que, sem afetação, sem mudanças em minha pessoa, eu fosse povo na *guinguette* e boa companhia no Palais-Royal. Com isso, teria maior domínio sobre a minha conduta e colocaria à minha disposição os prazeres de todas as condições sociais. Dizem que há mulheres que fecham suas portas para as mangas bordadas e só recebem pessoas com mangas de renda; eu iria, então, passar o dia em outro lugar; mas, se tais mulheres fossem jovens e bonitas, eu poderia às vezes usar renda para passar com elas a noite, no máximo.

O único laço de minhas relações seria o apego mútuo, a conformidade de gostos, a afinidade de temperamentos; entregar-me-ia a elas como homem e não como rico; nunca toleraria que seu encanto fosse envenenado pelo interesse. Se minha opulência me tivesse deixado alguma humanidade, estenderia até bem longe meus serviços e meus favores, mas gostaria de ter ao meu redor uma companhia e não uma corte, amigos e não protegidos; eu não seria o patrão de meus convivas, mas seu anfitrião. A independência e a igualdade dariam às minhas relações toda a candura da benevolência, e, onde o dever e o interesse não entram, o prazer e a amizade seriam os únicos a reinar.

Não se compra nem o amigo, nem a namorada. É fácil ter mulheres com dinheiro, mas esse é o meio de nunca ser amante de nenhuma delas. Longe de estar à venda, o amor é morto pelo dinheiro, infalivelmente. Quem quer que pague, mesmo o mais amável dos homens, pelo simples fato de pagar não pode ser amado por muito tempo. Logo pagará outra, ou melhor, outra será paga pelo seu dinheiro, e, nesta dupla ligação, formada pelo interesse e pela libertinagem, sem amor, sem honra, sem verdadeiro prazer, a mulher ávida, infiel e miserável, tratada pelo vil que recebe como ela trata o tolo que dá, fica quite com os dois. Seria bom ser liberal para com quem se ama, se isso não se tornasse um comércio. Só conheço um meio de satisfazer essa inclinação com a mulher que se ama sem envenenar o amor:

dar-lhe tudo e depois ser sustentado por ela. Resta saber onde está a mulher com quem tal procedimento não seria uma extravagância.

Aquele que dizia: Possuo Laís sem que ela me possua, dizia uma frase carente de espírito. A posse que não é recíproca nada é; no máximo, é a posse do sexo, não a do indivíduo. Ora, onde a moral do amor não está, por que dar tanta importância ao resto? Nada é tão fácil de encontrar. Um condutor de mulas está a esse respeito mais próximo da felicidade do que um milionário.

Oh! Se pudéssemos desenvolver bastante as inconsequências do vício, como o veríamos longe do que esperava, quando ele obtém o que quis! Por que essa bárbara avidez de corromper a inocência, de tornar vítima uma jovem que se deveria proteger, e que com esse primeiro passo arrastamos inevitavelmente para um abismo de miséria de que só sairá quando morrer? Brutalidade, vaidade, tolice, erro e nada mais. Esse mesmo prazer não é da natureza, é da opinião, e da opinião mais vil, já que ela é a consequência do desprezo de si. Quem se sente o último dos homens teme a comparação com qualquer outro, e quer tornar-se o primeiro para ser o menos odioso. Vede se os mais ávidos por essa iguaria imaginária são alguma vez jovens gentis, dignos de agradar e que teriam mais desculpas para serem difíceis. Não; tendo boa aparência, mérito e sentimentos, pouco se teme a experiência da namorada; com uma justa confiança, diz-se-lhe: Conheces os prazeres, mas não importa; meu coração te promete outros que jamais conheceste.

Mas um velho sátiro cansado de libertinagem, sem gentileza, sem consideração, sem respeito, sem nenhuma espécie de honestidade, incapaz, indigno de agradar a qualquer mulher que entenda de pessoas amáveis, crê superar tudo isso com uma jovem inocente, vencendo a experiência pela velocidade, dando-lhe a primeira emoção dos sentidos. Sua última esperança é agradar pela novidade; este é incontestavelmente o motivo secreto dessa fantasia; mas engana-se, o horror que causa não é menos natural do que os desejos que queria excitar. Também se engana em sua louca expectativa; essa mesma natureza se preocupa em reivindicar seus direitos; toda jovem que se vende já se deu, e, tendo-se dado para quem escolheu, já fez a comparação que ele teme. Assim, ele compra um prazer imaginário e não é menos odiado.

Quanto a mim, por mais que eu mudasse se fosse rico, há um ponto em que nunca mudarei. Se não me restarem nem bons costumes, nem virtude, pelo menos me restará algum gosto, algum juízo, alguma delicadeza, e isso evitará que eu gaste minha fortuna como um bobo a correr atrás de quimeras, e que gaste a bolsa e a vida a me fazer trair e zombar por crianças. Se eu fosse jovem, procuraria os prazeres da juventude e, querendo-os em toda a sua volúpia, não os procuraria como um homem rico. Se eu permanecesse tal como estou, seria diferente: limitar-me-ia prudentemente aos prazeres de minha idade; faria uso dos gostos de que posso gozar e reprimiria os que não seriam para mim mais do que um suplício. Não iria oferecer minha barba grisalha aos desdéns zombeteiros das mocinhas; não suportaria ver minhas carícias repulsivas dar-lhes náuseas, vê-las preparar ao meu respeito as histórias mais ridículas, imaginá-las descrevendo os feios prazeres do velhote, para se vingarem por tê-los tolerado. Pois, se hábitos mal combatidos tivessem transformado meus antigos desejos em necessidades, eu talvez os satisfizesse, mas com vergonha, mas corando por mim mesmo. Retiraria da necessidade a paixão, servir-me-ia do melhor modo que me fosse possível e ficaria nisso; já não faria de minha fraqueza uma ocupação e, principalmente, não gostaria de ter mais do que uma testemunha. A vida humana tem outros prazeres quando estes faltam; correndo em vão atrás dos que nos fogem, perdemos também os que nos são deixados. Mudemos de gostos com os anos, não confundamos mais as idades do que as estações; devemos ser nós mesmos todo o tempo e não lutar contra a natureza; esses esforços vãos desgastam a vida e impedem-nos de gozá-la.

O povo pouco se aborrece, sua vida é ativa. Se suas diversões não são variadas, elas são raras; muitos dias de cansaço fazem-no apreciar com delícia alguns dias de festas. Uma alternância entre longos trabalhos e curtos lazeres serve como tempero para os prazeres de sua condição. Já no caso dos ricos, seu grande flagelo é o tédio; em meio a tantas diversões conseguidas a grande custo, em meio a tantas pessoas que se esforçam por lhes agradar, o tédio consome-os e mata-os; passam a vida a fugir dele e a serem por ele alcançados; são esmagados por seu peso insuportável; sobretudo as mulheres, que já não sabem nem se ocupar, nem se divertir, são devoradas por ele, sob o nome de vapores; transforma-se para elas num mal horrível, que às vezes lhes tira a razão e enfim a vida. De minha parte, não conheço destino mais horroroso do que o de uma mulher bonita de Paris, depois daquele do pequeno sedutor que se liga a ela, e, transformado também em mulher ociosa, afasta-se duplamente de sua condição; a vaidade de ser homem de aventuras amorosas faz com que ele suporte a languidez dos dias mais tristes por que jamais passou criatura humana.

As conveniências, as modas, os costumes que derivam do luxo e da distinção encerram o curso da vida na mais aborrecida uniformidade. O prazer que queremos ter ante os olhos dos outros perde-se para todos: não o temos nem para eles, nem para nós mesmos*. O ridículo, que a opinião teme mais do que tudo, está sempre ao seu lado, para do-

* Duas mulheres da sociedade, a fim de parecerem divertir-se muito, decidem nunca ir deitar antes das cinco horas da manhã. No rigor do inverno, seus empregados passam a noite na rua esperando-as, com muita dificuldade para não se enregelarem. Uma noite, ou melhor, uma manhã, entram no apartamento em que as duas deixavam passar as horas sem contá-las e as encontram propriamente sozinhas, cada uma dormindo em sua poltrona.

miná-la e puni-la. Somos ridículos apenas através de formas determinadas; aquele que sabe variar suas situações e seus prazeres apaga hoje a impressão de ontem; ele é como que nada no espírito dos homens, mas tem prazer, pois está presente por inteiro a cada hora e a cada coisa. Minha única forma constante seria essa; em cada situação não me ocuparia de nenhuma outra, e tomaria cada dia por si mesmo, independentemente da véspera e do dia seguinte. Assim como seria povo em meio ao povo, seria camponês nos campos, e, quando falasse de agricultura, o homem do campo não zombaria de mim. Não construiria para mim uma cidade no campo, nem colocaria no fundo de uma província as Tulherias diante de minha casa. Na encosta de uma colina sombreada eu teria uma casinha rústica, uma casa branca com venezianas verdes, e, embora um teto de sapé seja em qualquer estação o melhor, eu preferiria magnificamente não a triste ardósia, mas a telha, porque ela tem um jeito mais limpo e mais alegre do que o sapé, porque não cobre de outro modo as casas de meu país e porque isso me faria lembrar um pouco do feliz tempo de minha juventude. Teria como pátio um galinheiro e como cavalariça um estábulo com vacas, para ter os laticínios de que tanto gosto. Como jardim eu teria uma horta e como parque um belo pomar parecido com aquele de que se falará adiante. À disposição dos passantes, as frutas não seriam nem contadas, nem colhidas por meu jardineiro, e minha avara magnificência não exibiria espaldeiras soberbas em que não se ousasse nem tocar. Ora, essa pequena prodigalidade não seria muito custosa, pois eu teria escolhido meu retiro em alguma província afastada, onde se vê pouco dinheiro e muitos produtos, e onde reinam a abundância e a pobreza.

Eu reuniria ali um grupo, mais escolhido do que numeroso, de amigos que amam o prazer e o conhecem, de mulheres que pudessem sair de sua poltrona e participar dos jogos campestres, e pegar às vezes, em vez da lançadeira e das cartas, a linha, varinhas de caçar passarinhos, o ancinho de segar feno e o avental dos vindimadores. Ali, todos os costumes da cidade seriam esquecidos e, transformados em aldeãos na aldeia, nos entregaríamos a inúmeras diversões diferentes, que a cada noite só nos dariam o problema da escolha para o dia seguinte. O exercício e a vida ativa dar-nos-iam um novo estômago e novos gostos. Todas as nossas refeições seriam banquetes, em que a abundância agradaria mais do que a delicadeza. A alegria, os trabalhos rústicos, as brincadeiras divertidas são os melhores cozinheiros do mundo e os pratos finos tornam-se ridículos para pessoas ativas desde o nascer do sol. O serviço de mesa não teria mais ordem do que elegância; a sala de jantar estaria em toda parte, no jardim, num barco, embaixo de uma árvore; às vezes distante, perto de uma fonte viva, na relva verdejante e fresca, sob moitas de amieiros e de aveleiras; uma longa procissão de alegres convivas traria cantando os preparativos do banquete; teríamos o gramado como mesa e cadeira; as bordas da fonte serviriam de bufê e a sobremesa estaria pendurada nas árvores. Os pratos seriam servidos sem ordem, o apetite dispensaria os rodeios; tendo aberta preferência por si mesmo, cada qual acharia bom que todos os outros também dessem preferência a si; dessa familiaridade cordial e moderada nasceria, sem grosserias, sem falsidade, sem constrangimento, um alegre conflito cem vezes mais encantador do que a polidez, e melhor para unir os corações. Nada de lacaios importunos espiando nossas palavras, criticando em voz baixa nosso comportamento, contando nossos bocados com olhos ávidos, divertindo-se em nos fazer esperar a bebida e resmungando contra uma ceia tão longa. Seríamos nossos criados para sermos nossos senhores, e cada um seria servido por todos; o tempo passaria sem ser contado; o repasto seria o repouso, e duraria tanto quanto a luz do dia. Se passasse perto de nós algum camponês de volta do trabalho com as ferramentas sobre os ombros, eu lhe alegraria o coração com boas palavras, com alguns goles de bom vinho que o fariam suportar com maior alegria a sua miséria; e, de minha parte, também teria o prazer de sentir minhas entranhas emocionarem-se um pouco e de dizer para mim mesmo, em segredo: ainda sou homem.

Se alguma festa campestre reunisse os habitantes do lugar, estaria ali entre os primeiros, junto de meu grupo; se alguns casamentos, mais abençoados pelo céu do que os da cidade, acontecessem na minha vizinhança, ficariam sabendo que gosto da alegria e eu seria convidado. Daria a essa boa gente alguns presentes simples como eles, que contribuiriam para a festa, e teria em troca bens de um preço inestimável, bens muito pouco conhecidos de meus iguais: a franqueza e o verdadeiro prazer. Cearia alegremente no fim de sua longa mesa; faria coro ao refrão de uma velha canção rústica e dançaria em seu celeiro com maior prazer do que no baile da Ópera.

Até aqui tudo vai às mil maravilhas, dir-me-ão; mas e a caça? Ir ao campo e não caçar será ir realmente ao campo? Entendo: eu não queria mais do que uma herdade e estava enganado. Estou supondo que sou rico, preciso então de prazeres exclusivos, destrutivos; eis algo totalmente diferente. Preciso de terras, de bosques, de guardas, de rendas, de honras senhoriais e sobretudo de incenso e de água benta.

Muito bem. Mas essa terra terá vizinhos zelosos de seus direitos e desejosos de usurpar os dos outros. Nossos guardas discutirão, e talvez também os senhores; altercações, querelas, ódios e processos, pelo menos. Isso já não é muito agradável. Meus vassalos não verão com prazer minhas lebres lavrarem seus campos, e meus javalis, suas favas. Não tendo coragem de matar o inimigo que destrói seu trabalho, cada qual quererá pelo menos expulsá-lo de seus domínios; depois de ter passado o dia a cultivar suas terras, será preciso que passem a noite a guardá-las; terão cães, tambores, cornetas, guizos; com toda essa algazarra atrapalharão meu sono. Contra a vontade, pensarei na miséria dessa pobre gente e não conseguirei impedir-me de me censurar por ela. Se eu tivesse a honra de ser príncipe, tudo isso não me tocaria; mas eu, novo-rico, ainda teria um coração um pouco plebeu.

Não é só isso; a abundância da caça será uma tentação para os caçadores; logo terei caçadores irregulares para punir; precisarei de prisões, de carcereiros, de arqueiros, de galeras: tudo isto me parece muito cruel. As mulheres desses infelizes virão assediar minha porta e me importunar com seus gritos, será preciso então ou que eu as expulse, ou que as maltrate. A pobre gente que não tiver caçado irregularmente, mas cuja colheita tiver sido assolada pela minha caça, também virá queixar-se: uns serão punidos por terem matado a caça, outros serão arruinados por tê-la poupado; que triste alternativa! De todos os lados só verei miséria, só ouvirei gemidos; parece que isso deve perturbar muito o prazer de massacrar à vontade multidões de perdizes e de lebres quase a nossos pés.

Se quereis separar os prazeres de seus sofrimentos, tirai-lhes a exclusividade; quanto mais os deixardes comuns aos homens, mais puros os desfrutareis, cada vez mais. Portanto, nada farei do que acabo de dizer, mas, sem mudar de gostos, seguirei aquele que possa ter com menos custos. Estabelecerei minha casa de campo num lugar onde a caça seja livre para todos, e onde possa divertir-me com ela sem embaraços. A caça será mais rara, mas haverá maior habilidade para buscá-la e maior prazer em alcançá-la. Lembrar-me-ei das batidas de coração que meu pai sentia diante do voo da primeira perdiz, e dos arroubos de alegria com que encontrava a lebre que tinha procurado durante todo o dia. Sim, afirmo que, sozinho com seu cão, trazendo seu fuzil, sua bolsa de caçador, seu equipamento e sua pequena presa, ele voltava à tarde, morto de cansaço e ferido pelos espinhos, mais contente com sua jornada do que todos os vossos caçadores de corte, que, montados num bom cavalo, seguidos de vinte fuzis carregados, não fazem mais do que os carregar, atirar e matar o que está ao seu redor, sem arte, sem glória e quase sem exercício. Portanto, o prazer não é menor e o inconveniente desaparece quando não se têm nem terras a guardar, nem caçadores clandestinos a punir, nem miseráveis a atormentar: eis, pois, uma sólida razão de preferência. Em tudo o que fazemos, não atormentamos interminavelmente os homens sem ter também certo incômodo, e as longas maldições do povo mais cedo ou mais tarde tornam a caça amarga.

Mais uma vez, os prazeres exclusivos são a morte do prazer. As verdadeiras diversões são as que compartilhamos com o povo; as que queremos ter sozinhos, já não as temos. Se os muros que mando construir ao redor de meu parque tornam-no um triste claustro, não fiz mais do que, a grande custo, perder o prazer de passear: eis-me forçado a ir procurá-lo longe. O demônio da propriedade infecta tudo o que toca. Um rico quer ser senhor em toda parte e só se acha bem onde não o é; é forçado a sempre fugir de si mesmo. De minha parte, quanto a isso, farei quando rico o mesmo que fiz quando pobre. Mais rico agora do bem dos outros do que jamais serei do meu, apodero-me de tudo o que me convém na vizinhança; não há conquistador mais resoluto do que eu; usurpo os próprios príncipes; tomo posse indistintamente de todos os terrenos abertos que me agradem; dou-lhes nomes; faço de um o meu jardim, do outro meu terraço e eis-me dono deles; então, passeio por eles impunemente; retorno com frequência a eles para conservar-lhes a posse; gasto o solo à vontade, de tanto caminhar sobre ele, e nunca me convencerão de que o proprietário da terra de que me aproprio tira maior proveito do dinheiro que ela lhe dá do que o proveito que tiro de seu terreno. Pois se me vêm vexar com fossos, com cercas, pouco me importa; ponho meu jardim nos ombros e vou colocá-lo em outro lugar; os lugares não faltam nas redondezas e terei muito tempo para pilhar meus vizinhos antes de ficar sem abrigo.

Eis uma amostra do verdadeiro gosto na escolha dos lazeres agradáveis; eis com que espírito se desfruta; tudo o mais não passa de ilusão, quimera, tola vaidade. Quem se afastar dessas regras, por mais rico que seja, comerá seu ouro como esterco, e nunca conhecerá o valor da vida.

Sem dúvida objetar-me-ão que tais diversões estão ao alcance de todos os homens, e que não é preciso ser rico para apreciá-las. Este é exatamente o ponto a que queria chegar. Temos prazer quando queremos tê-lo; só a opinião torna tudo difícil, expulsando a felicidade de perto de nós; e é cem vezes mais fácil ser feliz do que parecê-lo. O homem de gosto e realmente voluptuoso não tem o que fazer com a riqueza; basta-lhe ser livre e senhor de si. Quem goza de saúde e não carece do necessário, se tirar do coração os bens da opinião, será bastante rico; é a *aurea mediocritas* de Horácio. Homens que tendes cofres, procurai algum outro emprego para vossa opulência, pois para o prazer ela de nada serve. Emílio não saberá disso tudo mais do que eu, mas, tendo um coração mais puro e mais sadio, senti-lo-á ainda mais, e todas as suas observações no mundo não farão mais do que o confirmar.

Passando assim o tempo, continuamos à procura de Sofia, mas não a encontramos. Era importante que não a encontrássemos tão depressa, e nós a procuramos onde eu tinha certeza de que ela não estava*.

Enfim, a hora urge; é tempo de procurá-la mesmo, para que ele não crie uma para si mesmo e a tome por ela, reconhecendo tarde demais o seu erro. Adeus, pois, Paris, cidade célebre, cidade de barulho, de fumaça e de lama, onde as mulheres já não acreditam na honra, nem os homens na virtude. Adeus, Paris; estamos à procura do amor, da felicidade, da inocência; nunca estaremos longe demais de ti.

---

* *Mulierem fortem quis inveniet? Procul et de ultimis finibus pretium ejus.* [Quem achará uma mulher virtuosa? Ela está longe; vinda do fim do mundo, ela terá seu preço.] (*Provérbios*, XXXI, 10.)

LIVRO V

Eis-nos chegados ao último ato da juventude, mas ainda não estamos no desfecho.

Não é bom que o homem esteja só, e Emílio é homem; prometemos-lhe uma companheira, é preciso dar-lha. Essa companheira é Sofia. Onde mora? Onde a encontraremos? Para encontrá-la, é preciso conhecê-la. Saibamos primeiro o que ela é e assim poderemos saber mais dos lugares que habita, e, quando a tivermos encontrado, nem tudo estará feito. *Já que nosso jovem fidalgo*, diz Locke, *está prestes a se casar, já é hora de deixá-lo junto à sua amada.* E assim ele termina a sua obra. Quanto a mim, que não tenho a honra de educar um fidalgo, evitarei imitar Locke neste ponto.

SOFIA OU A MULHER

Sofia deve ser mulher como Emílio é homem, isto é, deve ter tudo o que convém à constituição de sua espécie e de seu sexo para ocupar o seu lugar na ordem física e moral. Comecemos, pois, por examinar as conformidades e as diferenças entre seu sexo e o nosso.

Em tudo o que não depende do sexo, a mulher é homem: tem os mesmos órgãos, as mesmas necessidades, as mesmas faculdades; a máquina é construída da mesma maneira, as peças são as mesmas, o funcionamento de uma é o mesmo da outra, a figura é semelhante, e, sob qualquer ângulo que os consideremos, só diferem entre si do mais para o menos.

Em tudo o que depende do sexo, a mulher e o homem têm semelhanças e diferenças; a dificuldade de compará-los provém da dificuldade de determinar na constituição de um e de outro o que é do sexo e o que não é. Pela anatomia comparada, e até pela simples observação, vemos entre eles diferenças gerais que parecem não estar ligadas ao sexo; no entanto estão ligadas a ele, mas através de laços que não temos condições de perceber. Não sabemos até onde esses laços podem estender-se. A única coisa que sabemos com certeza é que tudo o que eles têm em comum pertence à espécie e tudo o que têm de diferente pertence ao sexo. Desse duplo ponto de vista, achamos entre eles tantas semelhanças e tantas oposições, que talvez seja uma das maravilhas da natureza ter feito dois seres tão parecidos constituindo-os de modo tão diferente.

Tais semelhanças e diferenças devem influir sobre o moral; essa consequência é sensível, conforme à experiência e revela a inutilidade das discussões sobre a preferência ou a igualdade dos sexos; como se cada um dos dois, indo aos fins da natureza segundo sua destinação particular, não fosse mais perfeito nisso do que se se assemelhasse mais ao outro! Naquilo que têm em comum eles são iguais; no que têm de diferente não são comparáveis. Uma mulher perfeita e um homem perfeito não devem parecer-se pelo espírito mais do que pelo rosto, e a perfeição é suscetível de mais ou de menos.

Na união dos sexos cada um concorre igualmente para o objetivo comum, mas não da mesma maneira. Desta diversidade nasce a primeira diferença assinalável entre as relações morais de um e de outro. Um deve ser ativo e forte, o outro passivo e fraco; é preciso necessariamente que um queira e possa; basta que o outro resista pouco.

Estabelecido este princípio, segue-se que a mulher foi feita especialmente para agradar ao homem. Se, por sua vez, o homem deve agradar a ela, isso é de necessidade menos direta; seu mérito está na sua potência, ele agrada só por ser forte. Concordo que essa não é a lei do amor, mas é a da natureza, anterior ao próprio amor.

Se a mulher foi feita para agradar e para ser subjugada, deve tornar-se agradável ao homem em vez de provocá-lo; sua violência própria está em seus encantos; é por eles que ela deve forçá-lo a descobrir sua força e a usar dela. A arte mais certeira de animar essa força é torná-la necessária pela resistência. Então o amor-próprio une-se ao desejo e um sai vencedor com a vitória que o outro o faz alcançar. Daí nascem o ataque e a defesa, a audácia de um sexo e a timidez do outro, enfim, a modéstia e a vergonha com que a natureza armou o fraco para sujeitar o forte.

Quem pode pensar que ela tenha prescrito indiferentemente os mesmos modos de aproximação para ambos e que o primeiro a ter desejos deva ser também o primeiro a demonstrá-los? Que estranha depravação de julgamento! Tendo o empreendimento consequências tão diferentes para os dois sexos, será natural que tenham a mesma audácia para se entregar a ele? Como não ver que, havendo uma tão grande desigualdade de condição, se a reserva não impusesse a um a moderação que a natureza impõe ao outro, disso logo resultaria a ruína de ambos e o gênero humano pereceria pelos meios estabelecidos para conservá-lo? Com a facilidade que as mulheres têm de mexer com os sentidos dos homens e de despertar no fundo de seus corações os restos de um temperamento quase extinto, se houvesse algum infeliz lugar na terra em que a filosofia tivesse introduzido esse costume, sobretudo nos países quentes, onde nascem mais mulheres do que homens, tiranizados por elas eles acabariam sendo suas vítimas e ver-se-iam todos arrastados para a morte sem que pudessem defender-se.

Se as fêmeas dos animais não têm a mesma vergonha, o que se segue disso? Será que elas têm, como as mulheres, os desejos ilimitados a que essa vergonha serve de freio? Para elas, o desejo só vem com a necessidade; satisfeita a necessidade, o desejo cessa; já não repelem o macho por fingimento*, mas de verdade; fazem exatamente o contrário do que fazia a filha de Augusto; não recebem mais passageiros quando o navio já está carregado. Mesmo quando estão livres, seu tempo de boa vontade é curto e logo passa; o instinto leva-as e o instinto detém-nas. Onde ficará o substituto desse instinto negativo nas mulheres quando lhes tiverdes tirado o pudor? Esperar que elas não se preocupem com homens é esperar que eles para nada mais sirvam.

O Ser supremo quis honrar em tudo a espécie humana; dando ao homem inclinações desmesuradas, dá-lhe ao mesmo tempo a lei que as regula, para que ele seja livre e tenha domínio sobre si mesmo; entregando-o a paixões imoderadas, junta a tais paixões a razão para governá-las; entregando a mulher a desejos ilimitados, junta a esses desejos o pudor que os contenha. Além disso, acrescenta uma recompensa real ao bom uso de suas faculdades, qual seja, o gosto que temos pelas coisas decentes quando delas fazemos a regra de nossas ações. Acho que tudo isso compensa o instinto dos animais.

Portanto, a fêmea do homem, compartilhe ou não seus desejos e queira ou não satisfazê-los, sempre o repele e se defende, mas nem sempre com a mesma força, nem, por conseguinte, com o mesmo sucesso. Para que o atacante seja vencedor, é preciso que o atacado permita-o ou o ordene, pois de quantos meios hábeis ele não dispõe para

---

* Já observei que as recusas de fingimento e de provocação são comuns a quase todas as fêmeas, mesmo entre os animais, e até quando elas estão mais dispostas a se entregar; é preciso nunca ter observado sua astúcia para discordar disso.

forçar o agressor a usar a força! O mais livre e o mais doce de todos os atos não admite violência real, pois a natureza e a razão opõem-se a tanto; a natureza, por ter dotado o mais fraco de força suficiente para resistir quando quiser; a razão, porque uma violência real é não apenas o mais brutal de todos os atos, mas também o mais contrário ao seu fim, quer porque assim o homem declara guerra à sua companheira e a autoriza a defender sua pessoa e sua liberdade até mesmo à custa da vida do agressor, quer porque só a mulher pode julgar o estado em que se encontra, e uma criança não teria pai se todo homem pudesse usurpar seus direitos.

Eis, portanto, uma terceira consequência da constituição dos sexos, que é a de que o mais forte seja aparentemente o senhor, mas dependa de fato do mais fraco; e isso não por um frívolo costume de galanteria, nem por uma orgulhosa generosidade de protetor, mas por uma invariável lei da natureza, que, dando à mulher maior facilidade de excitar os desejos do que ao homem de satisfazê-los, faz com que este, mesmo contra a sua vontade, dependa do bel-prazer do outro sexo e obriga-o a também procurar agradá-la para que ela consinta em deixá-lo ser o mais forte. Então, o que há de mais doce para o homem em sua vitória é conjeturar se é a fraqueza que cede à força, ou se é a vontade que se rende; e a astúcia comum da mulher é sempre deixar essa dúvida entre ela e ele. O espírito da mulher neste ponto corresponde perfeitamente à sua constituição; longe de corar por sua fraqueza, as mulheres orgulham-se dela; seus tenros músculos não oferecem resistência, elas dizem não poder carregar os mais leves fardos, e teriam vergonha de ser fortes. Por quê? Não apenas para parecerem delicadas, mas por uma precaução mais hábil; preparam de longe as desculpas e o direito de serem fracas quando preciso.

Os progressos das luzes adquiridas através de nossos vícios mudaram muito entre nós as antigas opiniões sobre este ponto, e pouco se fala de violências desde que elas são tão pouco necessárias e os homens já não acreditam nelas*, ao passo que eram muito comuns nas altas antiguidades gregas e judias, porque essas mesmas opiniões repousam na simplicidade da natureza e só a experiência da libertinagem pôde desenraizá-las. Se hoje se contam menos atos de violência, certamente não é porque os homens sejam mais temperantes, mas por terem uma menor credulidade, e uma queixa que antigamente teria persuadido os povos simples hoje não faria mais do que atrair o riso dos zombadores; ganha-se mais ficando calado. Há no *Deuteronômio* uma lei pela qual uma jovem seduzida seria punida juntamente com o sedutor, se o delito fosse cometido na cidade; mas, se ele fosse cometido no campo ou em lugares afastados, só o homem seria punido; *pois*, diz a lei, *a moça gritou e não foi ouvida*. Essa interpretação benévola ensinava as moças a não se deixarem surpreender em lugares frequentados.

É visível o efeito dessas diversidades de opinião sobre os costumes. A galanteria moderna é obra sua. Vendo que seus prazeres dependiam mais da vontade do belo sexo do que acreditavam, os homens cativaram essa vontade através de favores de que ele os recompensou bem.

Vede como o físico nos leva imperceptivelmente ao moral e como da grosseira união dos sexos nascem aos poucos as mais doces leis do amor. O domínio das mulheres não lhes pertence porque os homens o tenham desejado, mas porque assim o quer a natureza; pertencia-lhes antes que elas parecessem tê-lo. O mesmo Hércules que acreditou violentar as cinquenta filhas de Téspio foi no entanto obrigado a fiar junto a Onfale, e o forte Sansão não

---

* Pode haver tamanha desproporção de idade e de força que uma violência real ocorra; tratando aqui, porém, do estado relativo dos sexos segundo a ordem da natureza, tomo-os a ambos na proporção comum que constitui esse estado.

era tão forte quanto Dalila. Esse predomínio pertence às mulheres e não lhes pode ser retirado, mesmo quando elas abusam dele; se fosse possível elas o perderem, há muito o teriam perdido.

Não há nenhuma paridade entre os dois sexos quanto à consequência do sexo. O macho só é macho em certos instantes, a fêmea é fêmea a vida toda, ou pelo menos a juventude toda; tudo a faz lembrar seu sexo e, para bem preencher suas funções, ela precisa de uma constituição que se coadune com ele. Precisa de precauções quando está grávida, precisa de repouso nos partos, precisa de uma vida calma e sedentária para amamentar os filhos, precisa, para educá-los, de paciência e mansuetude, de um zelo e de uma afeição que nada espante; ela serve de ligação entre os filhos e o pai, só ela faz com que o pai os ame e lhe dá confiança para chamá-los seus filhos. Quanta ternura e preocupação ela não deve ter para manter a união em toda a família! E enfim tudo isso não devem ser virtudes, mas sim gostos, pois caso contrário a espécie humana logo se extinguiria.

A rigidez dos deveres relativos a ambos os sexos não é nem pode ser a mesma. Quando a mulher se queixa a esse respeito da injusta desigualdade que o homem institui, ela está errada; tal desigualdade não é uma instituição humana, ou pelo menos não é obra do preconceito, mas da razão; cabe àquele dos dois sexos que a natureza encarregou da custódia dos filhos responder por isso diante do outro. Sem dúvida, a ninguém é permitido violar sua palavra, e todo marido infiel que priva a mulher do único prêmio dos austeros deveres de seu sexo é um homem injusto e bárbaro; a mulher infiel, porém, vai além, ela dissolve a família e rompe todos os laços da natureza; dando ao homem filhos que não são dele, trai a uns e a outros, soma a perfídia à infidelidade. Mal posso ver a perturbação e o crime que isso provoca. Se há uma condição horrível no mundo é a de um infeliz pai que, sem confiança na mulher, não ousa entregar-se aos mais doces sentimentos de seu coração, que se pergunta, ao beijar o filho, se não está beijando o filho de outro homem, a prova de sua desonra, o ladrão do bem de seus próprios filhos. Que é então a família senão uma sociedade de inimigos secretos que uma mulher culpada arma um contra o outro, obrigando-os a fingir que se amam?

Portanto, não importa apenas que a mulher seja fiel, mas que o seja considerada pelo marido, por seus próximos, por todos; é importante que ela seja modesta, atenta, reservada, e que leve aos olhos dos outros, assim como à sua própria consciência, o testemunho de sua virtude. Enfim, se é importante que o pai ame seus filhos, é importante que estime a mãe deles. Essas são as razões que colocam a própria aparência entre os deveres das mulheres e tornam-lhe a honra e a reputação não menos indispensáveis quanto a castidade. Desses princípios deriva, com a diferença moral dos sexos, um novo motivo de dever e de conveniência, que prescreve especialmente às mulheres a mais escrupulosa atenção em sua conduta, em suas maneiras e em seu comportamento. Afirmar vagamente que os dois sexos são iguais e que seus deveres são os mesmos é perder-se em vãs declamações, é nada dizer, enquanto não se responder a isto.

Será uma maneira sólida de se raciocinar dar exceções como resposta a leis gerais tão bem fundamentadas? Dizeis que as mulheres nem sempre têm filhos! Não, mas sua destinação própria é tê-los. Qual! Porque existem no mundo uma centena de grandes cidades onde as mulheres, vivendo na licenciosidade, têm poucos filhos, pretendeis que a condição da mulher seja tê-los em pequeno número! E a que se reduziriam vossas cidades se os campos distantes, onde as mulheres vivem mais simplesmente e mais castamente, não compensassem a esterilidade das damas? Em quantas províncias as mulheres que só têm quatro ou cinco filhos passam por pouco fecundas?* Enfim, que importa que esta ou aquela mulher tenha poucos filhos? A condição da mulher deixará de ser a de mãe? E não é através de leis gerais que a natureza e os costumes devem prover a tal condição?

Mesmo que houvesse entre uma gravidez e outra intervalos tão longos quanto se supõem, mudará uma mulher assim bruscamente e alternadamente de maneira de viver sem perigo e sem riscos? Será ela hoje babá e amanhã guerreira? Mudará ela de temperamento e de gostos como um camaleão muda de cores? Passará ela de repente da sombra do claustro e dos trabalhos domésticos às injúrias do ar, aos trabalhos, às fadigas e aos perigos da guerra? Será ela ora temerosa**, ora corajosa, ora delicada e ora robusta? Se os jovens educados em Paris têm dificuldade de suportar o ofício das armas, mulheres que nunca enfrentaram o sol e que mal sabem andar suportá-lo-ão depois de cinquenta anos de indolência? Entrarão elas nessa dura profissão na idade em que os homens a deixam?

Há lugares em que as mulheres dão à luz quase sem dor e criam seus filhos quase sem preocupações; concordo, mas nesses mesmos lugares os homens andam seminus o tempo todo, derrubam os animais ferozes, carregam uma canoa como uma mochila, fazem caçadas de setecentas ou oitocentas léguas, dormem ao ar livre sobre o chão, suportam fadigas incríveis e passam diversos dias sem comer. Quando as mulheres se tornam robustas, os homens ficam ainda mais fortes; quando os homens se amolecem,

---

* Sem isso, a espécie pereceria necessariamente; para que ela se conserve, é preciso, tudo compensado, que cada mulher tenha aproximadamente quatro filhos, pois das crianças que nascem cerca da metade morre antes de poder ter outras, e é preciso dois restantes para representar o pai e a mãe. Observai se as cidades vos fornecerão tal população.

** A timidez das mulheres é também um instinto da natureza contra o duplo risco que elas correm na gravidez.

as mulheres se amolecem mais; quando os dois termos mudam igualmente, a diferença permanece a mesma.

Em sua *República*, Platão dá às mulheres os mesmos exercícios que aos homens: acredito! Tendo tirado de seu estado as famílias particulares e já não sabendo o que fazer com as mulheres, viu-se forçado a torná-las homens. Aquele grande gênio havia calculado tudo, previsto tudo; adiantava-se a uma objeção que ninguém talvez tivesse pensado em endereçar-lhe, mas resolveu mal a que lhe fizeram. Não estou falando da pretensa comunidade de mulheres, cuja reprovação tantas vezes repetida prova que os que a fazem nunca o leram; estou falando da promiscuidade civil que confunde em toda parte os dois sexos nos mesmos empregos, nos mesmos trabalhos e não pode deixar de gerar os mais intoleráveis abusos; estou falando da subversão dos mais doces sentimentos da natureza, sacrificados a um sentimento artificial que só pode subsistir através deles; como se não fosse preciso uma ligação natural para formar laços de convenção! Como se o amor que temos pelo próximo não fosse o princípio do amor que se deve ao Estado! Como se não fosse pela pequena pátria que é a família que o coração se liga à grande! Como se não fossem o bom filho, o bom marido, o bom pai que fizessem o bom cidadão!

Uma vez que se demonstrou que o homem e a mulher não são nem devem ser constituídos da mesma maneira, nem quanto ao caráter, nem quanto ao temperamento, segue-se que não devem ter a mesma educação. Seguindo as direções da natureza, devem agir de concerto, mas não devem fazer as mesmas coisas; o fim do trabalho é comum, mas os trabalhos são diferentes e, por conseguinte, os gostos que o dirigem. Depois de ter procurado formar o homem natural, vejamos como deve formar-se também a mulher que convém a esse homem.

Se quiserdes estar sempre bem orientado, segui sempre as indicações da natureza. Tudo o que caracteriza o sexo deve ser respeitado como estabelecido por ela. Dizeis sempre que as mulheres têm este ou aquele defeito que nós não temos. Engana-vos o orgulho; em vós seriam defeitos, nelas são qualidades; tudo iria menos bem se elas não as tivessem. Impedi que esses pretensos defeitos degenerem, mas evitai destruí-los.

Por seu lado, as mulheres não param de protestar que nós as educamos para serem vaidosas e coquetes, que nós as divertimos continuamente com puerilidades para permanecermos senhores com maior facilidade. Culpam-nos pelos defeitos que lhes atribuímos. Que loucura! E desde quando são os homens que cuidam da educação das moças? O que impede as mães de educá-las como quiserem? Elas não têm colégios: que infelicidade! Ah! Quisera Deus que tampouco existissem colégios para os rapazes! Eles seriam educados de modo mais sensato e honesto. Serão vossas filhas forçadas a perder seu tempo com bobagens? Fazem-nas passar, contra a vontade, metade da vida preocupando-se com a aparência, como vós? Impedem-vos de instruí-las e de fazê-las serem instruídas como é de vosso agrado? Será culpa nossa se elas nos agradam quando são bonitas, se seus dengues nos seduzem, se a arte que aprendem convosco nos atrai e nos agrada, se gostamos de vê-las vestidas com gosto, se deixamos que afiem à vontade as armas com que nos subjugam? Ah! Empenhai-vos em educá-las como homens: eles consentirão de coração. Quanto mais se parecerem com eles, menos elas os governarão, e então serão eles realmente os senhores.

Todas as faculdades comuns aos dois sexos não são igualmente partilhadas por eles, mas, no conjunto, elas se equilibram. A mulher vale mais como mulher e menos como homem; em toda parte onde faz valer os seus direitos, leva vantagem; em toda parte onde quer usurpar os nossos, permanece inferior a nós. Não se pode responder a esta verdade geral senão com exceções, que é a maneira comum de argumentar dos galantes partidários do belo sexo.

Cultivar nas mulheres as qualidades do homem e deixar de lado as que lhes são próprias é, pois, claramente trabalhar contra elas. As mais astutas percebem isso bem demais para se enganarem; ao procurarem usurpar as nossas vantagens, não abandonam as suas; acontece porém que, não podendo harmonizar umas e outras porque são incompatíveis, elas permanecem abaixo de seu nível sem alcançar o nosso, e perdem a metade de seu valor. Mãe judiciosa, acreditai em mim e não façais de vossa filha um cavalheiro, como que para desmentir a natureza; tornai-a uma dama, e podeis estar certa de que será melhor para ela e para nós.

Segue-se daí que ela deva ser educada na ignorância de todas as coisas e limitada unicamente aos trabalhos de casa? Fará o homem uma serva de sua companheira? Privar-se-á junto dela do maior encanto da união? Para que ela o sirva melhor, irá ele impedi-la de sentir e de conhecer todas as coisas? Fará dela um verdadeiro autômato? Não, sem dúvida; não foi isso que ditou a natureza, que dá às mulheres um espírito tão agradável e fino; pelo contrário, ela quer que as mulheres pensem, que julguem, que amem, que conheçam, que cultivem o espírito tanto quanto sua aparência; estas são as armas que ela lhes dá para suprir a força que lhes falta e para que governem a nossa. Elas devem aprender muitas coisas, mas apenas aquelas que lhes convém saber.

Quer eu considere a destinação particular do sexo, quer observe suas inclinações, quer enumere seus deveres, tudo contribui igualmente para me indicar a forma de educação que lhes convém. A mulher e o homem foram feitos um para o outro, mas sua mútua dependência não é igual; os homens dependem das mulheres por seus desejos, enquanto as mulheres dependem dos homens tanto por seus desejos quanto por suas necessidades; subsistiríamos melhor sem elas do que elas sem nós. Para que disponham do necessário, para que estejam bem, é preciso que o demos a elas, que queiramos dá-lo a elas, que consideremos que são dignas disso; elas dependem de nossos sentimentos, do valor que damos a seus méritos, da importância que prestamos a seus encantos e a suas virtudes. Pela própria lei da natureza, as mulheres, tanto por si mesmas quanto por seus filhos, estão à mercê do julgamento dos homens; não basta que sejam estimáveis, é preciso que sejam estimadas; não lhes basta serem bonitas, é preciso que agradem; não lhes basta ter bom comportamento, é preciso que seu comportamento seja reconhecido como tal; sua honra não está somente em sua conduta, mas também em sua reputação, e não é possível que a mulher que consinta em passar por infame possa um dia ser honesta. Ao agir bem, o homem só depende de si mesmo e pode enfrentar o julgamento público; mas a mulher, ao agir bem, fez apenas metade de sua tarefa e o que pensam dela não lhe importa menos do que aquilo que ela de fato é. Segue-se daí que o sistema de sua educação deve ser a este respeito contrário ao da nossa; a opinião é o túmulo da virtude entre os homens, e seu trono entre as mulheres.

Da boa constituição das mães depende em primeiro lugar a boa constituição das crianças; do cuidado das mulheres depende a primeira educação dos homens; das mulheres dependem também seus costumes, suas paixões, seus gostos, seus prazeres, sua própria felicidade. Assim, toda a educação das mulheres deve ser relativa aos homens. Agradar-lhes, ser-lhes útil, fazer-se amar e honrar por eles, educá-los quando jovens, cuidar deles quando grandes, aconselhá-los, consolá-los, tornar suas vidas agradáveis e doces: eis os deveres da mulher em todos os tempos e o que lhes deve ser ensinado desde a infância. Enquanto não voltarmos a esse princípio, estaremos afastando-nos do alvo e todos os preceitos que lhes dermos de nada servirão nem para a felicidade delas nem para a nossa.

Mas, embora toda mulher queira agradar aos homens, e deva querê-lo, há muita diferença entre querer agradar ao homem de mérito, ao homem realmente amável, e querer agradar a esses pequenos galanteadores que desonram seu sexo e aquele que imitam. Nem a natureza, nem a razão podem levar a mulher a amar nos homens o que se lhe assemelha, e tampouco é adquirindo suas maneiras que ela deve procurar fazer-se amar.

Portanto, assim que, abandonando o tom modesto e grave de seu sexo, elas assumem as maneiras desses avoados, longe de seguirem sua vocação, renunciam a ela; tiram de si mesmas os direitos que julgam usurpar. Se estivéssemos em outra situação, dizem elas, não agradaríamos aos homens; é mentira. É preciso estar louca para amar os loucos; o desejo de atrair essa gente revela o gosto daquela que o tem. Se não houvesse homens frívolos, ela trataria de fazê-los, e suas frivolidades são muito mais obra sua do que as suas são obra deles. A mulher que ama os verdadeiros homens e que quer agradar a eles usa de meios apropriados a seu plano. A mulher é faceira por condição, mas sua faceirice muda de forma e de objetivo de acordo com suas intenções; ordenemos tais intenções pelas da natureza e a mulher terá a educação que lhe convém.

As meninas, quase desde o nascimento, gostam de enfeites; não contentes com serem bonitas, querem que as julguemos tais; vemos pelo seu arzinho que já têm essa preocupação; e, mal estão em condições de entender o que lhes dizemos, já as dominamos falando-lhes do que vão pensar delas. O mesmo motivo, proposto muito indiscretamente aos meninos, não tem nem de longe a mesma força. Contanto que sejam independentes e sintam prazer, pouco se importam com o que poderão pensar deles. É apenas com o tempo e com dificuldade que os submetemos à mesma lei.

Venha de onde vier essa primeira lição às moças, ela é muito boa. Já que o corpo nasce, por assim dizer, antes que a alma, a primeira cultura deve ser a do corpo: essa ordem é comum aos dois sexos. Mas o objetivo de tal cultura é diferente; num caso, é o desenvolvimento das forças, no outro, é o desenvolvimento dos atrativos. Não é que essas qualidades devam ser exclusividade de cada sexo, apenas a ordem é invertida; é preciso que as mulheres tenham muita força para fazerem com graça tudo o que fazem; é preciso que os homens tenham muita destreza para fazerem tudo o que fazem de um modo agradável.

Pela extrema indolência das mulheres começa a dos homens. As mulheres não devem ser robustas como eles, mas para eles, para que os homens que nascerem delas também o sejam. Neste ponto, os conventos, onde as pensionistas têm uma alimentação grosseira, mas também muitas diversões, corridas, jogos ao ar livre e nos jardins, são preferíveis à casa paterna, onde a menina, alimentada delicadamente, sempre mimada ou repreendida, sempre sentada sob as vistas da mãe num recinto bem fechado, não ousa levantar-se, nem andar, nem falar, nem murmurar, e não tem nenhum momento de liberdade para brincar, pular, correr, gritar e entregar-se à petulância natural de sua idade; sempre ou relaxamento perigoso ou severidade mal compreendida; nunca nada de acordo com a razão. Eis como se arruínam o corpo e o coração da juventude.

As meninas de Esparta exercitavam-se como os meninos nos jogos militares, não para irem à guerra, mas para um dia terem filhos capazes de tolerar suas fadigas. Não é isso que eu aprovo: não é necessário para fornecer soldados ao Estado que as mães tenham usado o mosquete e feito exercícios à maneira prussiana. Acho, porém, que em geral a educação grega era muito mais sábia a esse respeito. As moças apareciam com frequência em público, não com os meninos, mas reunidas entre elas. Quase não havia uma festa, um sacrifício, uma cerimônia em que não se vissem bandos de filhas dos primeiros cidadãos coroadas de flores, cantando hinos, formando coros de danças, segurando buquês de flores, vasos, oferendas e apresentando aos sentidos depravados dos gregos um espetáculo encantador, capaz de contrabalançar o mau efeito de sua ginástica indecente. Qualquer que fosse a impressão que causasse este costume no coração dos homens, era excelente para dar às mulheres uma boa constituição na juventude fazendo exercícios agradáveis, moderados e salutares, e para aguçar e formar seu gosto através do contínuo desejo de agradar, sem fazer com que seus bons costumes corressem riscos.

Assim que essas jovens se casavam, já não eram vistas em público; fechadas em suas casas, restringiam todas as suas atenções à casa e à família. Esta é a maneira de viver que a natureza e a razão prescrevem às mulheres. Assim, dessas mães nascem os mais sadios, os mais robustos e os mais bem conformados homens da terra, e, apesar da má fama de algumas ilhas, é notório que, entre todos os povos do mundo, sem excetuar nem mesmo os romanos, não se possa citar nenhum em que as mulheres tenham sido ao mesmo tempo mais prudentes e mais amáveis e tenham unido com maior felicidade os bons costumes à beleza do que na Grécia antiga.

Sabe-se que o conforto das roupas que não incomodavam o corpo contribuía muito para dar, nos dois sexos, as belas proporções que vemos nas estátuas e que ainda servem de modelo para a arte quando a natureza desfigurada deixou de fornecê-lo entre nós. Eles não tinham nenhum desses entraves góticos, dessas inúmeras ligaduras que mantêm em toda parte nossos membros atados. As mulheres desconheciam o uso desses corpetes de baleia com os quais as nossas mais falsificam seu porte do que o marcam. Não posso deixar de pensar que esse abuso, levado na Inglaterra a um ponto inconcebível, não acabe por fazer com que a espécie degenere, e afirmo até que o tal enfeite é de mau gosto. Não é agradável ver uma mulher cortada em dois como uma vespa; isso choca a vista e maltrata a imaginação. A grossura da cintura tem, como tudo o mais, suas proporções, sua medida, que ultrapassada constitui com certeza um defeito; tal defeito seria até mesmo chocante no nu; por que seria belo sob a roupa?

Não ouso perscrutar as razões pelas quais as mulheres teimam em se couraçar desse modo; um seio que cai, uma barriga que cresce etc., são coisas muito feias, concordo, numa pessoa de vinte anos, mas já não chocam aos trinta; e, como é preciso, mesmo contra a nossa vontade, ser sempre o que agrada à natureza, como o olho do homem não se engana, tais defeitos são menos desagradáveis em qualquer idade do que a tola afetação de uma mocinha de quarenta anos.

Tudo o que atrapalha e constrange a natureza é de mau gosto. Isso é verdade a respeito tanto dos ornamentos do corpo quanto dos ornamentos do espírito. A vida, a saúde, a razão e o bem-estar devem vir em primeiro lugar; a graça é sempre acompanhada da comodidade; a delicadeza não é a languidez, e não é preciso ser doentia para agradar. Excitamos a piedade quando sofremos, mas o prazer e o desejo buscam o frescor da saúde.

As crianças de ambos os sexos têm muitas diversões comuns, e assim deve ser; o mesmo não acontece quando crescem? Têm também gostos próprios que as distinguem. Os meninos procuram o movimento e o barulho: tambores, piões, pequenas carruagens; as meninas preferem o que é vistoso e serve de enfeite: espelhos, joias, panos e principalmente bonecas; a boneca é a diversão especial deste sexo; eis de modo bastante evidente seu gosto sendo determinado por sua destinação. O físico da arte de agradar está nos adereços; isso é tudo o que as crianças podem cultivar dessa arte.

Observai uma menina que passa o dia com a boneca, que a arruma sem parar, veste-a, desveste-a mil vezes, procura continuamente novos arranjos de enfeites bem ou mal combinados, não importa; os dedos não são ágeis, o gosto não está formado, mas a inclinação já desponta; nessa eterna ocupação o tempo passa sem que ela perceba; as horas passam e ela não se dá conta; esquece as próprias refeições, tem mais fome de enfeites do que de comida. Mas, direis, ela enfeita a boneca e não a si mesma. Sem dúvida; ela vê a boneca e não se vê, nada pode fazer para si mesma, não acabou de crescer, não tem nem talento nem força, ela nada é ainda e está toda em sua boneca, coloca nela toda a sua faceirice. Mas não a deixará ali para sempre, pois espera o momento de ser ela mesma a sua boneca.

Eis, pois, um primeiro gosto bem pronunciado, tendes apenas de segui-lo e ordená-lo. É certo que a menina gostaria muito de saber enfeitar sua boneca, fazer suas mangas, sua estola, seu falbalá, suas rendas; em tudo isso fazem-na depender de modo tão duro do bel-prazer dos outros, que para ela seria muito mais cômodo dever tudo a si mesma. Surge assim a razão das primeiras lições que lhe damos; não são tarefas que lhe prescrevemos, mas bondades que temos para com ela. E, com efeito, quase todas as meninas aprendem a ler e a escrever com relutância, mas aprendem com todo o prazer os trabalhos de costura. Imaginam-se antecipadamente adultas e sentem prazer em pensar que tais talentos poderão um dia servir-lhes para se enfeitarem.

É fácil seguir esse primeiro caminho aberto: a costura, o bordado e as rendas vêm por si mesmos. Não gostam tanto da tapeçaria; os móveis estão muito distantes dela, não estão ligados à pessoa e sim a outras opiniões. A tapeçaria é a diversão das mulheres; as meninas nunca terão grande prazer com ela.

Tais progressos voluntários estender-se-ão facilmente até o desenho, pois essa arte não é indiferente a quem se aplica a ela com gosto, mas eu não gostaria que fossem ocupadas com paisagens, e ainda menos com as figuras. Folhagens, frutas, flores, roupagens, tudo o que pode servir para dar um perfil elegante aos arranjos e para fazer por si mesma uma figura de bordado quando não se encontra uma que satisfaça, isso lhes basta. Em geral, se é importante para os homens limitar seus estudos a conhecimentos úteis, isso é mais importante ainda para as mulheres, porque a vida delas, embora menos laboriosa, sendo ou devendo ser mais assídua em seus trabalhos, e mais entrecortada de preocupações diferentes, não lhes permite entregarem-se livremente a nenhum talento à custa de seus deveres.

Apesar do que dizem os zombadores, o bom senso pertence igualmente aos dois sexos. As meninas em geral são mais dóceis do que os meninos, e devemos até usar com elas de maior autoridade, como direi daqui a pouco; não se segue, porém, que devamos exigir delas algo cuja utilidade não possam perceber; a arte das mães é mostrar essa utilidade em tudo o que lhes prescrevem, e isso é tanto mais fácil quanto a inteligência das meninas é mais precoce do que a dos meninos. Essa regra bane de seu sexo, assim como do nosso, não apenas todos os estudos ociosos que não levam a nada de bom e nem mesmo tornam mais agradáveis aos outros aqueles que os fizeram, mas também todos os estudos cuja utilidade não é própria da idade, só podendo ser prevista pela criança numa idade mais avançada. Se não quero que obriguem o menino a aprender a ler, com mais forte razão não quero que o façam com as meninas, antes de fazê-las perceber para que serve a leitura; e, no modo como comumente mostramos a elas esta utilidade, seguimos muito mais nossas ideias do que as delas. Afinal, onde está a necessidade de que uma menina saiba ler e escrever tão cedo? Será que tão cedo terá um lar para cuidar? Bem poucas há que não abusem do emprego dessa ciência fatal, e todas são um pouco curiosas demais para não aprendê-la sem que as forcem, quando tiverem tempo e oportunidade para tanto. Talvez devessem aprender antes de tudo a fazer contas, pois nada tem uma utilidade mais visível em qualquer tempo, exige um maior uso e dá tantas oportunidades ao erro do que as contas. Se a menina só obtivesse as cerejas de que gosta através de uma operação de aritmética, garanto-vos que cedo ela aprenderia a calcular.

Conheço uma menina que aprendeu a escrever antes de aprender a ler e que começou a escrever com a agulha antes de escrever com a pena. De todas as letras, no começo ela só quis fazer o *O*. Fazia sem parar *Os* grandes e pequenos, *Os* de todos os tamanhos, uns *Os* dentro de outros e sempre traçados ao contrário. Infelizmente, um dia em que ela estava ocupada com este útil exercício, viu-se num espelho e, achando que aquela postura forçada não lhe caía bem, como outra Minerva, largou a pena e não quis mais fazer *Os*. Seu irmão não tinha mais gosto por escrever do que ela, mas o que o aborrecia era o incômodo, e não o aspecto que o ato de escrever lhe dava. Usou-se de outro meio para fazê-la voltar a escrever; a menina era delicada e vaidosa, e não queria que sua roupa fosse usada por suas irmãs; antes marcavam suas roupas, e então deixaram de fazê-lo; foi preciso que ela mesma a marcasse: pode-se imaginar o resto do progresso.

Justificai sempre os trabalhos que impondes às meninas, mas não deixeis de impô-los. O ócio e a indocilidade são os dois defeitos mais perigosos para elas, e os de cura mais difícil uma vez que os tenham adquirido. As meninas devem ser vigilantes e laboriosas; não é só isso: elas devem ser incomodadas cedo. Essa infelicidade, se é que se trata de uma infelicidade, é inseparável de seu sexo, e nunca se livrarão dela, a não ser para sofrer outras muito mais cruéis. Serão durante toda a vida sujeitas aos incômodos mais contínuos e mais severos, que são os da conveniência. Devemos treiná-las primeiro para as coisas obrigatórias, para que nunca lhes custem; devemos ensiná-las a domar todas as suas fantasias, para submetê-las às vontades de outrem. Se quisessem trabalhar sempre, deveríamos às vezes forçá-las a nada fazer. A dissipação, a frivolidade, a inconstância são os defeitos que nascem facilmente de seus primeiros gostos corrompidos e sempre satisfeitos. Para prevenir esse defeito, ensinai-as principalmente a vencerem a si mesmas. Em nossas loucas instituições, a vida da mulher de bem é uma luta perpétua contra si mesma, e é justo que a mulher compartilhe o sofrimento pelos males que nos causou.

Não deixeis que as meninas se aborreçam em suas ocupações e se entusiasmem com suas diversões, como sempre acontece nas educações vulgares, em que se põem, como diz Fénelon, todo o aborrecimento de um lado e todo o prazer do outro. O primeiro desses dois inconvenientes só acontecerá, se seguirmos as regras precedentes, quando as pessoas que estiverem com elas lhes desagradarem. Uma menina que gostar de sua mãe ou de sua governanta trabalhará todo o dia a seu lado sem se aborrecer; só a conversa já a consolará de todo o incômodo. Mas, se a sua governanta lhe for insuportável, sentirá a mesma repugnância por tudo o que fizer com ela. É muito difícil que aquelas que não se dão nem com suas mães nem com ninguém no mundo possam algum dia dar algo de bom, mas, para avaliar seus verdadeiros sentimentos, é preciso estudá-los e não confiar no que dizem, pois elas são aduladoras, dissimuladas e cedo aprendem a disfarçar. Tampouco devemos prescrever-lhes que amem sua mãe, pois o afeto não vem por dever e não é nesse caso que a obrigação tem serventia. O apego, os cuidados, o hábito bastarão para fazer com que a mãe seja amada pela filha, se ela não fizer nada para atrair seu ódio. O próprio incômodo em que a mantém, bem dirigido, longe de enfraquecer tal apego, só fará aumentá-lo, pois, sendo a dependência um estado natural nas mulheres, as meninas sentem-se feitas para obedecer.

Pela mesma razão por que elas têm ou devem ter pouca liberdade, elas abusam da que lhes deixamos; extremadas em tudo, entregam-se a suas brincadeiras com mais entusiasmo do que os meninos: este é o segundo inconveniente de que acabo de falar. Esse entusiasmo deve ser moderado, pois é a causa de vários defeitos particulares à mulher, como, entre outros, o capricho do entusiasmo, pelo qual uma mulher morre hoje de amores por algo que amanhã nem mesmo olhará. A inconstância dos gostos é para elas tão funesta quanto seu excesso; uma e outro vêm-lhe da mesma fonte. Não lhes tireis a alegria, os risos, o barulho e as brincadeiras, mas impedi que elas se fartem de um para correr para o outro; não tolereis que em nenhum instante de suas vidas elas percam o freio. Acostumai-as a serem interrompidas no meio de suas brincadeiras e levadas a fazer outras coisas sem reclamar. O hábito sozinho também é bastante neste caso, porque ele não faz mais do que secundar a natureza.

Resulta desse constrangimento habitual uma docilidade de que as mulheres precisam durante toda a vida, pois nunca deixam de estar sujeitas quer a um homem, quer ao juízo dos homens, e nunca lhes é permitido colocarem-se acima desse juízo. A primeira e a mais importante qualidade de uma mulher é a doçura; feita para obedecer a um ser tão imperfeito quanto o homem, tantas vezes tão cheio de vícios e sempre tão cheio de defeitos, ela deve aprender cedo a suportar até a injustiça, assim como os erros de seu marido, sem se queixar; não é por ele, mas por si mesma que ela deve ser doce. A aspereza e a teimosia das mulheres sempre só aumentam os males e o mau comportamento dos maridos; eles percebem que não é com essas armas que elas devem vencê-los. O céu não as criou insinuantes e persuasivas para tornarem-se coléricas; não as fez fracas para serem imperiosas; não lhes deu uma voz tão doce para dizerem injúrias; não lhes deu traços tão delicados para que fossem desfigurados pela cólera. Quando se zangam, elas esquecem; muitas vezes têm razão de se queixar, mas estão sempre erradas quando resmungam. Cada qual deve conservar o tom de seu sexo; um marido manso demais pode tornar a mulher impertinente, mas, a menos que um homem seja um monstro, a doçura de uma mulher trá-lo de volta e vence-o mais cedo ou mais tarde.

Sejam as meninas sempre submissas, mas não sejam as mães sempre inexoráveis. Para tornar dócil uma menina, não é preciso torná-la infeliz; para torná-la modesta, não é preciso embrutecê-la; pelo contrário, eu não me zangaria se às vezes a deixassem usar de um pouco de habilidade, não para escapar à punição pela desobediência, mas para não obedecer. Não se trata de tornar penosa a sua dependência: que ela a sinta já é o suficiente. A astúcia é um talento natural das mulheres e, convencido de que as inclinações naturais são boas e justas por si mesmas, sou de opinião de que estas devem ser cultivadas tanto quanto as outras: basta prevenir os abusos.

Sobre a verdade dessa observação, fio-me em qualquer observador de boa-fé. Não pretendo que se examinem a este respeito as próprias mulheres; nossas incômodas instituições podem forçá-las a aguçar o espírito. Quero que se examinem as moças, as meninas, que, por assim dizer, acabaram de nascer; comparem-nas com os meninos da mesma idade e, se estes não parecerem lerdos, distraídos e estúpidos perto delas, sem dúvida estarei errado. Permiti-me um só exemplo escolhido em toda a ingenuidade pueril.

É muito comum proibir-se às crianças que peçam coisas à mesa, pois acredita-se que o melhor meio de ter êxito em sua educaçao é sobrecarregá-las de preceitos inúteis; como se um pedaço disto ou daquilo não pudesse ser logo concedido ou recusado* sem fazer com que uma pobre criança morra de um desejo aguçado pela esperança. Todo o mundo conhece a habilidade de um menino submetido a essa lei, o qual, tendo sido esquecido à mesa, teve a ideia de pedir o sal etc. Não direi que poderiam ralhar com ele por ter pedido sal diretamente e carne indiretamente; a omissão era tão cruel que, mesmo que ele tivesse infringido abertamente a lei e dito sem rodeios que estava com fome, não posso acreditar que o tivessem punido por isso. Mas eis como se saiu em minha presença uma menininha de seis anos num caso muito mais difícil, pois, além de estar terminantemente proibida de pedir qualquer coi-

* Uma criança torna-se importuna quando encontra vantagem em sê-lo; mas ela nunca pedirá duas vezes a mesma coisa, se a primeira resposta for sempre irrevogável.

sa, tanto direta quanto indiretamente, a desobediência não teria sido perdoada, pois ela tinha comido de todos os pratos, exceto de um, que se esqueceram de lhe oferecer e que ela desejava muito.

Ora, para conseguir que reparassem o esquecimento sem que a acusassem de desobediência, ela passou em revista com o dedinho todos os pratos, dizendo em voz alta à medida que os indicava: *Eu comi disso, comi disso*; mas ela fez questão de modo tão visível de passar sem dizer nada pelo prato de que não tinha comido, que alguém reparou e lhe disse: E aquilo, você não comeu? *Ah, não!*, respondeu mansamente a pequena gulosa, abaixando os olhos. Nada acrescentarei; comparai: este golpe é uma astúcia de menina, o outro é uma astúcia de menino.

O que existe é bom, e nenhuma lei geral é má. Essa habilidade particular concedida à mulher é uma compensação muito justa pela força que ela tem a menos; sem ela a mulher não seria a companheira do homem, e sim sua escrava; é por essa superioridade de talento que ela se mantém como sua igual e o governa obedecendo-lhe. A mulher tem tudo contra si, nossos defeitos, sua timidez, sua fraqueza; só tem a seu favor sua arte e sua beleza. Não é justo que ela cultive a ambas? Mas a beleza não é geral; ela morre através de mil acidentes, ela passa com os anos; o hábito destrói seus efeitos. Só o espírito é o verdadeiro recurso da mulher; não esse tolo espírito a que dão tanto valor na sociedade e que não tem nenhuma valia para tornar feliz a vida, mas sim o espírito de sua condição, a arte de tirar partido da nossa condição e de nos valer de nossas próprias vantagens. É incalculável o quanto essa habilidade das mulheres nos é útil, o quanto ela dá de encanto à união dos dois sexos, como ela serve para reprimir a petulância das crianças, como ela refreia maridos brutais, como ela conserva os bons lares, que sem ela a discórdia perturbaria. As mulheres fingidas e más abusam dela, bem o sei; mas de que o vício não abusaria? Não destruamos os instrumentos da felicidade porque os maus às vezes se servem deles para fazer o mal.

Pode-se brilhar pelo traje, mas só se agrada pela pessoa. Nossa roupa não somos nós; muitas vezes ela nos enfeia de tão rebuscada, e muitas vezes as que mais realçam quem veste são as que menos se notam. A educação das meninas é, neste ponto, completamente despropositada. Prometem-lhes enfeites como recompensa, fazem com que gostem dos adornos rebuscados; *como ela está linda!*, é o que lhes dizem quando estão muito enfeitadas. E, muito pelo contrário, deveriam fazer com que entendessem que tantos ornamentos só servem para disfarçar defeitos e que o verdadeiro triunfo da beleza está em brilhar por si mesma. O amor pelas modas é de mau gosto, porque os rostos não mudam com elas e, permanecendo os mesmos, o que lhes cai bem uma vez cai-lhes bem sempre.

Se eu visse uma mocinha pavonear-se com seus enfeites, mostrar-me-ia angustiado com sua figura assim disfarçada e com o que poderiam pensar; eu diria: Pena que ela esteja enfeitada demais; você acha que ela poderia aparecer com enfeites mais simples? Será que ela é suficientemente bonita para dispensar isto e aquilo? Talvez seja ela a primeira a pedir que lhe tirem aqueles enfeites e a julguem; é o caso de aplaudi-la, se possível. Eu nunca a elogiaria tanto como quando estivesse vestida do modo mais simples. Quando ela encarar os enfeites apenas como um suplemento às graças da pessoa e como uma confissão tácita de que ela precisa de ajuda para agradar, então ela será humilde, e se, mais enfeitada do que de costume, ela ouvir dizerem: *Como ela está linda!*, enrubescerá de despeito.

De resto, há mulheres que não precisam de enfeites, mas não há nenhuma que exija brilhantes adornos. Os enfeites ruinosos são a vaidade da posição social e não da pessoa, e dependem exclusivamente do preconceito. A verdadeira faceirice às vezes é afetada, mas nunca é luxuosa, e Juno vestia-se de modo mais soberbo do que Vênus. *Não* *conseguindo torná-la bela, tu a tornas rica*, dizia Apeles a um mau pintor que pintava Helena repleta de enfeites. Também reparei que os enfeites mais pomposos o mais das vezes anunciavam mulheres feias; não se poderia ter uma vaidade mais desajeitada. Dai fitas, gaze, musselina e flores a uma moça que tenha gosto e despreze a moda, sem diamantes, sem borlas e sem rendas*, ela comporá um traje que a tornará cem vezes mais encantadora do que o teriam feito todos os brilhantes farrapos da Duchapt.

Como o que está bem está sempre bem e é preciso estar sempre o melhor possível, as mulheres que entendem de roupa escolhem as boas e com elas ficam, e, não as trocando todos os dias, ocupam-se menos com isso do que as que não sabem em que se fixar. O verdadeiro cuidado com os enfeites exige pouco trabalho. As jovens senhoritas raramente gastam muito tempo com o vestir-se; o trabalho e as aulas preenchem seu dia; no entanto, em geral elas se vestem, com exceção do *rouge*, com tanto esmero quanto as damas, e não raro com melhor gosto. O abuso dos cuidados com a aparência não é o que se pensa, ele se deve muito mais ao tédio do que à vaidade. Uma mulher que gasta seis horas para arrumar-se não ignora que não sai mais bem vestida do que a que gasta meia hora; mas com isso ela rouba algum tempo à esmagadora lentidão das horas, e mais vale divertir-se consigo mesma do que entediar-se com tudo. Sem tais cuidados, o que faria da vida entre meio-dia e nove horas? Reunindo mulheres ao seu redor, ela se diverte fazendo-as esperar, e isso já é alguma coisa; evita os encontros com um marido que só vê àquela hora, o que é ainda mais; e depois vêm os vendedores, os comerciantes de velharias, os pequenos cavalheiros, os autorezinhos, os versos, as canções, as brochuras: sem os cui-

---

* As mulheres que têm a pele bastante branca para dispensar as rendas dariam muita inveja às outras se não as usassem. São quase sempre as feias que fazem as modas, às quais as bonitas têm a tolice de se sujeitar.

dados com o arrumar-se ela nunca reuniria tudo aquilo. O único proveito real que se liga a isso é o pretexto de se exibir um pouco mais do que quando se está vestida; mas tal proveito talvez não seja tão grande quanto se pensa, e as mulheres que gastam muito tempo para arrumar-se não ganham tanto com isso quanto dizem. Oferecei sem escrúpulos uma educação de mulher às mulheres, fazei com que gostem dos trabalhos de seu sexo, com que tenham modéstia, saibam zelar por seu lar e cuidar da casa; o cuidado excessivo com a beleza desaparecerá por si mesmo e elas só se vestirão com um gosto melhor.

A primeira coisa que as meninas reparam quando crescem é que todos esses ornamentos alheios não lhes bastam se não dispõem de alguns que lhes sejam próprios. Nunca se pode comprar a beleza e não se pode adquirir a faceirice; pode-se, porém, procurar dar um jeito mais amável aos gestos, um tom agradável à voz, assumir atitudes graciosas e usar em todas as coisas seu lado melhor. A voz se fortalece, firma-se e ganha timbre; os braços desenvolvem-se, o passo ganha segurança e a jovem percebe que, de qualquer maneira que se vista, há sempre uma arte de se fazer notar. Desde então, já não se trata de agulha e de trabalho; novos talentos surgem e já revelam sua utilidade.

Sei que professores severos pretendem que não se ensinem às moças nem canto, nem dança, nem nenhuma das artes agradáveis. Isso me parece engraçado. A quem, então, querem que se ensinem essas coisas? Aos meninos? A quem, aos homens ou às mulheres, cabe de preferência possuir tais talentos? A ninguém, responderão eles; as canções profanas são crimes; a dança é uma invenção do demônio, uma moça deve ter por diversão apenas o trabalho e a oração. Eis alguns estranhos divertimentos para uma criança de dez anos! De minha parte, tenho um medo terrível de que todas essas santinhas que são obrigadas a passar a infância a rezar passem a juventude a fazer coisa muito diferente e compensem da melhor maneira possível, quando casadas, o tempo que julgam ter perdido quando meninas. Acho que se deve respeitar o que convém à idade e ao sexo, que uma menina não deve viver como sua avó; ela deve ser viva, alegre, engraçada, cantar, dançar tanto quanto quiser e saborear todos os inocentes prazeres de sua idade; não tardará o tempo de ser séria e assumir uma postura mais grave.

Mas será real a necessidade dessa mudança? Não será talvez mais um fruto de nossos preconceitos? Submetendo as mulheres de bem apenas a deveres tristes, banimos do casamento tudo o que poderia torná-lo agradável aos homens. É de admirar que a taciturnidade que veem reinar em suas casas afaste-os delas, ou que sejam pouco inclinados a abraçar uma condição tão desagradável? De tanto exagerar todos os deveres, o cristianismo torna-os impraticáveis e vãos; de tanto proibir às mulheres o canto, a dança e todas as diversões do mundo, torna-as aborrecidas, resmungonas e insuportáveis em suas casas. Não há religião em que o casamento esteja submetido a deveres tão severos e em que um compromisso tão santo seja tão desprezado. Tanto fizeram para impedir que as mulheres fossem atraentes, que tornaram os maridos indiferentes. Isso não deveria acontecer; compreendo muito bem, mas de minha parte digo que isso deveria acontecer, afinal os cristãos são homens. Quanto a mim, gostaria que uma jovem inglesa cultivasse os talentos aprazíveis para agradar ao marido com o mesmo esmero com que uma jovem albanesa os cultiva no harém de Ispahan. Dirão que os maridos não se preocupam muito com todos esses talentos. De fato, acredito, quando tais talentos, longe de serem empregados para lhes agradar, só servem de isca para atrair à sua casa jovens impudentes que os desonram. Mas achais que uma mulher agradável e modesta, dotada de tais talentos e que os consagrasse à diversão do marido, não aumentaria a felicidade de sua vida e não o impediria, ao sair do gabinete de trabalho com a cabeça esgotada, de ir procurar diversão fora de casa? Ninguém viu famílias felizes assim reunidas, em que cada qual é capaz de fornecer sua contribuição para o entretenimento comum? Diga então se a confiança e a familiaridade que ali se unem, se a inocência e a doçura dos prazeres que ali se desfrutam não compensam o que os prazeres públicos têm de mais exuberante.

Reduziram demais os talentos aprazíveis a artes; generalizaram-nos demais; tornaram tudo máximas e preceitos, e fizeram com que se tornasse muito aborrecido para as meninas o que para elas deve ser apenas diversão e brincadeiras. Nada consigo imaginar de mais ridículo do que um velho professor de dança ou de canto dirigir-se com um ar seriíssimo para algumas mocinhas que só querem rir, e assumir, para ensinar-lhes sua frívola ciência, um tom mais pedante e mais magistral do que se se tratasse do catecismo. Será, por exemplo, que a arte de cantar depende da música escrita? Será que não é possível tornar flexível e precisa a voz, aprender a cantar com gosto e até a se acompanhar sem conhecer uma única nota? Serve o mesmo gênero de canto para todas as vozes? O mesmo método vale para todos os espíritos? Nunca me farão acreditar que as mesmas atitudes, os mesmos passos, os mesmos movimentos, os mesmos gestos e as mesmas danças convêm a uma moreninha viva e picante e a uma grande e linda loira de olhos lânguidos. Assim, quando vejo um professor dar a uma e outra exatamente as mesmas lições, digo: Esse homem está seguindo a sua rotina, mas não entende nada de sua arte.

Pergunta-se se as meninas devem ter professores ou professoras. Não sei; gostaria muito de que elas não precisassem nem de uns nem de outras e aprendessem livremente o que têm tanta queda para querer aprender, e de que não víssemos errar constantemente por nossas cidades tantos dançarinos engalanados. Tenho certa dificuldade em acreditar que o trato com essa gente não seja mais nocivo às moças do que suas aulas são úteis, e que seu palavreado, seu tom, suas maneiras não deem a suas alunas o primeiro gosto pelas frivolidades, para eles tão importantes, das quais elas não tardarão, a exemplo deles, em fazer sua única ocupação.

Nas artes que só têm o prazer como objeto, todos podem servir de professor para as meninas: o pai, a mãe, o irmão, a irmã, as amigas, as governantas, o espelho e sobretudo seu próprio gosto. Não devemos oferecer-lhes aulas, é preciso que elas as peçam; não devemos fazer de uma recompensa uma obrigação, e é principalmente nesse tipo de estudo que o primeiro êxito é querer ter êxito. De resto, se for absolutamente necessário dar aulas de verdade, não me pronunciarei sobre o sexo dos que as deverão ministrar. Não sei se é preciso que um professor de dança pegue uma jovem aluna pela mão delicada e branca, que a faça encurtar a saia, erguer os olhos, abrir os braços, avançar um seio palpitante, mas sei muito bem que por nada no mundo eu gostaria de ser esse professor.

Pela atividade e pelos talentos o gosto se forma; pelo gosto, o espírito abre-se pouco a pouco às ideias do belo em todos os gêneros e finalmente às noções morais que se relacionam com elas. Esta talvez seja uma das razões por que o sentimento da decência e da honestidade se insinue mais cedo nas meninas do que nos meninos, pois, para acreditar que esse sentimento precoce seja obra das governantas, seria preciso conhecer muito pouco da forma do espírito humano. O talento para falar ocupa o primeiro lugar na arte de agradar; somente por ele podemos somar novos encantos àqueles com que o hábito acostuma os sentidos. É o espírito que não apenas anima o corpo, mas o renova, por assim dizer; e é pela sequência dos sentimentos e das ideias que ele anima e diversifica a fisionomia; e é pelas palavras que ele inspira que a atenção treinada conserva por muito tempo o mesmo interesse pelo mesmo objeto. Creio que é por todas essas razões que as próprias meninas adquirem tão depressa uma tagarelice deliciosa, que elas põem ênfase em suas palavras, mesmo antes de senti-las, e que os homens se divertem tão cedo em escutá-las, mesmo antes que elas possam entendê-los; eles espreitam o primeiro momento dessa inteligência para penetrar no domínio do sentimento.

As mulheres têm a língua flexível; elas falam mais cedo, com maior facilidade e mais agradavelmente do que os homens; são acusadas também de falarem mais; deve ser assim, e de bom grado eu transformaria essa censura num elogio; a boca e os olhos têm nelas a mesma atividade, e pela mesma razão. O homem diz o que sabe, a mulher diz o que agrada; para falar, um precisa de conhecimento, a outra de gosto; um deve ter por objeto principal as coisas úteis, a outra, as agradáveis. Suas palavras devem ter das formas comuns apenas as da verdade.

Portanto, não devemos refrear a tagarelice das meninas, como a dos meninos, com esta interrogação dura: *Para que serve isso?*, mas sim com esta outra, à qual não é mais fácil responder: *Que efeito faria isso?* Nesta primeira idade, em que, não podendo ainda distinguir o bem e o mal, elas não são juízes de ninguém, devem impor-se como lei nada dizer que não seja agradável às pessoas com quem falam; o que torna a prática desta regra mais difícil é que ela permanece sempre subordinada à primeira, que é a de nunca mentir.

Vejo também muitas outras dificuldades, mas pertencem a uma outra idade mais avançada. Por enquanto, não pode ser difícil para as meninas serem verídicas sem grosseria; e, como tal grosseria naturalmente lhes repugna, a educação ensina-lhes facilmente a evitá-la. Noto em geral, no comércio do mundo, que a polidez dos homens é mais obsequiosa, enquanto a das mulheres é mais carinhosa. Essa diferença não é de educação, ela é natural. O homem parece procurar mais vos servir, e a mulher, vos agradar. Segue-se daí que, qualquer que seja o caráter das mulheres, sua polidez é menos falsa do que a nossa; ela não faz mais do que ampliar seu primeiro instinto; quando, porém, um homem finge preferir o meu interesse ao seu próprio, por mais persuasivo que ele seja, tenho toda a certeza de que está mentindo. Assim, não custa muito para as mulheres serem polidas, nem, por conseguinte, para as meninas aprenderem a tornar-se assim. A primeira lição vem da natureza, a arte não faz mais do que a seguir e determinar, de acordo com nossos costumes, sob que forma ela deve mostrar-se. Com relação à polidez entre as mulheres, trata-se de algo completamente diferente; usam de um jeito tão constrangido e de atenções tão frias que, incomodando-se mutuamente, não têm muita preocupação de esconder seu incômodo e parecem sinceras em suas mentiras, não procurando disfarçá-las. No entanto, as meninas às vezes travam de verdade amizades mais francas. Na sua idade, a alegria faz o papel de bom temperamento e, contentes consigo mesmas, estão contentes também com todo o mundo. Também é normal que se beijem com mais gosto e troquem carinhos com maior graça diante dos homens, orgulhosas de aguçar impunemente o desejo deles com a imagem dos favores que elas sabem fazê-los querer.

Se não devemos permitir aos meninos perguntas indiscretas, com mais forte razão devemos proibi-las às meninas, cuja curiosidade satisfeita ou mal evitada tem consequências muito diferentes, dada sua sagacidade para pressentir os mistérios que lhes escondem e sua destreza para descobri-los. Mas, sem tolerar suas perguntas, gostaria que se lhes fizessem muitas perguntas, que se tivesse a preocupação de fazê-las conversar, que se as provocassem para treiná-las a falar fluentemente, para torná-las rápidas nas respostas, para soltar-lhes o espírito e a língua, enquanto isso é possível sem perigo. Tais conversas, que sempre se transformam em brincadeira, mas, se conduzidas com arte e bem dirigidas, constituiriam uma diversão encantadora para essa idade, poderiam levar aos corações inocentes dessas meninas as primeiras e talvez as mais úteis lições de moral que elas tomarão em toda a vida, ensinando-lhes, com os atrativos do prazer e da vaidade, a que qualidades os homens concedem realmente sua preferência, e em que consistem a glória e a felicidade de uma mulher de bem.

É compreensível que, se os meninos não têm condições de formar nenhuma verdadeira ideia sobre religião, com mais forte razão a mesma ideia está acima da compreensão das meninas; é por isso mesmo que eu gostaria de falar com elas sobre isso mais cedo, pois, se fosse preciso aguardar que elas estivessem em condições de discutir metodicamente essas questões profundas, correríamos o risco de não lhes falar nunca sobre o assunto. A razão das mulheres é uma razão prática, que faz com que elas encontrem muito habilmente os meios de alcançar um fim conhecido, mas que não as faz descobrir esse fim. A relação social entre os sexos é admirável. Desta sociedade resulta uma pessoa moral cujo olho é a mulher e cujo braço é o homem, mas com uma tal dependência entre uma e outro que é com o homem que a mulher aprende o que deve ver e é com a mulher que o homem aprende o que deve fazer. Se a mulher pudesse tanto quanto o homem remontar aos princípios, e o homem tivesse tanto quanto ela o espírito dos pormenores, sempre independentes um do outro, viveriam numa discórdia eterna e sua união não poderia subsistir. Na harmonia que reina entre eles, porém, tudo tende ao fim comum; não se sabe qual contribui mais; cada um segue o impulso do outro; cada um obedece e ambos são senhores.

Por isso mesmo a conduta das mulheres está sujeita à opinião pública, sua crença está sujeita à autoridade. Toda menina deve ter a religião de sua mãe, e toda mulher a de seu marido. Mesmo que essa religião seja falsa, a docilidade que submete a mãe e a família à ordem da natureza apaga diante de Deus o pecado do erro. Sem condições de serem juízes elas mesmas, devem receber a decisão dos pais e dos maridos, assim como a da Igreja.

Não podendo extrair por si mesmas a regra de sua fé, as mulheres não podem dar-lhe como limite a evidência e a razão; mas, deixando-se levar por mil impulsos alheios, estão sempre aquém ou além da verdade. Sempre extremadas, são todas ou libertinas ou devotas; não as vemos serem capazes de reunir a sabedoria e a piedade. A fonte do mal não está apenas no caráter exagerado de seu sexo, mas também na autoridade mal ordenada do nosso; a libertinagem dos costumes a faz desprezar, o pavor do arrependimento torna-a tirânica, e eis como sempre se faz dela ou muito ou muito pouco.

Uma vez que a autoridade deve ordenar a religião das mulheres, não se trata tanto de explicar-lhes as razões que temos para crer quanto de expor-lhes claramente o que cremos, pois a fé que damos a ideias obscuras é a primeira fonte do fanatismo, e a fé que exigimos em coisas absurdas leva à loucura e à incredulidade. Não sei a que nossos catecismos mais conduzem, a ser ímpio ou a ser fanático, mas sei muito bem que levam necessariamente a uma ou outra coisa.

Em primeiro lugar, para ensinar a religião a meninas, nunca façais disso um objeto de tristeza e de obrigação para elas, nem uma tarefa ou um dever; por conseguinte, nada façais com que aprendam de memória nessa matéria, nem mesmo as orações. Contentai-vos com fazer regularmente vossas orações diante delas, sem obrigá-las, no entanto, a assistir a elas. Fazei-as curtas, conforme o ensinamento de Jesus Cristo. Fazei-as sempre com o recolhimento e o respeito convenientes; considerai que, ao pedir ao Ser supremo certa atenção para nos ouvir, é melhor que também prestemos certa atenção no que lhe vamos dizer.

É menos importante as meninas conhecerem cedo sua religião do que a conhecerem bem e, principalmente, amarem-na. Quando a tornais onerosa para elas, quando lhes representais Deus sempre zangado com elas, quando lhes impondes em seu nome mil deveres penosos que elas nunca vos veem cumprir, o que podem elas senão pensar que saber o catecismo e rezar são os deveres das meninas e desejar ser adultas para se livrarem como vós de todas essas sujeições? O exemplo! O exemplo! Sem ele nada conseguimos junto às crianças.

Quando lhes explicardes os artigos de fé, fazei-o em forma de instrução direta, e não por perguntas e respostas. Elas devem responder o que pensam, e não o que lhes foi ditado. Todas as respostas do catecismo são despropositadas, é o aluno que ensina o professor; são até mesmo mentiras na boca das crianças, já que elas explicam o que não entendem e afirmam o que não têm condições de crer. Entre os homens mais inteligentes, mostrai-me os que não mentem ao dizer seu catecismo.

A primeira questão que vejo no nosso é esta: *Quem vos criou e pôs no mundo?* A menina, acreditando que foi sua mãe, responde porém sem hesitar que foi Deus. A única coisa que ela vê é que, a uma pergunta que ela pouco entende, responde algo que não entende absolutamente.

Eu desejaria que um homem que conhecesse bem o comportamento do espírito das crianças se dispusesse a fazer para elas um catecismo. Seria talvez o livro mais útil que jamais se teria escrito e, a meu ver, não seria o livro que menos honras traria a seu autor. O que há de certo é que, se o livro fosse bom, ele pouco se pareceria com os nossos.

Tal catecismo só será bom quando, apenas com as perguntas, a criança der por si mesma as respostas sem as aprender; é claro que às vezes será sua vez de perguntar. Para que se entendesse o que quero dizer, seria preciso uma espécie de modelo, e sei o que me falta para fazê-lo. Tentarei pelo menos dar alguma leve ideia sobre ele.

Imagino pois que, para voltar à primeira pergunta de nosso catecismo, seria preciso que o outro começasse mais ou menos assim:

A criada

Lembras-te do tempo em que tua mãe era solteira?

A menina

Não, senhora.

A criada

Por que não, já que tens uma memória tão boa?

A menina

É porque eu não estava no mundo.

A criada

Então nem sempre estiveste viva?

A menina

Não.

A criada

Viverás sempre?

A menina

Sim.

A criada

És jovem ou velha?

A menina

Sou jovem.

A criada

E tua avó, é jovem ou velha?

A menina

É velha.

A criada

Mas ela foi jovem?

A menina

Foi.

A criada

E por que não é mais?

A menina

Porque envelheceu.

A criada

Vais envelhecer como ela?

A menina

Não sei*.

A criada

Onde estão as tuas roupas do ano passado?

A menina

Puseram de lado.

A criada

E por que as puseram de lado?

A menina

Porque eram pequenas demais para mim.

A criada

E por que eram pequenas demais para ti?

A menina

Porque cresci.

A criada

E ainda vais crescer?

A menina

Ah, vou sim.

---

* Se em todos os lugares onde escrevi *não sei* a menina responder de outra maneira, devemos desconfiar de sua resposta e fazer com que ela a explique cuidadosamente.

A criada

E o que se tornam meninas grandes?

A menina

Tornam-se mulheres.

A criada

E o que se tornam as mulheres?

A menina

Tornam-se mães.

A criada

E o que se tornam as mães?

A menina

Tornam-se velhas.

A criada

Então vais ficar velha?

A menina

Quando eu for mãe.

A criada

E o que se tornam as pessoas velhas?

A menina

Não sei.

A criada

O que aconteceu com o teu avô?

A menina

Ele morreu[1].

---

1. A menina dirá isso porque ouviu dizerem, mas devemos verificar se tem alguma ideia justa da morte, pois tal ideia não é tão simples nem está tão ao alcance das crianças quanto se pensa. Podemos encontrar no pequeno poema de *Abel* um exemplo da maneira como devemos dar a elas. Essa obra encantadora transmite uma simplicidade deliciosa, de que nunca é demais nos nutrirmos para conversar com as crianças. [Trata-se de *A morte de Abel*, de Gessner. (N. do T.)]

A criada

E por que ele morreu?

A menina

Porque estava velho.

A criada

O que acontece então com as pessoas velhas?

A menina

Elas morrem.

A criada

E tu, quando estiveres velha, o que...

A menina, interrompendo.

Ah, mas eu não quero morrer.

A criada

Minha filha, ninguém quer morrer, mas todo o mundo morre.

A menina

Como assim? A mamãe também vai morrer?

A criada

Como todo o mundo. As mulheres envelhecem, assim como os homens, e a velhice conduz à morte.

A menina

O que é preciso fazer para envelhecer bem tarde?

A criada

Viver bem-comportada enquanto se é jovem!

A menina

Serei sempre bem-comportada.

A criada

Tanto melhor para ti. Mas, afinal, acreditas que vais viver sempre?

A menina

Quando eu estiver bem velha, bem velha...

A criada

E então?

A menina

Então, quando se está muito velha, dizes que é preciso morrer.

A criada

Então vais morrer algum dia?

A menina

Infelizmente, sim.

A criada

Quem é que estava vivo antes de ti?

A menina

Meu pai e minha mãe.

A criada

Quem é que vivia antes deles?

A menina

O pai e a mãe deles.

A criada

Quem é que vai viver depois de ti?

A menina

Meus filhos.

A criada

Quem é que vai viver depois deles?

A menina

Os filhos deles etc.

Seguindo esse caminho, através de induções sensíveis descobrimos um começo e um fim da raça humana, como de todas as coisas, isto é, um pai e uma mãe que não tiveram nem pai nem mãe, e filhos que não terão filhos*. Só depois de uma longa sequência de perguntas semelhantes a primeira questão do catecismo está suficientemente preparada. Mas daí até a segunda resposta, que é, por assim dizer, a definição da essência divina, que imenso salto! Quando esse intervalo será preenchido? Deus é um espírito! E o que é um espírito? Irei colocar o espírito de uma criança nessa obscura metafísica, de que os adultos têm tanta dificuldade de se safar? Não cabe a uma menina resolver essas questões; cabe-lhe no máximo fazê-las. Então, responder-lhe-ia simplesmente: Tu me perguntas o que é Deus; isto não é fácil de dizer. Não podemos nem ouvir, nem ver, nem tocar em Deus; só o conhecemos por suas obras. Para saber o que ele é, espera até saber o que ele fez.

Se nossos dogmas têm todos a mesma verdade, nem por isso são todos da mesma importância. É completamente indiferente à glória de Deus ser-nos conhecida em todas as coisas; é importante, porém, para a sociedade humana e para cada um de seus membros que todo homem conheça e cumpra os deveres que a lei de Deus impõe-lhe para com o próximo e para consigo mesmo. Eis o que devemos incessantemente ensinar-nos uns aos outros, e eis principalmente o que os pais e as mães devem ensinar a seus filhos. Que uma virgem seja a mãe de seu criador, que ela tenha dado à luz Deus ou apenas um homem a quem Deus se tenha unido; que a substância do pai e do filho seja a mesma ou apenas semelhante; que o espírito proceda de um ou de dois que são o mesmo, ou dos dois conjuntamente, não vejo que a decisão a respeito dessas questões, aparente-

* A ideia da eternidade não poderia aplicar-se às gerações humanas com o consentimento do espírito. Toda sucessão numérica reduzida a ato é incompatível com tal ideia.

mente essenciais, seja mais importante para a espécie humana do que saber em que dia lunar deve-se celebrar a Páscoa, se é preciso rezar o terço, jejuar, não comer carne, falar francês ou latim na igreja, enfeitar as paredes com imagens, dizer ou ouvir a missa, e não ter mulher para si. Que cada qual pense sobre essas coisas o que quiser, não sei em que isso pode interessar aos outros; de minha parte, isso não me interessa absolutamente. Mas o que me interessa, a mim e a todos os meus semelhantes, é que cada qual saiba que existe um árbitro do destino dos seres humanos, do qual somos todos filhos, que nos manda sermos todos justos, que nos amemos uns aos outros, que sejamos bons e misericordiosos, que honremos nossos compromissos com todos, mesmo com nossos inimigos e os seus; que a aparente felicidade da vida nada é; que existe outra vida depois desta, na qual o Ser supremo será o remunerador dos bons e o juiz dos maus. Estes e os outros dogmas semelhantes são os que importa ensinar à juventude; e deles importa persuadir todos os cidadãos. Quem quer que os combata merece castigo, sem dúvida; é o perturbador da ordem e o inimigo da sociedade. Quem quer que os omita e queira sujeitar-nos a suas opiniões particulares chega ao mesmo ponto por um caminho contrário; para estabelecer a ordem à sua maneira, perturba a paz; em seu orgulho temerário, torna-se o intérprete da Divindade, exige em seu nome as homenagens e os respeitos dos homens, torna-se Deus tanto quanto pode em sua posição; deveríamos puni-lo como sacrílego, se não o puníssemos como intolerante.

Deixai de lado, portanto, todos esses dogmas misteriosos que não são para nós mais do que palavras sem ideias, todas essas doutrinas esquisitas cujo vão estudo faz o papel de virtude para os que se entregam a ele e serve mais para torná-los loucos do que bons. Conservai sempre vossos filhos no círculo estreito dos dogmas que se relacionam com a moral. Convencei-os de que para nós nada há de útil a saber além do que nos ensina a agir bem. Não torneis vossas filhas teólogas e raciocinadoras; não lhes ensineis coisas do céu além do que serve à sabedoria humana; acostumai-as a sempre se sentirem sob a vista de Deus, a tê-lo como testemunha de suas ações, de seus pensamentos, de sua virtude, de seus prazeres, a fazer o bem sem ostentação, porque é assim que ele gosta; a suportar o mal sem protestar, porque ele as recompensará; enfim, a serem todos os dias da vida o que ficarão contentes de ter sido quando comparecem diante Dele. Eis a verdadeira religião, eis a única que não é suscetível nem de abuso, nem de impiedade, nem de fanatismo. Preguem-se à vontade religiões mais sublimes; de minha parte, não reconheço outra além desta.

De resto, vale observar que, até a idade em que a razão se esclarece e o sentimento nascente faz com que a consciência fale, o que é bom ou mau para as meninas é o que as pessoas que as rodeiam decidiram que o é. O que lhes ordenam é bom, o que lhes proíbem é mau, e elas não devem saber mais; daí se pode ver que importância tem, ainda mais para elas do que para os meninos, a escolha das pessoas que devem rodeá-las e ter alguma autoridade sobre elas. Chega enfim o momento em que começam a julgar as coisas por si mesmas, e então é tempo de mudar o plano de sua educação.

Talvez eu tenha falado demais sobre isso até aqui. A que reduziremos as mulheres se só lhes dermos como leis os preconceitos públicos? Não rebaixemos a esse ponto o sexo que nos governa e que nos honra quando não o aviltamos. Existe para toda a espécie humana uma regra anterior à opinião. É à inflexível direção dessa regra que se devem submeter todas as outras; ela julga o próprio preconceito, e é só na medida em que a estima dos homens concorda com ela que essa estima deve ter autoridade sobre nós.

Essa regra é o sentimento interior. Não repetirei o que foi dito acima a respeito disso; basta-me frisar que, se essas duas regras não contribuírem para a educação das mulheres, ela será sempre defeituosa. O sentimento sem a opinião não lhes dará essa delicadeza de alma que orna os bons costumes com a honra do mundo, e a opinião sem o sentimento nunca fará mais do que mulheres falsas e desonestas, que põem a aparência no lugar da virtude.

É, pois, importante para elas cultivar uma faculdade que sirva de árbitro entre os dois guias, que não deixe a consciência perder-se e que conserte os erros do preconceito. Tal faculdade é a razão. Mas, diante dessa palavra, quantas questões são levantadas! Serão as mulheres capazes de ter um raciocínio sólido? É importante que elas o cultivem? E cultivá-lo-ão com sucesso? Será tal cultura útil para as funções que lhes são impostas? Será compatível com a simplicidade que lhes convém?

As diferentes maneiras de encarar e resolver essas questões fazem com que, desembocando em excessos opostos, uns limitem a mulher a coser e fiar em seu lar com as criadas, fazendo dela a primeira serva do senhor; outros, não contentes com garantir seus direitos, fazem-na ainda usurpar os nossos, pois deixá-la acima de nós nas qualidades próprias a seu sexo e torná-la nossa igual em tudo o mais que será senão conferir à mulher o primado que a natureza concede ao marido?

A razão que leva o homem ao conhecimento de seus deveres não é muito complexa; a razão que leva a mulher ao conhecimento dos seus é ainda mais simples. A obediência e a fidelidade que deve ao marido, a ternura e as atenções que deve aos filhos são consequências tão naturais e tão visíveis de sua condição, que ela não pode, sem má-fé, recusar sua aprovação ao sentimento interior que a guia, nem desconhecer o dever na inclinação que ainda não se alterou.

Não reprovaria sem distinção que uma mulher fosse limitada unicamente aos trabalhos de seu sexo e que a deixassem numa profunda ignorância a respeito de tudo o mais; mas para isso deveria haver costumes públicos muito simples, muito sadios ou uma maneira de viver retirada. Nas cidades grandes e entre homens corrompidos, tal mulher seria muito fácil de seduzir; não raro sua virtude dependeria das oportunidades; neste século filósofo, é preciso que ela tenha uma virtude resistente. É preciso que ela saiba de antemão o que lhe podem dizer e o que ela deve pensar a respeito.

De resto, submetida ao julgamento dos homens, ela deve merecer sua estima; deve sobretudo obter a estima de seu marido; não deve apenas fazer com que ele ame a sua pessoa, mas também com que aprove a sua conduta; ela deve justificar perante o público a escolha do marido e fazer com que ele seja honrado com as honras que se prestam à sua mulher. Ora, como conseguirá tudo isto, se ela ignorar nossas instituições, se não souber nada sobre nossos costumes, sobre as conveniências, se não conhecer nada nem sobre a fonte dos juízos humanos, nem sobre as paixões que os determinam? Uma vez que ela depende ao mesmo tempo de sua própria consciência e das opiniões dos outros, é preciso que aprenda a comparar essas duas regras, a conciliá-las e a só dar preferência à primeira quando as duas estiverem em oposição. Ela torna-se juiz de seus juízes, decide quando deve submeter-se a eles e quando deve recusá-los. Antes de rejeitar ou de admitir seus preconceitos, ela os pondera, aprende a remontar à sua fonte, a preveni-los, a torná-los favoráveis e tem o cuidado de nunca atrair a censura, a não ser quando seu dever lhe permitir evitá-la. Nada disso pode ser bem-feito sem se cultivar seu espírito e sua razão.

Volto sempre ao princípio e ele me fornece a solução de todas as minhas dificuldades. Estudo o que existe, procuro sua causa e descubro enfim que o que existe está bem. Entro em casas em que o dono e a dona servem conjuntamente de anfitriões. Ambos tiveram a mesma educação, ambos têm a mesma polidez, ambos dispõem igualmente de gosto e de espírito, ambos são animados pelo mesmo desejo de receber bem seus convidados e de que cada qual volte para casa contente com eles. O marido não poupa esforços para estar atento a tudo: vai, vem, dá a volta e tem mil cuidados; ele gostaria de ser todo atenção. A mulher permanece em seu lugar, um pequeno círculo forma-se à sua volta e parece esconder dela o resto dos convidados; no entanto, nada se passa sem que ela o perceba, ninguém sai sem ter falado com ela; não omitiu nada do que podia ser do interesse de todos, nada disse a ninguém que não fosse agradável, e, sem perturbar em nada a ordem, o menor dos convivas não fica mais esquecido do que o primeiro. Serve-se a comida, todos vão para a mesa; o marido, sabendo das relações de cada um dos convidados, dispô-los-á do modo que sabe; a mulher, sem nada saber, não se enganará neste ponto, pois já terá lido nos olhos, nas maneiras, todas as simpatias e cada qual terá o lugar que gostaria de ter. Não digo que na refeição ninguém seja esquecido. O dono da casa, ao supervisionar tudo, poderá não ter esquecido ninguém, mas a esposa adivinha o que se olha com prazer e o oferece; ao falar com quem está a seu lado, olha o outro lado da mesa e distingue quem não está comendo por não estar com fome de quem não ousa servir-se por ser desajeitado ou tímido. Ao sair da mesa, cada qual acredita que ela só teve atenções para com ele, e todos que ela não teve tempo de comer um só bocado, mas a verdade é que ela comeu mais do que ninguém.

Quando todos vão embora, eles conversam sobre o que se passou. O homem conta o que lhe disseram e fizeram os convidados com que falou. Se nem sempre é a este respeito que a mulher é mais exata, em compensação ela viu o que se disse baixinho no outro canto da sala, e sabe o que fulano pensou e qual a razão de tal palavra ou de tal gesto; raro é o movimento expressivo de que ela não tenha uma interpretação pronta e quase sempre conforme à verdade.

O mesmo tipo de espírito que faz uma mulher do mundo ser excelente na arte de receber faz que uma mulher coquete se sobressaia na arte de entreter vários pretendentes. O domínio da faceirice exige um discernimento ainda mais fino do que o da polidez, pois, uma vez que a mulher polida o seja para com todos, terá agido bem, mas a faceirice logo perderia seu domínio com essa uniformidade desajeitada; de tanto querer agradar a todos os apaixonados, ela decepcionaria a todos. Na sociedade, as maneiras que se têm para com todos os homens não deixam de agradar a cada um em particular; contanto que sejamos bem tratados, não reparamos muito as preferências; no amor, porém, um favor que não seja exclusivo é uma ofensa. Um homem sensível preferiria cem vezes ser maltratado a ser acarinhado com todos os outros, e o que de pior lhe pode acontecer é não ser distinguido. É preciso, pois, que uma mulher que queira conservar vários amantes convença cada um deles de que é o preferido, e o faça à vista de todos os outros, aos quais deve persuadir da mesma coisa à sua vista.

Se quereis ver alguém embaraçado, colocai um homem entre duas mulheres com as quais ele mantenha ligações secretas e depois observai que triste figura ele terá. Colocai da mesma forma uma mulher entre dois homens e com certeza o exemplo não será mais raro; ficareis maravilhado com a habilidade com que ela enganará os dois e fará com que cada um deles ria do outro. Ora, se essa mulher lhes testemunhasse a mesma confiança e assumisse com eles a mesma familiaridade, como por um momento poderiam ser enganados por ela? Ah, mas ela se sai bem melhor que isso! Longe de tratá-los da mesma maneira, finge colocar alguma desigualdade entre eles; age tão bem que aquele a que ela parece dar preferência acredita que seja por carinho, e aquele que maltrata acredita que seja por despeito. Assim, contentes ambos com a sua parte, cada qual acredita que ela só se esteja ocupando dele, quando de fato ela só se ocupa consigo mesma.

No desejo geral de agradar, a faceirice sugere meios semelhantes: os caprichos não fariam mais do que desapontar, se não fossem usados de maneira prudente, e é empregando-os com arte que ela os transforma nas mais resistentes cadeias de seus escravos.

> *Usa ogn'arte la donna, onde sia colte*
> *Nella sua rete alcun novello amante;*
> *Nè con tutti, nè sempre un stesso volto*
> *Serba; ma cangia a tempo atto e sembiante.*[2]

Em que se baseia toda essa arte a não ser em observações finas e repetidas que a fazem ver a cada instante o que se passa no coração dos homens e que a dispõem a dar a cada reação secreta que nota a força necessária para freá-la ou acelerá-la? Ora, será que tal arte se aprende? Não, ela nasce com as mulheres; todas a têm, e nunca os homens a tiveram na mesma medida. Esta é uma das características distintivas do sexo. A presença de espírito, a penetração, as observações finas são a ciência das mulheres, e a habilidade de se valer delas é seu talento.

Eis o que existe, e vimos por que isto deve ser assim. Dizem que as mulheres são falsas. Elas se tornam falsas. O dom que lhes é próprio é a habilidade, não a falsidade; nas verdadeiras inclinações de seu sexo, mesmo ao mentir, elas não são falsas. Por que consultais sua boca, quando não é

---

2. "A mulher usa de todos os artifícios para prender / em sua rede algum novo amante; / nem para com todos, nem sempre ela conserva o mesmo rosto; / mas muda de acordo com a hora a atitude e o aspecto." (Tasso, *Jerusalém libertada*, IV, 87.) (N. do T.)

ela que deve falar? Consultai seus olhos, sua cor, sua respiração, seu ar temeroso, sua resistência frágil; essa é a língua que a natureza lhes dá para vos responder. A boca sempre diz não, e deve dizê-lo, mas o tom com que o faz nem sempre é o mesmo, e esse tom não sabe mentir. Não tem a mulher as mesmas necessidades que o homem, sem ter os mesmos direitos de demonstrá-las? Seu destino seria muito cruel se, mesmo nos desejos legítimos, ela não dissesse palavras equivalentes às que não ousa pronunciar. Será preciso que o pudor torne-a infeliz? Não precisa ela de uma arte de comunicar suas inclinações sem revelá-las? De que habilidade ela precisa para fazer com que lhe roubem o que ela morre de vontade de dar! Como é importante para ela aprender a mexer com o coração do homem sem parecer importar-se com ele! Que discurso encantador é a maçã de Galateia e sua desajeitada fuga! Que precisará ela juntar a isso? Irá dizer ao pastor que a segue entre os saulos que só está fugindo para atraí-lo? Ela mentiria ao assim dizer, pois então já não o atrairia. Quanto mais uma mulher é reservada, mais deve ter arte, mesmo para com seu marido. Sim, afirmo que, mantendo a faceirice em seus limites, tornamo-la modesta e verídica e dela fazemos uma lei de decência.

"A virtude é una", dizia muito bem um de meus adversários; não a decompomos para aceitar uma parte e rejeitar outra. Quando a amamos, amamo-la em toda a sua integridade, e recusamos o coração quando podemos e a boca sempre aos sentimentos que não devemos ter. A verdade moral não é o que é, mas o que está bem; o que é mau não deveria ser, e não deve ser confessado, principalmente quando essa confissão lhe dá um efeito que não teria sem ela. Se eu estivesse tentado a roubar e, ao dizê-lo, fizesse outra pessoa ficar tentada a ser minha cúmplice, declarar-lhe minha tentação não seria o mesmo que sucumbir a ela? Por que dizeis que o pudor torna falsas as mulheres? Serão as mulheres que perdem o pudor mais verídicas do que as outras? Longe disso, são mil vezes mais falsas. Só se chega a esse ponto de depravação através de vícios que se conservam e reinam com a ajuda da intriga e da mentira*. Pelo contrário, as mulheres que ainda têm vergonha, que não se orgulham de seus erros e sabem esconder seus desejos até mesmo diante dos que os inspiram, as mulheres cujas confissões se extraem com maior dificuldade são aliás as mais verdadeiras, as mais sinceras, as mais firmes em todos os seus compromissos, e as que têm uma palavra em que mais podemos confiar.

Só conheço como exceção a estas observações a senhorita de l'Enclos[3]. Por isso a senhorita de l'Enclos era tida como um prodígio. No desprezo pelas virtudes de seu sexo, dizem que conservara as do nosso; sua franqueza, sua retidão, a solidez de suas relações e a sua fidelidade nas amizades são elogiadas; enfim, para arrematar o quadro de sua glória, dizem que se tinha feito homem. Ótimo. Mas, com toda a sua alta reputação, eu não gostaria de ter esse homem como amigo nem como amante.

Tudo isso não é tão despropositado quanto parece. Vejo para onde tendem as máximas da filosofia moderna ao ridicularizar o pudor das mulheres e sua pretensa falsidade, e vejo que o efeito mais garantido dessa filosofia será tirar das mulheres do nosso século o pouco de honra que lhes restou.

---

* Sei que as mulheres que tomaram partido abertamente sobre determinado ponto pretendem usar dessa franqueza e juram que, exceto isso, não há nada de estimável nelas; mas eu sei também que elas só conseguiram convencer disso os tolos. Retirado o maior freio de seu sexo, o que resta para retê-las? E de que honra farão caso depois de terem renunciado à que lhes é própria? Uma vez tendo afrouxado as rédeas das paixões, já não têm nenhum interesse em resistir a elas: *nec femina, amissa pudicitia, alia abnuerit*. Algum autor terá conhecido melhor o coração humano nos dois sexos do que quem disse isso?

3. Ninon de Lenclos (1620-1705), famosa cortesã do século XVII, amante de La Rochefoucauld, Saint-Evremond e Gaspend de Coligny, entre outros. Famosa pelo espírito, incentivou e financiou Voltaire no início de carreira. (N. do T.)

A partir dessas considerações, creio que podemos determinar em geral que espécie de cultura convém ao espírito das mulheres e para que objetos devemos voltar suas reflexões a partir da juventude.

Como já disse, os deveres de seu sexo são mais fáceis de ver do que de cumprir. A primeira coisa que elas devem aprender é amá-los pela consideração de suas vantagens; é o único meio de torná-los fáceis para elas. Cada condição e cada idade têm seus deveres. Cedo conhecemos os nossos, contanto que os amemos. Honrai vossa condição de mulher e em qualquer posição social que o céu vos tenha colocado sereis sempre uma mulher de bem. O essencial é sermos o que a natureza nos fez; somos sempre até demais o que os homens querem que sejamos.

A busca das verdades abstratas e especulativas, dos princípios, dos axiomas nas ciências, tudo o que tende a generalizar as ideias não é da alçada das mulheres, pois todos os seus estudos devem ligar-se à prática; cabe a elas fazer a aplicação dos princípios que o homem descobriu, e também cabe a elas fazer as observações que levam o homem ao estabelecimento dos princípios. Todas as reflexões das mulheres naquilo que não diz respeito imediatamente a seus deveres devem visar ao estudo dos homens ou aos conhecimentos agradáveis que só têm o gosto como objeto, pois, no que se refere às obras de gênio, elas ultrapassam seu entendimento; elas tampouco têm justeza e atenção bastantes para serem bem-sucedidas nas ciências exatas; e, no que se refere aos conhecimentos físicos, cabe ao mais ativo dos dois sexos, ao mais dinâmico, que vê mais objetos, cabe ao que tem mais força e que mais a exerce examinar as relações entre os seres sensíveis e as leis da natureza. A mulher, que é fraca e nada enxerga fora de si, aprecia e julga os motivos que pode utilizar para suprir sua fraqueza, e esses motivos são as paixões do homem. Sua mecânica própria é mais forte do que a nossa, e todas as suas alavancas servem para perturbar o coração humano.

Tudo o que o seu sexo não pode fazer por si mesmo e que lhe é necessário ou agradável, ela deve ter a arte de fazer com que o queiramos; é preciso, portanto, que ela estude a fundo o espírito do homem, não, por abstração, o espírito do homem em geral, mas sim o espírito dos homens que a rodeiam, o espírito dos homens a quem está sujeita, quer pelas leis, quer pela opinião. É preciso que aprenda a compreender seus sentimentos através das palavras, das ações, dos olhares e dos gestos. É preciso que, através de suas palavras, de suas ações, de seus olhares, de seus gestos, ela seja capaz de oferecer-lhes os sentimentos que agradam a eles, sem nem mesmo parecer ou estar pensando nisso. Eles filosofarão melhor do que ela sobre o coração humano, mas ela lerá melhor do que eles no coração dos homens. Cabe às mulheres encontrar, por assim dizer, a moral experimental, e a nós reduzi-la a sistema. A mulher tem mais espírito, e o homem tem mais gênio, a mulher observa e o homem raciocina; dessa contribuição resultam a luz mais clara e a ciência mais completa que o espírito humano possa adquirir por si mesmo, o mais seguro conhecimento, numa palavra, de si e dos outros que esteja ao alcance de nossa espécie; e eis como a arte pode tender continuamente a aperfeiçoar o instrumento dado pela natureza.

O mundo é o livro das mulheres; quando nele leem mal, a culpa é delas, ou então alguma paixão as está cegando. No entanto, a verdadeira mãe de família, longe de ser uma mulher do mundo, é pouco menos reclusa em sua casa do que a religiosa em seu claustro. Seria preciso, portanto, fazer com as moças que se casam o mesmo que se faz ou se deve fazer com as que são mandadas para os conventos: mostrar-lhes os prazeres que abandonam antes de deixá-las renunciar a eles, para que a falsa imagem desses prazeres que lhes são desconhecidos não lhes venha um dia perturbar os corações e prejudicar a paz de seu retiro. Na França, as moças vivem nos conventos e as mulheres no mundo. Entre os antigos, tudo acontecia ao contrário: as moças tinham, como já disse, muitos jogos e festas públicas, enquanto as mulheres viviam retiradas. Tal costume era mais razoável e conservava melhor os costumes. Uma espécie de faceirice é permitida às moças casadoiras; divertir-se é para elas o principal. As mulheres casadas têm outras preocupações em casa e não precisam procurar marido; mas não conseguiriam vantagens com essa reforma e infelizmente são elas que dão o tom. Mães, fazei de vossas filhas companheiras, pelo menos. Dai-lhes um juízo reto e uma alma honesta, e depois nada lhes escondais que um olho casto possa olhar. O baile, os banquetes, os jogos, até mesmo o teatro, tudo o que, malvisto, faz o encanto de uma juventude imprudente pode ser oferecido sem risco a olhos sadios. Quanto melhor elas virem esses ruidosos prazeres, mais cedo sentirão repugnância por eles.

Ouço o clamor que se eleva contra mim. Qual a moça que resiste a esse perigoso exemplo? Mal viram o mundo e já todas ficam de cabeça virada; nenhuma quer deixá-lo. É possível, mas, antes de lhes oferecer esse quadro enganador, será que as preparastes bem para vê-lo friamente? Anunciastes-lhes os objetos que ele representa? Será que os apresentastes a elas tais como são? Será que as protegestes bem contra as ilusões da vaidade? Levastes a seus corações jovens os verdadeiros prazeres que não se encontram nesse tumulto? Que precauções, que medidas tomastes para defendê-las do falso gosto que as perde? Longe de nada opor em seu espírito ao império dos preconceitos públicos, vós os alimentastes, fizestes com que amassem de antemão todas as frívolas diversões que encontram. Também fazeis com que os amem entregando-se a eles. Jovens que entram no mundo não têm outra governanta além de sua mãe, não raro mais louca do que elas, que não pode mostrar-lhes as coisas de modo diferente daquele como as veem. Seu exemplo, mais forte do que a própria razão, justifica-as a seus próprios olhos, e a autoridade da mãe é para a filha uma desculpa irretorquível. Quando pretendo que a mãe introduza sua filha no mundo, é supondo que fará com que ela o veja tal como é.

O mal começa ainda mais cedo. Os conventos são verdadeiras escolas de coquetismo, não do coquetismo honesto de que falei, mas daquele que produz todos os defeitos das mulheres e faz as mais extravagantes senhorinhas. Ao sair dali para entrar abruptamente em companhias ruidosas, as moças, no início, sentem-se em seu lugar. Foram criadas para viver ali; deverá espantar-nos que ali sintam-se bem? Não direi o que vou dizer sem medo de tomar um preconceito por uma observação, mas parece-me que em geral, nos países protestantes, há mais apego de família, esposas mais dignas e mães mais carinhosas do que nos países católicos, e, se assim for, não há dúvida de que tal diferença deva-se em parte à educação dos conventos.

Para amar a vida tranquila e doméstica é preciso conhecê-la; é preciso ter sentido suas doçuras desde a infância. Só na casa paterna aprendemos a gostar de nossa própria casa, e toda mulher que não foi criada pela mãe não gostará de criar seus filhos. Infelizmente, já não há educação privada nas grandes cidades. Nelas a sociedade é tão geral e tão misturada, que já não resta abrigo para um retiro, e se está em público até em casa. De tanto se viver com todo o mundo, já não se tem família; mal se conhecem os pais; são vistos como estranhos, e a simplicidade dos costumes domésticos desaparece com a doce familiaridade que era seu encanto. É assim que sugamos com o leite materno o gosto pelos prazeres do século e das máximas que nele vemos reinarem.

Impõe-se às moças um constrangimento aparente de encontrar tolos que se casem com elas pelo seu comportamento. Mas reparai por um momento nessas moças; por baixo de um ar constrangido, mal disfarçam o desejo que as devora, e já lemos em seus olhos o ardente desejo de imitar suas mães. O que desejam não é um marido, mas a licenciosidade do casamento. Será preciso um marido, quando há tantos recursos para se passar sem ele? Mas é preciso um marido para encobrir tais recursos*. A modéstia está no rosto delas e a libertinagem está no fundo do seu coração; essa própria modéstia fingida é um sinal disso; só a afetam para poderem livrar-se dela mais cedo. Mulheres de Paris e de Londres, perdoai-me por isso, peço-vos. Morada nenhuma exclui os milagres, mas de minha parte não os conheço, e, se uma só dentre vós tiver uma alma realmente honesta, nada entendo de nossas instituições.

Todas essas diferentes educações entregam de igual modo as moças ao gosto pelos prazeres do mundo, e às paixões que cedo nascem desse gosto. Nas grandes cidades, a depravação começa com a vida, e nas pequenas ela começa com a razão. Jovens da província, que aprenderam a desprezar a feliz simplicidade de seus costumes, apressam-se a vir a Paris compartilhar a corrupção das nossas; os vícios, ornamentados com o belo nome de talentos, são o único objetivo de sua viagem, e, envergonhadas ao chegarem por se encontrarem tão distantes da nobre licenciosidade das mulheres do lugar, não tardam a merecer também ser da capital. Onde começa o mal, na vossa opinião? Nos lugares onde é projetado, ou naqueles em que é realizado?

Não quero que uma mãe sensata traga sua filha da província para Paris a fim de lhe mostrar esses quadros tão perniciosos para outras, mas digo que, mesmo que isso aconteça, ou a moça é mal-educada, ou tais quadros são pouco perigosos para ela. Com gosto, juízo e amor às coisas honestas, não as achamos tão atraentes como são para os que se deixam seduzir. Notam-se em Paris as jovens descabeçadas se apressar para adquirir o tom do lugar e pôr-se

* O caminho do homem em sua juventude era uma das quatro coisas que o sábio não podia compreender; a quinta era a impudência da mulher adúltera. *Quae comedit, et tergens os suum dicit: Non sum operata malum.* (*Provérbios*, XXX, 20.)

na moda durante seis meses para serem vaiadas pelo resto da vida; mas quem nota aquelas que, decepcionadas com todo esse estrépito, voltam para sua província, contentes com seu destino depois de tê-lo comparado com o que as outras invejam? Quantas jovens esposas eu vi, trazidas para a capital pelos maridos contentes e decididos a estabelecer-se nela, levá-los de volta elas próprias, partindo com mais gosto do que tinham vindo e dizer enternecidas na véspera da partida: Ah! Voltemos para a nossa choupana; lá vivemos melhor do que nestes palácios! Não se sabe quanta gente boa ainda resta que não se ajoelhou diante do ídolo e que despreza seu insensato culto. Só as loucas gostam de espalhafato; as mulheres prudentes não causam sensação.

Pois se, apesar da corrupção geral, apesar dos preconceitos universais, apesar da má educação das meninas, várias delas ainda conservam um julgamento sadio, o que acontecerá quando esse julgamento for nutrido por ensinamentos convenientes, ou melhor, quando ele não tiver sido alterado por ensinamentos viciosos? Pois tudo consiste sempre em conservar ou recuperar os sentimentos naturais. Para tanto, não se trata de aborrecer as jovens com vossas longas homilias, nem de lhes dispensar vossas secas aulas de moral. Para os dois sexos, as aulas de moral são a morte de toda boa educação. Essas tristes lições só servem para tornar odiosos tanto aqueles que as dão quanto tudo o que dizem. Ao falar com as moças, não se trata de fazê-las temer seus deveres, nem de agravar o jugo que lhes é imposto pela natureza. Ao lhes expor tais deveres, sede precisa e fácil; não deixeis que acreditem que seja triste cumpri-los; nada de zanga, nada de arrogância. Tudo o que deve entrar no coração deve dele sair; seu catecismo de moral deve ser tão curto e tão claro quanto seu catecismo de religião, mas não deve ser tão grave. Mostrai-lhes nos próprios deveres a fonte de seus prazeres e o fundamento de seus direitos. Será tão penoso amar para ser amado, tornar-se amável para ser feliz, tornar-se estimável para ser obedecida e honrar-se para ser honrada? Como são belos esses direitos! Como são respeitáveis! Como são caros ao coração do homem quando a mulher sabe fazê-los valer! Não é preciso esperar os anos e a velhice para gozar deles. Seu domínio começa com suas virtudes; mal se desenvolvem seus atrativos e ela já reina pela doçura de seu caráter e torna imponente a sua modéstia. Que homem insensível e bárbaro não abranda sua altivez e não assume maneiras mais atenciosas com uma moça de dezesseis anos, amável e séria, que fale pouco e escute, decente nos modos e honesta nas palavras, cuja beleza não faz esquecer nem seu sexo nem sua juventude, que sabe interessar por sua própria timidez e atrair o respeito que tem por todos?

Tais testemunhos, embora exteriores, não são frívolos; não se fundam apenas na atração dos sentidos; eles partem desse sentimento íntimo que todos nós temos de que as mulheres são os juízes naturais dos méritos dos homens. Quem quer ser desprezado pelas mulheres? Ninguém, nem mesmo quem não as quer amar. E a mim, que lhes digo verdades tão duras, acreditais que seus julgamentos me sejam indiferentes? Não. Seus votos são-me mais caros do que os vossos, leitores, não raro mais mulheres do que elas. Ao desprezar seus costumes, quero ainda honrar sua justiça; pouco me importa que elas me odeiem, se eu as forço a me estimar.

Quantas grandes coisas far-se-iam com tal impulso, se soubéssemos colocá-lo em ação! Infeliz do século em que as mulheres perdem a ascendência e em que seus julgamentos nada mais importam aos homens! É o último grau de depravação. Todos os povos que tiveram bons costumes respeitaram as mulheres. Vede Esparta, vede os germanos, vede Roma, Roma, a sede da glória e da virtude, se algum dia elas a tiveram no mundo. Foi lá que as mulheres honraram as façanhas dos grandes generais, que choraram publicamente os pais da pátria, que sua aprovação ou seus lutos foram consagrados como o mais solene julgamento da república. Todas as grandes revoluções romanas tiveram origem nas mulheres; através de uma mulher Roma adquiriu a liberdade, através de uma mulher os plebeus obtiveram o consulado, através de uma mulher terminou a tirania dos decênviros, através das mulheres Roma sitiada foi salva das mãos de um proscrito. Galantes franceses, que teríeis dito se vísseis passar essa procissão tão ridícula a vossos olhos zombeteiros? Tê-la-íeis acompanhado com vossas vaias. Como vemos com olhos diferentes os mesmos objetos! E talvez tenhamos todos razão. Formai tal cortejo com lindas damas francesas, e não conheço outro mais indecente; formai-o, porém, com romanas, e tereis todos os olhos dos volscos e o coração de Coriolano.

Digo mais: afirmo que a virtude não é menos favorável ao amor do que aos outros direitos da natureza, e a autoridade das amantes não ganha menos com ela do que a das esposas e a das mães. Não há verdadeiro amor sem entusiasmo, e não há entusiasmo sem um objetivo de perfeição real ou quimérica, mas sempre existente na imaginação. Com que se animarão amantes para quem tal perfeição nada mais seja e que só veem em quem amam o objeto do prazer dos sentidos? Não, não é assim que a alma se incendeia e se entrega a arroubos sublimes que fazem o delírio dos amantes e o encanto de sua paixão. No amor, tudo não passa de ilusão, admito; mas o que é real são os sentimentos com que ele nos anima pelo verdadeiro belo que nos faz amar. Esse belo não está no objeto que amamos, mas é obra de nossos erros. Mas que importa? Deixamos com isso de sacrificar todos esses sentimentos baixos ao modelo imaginário? Deixamos de encher nossos corações com as virtudes que atribuímos a quem amamos? Deixamos de livrar-nos da baixeza do eu humano? Onde está o verdadeiro amante que não está pronto para sacrificar sua vida pela amada? E onde está a paixão sensual e grosseira num homem que quer morrer? Zombamos dos paladinos? É porque conheciam o amor e nós só conhecemos a libertinagem. Quando essas máximas romanescas começaram a tornar-se ridículas, a mudança deveu-se menos à razão do que aos maus costumes.

Em qualquer século, as relações naturais não mudam, a conveniência ou inconveniência que delas resulta é a mesma, e os preconceitos, sob o vão nome de razão, só lhes mudam a aparência. Sempre será grande e belo reinar sobre si mesmo, mesmo que seja para obedecer a opiniões fantásticas, e os verdadeiros motivos de honra sempre falarão ao coração de toda mulher de juízo que for capaz de buscar em sua condição a felicidade da vida. A castidade deve ser sobretudo uma virtude deliciosa para uma mulher bonita que tenha certa grandeza de alma. Enquanto vê toda a terra a seus pés, vence a tudo e a si mesma; ela ergue em seu próprio coração um trono a que tudo vem prestar homenagem; os sentimentos, carinhosos ou invejosos, mas sempre respeitosos dos dois sexos, a estima universal e a sua própria pagam-lhe continuamente em tributo de glória os combates de alguns instantes. As privações são passageiras, mas seu prêmio é permanente. Que satisfação para uma alma nobre que o orgulho da virtude some-se à beleza! Tornai real uma heroína de romance, e ela saboreará volúpias mais finas do que as Laís e as Cleópatras; e, quando sua beleza já não existir, sua glória e seus prazeres permanecerão; só ela poderá gozar do passado.

Quanto maiores e mais duros são os deveres, mais claras e fortes devem ser as razões sobre as quais se fundamentam. Existe certa linguagem devota com que, sobre os assuntos mais graves, enchem-se os ouvidos das moças sem convencê-las. Dessa linguagem demasiadamente desproporcional às suas ideias e do pouco-caso que secretamente elas têm por ela nasce a facilidade de ceder às inclinações, na falta de razões para resistir extraídas das próprias coisas. Uma moça sábia e piedosamente educada tem sem dúvida fortes armas para resistir às tentações, mas aquela cujo coração, ou melhor, cujos ouvidos alimentam-se unicamente com o palavrório devocional torna-se infalivelmente presa do primeiro sedutor hábil que a aborda. Nunca uma jovem e bela moça desprezará seu corpo, nunca se afligirá de boa-fé com os grandes pecados que sua beleza ocasiona; nunca chorará sinceramente diante de Deus por ser um objeto de desejo; nunca poderá crer intimamente que o mais doce sentimento do coração seja uma invenção de Satã. Dai-lhe outras razões de dentro e para ela mesma, pois aquelas não a convencerão. Será ainda pior se introduzirem, como poucas vezes deixa de ocorrer, contradição em suas ideias, e, depois de tê-las humilhado aviltando seu corpo e seus encantos como a mácula do pecado, fizerem-na em seguida respeitar como o templo de Jesus Cristo o mesmo corpo que lhe pintaram como tão desprezível. As ideias muito sublimes e muito baixas são igualmente insuficientes e não se podem associar; é preciso uma razão ao alcance do sexo e da idade. A consideração do dever só tem força na medida em que se juntarem a ela motivos que nos levem a cumpri-lo.

Quae quia non liceat non facit, illa facit.[4]

Não se suspeitaria que foi Ovídio quem formulou um juízo tão severo.

Quereis, então, inspirar o amor pelos bons costumes nas moças? Sem lhes dizer sem cessar *sejam comportadas*, fazei com que se interessem muito por sê-lo; fazei com que sintam todo o valor da castidade e fá-las-eis amá-la. Não basta mostrar esse interesse longe, no futuro; mostrai-o naquele mesmo instante, nas relações de sua idade, no caráter de seus namorados. Descrevei-lhes o homem de bem, o homem de mérito; ensinai-as a reconhecê-lo, a amá-lo e a amá-lo por elas; provai-lhes que, amigas, esposas ou amantes, só aquele homem poderá torná-las felizes. Trazei a vir-

---

4. "Aquela que só se abstém porque não é permitido já deve ter feito." (Ovídio, *Amores*, III, 4.) (N. do T.)

tude pela razão; fazei com que percebam que o predomínio de seu sexo e todas as suas vantagens não dependem somente de sua boa conduta, de seus costumes, mas também daqueles dos homens, que elas têm pouca autoridade sobre almas vis e baixas, e que só se sabe servir a amante como se sabe servir a virtude. Podeis, então, ter certeza de que ao lhes descreverdes os costumes de hoje inspirar-lhes-eis uma repulsa sincera; mostrando-lhes as pessoas da moda, fareis com que as desprezem; não lhes proporcionareis senão repugnância por seus princípios, aversão por seus sentimentos, desdém por suas vãs galanterias; fareis com que nasça nelas uma ambição mais nobre, que é a de reinar sobre almas grandes e fortes, a das mulheres de Esparta, que era a de governar os homens. Uma mulher ousada, impudente, intrigante, que só é capaz de atrair os homens pelo coquetismo e conservá-los pelos favores, fá-los obedecer como lacaios nas coisas servis e comuns; nas coisas importantes e graves, não tem autoridade sobre eles. Mas a mulher ao mesmo tempo honesta, amável e casta, a mulher que força os seus a respeitá-la, a mulher preservada e modesta, a mulher, numa palavra, que sustenta o amor com a estima, manda-os com um simples gesto até o fim do mundo, para a guerra, para a glória, para a morte, para onde quiser*. Este império é belo, ao que me parece, e vale a pena ser conquistado.

---

* Brantôme diz que, no tempo de Francisco I, uma moça que tinha um amante tagarela impôs-lhe um silêncio absoluto e ilimitado que ele observou com tal fidelidade durante dois anos inteiros, que acreditaram ter-se tornado mudo por alguma doença. Um dia, em plena festa, sua amante, que naqueles tempos em que o amor se fazia com mistério não era conhecida como tal, vangloriou-se de curá-lo imediatamente, e fê-lo com esta única palavra: *Fala*. Não há algo de grande e de heroico nesse amor? Que teria feito a mais a filosofia de Pitágoras com todo o seu luxo? Não se imagina uma divindade dando a um mortal, com uma única palavra, o órgão da fala? Que mulher de hoje poderia contar com tal silêncio por um único dia, ainda que pagasse por ele todo o preço que pudesse?

Eis aí em que espírito Sofia foi educada, com mais cuidados do que sofrimentos, e mais seguindo o seu gosto do que a contrariando. Digamos agora algumas palavras sobre a sua pessoa, conforme o retrato que dela fiz a Emílio e conforme o que ele próprio imagina da esposa que o pode fazer feliz.

Nunca será demais repetir que deixo de lado os prodígios. Emílio não é um deles, e Sofia tampouco. Emílio é homem e Sofia é mulher: eis toda a glória deles. Na confusão dos sexos que reina entre nós, é quase um milagre fazer parte do seu.

Sofia é de bom nascimento e tem uma bondade natural; tem um coração muito sensível e essa extrema sensibilidade às vezes lhe proporciona uma atividade imaginativa difícil de moderar. Tem o espírito menos justo do que penetrante, o humor fácil porém desigual, rosto comum mas agradável, uma fisionomia que promete uma alma e não mente; podemos abordá-la com indiferença, mas não deixá-la sem emoção. Outras mulheres têm boas qualidades que lhe faltam; outras têm em maior medida as que ela tem, mas nenhuma tem qualidades mais adequadas para formar um bom caráter. Ela sabe tirar partido de seus próprios defeitos, e, se fosse mais perfeita, agradaria muito menos.

Sofia não é bela, mas perto dela os homens esquecem as mulheres belas e as mulheres belas ficam descontentes consigo mesmas. À primeira vista, quase não é bonita, mas, quanto mais a vemos, mais se embeleza; ela ganha onde tantas outras perdem, e o que ganha não perde mais. Outras podem ter olhos mais bonitos, uma boca mais bonita, um porte mais imponente, mas não podem ter formas melhores, cor mais bonita, mão mais branca, pé mais delicado, olhar mais doce, fisionomia mais comovente. Sem deslumbrar, ela interessa; ela encanta, e não se saberia dizer por quê.

Sofia gosta de roupas de toalete e entende do assunto; sua mãe não tem outra camareira que não ela; ela tem muito gosto para se vestir superiormente, mas odeia os trajes aparatosos; vê-se sempre em suas roupas a simplicidade unida à elegância; não gosta do que brilha, mas do que cai bem. Ela desconhece quais sejam as cores da moda, mas sabe perfeitamente as que lhe são favoráveis. Não há moça que pareça vestida mais despreocupadamente e cuja combinação de roupas seja mais esmerada; nenhuma peça é escolhida ao acaso, mas essa preocupação não é visível. Seus adornos são muito modestos na aparência, mas muito atraentes de fato; ela não exibe seus encantos, encobre-os, mas ao encobri-los sabe fazer com que os imaginemos. Ao vê-la, dizemos: Eis uma moça modesta e recatada. Mas enquanto estivermos perto dela, os olhos e o coração passeiam por toda a sua pessoa sem que os possamos afastar, e dir-se-ia que todo aquele traje tão simples existe apenas para ser tirado peça por peça pela imaginação.

Sofia tem os talentos naturais; sente-os e não os desdenhou; mas, não tendo podido empenhar-se muito em cultivá-los, ela contentou-se com exercitar sua voz bonita para cantar com precisão e gosto, seus pezinhos para andar rapidamente, com graça e simplicidade, e para fazer a reverência em todo tipo de situação sem constrangimento e sem desajeitamento. De resto, teve como único professor de canto seu pai e como professora de dança sua mãe; um organista da vizinhança deu-lhe no cravo algumas aulas de acompanhamento, que mais tarde ela cultivou sozinha. No começo, ela só pensava em mostrar suas mãos com graça sobre as teclas pretas, mas depois descobriu que o som áspero e seco do cravo tornava mais doce o som de sua voz; pouco a pouco tornou-se sensível à harmonia; finalmente, ao crescer, começou a sentir os encantos da expressão e a amar a música por si mesma. Mas este é mais um gosto do que um talento; ela não é capaz de ler uma ária na partitura.

O que Sofia conhece melhor e que a fizeram aprender com mais esmero são os trabalhos de seu sexo, mesmo aqueles de que não nos damos conta, tais como cortar e coser seus vestidos. Não há trabalho de agulha que ela não saiba fazer e não faça com prazer; mas seu trabalho preferido é a renda, porque não há outro que proporcione uma postura mais agradável e em que os dedos se exercitem com maior graça e ligeireza. Também se aplicou a todos os detalhes do lar. Entende de copa e cozinha, sabe os preços dos produtos, conhece suas qualidades, sabe fazer as contas muito bem e serve de despenseira para sua mãe. Criada para um dia ser ela própria mãe de família, governando a casa paterna ela aprende a governar a sua; pode preencher as funções dos empregados e sempre o faz de bom grado. Nunca sabemos ordenar senão o que nós mesmos sabemos executar, esta é a razão dada por sua mãe para ocupá-la assim. Quanto a Sofia, não vai tão longe; seu primeiro dever é o de filha, e este é agora o único que ela pensa em cumprir. Seu único desígnio é ajudar a mãe e aliviá-la de uma parte de seus trabalhos. No entanto, é verdade que ela não cumpre todos com o mesmo prazer. Por exemplo, apesar de ser gulosa, não gosta de cozinhar; nisso há algo que lhe repugna: nunca acha que a limpeza da cozinha seja suficiente. Sobre este ponto, ela é de uma delicadeza extrema, e tal delicadeza levada ao excesso é um de seus defeitos; ela preferiria que se perdesse o jantar a ter que manchar a manga do vestido. Sofia nunca quis ocupar-se com o jardim pela mesma razão. A terra parece-lhe suja; quando vê algum estrume, acredita sentir o seu cheiro.

Sofia deve esse defeito às lições da mãe. Segundo ela, um dos primeiros deveres da mulher é a limpeza; dever especial, indispensável, imposto pela natureza. Não há no mundo algo tão repugnante quanto uma mulher suja, e o marido que sente repulsa por isso tem sempre razão. Ela tanto pregou esse dever para a filha desde a infância, tanto exigiu asseio para com sua própria pessoa, com as roupas, com a casa, com o trabalho, com a higiene, que todos esses cuidados, transformados em hábito, ocupam grande parte de seu tempo e presidem ainda à outra parte; de modo que fazer bem o que faz é somente a segunda de suas preocupações, a primeira é sempre fazê-lo de modo limpo.

No entanto, nada disso degenerou em vã afetação ou em indolência; os refinamentos do luxo nada têm a ver com isso. Nunca entrou em sua casa senão água pura; não conhece outro perfume que não o das flores, e nunca seu marido respirará outro mais suave do que o seu hálito. Enfim, a atenção que dá ao exterior não a faz esquecer que deve sua vida e seu tempo a preocupações mais nobres; desconhece ou desdenha aquela excessiva limpeza do corpo que polui a alma. Sofia é bem mais do que limpa, ela é pura.

Disse que Sofia era gulosa. Ela o é por natureza, mas tornou-se sóbria por hábito e agora o é por virtude. As meninas não são como os meninos, que podemos até certo ponto governar pela gulodice. Tal inclinação não deixa de ter consequências para as mulheres; é perigoso demais deixar que a tenham. A pequena Sofia, em sua infância, quando entrava sozinha no quarto da mãe, nem sempre voltava de mãos vazias, nem era de uma lealdade a toda prova no que diz respeito a doces e balas. Sua mãe surpreendeu-a, repreendeu-a, puniu-a e fê-la ficar sem comer. Por fim, conseguiu convencê-la de que as balas estragavam os dentes e de que comê-las demais engordava. Assim, Sofia corrigiu-se; ao crescer, adquiriu outros gostos que a afastaram dessa sensualidade grosseira. Tanto nas mulheres como nos homens, assim que o coraçao se acende, a gulodice já não é um vício dominante. Sofia conservou o gosto próprio de seu sexo; adora os laticínios e os confeitos, gosta dos bolos e dos doces de massa, mas não gosta muito de carne; nunca experimentou nem vinho nem bebidas fortes; além disso, come de tudo com muita moderação; seu sexo, menos laborioso do que o nosso, tem menos necessidade de se refazer. Em tudo, ela gosta do que é bom e sabe apreciá-lo; também sabe contentar-se com o que não o é, sem que tal privação lhe custe muito.

Sofia tem o espírito agradável sem ser brilhante e sólido sem ser profundo; um espírito de que nada dizemos, porque nunca encontramos nele mais ou menos do que em nós mesmos. Ela sempre tem o espírito que agrada às pessoas com quem fala, embora ele não tenha muitos ornamentos, conforme a ideia que temos da cultura do espírito das mulheres, pois o seu não se formou através da leitura, mas apenas pelas conversas com o pai e a mãe, por suas próprias reflexões e pelas observações que fez nas poucas pessoas que viu. Sofia é alegre por natureza, e era até levada na infância; mas aos poucos a mãe tratou de reprimir essas maneiras, para que uma mudança muito abrupta não revelasse o momento que a tornou necessária. Assim, tornou-se modesta e reservada até mesmo antes da idade, e, agora que essa idade chegou, para ela é mais fácil conservar o tom que adquiriu do que seria adquiri-lo sem se indicar a razão da mudança. É engraçado vê-la entregar-se às vezes, por um resto de costume, à vivacidade da infância, para depois, de repente, voltar a si, calar-se, baixar os olhos e corar; é preciso que o termo intermediário entre as duas idades participe um pouco de cada uma delas.

Sofia tem uma sensibilidade grande demais para conservar uma perfeita igualdade de humor, mas é doce demais para que essa sensibilidade seja muito importuna para os outros; ela prejudica apenas a própria Sofia. Ao se dizer uma única palavra que a fira, ela não se zanga, mas seu coração é atingido e ela procura retirar-se para chorar. Mas, se no meio de seu choro o pai ou a mãe a chama e diz uma só palavra, ela vem imediatamente brincar e rir, enxugando com habilidade as lágrimas e tratando de abafar os soluços.

Ela também não carece totalmente de caprichos; seu gênio um tanto forte degenera em rebeldia, e então ela está sujeita a perder a cabeça. Mas concedei-lhe o tempo necessário para que volte a si e sua maneira de baixar o tom fará dele quase um mérito. Quando a punem, é dócil e submissa, e vemos que sua vergonha não provém tanto do castigo quanto do erro. Se nada lhe dizem, ela nunca deixa de repará-lo ela própria, mas com tanta franqueza e com tanta boa vontade, que não é possível guardar rancor. Ela beijaria o chão diante do último criado, sem que tal rebaixamento lhe causasse o menor sofrimento, e, tão logo seja perdoada, sua alegria e seus carinhos revelam de que peso seu bom coração a aliviou. Numa palavra, ela suporta com paciência os erros dos outros e conserta com prazer os seus. Este é o amável temperamento do seu sexo antes que o tenhamos corrompido. A mulher foi feita para ceder ao homem e para suportar até sua injustiça. Nunca reduzireis os meninos ao mesmo ponto; o sentimento interior ergue-se e se revolta dentro deles contra a injustiça; a natureza não os criou para tolerá-la.

gravem
Pelidae stomachum cedere nescii.[5]

Sofia tem uma religião, mas uma religião razoável e simples, poucos dogmas e menos práticas devocionais; ou melhor, conhecendo das práticas essenciais apenas a moral, ela dedica sua vida inteira a servir a Deus fazendo o bem. Em todos os ensinamentos que seus pais lhe deram a esse respeito, acostumaram-na a uma submissão respeitosa, dizendo-lhe sempre: "Minha filha, esses conhecimentos não são para a sua idade; seu marido a instruirá sobre isso quando a hora chegar". De resto, em vez de longos discursos piedosos, eles se contentam com lhe pregar a piedade através do exemplo, e esse exemplo grava-se em seu coração.

Sofia ama a virtude; esse amor tornou-se a sua paixão dominante. Ama-a porque nada há de tão belo quanto a virtude; ama-a porque a virtude é a glória da mulher, e uma mulher virtuosa parece-lhe quase igual aos anjos; ama-a como o único caminho para a verdadeira felicidade, e por

5. "A terrível cólera do filho de Peleu, que não sabe ceder." (Horácio, *Odes*, I, 6, 5-6.) (N. do T.)

não ver senão miséria, abandono, desgraça, opróbrio, ignomínia na vida de uma mulher desonesta; ama-a, enfim, por ser cara a seu respeitável pai, à sua carinhosa e digna mãe; não contentes com serem felizes por sua própria virtude, querem sê-lo também pela virtude dela, e sua primeira felicidade própria é a esperança de causar a felicidade deles. Todos esses sentimentos inspiram-lhe um entusiasmo que eleva sua alma e mantém todas as suas pequenas inclinações atreladas a uma paixão nobre. Sofia será casta e honesta até seu último suspiro; jurou-o no fundo de sua alma, e jurou-o numa época em que já percebia o quanto tal juramento é difícil de ser mantido; jurou-o quando deveria revogar seus compromissos, se seus sentidos fossem feitos para reinar sobre ela.

Sofia não tem a felicidade de ser uma amável francesa, fria por temperamento e faceira por vaidade, desejosa mais de brilhar do que de agradar, procurando diversão e não o prazer. Unicamente a necessidade de amar a devora, vem distraí-la e perturbar seu coração durante as festas. Perdeu sua antiga alegria; as brincadeiras já não são para ela; longe de temer o aborrecimento da solidão, ela a procura; sozinha, pensa naquele que há de torná-la doce; todos os indiferentes a importunam; não precisa de uma corte, mas de um amor; prefere agradar a um só homem de bem, e agradar-lhe sempre, a erguer a seu favor o aplauso da moda, que dura um dia, e o dia seguinte transforma-se em vaia.

As mulheres têm seu julgamento formado mais cedo do que os homens; estando na defensiva quase que desde a infância e responsáveis por um tesouro difícil de guardar, o bem e o mal são necessariamente conhecidos por elas mais cedo. Precoce em tudo, já que seu temperamento a leva a sê-lo, Sofia teve seu julgamento formado mais cedo do que outras moças da sua idade. Nada há de extraordinário nisso; a maturidade não é em toda parte a mesma ao mesmo tempo.

Sofia aprendeu os deveres e os direitos de seu sexo e do nosso. Conhece os defeitos dos homens e os vícios das mulheres; também conhece as qualidades, as virtudes contrárias, e traz todas impressas no fundo de seu coração. Não é possível ter uma ideia mais elevada da mulher de bem do que aquela que ela concebeu a respeito, e essa ideia não a espanta. Ela pensa, porém, com mais complacência no homem de bem, no homem de mérito; sente que foi feita para esse homem, que é digna dele, que pode retribuir-lhe a felicidade que dele receber; sente que saberá reconhecê-lo; trata-se apenas de encontrá-lo.

As mulheres são os juízes naturais do mérito dos homens, assim como eles o são do mérito das mulheres; isso pertence a seu direito recíproco, nem umas nem outros o desconhecem. Sofia conhece esse direito e faz uso dele, mas com a modéstia que convém à sua juventude, à sua inexperiência e à sua condição; só julga as coisas que estão ao seu alcance, e só as julga quando isso serve para desenvolver algum princípio útil. Só fala dos ausentes com a maior circunspeção, sobretudo quando se trata de mulheres. Acha que o que as torna maledicentes e irônicas é falar de seu sexo; enquanto se limitam a falar do nosso, são equitativas. Sofia limita-se a isso, portanto. Quanto às mulheres, só as menciona para falar o bem que conhece; esta é uma homenagem que ela acredita dever a seu sexo; e, daquelas de que não é capaz de dizer nenhum bem, nada fala, e isso se compreende.

Sofia tem pouca prática do mundo, mas é delicada, atenciosa e graciosa em tudo o que faz. Uma índole feliz serve-lhe muito melhor do que muita arte. Ela tem certa polidez própria que não depende de fórmulas, que não está sujeita às modas, que não passa com elas, que nada faz por costume, mas nasce de um real desejo de agradar, e agrada. Ela não sabe os cumprimentos triviais, e não inventa outros mais rebuscados; não diz que está muita grata, que lhe dão uma grande honra, que não se incomodem etc. Preocupa-se ainda menos com fazer frases. A uma atenção, a uma polidez estabelecida, responde com uma reverência ou então com um simples *obrigada*; mas esta frase, dita pela sua boca, tem um valor especial. Por um verdadeiro favor, ela deixa falar o coração, e não é um cumprimento o que ele encontra. Nunca suportou que o costume francês a atrelasse ao jugo dos fingimentos, como o de estender a mão, ao passar de uma sala para outra, sobre o braço de um sexagenário que ela teria uma grande vontade de apoiar. Quando um galante afetado lhe oferece esse serviço impertinente, ela deixa o obsequioso braço na escadaria e com dois saltos alcança a sala, dizendo não ser manca. De fato, embora não seja grande, ela nunca quis usar salto alto; tem os pés suficientemente pequenos para dispensá-los.

Não apenas se mantém silenciosa e respeitosa com as mulheres, mas até com os homens casados, ou muito mais velhos do que ela; nunca aceitará um lugar acima deles, a não ser por obediência, e voltará ao seu assim que puder, pois sabe que os direitos da idade estão à frente dos direitos do sexo, por terem para si o preconceito da sabedoria, que deve ser honrada acima de tudo.

Com os jovens da sua idade, tudo é diferente; precisa de um tom diferente para impor-se a eles, e sabe assumi-lo sem perder o ar modesto que lhe convém. Se eles próprios são modestos e reservados, conservará com eles a amável familiaridade da juventude; suas conversas cheias de inocência serão brincalhonas, mas decentes; se se tornarem sérias, ela desejará que sejam úteis; se degenerarem em insipidez, logo fará com que cessem, pois despreza sobretudo o palavrório da galanteria, por ser muito ofensivo ao seu sexo. Ela sabe muito bem que o homem que procura não usa esse palavrório, e nunca suporta de bom grado de outro homem o que não convém àquele cujo caráter está gravado no fundo do seu coração. A alta opinião que tem sobre os direitos das mulheres, a altivez de alma que lhe confere a pureza de seus sentimentos, essa energia da virtude que sente em si mesma e a torna respeitável a seus próprios olhos, fazem que escute com indignação as palavras adocicadas com que pretendem diverti-la. Ela não as recebe com uma cólera aparente, mas com um aplauso irônico que desconcerta, ou com um tom frio inesperado. Se um belo Febo lhe recita suas gentilezas, louva espirituosamente o seu espírito, a sua beleza, as suas graças, a felicidade de lhe agradar, ela é uma moça capaz de interrompê-lo, dizendo-lhe com polidez: "Cavalheiro, receio saber essas coisas melhor do que vós; se nada tivermos de mais curioso para conversar, creio que podemos encerrar agora a conversa". Acompanhar tais palavras com uma grande reverência e achar-se em seguida a vinte passos dele é para ela coisa de um instante. Perguntai a vossos galanteadores se é fácil passar sua conversa por muito tempo com um espírito tão intratável quanto aquele.

No entanto, não é que ela não goste muito de ser elogiada, contanto que seja de verdade e que ela possa acreditar que de fato pensem dela todo o bem que lhe dizem. Para parecer tocado por seu mérito, é preciso começar por mostrá-lo. Uma homenagem fundada na estima pode causar prazer a seu coração altivo, mas qualquer ironia galante sempre é rejeitada; Sofia não foi feita para exercitar os pequenos talentos de um palhaço.

Com tão grande maturidade de julgamento e inteiramente formada como uma moça de vinte anos, Sofia, aos quinze, não será tratada como criança pelos pais. Assim que nela perceberem a primeira inquietação da juventude e já antes que ela vá adiante, apressar-se-ão em remediá-la; dir-lhe-ão palavras carinhosas e sensatas. As palavras carinhosas e sensatas são da sua idade e de seu temperamento. Se esse caráter é como o imagino, seu pai lhe falaria mais ou menos assim:

"Sofia, eis que já és uma moça, e não é para sempre que o serás. Queremos que sejas feliz; é por nós que queremos isso, já que a nossa felicidade depende da tua. A felicidade de uma moça de bem é proporcionar a felicidade de um homem de bem; é preciso, então, pensar em te casar; é preciso pensar cedo nisso, pois o destino da vida depende do casamento, e nunca temos muito tempo para pensar nisso.

"Nada é mais difícil do que a escolha de um bom marido, a não ser talvez a escolha de uma boa mulher. Sofia, serás essa mulher rara, serás a glória de nossa vida e a felicidade de nossa velhice; porém, por mais méritos que possuas, a terra não carece de homens que os têm em maior quantidade ainda do que tu. Não há homem que não devesse sentir-se honrado por te conquistar, e há muitos deles que te honrariam ainda mais. Trata-se de encontrar entre eles um que te convenha, de conhecê-lo e de fazer com que ele te conheça.

"A maior felicidade do casamento depende de tantas conveniências, que é loucura querer reuni-las todas. É preciso primeiro garantir as mais importantes; quando as outras também vêm, melhor; quando não, passa-se sem elas. A felicidade perfeita não existe na terra, mas a maior das infelicidades, e aquela que sempre podemos evitar, é a de ser infeliz por culpa própria.

"Há conveniências naturais, há conveniências de educação e há aquelas que dependem apenas da opinião. Os pais são juízes das duas primeiras espécies, os filhos o são da primeira. Nos casamentos que se realizam pela autoridade dos pais, as pessoas baseiam-se unicamente nas conveniências de educação e de opinião; não são as pessoas que se casam, e sim as condições e os bens. Tudo isso, porém, pode mudar; só as pessoas permanecem sempre, elas sempre se levam junto consigo; apesar da riqueza, é apenas pelas relações pessoais que um casamento pode ser feliz ou infeliz.

"Tua mãe era nobre, eu era rico, estas foram as únicas considerações que levaram nossos pais a nos unir. Perdi minha riqueza, ela perdeu o nome; esquecida por sua família, de que lhe serve hoje ter nascido nobre? Em nossas desgraças, a união de nossos corações consolou-nos de tudo; a conformidade de nossos gostos fez-nos escolher este retiro; nele vivemos felizes na pobreza, fazemos o papel de tudo um para o outro. Sofia é o nosso tesouro comum; bendizemos o céu por ter-nos dado este tesouro e ter-nos tirado todo o resto. Vê, minha filha, aonde nos levou a Providência: as conveniências que fizeram com que nos casássemos desapareceram; só somos felizes por aquelas a que não deram importância.

"Cabe aos esposos escolherem-se. A inclinação mútua deve ser seu primeiro laço; seus olhos, seus corações devem ser seus primeiros guias, pois como, uma vez unidos, seu primeiro dever é o de se amarem, e amar ou não amar não depende de nós mesmos, tal dever implica necessariamente um outro, que é o de começar por se amar antes de se unir. Esse é o direito da natureza que ninguém pode invalidar; aqueles que o perturbaram com tantas leis civis tiveram maior respeito pela ordem aparente do que pela felicidade do casamento e pelos costumes dos cidadãos. Podes ver, minha Sofia, que não te pregamos uma moral difícil. Ela só pretende tornar-te senhora de ti mesma e atribuir a ti a escolha de teu marido.

"Depois de ter exposto nossas razões para deixar-te inteira liberdade, é justo que te falemos também das tuas razões para que uses dessa liberdade com sabedoria. Minha filha, és boa e razoável, tens retidão e piedade, tens os talentos que convêm às mulheres de bem e não careces de atrativos; és, no entanto, pobre; tens os bens mais estimáveis, mas careces dos que são mais estimados. Assim, aspira apenas ao que podes conseguir e ordena tua ambição não pelos teus julgamentos, nem pelos nossos, mas pela opinião dos homens. Se se tratasse apenas de uma igualdade de mérito, não sei a que eu deveria limitar tuas esperanças; mas não os eleves acima de tua riqueza e não te esqueças de que ela é das menores. Embora um homem digno de ti não considere essa desigualdade um obstáculo, deves fazer então o que ele não fará: Sofia deve imitar sua mãe, e só entrar numa família que se sinta honrada com ela. Não viste nossos tempos de opulência, pois nasceste durante a nossa pobreza; tornaste-a doce para nós e a compartilhas sem sofrer. Crê em mim, Sofia: não procures bens de que abençoamos o céu por nos ter livrado; só desfrutamos a felicidade depois de ter perdido a riqueza.

"És amável demais para não agradares a ninguém, e tua pobreza não é tal que um homem de bem se ache embaraçado contigo. Serás procurada, e talvez o sejas por homens que não te valem. Se eles se mostrassem a ti tais como são, estimá-los-ia pelo que valem; todo o seu luxo não se imporia a ti por muito tempo; porém, embora tenhas bom julgamento e entendas das coisas do mérito, não tens experiência e desconheces até que ponto os homens podem fingir. Um patife hábil pode estudar teus gostos para te seduzir e fingir junto a ti ter virtudes que não tem. Perder-te-ia, Sofia, antes que te tivesses dado conta, e só tomarias conhecimento do teu erro para chorá-lo. A mais perigosa de todas as armadilhas e a única que a razão não pode evitar é a dos sentidos; se alguma vez tiveres a infelicidade de cair nela, não verás mais do que ilusões e quimeras; teus olhos ficarão fascinados, teu juízo ficará perturbado, tua vontade se corromperá e amarás o teu próprio erro; e, mesmo que estivesses em condições de reconhecê-lo, não quererias voltar atrás. Minha filha, é à razão de Sofia que te entrego; não te entrego à inclinação de seu coração. Enquanto tiveres sangue-frio, continua a ser teu próprio juiz, mas, assim que amares, devolve à tua mãe o cuidado de ti.

"Proponho-te um acordo que te prove a nossa estima e restabeleça entre nós a ordem natural. Os pais escolhem o marido da filha e só a consultam formalmente, esse é o costume. Faremos exatamente o contrário: tu escolherás e seremos consultados. Usa de teu direito, Sofia; usa dele livre e sabiamente. O esposo que te convém deve ser da tua escolha e não da nossa. Mas cabe a nós julgar se não te enganas sobre as conveniências e se, sem o saber, não fazes algo diferente do que queres fazer. O nascimento, a riqueza, a posição social e a opinião não influirão em nada nas nossas razões. Se acolheres um homem de bem cuja pessoa te agrade e cujo caráter te convenha, qualquer que seja ele, aliás, aceitá-lo-emos como genro. Sua riqueza sempre será bastante se tiver braços, bons costumes e se amar a sua família. Sua posição social será sempre bastante ilustre se ele a enobrecer pela virtude. Mesmo que toda a terra nos reprovasse, que importa? Não estamos atrás da aprovação pública, basta-nos a tua felicidade."

Leitores, não sei que efeito produziria semelhante discurso nas moças educadas à vossa maneira. Quanto a Sofia, talvez não responda com palavras; a vergonha e o enternecimento não a deixarão exprimir-se facilmente, mas estou certo de que ele permanecerá gravado em seu coração pelo resto da vida, e de que, se podemos contar com alguma resolução humana, é com aquela que fará com que ela seja digna da estima de seus pais.

Calculemos as coisas do pior modo e concedamos-lhe um temperamento ardente que lhe torna penosa uma longa espera; digo que seu juízo, seus conhecimentos, seu gosto, sua delicadeza e principalmente os sentimentos com que seu coração foi nutrido desde a infância oporão à impetuosidade de seus sentidos um contrapeso que será suficiente para vencê-los, ou pelo menos para resistir por muito tempo a eles. Ela preferiria morrer como mártir de sua condição a afligir seus pais, a desposar um homem sem mérito e expor-se à desgraça de um casamento mal escolhido. A própria liberdade que ela recebeu só faz dar-lhe uma nova elevação de alma e torná-la mais difícil na escolha de seu senhor. Com o temperamento de uma italiana e a sensibilidade de uma inglesa, dispõe, para refrear seu coração e seus sentidos, da altivez de uma espanhola, que, mesmo à procura de um namorado, não encontra com facilidade aquele que considera digno dela.

Não pertence a todos sentir que força o amor das coisas honestas pode dar à alma, e que força podemos achar em nós mesmos quando queremos sinceramente ser virtuosos. Há pessoas para quem tudo o que é grande parece quimérico e, em sua baixa e vil razão, nunca saberão o que a própria loucura da virtude consegue sobre as paixões humanas. Para essas pessoas, só devemos falar por exemplos; tanto pior se teimarem em negar. Se eu lhes dissesse que Sofia não é um ser imaginário, que só o seu nome é de minha invenção, que sua educação, seus costumes, seu caráter e até seu rosto realmente existiram, e que sua memória ainda custa lágrimas a toda uma família decente, sem dúvida não iriam acreditar. Mas, enfim, que riscos correrei se acabar sem rodeios a história de uma moça tão parecida com Sofia que essa história poderia ser a sua sem que nos devêssemos surpreender com isso? Acredite-se ou não que ela seja verídica, pouco importa; terei contado ficções, se assim se quiser, mas sempre terei explicado o meu método e sempre caminharei na direção dos meus objetivos.

A jovem que tinha o temperamento que acabo de atribuir a Sofia tinha também com ela todas as conformidades que podiam fazer com que merecesse o seu nome, e eu lho concedo. Depois da conversa que contei, julgando que os partidos não viriam oferecer-se no lugarejo em que moravam, seu pai e sua mãe mandaram-na passar o inverno na cidade, na casa de uma tia que informaram em segredo sobre o motivo da viagem, pois a altiva Sofia trazia no fundo do coração o nobre orgulho de saber vencer a si mesma e, por mais necessidade que tivesse de se casar, teria preferido morrer solteira a resolver-se a procurar marido.

Em conformidade com o plano dos pais, sua tia apresentou-a às famílias, levou-a às reuniões, às festas, mostrou-lhe o mundo, ou melhor, mostrou-a a ele, pois Sofia pouco se preocupava com todo aquele estrépito. Notou-se, porém, que ela não evitava os jovens de aparência agradável que parecessem decentes e modestos. Em sua mesma reserva, possuía certa arte de atraí-los, que se aproximava muito do coquetismo; porém, depois de ter conversado com eles por duas ou três vezes, decepcionava-se. Logo substituiu o ar de autoridade que parecia aceitar as homenagens por uma postura mais humilde e uma polidez mais desencorajadora. Sempre cuidando de si mesma, já não lhes deixava ocasião de lhe prestar algum serviço; era o mesmo que lhes dizer que não queria namorá-los.

Nunca os corações sensíveis amaram os prazeres ruidosos, vã e estéril alegria das pessoas que nada sentem e acreditam que atordoar a vida seja o mesmo que dela gozar. Não encontrando o que procurava e perdendo a esperança de encontrá-lo desse modo, Sofia aborreceu-se com a cidade. Amava ternamente seus pais, nada a consolava de estar longe deles e nada conseguia afastar a saudade; voltou para junto deles muito antes do prazo fixado para o seu retorno.

Mal retomou suas funções na casa paterna, percebeu-se que, embora conservasse o mesmo comportamento, ela tinha mudado de humor. Ficava distraída, impaciente, estava triste e sonhadora e escondia-se para chorar. No começo, acharam que estava amando e tinha vergonha; falaram-lhe, ela negou. Disse que não vira ninguém que pudesse conquistar seu coração, e Sofia não mentia.

No entanto, sua languidez crescia sem parar, enquanto sua saúde começava a se alterar. Angustiada com aquela mudança, sua mãe resolveu finalmente saber a sua causa. Chamou-a em particular e valeu-se para com ela daquela linguagem insinuante e dos carinhos invencíveis que só a ternura maternal é capaz de empregar. Minha filha, tu que carreguei em meu ventre e que trago sempre no coração, verte os segredos do teu coração no seio de tua mãe. Então, quais são esses segredos que uma mãe não pode conhecer? Quem chora tuas dores, quem as compartilha, quem as quer consolar, a não ser eu e teu pai? Ah, minha filha, queres que eu morra com a tua dor sem saber qual ela é?

Longe de esconder suas tristezas da mãe, a moça morria de vontade de tê-la como consoladora e confidente, mas a vergonha impedia-a de falar, e sua modéstia não encontrava as palavras para descrever um estado tão pouco digno dela como a emoção que perturbava seus sentidos contra a sua vontade. Enfim, com sua própria vergonha servindo de indício para a mãe, ela lhe extraiu estas humilhantes confissões. Longe de afligi-la com reprimendas injustas, consolou-a, teve pena dela e chorou com ela; era sábia demais para transformar em crime um mal que apenas a virtude tornava tão cruel. Mas por que suportar desnecessariamente um mal cujo remédio era tão fácil e tão legítimo? Por que não se valia da liberdade que lhe tinham concedido? Por que não aceitava um marido? Por que não o escolhia? Não sabia que seu destino dependia só dela e que, qualquer que fosse sua escolha, seria confirmada, já que não podia fazer uma escolha que não fosse honesta? Mandaram-na para a cidade e ela não quis ficar lá; muitos partidos haviam-se apresentado, mas ela repelira a todos. Que esperava, então? Que queria? Que inexplicável contradição!

A resposta era simples. Se se tratasse apenas de um auxílio para a juventude, a escolha logo seria feita; mas um senhor para toda a vida não é tão fácil de escolher; e, como não se podem separar essas duas escolhas, é preciso aguardar e não raro perder a juventude antes de encontrar o homem com quem se queira viver. Era esse o caso de Sofia; precisava de um namorado, mas esse namorado devia ser o seu marido e, quanto ao coração de que o seu precisava, um era quase tão difícil de encontrar quanto o outro. Todos aqueles jovens brilhantes só tinham com ela a proximidade da idade, mas as outras conformidades sempre lhes faltavam; seu espírito artificial, sua vaidade, seu palavreado, seus costumes desregrados, suas frívolas imitações afastavam-na deles. Estava à procura de um homem e só encontrava palhaços; estava à procura de uma alma e não a encontrava.

Como sou infeliz!, dizia ela à mãe; preciso amar e nada vejo que me agrade. Meu coração repele todos aqueles que atraem os meus sentidos. Não vejo nenhum que não excite os meus desejos e nenhum que não os reprima; um gosto sem estima não pode durar. Ah, o homem de que precisa a vossa Sofia não existe! Seu encantador modelo está gravado muito fundo em sua alma. Ela só pode amar a ele, só pode honrar a ele, só com ele pode ser feliz. Ela prefere consumir-se e lutar sem tréguas, prefere morrer infeliz e livre a viver desesperada junto de um homem que não ame e que ela também tornaria infeliz; mais vale deixar de existir do que só existir para sofrer.

Impressionada com essas singularidades, sua mãe achou-as estranhas demais para não suspeitar de algum mistério. Sofia não era nem hipócrita nem ridícula. Como essa delicadeza exagerada pudera convir a ela, a quem o que mais tinham ensinado desde a infância era acomodar-se com as pessoas com quem tinha de conviver e a fazer da necessidade virtude? Esse modelo de homem desejável com que ela tanto se encantou e que retornava tantas vezes em suas conversas fez com que a mãe pensasse que aquele capricho tinha algum outro motivo que ela ainda ignorava, e que Sofia não tinha dito tudo. Sobrecarregada de sua dor secreta, a infeliz só queria desabafar. Sua mãe a pressiona, ela hesita mas enfim se rende e, saindo sem nada dizer, volta um instante depois com um livro na mão. Tem pena de sua filha infeliz, sua tristeza não tem remédio, seu pranto não pode secar. Queres saber a sua causa; pois bem, ei-la, disse ela jogando o livro sobre a mesa. A mãe pega o livro e o abre; eram *As aventuras de Telêmaco*[6]. No começo, ela nada compreende do enigma; mas, através de perguntas e respostas obscuras, compreende enfim, com uma surpresa fácil de imaginar, que sua filha é a rival de Eucharis.

---

6. Romance escrito por Fénelon para o duque de Borgonha, seu discípulo. (N. do T.)

Sofia amava Telêmaco, e o amava com uma paixão que nada podia curar. Assim que o pai e a mãe souberam de sua mania, riram dela e pensaram em serená-la com a razão. Enganaram-se: a razão não estava toda do lado deles; Sofia também tinha a sua e sabia valer-se dela. Quantas vezes reduziu-os ao silêncio servindo-se contra eles de seus próprios raciocínios, mostrando-lhes que eles próprios haviam feito todo o mal e que não a haviam educado para um homem de seu século; que seria preciso obrigatoriamente que ela adotasse as maneiras de pensar de seu marido, ou que ela lhe fornecesse as suas; que eles haviam tornado o primeiro meio impossível, pela maneira com que a educaram, e que o outro era exatamente o que ela estava procurando. Dai-me, dizia ela, um homem que tenha as minhas máximas, ou que eu possa levar a elas, e casar-me-ei com ele; mas, até lá, por que me repreendeis? Tende pena de mim. Sou infeliz, mas não louca. Dependerá o coração da vontade? Não foi isso o que o próprio papai disse? Será culpa minha se amo o que não existe? Não sou visionária; não quero um príncipe, não estou procurando Telêmaco, sei que ele não passa de uma ficção; estou à procura de alguém que se pareça com ele. E por que essa pessoa não pode existir, já que existo eu, que sinto que tenho um coração tão parecido com o dele? Não, não desonreis desse modo a humanidade; não pensemos que um homem amável e virtuoso não passe de uma quimera. Ele existe, ele vive, talvez me procure; está à procura de uma alma que o saiba amar. Mas quem é ele? Onde está? Não sei; não é nenhum dos rapazes que vi; com certeza não é nenhum daqueles que verei. Mamãe! Por que me tornaste a virtude amável demais? Se só posso amar a ela, o erro é menos meu do que teu.

Conduzirei este triste relato até a catástrofe? Contarei as longas discussões que a precederam? Mostrarei uma mãe que perde a paciência e transforma em rigor o que antes eram carinhos? Um pai irritado que se esquece de seus primeiros compromissos e trata como louca a mais virtuosa das moças? Pintarei, enfim, a infeliz, ainda mais apegada à sua quimera pela perseguição que ela a faz sofrer, caminhando a passos lentos para a morte e descendo à tumba no momento em que creem levá-la ao altar? Não, deixarei de lado essas coisas funestas. Não preciso ir tão longe para mostrar com um exemplo tão impressionante que, apesar dos preconceitos que nascem dos costumes do século, o entusiasmo pelo honesto e pelo belo não é mais estranho às mulheres do que aos homens, e que não há o que, sob a direção da natureza, não possamos obter tanto delas como de nós.

Detêm-me aqui para me perguntar se é a natureza que nos prescreve que nos empenhemos tanto para reprimir desejos imoderados. Respondo que não, mas também não é a natureza que nos dá tantos desejos imoderados. Ora, tudo o que não é ela é contra ela, provei isso mil vezes.

Entreguemos ao nosso Emílio a sua Sofia; ressuscitemos essa moça amável para lhe dar uma imaginação menos viva e um destino mais feliz. Queria representar uma mulher comum e, de tanto elevar sua alma, perturbei sua razão; eu mesmo me desorientei. Voltemos atrás. Sofia tem apenas uma boa índole numa alma comum; tudo o que ela tem a mais do que as outras mulheres é fruto de sua educação.

É meu propósito neste livro dizer tudo o que se podia fazer, deixando a cada um a escolha do que está ao seu alcance no que posso ter dito de bom. Desde o começo eu pensara em formar de longe a companheira de Emílio, e em educá-los um para o outro e um com o outro. Mas, ao refletir, achei que todas essas combinações prematuras demais não tinham cabimento e que era absurdo destinar duas crianças a se unirem antes de poder saber se tal união pertencia à ordem da natureza e se teriam entre si as relações convenientes para realizá-las. Não se deve confundir o que é natural no estado selvagem com o que é natural no estado civil. No primeiro estado, todas as mulheres convêm a todos os homens, porque ainda só têm a forma primitiva e comum; no segundo, tendo cada caráter sido desenvolvido pelas instituições sociais e tendo cada espírito recebido sua forma própria e determinada, não apenas da educação, mas da contribuição bem ou mal-ordenada do temperamento e da educação, agora só podemos uni-los apresentando-os um ao outro, para ver se se convêm em todos os aspectos, ou para preferir pelo menos a escolha que apresente maior número dessas conveniências.

O mal está em que, ao desenvolver os caracteres, o estado social distingue as posições sociais e, não sendo uma destas duas posições semelhante à outra, quanto mais distinguimos as condições, mais confundimos os caracteres. Daí os casamentos desencontrados e todas as desordens que deles decorrem; donde se percebe, por uma consequência evidente, que quanto mais nos afastamos da igualdade mais se alteram os sentimentos naturais; quanto mais o intervalo entre os grandes e os pequenos aumenta, mais o laço conjugal se afrouxa; quanto mais há ricos e pobres, menos há pais e maridos. Nem o senhor nem o escravo têm mais família, cada um dos dois só vê a sua condição.

Se quereis prevenir os abusos e fazer casamentos felizes, abafai os preconceitos, esquecei-vos das instituições humanas e consultai a natureza. Não unais pessoas que só se convenham numa dada condição e que já não se convirão se tal condição vier a mudar, mas sim pessoas que se convenham em qualquer situação em que se encontrem, em qualquer lugar onde morem e em qualquer posição social em que possam cair. Não digo que as relações convencionais sejam indiferentes no casamento, mas afirmo que a influência das relações naturais é tão superior à sua, que é só ela que decide sobre o destino da vida, e que há tal conveniência de gostos, de humores, de sentimentos, de temperamentos, que ela deveria levar um pai sábio, mesmo que fosse um príncipe ou um rei, a dar seu filho à moça com a qual ele tivesse todas essas conveniências, ainda que ela tivesse nascido numa família baixa, ainda que fosse a filha do carrasco. Sim, afirmo que, ainda que todas as desgraças imagináveis devessem cair sobre os dois esposos bem unidos, eles gozariam de uma felicidade mais verdadeira chorando juntos do que a que conseguiriam com todas as riquezas da terra, envenenados pela desunião dos corações.

Assim, em vez de destinar desde a infância uma esposa ao meu Emílio, esperei conhecer a que lhe convém. Não sou eu quem faz essa destinação, mas sim a natureza; meu trabalho é encontrar a escolha que ela fez. Meu trabalho, digo, e não o do pai, pois, ao me confiar o seu filho, ele me cede o lugar, troca seu direito pelo meu; sou o verdadeiro pai de Emílio, fui eu quem o fez homem. Eu teria recusado educá-lo se não tivesse o poder de casá-lo à sua escolha, isto é, à minha escolha. Só o prazer de fazer um homem feliz pode pagar o que custa colocar um homem em condições de tornar se feliz.

Mas não acrediteis que eu tenha esperado para encontrar a mulher de Emílio, que eu o colocasse no dever de procurá-la. Essa busca fingida não passa de um pretexto para fazê-lo conhecer as mulheres, a fim de que ele perceba o valor da que lhe convém. Sofia foi encontrada há muito tempo; talvez Emílio já a tenha visto, mas só a reconhecerá quando chegar a hora.

Embora a igualdade de condições não seja necessária ao casamento, quando ela se junta às outras conveniências dá-lhes um novo valor; ela não entra na balança com nenhuma outra, mas a faz pender quando tudo está igual.

A menos que seja um rei, um homem não pode procurar uma mulher em todas as condições sociais, pois os preconceitos que ele não tiver encontrará nos outros, e uma moça que talvez lhe conviesse não seria obtida por esta razão. Existem, portanto, máximas de prudência que devem limitar as buscas de um pai judicioso. Ele não deve querer dar a seu pupilo um casamento acima de sua posição social, pois isso não depende dele. Mesmo que pudesse, não o deveria querer, pois o que importa a posição social para o rapaz, pelo menos para o meu? E, no entanto, ao ascender, ele se expõe a mil males reais que sentirá durante toda a vida. Digo até que ele não deve querer compensar bens de natureza diferente, como a nobreza e o dinheiro, pois cada um dos dois aumenta menos o valor do outro do que perde com a alteração; afirmo também que nunca se concorda a respeito da avaliação comum e, finalmente, a preferência que cada um concede à sua parte abre caminho para a discórdia entre duas famílias e não raro entre dois esposos.

Também é muito diferente para a boa ordem do casamento que o homem faça uma aliança superior ou inferior a si. O primeiro caso é completamente contrário à razão; o segundo é mais conforme a ela. Como a família só se liga com a sociedade através de seu chefe, é a condição do chefe que determinará a de toda a família. Quando ele se casa com alguém de uma condição social mais baixa, ele não desce, e sim eleva a sua esposa; pelo contrário, casando-se com uma mulher de posição superior à sua, rebaixa-a sem se elevar. Assim, no primeiro caso, há algo de bom sem mal, e no segundo, algo de mau sem bem. Além disso, é da ordem da natureza que a mulher obedeça ao homem. Portanto, quando ela provém de uma condição inferior, a ordem natural e a ordem civil concordam e tudo vai bem. Acontece o contrário quando, fazendo um casamento superior, o homem vê-se diante da alternativa de ferir seu direito ou seu reconhecimento, ser ingrato ou desprezado. Então, pretendendo a autoridade, a mulher torna-se tirana de seu chefe, e o senhor, transformado em escravo, vê-se reduzido à mais ridícula e à mais miserável das criaturas. Tais são aqueles infelizes protegidos que os reis da Ásia honram e atormentam com suas alianças e que, dizem, para dormir com suas mulheres, não ousam entrar no leito senão pelo pé da cama.

Estou preparado para que muitos leitores, lembrando que atribuo à mulher um talento natural para governar o homem, acusem-me agora de contradição, mas estarão enganados. Há muita diferença entre arrogar-se o direito de mandar e governar o que manda. O domínio da mulher é um domínio de doçura, de habilidade e de complacência; suas ordens são carícias, suas ameaças são lágrimas. Ela deve reinar no lar como um ministro no Estado, fazendo com que lhe ordenem o que quer fazer. Nesse sentido, é comum que os melhores casamentos sejam aqueles em que a mulher tem maior autoridade; quando, porém, ela despreza a voz do chefe, quando quer usurpar seus direitos e mandar ela própria, de tal desgoverno resulta apenas miséria, escândalo e desonra.

Resta a escolha entre suas iguais e suas inferiores, e creio que há ainda alguma restrição a fazer acerca destas últimas, pois é difícil encontrar na população uma esposa capaz de proporcionar a felicidade de um homem de bem; não que as pessoas sejam piores nas condições mais baixas do que nas primeiras, mas é que lá elas têm pouca ideia do que seja belo e decente, e a injustiça das outras classes sociais revela a esta a justiça em seus próprios vícios.

Naturalmente, o homem quase não pensa. Pensar é uma arte que ele aprende como todas as outras, e até com maior dificuldade. Quanto aos dois sexos, só conheço duas classes realmente distintas: uma das pessoas que pensam, outra das pessoas que não pensam; e tal diferença provém quase que exclusivamente da educação. Um homem da primeira dessas duas classes não deve casar-se em outra, pois o maior encanto da união falta à sua quando, tendo uma mulher, é obrigado a pensar sozinho. As pessoas que passam a vida inteira a trabalhar para viver não têm outra ideia além de seu trabalho ou de seu interesse, e todo o seu espírito parece estar em seus braços. Essa ignorância não é prejudicial nem à probidade, nem aos costumes; muitas vezes, até, é-lhes favorável; não raro transigimos com nossos deveres de tanto refletir sobre eles, e acabamos colocando palavras no lugar das coisas. A consciência é o mais esclarecido dos filósofos; não é preciso saber os *Ofícios* de Cícero para ser um homem de bem, e a mulher de sociedade mais honesta talvez seja a que menos saiba o que seja a honestidade. Mas não deixa de ser verdade que um espírito cultivado é o único a tornar agradável a relação, e é uma triste coisa para um pai de família que ama seu lar ser obrigado a fechar-se em si mesmo e não poder ser compreendido por ninguém.

De resto, como uma mulher que não tenha nenhum hábito de reflexão educará seus filhos? Como discernirá o que lhes convém? Como os preparará para virtudes que desconhece, para méritos de que não tem a menor ideia? Ela só será capaz de mimá-los ou de ameaçá-los, de torná-los insolentes ou medrosos; fará deles ou palhacinhos amaneirados ou moleques avoados, nunca bons espíritos nem crianças amáveis.

Portanto, não convém a um homem educado casar-se com uma mulher sem educação, nem, por conseguinte, com uma mulher de uma posição social em que não se possa tê-la. Mas eu preferiria ainda cem vezes uma moça simples e educada rudemente a uma moça erudita e intelectual que viesse estabelecer em minha casa um tribunal de literatura de que se faria presidente. Uma mulher intelectual é o flagelo de seu marido, de seus filhos, de seus amigos, de seus empregados, de todo o mundo. Da altura sublime de seu belo gênio, ela desdenha todos os seus deveres de mulher e sempre começa por se fazer homem, à maneira da senhorita de l'Enclos. De fora, ela é sempre ridícula e criticada com muita justiça, porque não se pode deixar de ser ridículo quando se sai de sua condição e não se foi feito para aquela que se quer adquirir. Todas essas mulheres de grandes talentos sempre só se impõem aos tolos. Sempre sabemos qual é o artista ou o amigo que segura a pluma ou o pincel quando elas trabalham; sabemos qual é o discreto homem de letras que lhes dita em segredo seus oráculos. Toda essa charlatanice é indigna de uma mulher de bem. Mesmo que ela tivesse talentos reais, sua pretensão os aviltaria. Sua dignidade é ser ignorada; sua glória está no apreço de seu marido; seus prazeres estão na felicidade da família. Leitores, remeto-me a vós, tende boa-fé; o que vos dá melhor opinião sobre uma mulher ao entrar em seu quarto, o que vos faz abordá-la com mais respeito, vê-la ocupada com os trabalhos femininos, com os afazeres do lar, cercada das roupas dos filhos, ou encontrá-la escrevendo versos na penteadeira, rodeada de livros de todos os tipos e de bilhetinhos pintados de todas as cores? Toda moça letrada permanecerá solteira a vida toda quando só houver homens sensatos na terra.

Quaeris cur nolim te ducere, Galla? diserta es.[7]

Depois dessas considerações, vem a que diz respeito à aparência; é a primeira que impressiona e a última que devemos fazer, mas mesmo assim não a devemos considerar nula. A grande beleza, a meu ver, deve antes ser evitada do que procurada no casamento. A beleza logo se desgasta pela posse; ao cabo de seis semanas, nada mais é para o possuidor, mas seus perigos duram tanto quanto ela. A menos que uma bela mulher seja um anjo, seu marido é o mais infeliz dos homens, e, mesmo que ela fosse um anjo, como poderia impedir que ele esteja continuamente cercado de inimigos? Se a extrema feiura não fosse repugnante, eu a preferiria à extrema beleza, pois, como em pouco tempo ambas se tornam nulas para o marido, a beleza torna-se um inconveniente e a feiura, uma vantagem. Mas a feiura que causa repulsa é a maior das desgraças; tal sentimento, longe de desaparecer, aumenta sem parar e transforma-se em ódio. Tal casamento é um inferno; seria melhor morrer do que se casar assim.

---

7. "Queres saber, Galla, por que não quero casar contigo? Porque és eloquente." (Marcial) (N. do T.)

Desejai a mediocridade em tudo, sem exceção da própria beleza. Uma aparência agradável e gentil, que não inspire o amor, mas sim a benevolência, é o que se deve preferir; ela não prejudica o marido e suas vantagens aproveitam a ambos; os encantos não se desgastam como a beleza, eles têm vida própria, renovam-se sem cessar e ao cabo de trinta anos de casamento uma mulher de bem que tenha seus encantos agrada a seu marido como no primeiro dia.

Essas foram as reflexões que me determinaram na escolha de Sofia. Aluna da natureza assim como Emílio, convém-lhe como nenhuma outra; será a mulher do homem. É sua igual pelo nascimento e pelo mérito, sua inferior pela riqueza. Não encanta à primeira vista, mas agrada cada dia mais. Seu maior encanto só age gradualmente, só se revela na intimidade do trato, e seu marido senti-lo-á mais do que ninguém no mundo. Sua educação não é nem brilhante, nem desleixada; ela tem gosto sem ter estudo, talentos sem ter arte, juízo sem ter conhecimentos. Seu espírito não sabe, mas é cultivado para aprender; é uma terra bem preparada que só espera a semente para produzir. Só leu Barrême e Telêmaco, que lhe caiu por acaso entre as mãos, mas, uma moça capaz de se apaixonar por Telêmaco, terá ela um coração sem sentimento e um espírito sem delicadeza? Adorável ignorância! Feliz daquele que destinam a instruí-la! Ela não será o professor de seu marido, mas sim seu discípulo; longe de querer submetê-lo a seus gostos, adquirirá os dele. Será melhor para ele do que se fosse culta; ele terá o prazer de lhe ensinar tudo. Chegou a hora, enfim, de eles se conhecerem; tratemos de aproximá-los.

Partimos de Paris tristes e sonhadores. Aquele lugar de tagarelice não foi feito para nós. Emílio olha com desdém a grande cidade e diz com despeito: Quantos dias perdidos em buscas vãs! Ah, não é aqui que se encontra a esposa de meu coração. Meu amigo, bem o sabias, mas meu tempo pouco te custa e meus males pouco te fazem sofrer. Encaro-o fixamente e digo-lhe friamente: Emílio, acreditas no que dizes? Imediatamente, abraça-me todo confuso e aperta-me nos braços sem responder. Esta é sempre sua resposta quando está errado.

Eis-nos andando pelos campos como verdadeiros cavaleiros errantes; não como aqueles que procuram aventuras, pois nós, pelo contrário, fugimos delas ao deixar Paris, mas imitando bastante sua marcha errante, desigual, ora a galope, ora trotando. De tanto seguirem minha prática, acabarão por compreender seu espírito, e não imagino nenhum leitor ainda tão habituado aos costumes para nos supor a ambos dormindo numa bela carruagem bem fechada, andando sem nada ver, sem nada observar, tornando nulo para nós o intervalo entre a partida e a chegada e, com a velocidade do carro, perdendo o tempo para poupá-lo.

Os homens dizem que a vida é curta, mas vejo que eles se esforçam por torná-la tal. Não sabendo empregá-lo, queixam-se da rapidez do tempo, e vejo que ele passa lento demais para o gosto deles. Sempre unicamente ocupados com o objetivo a que visam, veem com pesar o intervalo que os separa dele: um gostaria de estar no dia seguinte, outro no próximo mês, outro dez anos mais à frente; ninguém quer viver hoje, ninguém está contente com a hora presente, todos a consideram lenta demais para passar. Quando se queixam de que o tempo passa depressa demais, eles mentem; comprariam com prazer o poder de acelerá-lo; gastariam de bom grado a sua riqueza para consumir sua vida inteira, e talvez não haja homem que não teria reduzido seus anos a muito poucas horas se tivesse o poder de subtrair, de acordo com seu tédio, as horas que lhe fossem aborrecidas, e, de acordo com sua impaciência, as que o separassem do momento desejado. Um passa a metade da vida indo de Paris a Versalhes, de Versalhes a Paris, da cidade para o campo, do campo para a cidade, de um bairro para o outro, e ficaria muito embaraçado com suas horas se não tivesse como perdê-las assim, e se afasta expressamente de suas ocupações para ocupar-se em ir buscá-las. Acredita ganhar o tempo que gasta a mais, com o qual, se assim não fosse, não saberia o que fazer; ou então, pelo contrário, corre por correr, e vem de carruagem sem outro objetivo senão voltar da mesma forma. Mortais, não deixareis nunca de caluniar a natureza? Por que vos queixardes de que a vida é curta se ela não o é o suficiente para vós? Se houver um dentre vós que saiba ser bastante temperante em seus desejos para nunca querer que o tempo passe, não a considerará curta demais; viver e gozar serão para ele a mesma coisa, e, ainda que tivesse de morrer jovem, morreria satisfeito com seus dias.

Mesmo que eu só tivesse esta vantagem em meu método, por esta única razão ele deveria ser preferido a qualquer outro. Não eduquei Emílio para desejar nem para aguardar, mas para gozar; e, quando ele deseja algo para além do presente, não o faz com um ardor bastante impetuoso para ser importunado pela lentidão do tempo. Ele não gozará somente do prazer de desejar, mas também do prazer de ir ao objetivo que deseja, e suas paixões são de tal modo moderadas que ele está sempre mais no lugar onde está do que onde estará.

Não viajamos, pois, como passageiros, mas como viajantes. Não pensamos somente nos dois extremos, mas também no intervalo que os separa. A própria viagem é um prazer para nós. Não a realizamos tristemente sentados e como que aprisionados numa gaiola bem fechada. Não viajamos na indolência e no descanso das mulheres. Não perdemos nem o ar livre, nem o espetáculo dos objetos que nos cercam, nem a comodidade de contemplá-los como quisermos quando quisermos. Emílio nunca entrou numa carruagem de correio e não corre quando não está com pressa. Mas de que pode Emílio jamais ter pressa? De uma só coisa: gozar a vida. Acrescentarei de fazer o bem quando o puder? Não, pois isso também é gozar a vida.

Só posso imaginar uma maneira de viajar mais agradável do que a cavalo: é ir a pé. Parte-se quando se quer, para-se à vontade, faz-se tanto ou tão pouco exercício quanto se deseja. Observa-se todo o lugar, volta-se para a direita e para a esquerda, observa-se tudo o que é agradável; pode-se parar nos lugares interessantes. Se eu vir um rio, margeio-o; um bosque cerrado, caminho sob sua sombra; uma gruta, visito-a; uma pedreira, examino seus minerais. Em toda parte onde me sinto bem, eu fico. Assim que me aborreço, vou-me embora. Não dependo nem dos cavalos, nem do cocheiro. Não preciso escolher caminhos já batidos, estradas cômodas; passo por todos os lugares por onde um homem possa passar, vejo tudo o que um homem possa ver e, só dependendo de mim mesmo, gozo de toda liberdade de que um homem possa gozar. Se o mau tempo me detém e o tédio me vence, então uso os cavalos. Se estiver cansado... mas Emílio raramente se cansa; ele é robusto, e por que se cansaria? Ele não tem pressa. Se se detém, como pode aborrecer-se? Leva por toda parte algo com que se divertir. Ele entra numa oficina, ele trabalha; exercita seus braços para descansar os pés.

Viajar a pé é viajar como Tales, Platão e Pitágoras. Tenho dificuldade para compreender como um filósofo pode decidir viajar de outro modo, perdendo a oportunidade de examinar riquezas que calca com os pés e que a terra prodigaliza aos seus olhos. Quem, gostando um pouco de agricultura, não quer conhecer os produtos próprios do clima que atravessa, assim como a maneira de cultivá-los? Quem, tendo um pouco de gosto pela história natural, pode decidir atravessar um terreno sem examiná-lo, um rochedo sem arranhá-lo, montanhas sem colher plantas, um campo de calhaus sem procurar fósseis? Vossos filósofos sedentários estudam a história natural em seus gabinetes; têm miniatura e conhecem nomes, mas não têm ideia da natureza. Mas o gabinete de Emílio é mais rico do que o dos reis: é a terra inteira. Cada coisa está ali em seu lugar; o naturalista que toma conta dele arrumou tudo numa belíssima ordem, Daubenton não faria melhor.

Quantos prazeres diferentes conseguimos com essa agradável maneira de viajar! Sem falar da saúde que se fortalece, do humor que se torna mais alegre. Sempre observei que os que viajam em boas carruagens bem cômodas têm um ar triste, sonhador, resmungão ou sofredor, e os que vão a pé estão sempre alegres, ligeiros e contentes com tudo. Como o coração se alegra quando nos aproximamos de uma pousada! Como uma refeição simples parece saborosa! Com que prazer descansamos à mesa! Que bom sono se tem numa má cama! Quando só se quer chegar, pode-se correr com a carruagem, mas, quando se quer viajar, deve-se ir a pé.

Se antes que tenhamos feito cinquenta léguas da maneira que imagino Sofia não estiver esquecida, ou deve ser muito pouco hábil, ou Emílio é muito pouco curioso, pois, com tantos conhecimentos elementares, é difícil que ele não tenha a tentação de adquirir outros mais. Somos curiosos na proporção em que somos instruídos; ele sabe exatamente o suficiente para querer aprender.

No entanto, um objeto atrai outro e continuamos avançando. Dei ao nosso primeiro itinerário um destino distante; o pretexto para isso é fácil: saindo de Paris, é preciso ir procurar uma mulher longe dali.

Um dia, depois de nos termos perdido mais do que o comum pelos vales, por montanhas onde não se vê nenhum caminho, já não conseguimos encontrar o nosso. Pouco nos importa, todos os caminhos são bons contanto que cheguemos; mas sempre é preciso chegar a algum lugar quando se está com fome. Felizmente encontramos um camponês que nos leva até sua cabana e comemos com muito apetite o seu magro jantar. Vendo-nos tão cansados, tão esfomeados, ele nos diz: Se o bom Deus vos tivesse levado até o outro lado da colina, teríeis sido mais bem recebidos... teríeis encontrado uma casa de paz... gente tão caridosa... gente tão boa...! Eles não têm melhor coração do que eu, mas são mais ricos, embora digam que o eram ainda mais antigamente... Não passam necessidade, graças a Deus, e toda a região se serve do que lhes resta.

À menção dessa gente boa, o coração do bom Emílio dispara. Meu amigo, diz ele enquanto me olha, vamos a essa casa cujos donos são abençoados na vizinhança; eu ficaria muito contente em vê-los; talvez eles também fiquem contentes em nos ver. Tenho certeza de que nos receberão bem; se são dos nossos, seremos dos deles.

Bem informados sobre o lugar da casa, partimos e erramos pelos bosques, e uma chuva forte nos surpreende no caminho; atrasa-nos sem nos deter. Finalmente, orientamo-nos novamente e de noite chegamos à casa indicada. No lugarejo que a rodeia, só aquela casa, embora simples, tinha um exterior agradável. Apresentamo-nos e pedimos hospitalidade. Fazem-nos falar com o dono; ele nos faz perguntas, mas de maneira polida; sem lhe dizer o motivo de nossa viagem, dizemos-lhe o de nosso desvio. Ele conservou de sua antiga riqueza a facilidade de reconhecer a condição das pessoas por suas maneiras; quem já viveu no grande mundo raramente se engana a respeito; com esse passaporte, somos admitidos.

Mostram-nos um cômodo muito pequeno, mas asseado e confortável; acendem o fogo e encontramos ali roupa branca, objetos de higiene, tudo de que precisamos. Dir-se-ia que éramos esperados, diz Emílio muito surpreso. Como o camponês tinha razão! Quanta atenção! Que bondade! Que previdência! E para com desconhecidos! Acredito estar no tempo de Homero. Sê sensível a tudo isso, digo-lhe, mas não te espantes; em todos os lugares em que os estrangeiros são raros eles são bem-vindos; nada torna as pessoas mais hospitaleiras do que não terem muitas vezes necessidade de sê-lo; é a afluência dos hóspedes que destrói a hospitalidade. Nos tempos de Homero, pouco se viajava e os viajantes eram bem recebidos em toda parte. Talvez sejamos os únicos viajantes que tenham visto aqui o ano inteiro. Não importa, replica ele, já é alguma coisa saber abster-se de hóspedes e recebê-los sempre bem.

Já secos e recompostos, voltamos a encontrar-nos com o dono da casa; apresenta-nos à sua mulher; ela nos recebe não apenas com gentileza, mas também com bondade. A honra de seus olhares cabe a Emílio. No caso em que ela se encontra, uma mãe raramente vê sem inquietação, ou pelo menos sem curiosidade, entrar em sua casa um homem da idade dele.

Por nós, fazem com que se adiante a ceia. Ao entrarmos na sala de jantar, vemos cinco lugares: sentamo-nos e um permanece vazio. Uma moça entra, faz uma grande reverência e senta-se modestamente, sem falar. Ocupado com sua fome e com suas respostas, Emílio cumprimenta-a, fala e come. O principal motivo de sua viagem está tão longe de seu pensamento como ele mesmo se acredita longe do seu término. A conversa gira em torno de viajantes que se perdem. Senhor, diz-lhe o dono da casa, pareces um rapaz amável e prudente, e isso me faz pensar que chegaste aqui, teu preceptor e tu, cansados e molhados, como Telêmaco e Mentor na ilha de Calipso. É verdade, responde Emílio, que aqui encontramos a hospitalidade de Calipso. Seu Mentor acrescenta: E os encantos de Eucharis. Mas Emílio conhece a *Odisseia* e não leu *Telêmaco*; não sabe o que seja Eucharis. Quanto à moça, vejo-a enrubescer até os olhos, baixá-los nos pratos e não ousar dizer palavra. Notando seu embaraço, a mãe faz sinal para o pai e este muda de assunto. Falando de sua solidão, vai entrando aos poucos na narrativa dos acontecimentos que o confinaram naquele lugar; as desgraças de sua vida, a constância de sua esposa, os consolos que encontraram em sua união, a vida mansa e tranquila que levam em seu retiro, sempre sem nada dizer sobre a moça; tudo isso compõe uma narrativa agradável e tocante, que não se pode ouvir sem interesse. Emílio, emocionado e enternecido, para de comer para escutar. Finalmente, quando o mais honesto dos homens falava com maior prazer sobre o apego da mais digna das mulheres, o jovem viajante, fora de si, aperta uma das mãos do marido, que pegara, e toma também a mão da mulher, sobre a qual se inclina com arroubo, regando-a de lágrimas. A ingênua vivacidade do rapaz toca a todos, mas a moça, mais sensível do que ninguém a essa marca de seu bom coração, acredita ver Telêmaco angustiado com as desgraças de Filoctetes. Disfarçadamente, levanta para ele os olhos, para melhor observar sua figura: nada encontra nele que desminta a comparação. Seu jeito fácil mostra liberdade sem arrogância; suas maneiras são vivas sem irreflexão; sua sensibilidade torna mais doce seu olhar e mais tocante a sua fisionomia; vendo-o chorar, a jovem quase mistura suas lágrimas às dele. Com um pretexto tão bom, uma vergonha secreta a refreia; já se censura pelas lágrimas prestes a cair de seus olhos, como se fosse ruim derramá-las pela família.

A mãe, que desde o começo da ceia não parou de observá-la, nota seu constrangimento e a alivia mandando-a fazer alguma coisa. Um minuto depois, a moça volta, mas tão mal composta, que sua perturbação é visível a todos os olhos. A mãe diz-lhe com ternura: Sofia, sossega; não vais parar de chorar as desgraças de teus pais? Tu, que és o nosso consolo, não sejas mais sensível a elas do que nós mesmos.

Ao ouvir o nome Sofia, Emílio treme. Atingido por um nome tão querido, ele desperta sobressaltado e lança um olhar ávido para aquela que ousa ostentá-lo. Sofia, ó Sofia! És tu que meu coração procura? És tu que meu coração ama? Observa-a, contempla-a com uma espécie de medo e de desconfiança. Não vê exatamente a figura que tinha imaginado; não sabe se aquela que vê lhe é superior ou inferior. Estuda cada traço, espreita cada movimento, cada gesto; encontra para tudo mil interpretações confusas; daria a metade de sua vida para que ela dissesse uma só palavra. Olha-me, angustiado e perturbado; seus olhos fazem-me ao mesmo tempo cem perguntas, cem reprimendas. Parece dizer-me a cada olhar: Guia-me enquanto é tempo; se meu coração se entregar e estiver enganado, não me recuperarei enquanto estiver vivo.

Emílio é o homem que menos sabe disfarçar. Como disfarçaria na maior perturbação de sua vida, entre quatro espectadores que o examinam, dos quais o mais distraído aparentemente é de fato o mais atento? Sua perturbação não escapa aos olhos penetrantes de Sofia; eles lhe informam, além disso, que ela é o motivo; ela vê que aquela angústia ainda não é amor, mas o que importa? Ele pensa nela, e isso basta; ela ficará muito infeliz se ele se ocupar dela impunemente.

As mães têm olhos como suas filhas, e mais a experiência. A mãe de Sofia sorri do êxito de nossos planos. Lê nos corações dos dois jovens e vê que já é hora de acalmar o do novo Telêmaco; faz com que sua filha fale. Com sua doçura natural, a filha responde com um tom tímido que só melhora o seu efeito. Ao primeiro som dessa voz, Emílio se convence: é Sofia, não há dúvida. Se não fosse, seria tarde demais para voltar atrás.

É então que os encantos daquela moça feiticeira entram aos borbotões em seu coração e ele começa a engolir em quantidade o veneno com que ela o embriaga. Ele já não fala, já não responde; só vê Sofia; só ouve Sofia; se ela diz uma palavra, ele abre a boca; se ela abaixa os olhos, ele os baixa; se a vê suspirar, ele suspira; é a alma de Sofia que parece animá-lo. Como a alma de Emílio mudou em poucos instantes! Já não é a vez de Sofia tremer, e sim a de Emílio. Adeus liberdade, ingenuidade, franqueza. Confuso, embaraçado, temeroso, já não ousa olhar ao seu redor, de medo de ver que o olham. Envergonhado de se deixar observar, gostaria de se tornar invisível a todos para entregar-se à contemplação sem ser observado. Sofia, pelo contrário, acalma-se com o temor de Emílio; vê sua vitória e a saboreia.

No'l mostra già, ben che in suo cor ne rida.[8]

---

8. "Ela ainda não o demonstra, mas já se alegra no coração." (Tasso, *Jerusalém libertada*, IV, 33.) (N. do T.)

Ela não mudou de postura, mas, apesar do jeito modesto e dos olhos baixos, seu terno coração palpita de alegria, e diz-lhe que encontrou Telêmaco.

Se eu entrar agora na história ingênua demais de seus inocentes amores, encararão esses detalhes como uma brincadeira frívola, e estarão errados. Não se considera o bastante a influência que há de ter a primeira ligação de um homem com uma mulher no curso da vida de um e de outro. Não se vê que uma primeira impressão, tão viva como a do amor ou da inclinação que ocupa o seu lugar, tem longos efeitos cuja corrente não se percebe na passagem dos anos, mas que não cessam de agir até a morte. Nos tratados de educação, oferecem-nos palavrórios inúteis e pedantes sobre os quiméricos deveres das crianças, e não nos dizem palavra sobre a parte mais importante e mais difícil de toda a educação, qual seja, a crise que serve de passagem da infância para a condição de homem. Se consegui tornar estes ensaios úteis por algum aspecto, foi sobretudo por ter-me estendido bastante sobre esta parte essencial, omitida por todos os outros, e por não me ter deixado desencorajar nesta tentativa por falsas delicadezas, nem me amedrontar por dificuldades de língua. Se eu disse o que se deve fazer, disse o que devia dizer: pouco me importa ter escrito um romance. É um lindo romance o da natureza humana. Se ele não se encontra nestas páginas, será culpa minha? Esta deveria ser a história de minha espécie; vós que a depravais, sois vós que fazeis de meu livro um romance.

Outra consideração que fortalece a primeira é que aqui não se trata de um jovem entregue desde a infância ao temor, à cobiça, à inveja, ao orgulho e a todas as paixões que servem de instrumento para as educações comuns, mas sim de um rapaz de quem aqui está, não apenas o primeiro amor, mas a primeira paixão de qualquer espécie; desta paixão, a única talvez que ele sentirá fortemente em toda a vida, depende a última forma que deve assumir o seu caráter. Suas maneiras de pensar, seus sentimentos, seus gostos, fixados por uma paixão duradoura adquirirão uma consistência que não permitirá que eles se alterem mais.

É compreensível que para Emílio e para mim a noite seguinte a tal jantar não se passe somente a dormir. Mas qual! A mera conformidade de nome deve ter tanto poder sobre um homem prudente? Só há uma Sofia no mundo? Parecem-se todas elas pela alma tanto quanto pelo nome? Todas as Sofias que encontrar serão a sua? Estará louco para se apaixonar assim por uma desconhecida com quem nunca falou? Espera, jovem, examina e observa. Não sabes nem mesmo na casa de quem estás e, a dar ouvidos às tuas palavras, acreditaríamos que já estás na tua casa.

Não é esta a hora das lições, e estas não foram feitas para serem escutadas. Só fazem dar ao rapaz um interesse renovado por Sofia, pelo desejo de justificar sua inclinação por ela. A coincidência de nomes, o encontro que ele acredita ter sido fortuito, a minha própria reserva só excitam sua vivacidade; Sofia já lhe parece adorável demais para que ele não tenha certeza de que me fará gostar dela.

De manhã, suspeito que, com seus maus trajes de viagem, Emílio procurará vestir-se com mais esmero. É o que ele faz, mas rio da solicitude com que se contenta com a roupa oferecida pela casa. Adivinho suas intenções; vejo com prazer que ele procura, preparando devoluções e trocas, estabelecer uma espécie de correspondência que lhe dê o direito de enviar e trazer.

Eu esperava encontrar Sofia um pouco mais arrumada também, por seu lado, mas me enganei. O coquetismo vulgar serve apenas para quem só quer agradar. O do verdadeiro amor é mais refinado e tem pretensões muito diferentes. Sofia está vestida de modo ainda mais simples do que na véspera, e até de modo mais descuidado, embora com um asseio sempre escrupuloso. Não vejo coquetismo nessa negligência senão porque nela vejo um pouco de afetação. Sofia sabe muito bem que se vestir mais apuradamente é uma declaração, mas não sabe que um traje mais negligente também o é; ela revela que não quer apenas agradar pela maneira de vestir, mas também por ela mesma. Ah, que importa a quem ama como se esteja vestido, contanto que veja que reparam nele? Já certa de seu domínio, Sofia não se limita a impressionar com seus encantos os olhos de Emílio, se seu coração não vai procurá-los; não lhe basta que ele os veja, ela quer que ele os adivinhe. Não viu ele o bastante para ser obrigado a adivinhar o resto?

É de acreditar que, durante nossas conversas da noite, Sofia e sua mãe também não permaneceram mudas; houve confissões arrancadas, instruções dadas. No dia seguinte reunimo-nos bem preparados. Não faz doze horas que nossos jovens se conheceram; ainda não trocaram uma só palavra e já se percebe que se entendem. O jeito deles não é familiar; ele está embaraçado, tímido; não se falam; seus olhos baixos parecem evitar-se, e isso mesmo é um sinal de entendimento; evitam-se, mas de comum acordo; já sentem a necessidade de mistério antes de dizer qualquer coisa. Ao partir, pedimos permissão para nós mesmos trazermos de volta o que levamos conosco. A boca de Emílio pede essa permissão ao pai, à mãe, enquanto seus olhos nervosos, voltados para a moça, pedem-na a ela de modo muito mais insistente. Sofia nada diz, não faz nenhum sinal, parece nada estar vendo e nada ouvindo; mas ela enrubesce, e esse enrubescer é uma resposta ainda mais clara do que a de seus pais.

Permitem-nos voltar sem nos convidar a permanecer. Essa conduta é conveniente; dá-se abrigo a caminhantes em apuros, mas não é decente que um enamorado durma na casa de sua amada.

Mal saímos da casa querida e Emílio já pensa em fazer com que nos estabeleçamos nas redondezas: a casa mais próxima lhe parece distante demais; ele gostaria de dormir nos fossos do castelo. Rapaz avoado, digo-lhe com um tom de piedade, então, a paixão já te torna cego! Já não vês nem as conveniências nem a razão! Infeliz! Acreditas amar e queres desonrar tua amada! O que dirão dela quando souberem que um jovem que sai de sua casa dorme nos arredores? Dizes que a amas! Caberá então a ti fazê-la perder a reputação? É esse o valor da hospitalidade que os pais dela te ofereceram? Serás a causa do opróbrio da mulher de que esperas a felicidade? Ah, que importam, responde ele com energia, as vãs palavras dos homens e suas injustas suspeitas? Não foste tu que me ensinaste a não dar importância a elas? Quem sabe melhor do que eu o quanto honro Sofia, o quanto quero respeitá-la? Meu afeto não será a sua vergonha, e sim a sua glória, pois será digno dela. Quando meu coração e minhas atenções lhe renderem por toda parte a homenagem que ela merece, em que poderei ultrajá-la? Caro Emílio, torno eu enquanto o abraço, raciocinas por ti; aprende a raciocinar por ela. Não compares a honra de um sexo com a de outro; eles têm princípios totalmente diferentes. Tais princípios são igualmente sólidos e razoáveis, porque derivam igualmente da natureza, e a mesma virtude que te faz desprezar no que diz respeito a ti as palavras dos homens obriga-te a respeitá-las no que diz respeito à tua amada. Tua honra está só em ti, a dela depende dos outros. Esquecê-lo seria ferir tua própria honra, e não dás a ti mesmo o que te deves se és causa de que não lhe deem o que lhe é devido.

Explicando-lhe, então, as razões dessas diferenças, faço com que perceba a injustiça que haveria em desprezá-las. Quem lhe disse que vai ser o marido de Sofia, cujos sentimentos ele ignora, cujo coração ou cujos pais talvez tenham compromissos anteriores, de Sofia que ele não conhece e que talvez não tenha com ele nenhuma daquelas conformidades que podem tornar feliz um casamento? Não saberá ele que qualquer escândalo é para uma moça uma mancha indelével, que nem mesmo seu casamento com quem o causou apaga? Ah! Qual é o homem sensível que quer a perda da mulher que ama? Qual é o homem de bem que quer que uma infeliz chore para sempre a desgraça de lhe ter agradado?

Apavorado com as consequências que lhe mostro, o rapaz, sempre extremado em suas ideias, crê nunca estar longe o bastante da morada de Sofia; redobra os passos para fugir com mais rapidez; olha ao nosso redor para ver se não estamos sendo escutados; sacrificaria mil vezes sua felicidade pela honra da mulher que ama; preferiria não tornar a vê-la nunca mais a causar-lhe um único desgosto. Dar-lhe um coração capaz de amar é o primeiro fruto das atenções que lhe prestei desde a juventude.

Trata-se, pois, de encontrar um abrigo afastado, mas não demais. Procuramos, pedimos informações; ficamos sabendo que a duas léguas fica uma cidade; vamos procurar instalar-nos nela, e não nos vilarejos mais próximos, onde nossa estada seria suspeita. É lá que enfim chega o novo namorado, cheio de amor, de esperança, de alegria e sobretudo de bons sentimentos; e eis como, orientando aos poucos a sua nascente paixão para o que é bom e honesto, imperceptivelmente disponho todas as suas inclinações para o mesmo alvo.

Aproximo-me do final de minha carreira; já a vejo ao longe. Todas as grandes dificuldades foram vencidas, todos os grandes obstáculos foram ultrapassados; já nada me resta a fazer que seja duro, a não ser não estragar minha obra apressando-me em terminá-la. Na incerteza da vida humana, evitemos sobretudo a falsa prudência de imolar o presente pelo futuro; isso não raro equivale a imolar o que é pelo que não será. Tornemos o homem feliz em todas as idades, para que, depois de tantos trabalhos, ele não venha a morrer antes de ter sido feliz. Ora, se há um tempo para gozar a vida, este é com certeza o fim da adolescência, em que as faculdades do corpo e da alma adquiriram seu maior vigor, em que o homem, no meio de sua caminhada, vê de mais longe os dois extremos que o fazem perceber a sua brevidade. Se a imprudente juventude se engana, não é por querer divertir-se, mas sim por procurar a diversão onde ela não está e, preparando para si mesma um porvir miserável, ela nem mesmo sabe servir-se do momento presente.

Considerai o meu Emílio, com vinte anos completos, bem formado, bem constituído de espírito e de corpo, forte, sadio, disposto, destro, robusto, cheio de juízo, de razão, de bondade, de humanidade, com bons costumes, bom gosto, amante do belo, fazedor do bem, livre do império das paixões cruéis, sem o jugo da opinião, mas submisso à lei da sabedoria e dócil à voz da amizade; dono de todos os talentos úteis e de vários talentos agradáveis, pouco preocupado com as riquezas, carregando seu recurso na ponta dos braços e sem medo de não ter pão, aconteça o que acontecer. Ei-lo agora embriagado por uma paixão nascente, seu coração abre-se para os primeiros fogos do amor; suas doces ilusões são para ele um novo universo de delícias e de prazeres; ele ama um ser amável, e ainda mais amável por seu caráter do que por sua pessoa; ele espera, ele aguarda um retorno que sente que lhe é devido; é da relação dos corações, do concurso de sentimentos honestos que se formou a primeira inclinação dos dois; essa inclinação deve durar. Ele se entrega com confiança, até mesmo com razão, ao mais encantador delírio, sem temor, sem remorso, sem lamentos, sem outra inquietação que não aquela de que o sentimento da felicidade é inseparável. Que pode faltar à sua? Vede, procurai, imaginai o que ele ainda precisa e que se possa ajustar com o que ele tem. Ele reúne todos os bens que se podem obter a um só tempo; não se pode somar nenhum a eles, a não ser à custa de algum outro; ele é tão feliz quanto um homem pode ser. Irei neste momento diminuir um destino tão doce? Irei perturbar uma volúpia tão pura? Ah, todo o valor de minha vida está na felicidade que ele saboreia! Que poderia eu lhe dar que valesse o que lhe teria tirado? Mesmo levando a sua felicidade ao máximo, eu destruiria o seu maior encanto. Essa felicidade suprema é cem vezes melhor de esperar do que de obter; saboreamo-lo mais quando a aguardamos do que quando a gozamos. Ó bom Emílio, ama e sê amado! Goza muito tempo antes de possuir; goza ao mesmo tempo do amor e da inocência; constrói teu paraíso na terra enquanto esperas o outro; não abreviarei esse tempo feliz de tua vida; prolongarei para ti o seu encanto o mais possível. Infelizmente, ele deve acabar e isso em pouco tempo, mas farei pelo menos que dure sempre em tua memória, e que nunca te arrependas de tê-lo experimentado.

Emílio não se esquece de que temos de devolver algumas coisas. Assim que as devoluções estão prontas, montamos em cavalos e vamos a toda pressa; desta vez, ao partir ele gostaria de ter chegado. Quando o coração se abre às paixões, abre-se ao tédio da vida. Se não perdi meu tempo, sua vida inteira não se passará assim.

Desgraçadamente, a estrada é muito ruim e a região, difícil. Perdemo-nos; ele é o primeiro que se dá conta e, sem perder a paciência, sem se queixar, ocupa toda a sua atenção na procura do caminho; erra por um longo tempo antes de voltar a se situar, sempre com o mesmo sangue-frio. Isso não é nada para vós, mas para mim é muito, pois conheço sua índole arrebatada; vejo o fruto dos cuidados que tive desde a sua infância para enrijecê-lo contra os golpes da necessidade.

Chegamos, finalmente. A recepção que nos fazem é bem mais simples e mais delicada do que da primeira vez; já somos antigos conhecidos. Emílio e Sofia cumprimentam-se um pouco embaraçados e continuam sem se falar; que iriam dizer em nossa presença? A conversa de que precisam não tem necessidade de testemunhas. Passeamos pelo jardim; esse jardim tem como canteiro uma horta muito bem disposta; como parque, um pomar coberto de grandes e belas árvores frutíferas de toda espécie, entrecortado em diversos sentidos por lindos riachos e por platibandas cheias de flores. Que lindo lugar!, exclama Emílio, com a cabeça cheia do Homero que leu e sempre entusiasmado; acredito ver o jardim de Alcínoo. A moça gostaria de saber quem é Alcínoo e a mãe o pergunta. Alcínoo, digo-lhes, foi um rei da Córcira, cujo jardim, descrito por Homero, é criticado pelas pessoas de bom gosto por ser muito simples e muito pouco enfeitado*. Esse Alcínoo tinha uma filha adorável que, na véspera do dia em que seu pai recebeu um estrangeiro, sonhou que logo ganharia um marido. Sofia, desconcertada, cora, abaixa os olhos e morde a língua; não se pode imaginar semelhante confusão. O pai, que se diverte em aumentá-la, toma a palavra e diz que a jovem princesa ia ela própria lavar a roupa no rio. Acreditam vocês, prossegue ele, que ela teria deixado de tocar nos guardanapos por cheirarem a restos de comida? Sofia, visada pelo golpe, esquecendo-se de sua timidez natural, defende-se com energia. Seu pai sabe muito bem que toda a roupa miúda não poderia ter melhor lavadeira do que ela, se a deixassem lavá-la**, e que o faria com prazer, se não lho tivessem proibido. Enquanto diz isso, ela me olha furtivamente, com um nervosismo de que não posso deixar de rir, ao ler em seu coração ingênuo os alarmes que a fazem falar. Seu pai tem a maldade de ressaltar sua distração perguntando-lhe

---

* "À saída do palácio, encontramos um vasto jardim de quatro jeiras, cercado e fechado, cheio de grandes árvores floridas, produzindo peras, romãs e outras frutas das mais belas espécies, figueiras de doces frutos e oliveiras verdejantes. Nunca no ano inteiro essas belas árvores ficam sem frutos; no inverno e no verão, o doce hálito do vento do oeste faz a um só tempo medrar uns e amadurecer outros. Vemos a pera e a maçã envelhecerem e secarem em suas árvores, o figo na figueira e o cacho no ramo. A vinha inesgotável não para de produzir novas uvas; fazem cozer e confeitar uns sob o sol num terreno, enquanto se vindimam os outros, deixando no pé os que ainda estão em flor, verdes ou que estão começando a enegrecer. Num dos cantos, duas quadras bem cultivadas e cobertas de flores durante todo o ano são enfeitadas por duas fontes, das quais uma é distribuída por todo o jardim, enquanto a outra, depois de ter atravessado o palácio, é levada a uma construção na cidade para saciar os cidadãos."

Esta é a descrição do jardim real de Alcínoo, no sétimo livro da *Odisseia*, jardim no qual, para vergonha daquele velho sonhador que era Homero, e também dos príncipes de seu tempo, não vemos nem grades, nem estátuas, nem cascatas, nem gramados.

** Confesso que sou agradecido à mãe de Sofia por não tê-la deixado estragar no sabão aquelas mãos tão doces, que Emílio deve beijar com tanta frequência.

por que fala agora de si e o que tem em comum com a filha de Alcínoo. Envergonhada e trêmula, ela não ousa dizer palavra, nem olhar ninguém. Moça encantadora, já não é tempo de fingir; eis que te declaraste contra a vontade.

Logo essa pequena cena é esquecida ou parece sê-lo; muito felizmente para Sofia, Emílio é o único que não entendeu nada. O passeio prossegue e nossos dois jovens, que no começo estavam ao nosso lado, têm dificuldades para regular seus passos com a lentidão dos nossos; pouco a pouco nos precedem, aproximam-se e finalmente ficam juntos; vemo-los bem longe à nossa frente. Sofia parece atenta e séria; Emílio fala e gesticula com entusiasmo: não parece que a conversa os aborreça. Ao cabo de uma longa hora vamos voltar e os chamamos; eles voltam, mas lentamente, e vê-se que procuram aproveitar o tempo. Finalmente, de repente, a conversa entre eles cessa antes que estejamos em condições de ouvi-los, e eles aceleram o passo para nos alcançar. Emílio trata-nos com um ar aberto e carinhoso; seus olhos brilham de alegria; volta-os, porém, com um pouco de inquietação para a mãe de Sofia, para ver a recepção que lhe dará. Sofia não está, nem de longe, com um ar tão desenvolto; ao se aproximar, parece toda confusa por se ver frente a frente com um rapaz, ela que tantas vezes se encontrou com outros sem ficar embaraçada e sem que jamais tivessem achado ruim. Apressa-se em alcançar sua mãe, um pouco esbaforida, dizendo algumas palavras que não significam grande coisa, como que para parecer estar ali há muito tempo.

Pela serenidade que se vê no rosto daquelas adoráveis crianças, percebe-se que a conversa aliviou seus jovens corações de um grande peso. Não deixaram de ser reservados um para com o outro, mas esta reserva é menos embaraçosa; deve-se apenas ao respeito de Emílio, à modéstia de Sofia e ao pudor dos dois. Emílio ousa dirigir-lhe algumas palavras, algumas vezes ela ousa responder, mas nunca abre a boca para isso sem voltar os olhos para os de sua mãe. A mudança mais perceptível é com relação a mim. Demonstra-me uma consideração mais diligente, olha-me com interesse, fala-me afetuosamente, fica atenta ao que me pode agradar; vejo que me honra com sua estima e que não é indiferente para ela obter a minha simpatia. Compreendo que Emílio falou-lhe de mim; dir-se-ia que já conspiraram para me conquistar; não é isso, no entanto, e a própria Sofia não se conquista assim tão depressa. Talvez ele venha a ter mais necessidade de meu crédito junto a ela do que do seu junto a mim. Casal encantador!... Ao pensar que o coração sensível de meu jovem amigo fez com que eu tivesse uma parte importante em sua primeira conversa com sua amada, gozo do prêmio por meus trabalhos; sua amizade pagou-me por tudo.

As visitas se repetem. As conversas entre os dois jovens tornam-se mais frequentes. Embriagado de amor, Emílio já acredita ter alcançado a felicidade. No entanto, não obtém a confissão formal de Sofia; ela o escuta e nada lhe diz. Emílio conhece toda a sua modéstia; tanta moderação não o espanta; sente que não faz má figura junto a ela; sabe que são os pais que casam os filhos; supõe que Sofia aguarde uma ordem dos pais, pede a ela permissão de lhes solicitar; ela não se opõe. Ele me fala a respeito; falo em seu nome, e até na sua presença. Que surpresa para ele saber que Sofia depende só dela, e que para torná-lo feliz basta ela querê-lo! Ele começa a nada entender de seu comportamento. Sua confiança diminui. Alarma-se, vê-se menos avançado do que pensava estar, e é então que o mais terno amor emprega suas palavras mais tocantes para convencê-la.

Emílio não foi feito para adivinhar o que o atrapalha; se não lho dissermos, nunca o saberá, e Sofia é orgulhosa demais para lhe contar. As dificuldades que a detêm fariam o entusiasmo de qualquer outra. Não se esqueceu das lições de seus pais. Ela é pobre, Emílio é rico, ela sabe. Como ele precisa fazer-se estimado por ela! Quanto mérito não precisa para apagar essa desigualdade! Digna-se mesmo imaginar esses obstáculos? Emílio sabe se é rico? Será que ele se digna se informar a respeito? Graças ao céu, ele não tem necessidade de sê-lo, é capaz de ser bom sem isso. Ele tira o bem que faz do coração, e não da bolsa. Dá aos infelizes seu tempo, suas atenções, sua afeição e sua pessoa; e, na avaliação de suas boas ações, mal ousa contar o dinheiro que distribui aos pobres.

Não sabendo a que atribuir sua desgraça, atribui-a à sua própria culpa, pois quem ousaria acusar de capricho o objeto de suas adorações? A humilhação do amor-próprio aumenta os lamentos do amor rejeitado. Ele já não se aproxima de Sofia com aquela amável confiança de um coração que se sente digno do coração dela; anda temeroso e trêmulo junto a ela. Já não tem esperanças de sensibilizá-la pela ternura, procura dobrá-la pela piedade. Às vezes sua paciência se esgota e o despeito está pronto para substituí-la. Sofia parece pressentir seus arroubos e o olha. Só esse olhar já o desarma e intimida; ele fica mais submisso do que antes.

Perturbado com essa resistência obstinada e com esse silêncio invencível, ele abre o seu coração para o de seu amigo. Coloca nele as dores de seu coração desolado pela tristeza; implora sua ajuda e seus conselhos. Que impenetrável mistério! Ela se interessa por mim, disso não posso duvidar; longe de me evitar, sente-se bem comigo; quando chego, ela demonstra alegria, e tristeza quando vou embora; recebe as minhas atenções com bondade; meus préstimos parecem agradar-lhe; digna-se me dar opiniões e às vezes até ordens. No entanto, ela recusa meus pedidos, meus rogos. Quando ouso falar de casamento, imperiosamente impõe-me silêncio; e, se eu digo mais uma palavra, deixa-me no mesmo instante. Por que estranha razão ela quer que eu lhe pertença sem querer ouvir falar de ser minha? Tu que ela preza, tu que ela estima e que ela não terá coragem de calar, fala e fá-la falar; ajuda teu amigo, coroa tua obra; não tornes teus cuidados funestos a teu aluno; ah, o que ele recebeu de ti será a sua miséria, se não completares a sua felicidade.

Falo com Sofia, e arranco-lhe com pouca dificuldade um segredo que eu conhecia antes que ela mo tivesse contado. Tenho maiores dificuldades de obter permissão para informar Emílio a respeito daquilo; consigo, enfim, a permissão e falo com Emílio. A explicação causa-lhe uma surpresa de que não consegue refazer-se. Não compreende aquela delicadeza; não pode imaginar o que alguns escudos a mais ou a menos importam ao caráter e ao mérito. Quando o faço compreender o que eles importam para o preconceito, ele começa a rir e, num arroubo de alegria, quer partir imediatamente, ir rasgar tudo, jogar tudo fora, renunciar a tudo, para ter a honra de ser tão pobre quanto Sofia e voltar digno de ser seu marido.

Mas o quê!, digo eu, detendo-o e rindo de sua impetuosidade, essa cabeça não amadurecerá nunca? E, depois de ter filosofado toda a vida, nunca aprenderás a raciocinar? Como não vês que se realizares o teu louco projeto irás piorar tua situação e tornar Sofia ainda mais intratável? É uma pequena vantagem ter alguns bens a mais do que ela, seria uma vantagem enorme ter sacrificado todos por ela; e se a sua altivez não pode decidir-se a contrair contigo a primeira dívida, como se decidiria a contrair a outra? Se ela não pode tolerar que um marido possa queixar-se dela por tê-la enriquecido, irá tolerar que ele possa queixar-se de ter ficado pobre por ela? Ah, infeliz! Torce para que ela não suspeite de que pensaste nisso! Em vez disso, sê parcimonioso e atencioso por amor dela, para que não te acuse de querer conquistá-la por astúcia e de lhe sacrificar voluntariamente o que perdes por negligência.

Acreditas mesmo que os bens lhe causem medo e que suas oposições venham precisamente das riquezas? Não, meu caro Emílio, elas têm uma razão mais sólida e mais grave no efeito que produzem essas riquezas na alma de quem as possui. Ela sabe que os bens da fortuna são sempre preferidos a tudo por aqueles que os têm. Todos os ricos prezam mais o ouro do que o mérito. Na comparação entre o dinheiro e os serviços, sempre acham que estes nunca pagam o outro, e pensam que ainda se lhe deve alguma soma depois de se ter passado a vida a servi-los e comendo de seu pão. Então, que deves fazer, Emílio, para afastar seus temores? Faz com que ela te conheça bem; isso não é coisa para um dia. Mostra-lhe nos tesouros de tua alma nobre algum bem que compense aqueles que tens a infelicidade de possuir. Com constância e com tempo, vence a sua resistência; com sentimentos altos e generosos, obriga-a a esquecer-se de tuas riquezas. Ama-a, serve-a e serve seus respeitáveis pais. Prova-lhe que tais atenções não são motivadas por uma paixão louca e passageira, mas pelos princípios indeléveis gravados no fundo do teu coração. Honra dignamente o mérito ultrajado pela riqueza; é o único meio de reconciliá-la com o mérito a que ela deu preferência.

Compreende-se que grande alegria essas palavras causam no rapaz, o quanto lhe devolvem a confiança e a esperança, o quanto seu coração honesto se felicita por ter de fazer, para agradar a Sofia, tudo o que faria por si mesmo se Sofia não existisse ou se não estivesse apaixonado por ela. Por pouco que se tenha compreendido seu caráter, quem não imaginará o seu comportamento nessa ocasião?

Eis-me, pois, como confidente de meus dois jovens e mediador de seus amores! Belo trabalho para um preceptor! Tão belo que nada fiz em toda a minha vida que tanto me enaltecesse a meus próprios olhos, e tão contente me tornasse de mim mesmo. De resto, esse trabalho não deixa de ter os seus encantos; não sou tão malvisto na casa; confiam em mim para cuidar de manter os dois namorados dentro da ordem: Emílio, sempre com medo de desagradar, nunca foi tão dócil. A mocinha cumula-me de simpatias que não me enganam e das quais tomo para mim só a parte que me cabe. É assim que ela compensa indiretamente o respeito em que mantém Emílio. Faz-lhe em mim mil ternas carícias, que ela preferiria morrer a fazer nele mesmo, e ele, que sabe que não posso atrapalhar os seus interesses, está encantado com o meu bom entendimento com ela. Consola-se quando ela lhe recusa seu braço no passeio para dar preferência ao meu. Ele se afasta sem protestar apertando minha mão e dizendo-me baixinho, com a voz e com os olhos: Meu amigo, fala por mim. Segue-nos com os olhos, interessado; procura adivinhar nossos sentimentos pelos rostos e interpretar nossas palavras pelos gestos; ele sabe que nada do que dizemos é sem interesse para ele. Boa Sofia, como o teu coração sincero está à vontade quando, sem ser ouvida por Telêmaco, podes conversar com seu Mentor! Com que adorável franqueza deixas que ele leia nesse terno coração tudo o que nele se passa! Com que prazer lhe mostras todo o teu apreço pelo seu aluno! Com que comovente ingenuidade deixas que ele penetre os sentimentos mais doces! Com que raiva fingida mandas embora o importuno quando a impaciência o obriga a interromper-te! Com que encantador despeito reprovas a sua indiscrição quando ele vem impedir-te de falar bem dele, de ouvir o mesmo de mim e de sempre tirar de minhas respostas alguma nova razão para amá-lo!

Tendo assim conseguido fazer-se admitir como namorado declarado, Emílio faz valer todos os seus direitos; fala, acossa, solicita e importuna. Mesmo que lhe falem duramente, que o maltratem, pouco lhe importa, contanto que se faça ouvir. Finalmente ele consegue, não sem dificuldade, que Sofia, por seu lado, tenha a bondade de assumir abertamente para com ele a autoridade de uma namorada, que ela lhe ordene o que deve fazer, que mande em vez de pedir, que aceite em vez de agradecer, que estabeleça o número e a duração das visitas, que lhe proíba vir até tal dia e ficar depois de certa hora. Tudo isso não é feito por brincadeira, mas com muita seriedade, e, se ela hesitou em aceitar seus direitos, usa-os com um rigor que muitas vezes reduz o pobre Emílio ao arrependimento por ter-lhos concedido. Mas, seja o que for que ela ordene, ele não reclama, e não raro, ao sair para obedecer, olha-me com uns olhos cheios de alegria que me dizem: Podes ver que ela tomou posse de mim. Entretanto, a orgulhosa observa-o de esguelha e sorri secretamente da altivez de seu escravo.

Albani e Rafael, emprestai-me o pincel da volúpia! Divino Milton, ensina a minha rude pluma a descrever os prazeres do amor e da inocência! Mas não, escondei vossas artes mentirosas diante da santa verdade da natureza. Tende apenas corações sensíveis, almas castas; depois, deixai errar vossa imaginação sem constrangimentos pelos arroubos dos dois jovens namorados que, à vista dos pais e de seus guias, entregam-se tranquilamente à doce ilusão que os envolve e, na embriaguez dos desejos, avançando lentamente para o final, entrelaçam com flores e guirlandas o feliz laço que deve uni-los até o túmulo. Tantas imagens encantadoras até a mim embriagam; reúno-as sem ordem e sem sequência; o delírio que me causam me impede de reuni-las. Ah, quem, tendo coração, não será capaz de traçar em si mesmo o quadro delicioso das situações diversas do pai, da mãe, da filha, do preceptor, do aluno e da contribuição de uns e outros para a união do mais encantador casal cuja felicidade o amor e a virtude possam proporcionar?

Só agora, estando realmente empenhado em agradar, Emílio começa a perceber o valor dos talentos agradáveis que adquiriu. Sofia gosta de cantar e ele canta com ela; ele faz mais, ensina-lhe música. Ela é viva e ligeira, gosta de saltar, e ele dança com ela; transforma seus saltos em passos, aperfeiçoa-a. Suas aulas são deliciosas, a alegria brincalhona anima-os e adoça o tímido respeito do amor: é permitido a um namorado dar aulas com volúpia, é permitido ser o mestre de sua mestra[9].

9. Jogo de palavras: *maîtresse*, em francês, significa ao mesmo tempo amante e mestra. (N. do T.)

Têm um velho cravo todo estropiado; Emílio arruma-o e o afina; ele é fabricante de instrumentos musicais tanto quanto marceneiro, e sempre teve por máxima aprender a dispensar o auxílio dos outros em tudo o que ele próprio pudesse fazer. A casa está numa localização pitoresca, ele faz dela várias pinturas, nas quais às vezes Sofia colabora e com que ela enfeita o gabinete de seu pai. As molduras não são douradas, nem têm necessidade de sê-lo. Vendo Emílio desenhar, imitando-o, ela vai se aperfeiçoando com seu exemplo; ela cultiva todos os talentos e seu encanto embeleza a todos. Seu pai e sua mãe lembram-se de sua antiga opulência ao tornarem a ver brilhar à sua volta as belas-artes, a única coisa que fazia com que a opulência lhes fosse cara; o amor enfeitou toda a sua casa; sozinho fez com que nela reinassem, sem despesas e sem dificuldades, os mesmos prazeres que antigamente só conseguiam reunir com dinheiro e trabalho.

Assim como o idólatra enriquece com os tesouros que estima o objeto de seu culto, e ornamenta no altar o deus que adora, ainda que o namorado encare sua amada como perfeita, sempre quer dar a ela novos adornos. Ela não precisa deles para lhe agradar, mas, de sua parte, ele precisa enfeitá-la; é mais uma homenagem que acredita prestar-lhe, é mais um interesse que dá ao prazer de contemplá-la. Ele acha que nada de belo está em seu lugar quando não enfeita a suprema beleza. É ao mesmo tempo um espetáculo comovente e ridículo ver Emílio procurando ensinar a Sofia tudo o que sabe, sem refletir se o que lhe quer ensinar é de seu gosto ou lhe convém. Fala-lhe de tudo, explica-lhe tudo com uma solicitude infantil; acredita que lhe basta dizer para ela aprender imediatamente; imagina antecipadamente o prazer que terá em raciocinar, em filosofar com ela; considera inútil todo conhecimento que não pode exibir diante dela; quase enrubesce por saber alguma coisa que ela não saiba.

Ei-lo, pois, dando-lhe aulas de filosofia, de física, de matemáticas, de história, de tudo enfim. Sofia presta-se com prazer a seu zelo, e procura tirar algum proveito. Quando consegue dar suas aulas de joelhos diante dela, como Emílio fica contente! Acredita ver os céus abertos. No entanto, essa posição, mais incômoda para a aluna do que para o professor, não é a mais favorável à instrução. Não se sabe bem o que fazer com os olhos para evitar os outros que os perseguem, e quando eles se encontram a aula também não vai muito bem.

A arte de pensar não é alheia às mulheres, mas elas só devem tocar de leve nas ciências de raciocínio. Sofia compreende tudo, mas não retém muita coisa. Seus maiores progressos acontecem na moral e nas coisas do gosto; quanto à física, só retém alguma ideia das leis gerais e do sistema do mundo. Às vezes, em seus passeios, ao contemplar as maravilhas da natureza, seus corações inocentes e puros ousam elevar-se até o seu autor; não temem a sua presença, expandem-se juntos diante dele.

O quê! Dois namorados na flor da idade usam seus encontros para falar de religião! Passam o tempo recitando seu catecismo! De que serve aviltar o que é sublime? Sim, sem dúvida, eles o dizem na ilusão que os encanta; veem-se perfeitos, amam-se, conversam entusiasmados sobre o que dá valor à virtude. Os sacrifícios que lhe fazem a tornam querida. Nos arroubos que é preciso vencer, às vezes derramam juntos lágrimas mais puras do que o orvalho do céu, e essas doces lágrimas são o encanto de suas vidas; estão no mais encantador delírio que jamais alma humana experimentou. As próprias privações aumentam sua felicidade e prestam-lhes homenagem a seus próprios olhos por seus sacrifícios. Homens sensuais, corpos sem alma, um dia conhecerão vossos prazeres e terão saudade por toda a vida do tempo feliz em que os repeliram!

Apesar desse bom entendimento, às vezes não deixa de haver desavenças e até brigas; a moça não deixa de ter seus caprichos, e o rapaz, seus arrebatamentos; mas essas pequenas tempestades logo passam e só fortalecem a união;

a própria experiência ensina Emílio a já não temê-las; as pazes são-lhe sempre mais vantajosas do que são prejudiciais as brigas. O fruto da primeira faz com que espere o mesmo das outras; está enganado, mas, enfim, se nem sempre consegue um lucro tão grande, sempre ganha por ver confirmado por Sofia o interesse sincero que ela tem por seu coração. Querem saber qual é, então, esse lucro? Concordo de bom grado, já que esse exemplo me dá a oportunidade de expor uma máxima muito útil e combater uma outra muito funesta.

Emílio ama; portanto não é temerário; e concebe-se ainda melhor que a imperiosa Sofia não seja moça que lhe permita familiaridades. Como a prudência tem seus limites em todas as coisas, dir-se-ia que ela é antes muito rígida do que muito indulgente, e até seu pai teme às vezes que sua extrema altivez degenere em soberba. Nos encontros mais secretos, Emílio não ousaria pedir o menor favor, nem mesmo parecer desejá-lo; e, quando ela tem a bondade de passar o braço sob o seu no passeio, favor que ela não permite que se transforme em direito, mal ousa ele, às vezes, entre suspiros, apertá-lo contra o peito. No entanto, depois de um longo constrangimento, ele aventura um beijo furtivo em seu vestido, e muitas vezes é bastante feliz para que ela tenha a gentileza de não notar. Um dia, quando ele quer tomar um pouco mais abertamente a mesma liberdade, ela resolve zangar-se. Ele teima, ela se irrita, o despeito dita-lhe algumas palavras picantes; Emílio não as suporta sem responder; o resto do dia são zangas, e separam-se muito descontentes.

Sofia não se sente à vontade. A mãe é sua confidente; como lhe esconderia sua tristeza? É a sua primeira briga, e uma briga que tem apenas uma hora é um caso grave! Ela se arrepende de seu erro; sua mãe permite-lhe corrigi-lo, seu pai o ordena.

No dia seguinte, Emílio, nervoso, volta mais cedo do que de costume. Sofia está no quarto da mãe, e o pai também está lá; Emílio entra respeitosamente, mas com um ar triste. Mal o pai e a mãe o saudaram, Sofia se volta e, oferecendo-lhe a mão, pergunta-lhe com um tom carinhoso como vai. É claro que aquela linda mão não se oferece assim senão para ser beijada; ele a recebe e não a beija. Sofia, um pouco envergonhada, retira-a com tanta desenvoltura quanto pode. Emílio, que não está acostumado com as maneiras das mulheres e não sabe para que servem os caprichos, não esquece facilmente e não se acalma tão depressa. Vendo-a embaraçada, o pai de Sofia acaba de desconcertá-la com brincadeiras. A pobre menina, confusa, humilhada, já não sabe o que faz e daria tudo no mundo para poder chorar. Quanto mais se contém, mais seu coração se enche de lágrimas; finalmente, surge uma lágrima, apesar de seus esforços em contrário. Emílio vê a lágrima e precipita-se aos seus joelhos, toma-lhe a mão e a beija muitas vezes, apaixonadamente. Meu Deus, és bom demais, diz o pai estourando de rir; eu teria menos indulgência por todas essas loucas, e castigaria a boca que me ofendeu. Emílio, ganhando coragem com essas palavras, lança um olhar súplice para a mãe, e, acreditando ver um sinal de aprovação, aproxima-se tremendo do rosto de Sofia, que afasta a cabeça e, para salvar a boca, expõe uma face de rosas. O indiscreto não se contenta com ela, mas a resistência é fraca. Que beijo, se não acontecesse diante dos olhos de uma mãe! Severa Sofia, toma cuidado; pedir-te-ão muitas vezes teu vestido para beijar, com a condição de que às vezes o recuses.

Depois dessa punição exemplar, o pai sai para algum negócio; a mãe manda embora Sofia com algum pretexto e depois dirige a palavra a Emílio e lhe diz com um tom sério:

"Meu senhor, creio que um rapaz de tão bom nascimento, tão bem-educado quanto vós, que tem sentimentos e bons costumes, não gostaria de pagar com a desonra de uma família a amizade que ela lhe testemunha. Não sou nem intratável, nem hipócrita; sei o que se deve permitir à juventude alegre, e o que tolerei à minha frente é prova suficiente do que estou dizendo. Consultai vosso amigo sobre vossos deveres; ele vos dirá que diferença há entre as brincadeiras que a presença de um pai e de uma mãe autoriza e as liberdades que se tomam longe deles, abusando de sua confiança e transformando em armadilhas os mesmos favores que, diante deles, são apenas inocentes. Dir-vos-á, senhor, que minha filha em nada errou para com o senhor, a não ser por não ver desde a primeira vez o que nunca deveria tolerar; dir-vos-á que tudo o que se toma por favor torna-se um favor, e que é indigno de um homem honrado abusar da simplicidade de uma menina para usurpar em segredo as mesmas liberdades que ela pode tolerar diante de todos. Pois sabemos o que a decência pode tolerar em público, mas não sabemos até onde vai, na sombra do mistério, quem se erige em único árbitro de suas fantasias."

Depois dessa justa reprimenda, endereçada muito mais a mim do que a meu aluno, aquela sábia mãe deixa-nos, e deixa-me admirado com sua rara prudência, que não faz caso de que beijem diante dela a boca de sua filha, e que se assusta por ousarem beijar seu vestido em particular. Refletindo sobre a loucura de nossos princípios, que sempre sacrificam a verdadeira castidade à decência, compreendo por que a linguagem é mais casta quando os corações são mais corrompidos, e por que os gestos são mais irrepreensíveis quando os que os fazem são mais despudorados.

Nessa oportunidade, inculcando no coração de Emílio alguns deveres que lhe deveria ter ditado antes, ocorre-me uma nova reflexão, que talvez seja motivo da maior honra para Sofia, mas que evito comunicar a seu namorado; é claro que essa pretensa altivez que lhe censuram é apenas uma precaução muito sábia para defender-se de si mesma. Tendo a infelicidade de sentir-se um temperamento ardente, ela teme a primeira fagulha e afasta-a como pode. Não é por altivez que ela é severa, mas por humildade. Tem sobre Emílio o domínio que teme não ter sobre Sofia; serve-se de um para combater o outro. Se tivesse mais confiança, seria bem menos altiva. Sem esse único ponto, que moça é mais mansa e mais doce? Quem suporta mais pacientemente uma ofensa? Quem mais teme ofender os outros? Quem tem menos pretensões de qualquer espécie, fora no que diz respeito à virtude? Ainda assim, não é de sua virtude que ela é orgulhosa, só o é para conservá-la; e, quando pode entregar-se sem perigo à inclinação de seu coração, ela é carinhosa até com seu namorado. Mas sua discreta mãe não conta todos esses detalhes nem ao pai dela: os homens não devem saber tudo.

Longe até de parecer orgulhar-se com sua conquista, Sofia tornou-se com ela ainda mais afável e menos exigente com todos, exceto talvez com o único que proporcionou a mudança. O sentimento da independência já não enche seu nobre coração. Vence com modéstia, uma vitória que lhe custa a liberdade. Seus gestos são mais livres e sua fala mais tímida desde que já não ouve a palavra namorado sem corar, mas o contentamento é visível através de seu embaraço, e mesmo essa vergonha não é um sentimento ruim. É principalmente com os jovens visitantes que a diferença de comportamento é mais perceptível. Desde que ela já não os teme, a extrema reserva que tinha para com eles diminuiu bastante. Decidida em sua escolha, não tem medo de mostrar-se graciosa diante dos indiferentes; menos difícil para com seus méritos desde que não tem nenhum interesse no caso, ela sempre os acha bastante amáveis para pessoas que nada serão para ela.

Se o verdadeiro amor pudesse usar de coquetismo, eu acreditaria ver alguns indícios dele na maneira como Sofia se comporta com eles na presença de seu namorado. Dir-se-ia que, não contente com a ardente paixão com que o inflama através de uma fina mescla de reserva e de carinho, ela não acha ruim excitar ainda mais essa mesma paixão com um pouco de inquietação; dir-se-ia que, divertindo de propósito seus jovens hóspedes, ela reserva ao tormento de Emílio as graças de uma alegria que não ousa ter para com ele; Sofia, porém, é muito atenciosa, muito boa, muito judiciosa para atormentá-lo de fato. Para contrabalançar esse perigoso estimulante, o amor e a honestidade fazem nela o papel da prudência; sabe alarmá-lo e tranquilizá-lo exatamente quando preciso, e, se algumas vezes o deixa nervoso, nunca o entristece. Perdoemos a preocupação que ela causa a quem ama pelo medo que sente de nunca o ter suficientemente seguro.

Mas que efeito terá essa pequena astúcia sobre Emílio? Ficará com ciúme ou não? É preciso examiná-lo, pois essas digressões também fazem parte do objetivo de meu livro e pouco me afastam de meu assunto.

Mostrei precedentemente como, nas coisas ligadas à opinião, essa paixão introduz-se no coração do homem. Mas em amor as coisas são diferentes. O ciúme parece então ligar-se tão estreitamente à natureza, que temos dificuldade de acreditar que não provenha dela, e o próprio exemplo dos animais, dos quais muitos são ciumentos até o furor, parece confirmar o sentimento oposto sem contradição. Será a opinião dos homens que leva os galos a se despedaçarem e os touros a lutarem até a morte?

A aversão contra tudo o que perturba e combate nossos prazeres é uma reação natural, e isso é incontestável. Até certo ponto, o desejo de possuir exclusivamente o que nos agrada pertence ao mesmo caso. Mas, quando esse desejo, tornado paixão, transforma-se em fúria ou numa fantasia sombria e triste chamada ciúme, então é diferente; essa paixão pode ser ou não ser natural; é preciso distinguir.

O exemplo tirado dos animais já foi examinado no *Discurso sobre a desigualdade*, e, agora que novamente reflito sobre ele, esse exame parece-me bastante sólido para que eu ouse remeter a ele os leitores. Acrescentarei apenas às distinções que fiz naquele escrito que o ciúme que provém da natureza depende muito da potência do sexo e que, quando essa potência é ou parece ser ilimitada, o ciúme atinge o máximo, pois então o macho, medindo seus direitos pelas suas necessidades, nunca pode ver outro macho senão como um concorrente indesejável. Nessas mesmas espécies, as fêmeas, obedecendo sempre ao que chegar primeiro, só pertencem aos machos pelo direito de conquista, e causam entre eles lutas eternas.

Pelo contrário, nas espécies em que a união se faz de um a um, em que o acasalamento produz uma espécie de laço moral, uma espécie de casamento, a fêmea, pertencendo por sua escolha ao macho a que se entregou, geralmente se recusa a qualquer outro, e o macho, tendo como garantia de sua fidelidade esse afeto preferencial, também se inquieta menos ao ver outros machos e vive mais pacificamente com eles. Nessas espécies, o macho compartilha o cuidado dos filhos, e, por uma dessas leis da natureza que não vemos sem nos enternecer, parece que a fêmea retribui ao macho o apego que ele tem por seus filhos.

Ora, considerando-se a espécie humana em sua simplicidade primitiva, é fácil ver, pela potência limitada do macho e pela moderação de seus desejos, que ele foi destinado pela natureza a contentar-se com uma só fêmea; isso é confirmado pela igualdade numérica dos indivíduos dos dois sexos, pelo menos em nossos climas; igualdade esta que não ocorre, longe disso, nas espécies em que a maior força dos machos reúne muitas fêmeas para um só deles. E, embora o homem não choque ovos como os pombos, e, tampouco tendo mamas para dar leite, seja a este respeito da classe dos quadrúpedes, seus filhos são por tanto tempo rastejantes e fracos, que a mãe e eles dificilmente poderiam dispensar o apego do pai e os cuidados que são o seu efeito.

Portanto, todas as observações contribuem para provar que a fúria ciumenta dos machos, em algumas espécies de animais, não é de modo algum conclusiva no que diz respeito ao homem, e a própria exceção dos climas meridionais, onde a poligamia está estabelecida, só faz confirmar ainda mais o princípio, visto que é da pluralidade de mulheres que vem a tirânica precaução dos maridos, e o sentimento de sua própria fraqueza leva o homem a recorrer à força para escapar às leis da natureza.

Entre nós, onde essas mesmas leis, nesse ponto menos desrespeitadas, são desrespeitadas num sentido contrário e mais odioso, o ciúme tem seu motivo mais nas paixões sociais do que no instinto primitivo. Na maior parte das relações galantes, o amante odeia muito mais os seus rivais do que ama a mulher; se tem medo de não ser o único preferido, é por efeito daquele amor-próprio cuja origem mostrei, e a vaidade nele sofre muito mais do que o amor. De resto, nossas desastradas educações tornaram as mulheres tão dissimuladas* e inflamaram tanto seus apetites, que mal podemos contar com seu apego mais comprovado; e elas já não podem mostrar preferências que tranquilizem o temor dos concorrentes.

Quanto ao verdadeiro amor, é diferente. No escrito já citado, mostrei que esse sentimento não é tão natural quanto se pensa, e há muita diferença entre o doce hábito que faz com que o homem se afeiçoe à sua companheira e o ardor desenfreado que o embriaga com os quiméricos atrativos de um objeto que já não vê tal como é. Essa paixão, que vive de exclusões e de preferências, não difere neste ponto da vaidade, a não ser pelo fato de que a vaidade, exigindo tudo e nada dando, é sempre iníqua, ao passo que o amor, dando tanto quanto exige, é por si mesmo um sentimento cheio de equidade. Aliás, quanto mais ele é exigente, mais é crédulo; a mesma ilusão que o causa torna-o

---

* A espécie de dissimulação que menciono aqui é oposta à que lhes convém e que recebem da natureza; uma consiste em disfarçar os sentimentos que elas têm, e a outra, em fingir os que elas não têm. Todas as mulheres do mundo passam a vida ostentando sua pretensa sensibilidade, e nada amam a não ser elas mesmas.

fácil de se convencer. Se o amor é inquieto, a estima é confiante, e nunca um amor sem estima existiu num coração honesto, porque ninguém ama em quem ama apenas as qualidades com que se importa.

Tudo isso muito bem esclarecido, podemos dizer com certeza de que tipo de ciúme Emílio será capaz, pois, como dificilmente tal paixão tem uma semente no coração humano, sua forma é determinada unicamente pela educação. Emílio amoroso e ciumento não será colérico, sombrio, desconfiado, mas delicado, sensível e temeroso; ficará mais alarmado do que irritado; procurará muito mais conquistar sua amada do que ameaçar seu rival; afastá-lo-á, se possível, como um obstáculo, sem o odiar como um inimigo; se o odiar, não será pela audácia de disputar com ele um coração a que pretende, mas pelo perigo real de perdê-la que ele o faz correr; seu injusto orgulho não se ofenderá totalmente por ousarem entrar em concorrência contra ele; compreendendo que o direito de preferência funda-se unicamente no mérito e que a honra está no sucesso, ele duplicará suas atenções para se tornar amável, e provavelmente terá êxito. A generosa Sofia, excitando seu amor com alguns alarmes, saberá como medi-los e como recompensá-lo por eles; e os concorrentes, que só eram admitidos para pô-lo à prova, não tardarão a ser afastados.

Mas para onde me sinto arrastado pouco a pouco? Ó Emílio, que aconteceu contigo? Posso reconhecer em ti meu aluno? Como te vejo decaído! Onde está aquele rapaz educado tão duramente, que enfrentava os rigores das estações, que entregava o corpo aos mais rudes trabalhos e a alma apenas às leis da sabedoria, inacessível aos preconceitos e às paixões, que só amava a verdade, que só cedia à razão, e de nada dependia a não ser dele mesmo? Agora, amolecido por uma vida ociosa, deixa-se governar por mulheres; suas diversões são suas ocupações, suas vontades são suas leis; uma menina é o árbitro de seu destino; ele rasteja e curva-se diante dela; o grave Emílio é o joguete de uma criança!

Assim é a mudança das cenas da vida; cada idade tem suas molas que a fazem mover-se, mas o homem é sempre o mesmo. Aos dez anos, ele é movido por doces, aos vinte por uma namorada, aos trinta pelos prazeres, aos quarenta pela ambição, aos cinquenta pela avareza; quando corre ele atrás da sabedoria? Feliz de quem não é levado a ela contra a vontade! Que importa de que guia nos servimos, contanto que nos leve ao destino! Os heróis, os próprios sábios pagaram esse tributo à fraqueza humana, e aquele cujos dedos quebraram fusos não deixou por isso de ser grande homem.

Se quiserdes prolongar pela vida inteira o efeito de uma boa educação, conservai ao longo da juventude os bons hábitos da infância, e, quando vosso aluno for o que deve ser, fazei com que seja o mesmo em todos os tempos; eis a última perfeição que vos resta dar à vossa obra. É sobretudo por isso que é importante continuar com um preceptor para os rapazes, pois aliás não há muito por que temer que não saibam fazer o amor sem ele. O que engana os educadores, e principalmente os pais, é acreditarem que uma maneira de viver exclui a outra, e que assim que se é adulto é preciso renunciar a tudo o que se fazia quando pequeno. Se fosse assim, de que serviria cuidar da infância, já que o bom ou o mau uso que dela se fizesse desapareceria com ela e, adquirindo-se maneiras de viver absolutamente diferentes, assumir-se-iam necessariamente outras maneiras de pensar.

Assim como só as grandes doenças causam solução de continuidade na memória, quase que só as grandes paixões a produzem nos costumes. Ainda que mudem nossos gostos e inclinações, essa mudança, às vezes bastante brusca, é suavizada pelos hábitos. Na sucessão de nossas inclinações, assim como numa boa gradação de cores, o artista hábil deve tornar as mudanças de cor imperceptíveis, confundir e misturar as tintas e, para que nenhuma cause contraste, aplicar várias delas sobre todo o trabalho. Essa regra se confirma pela experiência; as pessoas imoderadas mudam todos os dias de afeições, de gostos, de sentimentos e, de constante, só têm o hábito de mudar; o homem regrado, porém, sempre volta às suas antigas práticas, e nem na velhice perde o gosto pelos prazeres que amava quando criança.

Se fizerdes com que, ao passar para uma outra idade, os jovens não desprezem a idade precedente que passou, que, ao contrair novos hábitos, não abandonem os antigos e que continuem gostando de fazer o que é bom, sem considerar o tempo em que começaram a agir assim, só então tereis salvo vossa obra e podereis ter confiança neles até o fim de seus dias; pois a mais temível revolução é a da idade de que agora tratais. Como sempre lamentamos, dificilmente perdem-se mais tarde os gostos que conservamos nessa fase, ao passo que, quando eles se interrompem, nunca mais os readquirimos.

A maior parte dos hábitos que acreditais fazer com que as crianças e os jovens contraiam não são verdadeiros hábitos, porque só foram adquiridos pela força e, seguindo-os contra a vontade, eles só esperam a oportunidade de se livrarem deles. Não se adquire o gosto de estar na prisão em razão de ficar nela; o hábito, então, longe de diminuir a aversão, aumenta-a. Não é esse o caso de Emílio, que, nada tendo feito na infância que não fosse voluntário e feito com prazer, ao continuar a agir da mesma forma quando adulto só acrescenta o domínio do hábito às doçuras da liberdade. A vida ativa, o trabalho braçal, o exercício, o movimento tornaram-se de tal modo necessários para ele, que não poderia renunciar a eles sem sofrer. Reduzi-lo bruscamente a uma vida indolente e sedentária seria o mesmo que aprisioná-lo, acorrentá-lo, mantê-lo numa situação violenta e forçada; não duvido de que seu humor e sua saúde igualmente se alterassem. Ele não consegue respirar à vontade num quarto bem fechado; precisa do ar livre, de movimento, de se cansar. Mesmo aos pés de Sofia, não consegue impedir-se de olhar às vezes o campo com o canto dos olhos e desejar percorrê-lo com ela. No entanto, fica quando é preciso ficar, mas inquieto, agitado; parece debater-se; fica porque está acorrentado. Eis aí, pois, dir-me-eis, necessidades a que o submeti, sujeições que lhe impus; e tudo isso é verdade; sujeitei-o à condição de homem.

Emílio ama Sofia; quais são, porém, os primeiros encantos que o atraíram? A sensibilidade, a virtude, o amor pelas coisas honestas. Ao amar este amor em sua amada, tê-lo-ia ele mesmo perdido? Por sua vez, que preço atribuiu Sofia a si mesma? O de todos os sentimentos que são naturais ao coração de seu namorado: a estima dos verdadeiros bens, a frugalidade, a simplicidade, o desinteresse generoso, o desprezo pelo luxo e pelas riquezas. Emílio já tinha essas virtudes antes que o amor lhas impusesse. Em que, então, Emílio realmente mudou? Ele tem novas razões para ser ele mesmo: este é o único ponto em que está diferente do que era.

Não imagino que ao ler este livro com alguma atenção alguém possa acreditar que todas as circunstâncias da situação em que ele se encontra tenham-se reunido assim à sua volta por acaso. Será por acaso que, oferecendo as cidades tantas moças adoráveis, aquela que lhe agrada encontra-se num retiro afastado? Será por acaso que a encontra? Será por acaso que se convêm? Será por acaso que não podem habitar no mesmo lugar? Será por acaso que ele só encontra abrigo tão longe dela? Será por acaso que a vê tão raramente e é obrigado a adquirir com tantos esforços o prazer de vê-la algumas vezes? Ele está se efeminando, dizeis. Pelo contrário, está se enrijecendo; é preciso que seja tão robusto quanto o fiz para resistir aos trabalhos que Sofia o faz suportar.

Ele mora a duas longas léguas dela. Essa distância é o sopro da forja; é com ela que tempero os lances do amor. Se fossem vizinhos, ou se ele pudesse ir vê-la sentado confortavelmente numa bela carruagem, amá-la-ia à vontade, amá-la-ia como parisiense. Teria Leandro desejado morrer por Hero se o mar não o tivesse separado dela? Leitor, poupai minhas palavras; se sois feito para me entender, acompanhareis minhas regras em meus pormenores.

As primeiras vezes que fomos ver Sofia, montamos a cavalo para andar mais depressa. Achamos cômodo esse recurso, e na quinta vez continuamos a ir a cavalo. Éramos esperados; a mais de meia légua da casa, vemos gente no caminho. Emílio observa, seu coração começa a bater; aproxima-se, reconhece Sofia, desce correndo do cavalo, vai, voa, está aos pés da adorável família. Emílio gosta muito dos belos cavalos; o dele é vivo, sente-se livre e foge pelos campos; vou atrás dele, alcanço-o com dificuldade e trago-o de volta. Infelizmente, Sofia tem medo de cavalos, não ouso aproximar-me dela. Emílio nada vê, mas Sofia adverte-o baixinho sobre o trabalho que deu a seu amigo. Emílio acorre todo envergonhado, pega os cavalos e fica para trás; é justo que cada um tenha a sua vez. Ele é o primeiro a partir para livrar-se de nossos cavalos. Ao deixar assim Sofia para trás, já não acha que o cavalo seja um veículo tão cômodo. Volta esbaforido e encontra-nos na metade do caminho.

Na viagem seguinte, Emílio já não quer os cavalos. Por quê?, pergunto-lhe; só temos de contratar um lacaio para tomar conta deles. Ah, diz ele, e iremos sobrecarregar assim a respeitável família? Sabes que ela quer dar comida a todos, homens e cavalos. É verdade, torno eu, que eles têm a nobre hospitalidade da pobreza. Avaros em seu luxo, os ricos só hospedam os amigos, mas os pobres hospedam também os cavalos dos amigos. Vamos a pé, diz ele; não tens coragem, tu que compartilhas com tanto prazer as cansativas diversões de teu filho? Com muito gosto, respondo de imediato; também o amor, ao que parece, não gosta de ser feito com tanto barulho.

Ao nos aproximarmos, encontramos a mãe e a filha ainda mais longe do que da primeira vez. Viemos como uma flecha. Emílio está banhado de suor; uma mão amada digna-se passar-lhe um lenço na face. Depois disso seria preciso haver muitos cavalos no mundo para que fôssemos tentados a servir-nos deles.

No entanto, é muito cruel nunca poder passar o anoitecer juntos. O verão avança, os dias começam a diminuir. Por mais que digamos, nunca nos permitem voltar de lá à noite, e, quando não chegamos de manhã, quase precisamos ir embora assim que chegamos. De tanto nos lamentar e preocupar-se conosco, a mãe julga enfim que na verdade não podemos nos hospedar decentemente na casa, mas podemos encontrar um abrigo na aldeia para dormir de vez em quando. Ao ouvir isso, Emílio bate palmas e estremece de alegria; e Sofia, sem se dar conta, beija com um pouco mais de frequência a mãe no dia em que encontrou esse expediente.

Pouco a pouco, a doçura da amizade, a familiaridade da inocência estabelecem-se e fortalecem-se entre nós. Nos dias prescritos por Sofia ou por sua mãe, vou geralmente com meu amigo, e algumas vezes também deixo-o ir sozinho. A confiança eleva a alma, e já não devemos tratar um homem como criança; e o que teria conseguido eu até agora se meu aluno não merecesse minha estima? Também acontece de eu ir sem ele; então, fica triste e não protesta; de que serviriam seus protestos? E depois, ele sabe muito bem que não atrapalharei seus interesses. De resto, se formos juntos ou separados, é claro que nenhum tempo nos detém, muito contentes de chegar num estado em que possam ter pena de nós. Infelizmente, Sofia proíbe-nos essa honra, e não quer que venhamos com mau tempo. Foi a única vez que ela se rebelou contra as regras que lhe tinha dito em segredo.

Um dia em que ele foi sozinho, e em que só o espero para o dia seguinte, vejo-o chegar ao anoitecer e digo-lhe ao beijá-lo: Ora, caro Emílio, tu de volta ao teu amigo! Mas, em vez de responder às minhas carícias, diz-me com um pouco de mau humor: Não acredites que volto tão cedo porque queira, estou aqui contra a minha vontade. Ela quis que eu viesse; venho por ela, e não por ti. Tocado com essa ingenuidade, beijo-o de novo, dizendo-lhe: Alma franca, amigo sincero, não me escondas o que me pertence. Se vens por ela, é por mim que o dizes; teu retorno é obra dela, mas tua franqueza é obra minha. Conserva para sempre essa nobre candura das belas almas. Podemos deixar que os indiferentes pensem o que quiserem, mas é um crime suportar que um amigo nos dê o mérito de algo que não fizemos por ele.

Evito rebaixar aos seus olhos o valor dessa confissão, descobrindo nela mais amor do que generosidade e dizendo-lhe que quer menos tirar de si o mérito pela volta do que o dar a Sofia. Mas eis como ele me revela sem querer o fundo de seu coração: se veio à vontade, devagarinho e pensando em seus amores, Emílio é apenas o namorado de Sofia; se chega apressado, esbaforido, ainda que um pouco zangado, Emílio é o amigo de seu Mentor.

Vê-se por tais circunstâncias que meu rapaz está bem longe de passar a vida junto a Sofia e de vê-la tanto quanto gostaria. Uma viagem ou duas por semana restringem as permissões que recebe, e suas visitas, muitas vezes limitadas a meia jornada, raramente se prolongam até o dia seguinte. Gasta um tempo bem maior na esperança de vê-la e na felicidade de tê-la visto do que em vê-la de fato. Do próprio tempo que gasta em suas viagens, passa menos junto a ela do que indo ou vindo. Seus prazeres verdadeiros, puros, deliciosos, mas menos reais do que imagináveis, excitam seu amor sem efeminar seu coração.

Nos dias em que não a vê, não fica ocioso nem sedentário. Nesses dias, ainda é Emílio; não mudou de modo algum. No mais das vezes, percorre os campos das redondezas e estuda sua história natural; observa, examina as terras, suas produções, sua cultura; compara os trabalhos que vê com os que conhece; procura a razão das diferenças; quando considera outros métodos preferíveis aos da região, ensina-os aos agricultores; se propõe um melhor tipo de arado, manda fazer um conforme seus desenhos; se encontra uma pedreira de marga, ensina-lhes sua utilidade, desconhecida no lugar; não raro, ele mesmo põe mãos à obra; todos ficam admirados vendo-o manejar as ferramentas com mais facilidade do que eles próprios, abrir sulcos mais profundos e mais retos do que os seus, semear com maior homogeneidade e dirigir as culturas de encosta com maior inteligência. Não zombam dele como de um tagarela sobre coisas da agricultura; veem que ele a conhece de fato. Numa palavra, estende seu zelo e suas atenções para tudo o que é de utilidade primeira e geral; e não para aí: visita as casas dos camponeses, informa-se sobre a condição deles, sobre suas famílias, sobre o número de filhos, sobre a quantidade de terras, sobre a natureza da produção, sobre suas vendas, sobre suas capacidades, sobre seus encargos, suas dívidas etc. Dá pouco dinheiro, pois sabe que, em geral, ele é mal empregado; mas ele próprio orienta o seu emprego e torna-o útil a eles, mesmo que não queiram. Fornece-lhes trabalhadores e não raro paga-lhes as jornadas pelos trabalhos de que precisam. Para um, faz com que se reerga e se recubra a cabana semitombada; para outro, faz com que se desmate sua terra abandonada por falta de recursos; para outro, oferece uma vaca, um cavalo, gado de toda espécie para repor o que foi perdido; se dois vizinhos estão a ponto de se processarem, convence-os e apazigua-os; se um camponês fica doente, faz com que cuidem dele, ou cuida ele próprio*; se outro é molestado por um vizinho poderoso, protege-o e orienta-o; se jovens

* Cuidar de um camponês doente não é purgá-lo, dar-lhe drogas, mandar-lhe um médico. Não é isso, de jeito nenhum, que aquela pobre gente precisa em suas doenças, mas sim de melhor e mais abundante alimentação. Jejuai vós outros quando tendes febre, mas, quando vossos camponeses a têm, dai-lhes carne e vinho; quase todas as suas doenças vêm da miséria e do esgotamento; a melhor tisana para eles está em vossas adegas e seu único boticário deve ser vosso açougueiro.

pobres se amam, ajuda a casá-los; se uma boa mulher perdeu seu filho querido, vai visitá-la, consola-a e não sai logo depois de ter entrado; não deixa de lado os indigentes, não tem pressa de afastar-se dos infelizes, muitas vezes almoça e janta na casa dos camponeses que assiste e aceita também comer na casa dos que não precisam dele; tornando-se benfeitor de uns e amigo dos outros, não deixa de ser seu igual. Enfim, sempre faz com sua pessoa tanto bem quanto com seu dinheiro.

Às vezes, ele volta suas inspeções na direção da feliz morada; poderia esperar ver Sofia furtivamente, vê-la passear sem ser visto; Emílio, porém, é sempre reto em sua conduta e nada quer esconder. Ele tem aquela amável delicadeza que agrada e alimenta o amor-próprio com o bom testemunho de si. Fica rigorosamente em seu lugar e nunca se aproxima o bastante para receber do acaso o que só quer dever a Sofia. Em contrapartida, passeia com prazer pelos arredores, à procura dos rastros dos passos de sua amada, enternecendo-se com os trabalhos que teve e com as voltas que ela deu para agradar a ele. Na véspera dos dias em que a deve encontrar, ele irá a alguma fazenda vizinha ordenar uma refeição para o dia seguinte. O passeio é dirigido para aquele lado sem parecer; entra-se ali como que por acaso, e encontram-se frutas, doces, creme. A gulosa Sofia não é insensível a essas atenções, e de bom grado honra a nossa previdência, pois sempre recebo a minha parte no cumprimento, mesmo que em nada tenha participado do que o motiva; trata-se de expediente da menina para ficar menos embaraçada ao agradecer. Eu e o pai comemos doces e bebemos vinho, mas Emílio fica com as mulheres, sempre à espreita para roubar algum prato de creme onde a colher de Sofia tenha passado.

No que diz respeito a doces, falo com Emílio de suas antigas corridas. Querem saber o que são elas; explico, dão risada; perguntam-lhe se ainda sabe correr. Mais do que nunca, responde ele; eu ficaria muito triste se tivesse esquecido. Alguém do grupo gostaria muito de vê-lo correr, mas não tem coragem de dizê-lo; outra pessoa encarrega-se de fazer o pedido; ele aceita; reúne dois ou três rapazes das cercanias, fixam um prêmio e, para melhor imitar os antigos jogos, põem um doce no ponto de chegada. Cada qual se prepara, o pai dá o sinal batendo as mãos. O ágil Emílio fende o ar e já se encontra no fim da corrida, mal meus três molengas partiram. Emílio recebe o prêmio das mãos de Sofia e, não menos generoso do que Eneias, dá presentes a todos os vencidos.

No auge do brilho da vitória, Sofia ousa desafiar o vencedor, e vangloria-se de correr tão bem quanto ele. Ele não recusa competir com ela, e, enquanto ela se apronta no lugar de início da corrida, enquanto arregaça o vestido dos dois lados e, mais curiosa por exibir uma perna fina aos olhos de Emílio do que por vencê-lo, olha para ver se suas saias são bastante curtas, ele diz alguma coisa no ouvido da mãe; ela sorri e faz um sinal de aprovação. Então ele vem colocar-se ao lado de sua concorrente e, mal é dado o sinal, já a veem partir como um passarinho.

As mulheres não foram feitas para correr; quando fogem, é para serem alcançadas. Correr não é a única coisa que fazem desajeitadamente, mas é a única que fazem com pouca graça; os cotovelos para trás e colados ao corpo dão-lhe uma atitude ridícula, e os altos saltos sobre os quais se empoleiram fazem com que pareçam gafanhotos querendo correr sem saltar.

Não imaginando que Sofia corra melhor do que qualquer outra mulher, Emílio não se digna sair do lugar e a vê partir com um sorriso zombeteiro. Mas Sofia é rápida e usa saltos baixos; não precisa de artifícios para parecer ter pés pequenos; toma a dianteira com tal rapidez que, para alcançar a nova Atalanta, ele só dispõe do tempo necessário ao percebê-la tão longe à sua frente. Ele parte, então, por sua vez, como a águia que cai sobre a presa; persegue-a, aproxima-se e enfim a alcança todo esbaforido, passa de leve o braço esquerdo ao seu redor, levanta-a como uma pluma e, apertando contra o coração aquele doce fardo, termina assim a corrida, fazendo-a alcançar o alvo em primeiro lugar; e, depois, gritando *vitória de Sofia!*, põe diante dela um joelho no chão e reconhece-se vencido.

Às suas diferentes ocupações, soma-se a do ofício que aprendemos. Pelo menos um dia por semana, e mais todos em que o mau tempo nos impede de ir ao campo, eu e Emílio vamos trabalhar na casa de um mestre. Não trabalhamos só formalmente, como pessoas acima daquela condição social, mas para valer e como verdadeiros operários. Vindo ver-nos, o pai de Sofia encontra-nos trabalhando para valer, e não deixa de contar com admiração à mulher e à filha o que viu. Ide ver, diz ele, aquele rapaz na oficina e vereis se ele despreza a condição do pobre! Pode-se imaginar como Sofia ouve estas palavras com prazer! Torna-se a falar a respeito, querem surpreendê-lo enquanto trabalha. Fazem-me perguntas como quem nada quer e, depois de se terem certificado dos dias certos, a mãe e a filha tomam uma carruagem e vêm à cidade no mesmo dia.

Ao entrar na oficina, Sofia percebe na outra extremidade um rapaz de camisa, com os cabelos penteados com negligência e tão ocupado com o que faz que não a vê; ela para e faz um sinal para a mãe. Emílio, com uma tesoura na mão e o martelo na outra, termina um encaixe; depois serra uma prancha e coloca uma parte dela no torninho para poli-la. Esse espetáculo não faz Sofia rir; ele a comove, pois é respeitável. Mulher, honra teu chefe; é ele que trabalha para ti, que ganha teu pão e te alimenta: eis o homem.

Enquanto estão atentas observando-o, percebo-as e puxo Emílio pela manga; ele se volta e as vê, larga as ferramentas e precipita-se em sua direção com um grito de alegria. Depois de ter-se entregue aos primeiros arroubos, faz com que sentem e volta ao trabalho. Mas Sofia não consegue ficar sentada; levanta-se com vivacidade, percorre a oficina, examina as ferramentas, toca o polimento das pranchas, junta lascas do chão, olha nossas mãos e depois diz que gosta daquele ofício porque é limpo. A brincalhona tenta até imitar Emílio. Com sua mão branca e fraca, empurra uma plaina sobre a prancha; a plaina desliza e não pega. Creio estar vendo o Amor pelos ares, a rir e a bater as asas; creio ouvi-lo dando gritos de alegria, dizendo: *Hércules está vingado.*

Enquanto isso, a mãe faz perguntas ao mestre. Senhor, quanto paga àqueles meninos? Senhora, dou a cada um vinte soldos por dia e dou-lhes comida, mas, se esse rapaz quisesse, ganharia muito mais, pois é o melhor trabalhador da região. Vinte soldos por dia, e mais a comida!, diz a mãe, olhando-nos com ternura. Senhora, é isso mesmo, torna o mestre. A estas palavras, ela corre até Emílio, abraça-o, aperta-o contra o peito derramando lágrimas sobre ele, sem poder dizer nada além de repetir muitas vezes: Meu filho, meu filho!

Depois de ter passado algum tempo conversando conosco, mas sem nos afastar do trabalho, ela diz à filha: Vamos embora, já é tarde, não devemos deixar que nos esperem. Depois, aproximando-se de Emílio, dá-lhe um tapinha no rosto e lhe diz: Muito bem, bom trabalhador, não queres vir conosco? Ele lhe responde com um tom muito triste: Tenho um compromisso, pergunte ao mestre. Perguntam ao mestre se ele pode dispensar-nos. Ele responde que não. Diz ele: Tenho alguns trabalhos urgentes que devo entregar depois de amanhã. Contando com esses senhores, recusei alguns operários que se apresentaram; se me faltarem, não sei mais onde arrumar outros e não poderei entregar o trabalho no dia prometido. A mãe não responde nada; espera que Emílio fale. Emílio baixa a cabeça e cala-se. Senhor, diz-lhe a mãe, um pouco surpresa com aquele silêncio, não tens nada a dizer sobre isso? Emílio olha com ternura a moça e só responde estas palavras: Estás vendo que preciso ficar. Então as damas vão embora e nos deixam. Emílio acompanha-as até a porta e segue-as com os olhos tanto quanto pode, suspira e volta ao trabalho sem nada dizer.

No caminho, a mãe, irritada, fala com a filha sobre a estranheza daquele comportamento. Mas como!, diz ela, será tão difícil contentar o mestre sem ser obrigado a ficar? E esse rapaz tão pródigo, que gasta dinheiro sem necessidade, não sabe encontrá-lo nas ocasiões convenientes? Mas mamãe, responde Sofia, Deus não permita que Emílio dê tanta força ao dinheiro, que se sirva dele para romper um compromisso pessoal, para violar impunemente sua palavra e fazer com que a palavra dos outros seja violada! Sei que ele facilmente indenizaria o trabalhador pelo pequeno prejuízo que sua ausência causaria, mas ao mesmo tempo sujeitaria sua alma às riquezas, habituar-se-ia a colocá-las no lugar dos deveres e a acreditar que estamos livres de tudo, contanto que paguemos. Emílio tem outras maneiras de pensar e espero não ser motivo para que as mude. A senhora acredita que foi fácil para ele ficar? Mamãe, não se engane, foi por mim que ele ficou; vi isso nos olhos dele.

Não que Sofia seja indulgente a respeito das pequenas atenções do amor; pelo contrário, é imperiosa e exigente; preferiria não ser amada a sê-lo moderadamente. Tem o nobre orgulho do mérito consciente de si mesmo, que se estima e quer ser honrado como ele próprio se honra. Desdenharia um coração que não percebesse todo o valor do seu, que não a amasse tanto ou mais por suas virtudes do que por seus encantos, um coração que não preferisse a ela seu próprio dever e não a preferisse a qualquer outra coisa. Rejeitou todos os namorados que só tivessem por lei a sua própria; ela quer reinar sobre um homem que ela não tenha desfigurado. Foi assim que, tendo aviltado os companheiros de Ulisses, Circe desdenha-os e entrega-se somente a ele, que ela não pôde modificar.

Mas, pondo de lado esse direito sagrado e inviolável, excessivamente preocupada com todos os seus direitos, Sofia observa com que escrúpulo Emílio os respeita, com que zelo realiza as suas vontades, com que habilidade os adivinha, com que vigilância chega no momento prescrito; ela não quer nem que ele se atrase, nem que se antecipe, mas que seja pontual. Antecipar-se equivale a preferir-se a ela; atrasar-se, a negligenciá-la. Negligenciar Sofia! Isso não aconteceria duas vezes. A injusta suspeita de uma quase pôs tudo a perder, mas Sofia é justa e sabe reparar erros.

Certa noite, somos esperados; Emílio recebeu a ordem. Vêm ao nosso encontro e não chegamos. Que terá ocorrido com eles? Que desgraça lhes aconteceu? Não veio ninguém da parte deles? Passam o anoitecer a nos esperar. A pobre Sofia acredita que estejamos mortos; fica aflita, atormentada e passa a noite a chorar. Já à noitinha tinham enviado um mensageiro para informar-se sobre nós e trazer notícias nossas no dia seguinte de manhã. O mensageiro volta acompanhado de um outro mandado por nós, que pede desculpas por nós e diz que estamos bem. Logo depois, nós mesmos aparecemos. A cena, então, muda; Sofia enxuga as lágrimas ou, se as derrama, é de raiva. Seu coração altivo não ganhou grande coisa ao certificar-se de que estávamos vivos; Emílio vive e fez-se esperar inutilmente.

À nossa chegada, ela quer se fechar no quarto. Querem que ela fique; é preciso ficar, mas, tomando imediatamente sua decisão, ostenta um ar tranquilo e contente que convenceria outras pessoas. O pai vem ao nosso encontro e diz: Deixastes vossos amigos preocupados; há pessoas que não vos perdoarão muito facilmente. Mas quem, papai?, diz Sofia com o jeito de sorrir mais gracioso que possa mostrar. O que te importa, responde o pai, contanto que não sejas tu? Sofia não responde e baixa os olhos para o seu trabalho. A mãe recebe-nos com um ar frio e grave. Embaraçado, Emílio não ousa abordar Sofia. Ela é quem fala primeiro, pergunta-lhe como vai, convida-o a sentar-se e finge tão bem que o pobre rapaz, que ainda nada entende da linguagem das paixões violentas, é enganado por aquele sangue-frio, e quase chega a irritar-se com ele.

Para preveni-lo, vou tomar a mão de Sofia e pretendo levá-la aos lábios como faço algumas vezes; ela a retira bruscamente, dizendo *meu senhor* de tal maneira que aquele movimento involuntário imediatamente a denuncia a Emílio.

Vendo que se traiu, a própria Sofia constrange-se menos. Seu aparente sangue-frio transforma-se num desprezo irônico. Responde a tudo o que lhe falam com monossílabos pronunciados em voz lenta e pouco firme, como se tivesse medo de deixar transparecer sua indignação. Quase morto de medo, Emílio encara-a angustiado e procura fazer com que ela o olhe nos olhos para poder ler neles os seus verdadeiros sentimentos. Sofia, mais irritada ao ganhar confiança, lança-lhe um olhar que lhe tira a vontade de pedir outro. Surpreso e trêmulo, Emílio já não ousa, felizmente para ele, nem lhe falar, nem olhar para ela, pois, mesmo que não fosse culpado, se ele pudesse suportar sua cólera, ela nunca lho perdoaria.

Percebendo então que tinha chegado a minha vez e a hora de dar explicações, volto a Sofia. Tomo novamente sua mão, que ela já não retira, pois já está a ponto de desmaiar. Digo-lhe com carinho: Querida Sofia, sentimos muito; mas és razoável e justa e não nos julgarás sem nos ouvir: escuta-nos. Ela não responde, e digo o seguinte:

"Partimos ontem às quatro horas; estava prescrito que deveríamos chegar às sete, e sempre saímos mais cedo do que é preciso para podermos descansar ao nos aproximarmos daqui. Já tínhamos percorrido três quartos do caminho quando ouvimos lamentos dolorosos; vinham de um desfiladeiro da colina a certa distância de nós. Acudimos aos gritos e encontramos um infeliz camponês que, voltando da cidade um pouco embriagado, caíra do cavalo e quebrara a perna. Gritamos, pedimos socorro, mas ninguém respondeu; tentamos recolocar o ferido no cavalo, mas não conseguimos; ao menor movimento, o infeliz sentia horríveis dores. Decidimos amarrar o cavalo num bosque afastado e depois, fazendo uma padiola com nossos braços, colocamos ali o ferido e o levamos o mais devagar possível, seguindo as suas indicações sobre o caminho que era preciso seguir para chegar à sua casa. O trajeto era longo; foi preciso descansarmos várias vezes. Chegamos, enfim, mortos de cansaço; descobrimos com uma surpresa amarga que já conhecíamos a casa, e que aquele miserável que trazíamos com tanta dificuldade era o mesmo que nos tinha recebido com tanta cordialidade no dia de nossa primeira chegada aqui. Na confusão em que ficamos todos, não nos tínhamos reconhecido até então.

"Ele só tinha dois filhinhos. Prestes a dar-lhe um terceiro, sua mulher ficou tão impressionada ao vê-lo chegar que começou a sentir dores agudas e deu à luz poucas horas depois. O que fazer nessas condições numa cabana afastada, onde não podíamos esperar nenhum auxílio? Emílio resolveu ir pegar o cavalo que tínhamos deixado no bosque, montá-lo e correr à rédea solta para procurar um médico na cidade. Deu o cavalo ao médico e, não tendo conseguido encontrar a tempo uma guarda, voltou a pé com um criado, depois de vos ter enviado um mensageiro, enquanto em apuros, como podeis acreditar, entre um homem de perna quebrada e uma mulher em dores de parto, eu preparava na casa tudo o que podia prever que seria necessário em auxílio de ambos.

"Não entrarei nos detalhes do resto; não é disso que se trata. Eram duas horas da manhã antes que nós dois tivéssemos tido algum momento de descanso. Finalmente, voltamos antes de o dia nascer para o nosso abrigo próximo daqui, onde esperamos a hora em que acordais para contar-vos o acidente."

Calo-me sem nada acrescentar. Mas, antes que alguém fale, Emílio aproxima-se da namorada, ergue a voz e lhe diz com mais firmeza do que eu esperaria: Sofia, és o árbitro de meu destino, como bem sabes. Podes fazer-me morrer de dor, mas não esperes fazer-me esquecer dos direitos da humanidade; eles são para mim mais sagrados do que os teus, nunca renunciarei a eles por ti.

Ao ouvir essas palavras, Sofia, em vez de responder, passa um braço ao redor de seu pescoço e beija-lhe o rosto; depois, estendendo-lhe a mão com uma graça inimitável, diz: Emílio, pega esta mão; ela é tua. Quando quiseres, sê meu senhor e meu esposo; procurarei merecer essa honra.

Mal ele a beijou e o pai, encantado, bate palmas gritando *bis*, *bis*; e Sofia, sem se fazer de rogada, dá-lhe logo dois beijos na outra face, mas, quase no mesmo instante, espantada com tudo o que acaba de fazer, ela foge para os braços da mãe e esconde no seio materno seu rosto vermelho de vergonha.

Não descreverei a alegria geral; todos a devem sentir. Depois do almoço, Sofia pergunta se era muito longe para ela ir ver aqueles pobres doentes. Sofia o deseja e é uma boa obra. Vamos até lá; encontramo-los em camas separadas; Emílio tinha mandado trazer uma delas; encontramos ao redor deles muita gente para ajudá-los; Emílio o tinha providenciado. Mas estão ambos tão mal acomodados, que sofrem tanto pelo mal-estar quanto por sua condição. Sofia pede um avental da boa mulher e vai ajeitá-la em sua cama; em seguida, faz a mesma coisa com o homem; sua mão mansa e ligeira sabe encontrar tudo o que os incomoda e fazer com que seus membros doloridos se coloquem de modo mais cômodo. Já se sentem mais aliviados quando ela se aproxima; dir-se-ia que ela adivinha tudo o que os aflige. Essa moça tão delicada não teme nem a sujeira, nem o mau cheiro, e é capaz de fazer com que uma e outro desapareçam sem ajuda de ninguém e sem que os doentes sejam incomodados. Ela, que sempre é considerada tão modesta e às vezes tão desdenhosa, que na opinião de todos não tocaria com a ponta do dedo a cama de um homem, revira e troca o doente sem nenhum escrúpulo, e coloca-o numa situação mais cômoda para que possa permanecer assim por bastante tempo. O zelo da caridade não vale menos do que a modéstia; o que ela faz, fá-lo tão rapidamente e com tanta destreza que ele se sente aliviado quase sem perceber que o tenham tocado. A mulher e o marido abençoam juntos a adorável moça que os serve, que tem pena deles e que os consola. É um anjo do céu que Deus lhes envia; dos anjos ela tem a figura e a graça, a doçura e a bondade. Emílio, enternecido, contempla-a em silêncio. Homem, ama a tua companheira. Deus a dá a ti para teu consolo nas dores, para aliviar-te nos males: eis a mulher.

Mandam batizar o recém-nascido. Os dois namorados o apresentam, com o coração ardendo de vontade de logo dar o mesmo trabalho a outros. Aspiram ao momento desejado, creem já alcançá-lo; todos os escrúpulos de Sofia desapareceram, mas os meus aparecem. Eles ainda não chegaram onde pensam; é preciso que cada um tenha a sua vez.

Uma manhã em que eles não se viam há dois dias, entro no quarto de Emílio com uma carta nas mãos, e digo-lhe enquanto o encaro fixamente: Que farias se te dissessem que Sofia morreu? Ele dá um grito forte, levanta-se batendo as mãos e, sem dizer uma única palavra, fita-me com os olhos transtornados. Responde então, prossigo eu com a mesma tranquilidade. Irritado com a minha calma, ele se aproxima, com os olhos cheios de cólera e, detendo-se numa atitude quase ameaçadora, diz: O que eu faria?... Não sei, mas sei que nunca mais tornaria a ver quem me desse a notícia. Fica tranquilo, respondi, ela está bem, pensa em você e estamos sendo esperados esta noite. Mas vamos dar uma volta para conversar um pouco.

A paixão com que está preocupado já não lhe permite entregar-se como antes a conversas de mero raciocínio; é preciso interessá-lo usando esta mesma paixão para torná-lo atento às minhas lições. Foi o que fiz com esse terrível preâmbulo; agora tenho certeza de que me escutará.

"É preciso ser feliz, caro Emílio, tal é o fim de todo ser sensível; é o primeiro desejo que a natureza imprimiu em nós, e o único que nunca nos abandona. Mas onde está a felicidade? Quem o sabe? Cada qual a procura e ninguém a encontra. Gastamos a vida perseguindo-a e morremos sem a ter alcançado. Meu jovem amigo, ao nasceres, quando te peguei em meus braços e, invocando o Ser supremo pelo compromisso que ousei contrair, dediquei minha vida à felicidade da tua, será que eu mesmo sabia a que me comprometia? Não; sabia apenas que, tornando-te feliz, eu tinha a certeza de também o ser. Fazendo para ti esta útil procura, tornava-a comum a nós dois.

"Enquanto ignoramos o que devemos fazer, a sabedoria está em permanecer inativo. De todas as máximas, esta é a de que o homem tem maior necessidade e a que ele é menos capaz de seguir. Procurar a felicidade sem saber onde ela está é correr o risco de perdê-la, é correr tantos riscos contrários quantos são os caminhos para se perder. Mas não pertence a todos saber não agir. Na inquietação em que nos mantém o ardor pelo bem-estar, preferimos enganar nos perseguindo-o a nada fazer para procurá-lo, e, uma vez saídos do lugar em que podemos encontrá-lo, já não sabemos voltar a ele.

"Com a mesma ignorância tentei evitar o mesmo erro. Tomando conta de ti, resolvi não dar um passo inútil e impedir que o desses. Mantive-me no caminho da natureza, esperando que ela me mostrasse o da felicidade. Aconteceu que era o mesmo e, sem o saber, eu o tinha seguido.

"Sê minha testemunha, sê meu juiz; nunca te recusarei. Teus primeiros anos não foram sacrificados pelos que os deviam seguir; gozaste de todos os bens que te dera a natureza. Dos males a que ela te sujeitou e dos quais te pude proteger, só sentiste os que podiam fazer-te mais forte para com os outros. Nunca sofreste um mal senão para evitar outro maior. Não conheceste nem o ódio, nem a escravidão. Livre e contente, permaneceste justo e bom, pois o sofrimento e o vício são inseparáveis e nunca o homem se torna mau, a não ser quando é infeliz. Possa a lembrança da tua infância prolongar-se até tua velhice! Não temo que algum dia teu bom coração se lembre dela sem abençoares a mão que a governou.

"Quando entraste na idade da razão, protegi-te da opinião dos homens; quando teu coração se tornou sensível, preservei-te do império das paixões. Se eu tivesse podido prolongar aquela calma interior até o fim de tua vida, teria posto em segurança minha obra e serias tão feliz quanto um homem pode sê-lo. No entanto, caro Emílio, ainda que tenha mergulhado tua alma no Estige, não pude torná-la invulnerável por inteiro; ergue-se um novo inimigo que ainda não aprendeste a vencer e do qual não te pude salvar. Esse inimigo és tu mesmo. A natureza e a fortuna deixaram-te livre. Podias suportar a miséria, podias suportar as dores do corpo, mas as da alma eram-te desconhecidas; só estavas preso à condição humana, e agora estás preso a todas as afeições que adquiriste; aprendendo a desejar, tornaste-te escravo de teus desejos. Sem que nada mude em ti, sem que nada te ofenda, sem que nada atinja teu ser, quantas dores podem alcançar tua alma! Quantos males podes sentir sem estares doente! Quantas mortes podes ter sem morrer! Uma mentira, um erro, uma dúvida podem levar-te ao desespero.

"Vias no teatro os heróis, entregues a dores extremas, fazer tremer o palco com seus gritos loucos, afligir-se como mulheres, chorar como crianças e assim merecer os aplausos públicos. Lembra-te do escândalo que te causavam aqueles lamentos, aqueles gritos, aquelas queixas da parte de homens de que só devíamos esperar atos de constância e firmeza. Mas como, dizias muito indignado, são esses os exemplos que nos dão para seguir, os modelos que nos oferecem para imitar! Será que temem que o homem não seja bastante pequeno, bastante infeliz, bastante fraco para terem ainda que incensar a sua fraqueza sob a falsa imagem da virtude? Meu jovem amigo, sê de agora em diante mais indulgente para com o palco; eis que te tornaste um de seus heróis.

“Sabes sofrer e morrer; sabes suportar a lei da necessidade no que diz respeito aos males físicos, mas ainda não impuseste leis aos apetites do teu coração, e é de nossos afetos, bem mais do que de nossas necessidades, que nasce a perturbação de nossa vida. Nossos desejos são amplos, nossa força é quase nula. Por seus desejos, o homem depende de mil coisas, e por si mesmo de nada depende, nem mesmo de sua própria vida; quanto mais aumenta suas afeições, mais multiplica seus sofrimentos. Tudo apenas passa pela terra; tudo o que amamos mais cedo ou mais tarde nos deixará, ligamo-nos a tudo o que amamos como se devesse durar eternamente. Que pavor diante da mera suspeita da morte de Sofia! Então contaste com que ela vivesse para sempre? Não morre ninguém na idade dela? Ela deve morrer, meu filho, e talvez antes de ti. Quem sabe se está viva agora mesmo? A natureza te havia sujeitado a uma só morte, tu te sujeitaste a uma segunda; eis-te no caso de morrer duas vezes.

“Assim submetido às tuas paixões desregradas, como causarás pena! Sempre privações, sempre perdas, sempre alarmes; não gozarás nem mesmo do que te for deixado. O medo de perder tudo impedir-te-á de possuir algo; por ter desejado seguir apenas as tuas paixões, nunca poderás satisfazê-las. Procurarás sempre o repouso e ele sempre te fugirá, serás miserável e tornar-te-ás mau. E como poderias deixar de sê-lo, tendo por lei apenas teus desejos desenfreados? Se não consegues suportar privações involuntárias, como te imporás outras voluntariamente? Como poderás sacrificar a inclinação pelo dever e resistir ao teu coração para dar ouvidos à razão? Tu, que já não quererás ver quem te informará sobre a morte de quem amas, como verias quem quisesse tirá-la de ti viva, quem te ousasse dizer: ela está morta para ti, a virtude te separa dela? Se é preciso viver com ela aconteça o que acontecer, seja Sofia casada ou não, sejas livre ou não, seja que ela te ame ou te odeie, seja que te a concedam ou não, não importa, tu a queres, é preciso que a possuas a qualquer preço. Ensina-me então em que crime se detém quem tem por lei apenas o que seu coração manda e não é capaz de resistir a nada do que deseja.

"Meu filho, não existe felicidade sem coragem, nem virtude sem luta. A palavra *virtude* vem de *força*; a força é a base de toda virtude. A virtude só pertence a um ser fraco por natureza e forte pela vontade; é apenas nisso que consiste o mérito do homem justo, e, embora digamos que Deus é bom, não dizemos que seja virtuoso, porque ele não precisa esforçar-se para agir bem. Para te explicar esta palavra tão profanada, esperei que estivesses em condições de me entender. Enquanto a virtude pode ser praticada sem grandes problemas, pouca necessidade se tem de conhecê-la. Essa necessidade aparece quando despertam as paixões; já apareceu para ti.

"Educando-te em toda a simplicidade da natureza, em vez de te impor duros deveres preservei-te dos vícios que tornam duros tais deveres; tornei-te a mentira menos odiosa do que inútil; ensinei-te menos a dar a cada qual o que lhe pertence do que a te preocupares apenas com o que é teu; fiz-te mais bom do que virtuoso. Mas quem é apenas bom só permanece tal enquanto tem prazer em sê-lo; a bondade quebra-se e perece ao choque com as paixões humanas; o homem que é só bom só o é para si mesmo.

"Que é, então, o homem virtuoso? É aquele que é capaz de vencer suas afeições, pois então ele segue a razão, a consciência; faz seu dever, mantém-se na ordem e nada o pode afastar dela. Até agora só eras livre em aparência; tinhas somente a liberdade precária de um escravo a quem nada foi ordenado. Sê, agora, livre de fato; aprende a te tornares teu próprio senhor; governa teu coração, Emílio, e serás virtuoso.

"Eis, portanto, outro aprendizado a fazer, e esse aprendizado é mais penoso do que o primeiro, pois a natureza livra-nos dos males que nos impõe ou então nos ensina a suportá-los, mas ela nada nos diz quanto aos que vêm de nós; ela nos abandona a nós mesmos; deixa-nos, vítimas de nossas paixões, sucumbir a nossas dores vãs e glorificar-nos das lágrimas de que nos deveríamos envergonhar.

"Esta é a primeira paixão, a única talvez digna de ti. Se souberes dominá-la como homem, será a última; subjugarás todas as outras, e só obedecerás à da virtude.

"Sei muito bem que essa paixão não é criminosa; é tão pura quanto as almas que a sentem. A honestidade formou-a, a inocência nutriu-a. Felizes amantes! Os encantos da virtude apenas aumentam para vós os do amor, e o doce laço que vos aguarda não é menos o prêmio de vossa prudência do que o de vossa afeição. Mas dize-me, homem sincero, essa paixão tão pura deixou por isso de te subjugar? Deixou de tornar-te escravo? Se amanhã ela deixasse de ser inocente, sufocá-la-ia imediatamente? É agora o momento de testar tuas forças; já não o será quando for preciso usá-las. Esses perigosos ensaios devem ser feitos longe do perigo. Não nos exercitamos para o combate diante do inimigo, mas antes da guerra; vamos a ela já preparados.

"Trata-se de um erro separar as paixões entre as permitidas e as proibidas, para entregar-se às primeiras e recusar-se às outras. Todas são boas quando permanecemos senhores delas, e todas são más quando nos deixamos subjugar por elas. O que nos é proibido pela natureza é estender nossos apegos para além de nossas forças; o que nos é proibido pela razão é querer o que não podemos obter; o que nos é proibido pela consciência não é sermos tentados, mas sim deixar-nos vencer pelas tentações. Não depende de nós ter ou não ter paixões, mas depende de nós reinar sobre elas. Todos os sentimentos que dominamos são legítimos; todos os que nos dominam são criminosos. Um homem não será culpado por amar a mulher de outro, se mantiver essa paixão infeliz sujeita à lei do dever; será culpado por amar sua própria mulher a ponto de sacrificar tudo por seu amor.

"Não esperes de mim longas aulas de moral; só tenho uma para te dar, e ela compreende todas as outras. Sê homem; mantém teu coração dentro dos limites da tua condição. Estuda e conhece esses limites; por mais estreitos que sejam, não somos infelizes enquanto nos mantemos neles; só o somos quando queremos ultrapassá-los; somos infelizes quando, em nossos loucos desejos, consideramos como possível o que não o é; somos infelizes quando nos esquecemos de nossa condição de homens para forjar outras imaginárias, das quais sempre voltamos a cair na nossa. Os únicos bens cuja privação dói são aqueles aos quais acreditamos ter direito. A evidente impossibilidade de obtê-los acaba com nosso apego por eles; os desejos sem esperança não nos atormentam. Um mendigo não é atormentado pelo desejo de ser rei; um rei só quer ser deus quando acredita já não ser homem.

"As ilusões do orgulho são a fonte de nossos maiores males, mas a contemplação da miséria humana torna o sábio sempre moderado. Ele se mantém em seu lugar, não se debate para sair dele; não gasta inutilmente suas forças para gozar do que não pode conservar, e, empregando-as todas para bem possuir o que tem, é de fato mais poderoso e mais rico de tudo o que deseja a menos do que nós. Ser mortal e perecível, formarei laços eternos nesta terra, onde tudo muda, onde tudo passa e da qual amanhã desaparecerei? Emílio, meu filho, se te perdesse, o que restaria de mim? E, no entanto, devo aprender a te perder, pois quem sabe quando serás tirado de mim?

"Assim, se quiseres viver feliz e sabiamente, dá teu coração apenas à beleza imperecível; que tua condição limite os teus desejos e teus deveres vençam tuas inclinações; estende a lei da necessidade às coisas morais, aprende a perder o que te pode ser tirado; aprende a deixar tudo quando a virtude o ordena, a colocar-te acima dos acontecimentos, a afastar deles o teu coração antes que eles o dilacerem, a ser corajoso na adversidade, para nunca seres miserável, a ser constante em teu dever, para nunca seres criminoso.

Então, serás feliz apesar da fortuna e prudente apesar das paixões. Então descobrirás na própria posse dos bens frágeis uma volúpia que nada poderá perturbar; possuí-los-ás sem que eles te possuam e perceberás que o homem, a quem tudo escapa, só goza do que sabe perder. É verdade que não terás a ilusão dos prazeres imaginários; tampouco terás as dores que são os frutos deles. Ganharás muito com essa troca, pois aquelas dores são frequentes e reais e esses prazeres são raros e vãos. Vencedor de tantas opiniões enganosas, vencerás também a opinião que dá tão grande valor à vida. Viverás a tua sem perturbações e terminá-la-ás sem pavor; desprender-te-ás dela, como de todas as coisas. Quantos outros, tomados de horror, pensam ao deixá-la que cessarão de existir; tendo sido instruído sobre o seu nada, acreditarás começar. A morte é o fim do mau e o começo da vida do justo."

Emílio ouve-me com uma atenção mesclada de inquietação. Teme que este preâmbulo tenha alguma conclusão sinistra. Pressente que, ao mostrar-lhe a necessidade de exercitar a força da alma, eu queira submetê-lo a esse duro exercício e, como um homem ferido que treme ao ver chegar o cirurgião, crê já sentir sobre a chaga a mão dolorosa mas salutar que o impede de se corromper.

Incerto, perturbado, com pressa de saber aonde quero chegar, em vez de responder faz-me perguntas, mas temeroso. Que é preciso fazer?, diz-me ele, quase tremendo e sem ter coragem de levantar os olhos. O que é preciso fazer, respondo com um tom firme, é deixar Sofia. Que dizes?, exclama ele, exaltado; deixar Sofia! Deixá-la, enganá-la, ser um traidor, um patife, um perjuro!... Mas como!, torno eu, interrompendo-o, é de mim que Emílio teme aprender a merecer semelhantes nomes? Não, continua ele com a mesma impetuosidade, nem de ti nem de ninguém; serei capaz, apesar de ti, de conservar tua obra; serei capaz de não os merecer.

Eu esperava essa primeira fúria. Deixo que ela passe sem me perturbar. Se eu não tivesse a moderação que prego a ele, como poderia pregá-la? Emílio conhece-me demais para acreditar que eu seja capaz de exigir dele algo de mau, e sabe que agiria mal deixando Sofia, no sentido que ele dá à palavra. Espera, pois, que eu finalmente me explique. Retomo, então, o meu discurso.

"Caro Emílio, acreditas que um homem, esteja ele na situação em que estiver, possa ser mais feliz do que és há três meses? Se acreditas nisso, desengana-te. Antes de gozar dos prazeres da vida, esgotaste a tua felicidade. Nada há além do que sentiste. A felicidade dos sentidos é passageira; o estado habitual do coração sempre perde com ela. Gozaste mais pela esperança do que jamais gozarás na realidade. A imaginação que embeleza o que desejamos o abandona quando o possuímos. Afora o único Ser que existe por si mesmo, nada há de belo a não ser o que não existe. Se esse estado pudesse durar para sempre, terias encontrado a felicidade suprema. Mas tudo o que é do homem se ressente de sua caducidade; tudo é finito, tudo é passageiro na vida humana, e, mesmo que o estado que nos torna felizes durasse para sempre, o hábito de gozar dele tirar-nos-ia seu gosto. Se nada muda do lado de fora, muda o coração; a felicidade deixa-nos ou nós a deixamos.

"O tempo que não medias corria durante o teu delírio. O verão termina, o inverno aproxima-se. Mesmo que pudéssemos continuar nossos passeios numa estação tão rude, nunca a suportaríamos. É preciso, mesmo contra a nossa vontade, mudar a maneira de viver; esta não pode continuar. Vejo em teus olhos impacientes que essa dificuldade pouco te embaraça; a confissão de Sofia e teus próprios desejos sugerem-te um meio fácil de evitar a neve e de não ter mais viagem a fazer para ir vê-la. O expediente é sem dúvida cômodo, mas, chegada a primavera, a neve se funde e o casamento continua; é preciso pensar em todas as estações.

"Queres casar com Sofia, e não faz cinco meses que a conheces! Queres casar com ela não porque ela te convém, mas porque ela te agrada; como se o amor nunca se enganasse sobre as conveniências e aqueles que começam por se amar nunca acabassem se odiando! Ela é virtuosa, eu sei; mas será virtuosa o bastante? Basta ser gente de bem para se convir? Não é a virtude dela que eu coloco em dúvida, mas o seu caráter. O caráter de uma mulher revelar-se-á num dia? Sabes em quantas situações é preciso tê-la visto para conhecer a fundo seu temperamento? Quatro meses de apego responderão por toda a vida? Talvez dois meses de ausência façam com que te esqueças dela; talvez um outro só esteja esperando teu afastamento para apagar-te do coração dela; talvez, na tua volta, a encontres tão indiferente quanto a viste sensível até agora. Os sentimentos não dependem dos princípios; ela pode continuar sendo muito honesta e deixar de te amar. Serás constante e fiel, é o que estou inclinado a acreditar, mas quem te responde por ela e quem lhe responde por ti enquanto não fordes provados? Esperarás para fazer esta prova até que ela se torne inútil para ti? Esperarás, para vos conhecer, até que já não possais separar-vos?

"Sofia ainda não tem dezoito anos; mal completaste vinte e dois; é a idade do amor, mas não a do casamento. Que pai e que mãe de família! Ah! Para saber educar filhos, espera pelo menos deixar de sê-lo. Sabes quantas jovens tiveram a constituição debilitada, a saúde arruinada e a vida abreviada pelas fadigas da gravidez suportadas antes da idade? Sabes quantas crianças ficaram débeis e fracas por não terem sido alimentadas num corpo suficientemente bem formado? Quando a mãe e a criança crescem ao mesmo tempo e a substância necessária ao crescimento de cada uma se divide entre elas, nenhuma das duas recebe o que a natureza lhe destinava; como é possível que ambas não se ressintam disso? Ou conheço Emílio muito mal, ou ele preferirá ter mais tarde uma esposa e filhos robustos a contentar sua impaciência à custa de suas vidas e de sua saúde.

"Falemos de ti. Ao aspirar à condição de marido e de pai, refletiste bem nos deveres que isso implica? Ao te tornares chefe de família, tornar-te-ás membro do Estado. E o que é ser homem de Estado? Tu o sabes? Estudaste os teus deveres de homem, mas conheces os deveres do cidadão? Sabes o que seja governo, leis, pátria? Sabes a que custo te é permitido viver e por quem deves morrer? Acreditas ter aprendido tudo e nada sabes ainda. Antes de assumires um lugar na ordem civil, aprende a conhecê-la e a saber o lugar que te convém.

"Emílio, deves deixar Sofia; não digo abandoná-la; se fosses capaz de abandoná-la, ela seria muito feliz por não ter casado contigo; deves deixá-la para retornares digno dela. Não sejas vaidoso a ponto de acreditares que já a merece. Quanto ainda te resta fazer! Vem cumprir essa nobre tarefa; vem aprender a suportar a ausência; vem ganhar o prêmio da fidelidade, para que na tua volta possas honrar-te de algo junto dela, e pedir sua mão, não como um favor, mas como uma recompensa."

Ainda não acostumado a lutar consigo mesmo, ainda não habituado a desejar uma coisa e querer outra, o jovem não se rende; resiste, discute. Por que se recusaria à felicidade que o espera? Não seria desdenhar a mão que lhe é oferecida tardar em aceitá-la? Que necessidade há de se afastar dela para aprender o que deve saber? E, mesmo que isso fosse necessário, por que não lhe deixaria, através de laços indissolúveis, a garantia do retorno? Sendo seu marido, está pronto para me seguir; tendo-se casado, deixa-a sem medo... Casar-vos para vos separar, caro Emílio, mas que contradição! É belo que um namorado possa viver sem seu amor, mas um marido nunca deve deixar sua mulher sem necessidade. Para curar teus escrúpulos, vejo que teu afastamento deve ser involuntário; deves poder dizer a Sofia que a deixas contra a vontade. Pois bem, podes ficar satisfeito e, como não obedeces à razão, reconhece um outro senhor. Não te esqueceste do compromisso que tens comigo. Emílio, é preciso deixar Sofia; eu o quero.

Ao ouvir isso, ele baixa a cabeça, cala-se, fica pensativo por um instante e depois, olhando-me com segurança, diz: Quando partimos? Em oito dias, digo-lhe; é preciso preparar Sofia para esta partida. As mulheres são mais fracas, devemos ter certos cuidados para com elas, e, não sendo essa ausência um dever para ela como o é para ti, ela pode suportá-la com menos coragem.

Sou tentado até demais a prolongar o diário de seus amores até a separação, mas estou há muito abusando da indulgência dos leitores; resumamos para terminar. Ousará Emílio mostrar diante da namorada a mesma segurança que acaba de mostrar a seu amigo? De minha parte, acredito que sim; é da própria verdade de seu amor que ele deve tirar essa segurança. Ele ficaria mais confuso diante dela se lhe custasse menos deixá-la; deixá-la-ia como culpado, e esse papel é sempre difícil para um coração honesto; mas, quanto mais o sacrifício é duro para ele, mais ele se honra diante daquela que o torna penoso. Não teme que ela se engane sobre o motivo que o determina. Parece dizer a ela a cada olhar: Sofia! Lê em meu coração e sê fiel; não tens um namorado sem virtude.

A altiva Sofia, por seu lado, procura suportar com dignidade o golpe imprevisto que a atinge. Esforça-se por parecer insensível a ele; mas, como não tem, como Emílio, a honra do combate e da vitória, sua firmeza sustenta-se com maior dificuldade. Chora, geme contra a vontade, e o pavor de ser esquecida aguça a dor da separação. Não é diante de seu namorado que ela chora, não é a ele que mostra seus pavores; sufocaria antes de deixar escapar um suspiro em sua presença; sou eu que recebo suas queixas, que vejo suas lágrimas, que ela finge tomar como confidente. As mulheres são hábeis e sabem disfarçar-se; quanto mais ela protesta em segredo contra a minha tirania, mais se esforça por me agradar, pois percebe que sua sorte está em minhas mãos.

Consolo-a, tranquilizo-a, respondo por seu namorado, ou antes, por seu marido; se ela conservar por ele a mesma fidelidade que ele terá por ela, em dois anos ele será seu marido, juro. Ela gosta bastante de mim para acreditar que não a quero enganar. Sou o fiador de cada um dos dois para com o outro. Seus corações, sua virtude, minha probidade, a confiança de seus pais, tudo os tranquiliza. Mas de que vale a razão contra a fraqueza? Separam-se como se não fossem mais se ver.

É então que Sofia se lembra da saudade de Eucharis e realmente acredita estar na sua situação. Não deixemos que durante a ausência aqueles fantasiosos amores tornem a despertar. Sofia, digo-lhe um dia, troca alguns livros com Emílio. Dá-lhe o teu *Telêmaco*, para que ele aprenda a parecer-se com ele, e que ele te dê o *Espectador*[10], que tanto gosta de ler. Estuda nele os deveres das mulheres honestas e pensa que em dois anos esses deveres serão os teus. A troca agrada aos dois e dá-lhes confiança. Chega, enfim, o triste dia, é preciso separar-se.

O digno pai de Sofia, com o qual combinei tudo, beija-me ao receber minhas despedidas; depois, chamando-me de lado, diz-me estas palavras com um tom grave e um tanto insistente: "Fiz tudo para te agradar; sabia que estava tratando com um homem de honra. Só me resta uma palavra para dizer-te: lembra que teu aluno assinou seu contrato de casamento na boca de minha filha".

Que diferença na atitude dos dois namorados! Emílio, impetuoso, ardente, agitado, fora de si, dá gritos, derrama torrentes de lágrimas nas mãos do pai, da mãe, da filha, abraça aos soluços todas as pessoas da casa e repete mil vezes as mesmas coisas com uma confusão que em qualquer outra ocasião faria rir. Sofia, triste, pálida, de olhos embaçados, olhar sombrio, permanece quieta, nada diz, não chora, não vê ninguém, nem mesmo Emílio. Por mais que ele segure suas mãos e a tome em seus braços, ela perma-

---

10. *O Espectador, ou o Sócrates moderno*, de Joseph Addison, que foi lido por Rousseau na juventude. (N. do T.)

nece imóvel, insensível às suas lágrimas, às suas carícias, a tudo o que ele faz; para ela, ele já partiu. Como isso é mais tocante do que as queixas inoportunas e os lamentos ruidosos de seu namorado! Ele o vê, percebe-o e fica angustiado; arrasto-o com dificuldade, e, se o deixasse por mais um momento, ele já não iria querer partir. Fico encantado de que leve consigo essa triste imagem. Se algum dia ele tiver a tentação de esquecer o que deve a Sofia, lembrando-lhe como ela estava na hora de sua partida, será preciso que ele esteja com o coração muito alienado para que eu não o traga de volta a ela.

VIAGENS

Pergunta-se se é bom que os jovens viajem e discute-se muito a esse respeito. Se a questão fosse proposta de outro modo e se a pergunta fosse se é bom que os homens tenham viajado, talvez não se discutisse tanto.

O abuso dos livros mata a ciência. Acreditando saber o que lemos, acreditamos estar dispensados de aprendê-lo. Leitura demais só serve para fabricar ignorantes presunçosos. Dentre todos os séculos de literatura, não houve um em que se lesse tanto quanto neste e em que se fosse tão pouco douto; entre todos os países da Europa, não há um onde se imprimam tantas histórias e relatos de viagem quanto na França, e onde se conheça menos o gênio e os costumes das outras nações! Tantos livros fazem-nos desdenhar o livro do mundo; ou, se ainda o lemos, cada um se limita à sua página. Se a frase *é possível ser persa?* me fosse desconhecida, eu adivinharia, ao ouvi-la, que ela vem do país em que os preconceitos nacionais são mais dominantes e do sexo que mais os propaga[11].

11. Rousseau refere-se à pergunta "Como é possível ser persa?", feita pelos parisienses nas *Cartas persas* de Montesquieu. (Carta XXX.) (N. do T.)

Um parisiense crê conhecer os homens e só conhece os franceses; em sua cidade, sempre repleta de estrangeiros, ele encara cada estrangeiro como um fenômeno extraordinário que não tem igual no resto do universo. É preciso ter visto de perto os burgueses dessa grande cidade, é preciso ter vivido junto com eles para acreditar que com tanto espírito se possa ser tão estúpido. O estranho é que cada um deles leu talvez dez vezes a descrição do país do qual um habitante tanto o maravilhará.

É demais ter de romper ao mesmo tempo os preconceitos dos autores e os nossos para chegar à verdade. Passei a vida lendo as narrativas de viagem e nunca encontrei duas delas que me dessem a mesma ideia do mesmo povo. Comparando o pouco que podia observar com o que tinha lido, acabei por deixar de lado os viajantes e lamentar o tempo gasto para me instruir com sua leitura, persuadido de que, em relação a observações de qualquer espécie, não se deve ler, mas ver. Isso seria verdade mesmo se todos os viajantes fossem sinceros, se nada dissessem além do que viram ou do que acreditam, e se não disfarçassem a verdade a não ser pelas falsas cores que ela assume aos seus olhos. O que será então quando devemos ainda desenredá-la de suas mentiras e de sua má-fé!

Deixemos, pois, o recurso dos livros que nos apregoam aos que foram feitos para se contentarem com eles. Ele é bom, assim como a arte de Raimundo Lullo, para ensinar a tagarelar sobre o que não se sabe. Serve para ensinar Platões de quinze anos a filosofar nos círculos e para informar um grupo sobre os costumes do Egito e das Índias, com base em Paul Lucas ou Tavernier.

Considero uma máxima incontestável que quem só viu um povo, em vez de conhecer os homens, só conhece as pessoas com quem viveu. Eis, pois, uma outra maneira de fazer a mesma pergunta sobre as viagens: basta que um homem bem-educado conheça seus compatriotas, ou é importante que ele conheça os homens em geral? Aqui não resta nem discussão nem dúvida. Vede como às vezes a solução de uma questão difícil depende da maneira de colocá-la.

Mas, para estudar os homens, será preciso percorrer a terra inteira? Será preciso ir ao Japão observar os europeus? Para conhecer a espécie, será preciso conhecer todos os indivíduos? Não; há homens que se parecem tanto que não vale a pena estudá-los separadamente. Quem viu dez franceses, viu-os todos. Embora não possamos dizer o mesmo dos ingleses e de alguns outros povos, é certo, no entanto, que cada nação tem seu caráter próprio e específico, que se tira por indução, não pela observação de um único de seus membros, mas de vários. Quem comparou dez povos conhece os homens, como quem viu dez franceses conhece os franceses.

Para se instruir, não basta percorrer os países; é preciso saber viajar. Para observar, é preciso ter olhos e voltá-los para o objeto que se quer conhecer. Há pessoas que as viagens instruem ainda menos do que os livros, porque ignoram a arte de pensar, pois na leitura seu espírito pelo menos é guiado pelo autor e nas viagens nada sabem ver por si mesmas. Outras não se instruem porque não querem instruir-se. Seu objetivo é tão diferente que a instrução não as impressiona; é uma grande coincidência vermos exatamente o que não nos preocupamos em olhar. De todos os povos do mundo, o francês é o que mais viaja; mas, orgulhoso de seus costumes, confunde tudo o que se afasta deles. Existem franceses em todos os cantos do mundo. Não há país onde se encontre mais gente que tenha viajado do que na França. Com tudo isso, no entanto, de todos os povos da Europa, aquele que mais viu é o que menos conhece.

O inglês também viaja, mas de outra maneira; é preciso que estes dois povos sejam contrários em tudo. A nobreza inglesa viaja, a nobreza francesa não viaja; o povo francês viaja, o povo inglês não viaja. Essa diferença parece-me honrosa para o último. Os franceses quase sempre têm algum interesse na viagem, mas os ingleses não vão buscar fazer fortuna nas outras nações, a não ser pelo comércio e com as mãos cheias; quando viajam, é para aplicar o seu dinheiro, não para viver do trabalho; são orgulhosos demais para rastejar longe de casa. Isso faz com que se instruam melhor no estrangeiro do que os franceses, que têm um objetivo completamente diferente em mente. No entanto, os ingleses também têm seus preconceitos nacionais; têm-nos até mais do que ninguém, mas tais preconceitos devem-se mais à ignorância do que à paixão. O inglês tem os preconceitos do orgulho, e o francês, os da vaidade.

Como os povos menos cultos são geralmente os mais sábios, aqueles que menos viajam são os que viajam melhor, porque, estando menos adiantados do que nós em nossas frívolas pesquisas, e menos ocupados do que nós com os objetos de nossa vã curiosidade, prestam toda a atenção ao que é realmente útil. Que eu saiba, só os espanhóis viajam dessa maneira. Enquanto um francês corre para os artistas de um país, um inglês manda desenhar alguma antiguidade e um alemão leva seu álbum para todos os doutos, o espanhol estuda em silêncio o governo, os costumes, o regime e é o único dos quatro que, de volta para casa, conta do que viu algo de útil para o seu país.

Os antigos viajavam pouco, liam pouco e escreviam poucos livros; no entanto, vemos entre os que nos restam que eles se observavam melhor uns aos outros do que nós observamos nossos contemporâneos. Sem remontar aos escritos de Homero, o único poeta que nos transporta para o país que descreve, não podemos recusar a Heródoto a honra de ter descrito os costumes em sua história, embora ela consista mais em narrações do que em reflexões, melhor do que o fazem todos os nossos historiadores, que enchem seus livros de retratos e de caracteres. Tácito descreveu melhor os germanos de seu tempo do que qualquer escritor descreveu os alemães de hoje. Sem dúvida, quem é versado em história antiga conhece melhor os gregos, os cartagineses, os romanos, os gauleses e os persas do que qualquer povo de hoje conhece seus vizinhos.

Devemos admitir também que as características originais dos povos, apagando-se a cada dia, tornam-se por isso mesmo mais difíceis de apreender. À medida que as raças se misturam e os povos se confundem, vemos desaparecerem aos poucos aquelas diferenças nacionais que antigamente impressionavam ao primeiro olhar. Antigamente, cada nação permanecia mais fechada em si mesma, havia menos comunicações, menos viagens, menos interesses comuns ou contrários, menos ligações políticas e civis de povo a povo; não havia esses aborrecimentos régios chamados negociações, não havia embaixadores ordinários ou permanentes; as grandes navegações eram raras; havia pouco comércio distante e o pouco que havia era feito ou pelo próprio príncipe, que se valia de estrangeiros, ou por pessoas desprezadas, que não ditavam as regras para ninguém e não aproximavam as nações. Agora há cem vezes mais ligações entre a Europa e a Ásia do que havia antigamente entre a Gália e a Espanha; só a Europa era mais esparsa do que a terra inteira é hoje.

Somai a isso o fato de que os antigos povos, considerando-se em sua maioria como autóctones ou originários de seu próprio país, ocupavam-no há tempo suficiente para terem perdido a memória dos séculos recuados em que seus ancestrais se estabeleceram nele, e para ter dado tempo ao clima para deixar neles marcas duráveis; ao passo que entre nós, depois das invasões dos romanos, as recentes emigrações dos bárbaros misturaram tudo, confundiram tudo. Os franceses de hoje já não são os corpulentos brancos e loiros de outrora; os gregos já não são os belos homens feitos para servir de modelo à arte; a figura dos próprios romanos mudou de caráter, assim como seu temperamento; os persas, originários da Tartária, perdem a cada dia sua feiura primitiva pela mistura do sangue circassiano. Os europeus já não são gauleses, germanos, iberos, alóbrogos; todos não passam de citas diversamente degenerados quanto à figura e mais ainda quanto aos costumes.

Eis por que as antigas distinções de raça, as qualidades do ar e da terra marcavam de maneira mais forte de povo para povo os temperamentos, as figuras, os costumes, os caracteres do que tudo isso pode ser marcado hoje em dia, quando a inconstância europeia não dá a nenhuma causa natural o tempo de deixar sua marca e quando as florestas derrubadas, os pântanos secados, a terra cultivada mais uniformemente, embora de maneira pior, já não deixam, mesmo no plano físico, as mesmas diferenças que havia entre uma terra e outra, um país e outro.

Com tais reflexões, talvez haveria menos pressa em ridicularizar Heródoto, Ctésias, Plínio por terem representado os habitantes de diversos países com traços originais e diferenças acentuadas que hoje já não vemos neles. Seria preciso encontrar de novo os mesmos homens para neles reconhecer a mesma figura; seria preciso que nada os tivesse mudado para que tivessem permanecido os mesmos. Se pudéssemos ver ao mesmo tempo todos os homens que já existiram, haverá alguma dúvida de que os veríamos mais variados a cada século do que hoje os vemos em cada nação?

Ao mesmo tempo que as observações tornam-se mais difíceis, elas são feitas de modo mais negligente e pior; essa é outra razão do pouco êxito de nossas pesquisas no campo da história natural do gênero humano. A informação que extraímos das viagens relaciona-se com o objetivo que as norteou. Quando esse objetivo é um sistema de filosofia, o viajante jamais vê nada além do que quer ver; quando tal objetivo é o lucro, ele absorve toda a atenção dos que se entregam a ele. O comércio e as artes, que misturam e confundem os povos, também os impedem de se estudar. Quando sabem o lucro que poderão ter uns com os outros, que mais têm a saber?

É útil ao homem conhecer todos os lugares em que se pode viver, para que em seguida escolha aqueles onde se pode viver mais comodamente. Se cada um bastasse a si mesmo, só lhe importaria conhecer a extensão do país que pode sustentá-lo. O selvagem, que não precisa de ninguém e nada ambiciona, não conhece e não procura conhecer outras regiões além da sua. Se é forçado a se propagar para subsistir, evita os lugares habitados pelos homens; só visa aos animais, e só precisa deles para se alimentar. Quanto a nós, para quem a vida civil é necessária e que já não podemos dispensar-nos de comer homens, o interesse de cada um de nós é frequentar os países onde os encontramos em maior número para serem devorados. Eis por que tudo aflui para Roma, para Paris e para Londres. É sempre nas capitais que se vende o sangue humano mais barato. Assim só conhecemos os grandes povos, e os grandes povos são todos parecidos.

Temos, dizem, homens doutos que viajam para se instruir; é um erro. Os homens doutos viajam por interesse, como os outros. Já não se encontram Platões, Pitágoras, ou, se existirem, estão bem longe de nós. Nossos cientistas só viajam por ordem da corte; despacham-nos, pagam suas despesas e dão-lhes dinheiro para ver este ou aquele objeto, que com toda certeza não é um objeto moral. Eles devem dar todo o seu tempo a esse objeto único; são honestos demais para roubar seu dinheiro. Se, em qualquer país que seja, alguns curiosos viajam à própria custa, nunca é para estudar os homens, mas para instruí-los. Não é de ciência que eles precisam, mas de ostentação. Como aprenderiam em suas viagens a sacudir o jugo da opinião? Eles só viajam por ela.

Há uma grande diferença entre viajar para ver países e para ver povos. O primeiro objeto é sempre o dos curiosos; o outro é para eles apenas acessório. Deve ser exatamente o contrário para quem quer filosofar. A criança observa as coisas enquanto aguarda que possa observar os homens. O homem deve começar por observar seus semelhantes, e depois observar as coisas, se tiver tempo.

Portanto, é mau raciocínio concluir que as viagens são inúteis do fato de viajarmos mal. Mas, uma vez reconhecida a utilidade das viagens, seguir-se-á que elas convêm a todos? Longe disso, elas só convêm, pelo contrário, a muito pouca gente; só convêm aos homens bastante seguros de si para ouvirem as lições do erro sem se deixarem seduzir, e para verem o exemplo do vício sem se deixarem levar. As viagens levam o caráter para a sua inclinação e acabam de tornar o homem bom ou mau. Quem retorna de uma viagem através do mundo é na volta o que será por toda a vida; há mais homens que voltam maus do que bons, porque há mais homens inclinados ao mal do que ao bem. Os jovens mal-educados e mal orientados contraem em suas viagens todos os vícios dos que frequentam, e nenhuma das virtudes com que aqueles vícios estão mesclados. Aqueles, porém, que tiveram bom nascimento, aqueles cuja boa índole foi cultivada e que viajam com real desígnio de se instruir, voltam todos melhores e mais sábios do que quando partiram. Assim vai viajar o meu Emílio; assim viajara aquele jovem, digno de um século melhor, cujo mérito a Europa espantada admirou, que morreu por seu país na flor da idade, mas merecia viver, e cujo túmulo, adornado unicamente com suas virtudes, esperava, para ser honrado, que uma mão estrangeira nele semeasse flores.

Tudo o que se faz com razão deve ter suas regras. Consideradas como uma parte da educação, as viagens devem ter as suas. Viajar por viajar é errar, ser vagabundo; viajar para instruir-se ainda é um objeto muito vago; a instrução que não tem um alvo determinado nada é. Eu gostaria de dar ao jovem um interesse sensível em instruir-se, e esse interesse bem escolhido também determinaria a natureza da instrução. Foi ainda a sequência do método que procurei aplicar.

Ora, depois de ter-se considerado mediante suas relações físicas com os outros seres, suas relações morais com os outros homens, resta-lhe considerar-se pelas relações civis com os outros concidadãos. Para isso, ele deve começar por estudar a natureza do governo em geral, as diversas formas de governo e finalmente o governo particular sob o qual nasceu, para saber se lhe convém viver nele; pois, por um direito que ninguém pode ab-rogar, cada homem, ao tornar-se maior e senhor de si, torna-se também senhor da possibilidade de renunciar ao contrato pelo qual se liga à comunidade, deixando o país em que ela se estabeleceu. É apenas pela estada que faz nele depois da idade da razão que se supõe que ele confirme tacitamente o compromisso assumido por seus ancestrais. Ele adquire o direito de renunciar à sua pátria assim como à sucessão de seu pai; sendo ainda o lugar de nascimento um dom da natureza, cede-se uma parte do seu ao renunciar a ele. Pelo direito rigoroso, todo homem permanece livre, arcando com as responsabilidades, em qualquer lugar que nasça, a menos que se submeta voluntariamente às leis para adquirir o direito de ser protegido por elas.

Dir-lhe-ia, pois, por exemplo: até agora viveste sob a minha direção, pois não tinhas condições de dirigir a ti mesmo. Mas aproximas-te da idade em que as leis, entregando-te a disposição do teu patrimônio, fazem-te senhor da tua pessoa. Encontrar-te-ás só na sociedade, dependente de tudo, até do teu patrimônio. Tens em vista um casamento; esse plano é louvável, é um dos deveres do homem; mas, antes de te casares, deves saber que homem queres ser, de que modo pretendes passar tua vida, que medidas queres tomar para garantir o pão para ti e para tua família, pois, embora não se deva fazer de tal preocupação o assunto principal, é preciso pensar nele. Queres entrar para a dependência de homens que desprezas? Queres estabelecer tua riqueza e determinar tua condição através das relações civis que sem cessar colocar-te-ão à mercê de outrem e forçar-te-ão, para escapar dos patifes, a te tornares patife também?

Descrever-lhe-ei então todos os meios possíveis de empregar sua riqueza, quer no comércio, quer nos cargos públicos, quer nas finanças, e mostrar-lhe-ei que não há um que deixe de oferecer-lhe riscos, que não o coloque numa situação precária e dependente e não o obrigue a conformar seus costumes, seus sentimentos, sua conduta ao exemplo e aos preconceitos dos outros.

Há outro meio, dir-lhe-ei, de alguém empregar seu tempo e sua pessoa, que é seguir a carreira das armas, isto é, alugar-se bem barato para matar pessoas que não lhe fizeram mal. Esse ofício é muito estimado pelos homens e eles dão uma importância extraordinária para quem só serve para isso. Ademais, longe de te dispensar dos outros recursos, ele só os torna ainda mais necessários, pois também faz parte desse ofício arruinar os que se dedicam a ele. É verdade que nem todos se arruínam; a moda aos poucos vem sendo enriquecer-se com ele como com os outros, mas duvido que ao te explicar como agem para conseguir isso os que são bem-sucedidos eu te dê alguma vontade de imitá-los.

Saberás ainda que nesse mesmo ofício já não se trata nem de coragem, nem de valor, a não ser talvez entre mulheres, e, pelo contrário, o mais rasteiro, o mais baixo, o mais servil é sempre o mais honrado; e, se quiseres fazer seu ofício para valer, serás desprezado, odiado, expulso talvez, em todo caso, esmagado por mamatas e suplantado por todos os teus companheiros, por teres feito teu serviço na trincheira, enquanto eles fizeram os seus no toucador.

Suspeitamos que esses empregos não serão muito do agrado de Emílio. Mas como será, dirá ele, que me esqueci das brincadeiras da minha infância? Terei perdido meus braços? Ter-se-á acabado a minha força? Já não saberei trabalhar? Que me importam todos os teus belos empregos e todas as tolas opiniões dos homens? Não conheço outra glória além de ser bom e justo; não conheço outra felicidade além de viver independente com quem se ama, ganhando todos os dias apetite e saúde com o trabalho. Todos esses embaraços de que me falas não me sensibilizam. Quero como riqueza apenas um pequeno rancho em algum canto do mundo. Toda a minha avareza será empregada em produzir, e viverei tranquilamente. Sofia e meu campo, e serei rico.

Sim, meu amigo, para a felicidade do sábio bastam uma mulher e uma terra que lhe pertençam; tais tesouros, porém, ainda que modestos, não são tão comuns como pensas. O mais raro já foi encontrado por ti; falemos do outro.

Uma terra que te pertença, caro Emílio! E em que lugar a escolherás? Em que canto da terra poderás dizer para ti mesmo: Aqui sou senhor de mim e da terra que me pertence? Sabemos em que lugares é fácil ser rico, mas quem sabe onde podemos dispensar-nos de sê-lo? Quem sabe onde se pode viver independente e livre sem ter necessidade de fazer mal a ninguém e sem medo de ser prejudicado por alguém? Acreditas que o lugar em que se pode ser sempre um homem de bem é tão fácil assim de encontrar? Se há algum meio legítimo e seguro de subsistir sem intrigas, sem negócio e sem dependência, este é, concordo, viver do trabalho das próprias mãos, cultivando sua própria terra; mas onde está o Estado onde se possa dizer: A terra em que estou pisando é minha? Antes de escolher essa terra feliz, procura ter certeza de encontrar nela a paz que procuras; toma cuidado para que um governo violento, uma religião perseguidora ou costumes perversos não te venham perturbar. Põe-te em segurança contra os impostos desmedidos que devorariam o fruto de teus trabalhos, assim como dos intermináveis processos que consumiriam teu capital. Faz com que, vivendo justamente, não tenhas de fazer a corte a intendentes, a seus substitutos, a juízes, a padres, a vizinhos poderosos, a patifes de toda espécie, sempre dispostos a te atormentar se os desdenhares. Defende-te principalmente das vexações dos grandes e dos ricos; lembra que em toda parte as terras deles podem confinar com as terras de Naboth. Se, por desgraça, um homem de boa posição comprar ou construir uma casa perto de tua cabana, podes garantir que ele não terá meios de, com um pretexto qualquer, invadir tuas terras para aumentar as suas, ou que não verás, talvez já amanhã, todos os teus recursos se dissiparem? Pois, se conservares crédito para te protegeres de todos esses inconvenientes, mais vale conservar também as tuas riquezas, pois elas não serão mais difíceis de guardar. A riqueza e o crédito apoiam-se um no outro; um sempre se sustenta mal sem o outro.

Tenho mais experiência do que tu, caro Emílio; vejo melhor a dificuldade do teu projeto. Ele é bonito, no entanto; ele é honesto, tornar-te-ia feliz de fato; esforcemo-nos por executá-lo. Tenho uma proposta a fazer-te: consagremos os dois anos de que dispomos até a tua volta à escolha de um lugar na Europa onde possas viver feliz com tua família, ao abrigo de todos os perigos de que acabo de falar. Se formos bem-sucedidos, terás achado a verdadeira felicidade, procurada em vão por tantos outros, e não lamentarás o tempo perdido. Se não tivermos sucesso, estarás curado de uma ilusão, consolar-te-ás de uma desgraça inevitável e submeter-te-ás à lei da necessidade.

Não sei se todos os meus leitores notarão até onde nos levará esta busca, mas sei muito bem que se, de volta dessas viagens, iniciadas e prosseguidas com essas ideias, Emílio não estiver versado em todas as matérias do governo, dos costumes públicos e das máximas de Estado de toda espécie, então ou eu ou ele devemos ser carentes um de inteligência, outro de juízo.

O direito político ainda está por nascer, e é de presumir que nunca venha a nascer. Grotius, o mestre de todos os nossos doutos nessa matéria, não passa de uma criança e, o que é pior, uma criança de má-fé. Quando ouço elevarem Grotius às nuvens e cobrirem Hobbes de execração, vejo quantos homens sensatos leem ou compreendem estes dois autores. A verdade é que seus princípios são exatamente semelhantes; eles só diferem pela expressão. Diferem também pelo método. Hobbes apoia-se em sofismas, e Grotius, em poetas; tudo o mais lhes é comum.

O único moderno em condições de criar essa grande e inútil ciência teria sido o ilustre Montesquieu. Mas ele não se preocupou com tratar dos princípios do direito político; contentou-se com tratar do direito positivo dos governos estabelecidos, e nada no mundo é tão diferente quanto esses dois estudos.

No entanto, quem quer julgar de modo sadio os governos tal como existem é obrigado a reunir os dois estudos; é preciso saber o que deve ser para bem julgar o que é. A maior dificuldade para elucidar essas importantes matérias é interessar um particular a discuti-las e a responder a estas duas questões: O que me importa? E o que posso fazer? Colocamos o nosso Emílio em condições de responder a ambas.

A segunda dificuldade provém dos preconceitos da infância, dos princípios em que fomos criados e sobretudo da parcialidade dos autores que, falando sempre da verdade com que não se preocupam, só pensam em seu interesse, de que não falam. Ora, o povo não dá nem cátedras, nem pensões, nem lugares na academia; julgue-se então como os seus direitos devem ser estabelecidos por aquela gente! Agi de forma que tornasse nula também essa dificuldade para Emílio. Mal sabe ele o que é governo; a única coisa que lhe importa é encontrar o melhor deles. Seu projeto não é escrever livros, e, se algum dia escrever algum, não será para cortejar os poderosos, mas para estabelecer os direitos da humanidade.

Resta uma terceira dificuldade, mais especiosa do que sólida, que não quero nem resolver, nem propor: basta-me que ela não amedronte meu zelo; sem dúvida em pesquisas dessa espécie grandes talentos são menos necessários do que um sincero amor à justiça e um verdadeiro respeito pela verdade. Portanto, se as matérias de governo podem ser tratadas equitativamente, a meu ver esta é a hora, ou nunca será.

Antes de observar, é preciso estabelecer regras para as observações, é preciso fabricar uma escala para nela marcar as medidas que se tiram. Nossos princípios de direito político são essa escala. Nossas medidas são as leis políticas de cada país.

Nossos elementos serão claros, simples, extraídos imediatamente da natureza das coisas. Formar-se-ão das questões discutidas entre nós, que só converteremos em princípios quando estiverem suficientemente resolvidas.

Por exemplo, remontando de início ao estado de natureza, examinaremos se os homens nascem escravos ou livres, associados ou independentes; se se reúnem voluntariamente ou por força; se a força que os reúne poderá um dia formar um direito permanente, pelo qual essa força anterior obrigue, mesmo quando é ultrapassada por outra, de modo que, desde a força do rei Nemrod, que segundo dizem submeteu os primeiros povos, todas as outras forças que destruíram aquela tenham-se tornado iníquas e usurpatórias, e que já não haja reis legítimos a não ser os descendentes de Nemrod ou seus legatários? Ou então se, desaparecendo essa primeira força, a força que lhe sucede obriga por sua vez, e destrói a obrigação da outra, de modo que só sejamos obrigados a obedecer na medida em que somos forçados a isso, e estejamos dispensados disso tão logo possamos resistir, direito este que, ao que parece, não acrescentaria muita coisa à força e não passaria de um jogo de palavras.

Examinaremos se não podemos dizer que toda doença vem de Deus e se daí se segue que seja um crime chamar o médico.

Examinaremos também se em consciência somos obrigados a dar a bolsa a um bandido que a pede na estrada, mesmo que a possamos esconder, pois afinal a pistola que ele carrega também é um poder.

Se a palavra "poder", neste caso, quer dizer algo além de um poder legítimo e, por conseguinte, submisso às leis de que tira seu ser.

Supondo-se que rejeitemos esse direito de força e admitamos o da natureza ou a autoridade paterna como princípio das sociedades, procuraremos achar a medida dessa autoridade, como ela encontra seu fundamento na natureza, se tem outra razão além da utilidade da criança, sua fraqueza e o amor natural que o pai tem por ela; se, então, vindo a acabar a fraqueza da criança e sua razão a amadurecer, ela não se torna o único juiz natural do que convém à sua conservação e, por conseguinte, senhora de si mesma e independente de qualquer outro homem, mesmo de seu pai, pois é ainda mais certo que o filho ame a si mesmo do que o pai ame o filho.

Se, à morte do pai, os filhos devem obedecer ao mais velho dentre eles ou a alguma outra pessoa que não terá por eles o apego natural de um pai, e se de raça em raça há sempre um chefe único, ao qual toda a família deve obedecer. Neste caso, procuraríamos saber como a autoridade pode ser partilhada e com que direito haveria na terra inteira mais de um chefe que governasse o gênero humano.

Supondo que os povos se tivessem formado por escolha, distinguiríamos então o direito e o fato, e perguntaríamos se, tendo-se assim submetido a seus irmãos, tios ou pais, não porque fossem obrigados, mas sim porque quiseram, essa espécie de sociedade não pertence à categoria das associações livres e voluntárias.

Passando em seguida ao direito de escravidão, examinaremos se um homem pode legitimamente alienar-se a um outro, sem restrição, sem reserva, sem nenhuma espécie de condição, vale dizer, se ele pode renunciar à sua pessoa, à sua vida, à sua razão, a *seu eu*, a qualquer moralidade em suas ações e, numa palavra, cessar de existir antes da morte, apesar da natureza que o encarrega imediatamente de sua própria conservação, e apesar de sua consciência e de sua razão que lhe prescrevem o que deve fazer e aquilo de que se deve abster.

E, se houver alguma reserva, alguma restrição no ato de escravidão, discutiremos se tal ato não se tornará então um verdadeiro contrato, no qual cada um dos dois contratantes, não tendo nessa condição nenhum superior comum*, permanecerá sendo seu próprio juiz quanto às condições do contrato, portanto cada um livre enquanto parte dele e capaz de rompê-lo tão logo se julgue lesado.

E então, se um escravo não pode alienar-se sem restrições a um senhor, como pode um povo alienar-se sem restrições a um chefe? E, se o escravo permanece sendo juiz da observação do contrato por seu senhor, como o povo não permanecerá sendo o juiz da observação do contrato por seu chefe?

Forçados assim a voltar atrás no caminho percorrido e considerando o sentido da palavra coletiva "povo", procuraremos saber se, para estabelecê-lo, não é preciso um contrato, tácito ao menos, anterior a esse que supomos.

Visto que antes de eleger para si mesmo um rei o povo é um povo, o que então o tornou tal senão o contrato social? O contrato social, portanto, é a base de toda sociedade civil e é na natureza desse ato que se deve procurar a da sociedade que ele forma.

Procuraremos saber qual é o teor desse contrato e se não podemos enunciá-lo aproximadamente por esta fórmula: *Cada um de nós põe em comum seus bens, sua pessoa, sua vida e toda a sua potência, sob a suprema direção da vontade geral, e recebemos em bloco cada membro como parte indivisível do todo.*

Suposto isso, para definir os termos de que precisamos, observaremos que, no lugar da pessoa particular de cada contratante, esse ato de associação produz um corpo moral e coletivo, composto de tantos membros quantas vozes há na assembleia. Essa pessoa pública toma em geral o nome de *corpo político*, o qual é chamado por seus membros de *Estado* quando é passivo, de *soberano* quando é ativo e de *poder* quando comparado a seus semelhantes. Com

* Se houvesse um, esse superior comum só poderia ser o soberano, e então o direito de escravidão, fundado no direito de soberania, não seria o seu princípio.

relação aos próprios membros, eles recebem o nome de *povo*, coletivamente, e chamam-se em particular *cidadãos*, como membros da *cidade* ou partícipes da autoridade soberana, e *súditos*, como submetidos à mesma autoridade.

Observamos que esse ato de associação contém um compromisso recíproco do público e dos particulares e que cada indivíduo, estabelecendo contrato, por assim dizer, consigo mesmo, vê-se compromissado duplamente, como membro do soberano em relação aos particulares e como membro do Estado em relação ao soberano.

Observaremos também que, ninguém estando obrigado a respeitar os compromissos que tem só para consigo mesmo, a deliberação pública que pode constranger todos os súditos relativamente ao soberano, por causa das diferentes maneiras pelas quais cada um deles pode ser encarado, não pode constranger o Estado com relação a si mesmo. De onde se vê que não há nem pode haver outra lei fundamental propriamente dita além do pacto social. Isso não significa que o corpo político não possa, sob alguns aspectos, comprometer-se com outrem; pois, com relação ao estrangeiro, ele se torna um ser simples, um indivíduo.

Não tendo as duas partes contratantes, ou seja, cada particular e o público, um superior comum que possa julgar suas disputas, examinaremos se cada uma das duas continua tendo o poder de romper o contrato quando quiser, isto é, de renunciar a ele de sua parte tão logo se creia lesada.

Para elucidar essa questão, observamos que, conforme o pacto social, já que o soberano só pode agir através das vontades comuns e gerais, seus atos só devem igualmente ser objetos gerais e comuns; daí se segue que um particular não poderia ser lesado diretamente pelo soberano sem que todos o fossem, o que seria impossível, pois seria querer fazer mal a si mesmo. Assim, o contrato social não tem necessidade de outro fiador além da força pública, porque a lesão só pode vir dos particulares, e eles não estão por isso livres de seu compromisso, mas sim punidos por o terem violado.

Para bem resolver todas as questões como essas, teremos o cuidado de sempre lembrar que o pacto social é de uma natureza particular e própria somente a ele mesmo, na medida em que o povo só contrata consigo mesmo, isto é, o povo em bloco como soberano com os particulares como súditos. Essa condição é causa de todo o engenho e de todo o funcionamento da máquina política e sozinha torna legítimos, razoáveis e inofensivos compromissos que, sem isso, seriam absurdos, tirânicos e sujeitos aos mais enormes abusos.

Tendo os particulares se submetido apenas ao soberano e não passando a autoridade soberana da vontade geral, veremos como cada homem, ao obedecer ao soberano, só obedece a si mesmo e como somos mais livres no pacto social do que no estado de natureza.

Depois de ter feito a comparação entre a liberdade natural e a liberdade civil quanto às pessoas, compararemos, quanto aos bens, o direito de propriedade e o direito de soberania, o domínio particular e o domínio eminente. Se o direito de propriedade se funda na autoridade soberana, esse direito é o que ela mais deve respeitar; ele é inviolável e sagrado para ela enquanto permanece sendo um direito particular e individual; tão logo ele seja considerado comum a todos os cidadãos, fica submetido à vontade geral, e essa vontade pode aniquilá-lo. Assim, o soberano não tem direito algum de tocar no bem de um particular, nem no de muitos, mas pode legitimamente apoderar-se do bem de todos, como aconteceu em Esparta no tempo de Licurgo, ao passo que a abolição das dívidas feitas por Sólon foi um ato ilegítimo.

Uma vez que nada constrange os súditos, a não ser a vontade geral, procuraremos saber como se manifesta essa vontade, por que sinais podemos estar certos de reconhecê-la, o que é uma lei e quais são os verdadeiros caracteres da lei. Este assunto é inteiramente novo; a definição da lei ainda está por fazer.

No momento em que o povo considera em particular um ou vários de seus membros, o povo se divide. Forma-se entre o todo e a parte uma relação que faz deles dois seres separados, de que a parte é um e o todo menos essa parte é o outro. Mas o todo menos uma parte não é o todo; enquanto essa relação subsiste, portanto, já não há todo, e sim duas partes desiguais.

Pelo contrário, quando todo o povo legisla sobre todo o povo, ele só considera a si mesmo; e, se alguma relação se forma, é entre o objeto inteiro de um ponto de vista e o objeto inteiro de outro ponto de vista, sem nenhuma divisão do todo. Então o objeto sobre o qual se legisla é geral e a vontade que legisla também é geral. Examinaremos se há alguma outra espécie de ato que possa ter o nome de lei.

Se o soberano só pode falar através de leis, e se a lei só pode ter um objeto geral e relativo de igual modo a todos os membros do Estado, segue-se que o soberano nunca tem o poder de estabelecer algo sobre um objeto particular, e como, no entanto, importa à conservação do Estado que também sejam decididas coisas particulares, procuraremos saber como isso pode ser feito.

Os atos do soberano só podem ser atos da vontade geral, leis; em seguida são necessários atos determinantes, atos de força ou de governo, para a execução daquelas mesmas leis, e estes, pelo contrário, só podem ter objetos particulares. Assim, o ato pelo qual o soberano determina que se elegerá um chefe é uma lei, e o ato pelo qual se elege tal chefe em execução à lei não passa de um ato de governo.

Eis, portanto, um terceiro modo pelo qual o povo reunido pode ser considerado, ou seja, como magistrado ou executante da lei que estabeleceu como soberano*.

---

* Essas questões e proposições foram em sua maioria extraídas do tratado *Do contrato social*, ele próprio extraído de uma obra maior, empreendida sem consultar minhas forças e abandonada há muito tempo. O pequeno tratado que dela extraí, e cujo sumário está aqui, será publicado à parte.

Examinaremos se é possível que o povo se despoje de seu direito de soberania para dá-lo a um ou vários homens, pois, não sendo o ato de eleição uma lei, e não sendo nesse ato o próprio povo soberano, não vemos como ele pode então transferir um direito que não tem.

Já que a essência da soberania consiste na vontade geral, tampouco entendemos como se pode ter certeza de que uma vontade particular esteja sempre de acordo com essa vontade geral. Devemos antes presumir que lhe será frequentemente contrária, pois o interesse privado sempre tende a privilegiar, enquanto o interesse público tende à igualdade; e, mesmo que esse acordo fosse possível, bastaria que não fosse necessário e indestrutível para que o direito soberano não pudesse resultar dele.

Procuraremos saber se, sem violar o pacto social, os chefes do povo, eleitos com o nome que for, poderão ser algo diferente dos oficiais do povo, aos quais ele ordena que as leis sejam executadas; se tais chefes não lhe devem prestar contas de sua administração e não estão eles próprios submetidos às leis que estão encarregados de fazer observar.

Se o povo não pode alienar o seu direito supremo, poderá confiá-lo por algum tempo? Se não pode dar a si mesmo um senhor, poderá ter representantes? Essa questão é importante e merece ser discutida.

Se o povo não pode ter nem soberano nem representante, examinaremos como ele mesmo pode fazer suas leis, se deve ter muitas leis, se deve mudá-las com frequência, se é fácil que um grande povo seja seu próprio legislador.

Se o povo romano não era um grande povo, se é bom que haja grandes povos, segue-se das considerações precedentes que há no Estado um corpo intermediário entre os súditos e o soberano, e esse corpo intermediário, formado por um ou mais membros, é o encarregado da administração pública, da execução das leis e da manutenção da liberdade civil e política.

Os membros desse corpo chamam-se *magistrados* ou *reis*, isto é, governadores. O corpo inteiro, considerado pelos homens que o compõem, chama-se *príncipe* e, considerado por sua ação, chama-se *governo*.

Se considerarmos a ação do corpo inteiro agindo sobre si mesmo, isto é, a relação do todo com o todo ou do soberano com o Estado, poderemos comparar essa relação com a dos extremos de uma proporção contínua, cujo termo médio é dado pelo governo. O magistrado recebe do soberano as ordens que dá ao povo e, tudo compensado, seu produto ou sua potência está no mesmo grau que o produto ou a potência dos cidadãos, que são súditos por um lado e soberanos por outro. Não seria possível alterar nenhum desses três termos sem romper imediatamente a proporção. Se o soberano quiser governar, ou se o príncipe quiser fazer leis, ou se o súdito recusar-se a obedecer, a desordem sucederá à regra e o Estado esfacelado cairá no despotismo ou na anarquia.

Suponhamos que o Estado seja composto de dez mil cidadãos. O soberano só pode ser considerado coletivamente ou em bloco, mas cada particular tem, como súdito, uma existência individual e independente. Assim, o soberano está para o súdito como dez mil estão para um; vale dizer que cada membro do Estado não tem de sua parte mais do que a décima milésima parte da autoridade soberana, embora esteja inteiramente submetido a ela. Se o povo consistir em cem mil homens, o estado dos súditos não mudará e cada um continuará a carregar o império das leis, enquanto seu sufrágio, reduzido a um centésimo de milésimo, terá dez vezes menos influência em sua redação. Assim, permanecendo o súdito sempre um, a relação do soberano aumenta na razão do número dos cidadãos. Daí se segue que, quanto mais o Estado cresce, mais a liberdade diminui.

Ora, quanto menos as vontades particulares se relacionam com a vontade geral, isto é, os costumes com as leis, mais a força repressiva deve aumentar. Por outro lado, dando a grandeza do Estado aos depositários da autoridade pública maiores tentações e mais meios de abusar dela, quanto mais o governo tem força para conter o povo, mais força deve ter por sua vez o soberano para conter o governo.

Segue-se dessa dupla relação que a proporção contínua entre o soberano, o príncipe e o povo não é uma ideia arbitrária, mas uma consequência da natureza do Estado. Segue-se ainda que, sendo fixo um dos extremos, a saber, o povo, todas as vezes que a razão dobrada aumentar ou diminuir, a razão simples aumentará ou diminuirá por seu lado, o que não pode acontecer sem que o termo médio mude tantas vezes. Daí podemos tirar a seguinte consequência: não há uma constituição de governo única e absoluta, mas deve haver tantos governos diferentes em natureza quantos Estados houver diferentes em tamanho.

Se quanto mais um povo é numeroso menos os costumes se relacionam com as leis, examinaremos se, por uma analogia bastante evidente, não podemos dizer também que, quanto mais numerosos forem os magistrados, mais fraco será o governo.

Para explicar essa máxima, distinguiremos na pessoa de cada magistrado três vontades essencialmente diferentes: primeiro, a vontade própria do indivíduo, que só tende ao seu proveito particular; segundo, a vontade comum dos magistrados, que se relaciona unicamente com o proveito do príncipe; vontade esta que podemos chamar vontade de corpo, a qual é geral com relação ao governo e particular com relação ao Estado de que o governo faz parte; em terceiro lugar, a vontade do povo ou a vontade soberana, que é geral tanto com relação ao Estado considerado como o todo quanto com relação ao governo considerado como parte do todo. Numa legislação perfeita, a vontade individual e particular deve ser quase nula; a vontade de corpo própria ao governo, muito subordinada, e, por conseguinte, a vontade geral e soberana é a regra de todas as outras. Pelo contrário, segundo a ordem natural, essas diferentes vontades tornam-se mais ativas à medida que se concentram; a vontade geral é sempre a mais fraca, a vontade de corpo ocupa o segundo lugar e a vontade particular é preferida a tudo, de sorte que cada qual é em primeiro lugar ele mesmo, depois magistrado e depois cidadão, gradação diretamente oposta à que exige a ordem social.

Isso posto, suporemos o governo nas mãos de um só homem. Eis a vontade particular e a vontade de corpo perfeitamente reunidas e, por conseguinte, com esta última atingindo o mais alto grau de intensidade que ela possa ter. Ora, como é desse grau que depende o uso da força, e como a força absoluta do governo, sendo sempre a do povo, não varia, segue-se que o mais ativo dos governos é o de um só.

Pelo contrário, reunamos o governo à autoridade suprema, façamos do soberano o príncipe e dos cidadãos, outros tantos magistrados: a vontade de corpo, então, perfeitamente confundida com a vontade geral, não terá outra atividade que não a dela, e deixará a vontade particular com toda a sua força. Assim o governo, sempre com a mesma força absoluta, estará em seu *minimum* de atividade.

Essas regras são incontestáveis, e outras considerações servem para confirmá-las. Por exemplo, vê-se que os magistrados são mais ativos em seu grupo do que o cidadão no seu, e que por conseguinte a vontade particular tem ali muito mais influência. Pois cada magistrado quase sempre é encarregado de alguma função particular do governo, ao passo que cada cidadão isoladamente não tem nenhuma função da soberania. De resto, quanto mais o Estado se estende, mais sua força real aumenta, embora não na razão de sua extensão; permanecendo, porém, o mesmo Estado, ainda que os magistrados se multipliquem, o governo não adquire com isso uma força real maior, porque é o depositário da força do Estado, que supomos ser sempre igual. Assim, com essa pluralidade, a atividade do governo diminui, sem que sua força possa aumentar.

Depois de ter descoberto que o governo se afrouxa à medida que os magistrados se multiplicam e que, quanto mais numeroso é o povo, mais a força repressiva do governo deve aumentar, concluiremos que a relação dos magistrados com o governo deve ser inversa à dos súditos com o soberano; isto é, quanto mais o Estado cresce, mais o governo deve diminuir, de tal modo que o número dos chefes diminua na razão do aumento do povo.

Para fixar a seguir essa diversidade de formas em denominações mais precisas, observaremos em primeiro lugar que o soberano pode confiar a guarda do governo a todo o povo ou à maior parte do povo, de modo que haja mais cidadãos magistrados do que cidadãos simples particulares. Dá-se o nome de democracia a essa forma de governo.

Ou então ele pode encerrar o governo nas mãos de um menor número de cidadãos, havendo assim mais simples cidadãos do que magistrados, e essa forma tem o nome de aristocracia.

Finalmente, ele pode concentrar todo o governo nas mãos de um único magistrado. Essa terceira forma é a mais comum e se chama monarquia ou governo real.

Observaremos que todas essas formas, ou pelo menos as duas primeiras, são suscetíveis de mais e de menos e têm até uma latitude bastante grande. Pois a democracia pode abarcar todo o povo ou limitar-se à metade. A aristocracia, por sua vez, pode limitar-se da metade do povo até os menores grupos. A própria realeza admite às vezes uma partilha, quer entre pai e filho, quer entre dois irmãos, quer de alguma outra forma. Havia sempre dois reis em Esparta, e no império romano houve até oito imperadores ao mesmo tempo, sem que se pudesse dizer que o império estivesse dividido. Existe um ponto em que cada forma de governo se confunde com a seguinte, e, sob essas três denominações específicas, o governo será na realidade capaz de tantas formas quantos forem os cidadãos que o Estado tiver.

E há mais: podendo cada um desses governos, sob certos aspectos, subdividir-se em diversas partes, sendo uma administrada de um jeito e outra de outro, pode resultar dessas três formas combinadas um grande número de formas mistas, cada uma delas podendo ser multiplicada por todas as formas simples.

Sempre se discutiu sobre a melhor forma de governo, sem se considerar que cada uma delas é a melhor em certos casos e a pior em outros. De nossa parte, se nos diferentes Estados o número dos magistrados* deve ser inverso ao dos cidadãos, concluiremos que em geral o governo democrático convém aos pequenos Estados, o aristocrático aos médios e o monárquico aos grandes.

É seguindo o fio dessas pesquisas que chegaremos a saber quais são os deveres e os direitos dos cidadãos e se podemos separá-los uns dos outros; o que é a pátria, em que ela consiste precisamente e como cada um pode saber se tem ou não uma pátria.

Depois de ter assim considerado cada espécie de sociedade civil em si mesma, compará-las-emos para observar suas diversas relações: umas grandes, outras pequenas, umas fortes, outras fracas, atacando-se, ofendendo-se, destruindo-se umas às outras, e, nessa ação e reação contínua, fazendo mais miseráveis e custando a vida a mais homens do que se eles tivessem conservado sua primeira liberdade. Examinaremos se não se fez demais ou pouco demais na instituição social; se os indivíduos submetidos às leis e aos homens, enquanto as sociedades conservam entre si a independência da natureza, não ficam expostos aos males dos dois Estados, sem ter suas vantagens, e se não seria melhor que não houvesse sociedade civil no mundo do que haver várias delas. Não é esse Estado misto que participa de ambos e não garante nem um nem outro, *per quem neutrum licet, nec tanquam in bello paratum esse,*

* Lembremos que não pretendo falar aqui senão de magistrados supremos ou chefes da nação, não sendo os outros mais do que seus substitutos em tal ou tal parte.

nec tanquam in pace securum?[12] Não é essa associação parcial e imperfeita que produz a tirania e a guerra? E a tirania e a guerra não são os maiores flagelos da humanidade?

Examinaremos, enfim, a espécie de remédios que se inventaram para esses inconvenientes, através das ligas e confederações que, deixando cada Estado ser senhor de si mesmo interiormente, defendem-no exteriormente contra todo agressor injusto. Procuraremos saber como se pode estabelecer uma boa associação federativa, o que a pode tornar duradoura e até que ponto se pode estender o direito da confederação sem molestar o da soberania.

O abade de Saint-Pierre havia proposto uma associação de todos os Estados da Europa, para que mantivessem entre si uma paz perpétua. Era praticável tal associação? E, supondo-se que tivesse sido estabelecida, seria presumível que durasse?* Essas pesquisas conduzem-nos diretamente a todas as questões de direito público que podem terminar de esclarecer as do direito político.

Enfim, colocaremos os verdadeiros princípios do direito de guerra e examinaremos por que Grotius e os demais trataram mal do assunto.

Não me espantarei se no meio de todos os nossos raciocínios o meu rapaz, que tem bom senso, disser interrompendo-me: Dir-se-ia que construímos nosso edifício com madeira, e não com homens, tamanha a exatidão com que alinhamos cada peça! É verdade, meu amigo, mas lembra-te de que o direito não se dobra às paixões dos homens e de que estávamos tratando de estabelecer os verdadeiros princípios do direito político. Agora que nossos fundamentos estão assentados, vem examinar o que os homens construíram sobre eles e verás lindas coisas!

---

12. "Que não dá lugar nem à preparação do tempo de guerra, nem à segurança do tempo de paz." (Sêneca, *De tranquillitate animi*, I, 1.) (N. do T.)

* Depois que escrevi isso, as razões *a favor* foram expostas no resumo desse projeto; as razões *contra*, pelo menos as que me pareceram sólidas, encontrar-se-ão na coleção de meus escritos, depois desse mesmo resumo.

Então faço com que leia *Telêmaco* e siga seu caminho; procuramos a feliz Salente e o bom Idomeneu que se tornou sábio à custa de desgraças. No caminho, encontramos muitos Protesilaus e nenhum Filocles. Adrasto, rei de Dauniens, tampouco é difícil de encontrar. Mas deixemos o leitor imaginar as nossas viagens, ou fazê-las em nosso lugar com um *Telêmaco* nas mãos, e não lhe sugiramos aplicações aflitivas que o próprio autor afasta ou faz contra a vontade.

De resto, não sendo Emílio rei, nem eu deus, não nos afligimos por não podermos imitar Telêmaco e Mentor no bem que faziam aos homens; ninguém sabe mais do que nós manter-se em seu devido lugar nem deseja menos sair dele. Sabemos que a mesma missão é dada a todos e que quem ama o bem de todo o coração e o faz da melhor maneira que pode cumpre-a bem. Sabemos que Telêmaco e Mentor são quimeras. Emílio não viaja como homem ocioso, e faz mais bem do que se fosse príncipe. Se fôssemos reis, não seríamos mais beneficentes. Se fôssemos reis beneficentes, faríamos sem saber mil males reais para cada bem aparente que acreditaríamos estar fazendo. Se fôssemos reis e sábios, o primeiro bem que quereríamos fazer para nós mesmos e para os outros seria abdicar da realeza e voltar a ser o que somos.

Eu disse o que torna infrutuosas as viagens para todos. O que as torna ainda mais infrutuosas para a juventude é a maneira com que a fazem viajar. Mais curiosos de sua diversão do que de sua instrução, os preceptores levam os jovens de cidade em cidade, de palácio em palácio, de grupo em grupo; se forem doutos e letrados, fazem com que passem o tempo a visitar bibliotecas e antiquários, a remexer velhos monumentos, a transcrever velhas inscrições. Em cada país, ocupam-se de outro século; é como se se ocupassem de outro país; de modo que, depois de terem percorrido a Europa, com muitas despesas, entregues a frivolidades ou ao tédio, voltam sem terem visto nada do que lhes poderia interessar, nem aprendido nada do que lhes poderia ser útil.

Todas as capitais se parecem, nelas todos os povos se misturam, todos os costumes se confundem; não é nelas que se devem estudar as nações. Paris e Londres são para mim a mesma cidade. Seus habitantes têm alguns preconceitos diferentes, mas não os têm em menor quantidade, e todas as suas máximas práticas são as mesmas. Sabemos que espécies de homens devem reunir-se nas cortes. Sabemos que costumes o amontoamento do povo e a desigualdade de riquezas deve produzir em toda parte. Assim que me falam de uma cidade composta de duzentas mil almas, sei de antemão como se vive nela. O que eu saberei a mais sobre esses lugares não vale a pena ir aprender.

É nas províncias afastadas, onde há menos movimento e menos comércio, onde os estrangeiros viajam menos, cujos habitantes deslocam-se menos, mudam menos de riqueza e de condição, que devemos ir estudar o gênio e os costumes de uma nação. Vede de passagem a capital, mas ide observar o país mais adiante. Os franceses não estão em Paris, mas em Touraine; os ingleses são mais ingleses em Mercie do que em Londres e os espanhóis mais espanhóis na Galícia do que em Madri. É nessas grandes distâncias que um povo se caracteriza e se mostra tal como é, sem misturas; é lá que os bons e os maus efeitos do governo revelam-se mais, assim como na ponta de um raio maior a medida dos arcos é mais exata.

As relações necessárias dos costumes com o governo foram tão bem expostas no livro *O espírito das leis*, que não podemos fazer melhor do que recorrer a essa obra para estudá-las. Mas, em geral, existem duas regras fáceis e simples para avaliar a boa qualidade relativa dos governos. Uma é o povoamento. Em todo país que se despovoa, o Estado tende à ruína; e o país que mais se povoa, ainda que seja o mais pobre, é infalivelmente o mais governado*.

---

* Que eu saiba, a única exceção para essa regra é a China.

Mas para isso é preciso que tal povoamento seja um efeito natural do governo e dos costumes, pois, se ele se fizer por colônias ou por outros meios acidentais e passageiros, eles provariam o mal pelo remédio. Quando Augusto estabeleceu leis contra o celibato, tais leis já revelavam o declínio do império romano. É preciso que a boa qualidade do governo leve os cidadãos a se casarem, e não que as leis os forcem a isso; não devemos examinar o que se faz por obrigação, pois a lei que combate a constituição desgasta-se e torna-se vã, mas o que se faz por influência dos costumes e pela inclinação natural do governo; pois tais meios são os únicos a terem um efeito constante. A política do bom abade de Saint-Pierre era procurar sempre um remedinho para cada mal particular, em vez de remontar à sua fonte comum e ver que só poderiam ser curados todos ao mesmo tempo. Não se trata de cuidar isoladamente de cada ferida que aparece no corpo do doente, mas de purificar a massa do sangue que produz todas elas. Dizem que na Inglaterra há prêmios para a agricultura; não precisa de mais: isso me prova que ela não brilhará por muito tempo.

A segunda marca da boa qualidade relativa do governo e das leis tira-se também da população, mas de outra maneira, isto é, de sua distribuição, e não de sua quantidade. Dois Estados iguais em tamanho e em número de homens podem ser muito desiguais em força, e o mais potente dos dois é sempre aquele cujos habitantes estao espalhados de maneira mais uniforme pelo território; aquele que não tem cidades tão grandes, e portanto brilha menos, sempre vencerá o outro. São as grandes cidades que esgotam e debilitam um Estado; a riqueza que elas produzem é uma riqueza aparente e ilusória; é muito dinheiro e pouco efeito. Dizem que a cidade de Paris vale uma província para o rei da França, mas creio que ela lhe custe várias delas, que sob mais de um aspecto Paris é alimentada pelas províncias e que a maior parte das rendas das províncias vão para Paris e ali permanecem, sem jamais voltarem ao rei ou ao povo. É inconcebível que neste século de calculadores não haja um que seja capaz de ver que a França seria muito mais poderosa se Paris fosse aniquilada. Não só o povo mal distribuído não é vantajoso para o Estado, como também ele é mais nocivo do que o próprio despovoamento, pois o despovoamento provoca apenas um produto nulo, mas o mau consumo provoca um produto negativo. Quando ouço um francês e um inglês, muito orgulhosos com a grandeza de suas capitais, discutirem se é Paris ou Londres que contém maior número de habitantes, aquilo é para mim como se estivessem discutindo qual dos dois povos tem a honra de ser o mais mal governado.

Estudai um povo fora de suas cidades, só assim o conhecereis. De nada vale ver a forma aparente de um governo, maquiada pelo aparelho administrativo e pelo jargão dos administradores, se não se estuda também a sua natureza pelos efeitos que ele produz sobre o povo e em todos os graus da administração. Estando a diferença entre a forma e o fundo partilhada por todos esses graus, só conhecemos essa diferença quando abarcamos todos eles. Num país, é pelas manobras dos subdelegados que se começa a perceber o espírito do ministério; em outro, é preciso ver os membros do parlamento serem eleitos para julgar se é verdade que a nação seja livre; em qualquer país, é impossível alguém que só tenha visto as cidades conhecer o governo, dado que o seu espírito não é o mesmo na cidade e no campo. Ora, quem faz o país é o campo, e quem faz a nação é o povo do campo.

Esse estudo dos diversos povos em suas províncias afastadas e na simplicidade de seu gênio original proporciona uma observação geral que favorece muito a minha epígrafe e é muito consoladora para o coração humano; todas as nações, quando assim observadas, parecem valer bem mais; quanto mais se aproximam da natureza, mais domina a bondade em seus caracteres; só quando se encerram em cidades, só quando se corrompem pela cultura, elas se depravam e transformam em vícios agradáveis e perniciosos alguns defeitos mais rudes do que nocivos.

Dessa observação resulta uma nova vantagem da maneira de viajar que estou propondo, pois os jovens, permanecendo pouco nas grandes cidades onde reina uma horrível corrupção, correm menos riscos de contraí-la e conservam junto a homens mais simples, e em sociedades menos numerosas, um juízo mais certeiro, um gosto mais sadio e costumes mais honestos. De resto, porém, tal contágio não é muito de temer da parte de Emílio; ele tem tudo o que é preciso para preservar-se dele. Dentre todas as precauções que tomei para isso, dou muito valor ao apego que traz no coração.

Já não se sabe de quanto é capaz o verdadeiro amor sobre as inclinações dos jovens, porque, não o conhecendo mais do que eles, os que os educam os afastam dele. No entanto, um jovem ou deve amar ou ser debochado. É fácil enganar pelas aparências. Citar-me-ão mil rapazes que, dizem, vivem muito castamente sem amor; mas citem-me um homem feito, um verdadeiro homem que afirme ter passado assim a juventude e que seja de boa-fé. Em todas as virtudes, em todos os deveres, só se busca a aparência; quanto a mim, busco a realidade, e muito me engano se houver para alcançá-la outros meios além dos que proponho.

A ideia de tornar Emílio amoroso antes de fazê-lo viajar não é de minha invenção. Eis o que a sugeriu a mim.

Eu estava em Veneza, de visita ao preceptor de um jovem inglês. Era inverno e estávamos ao redor do fogo. O preceptor recebe a correspondência. Lê as cartas e depois relê uma delas em voz alta para seu aluno. Estava escrita em inglês; nada compreendi, mas, durante a leitura, vi o rapaz rasgar os lindos punhos de renda que trazia e jogá-los no fogo o mais calmamente possível, para que ninguém percebesse. Surpreso com aquele capricho, olho-o no rosto e julgo ver ali certa emoção, mas os sinais exteriores das paixões, apesar de muito parecidos em todos os homens, têm diferenças nacionais com as quais facilmente nos enganamos. Os povos têm diversas linguagens no rosto, assim como na boca. Aguardo o fim da leitura e, mostrando ao preceptor os punhos nus de seu aluno, que no entanto ele escondia o melhor que podia, digo-lhe: Pode-se saber o que isso significa?

Vendo o que acontecera, o preceptor começou a rir, beijou seu aluno com um ar satisfeito e, depois de ter obtido seu consentimento, deu-me a explicação que eu desejava.

Os punhos, diz-me ele, que o senhor John acaba de rasgar são presente de uma dama desta cidade, que lhos deu há não muito tempo. Ora, o senhor John, em seu país, é noivo de uma jovem senhorita pela qual tem muito amor, e que merece ser amada ainda mais. Esta carta é da mãe de sua noiva, e traduzirei a passagem que causou o prejuízo de que fostes testemunha.

"Lucy não larga os punhos de lord John. Miss Betty Roldham acaba de passar a tarde com ela e quis a todo custo trabalhar com ela. Ao saber que Lucy hoje se levantara mais cedo do que de costume, eu quis ver o que ela estava fazendo e encontrei-a ocupada em desfazer tudo o que Miss Betty havia feito ontem. Ela não quer que haja em seu presente um só ponto de uma mão que não seja a sua."

O senhor John saiu logo em seguida para pegar outros punhos e eu disse a seu preceptor: Tendes um aluno de excelente índole; mas, cá entre nós, a carta da mãe de miss Lucy não foi forjada? Não é um expediente de vossa autoria contra a dama dos punhos? Não, disse-me ele, ela é real; não coloquei tanta arte em minhas atenções; usei de simplicidade, de zelo e Deus abençoou o meu trabalho.

O caso do rapaz não saiu de minha memória; ele não podia deixar de produzir alguma coisa na cabeça de um sonhador como eu.

É hora de terminar. Levemos lord John de volta a Lucy, isto é, Emílio a Sofia. Ele lhe traz, com um coração não menos terno do que antes de partir, um espírito mais esclarecido e traz a seu país a vantagem de ter conhecido os governos por todos os seus vícios, e os povos por todas as suas virtudes. Até cuidei de que ele se ligasse em cada nação com algum homem de mérito por um tratado de hospitalidade à maneira dos antigos, e não ficarei aborrecido se ele cultivar essas amizades através de uma troca de correspondência. Além de poder ser útil e ser sempre agradável ter correspondentes em países distantes, trata-se de uma excelente precaução contra o império dos preconceitos nacionais que, assediando-nos durante toda a vida, cedo ou tarde conseguem ter alguma autoridade sobre nós. Nada é mais adequado a lhes tirar essa autoridade do que uma relação desinteressada com pessoas que estimamos, as quais, não tendo esses preconceitos e combatendo-os com os seus, dão-nos meios de opô-los continuamente uns aos outros e de assim nos protegermos de todos. Não é a mesma coisa tratar com os estrangeiros em nosso país ou no deles. No primeiro caso, eles sempre têm para com o país onde vivem um comedimento que faz com que disfarcem o que pensam, ou que pensem favoravelmente enquanto estão nele; de volta a seu país, diminuem o apreço por ele, no que estão certos. Eu ficarei muito contente que o estrangeiro que eu consulte tenha visto meu país, mas só lhe pedirei sua opinião quando ele estiver no seu.

Depois de ter gasto quase dois anos percorrendo alguns dos grandes Estados da Europa e muitos dos pequenos, depois de ter aprendido suas duas ou três línguas principais, depois de ter visto o que há neles de realmente curioso, quer em história natural, quer em matéria de governo, quer em artes, quer em homens, Emílio, devorado pela impaciência, avisa-me que o nosso prazo está próximo. Digo-lhe então: Muito bem, meu amigo, lembras-te do principal objetivo de nossas viagens; viste, observaste. Qual é, finalmente, o resultado de tuas observações? O que decides? Ou estou enganado quanto ao meu método, ou ele deve me responder mais ou menos isto:

"O que decido? Permanecer tal como me fizeste ser e não acrescentar voluntariamente nenhuma outra corrente à que me dão a natureza e as leis. Quanto mais examino a obra dos homens em suas instituições, mais vejo que, de tanto quererem ser independentes, eles se tornam escravos, e que gastam a própria liberdade em vãos esforços para garanti-la. Para não ceder à torrente das coisas, apegam-se a mil coisas; depois, assim que querem dar um passo, não podem, e ficam espantados por dependerem de tudo. Acho que para nos tornarmos livres nada temos de fazer; basta não querer deixar de sê-lo. Foste tu, ó meu mestre, que me fizeste livre ensinando-me a ceder à necessidade. Venha ela quando quiser, deixar-me-ei levar sem constrangimento, e, como não quero combatê-la, a nada me apego para me segurar. Procurei em nossas viagens saber se encontraria algum cantinho de terra que pudesse ser absolutamente meu; mas em que lugar entre os homens já não dependemos de suas paixões? Tudo bem examinado, descobri que meu próprio desejo era contraditório, pois, ainda que eu não dependesse de nenhuma outra coisa, dependeria pelo menos da terra em que me tivesse estabelecido; minha vida estaria ligada a essa terra como a das dríades estava ligada às suas árvores; descobri que, sendo domínio e liberdade duas palavras incompatíveis, eu não podia ser dono de uma cabana senão deixando de sê-lo de mim.

Hoc erat in votis: modus agri non ita magnus.[13]

"Lembro-me de que meus bens foram a causa de nossas buscas. Tu provavas solidamente que eu não podia conservar ao mesmo tempo minha riqueza e minha liber-

13. "Eis o meu desejo: uma terra de média extensão." (Horácio, *Sátiras*, II, 6, 1.) (N. do T.)

dade; mas, quando querias que eu fosse ao mesmo tempo livre e sem necessidades, querias duas coisas incompatíveis, pois eu só poderia escapar da dependência dos homens voltando à dependência da natureza. Que farei, então, com a fortuna que meus pais me deixaram? Começarei por não depender dela; afrouxarei todos os laços que me prendem a ela. Se a deixarem a mim, ficará comigo; se a tirarem de mim, não me levarão com ela. Não me atormentarei por retê-la, mas permanecerei firme em meu lugar. Rico ou pobre, serei livre. Não o serei apenas em tal país, em tal região; sê-lo-ei por toda a terra. Para mim, todas as correntes da opinião se quebraram; só conheço a da necessidade. Aprendi a carregá-las desde que nasci e carregá-las-ei até morrer, pois sou homem. E por que não poderia carregá-las sendo livre, já que sendo escravo eu precisaria carregá-las também, tendo a mais a da escravidão?

"Que me importa minha condição na terra? Que me importa onde estou? Em toda parte onde há homens, estou com meus irmãos; em toda parte onde não há homens, estou em casa. Enquanto puder permanecer independente e rico, terei com que viver e viverei. Se minha riqueza me subjugar, abandoná-la-ei sem problemas; tenho braços para trabalhar e viverei. Se meus braços me faltarem, viverei se me sustentarem, morrerei se me abandonarem; também morrerei ainda que não me abandonem, pois a morte não é um problema da pobreza, e sim uma lei da natureza. Venha a morte quando vier, desafio-a, ela nunca me surpreenderá fazendo preparativos para viver; nunca me impedirá de ter vivido.

"Eis aí, meu pai, o que decido. Se eu não tivesse paixões, eu seria, em minha condição de homem, tão independente quanto o próprio Deus, já que, querendo apenas o que existe, nunca teria de lutar contra o destino. Pelo menos tenho apenas uma corrente, que é a única que sempre carregarei, e posso honrar-me disso. Vem, pois, dá-me Sofia e sou livre."

"Caro Emílio, fico contente por ouvir saírem de tua boca palavras de homem, e ver os sentimentos delas em teu coração. Esse desinteresse extremado não me desagrada em tua idade. Diminuirá quando tiveres filhos, e então serás exatamente o que deve ser um bom pai de família e um homem sábio. Antes de tuas viagens, eu já sabia qual seria o efeito delas; sabia que, ao considerar de perto nossas instituições, estarias longe de dar-lhes a confiança que não merecem. É em vão que aspiramos à liberdade sob a salvaguarda das leis. Leis! Onde elas existem e onde são respeitadas? Em toda parte só viste reinar sob esse nome o interesse particular e as paixões dos homens. Mas as leis eternas da natureza e da ordem existem. Para o sábio, são como uma lei positiva; são escritas no fundo do seu coração pela consciência e pela razão; é a elas que deve sujeitar-se para ser livre, e só é escravo quem age mal, pois fá-lo sempre contra a vontade. A liberdade não está em nenhuma forma de governo, ela está no coração do homem livre; ele a carrega consigo por toda parte. O homem vil arrasta a servidão por toda parte. Um seria escravo em Genebra, e o outro, livre em Paris.

"Se te falasse sobre os deveres do cidadão, perguntar-me-ias talvez onde está a pátria, e acreditarias ter-me confundido. Estarias enganado, porém, caro Emílio, pois quem não tem uma pátria tem pelo menos um país. Há sempre um governo e simulacros de leis sob os quais ele viveu tranquilo. Se o contrato social não foi observado, que importa, se o interesse particular o protegeu como o teria feito a vontade geral, se a violência pública o defendeu das violências particulares, se o mal que ele viu fez com que amasse o que estava bem, e se as nossas mesmas instituições fizeram com que ele conhecesse e odiasse as iniquidades delas próprias? Ó Emílio! onde está o homem de bem que nada deva a seu país? Quem quer que seja lhe deve o que há de mais precioso para o homem, a moralidade de suas ações e o amor da virtude. Nascido no fundo de um bosque ele teria vivido mais feliz e mais livre, mas, contra nada tendo de lutar para seguir suas inclinações, teria sido bom sem mérito, não teria sido virtuoso, e agora sabe sê-lo apesar de suas paixões. Basta a aparência da ordem para levá-lo a conhecê-la e amá-la. O bem público, que só serve de pretexto aos outros, só para ele é um motivo real. Ele aprende a lutar consigo mesmo, a vencer-se, a sacrificar seu interesse pelo interesse comum. Não é verdade que ele não tire proveito das leis: elas proporcionam-lhe a coragem de ser justo, mesmo entre os maus. Não é verdade que elas não o tornaram livre, ensinaram-lhe a reinar sobre si mesmo.

"Não digas então: Que me importa onde eu esteja? É importante para ti que estejas onde possas cumprir todos os teus deveres, e um desses deveres é o apego pelo lugar em que nasceste. Teus compatriotas protegeram-te quando criança, deves amá-lo sendo adulto. Deves viver no meio deles, ou pelo menos num lugar onde lhes possas ser útil tanto quanto possível e onde eles saibam onde te encontrar caso venham a precisar de ti. Há circunstâncias em que um homem pode ser mais útil a seus concidadãos fora da pátria do que se vivesse nela. Então ele só deve ouvir seu zelo e suportar o exílio sem protestar; esse mesmo exílio é um de seus deveres. Mas tu, meu bom Emílio, a quem nada impõe esses dolorosos sacrifícios, tu que não tens o triste ofício de dizer a verdade aos homens, vai viver no meio deles, cultiva sua amizade num doce comércio, sê seu benfeitor e modelo; teu exemplo ser-lhe-á mais útil do que todos os nossos livros, e o bem que verão fazeres sensibilizá-los-á mais do que todos os nossos vãos discursos.

"Não te exorto com isso a ires viver nas grandes cidades; pelo contrário, um dos exemplos que os bons devem dar aos outros é o da vida patriarcal e do campo, a primeira vida do homem, a mais tranquila, a mais natural e a mais doce para quem não tem o coração corrompido. Feliz, meu jovem amigo, o país onde não se tem necessidade de buscar a paz num deserto! Mas onde fica esse país? Um homem bom não satisfaz bem as suas tendências nas cidades, onde quase só encontra ocasião de exercer seu zelo com intrigantes ou patifes. A acolhida que lá se dá aos vagabundos que chegam para fazer fortuna só acaba de devastar o país que, pelo contrário, deveria ser reprovado à custa das cidades. Todos os homens que se retiram da grande sociedade são úteis precisamente porque se retiram dela, já que todos os seus vícios vêm do fato de ser numerosa demais. Eles também são úteis quando podem levar para os lugares desertos da vida a cultura e o amor de seu primeiro estado. Enterneço-me ao pensar o quanto, de seu simples retiro, Emílio e Sofia podem distribuir de coisas boas ao seu redor, como podem vivificar o campo e reanimar o zelo extinto do feliz aldeão. Creio ver o povo multiplicar-se, os campos fertilizarem-se, a terra assumir novos encantos, a multidão e a abundância transformarem os trabalhos em festas, os gritos de alegria e as bênçãos elevarem-se em meio aos jogos rústicos ao redor do amável casal que os reanimou. Dizem que a idade de ouro é uma quimera, e ela nunca passará disso para quem quer que tenha o coração e o gosto corrompidos. Não é verdade nem mesmo que tenham saudade dela, pois tal saudade é sempre vã. Que seria preciso fazer, então, para que ela renasça? Uma única coisa, mas impossível: amá-la.

"Ela parece já estar renascendo ao redor da morada de Sofia; não fareis mais do que terminar juntos o que os dignos pais dela começaram. Mas, caro Emílio, que uma vida tão doce não te afaste dos deveres penosos quando te forem impostos; lembra-te de que os romanos passavam da charrua ao consulado. Se o príncipe ou o Estado te chama ao serviço da pátria, deixa tudo para ir cumprir, no posto que te indicarem, a honrosa função de cidadão. Se tal função for onerosa para ti, há um meio honesto e certo de te libertares dele, que é cumpri-la com integridade bastante para que ela não te seja confiada por muito tempo. De resto, não tenhas muito medo de tal encargo; enquanto houver homens deste século, não será a ti quem virão procurar para servir ao Estado."

Como lamento que não me seja permitido descrever o retorno de Emílio para junto de Sofia e o fim de seus amores, ou melhor, o começo do amor conjugal que os une! Amor fundamentado na estima que dura tanto quanto a vida, nas virtudes que não se apagam com a beleza, nas afinidades dos caracteres que tornam o comércio adorável e prolongam na velhice o encanto da primeira união. Mas todos esses detalhes poderiam agradar sem serem úteis, e até agora só me permiti os pormenores agradáveis cuja utilidade eu pudesse ver. Abandonaria eu esta regra no final de meu trabalho? Não; sinto igualmente que minha pena está cansada. Fraco demais para trabalhos de tão grande fôlego, eu abandonaria este se estivesse menos adiantado; para não deixá-lo imperfeito, já é hora de terminá-lo.

Enfim vejo nascer o mais encantador dos dias de Emílio, e o mais feliz dos meus dias; vejo meus trabalhos serem coroados e começo a saborear o seu fruto. O digno casal une-se com um laço indissolúvel; suas bocas proferem e seus corações confirmam juramentos que não serão vãos: são esposos. Voltando do templo, deixam-se levar; não sabem onde estão, para onde vão, o que se faz ao seu redor. Não ouvem, só respondem palavras confusas, seus olhos perturbados mais nada enxergam. Ó delírio! Ó fraqueza humana! O sentimento da felicidade esmaga o homem, que não é bastante forte para suportá-lo.

Há muito pouca gente que saiba assumir no dia de um casamento um tom conveniente para com os recém-casados. A triste decência de uns e as palavras jocosas de outros parecem-me igualmente deslocadas. Preferiria que deixassem aqueles jovens corações debruçarem-se sobre si mesmos e entregarem-se a uma agitação que tem seus encantos, a que os distraíssem dela tão cruelmente para entristecê-los com uma falsa conveniência, ou para embaraçá-los com más brincadeiras que, ainda que pudessem ser agradáveis em qualquer outra hora, são com certeza importunas em tal dia.

Vejo meus dois jovens, na doce languidez que os perturba, não ouvirem nenhuma das palavras que lhes dirigem. Eu, que desejo que se gozem todos os dias da vida, deixarei que percam um dia tão precioso? Não, quero que eles o desfrutem, que o saboreiem, que ele tenha as suas volúpias para eles. Tiro-os da multidão indiscreta que os acabrunha e, levando-os para passear longe dali, chamo-os de volta a si mesmos falando-lhes sobre eles. Não é apenas a seus ouvidos que quero falar, e sim a seus corações, e não desconheço qual é o assunto único de que podem ocupar-se naquele dia.

"Meus filhos, digo-lhes tomando a ambos pelas mãos, há três anos vi nascer essa chama viva e pura que hoje é causa de vossa felicidade. Ela não parou de crescer; vejo em vossos olhos que ela alcançou seu último grau de veemência; não pode mais do que se enfraquecer." Leitores, não vedes os arroubos, os ímpetos, os protestos de Emílio, o ar desdenhoso com que Sofia tira sua mão da minha e os ternos protestos que seus olhos fazem-se mutuamente de se adorarem até o último suspiro? Deixo-os estar, e depois continuo.

"Muitas vezes tenho pensado que, se pudéssemos prolongar a felicidade do amor no casamento, teríamos o paraíso sobre a terra. Isso nunca se viu até agora. Mas, se não se trata de algo totalmente impossível, sois ambos muito dignos de dar um exemplo que não tereis recebido de ninguém e que poucos casais serão capazes de imitar. Meus filhos, quereis que vos diga um meio que imagino para isso e que acredito ser o único possível?"

Entreolham-se sorrindo e zombam de minha simplicidade. Emílio agradece-me por minha fórmula, dizendo que acredita que Sofia tenha outra melhor e que, de sua parte, ela lhe basta. Sofia aprova e parece igualmente confiante. No entanto, através de seu ar de zombaria, creio perceber um pouco de curiosidade. Examino Emílio; seus olhos ardentes devoram os encantos da esposa; é a única coisa de que está curioso e todas as minhas palavras não o embaraçam. Por meu lado, sorrio dizendo a mim mesmo: logo te farei ficar atento.

A diferença quase imperceptível dessas reações secretas revela uma reação muito característica nos dois sexos, e muito contrária aos preconceitos adquiridos; é que geralmente os homens são menos constantes e se decepcionam mais cedo que as mulheres com o amor feliz. A mulher pressente à distância a inconstância do homem e inquieta-se com ela*; é isso também que a torna mais ciumenta. Quando ele começa a esmorecer, obrigada a devolver-lhe, para conservá-lo, todas as atenções que antes ele teve para lhe agradar, ela chora, humilha-se por sua vez, e raramente com o mesmo sucesso. O apego e as atenções conquistam os corações, mas dificilmente os recuperam. Volto à minha fórmula contra o esmorecimento do amor no casamento.

Ela é simples e fácil, prossigo; continuar a ser namorados depois de casados. Com efeito, diz Emílio, ela não será difícil para nós.

"Mais difícil para ti do que pensas, talvez. Dai-me tempo, peço-vos, para me explicar.

"Os laços que queremos apertar demais se rompem. Eis o que acontece com o do casamento quando queremos dar-lhe mais força do que ele deve ter. A fidelidade que ele

---

* Na França, as mulheres são as primeiras a se desapegar, e isso deve ser assim, porque, tendo pouco temperamento, e não querendo senão homenagens, quando um marido já não as presta pouco se preocupam com ele. Nos outros países, pelo contrário, é o marido o primeiro a desapegar-se; isso deve ser assim também, porque as mulheres, fiéis mas indiscretas, importunando-os com seus desejos, fazem com que eles percam o gosto por elas. Essas verdades gerais podem ter muitas exceções, mas *eu* acredito agora que são verdades gerais.

impõe aos dois esposos é o mais santo de todos os direitos, mas o poder que ele confere a cada um dos dois é excessivo. A obrigação e o amor não se dão bem, e o prazer não se pode comandar. Não cores, Sofia, e não penses em fugir. Por Deus, não quero ofender tua modéstia, mas trata-se do destino de tua vida! Para um tão grande tema, suporta entre um marido e um pai palavras que não suportarias em outra circunstância.

"Não é tanto a posse quanto a sujeição que sacia, e conservamos por uma mulher que sustentamos um apego muito mais longo do que por uma esposa. Como se pode fazer um dever das mais ternas carícias, e um direito dos mais doces testemunhos de amor? É o desejo mútuo que faz o direito, mas não seria capaz de acabar com ele. A volúpia é tão doce por si mesma! Deverá receber do triste constrangimento a força que não terá podido retirar de seus próprios atrativos? Não, meus filhos, no casamento os corações estão unidos, mas os corpos não estão subjugados. Deveis fidelidade um ao outro, e não complacência. Cada um dos dois só pode ser do outro, mas deverá ser do outro só na medida em que o quiser.

"Portanto, caro Emílio, se é verdade que queres ser o amante de tua mulher, seja ela sempre senhora de ti e dela mesma; sê um amante feliz, mas respeitoso; obtém tudo do amor sem nada exigir do dever, e que os menores favores nunca sejam para ti direitos, e sim graças. Sei que o pudor foge das juras formais e pede para ser vencido; mas, com delicadeza e verdadeiro amor, enganar-se-á o amante sobre a vontade secreta? Ignorará quando o coração e os olhos concedem o que a boca finge recusar? Tenha cada um dos dois, sempre senhor de sua pessoa e de suas carícias, o direito de dispensá-las ao outro conforme a sua vontade. Lembrai-vos sempre de que, mesmo no casamento, o prazer só é legítimo quando o desejo é compartilhado. Não tenhais medo, meus filhos, de que essa lei mantenha-vos afastados; pelo contrário, tornar-vos-á a ambos mais atentos a agradar um ao outro e prevenirá a saciedade. Limitados unicamente um ao outro, a natureza e o amor aproximar-vos-ão bastante."

A estas palavras e outras semelhantes, Emílio aborrece-se e protesta; Sofia, envergonhada, mantém o leque sobre os olhos e nada diz. O mais descontente dos dois talvez não seja quem mais se queixa. Insisto impiedosamente; faço Emílio corar por sua pouca delicadeza; faço Sofia garantir-me que aceita sua parte no tratado. Provoco-a para que fale; adivinha-se que ela não ousa desmentir-me. Emílio, nervoso, consulta os olhos de sua jovem esposa; vê-os através de seu embaraço cheios de uma perturbação voluptuosa que o tranquiliza contra o risco da confiança. Ele se joga a seus pés, beija apaixonadamente a mão que ela lhe oferece e jura que, exceto a fidelidade prometida, ele renuncia a qualquer outro direito sobre ela. "Sê", diz ele, "cara esposa, o árbitro de meus prazeres como o és de meus dias e de meu destino. Ainda que tua crueldade me custasse a vida, oferecer-te-ia meus mais caros direitos. Nada quero dever à tua complacência, quero obter tudo de teu coração".

Bom Emílio, tranquiliza-te; Sofia é generosa demais para deixar-te morrer como vítima da tua generosidade.

Ao cair da tarde, pronto para deixá-los, digo-lhes com o tom mais grave que posso: "Lembrai-vos ambos de que sois livres e de que não se trata agora dos deveres conjugais; nada de falsa deferência. Emílio, queres vir? Sofia o permite. Emílio, furioso, quererá me bater. E tu, Sofia, que dizes? Devo levá-lo?". A mentirosa, corando, dirá que sim. Encantadora e doce mentira, que vale mais do que a verdade!

No dia seguinte... A imagem da felicidade já não agrada aos homens; a corrupção do vício não depravou menos seu gosto do que seus corações. Já não sabem sentir o que é tocante nem ver o que é amável. Vós que, para representar a volúpia, só imaginais felizes amantes nadando em delícias, como vossos quadros ainda são imperfeitos! Só pintais a metade mais grosseira; os mais doces atrativos da volúpia não estão neles. Quem de vós viu alguma vez dois jovens esposos, unidos sob bons auspícios, saindo do leito nupcial e trazendo ao mesmo tempo em seus lânguidos e castos olhares a embriaguez dos doces prazeres que acabam de experimentar, a adorável segurança da inocência e a certeza tão encantadora de passarem juntos o resto de suas vidas? Eis o objeto mais maravilhoso que possa ser oferecido ao coração do homem; eis o verdadeiro quadro da volúpia; vós o vistes cem vezes sem o reconhecerdes; vossos corações endurecidos já não são capazes de amá-lo. Sofia, feliz e serena, passa o dia nos braços de sua mãe carinhosa; é um repouso muito doce depois de ter passado a noite nos braços de um marido.

No dia seguinte, noto já alguma mudança na cena. Emílio quer parecer um pouco descontente, mas através dessa afetação observo uma solicitude tão carinhosa, e até tanta submissão que nada auguro de muito ruim. Quanto a Sofia, está mais alegre do que na véspera, vejo brilhar em seus olhos um ar satisfeito; é encantadora com Emílio; faz-lhe provocações com que ele já não se zanga.

Essas mudanças não são muito desnecessárias, mas não me escapam; inquieto-me com elas, interrogo Emílio em particular; fico sabendo que para o seu pesar, e apesar de todas as suas insistências, ele teve de dormir em cama separada na noite anterior. A moça imperiosa apressou-se em usar de seu direito. Há explicações: Emílio queixa-se amargamente, Sofia brinca, mas finalmente, vendo-o a ponto de se aborrecer de verdade, lança-lhe um olhar cheio de doçura e de amor e, apertando minha mão, diz apenas esta única palavra, mas com um tom que atinge a alma: *Ingrato!* Emílio é tão tolo que nada entende. Mas eu entendo, afasto Emílio e chamo Sofia, por sua vez, em particular.

"Percebo, digo-lhe, a razão desse capricho. Não se poderia ter maior delicadeza nem empregá-la mais fora de propósito. Querida Sofia, tranquiliza-te; o que te dei foi um homem, não tenhas medo de tomá-lo como tal; tiveste as primícias de sua juventude; ele não a prodigou a ninguém, conservou-a por muito tempo para ti.

"Minha querida filha, devo explicar-te minhas ideias na conversa que tivemos a três anteontem. Talvez não tenhas notado ali senão uma arte de poupar vossos prazeres para torná-los mais duradouros. Sofia! Ela teve outro objetivo mais digno de minhas atenções. Ao se tornar teu marido, Emílio tornou-se teu chefe; cabe a ti obedecer, como quis a natureza. Quando a mulher se assemelha a Sofia, no entanto, é bom que o homem seja conduzido por ela; esta é também a lei da natureza; e foi para te dar tanta autoridade sobre o coração dele quanto seu sexo lhe dá sobre a tua pessoa que fiz de ti o árbitro dos prazeres dele. Isso te custará penosas privações, mas reinarás sobre ele se souberes reinar sobre ti mesma, e o que já se passou mostra-me que essa arte tão difícil não está acima da tua coragem. Reinarás muito tempo pelo amor se tornares teus favores raros e preciosos, se souberes valorizá-los. Queres ver teu marido continuamente a teus pés? Conserva-o sempre a certa distância de ti. Em tua severidade, porém, usa de modéstia e não de capricho; que ele te veja reservada, não fantasiosa; evita que, poupando seu amor, faças com que ele duvide do teu. Faz-te querer por teus favores e respeitar por tuas recusas; que ele honre a castidade de sua mulher sem ter de se queixar de sua frieza.

"É assim, minha filha, que ele te dará a sua confiança, que escutará tuas opiniões, que te consultará em seus negócios e nada resolverá sem deliberar contigo. É assim que o podes chamar à sabedoria quando ele se perde, trazê-lo de volta através de uma doce persuasão, tornar-te amável para tornar-te útil, empregar a faceirice no interesse da virtude e o amor em proveito da razão.

"Não acredites com isso que essa arte mesma possa servir-te sempre. Por mais precauções que se tomem, o gozo desgasta os prazeres, e o amor antes de todos os outros. Mas, quando o amor durou por muito tempo, um doce hábito preenche o seu vazio e a atração da confiança sucede aos arroubos da paixão. Os filhos tecem entre os que lhes deram o ser um laço não menos doce e não raro mais forte do que o próprio amor. Quando deixares de ser a amante de Emílio, serás sua mulher e sua amiga; serás a mãe de seus filhos. Então, no lugar de tua antiga reserva, estabelece entre vós a maior intimidade; nada mais de camas separadas, nada mais de recusas, nada mais de caprichos. Torna-te de tal forma a sua outra metade, que ele já não possa te dispensar, e que, tão logo te deixe, sinta-se longe de si mesmo. Tu que fizeste com que os encantos da vida doméstica reinassem de tal forma na casa paterna, faz com que reinem também na tua. Todo homem que se sente bem em casa ama sua mulher. Lembra-te de que, se teu marido viver feliz em casa, serás uma mulher feliz.

"No que diz respeito ao presente, não sejas tão severa para com teu amante; ele merecia mais complacência; ofender-se-ia com teus alarmes; não poupes tanto a sua saúde à custa de sua felicidade e goza da tua própria felicidade. Não se deve esperar a repulsa nem frustrar o desejo; não se deve recusar por recusar, mas sim para valorizar o que se dá."

Em seguida, reunindo-os, digo à frente dela a seu jovem marido: Devemos suportar o jugo que nos impusemos. Faz por merecer que ele te seja aliviado. Conforma-te com as graças, sobretudo, e não imagines tornar-te mais amável ficando amuado. A paz não é difícil de fazer, e cada um pode facilmente imaginar suas condições. O tratado é assinado com um beijo. Depois disso, digo ao meu aluno: Caro Emílio, um homem precisa de conselho e de orientação durante toda a vida. Fiz o melhor que pude para cumprir até agora esse dever para contigo; aqui termina minha longa missão e tem início a de um outro. Abdico hoje da autoridade que me confiaste e eis de agora em diante o teu preceptor.

Pouco a pouco, o primeiro delírio se acalma e deixa-os saborear em paz os encantos de seu novo estado. Felizes amantes! Dignos esposos! Para honrar suas virtudes, para representar sua felicidade, seria preciso escrever a história de suas vidas. Quantas vezes, contemplando neles a minha obra, sinto-me tomado de um arrebatamento que faz palpitar meu coração! Quantas vezes junto suas mãos às minhas, abençoando a providência e dando longos suspiros! Quantos beijos dou nessas duas mãos que se apertam! Com quantas lágrimas de alegria eles sentem que as cubro! Também se enternecem por seu lado, compartilhando meus arroubos. Seus respeitáveis pais gozam mais uma vez de sua juventude na de seus filhos; por assim dizer, recomeçam a viver neles, ou melhor, conhecem pela primeira vez o valor da vida; amaldiçoam suas antigas riquezas que os impediram de gozar na mesma idade de uma sorte tão encantadora. Se há felicidade na terra, é no abrigo em que vivemos que se deve procurá-la.

Ao cabo de alguns meses, Emílio entra certa manhã em meu quarto e diz-me enquanto me beija: Mestre, felicita teu filho; ele espera ter logo a honra de ser pai. Oh! Quantas preocupações impor-se-ão ao nosso zelo, e como precisaremos de ti! Deus não queira que eu te deixe educar também o filho depois de ter educado o pai. Deus não queira que um dever tão santo e tão doce jamais seja cumprido por alguém que não eu, mesmo que eu escolhesse tão bem para ele quanto escolheram para mim; mas continua tu a ser o mestre dos jovens mestres. Aconselha-nos, governa-nos que seremos dóceis; enquanto eu viver, precisarei de ti. Preciso de ti mais do que nunca, agora que minhas funções de homem começam. Cumpriste tuas funções; guia-me para imitar-te, e descansa, que é tempo.

1ª edição 1995 | **4ª edição** 2014
1ª reimpressão abril de 2018 | **Fonte** Garamond Light
Papel Offset 63 g/m² | **Impressão e acabamento** Orgrafic